OS LEITORES DE
MACHADO DE ASSIS

 UNIVERSIDADE DE SÃO PAULO

Reitor   João Grandino Rodas
Vice-reitor   Hélio Nogueira da Cruz

 EDITORA DA UNIVERSIDADE DE SÃO PAULO

Diretor-presidente   Plinio Martins Filho

                Comissão Editorial
Presidente   Rubens Ricupero
Vice-presidente   Carlos Alberto Barbosa Dantas
                Chester Luiz Galvão Cesar
                Ivan Gilberto Sandoval Falleiros
                Mary Macedo de Camargo Neves Lafer
                Sedi Hirano

Diretora Editorial   Cristiane Silvestrin
Editora-assistente   Carla Fernanda Fontana

Hélio de Seixas Guimarães

OS LEITORES DE MACHADO DE ASSIS

O ROMANCE MACHADIANO E O PÚBLICO DE LITERATURA NO SÉCULO 19

2ª edição

Copyright © 2012 Hélio de Seixas Guimarães

CIP-BRASIL. CATALOGAÇÃO-NA-FONTE
SINDICATO NACIONAL DOS EDITORES DE LIVROS, RJ

G978L
2.ed.

Guimarães, Helio de Seixas
   Os leitores de Machado de Assis: o romance machadiano e o público de literatura no século 19 / Hélio de Seixas Guimarães. – 2.ed. – São Paulo: Nankin: Edusp, 2012.
   464p.

   Inclui índice
   ISBN 978-85-7751-067-2 (Nankin)
   978-85-314-1335-3 (Edusp)

   1. Assis, Machado de, 1839-1908 - Apreciação. 2. Assis, Machado de, 1839-1908 – Crítica e interpretação. 3.Escritores e leitores - Brasil - História - Séc. XIX. 4. Livros e leitura – Brasil – História – Séc. XIX. 5. Leitores – Reação crítica – Brasil – História – Séc. XIX. I. Título.

12-0041.   CDD: 869.93
                                                                                    CDU: 821.134.3(81)-3

03.01.12   04.01.12   032370

Este livro recebeu o Prêmio Jabuti 2005 da Câmara Brasileira do Livro na categoria
Teoria/Crítica Literária

Direitos reservados à:

Edusp – Editora da Universidade de São Paulo
Av. Corifeu de Azevedo Marques, 1975, térreo
05581-001 – Butantã – São Paulo – SP – Brasil
Divisão Comercial: Tel. (11) 3091-4008 / 3091-4150
SAC (11) 3091-2911 – Fax (11) 3091-4151
www.edusp.com.br
e-mail: edusp@usp.br

Nankin Editorial
Rua Tabatinguera, 140, 8º andar, conj. 803 – Centro
01020-000 – São Paulo – SP – Brasil
Tel. (11) 3106-7567, 3105-0261
Fax (11) 3104-7033
www.nankin.com.br
nankin@nankin.com.br

Printed in Brazil 2012
Foi feito o depósito legal

SUMÁRIO

Agradecimentos 17
Apresentação, por John Gledson 19

Introdução 25
    Em Torno de Alguns Conceitos de Leitor 39
    A Crítica Brasileira e o Público de Literatura 46

PRIMEIRA PARTE
Sobre as Condições de Circulação e Recepção da Produção
Literária no Brasil Oitocentista, 55

1. Um Preto de Balaio na Cabeça a Vender Romances 57
    O Isolamento do Escritor 66

2. A Guerra do Paraguai, o Primeiro Recenseamento e o
    'Bom Ladrão' Garnier 81
    O Guarani na Rua dos Ciganos e o Impacto da Realidade
    Sobre o Projeto Romântico 90

3. Machado de Assis e os Públicos 99

SEGUNDA PARTE
A Figuração do Leitor nos Romances de Machado de Assis, 113

4. *Ressurreição* e *A Mão e a Luva*: o Questionamento do Leitor
   Romântico 115
   A Frustração das Expectativas 116
   À Procura do Leitor Moderno 120
   A Recepção de *Ressurreição* 122
   A Readequação de *A Mão e a Luva* 126
   A Recepção de *A Mão e a Luva* 133

5. *Helena* e *Iaiá Garcia*: em Busca do Leitor Popular? 135
   A Ilusão da Ficção Popular 137
   A Recepção de *Helena* e o "Padrão Internacional" 140
   O Melodrama em *Helena* 144
   O Naufrágio das Ilusões 148
   A Recepção de *Iaiá Garcia* 155

6. *Brás Cubas* e a Textualização do Leitor 159
   A Incorporação da Recepção e a Obsessão pela Plateia 161
   Os Leitores de *Brás Cubas* 166
   Narrador Póstero, Leitor Anacrônico 168
   A Recepção de *Brás Cubas* 174

7. *Quincas Borba* e o Leitor Dissimulado 177
   Aliciamento, Agressão e Confusão de Limites 180
   As Mudanças do Escritor 184
   As Referências Disparatadas 187
   A Recepção de *Quincas Borba* 190

8. *Dom Casmurro* e o Leitor Lacunar 195
   Da Audição ao Silêncio 196
   A Leitura Equivocada e Redutora 198
   O Outro do Narrador 202
   A Contabilidade Narrativa 204
   O Não Leitor do Não Livro 207
   O Texto Lacunar 211
   A Recepção de *Dom Casmurro* 213

9. *Esaú e Jacó* e o Leitor como Duplo 217
   A Construção da Identidade com o Leitor 219
   Projeções do Leitor Histórico 226

Dualidade, Duplicação, Desintegração 229
A Recepção de *Esaú e Jacó* 238

10. *Memorial de Aires* e o Leitor de Papel 243
   Os Balizamentos do Texto 246
   A Radicalização da Escrita 249
   A Recepção do *Memorial* 256

Considerações Finais 260

ANEXO
Resenhas e Comentários sobre os Romances Machadianos, 265

Ressurreição 270
A Mão e a Luva 291
Helena 292
Iaiá Garcia 300
Memórias Póstumas de Brás Cubas 314
Quincas Borba 323
Dom Casmurro 369
Esaú e Jacó 380
Memorial de Aires 406

Sobre os Críticos 439

Referências Bibliográficas 445

Índice Onomástico 457

*As teses escolares dedicam-se a pais, a parentes, a amigos;
o amor é tese para uma só pessoa.*

(Machado de Assis, *Memorial de Aires*)

*A meus pais, Silas e Euthália,
que além de tudo me ofereceram os livros;
a Bia.*

*Si los caracteres de una ficción pueden ser lectores o espectadores,
nosotros, sus lectores o espectadores, podemos ser ficticios.*
(Jorge Luis Borges, "Magias Parciales del Quijote")

AGRADECIMENTOS

Este livro contém o texto, com algumas modificações, da tese de doutorado apresentada em setembro de 2001 ao Departamento de Teoria Literária, do Instituto de Estudos da Linguagem da Unicamp.

No processo de realização do trabalho, contei com a colaboração de César Braga-Pinto, Carlos Minchillo, Ricardo F. Henrique, Heidi Strecker Gomes, Cris Bierrenbach, Rodrigo Bueno, Clélia Donovan, Fernanda Godoy, Alcione Abramo e Rosemeire Marcelino – espero que este trabalho corresponda pelo menos em parte à valiosa colaboração de vocês.

Aos professores Alcides Villaça, Luiz Roncari, Maria Helena Werneck, Sidney Chalhoub, sou grato pelas críticas, sugestões e contribuições feitas no exame de qualificação e na defesa. À professora Marlyse Meyer, desbravadora de caminhos, agradeço as sugestões numerosas e copiosas.

Agradeço ao Instituto de Estudos da Linguagem, da Unicamp, onde desenvolvi a tese; ao Centro de Estudos Latino-Americanos e aos professores Julio Ramos, Linda Williams, Anton Kaes e Thomas Elsaesser pela receptividade, na Universidade da Califórnia, em Berkeley; à CAPES, pela concessão de uma bolsa que possibilitou a estada de um ano em Berkeley; à FAPESP, pela bolsa que me ofereceu condições ótimas para a redação deste trabalho.

Entre a tese e este livro, decorreram dois anos em que iniciei minhas atividades como professor de Literatura Brasileira na Universidade de São Paulo, onde tive a sorte de ser designado a ministrar cursos sobre romantismo e Machado de Assis. A preparação dos cursos e o contato com os alunos me levaram a novas leituras, releituras e ponderações, que resultaram nas já mencionadas modificações. Nesse intervalo, a tese teve outras leituras, que trouxeram contribuições importantes. Aos professores John Gledson, Valentim Facioli e Marisa Lajolo, agradeço pelo estímulo e pelas sugestões.

Antes, depois da tese e sempre, agradeço a minha orientadora, Berta Waldman, pela interlocução constante, franca e amiga.

À Bia, que viveu tudo isso comigo.

***

NOTA À SEGUNDA EDIÇÃO

Depois que este livro foi publicado, em 2004, ministrei vários cursos sobre Machado de Assis na Universidade de São Paulo, nos quais discuti aspectos deste trabalho com alunos de graduação e pós-graduação. A pesquisa, originalmente uma tese de doutorado defendida na Unicamp em 2001, teve vários desdobramentos, que resultaram em comunicações em congressos, palestras, artigos, capítulos de livros e outros trabalhos sobre Machado de Assis. Assim, ao longo desses anos ouvi muitos comentários sobre o livro – felizmente mais favoráveis que desfavoráveis – e pude voltar às suas páginas, para fazer emendas, suprimir ou acrescentar alguma coisa aqui e ali; mas em linhas gerais é o mesmo livro. Na tese de 2001, no livro de 2004 e nesta segunda edição de 2011, a sensação continua a mesma: é o melhor que eu podia fazer em cada momento.

Na dedicatória desta edição, gostaria de incluir também a Berta, minha amiga, e o Félix, minha alegria.

APRESENTAÇÃO

por John Gledson

Tenho a impressão de que, no mundinho dos estudos e da crítica machadiana, estamos entrando num momento interessante. Em agosto de 2003, dois livros de Abel Barros Baptista, *A Formação do Nome* e *Autobibliografias*, foram publicados no Brasil, chegando a um público mais amplo; em novembro do mesmo ano, Sidney Chalhoub publicou *Machado de Assis: Historiador*, entre outras coisas uma investigação detalhada sobre a atuação de Machado de Assis como funcionário público. O fato de situarem-se em polos opostos do espectro, um "literário", o outro "social", importa pouco – o mais importante é que são três livros com argumentação rigorosa, que nos levam a reler as obras de Machado. No mínimo, precisam ser refutados, elevando assim a qualidade do debate.

Os Leitores de Machado de Assis, de Hélio Guimarães, não poderia sair em momento mais oportuno – se não por outra razão, por situar-se no meio daquele mesmo espectro, o que não quer dizer que fique em cima do muro e limite-se a repetir o que já sabemos (ou pensamos saber) sobre o autor. O livro fica no meio do espectro por concentrar-se no leitor ao mesmo tempo como constructo literário e entidade social. Fico tentado a dizer que se trata de um estudo exemplar, com ensinamentos para futuros trabalhos. Mas como isso talvez dê a impressão de algo muito bem comportado e pouco original, vou detalhar o que quero dizer.

Em primeiro lugar, embora os romances e contos estejam fadados a permanecer no centro das atenções, conheceremos mais sobre eles e poderemos lê-los melhor se ampliarmos o contexto em que os tratamos – as obras "menores", como as crônicas, os jornais em que esses textos foram publicados, as obras literárias contemporâneas e anteriores a Machado de Assis, a correspondência etc. No mínimo dos mínimos, esses materiais nos dão uma perspectiva diferente, certo distanciamento para ler a obra.

A primeira surpresa que tive ao ver este livro, ainda em formato de tese, foi seu apêndice, com todas as críticas contemporâneas à primeira publicação dos romances de Machado de Assis em forma de livros. Para além da mera utilidade de reunir esse material, em parte difícil de encontrar, em parte publicado apenas em forma de extratos, há ali alguns achados. Claro que alguns deles decepcionam – ler o longo e diligente resumo de *Quincas Borba*, feito por Magalhães de Azeredo, é, sem meias palavras, um verdadeiro suplício –, mas também há textos de críticos como José Veríssimo, Oliveira Lima, Araripe Júnior, Alcides Maia, Mário de Alencar. Mais importante: nós os encontramos antes do estabelecimento da tradição crítica sobre cada romance, de modo que às vezes surpreendemos ali algum frescor, algum ângulo inesperado. Claro que há muito sabemos que Veríssimo duvidava da confiabilidade do narrador – "Dom Casmurro a descreve, aliás, com amor e com ódio, o que pode torná-lo suspeito"–, e alguns já terão lido na biografia de Magalhães Júnior a terrível referência ao escritor mulato, autor de *Ressurreição*, como um "feio candelabro que despede raios de vivíssima e deslumbrante luz" (Machado teria rido ou chorado diante disso?). Mas também descobrimos que Veríssimo qualifica a Maria Benedita de *Quincas Borba* como "uma das melhores cópias do romance brasileiro", e Sofia Palha como "uma das suas melhores criações", uma distinção que nos faz pensar. Mesmo pequenos detalhes, como as comparações com autores há muito esquecidos, como Cherbuliez, Ohnet, Feuillet etc., podem nos levar a caminhos interessantes, e os comentários de J. dos Santos sobre o uso da expressão "o que é que?" nos mostra o destemor do acadêmico Machado de registrar o português como ele é realmente falado.

No entanto, esses textos críticos, apresentados na ordem cronológica de publicação, nos dizem mais que isso. Será que sou o único a achar que até mesmo os críticos mais perspicazes como Veríssimo, foram gradualmente perdendo o fio da meada, de modo que nas críticas a *Esaú e Jacó* esforçam-se para encontrar uma linguagem adequada para tratar deste "talento progressivo" que "se vence constantemente", do escritor "flagelado continuamente pela obsessão do novo e pela imposição dos clássicos", como escreveu Araripe Júnior?

Foi-se o tempo em que se considerava suficiente aplicar a Machado (ou a qualquer outro escritor) as teorias mais recentes surgidas na Europa ou nos Estados Unidos, sem quaisquer ajustes. Roberto Schwarz mais de uma vez mostrou como isso pode ser estéril. Em sua "Conversa sobre Duas Meninas", ele diz: "É claro que temos de ler a teoria contemporânea para ficar em dia com o debate, que é sempre significativo em alguma coisa. Mas adotar os seus termos sem mais aquela, não." Este livro ilustra admiravelmente isso: Hélio Guimarães lança mão da teoria do "leitor implícito", de Wolfgang Iser, mas, ao aplicá-la, examina os argumentos e adapta os conceitos ao seu uso. Por isso, talvez minha nota de rodapé favorita seja a de número 60 da Introdução.

Essa capacidade de adequar termos abstratos aos seus propósitos vem associada a argumentos claros, bem articulados, que oferecem uma explicação convincente sobre o progresso dos romances, de *Ressurreição* ao *Memorial de Aires*. Como o autor mostra, com sensibilidade admirável para o detalhe, há mudanças claras e consistentes, de romance a romance, no modo como o leitor é evocado e imaginado – sem que isso signifique negar a óbvia transformação sísmica de 1880, para a qual Hélio Guimarães tem explicação própria e persuasiva. Machado era, tinha de ser, um experimentador, especialmente depois das *Memórias Póstumas de Brás Cubas*, o que significa que nenhum romance poderia repetir o anterior. A velha história da monotonia machadiana é mais uma vez desmentida por este livro.

O que também aparece aqui sob nova luz é a observação aguda de Silviano Santiago: "Já é tempo de se começar a compreender a obra de Machado como um todo coerentemente organizado, percebendo que certas estruturas primárias e primeiras se desarticulam e se rearticulam sob forma de estruturas diferentes, mais complexas e mais sofisticadas, à medida que seus textos se sucedem cronologicamente". Hélio Guimarães nos mostra que uma dessas estruturas tem a ver com o relacionamento, refeito a cada romance, que Machado mantém com o leitor; especialmente nos últimos romances, esse relacionamento é extremamente complexo e sutil, envolvendo tudo no processo da escrita, desde o papel sobre o qual o narrador escreve, os vários tipos de leitor aos quais ele se dirige, o tamanho do livro, seu custo, as ilustrações ("principalmente vinhetas") etc. etc. Ao focalizar esses detalhes, que poderiam passar despercebidos, e, principalmente, ao tratá-los como elementos que formam uma espécie de sistema, os livros ganham uma nova vida, e eu sei que já não poderei lê-los do mesmo modo.

Hélio Guimarães demonstra plena consciência do modo como o social e o literário interagem, uma das marcas da melhor crítica brasileira desde Antonio Candido, entre outros. Isso se dá de maneira notável na discussão do impacto da divulgação, em 1876, dos resultados do primeiro recenseamento nacional a considerar o analfabetismo. Os dados do censo atiraram ao chão as grandiosas aspirações românticas para a literatura, mas, lembrando mais uma vez as palavras de Brás Cubas, "Antes cair das nuvens que de um terceiro andar." Trata-se de um daqueles momentos da história que, ao atentarmos para ele, torna-se crucial, mas que, de tão óbvio, pode passar despercebido. Um momento de mudança de mentalidade, talvez menos evidente que o surgimento do "bando de ideias novas", no final dos anos de 1860 e 1870, mas igualmente decisivo. Outra tentativa nessa mesma direção, a partir de outra perspectiva, pode ser vista em *Machado de Assis: Historiador*, de Chalhoub, cujo assunto também é uma mudança de atitude, e de novo uma mudança em direção a um certo realismo desiludido, mas desta vez explicada em relação ao fim da escravidão e à entrada em vigor da Lei do Ventre Livre, em 1871. Talvez não surpreenda que ambos os críticos acreditem ter encontrado a chave para o maior problema de todos, o Santo Graal dos estudos machadianos, a explicação para a "crise dos quarenta anos", e para o novo tom satírico e o experimentalismo de *Brás Cubas*. O mais exato talvez seja dizer que ambos encontraram partes da explicação, abrindo nossos olhos para outras possíveis dimensões desse evento tão fascinante.

Subjacente a tudo isso, há uma sensibilidade refinada para a literatura e a linguagem, uma consciência, pode-se dizer, do peso real das palavras, e, acima de tudo, um verdadeiro apreço e sintonia com a ironia de Machado (um dom muito mais raro do que se supõe). Ao mesmo tempo em que toma cuidado para não forçar a nota, Hélio Guimarães está atento para sentidos genuinamente presentes no texto. Darei apenas um exemplo, que nunca havia notado: a tradução que Machado faz de dois versos de *"As You Like It"*, de Shakespeare, usados como epígrafe da primeira versão das *Memórias Póstumas*, publicadas em fascículos na *Revista Brasileira*. Onde o original diz "faults" – falhas – Machado abranda o tom, traduzindo as falhas por um irônico "senões". Para a versão em livro, mesmo esta insinuação talvez tenha sido considerada excessiva, e a epígrafe foi eliminada. Mas acima de tudo admiro a coerência de Hélio Guimarães, sua habilidade de permanecer num mesmo nível de interpretação e atravessar o emaranhado de sentidos sem se deixar seduzir por outras questões, consciente de que a verdade sobre uma obra literária complexa só pode ser descoberta com consistência e coerência, e com uma contínua rendição às evidências, que estão lá, no texto.

Isso não significa que não tenha encontrado problemas ao ler este livro: qualquer trabalho com este grau de solidez deve provocar reações e contra-argumentos, e provavelmente tem lá seus pontos cegos. Em outras palavras, ele deve provocar um processo dialético, com debates e discussões em torno daquilo que afirma. Mencionarei apenas uma questão, que para mim ficou em aberto. Machado pode ser muito rigoroso, até agressivo, no modo como trata seus leitores: o narrador não confiável de *Dom Casmurro* e eu diria que também o de *Memorial de Aires* permaneceram virtual ou totalmente ignorados por muitos anos, e alguns dos sentidos que para mim estão inquestionavelmente presentes nos seus romances, são muito abstrusos, ocultados do leitor de uma maneira quase sádica – o exemplo que sempre penso é aquele de Sonora, a "guasca de primeira ordem", do Capítulo CXVIII de *Quincas Borba*, cujo nome remete ao México, a Napoleão III, a Pedro II e à Guerra do Paraguai, ou seja, a um verdadeiro iceberg de significados históricos sob a superfície deste episódio aparentemente trivial. Como isso se dá, e como é que isso se articula – se é que se articula – com os outros modos como o leitor é tratado, tão brilhantemente analisados aqui?

Mas, acima de tudo, este estudo tem o sentido de uma verdadeira busca intelectual, ilustrada por estas palavras de Carlos Drummond de Andrade: "Continuamos procurando nos livros e na vida alguma coisa difícil de encontrar, mas boa de procurar". O que mais se pode pedir de um livro?

Liverpool, janeiro de 2004

INTRODUÇÃO

"Os leitores pensam com razão que são apenas filhos de Deus, pessoas, indivíduos, meus irmãos (nas prédicas), almas (nas estatísticas), membros (nas sociedades), praças (no exército), e nada mais. Pois são ainda uma certa cousa, – uma cousa nova, metafórica, original."[1] Nessa crônica de 1888, o escritor conta que certo dia, montado num *bond* em pleno Largo da Carioca, ouviu o condutor comentar que acabara de fazer uma viagem do Largo do Machado até o centro da cidade transportando apenas um passageiro. "Fiz uma viagem à toa; apenas pude apanhar um carapicu...", dizia o condutor ao colega de outro bonde, que trafegava no sentido contrário. O cronista encanta-se com a associação do passageiro ao carapicu e encontra aí uma bonita metáfora para descrever o leitor: "Aí está o que é o leitor: um carapicu este seu criado; carapicus os nossos amigos e inimigos."

Peixe pequeno e de pouco valor comercial, designação da gíria para um tipo desclassificado e, por extensão, para a gente miúda que não avulta nem em qualidade nem em quantidade[2], o termo "carapicu" também servia

---

[1] Machado de Assis, "Bons Dias!", 29.7.1888, in: *Obra Completa*, 3 vols., 9ª reimpressão, Rio de Janeiro, Editora Nova Aguilar, 1997, vol. 3, p. 499. As referências serão sempre a essa edição, abreviada como *OC*, salvo indicação contrária.

[2] Macedo Soares atribui essa acepção à palavra, exemplificando com a crônica de Machado de Assis. Cf. Antônio Joaquim de Macedo Soares, *Dicionário Brasileiro da Língua Portuguesa – Elucidário Etimológico Crítico – das palavras e frases que, originárias do Brasil, ou aqui populares, se não encontram nos dicionários da língua portuguêsa, ou nêles vêm com forma ou significação diferente (1875-1888)*, Rio de Janeiro, INL, 1954.

para designar meia passagem de bonde[3]. Há também conotações políticas na crônica enigmática, que comenta a derrota de Luís Murat à vaga de deputado pelo distrito do Rio de Janeiro antes de passar às cogitações sobre o estatuto do leitor e sua comparação com os carapicus. O fracasso do combativo Murat é celebrado pelo cronista, para quem votar e poetar são atividades mutuamente excludentes, vislumbrando na desgraça do político a sobrevivência do poeta. A ligação com o universo da política fica também sugerida pelo fato de carapicu ser o apelido dos sócios do Clube dos Democráticos Carnavalescos, uma das três grandes sociedades carnavalescas que apareceram no Rio de Janeiro na segunda metade do século 19 e cujo prestígio não se devia apenas à participação no Carnaval, mas também a suas atividades sociais e políticas.[4]

A associação do passageiro do bonde com o leitor pode ser pensada a partir de acontecimentos políticos importantes do período, como a Revolta do Vintém, que agitou as ruas cariocas nos primeiros dias do ano de 1880 e teve como pivô o encarecimento das tarifas dos bondes, e a reforma eleitoral de 1881, que excluía a recém-quantificada massa de analfabetos do processo eleitoral. O movimento popular golpeou a política exclusivista e excludente praticada pelos grandes senhores desde a década de 1850 e deu a tônica para os anos de 1880 que culminariam com o fim da escravidão e a instituição da República. Nesses anos, as ideias totalizadoras do país que a elite senhorial construíra para consumo próprio foram discutidas por meio da explicitação e questionamento de mecanismos de exclusão social e da circulação de novos atores pelo palco político, quem sabe a bordo do próprio "bonde", veículo-símbolo da modernidade oitocentista e verdadeira obsessão do cronista Machado de Assis.[5]

---

3   Esta acepção foi encontrada no *Dicionário Geral de Sinônimos e Locuções da Língua Portuguesa*, de Agenor Costa, Rio de Janeiro, Biblioteca Luso-Brasileira, 1960.
4   O Clube dos Democráticos, como passou a ser conhecido a partir de 1888, foi fundado em 1867 por rapazes pobres que teriam levantado dinheiro para sua constituição a partir da compra de um bilhete de loteria premiado. As sociedades carnavalescas tiveram participação intensa nos movimentos republicano e abolicionista, arrecadando dinheiro para comprar escravos, libertá-los e apresentá-los ao povo em seus desfiles. Nesses desfiles, havia os chamados carros de crítica, ou "carro das ideias" como chamou Machado em outra crônica de 1888 (*OC*, vol. 3, p. 515), que satirizavam os grandes problemas nacionais, os políticos e o noticiário da época, protestando contra abusos e erros das autoridades ou a favor de questões em que a coletividade estivesse empenhada. As sociedades também arrecadavam dinheiro para vítimas de catástrofes e defendiam o direito de voto para as mulheres.
5   Para uma descrição e análise minuciosas da Revolta do Vintém, veja-se Sandra Lauderdale Graham, "The Vintem Riot and Political Culture: Rio de Janeiro, 1880", *Hispanic American*

A imagem, no entanto, ganha mais nitidez com a leitura de outra crônica, esta de 1877, que trata dos bondes de Santa Teresa. Nela o cronista discorre sobre as vantagens dessa linha em relação às congêneres por causa da impossibilidade da pescaria, considerada a chaga das outras linhas. Os morros e as curvas de Santa Teresa favoreciam a agilização do percurso por dificultarem a aborrecida cata de carapicus pelo caminho.[6]

O leitor, portanto, estaria para o escritor como o passageiro está para o condutor frustrado com o resultado minguado de sua pescaria, ou com a pescaria aborrecida, pouco proveitosa, numa comparação que se dá pelo pouco valor e também pela raridade e dificuldade de serem apanhados, leitor e passageiros. Ainda que se declare feliz com o achado, o escritor encerra a crônica relativizando a beleza da metáfora e dizendo que "podia ser pior". O aspecto não bonito da imagem talvez se deva ao fato de ela se referir ao próprio cronista, que pode ser o passageiro solitário da viagem inútil mencionada pelo condutor. Ao fazer segredo do seu destino, dizendo que ia às "tantas horas da tarde para *(não digo o lugar)*", o narrador aguça a curiosidade do leitor levando-o a conjecturar sobre as identificações possíveis entre ele – narrador –, o cronista[7], o passageiro solitário da anedota, o carapicu e finalmente o leitor que se procura definir – todos unidos em torno de atributos como vulgaridade, desclassificação, raridade, solidão, isolamento, pouco apreço.

Que noções de leitor estariam compreendidas nessa metáfora? Indivíduo de carne e osso? Entidade abstrata composta por traços comuns a indivíduos históricos? Entidade coletiva formada pelo conjunto dos leitores reais e potenciais de um texto? Instância puramente textual?

Ao definir o leitor como filho de Deus, pessoa, indivíduo, irmão, alma, membro e praça, Machado de Assis chama a atenção para a complexidade e o caráter escorregadio de uma figura que, sob a identidade nominal de leitor, pode referir-se a seres de naturezas e funções diversas. Em suas suposições estão incluídas desde noções do leitor como criação divina até como categoria sociológica, num movimento que compreende gênese, individuação e socialização. Aqui, o interesse maior está em

---

Historical Review, 60(3), 1980, pp. 431-439. Devo a sugestão de buscar as conotações políticas da metáfora do carapicu ao professor e historiador Sidney Chalhoub.

6   Machado de Assis, "História de 15 dias", 15.3.1877, in: *OC*, vol. 3, p. 364.
7   As crônicas da série "Bons dias!" eram anônimas, o que levou John Gledson a pensar que o cronista, protegido pelo anonimato, imprimiu um tom particularmente contundente e pessimista a esse conjunto de textos, no qual Machado teria "algo a dizer". Cf. John Gledson, *Machado de Assis: Ficção e História*, p. 117.

flagrar o escritor às voltas com uma definição de leitor que ultrapasse a empiria e aponte para uma figuração complexa construída a partir de mediações entre seres, digamos, históricos e ficcionais. Essa procura de um *status* para a figura do leitor constitui um dos esportes favoritos do narrador machadiano, que se dedica a ele com assiduidade e afinco não só na crônica, mas também na crítica, no conto e no romance. Em versão masculina ou feminina, como crítico, bibliômano ou mesmo na condição de verme, ora pacato, ora impaciente, por vezes amigo e por outras apontado como adversário do narrador no jogo ficcional, o leitor é figura onipresente na obra de Machado de Assis.

Essa ubiquidade já foi observada por Augusto Meyer, que aponta o leitor como centro nervoso da produção do escritor:

> Em Machado de Assis a matéria da obra não passa de um pretexto para atingir os pontos nevrálgicos do leitor. Aparentemente está piruetando em torno de Brás Cubas ou espiando a figura lamentável do Rubião, tapeado pela finíssima Sofia, mas se prestarmos atenção ao pigarro escarninho que acompanha o texto, se fizermos a transposição do plano fictício para o plano real e propriamente psicológico de toda obra literária, – o diálogo entre o autor e o seu leitor ideal, veremos como é fria nele a necessidade de um assentimento da parte desse leitor.[8]

A figura do leitor na produção ficcional de Machado de Assis, problematizada por Meyer, é o assunto central deste trabalho, que procura mostrar como esse "diálogo" aponta para uma verdadeira teoria machadiana do leitor. A princípio figurado como um romântico a ser dissuadido do romantismo, lançando mão desse modo convencional que os românticos tinham de reivindicar veracidade para suas narrativas, essa entidade ficcional ganha novos papéis e funções, sofrendo um processo de fragmentação e dissolução no desenrolar da obra. Isso ocorre em simultaneidade com a insistência cada vez maior em abordar, nas próprias narrativas, as nuances mais concretas do processo literário e com a afirmação cada vez mais veemente da importância da participação do receptor na consumação da obra. Do alvo de conversão dos primeiros romances, o leitor aparecerá como o preenchedor de lacunas de *Dom Casmurro*, ideia que remete à concepção do texto como tecido composto de hiatos a serem preenchidos pelo leitor formulada pela chamada estética da recepção, e, em *Esaú e Jacó*, como peça de um jogo de xadrez, metáfora muito semelhante às empregadas por

---

[8] Augusto Meyer, *Machado de Assis*, 3. ed., Rio de Janeiro, Presença/Instituto Nacional do Livro, 1975.

Roland Barthes e Umberto Eco, que comparam o texto literário ao lugar de um embate xadrezístico entre escritor e leitor.[9]

O objetivo aqui é estabelecer conexões entre o frequente e "inevitável tuteio"[10] do narrador com o leitor, que se estabelece no plano ficcional, e o embate histórico do escritor com seu público. Suponho ser possível traçar relações entre a percepção que Machado de Assis tinha do seu público, expressa na produção crítica, na correspondência e, em certa medida, na crônica, e a relação entre os narradores e as figurações do leitor nos romances. Dito de outra forma: as mudanças da percepção e da expectativa do escritor em relação ao seu público teriam implicações no modo como os narradores se dirigem aos seus interlocutores nos romances. Não se trata de postular relações causais e diretas entre o "plano fictício" e o "plano real", nem de se tentar estabelecer um paralelismo do tipo "o escritor está para o narrador assim como o público está para o leitor". No entanto, acredito ser possível encontrar refratadas no leitor ficcionalizado projeções do escritor acerca do seu interlocutor – seja ele real, potencial ou ideal.

Ao focar no diálogo entre narrador e leitor, o objetivo é compreender melhor a obra machadiana à luz de dados fundamentais para a literatura oitocentista, como a ampliação e diversificação do público leitor e a complicação do aspecto comunicativo do texto literário, que abandonava as formas fixas e tradicionais à medida em que deixava de contar com a homogeneidade do repertório entre seus produtores e receptores/consumidores. Embora a evocação do leitor pelo texto e sua tematização dentro do próprio universo ficcional esteja na origem do gênero romanesco – já no início do século 17, Cervantes ironizava os crédulos leitores das novelas de cavalaria e dava início à segunda parte do *D. Quixote* com um "Prólogo ao Leitor", fosse ele "ilustre, ou plebeu"[11] – a figura polivalente e multifacetada,

---

9 Para Barthes, o texto é algo "imutavelmente estruturado e no entanto infinitamente renovável: algo como o jogo de xadrez", cujo sentido se realiza a partir da "fusão orgástica" entre escritor e leitor. Cf. Roland Barthes, *O Prazer do Texto*, 4. ed., São Paulo, Perspectiva, 1996. Eco, por sua vez, afirma que "o texto é um produto cujo destino interpretativo deve fazer parte do próprio mecanismo gerativo", comparando a sua escritura a uma estratégia militar ou xadrezística, na qual o leitor é projetado como um modelo de adversário. Cf. Umberto Eco, *Lector in Fabula – A Cooperação Interpretativa nos Textos Narrativos*, São Paulo, Perspectiva, 1986.
10 Augusto Meyer, "O romance machadiano", in: *Textos Críticos – Augusto Meyer*. São Paulo, Perspectiva; Brasília, INL, Fundação Nacional Pró-Memória, 1986, p. 329.
11 Cervantes, *D. Quixote de La Mancha* (tradução de António Feliciano de Castilho), 2º volume, Rio de Janeiro, Jackson Editores, 1949, pp. 3-5. Para informações históricas sobre a figura social do leitor, vide Marisa Lajolo e Regina Zilberman, *A Formação da Leitura no*

"monstro de muitas cabeças", como definiu Dickens[12], tornar-se-ia fundamental para a produção literária a partir do final do século 18, quando os textos frequentemente passam a tematizar o destinatário como problema, simultaneamente querido e desprezível, "hipócrita" e "irmão", condição de existência e defeito capital de uma obra. No século 19, o conflito aberto entre narradores e leitores chega ao proscênio das obras de Thackeray, Sterne e Xavier de Maistre, referências fundamentais e explícitas para a produção da segunda fase de Machado.[13]

A questão aqui é estudar os sentidos que essa figura retórica, importada do romance europeu, ganha no contexto brasileiro oitocentista e, mais especificamente, na produção machadiana. Produzida num ambiente onde a possibilidade de comunicação entre escritor e público era muito reduzida e em meio a "uma literatura que não existe ainda, que mal poderá ir alvorecendo agora", como escreveu o próprio Machado de Assis em 1873[14], sua obra está marcada por essa relação peculiar e problemática, o que é bastante perceptível nos seus romances, que também podem ser lidos como dramatização da relação do escritor com seu público.

Vale notar que não se pretende propor novas interpretações para cada um dos romances de Machado de Assis, mas uma leitura do conjunto da obra pelo prisma da relação problemática entre narrador e leitor. Trata-se, portanto, de procurar traçar uma linha na "emaranhada vegetação que caracteriza a sua forma narrativa", na definição de Alexandre Eulalio.[15] Ao tomar como objeto de análise uma série de obras, coloca-se a possibilidade de investigar como a reação do público a determinado texto, documentada em artigos e resenhas, assim como na correspondência do escritor e em

---

Brasil, São Paulo, Ática, 1996, pp. 14-17 e Garrett Stewart, *The Conscripted Audience in Nineteenth-Century British Fiction*, Baltimore, Johns Hopkins University Press, 1996.

12 Em carta a John Forster datada de 21 de setembro de 1840 Dickens refere-se ao leitor como "many-headed", in: Madeline House e Graham Storey (ed.), *The Letters of Charles Dickens*, Oxford, Clarendon Press, 1965, p. 129, citado por Garrett Stewart, *The Conscripted Audience in Nineteenth-Century British Fiction*, p. 9.

13 Em Machado, o embate constante entre narradores e narratários constitui uma das principais, senão a principal, fontes de tensão dramática das narrativas, o que o aproxima de autores britânicos e norte-americanos, como Blake e Melville, cujas vozes narrativas estão em constante atrito com seus interlocutores. Veja-se William G. Rowland Jr., *Literature and the Marketplace – Romantic Writers and their Audiences in Great Britain and the United States*, Lincoln; London, University of Nebraska Press, 1996, p. 3.

14 Machado de Assis, "Instinto de Nacionalidade", *OC*, vol. 3, p. 802.

15 Alexandre Eulalio, "O *Esaú e Jacó* na Obra de Machado de Assis: as Personagens e o Autor Diante do Espelho", in: *Escritos* [org. Berta Waldman e Luiz Dantas], Campinas, Editora da Unicamp; São Paulo, Editora Unesp, 1992, p. 355.

outros textos de natureza documental, pode influir sobre o encaminhamento da produção do autor.

Assim, o interesse recai menos sobre a interação entre leitor e texto no ato da leitura, ou entre narrador e narratário no processo de narração, do que sobre o impacto das condições materiais de circulação e recepção de uma obra sobre a sua composição. Note-se que esse impacto não constitui uma operação mecânica, pois refere-se tanto a uma circunstância *anterior* à existência do texto, na antecipação que o autor faz da recepção, ou seja, na sua projeção de leitor, real ou ideal, quanto a uma *circunstância* posterior, relacionada à recepção da obra, que pode variar entre a euforia e a indiferença, interferindo nos futuros escritos do autor. Sem perder de vista que o trânsito entre o mundo empírico e o ficcional está sempre mediado pela imaginação do autor, os elementos extraliterários apontados acima ajudam a compreender a significação atribuída a um texto em dado momento e revelam a percepção e o posicionamento do autor diante de fatores decisivos para a consumação do processo literário.

Eis, em resumo, algumas perguntas colocadas por este livro: quem eram os leitores contemporâneos de Machado de Assis e quais os seus gostos e hábitos de leitura? Quais as reações às obras no momento de sua publicação? De que forma a repercussão de cada obra teria influenciado obras posteriores e produzido modificações importantes na produção do escritor? Como se inscreve numa obra a experiência de um escritor que vive e produz num tempo e espaço determinados, exposto a um certo público e a condições específicas de produção e circulação de textos? Quais conexões podem existir entre a relação do escritor com seu público – e, no caso de Machado de Assis, essa relação transforma-se muito ao longo do tempo – e a relação que os narradores dos seus romances estabelecem com "ficções de leitor" a que eles constantemente se dirigem?

As respostas serão buscadas ao longo dos capítulos, que se organizam em torno do leitor *de* e *em* Machado de Assis, e do estudo das mediações possíveis entre essas entidades históricas e ficcionais. No conjunto, esses capítulos compõem um estudo sobre as modificações do texto machadiano no que concerne ao tratamento reservado ao leitor – entendido como figura ficcional e como interlocutor privilegiado do narrador – à luz das modificações ocorridas ou percebidas pelo escritor na sociedade brasileira oitocentista, em particular aquelas relativas à questão da leitura e dos leitores.

•••

Este livro compõe-se de três partes. A primeira gira em torno do leitor *de* Machado de Assis, ou seja, dos destinatários empíricos de sua prosa ficcional; para isso lanço mão de material de pesquisa e, por meio da análise de documentos, procuro delinear o contexto intelectual e cultural da produção da obra de Machado de Assis. A segunda parte, que trata do leitor enquanto construção ficcional no romance machadiano, concentra-se sobretudo na análise de textos ficcionais, embora também faça referência a textos não ficcionais (como críticas e resenhas publicadas sobre os romances machadianos à época dos seus aparecimentos em livro). A terceira parte consiste na reunião de textos publicados na imprensa brasileira por ocasião do lançamento das primeiras edições, em livro, dos nove romances de Machado de Assis. No conjunto, compõem uma espécie de reação à produção machadiana "no calor da hora".

As duas primeiras partes adotam métodos diferentes de estudo, respectivamente definidos por Antonio Candido em "Literatura e Subdesenvolvimento" como uma sociologia da difusão, baseada em informações quantitativas e estatísticas, e uma sociologia da criação literária, em que o instrumento de conhecimento é a análise do texto.[16] A divisão em torno desses dois vetores – um eminentemente histórico-sociológico e outro fundamentalmente literário – justifica-se pela facilidade de organização e pela opção de deixar explícita a independência entre o plano empírico/histórico e o plano ficcional que, no entanto, projetam sentidos um sobre o outro. Se é possível afirmar com segurança que os leitores a que os narradores se dirigem nos romances de Machado de Assis não se constroem à imagem e semelhança dos seus leitores empíricos – reais ou potenciais –, também é possível dizer que esses leitores figurados não estão completamente dissociados do leitor empírico, que afinal constitui a finalidade de todo e qualquer texto.

A primeira parte está subdividida em três capítulos. O primeiro mostra como alguns dos principais romancistas e críticos brasileiros trataram a questão do público de literatura ao longo do século 19 e como a pouca repercussão da produção literária brasileira, percebida desde cedo por escritores e críticos, recebeu diversas explicações ao longo do século 19. Para quem os primeiros romancistas brasileiros imaginavam escrever? E para quem de fato escreviam? Quais as condições de circulação do romance no Brasil oitocentista? Quais as tiragens? Em que velocidade as edições se

---

16 Antonio Candido, "Literatura e Subdesenvolvimento", in: *Argumento – Revista Mensal de Cultura*, ano 1, n. 1, Rio de Janeiro, Editora Paz e Terra, 1973.

esgotavam? De que forma a ampliação do conhecimento da realidade do país e o delineamento do público leitor repercutiram nas obras e nos projetos literários dos escritores? Em torno das respostas a essas perguntas se organiza o capítulo, que procura mostrar a exiguidade do leitorado como aspecto problemático para a aclimatação do romance, enquanto forma importada, à realidade do Brasil oitocentista. Essa exploração de uma dimensão radicalmente materialista do fato literário tem inspiração na sociologia da literatura de Robert Escarpit, que postula ser relevante para a compreensão de uma obra literária o fato de ela ser veiculada por meio do livro, produto que tem uma dimensão industrial e comercial.[17] Dimensão de que o escritor Machado de Assis estava muito consciente e diante da qual sua obra sempre toma posição, como procurarei mostrar.

O segundo capítulo concentra-se na década de 1870, quando começam a ser formuladas explicações mais concretas para a pouca repercussão da literatura. Nessa década, a imprensa torna-se mais atuante, a atividade editorial ganha maior regularidade e profissionalização e as condições reais do país tornam-se mais conhecidas, tudo isso contribuindo para deixar mais claras as proporções diminutas do público consumidor de literatura no Brasil. Importante nesse período é a realização do primeiro recenseamento geral do país, cujos resultados, divulgados em 1876 (apesar de o censo ter começado a ser realizado quatro anos antes, em 1872), provocaram reações de espanto em todo o país. Foi nesse ano que, pela primeira vez, vieram à luz números sobre o nível de instrução e analfabetismo no Brasil, despertando a indignação de jornalistas e escritores, entre eles Machado de Assis, e modificando a imagem extremamente idealizada e fluida que até então se fazia do país. A consciência da escassez de leitores colocava em dificuldades o projeto de um romance nacional extensivo, capaz de abarcar todo o país, formulado pelos românticos e desenvolvido por José de Alencar. Projeto difícil, para não dizer inexequível, num país em que até mesmo as fronteiras permaneceram indeterminadas e incertas e onde a comunicação entre as regiões manteve-se bastante precária durante quase todo o século 19. A constatação de que não existia no Brasil um público numeroso e anônimo com acesso ao jornal – e, principalmente, ao livro – colocaria em xeque a eficácia e a relevância do romance como veículo de síntese e divulgação da nacionalidade; eventualmente, colocaria em dúvida até mesmo a possibilidade de existência de uma ficção nacional.

---

17 Robert Escarpit, *Sociologie de la Littérature*, Paris, Presses Universitaires de France, 1958.

O terceiro capítulo da primeira parte estuda como a questão do público é tratada por Machado de Assis nas crônicas e na crítica literária e teatral, textos em que formulou e experimentou princípios e procedimentos estéticos a serem utilizados na sua produção ficcional e nos quais o público da literatura frequentemente comparece como assunto problemático. Veremos os ecos do projeto alencariano de construção de um romance nacional que procure "formar a nova e grande nacionalidade brasileira"[18] nos textos críticos das décadas de 1850 e 1860, nos quais Machado adota a retórica do artista missionário, empenhado em ilustrar as massas. Esse discurso sofrerá sucessivos choques de realidade ao longo da década de 1870 e estará reduzido a pó já em 1880, com as palavras de Brás Cubas "Ao Leitor", que podem ser lidas como uma espécie de reescritura desencantada – e ficcionalizada – do *"Instinto de Nacionalidade"* de 1873. Neste capítulo, os textos analíticos e a crônica de Machado, veículos de declarações de princípios do escritor e balões de ensaio do ficcionista[19], fornecerão subsídios importantes para o estudo da figuração do leitor no romance machadiano, de que se ocupa a segunda parte.

A segunda parte dedica-se ao estudo da figura ficcional do leitor nos romances de Machado de Assis. A figura convencional e idealizada do (a) leitor(a) querido(a) e amável dos primeiros romances, que o narrador – também ele convencional e idealizado – conduz educadamente pelo espaço ficcional vai sendo tragada e digerida pelo texto, transformando-se em matéria essencial da narrativa. Enquanto nos primeiros romances os narradores comportam-se como *raisonneurs* que, postados na boca de cena e ofuscados pelas holofotes, parecem não distinguir as faces na plateia, mas dirigem-se a ela como se o teatro estivesse lotado, nos romances da segun-

---

18 José de Alencar, "Bênção Paterna", in: *Sonhos d'Ouro – Romance Brasileiro*, Rio de Janeiro, Livraria José Olympio Editora, 1953, p. 35.
19 Nas crônicas, as "antecipações" de procedimentos narrativos do romance da maturidade têm sido apontadas pelos estudos mais recentes sobre Machado de Assis, como os de John Gledson e Roberto Schwarz. Lúcia Granja, em "A língua engenhosa: O narrador de Machado de Assis, entre a invenção de histórias e a citação da história", escreve que "O processo que se inicia com a escrita das crônicas estará completamente formado à medida que o narrador de Machado transpõe para a ficção a fluidez do texto do jornal, ou seja, a estratégia montada, primeiro, na crônica, funcionará também nos escritos de puro ambiente literário". In: Sidney Chalhoub e Leonardo Affonso Pereira (org.), *A História Contada – Capítulos de História Social da Literatura do Brasil*. Rio de Janeiro, 1998, pp. 67-91. J. C. Kinnear, em texto que compara a versão definitiva de *Quincas Borba* com sua primeira versão, publicada em *A Estação*, também considera que as atitudes do segundo período da ficção machadiana estão presentes nas crônicas e na crítica literária. Cf. J. C. Kinnear, "Machado de Assis: To Believe or Not to Believe?", *Modern Language Review*, vol. 71, Edimburgo, 1976, pp. 54-65.

da fase os narradores passam a impressão cada vez mais aguda de que a plateia é ilusão.

Veremos que a postura didática e pedagógica dos narradores de *Ressurreição* e *A Mão e a Luva*, empenhados em transformar o gosto dos seus leitores, será substituída por uma postura mais neutra em *Helena* e *Iaiá Garcia*, romances em que a relação do narrador com seus interlocutores aparece bastante apaziguada, no sentido de que eles nem questionam nem investem contra as expectativas dos seus leitores, como ocorre sistematicamente nos dois primeiros livros. Particular atenção será dada a *Helena*, até hoje interpretado, pelo recurso constante aos procedimentos do melodrama e do romance popular, como o texto mais defeituoso e desviante na carreira de Machado de Assis, uma espécie de antípoda dos grandes textos da maturidade. Com um pé no realismo e outro no ultrarromantismo, trata-se de obra realmente fraturada, ainda que notavelmente mais sintonizada com o gosto então predominante que os dois primeiros romances de Machado. Minha suposição é que o recurso ao melodrama, exacerbado em *Helena*, não se explica apenas pela inabilidade do escritor imaturo, ainda em busca de dicção própria. Isso pode ser entendido também como exercício deliberado do escritor nas técnicas dos romances populares produzidos na Europa, que faziam sucesso entre o público brasileiro. Romances de Escrich, Paul de Kock e Ponson du Terrail, que ocuparam os mesmos rodapés d'*O Globo* onde foram publicados os capítulos de *Helena*.

Como se sabe, Machado já praticava com desenvoltura a prosa abusada de *Brás Cubas* nas crônicas e nos contos do início da década de 1870, numa postura agressiva com o leitor que só adotaria no romance na década de 1880. Por quê?

Entre as principais teorias explicativas para a virada da primeira para a segunda fase, destacam-se a explicação biográfica proposta por Lúcia Miguel-Pereira, que viu na consumação da ascensão social por parte de Machado de Assis, em torno de 1880, o motivo principal para o escritor desafrontar-se não da brevidade do século, como reivindicava o morto Brás Cubas, mas das possíveis humilhações e ofensas da pobreza, permitindo ao escritor aburguesado exercer livremente a crítica à classe à qual até havia pouco almejava pertencer; a explicação psicológica de Augusto Meyer, para quem Machado naqueles seis meses de doença, de outubro de 1878 a março de 1879, teria sofrido uma conversão às avessas, na medida em que passou à descrença, à ironia livre, adotando a psicologia da máscara que admitia a irrupção de verdades recalcadas; a explicação existencial defendida por Barreto Filho, para quem a proximidade dos 40 anos teria marcado a perda das ilusões declaradas pelo próprio Machado, reverberando nos seus narradores, tornados cínicos, dos quais o protótipo é Brás Cubas; e, mais recentemente, a explicação de Roberto Schwarz, para quem a viravolta foi de ordem ideológica.

Para Schwarz, em algum momento entre *Iaiá Garcia* (1878) e as *Memórias Póstumas* (1880), o escritor teria chegado à conclusão de que a tônica do processo social brasileiro não estava na transformação de escravos e dependentes em cidadãos, saída de alguma forma tentada nos primeiros romances, mas na articulação de modos precários de assalariamento com as antigas relações de propriedade e mando. A partir daí, "Machado insistiria nas virtualidades retrógradas da modernização como sendo o traço dominante e grotesco do progresso na sua configuração brasileira", criando narradores como Brás Cubas e Bento Santiago, que se ofereciam em espetáculo, trazendo à luz os procedimentos arbitrários e violentos da elite brasileira. A perda das ilusões, para Schwarz, não seria nos homens, mas no Brasil, devido à percepção, por parte do escritor, da inviabilidade de superação das iniquidades sociais mesmo depois de abolida a escravidão.

Sem excluir qualquer dessas explicações, procuro mostrar que a percepção do infundado das expectativas – na vida, nos homens, no país – abrangeria também a relação do escritor com os seus leitores, tanto os idealizados quanto os empíricos. Uma das mudanças mais notáveis de *Iaiá Garcia* para as *Memórias Póstumas* tem a ver com o tratamento dispensado pelos narradores aos leitores e com o nível de exigência de leitura e interpretação a que estes, os leitores, são submetidos pelos romances da chamada segunda fase. Fato aliás sublinhado por Roberto Schwarz, para quem Machado de Assis, com *Brás Cubas*, passava a agredir "as condições de leitura confiada e passiva [...], chamando o leitor à vida desperta"[20], o que não deixa de ser manifestação, nesse plano específico da relação do escritor com seu público, dos antagonismos sociais representados em outras dimensões da obra, como mostra Schwarz.

Nesse sentido, parece-me significativo que o romance machadiano da maturidade seja inaugurado com Brás Cubas dirigindo-se ao leitor como figura improvável e numericamente reduzida: "O que não admira, nem provavelmente consternará, é se este outro livro não tiver os cem leitores de Stendhal, nem cinquenta, nem vinte, e quando muito, dez. Dez? Talvez cinco."[21] *Brás Cubas* inaugura um modo de elocução inédito para o romance

---

20 Roberto Schwarz. *Um Mestre na Periferia do Capitalismo – Machado de Assis*, São Paulo, Duas Cidades, 1990, p. 226.
21 Machado de Assis. *OC*, vol. 3, p. 513.

brasileiro, colocado a léguas de distância do tom submisso de Macedo, que no prefácio de *O Moço Loiro* dirige-se "Às senhoras brazileiras" pedindo a elas que cubram "com a egide de vosso patrocinio" o romance, o personagem e o autor — as três instâncias confundidas na figura do "fraquinho infante, que medroso dos camaradas, corre a acolher-se no materno collo". Tom submisso e também mistificador, uma vez que as senhoras brasileiras do título do prefácio são reduzidas, no segundo parágrafo, ao "público do Rio de Janeiro", por sua vez limitado, como vem sugerido já na primeira página do romance, aos cavalheiros e mocinhas "do grande tom" — o que é indicativo da desproporção entre a intenção do romance e sua modesta possibilidade de circulação junto ao público.[22] Desproporção que estará exacerbada em Alencar, cujos romances parecem pressupor um público numeroso e anônimo disperso pela vastidão do território nacional. Tanto os narradores de Macedo quanto os de Alencar parecem projetar vozes demasiado intensas e altas para a "acústica reduzida" do meio, provocando desconforto semelhante ao que por vezes se experimenta diante do orador que imagina sua audiência maior do que é, ou de quem, a despeito da distância em relação ao seu interlocutor, mantém imutável — e sempre alto — o volume da voz.

Ao exacerbar, no nível do texto, o embate entre narrador e leitor, *Brás Cubas* dramatiza a precariedade dessa relação e coloca em dúvida sua eficácia comunicativa, produzindo uma diminuição do volume da narração, cuja estridência, no entanto, é enorme.[23] Dessa maneira, o livro questiona

---

22 Joaquim Manuel de Macedo. *O Moço Loiro*. Rio de Janeiro/Paris, Garnier, 1845, pp. V,VIII e 1.

23 O inexplicável da obra de Machado de Assis frequentemente vem associado a metáforas que comparam sua escrita a processos vocais. Do estilo gago, na célebre definição de Sílvio Romero, à "postura e *dicção* que não assentavam nas circunstâncias locais", conforme a interpretação de Roberto Schwarz, a estranheza causada pela obra machadiana está sempre relacionada à voz. Lúcia Miguel-Pereira, na conclusão da sua biografia, associa a originalidade do escritor a "um tom diferente", que teria a ver com o falar brasileiro [Lúcia Miguel Pereira, *Machado de Assis (Estudo Crítico e Biográfico)*, 4. ed., São Paulo, Gráfica Editora Brasileira Ltda., 1949, p. 330]. José Maria Bello refere-se a uma mudança de tom na obra de Machado, embora considere que "a diferença de processos entre, por exemplo, *Helena* e *Braz Cubas*" seja mais de superfície do que de fundo, pois o temperamento do escritor conserva-se o mesmo, sem violências ou transições súbitas [José Maria Bello, *Novos Estudos Críticos — Machado de Assis, Joaquim Nabuco e Outros Artigos*. Rio de Janeiro, Typ. Revista dos Tribunaes, 1917, p. 15]. Afrânio Peixoto, por sua vez, acredita que suas pausas respiratórias teriam se refletido sobre o seu modo de escrever, que substitui os períodos redondos e longos dos oradores pela língua direta e precisa de quem tem dificuldade de falar. Mais recentemente, Alfredo Bosi conclui o capítulo "Uma Hipótese Sobre a Situação de Machado de Assis na Literatura Brasileira" definindo a situação por uma metáfora vocal que também tem a ver com o volume da elocução: "uma voz inquietante que fala baixo mas provoca sempre" [Alfredo Bosi, *Machado de Assis — O Enigma do Olhar*. São Paulo, Ática, 1999, p. 163].

até mesmo a possibilidade de existência de um romance brasileiro ao fazer do romance uma paródia de si mesmo[24] – o próprio escritor, no "Prólogo à terceira edição", coloca em dúvida se as *Memórias Póstumas* são de fato um romance, ecoando a indagação do historiador e crítico Capistrano de Abreu –, fosse no nível da representação do país, fosse no da sua possibilidade comunicativa. O narrador, que aí comparece em primeira pessoa e com um ângulo de visão bastante restringido em relação aos romances anteriores, vem também com um sensível ajuste na sua intensidade vocal, o que o deixa mais de acordo com sua pátria e com o seu século, qualidades que Machado de Assis defendia como fundamentais para o romance brasileiro e confessadamente apreciava no seu grande mestre, Garrett. Essas modificações representavam uma reorientação profunda no projeto do romance nacional em vigor nas décadas de 1840, 50 e 60 e fora encampado por Machado de Assis no início de sua carreira.[25]

Da plateia lotada, pressuposta pelo narrador de *Ressurreição*, *A Mão e a Luva* e *Helena*, vamos para os cem ou cinco leitores de *Brás Cubas*, para o não leitor da "História dos Subúrbios", que fica adiada para depois de terminada a narração de *Dom Casmurro* e, finalmente, para o leitor único – ou o leitor nenhum – do *Memorial de Aires*. É notável o fato de ser o *Memorial* o único dos romances em que não há referências diretas ao leitor, embora essa seja a grande presença negada pela narrativa, que trata o leitor empírico como figura indesejada, transformando-o numa espécie de sombra, já que as anotações íntimas do velho diplomata supostamente não se dirigem a ninguém, a não ser ao próprio conselheiro Aires, simultaneamente autor, narrador e leitor do *Memorial*. Como movimento geral, pode-se dizer que de romance a romance caminha-se em direção à aniquilação do leitor empírico, representado como figura cada vez mais rara e incômoda e também mais cúmplice do narrador, a ponto de finalmente confundir-se com ele. Ao simular sua "exclusão" do jogo ficcional, o romance quer fazer crer que o leitor do livro é pura ficção, o que é absurdo não só para o sujeito que tem o livro em mãos mas para qualquer um, já que não há literatura sem leitor e sem público, entidades fundamentais para a realização do processo literário.

24 Augusto Meyer, "O romance machadiano", in: *Textos Críticos – Augusto Meyer*, p. 332.
25 José Veríssimo refere-se à generalização do projeto de constituição de uma "literatura verdadeiramente nacional" como sintoma da enorme influência de Alencar no meio literário: "Este conceito parece ter sido, com algum exclusivismo, o de Alencar, de seus discípulos e admiradores e até de antagonistas seus, o que é maior documento da impressão que ele fez no seu meio". In José Veríssimo, *História da Literatura Brasileira: de Bento Teixeira, 1601, a Machado de Assis, 1908*. Brasília, Editora Universidade de Brasília, 1961, p. 194.

Considerando essas hipóteses, o que se procura mostrar é que o romance machadiano em seu conjunto dramatiza a inviabilidade tanto do projeto de um romance brasileiro extensivo quanto de um romance popular, no molde europeu, modelo perseguido pelo escritor nos seus primeiros livros. A guinada da primeira para a segunda fase pode estar relacionada também à percepção aguda, por parte do escritor, da inviabilidade de se fazer um romance extensivo, tanto no sentido da representação geral do país quanto na possibilidade de circulação, o que derivaria da tomada de consciência do alcance limitado do texto literário no ambiente brasileiro e dos seus leitores possíveis. Assim, proponho que o conhecimento do público contemporâneo à produção da obra de Machado de Assis – com suas limitações, gostos arraigados, hábitos de leitura etc. – pode ser mais uma chave para se compreender a transformação do bom escritor dos primeiros romances no mestre autor de *Dom Casmurro* e *Memorial de Aires*, entre outras obras-primas.

Ao transformar a frustração de expectativas e as dificuldades de atingir o público em matéria de uma produção ficcional que a todo tempo questiona sua capacidade de comunicação e até mesmo sua possibilidade de existência, Machado de Assis não estava apenas colocando sua obra em pé de igualdade com a melhor produção de sua época; ao procurar os sentidos dessa "cousa nova, metafórica, original", ele também antecipava questões que seriam incorporadas aos estudos literários muitos anos depois que o cronista, montado num bonde no Largo da Carioca, fazia cogitações sobre quem é o leitor e qual sua participação no processo literário.

Então vamos aos carapicus!

EM TORNO DE ALGUNS CONCEITOS DE LEITOR

"Todas as obras do espírito contêm em si a imagem do leitor a que se destinam."[26] A frase de Sartre constitui o postulado fundamental deste trabalho, que supõe que as marcas do público empírico respondem tanto a expectativas, mais ou menos infundadas, que o escritor tenha desse público quanto a eventuais constrangimentos que esse público coloque a sua obra. Isso significa entender a recepção do texto literário não como fim de um processo, nem como algo externo ao texto e independente de sua produção, mas como algo do mundo objetivo que participa do processo de realização

---

26 Jean-Paul Sartre, *Que é a Literatura?* São Paulo, Ática, 1989, p. 58.

da obra. Esta, por sua vez, resulta de uma circunstância histórica, da qual participam escritor e leitor – aqui entendido no sentido coletivo, de público. Daí a afirmação de Sartre sobre a impossibilidade de se escrever "sem um *determinado* público criado pelas circunstâncias históricas, sem um *determinado* mito do que seja a literatura"[27], o que se explicita no livro, objeto concreto para onde convergem escritura e leitura, atividades entendidas como "duas faces de um mesmo fato histórico".[28] Assim, a relação entre público e escritor não se dá num sentido único nem se pressupõe ser este a causa/origem e aquele consequência/finalidade da obra literária. Não há primazia temporal ou causal entre essas duas entidades históricas, que compartilham, no texto, um mundo comum. Nesse mesmo sentido, Antonio Candido assinala na *Formação da Literatura Brasileira* que um dos possíveis critérios para diferenciar períodos e escolas seria "a destinação pública da literatura", observando que "o escritor, quando escreve, prefigura, conscientemente ou não, o seu público, a ele se conformando".[29]

Mas de que forma a imagem do leitor empírico se manifesta no texto? Como identificar aí as marcas do público real e virtual?

Para Sartre, a imagem concretiza-se nas referências que a obra faz a "instituições, costumes, a certas formas de opressão e de conflito, à sabedoria ou à loucura do dia, a paixões duráveis e obstinações passageiras, a superstições e conquistas recentes do bom senso, a evidências e ignorâncias, a formas peculiares de raciocinar, que as ciências puseram em moda e que aplicamos a todos os campos: a esperanças, temores, hábitos da sensibilidade, da imaginação e até mesmo da percepção; enfim, aos costumes e valores recebidos, a todo um mundo que o autor e o leitor têm em comum".[30] Essa longa enumeração, que termina por englobar "todo um mundo", parece pressupor que o escritor e o seu público compartilham um mesmo repertório político e cultural, o que teria repercussão imediata sobre o tema e a forma das manifestações literárias. O fato de escritor e leitor viverem num mesmo momento parece implicar, para Sartre, que eles sejam partes perfeitamente complementares de uma figura conhecida, de modo que, traçado o contorno de uma das partes, a outra imediatamente se configuraria, pressupondo-se uma complementaridade quase perfeita entre escritor e público. Assim, para melhor compreender uma obra tanto faria bus-

---

27 *Idem*, p. 113.
28 *Ibidem*, p. 57.
29 Antonio Candido, *Formação da Literatura Brasileira (Momentos Decisivos)*, 3. ed., São Paulo, Livraria Martins Editora, 1969, vol. 1, p. 53.
30 *Ibidem*, pp. 57-8.

car subsídios na situação social, histórica e política do escritor quanto na do seu leitorado, embora Sartre sempre concentre sua investigação em torno da figura do escritor.

É notável a desenvoltura com que Sartre traça os limites entre os campos ideológicos, entre o eu e o Outro, entre escritor e leitor, o que certamente está relacionado ao fato de escrever num mundo recém-convulsionado pela guerra, atividade humana em que todos os limites geográficos, ideológicos, existenciais etc. são passados em revista e as oposições ganham nitidez – "toda guerra é um maniqueísmo"[31] –, o que implica não só a divisão clara entre Bem e Mal, mas também uma organização do mundo em torno de linhas forjadas por situações e sentimentos extremos. Sartre é o primeiro a apontar os limites e a parcialidade de sua análise e pede ao leitor que compreenda o "espírito" com que se lançou nesse trabalho, escrito em 1947, quando se iniciava o balanço dos horrores da Segunda Guerra.

A análise de Sartre esgota-se na definição da posição ideológica do escritor, sem se aprofundar no conhecimento das características do público. Em sua sociologia do leitor, Sartre também não se dedica à interpretação de textos, embora essa atividade esteja sempre no horizonte do crítico, para quem o leitor não é elemento externo ao texto, mas está inscrito nele, o que remete ao conceito de "leitor implícito", definido por Wolfgang Iser, um dos principais teóricos da Estética da Recepção, como entidade *textual* que antecipa a presença do interlocutor empírico.

Iser considera três dimensões no texto literário, a saber: "uma dimensão funcional, ou seja, a relação que estabelece com o contexto social e histórico em que aparece; uma dimensão comunicativa, que possibilita a transmissão de experiências para o leitor; e finalmente uma dimensão assimiladora/assimilativa, na qual se evidencia a 'prefiguração da recepção' do texto, assim como as faculdades e competências do leitor estimuladas por essa prefiguração."[32] Do macrocontexto às micromarcas textuais, a preocupação de Iser gira em torno de vários momentos do processo complexo da leitura.

A principal diferença entre o leitor implícito e o leitor sartriano é que este último se funda num substrato empírico e se define como um tipo – em função de sua classe social, etnia, nível sociocultural etc. – enquanto a categoria de Iser tem uma dimensão eminentemente textual, o que ele chama de

---

31 *Ibidem*, p. 59.
32 Wolfgang Iser, *The Implied Reader – Patterns of Communication in Prose Fiction from Bunyan to Beckett*. Baltimore and London, The Johns Hopkins University Press, 1974, p. 14.

"estrutura do texto", referindo-se tanto à "preestruturação do significado potencial do texto quanto à atualização que o leitor faz desse potencial no processo de leitura". A noção de leitor implícito remete, portanto, "à natureza ativa desse processo – que pode variar historicamente de uma época a outra – e não a uma tipologia dos leitores possíveis".[33] Sua manifestação se dá por meio de estruturas textuais que funcionam como uma espécie de guia de leitura, impedindo que esse ato seja puramente subjetivo.

O interessante em Iser é o fato de ele estudar o leitor como entidade eminentemente ficcional e entender o texto literário como um processo que abrange "desde a reação do autor ao mundo até sua experiência pelo leitor"[34] e procura investigar como esse leitor contemporâneo ao momento de produção está prefigurado pelo texto literário. Para refutar a acusação frequente de que a Estética da Recepção se funda sobre um profundo relativismo/subjetivismo, Iser coloca balizas ao texto literário comparando-o a uma figura de perspectiva que aponta tanto para a visão do autor quanto para as possibilidades de compreensão que o próprio texto apresenta para o seu receptor. O sucesso do ato da interpretação dependeria, portanto, de um bom posicionamento do leitor em relação ao texto, posição que por sua vez estaria sugerida pelo próprio texto.

Sem postular uma correspondência quase perfeita entre as intenções do autor e a imaginação do receptor, a quem caberia simplesmente preencher os sentidos pressupostos pela estrutura textual, Iser imprime dinamismo ao conceito de leitor implícito por meio da noção de "estrutura do ato", que dá conta dos elementos que os leitores individuais trazem para a leitura do texto a partir de suas experiências históricas e individuais. Essa atualização "episódica" que cada indivíduo faz do texto não implica, para Iser, uma relativização absoluta da interpretação; pelo contrário, ela também representa o preenchimento de uma estrutura preexistente, prevista pelo texto. Se não fosse assim, argumenta, a compreensão das interpretações individuais de um texto não seria acessível a outros sujeitos. Daí a funcionalidade do conceito de leitor implícito, "que proporciona o quadro de referências para a diversidade de atualizações históricas e individuais do texto, a fim de que se possa analisar sua peculiaridade".[35]

Para este trabalho interessam sobretudo as mediações que Iser propõe para o estudo da relação entre o público real de um texto e suas figurações

---

33 *Idem*, p. xii.
34 *Ibidem*, p. 13.
35 Wolfgang Iser, *O Ato da Leitura – Uma Teoria do Efeito Estético*, vol. 1, São Paulo, Editora 34, 1996, p. 78.

literárias. Iser distingue entre "papel do leitor" e a noção de "ficção do leitor", esta última referindo-se a um repertório de sinais por meio dos quais o narrador expõe o texto ao leitor imaginado. A ficção do leitor manifesta-se na superfície do texto, ao passo que o papel do leitor é um dado estrutural, profundo, resultante da interação das mais variadas perspectivas (personagens, enredo, a própria ficção do leitor etc.) que, integradas, constituirão a *figura de perspectiva* que é o texto literário. O leitor de Iser, portanto, é uma entidade principalmente mas não apenas ficcional, uma vez que a "ficção do leitor" constituiria uma espécie de manifestação, no texto, de suas expectativas de leitor empírico.

Assim, o leitor empírico está implicado no ato da escrita e participa da estrutura interna do texto que, por definição, sempre tem uma intenção de estabelecer comunicação, ainda quando afirma a precariedade ou a impossibilidade da comunicação ou quando ironiza o leitor, buscando antes sua reação e não necessariamente seu assentimento.

A concepção da obra como tecido cheio de lacunas, de hiatos a serem preenchidos pelo leitor, a quem cabe atribuir sentidos ao texto, é uma das grandes contribuições da Estética da Recepção, que entende que o processo de significação não se esgota na escrita. O sentido deixa de se localizar na mente do autor, como postulava a crítica fenomenológica de tradição husserliana, para se produzir no embate do leitor com o texto, no ato da leitura para o qual o receptor traz suas crenças e expectativas, ou "pré-entendimentos", que podem ser abandonados ou confirmados pela leitura. A leitura deixa de ser encarada como movimento linear progressivo, como um mero acúmulo contínuo de informações, já que informações tardias podem alterar expectativas anteriormente formuladas, assim como produzir reorganizações de entendimentos previamente formulados. Procedimentos em nada estranhos ao universo ficcional de Machado:

> Eu, quando leio algum desta outra casta não me aflijo nunca. O que faço, em chegando ao fim, é cerrar os olhos e evocar todas as cousas que não achei nele. Quantas ideias finas me acodem então! Que de reflexões profundas! Os rios, as montanhas, as igrejas que não vi nas folhas lidas, todos me aparecem agora com as suas águas, as suas árvores, os seus altares, e os generais sacam das espadas que tinham ficado na bainha, e os clarins soltam as notas que dormiam no metal, e tudo marcha com uma alma imprevista.
>
> É que tudo se acha fora de um livro falho, leitor amigo. Assim, preencho as lacunas alheias; assim podes também preencher as minhas.[36]

---

36 Machado de Assis, *Dom Casmurro, OC*, vol. 1, pp. 870-1.

Quando Bento Santiago convoca o leitor a fechar os olhos e completar os sentidos da narração, ele coloca em prática a ideia de que a obra exista apenas como uma série de *schemata*, termo usado por Roman Ingarden para designar as direções gerais dos sentidos a serem concretizados na recepção. A observação arrojada do narrador machadiano, em consonância com ideias que seriam desenvolvidas pela Teoria da Recepção, propõe um deslocamento importante para o entendimento do fenômeno literário.[37]

Finalmente, vale ressaltar outro conceito, formulado por outro teórico da Estética da Recepção e que me parece particularmente útil para se compreenderem as mediações possíveis entre leitor ficcional e leitor empírico. Trata-se do "leitor intencionado" (*intendierte Leser*), formulado por Erwin Wolff. Referindo-se à reconstrução de uma imagem do leitor que teria existido na mente do autor, o leitor intencionado consiste numa "ficção de leitor no texto", que se manifesta por meio de exortações do narrador ao leitor, de sua postura pedagógica, da manifestação de normas e valores etc., revelando "as disposições históricas do público visadas pelo autor", seja para respeitá-las ou afrontá-las. A definição do leitor intencionado de um texto implica a realização de uma espécie de arqueologia não só da percepção quanto das intenções do escritor em relação ao seu público, intenções que se transformam ao longo do tempo, informadas por condições históricas específicas, e manifestam-se por meio de um repertório de sinais com que o narrador expõe o texto ao seu leitor imaginado. Isso não quer dizer que o leitor intencionado seja idêntico ao leitor empírico, mas que trata de uma figura que contém traços tanto do leitor potencial quanto do leitor desejado/imaginado pelo escritor.

Este trabalho também se inspira em estudos relativamente recentes sobre o leitor e o público na ficção oitocentista. Refiro-me especificamente a *Dear Reader – The Conscripted Audience in Nineteenth Century British Fiction*, de Garrett Stewart, *The Hidden Reader – Stendhal, Balzac, Hugo, Baudelaire, Flaubert*, de Victor Brombert, e *Literature and the Marketplace – Romantic Writers and their Audiences in Great Britain and the United States*, de William Rowland Jr.[38] Todos esses estudos fornecem subsídios importantes para se compreender como as profundas mudanças do regime

---

[37] Cf. Roman Ingarden, *The Literary Work of Art – An Investigation on the Borderlines of Ontology, Logic, and Theory of Literature*, Evanston, Northwestern University Press, 1973.

[38] Garrett Stewart, *The Conscripted Audience in Nineteenth-Century British Fiction*, Baltimore and London, The John Hopkins University Press, 1996; Victor Brombert, *The Hidden Reader – Stendhal, Balzac, Hugo, Baudelaire, Flaubert*, Cambridge, Harvard University Press, 1988; William G. Rowland Jr., *Literature and the Marketplace – Romantic*

de comunicação entre autores e públicos verificadas nos séculos 18 e 19 nas matrizes da vida intelectual brasileira ecoaram na produção de autores cujas obras eram as principais referências para a prosa de ficção praticada no Brasil do século 19. Particularmente útil é o estudo de Rowland Jr. que, partindo do pressuposto de que a imagem que os escritores faziam de seu público teve influência decisiva sobre a forma das obras do Romantismo britânico e norte-americano, analisa a importação, por parte dos escritores norte-americanos, das formulações britânicas sobre a posição e a função social do escritor, procurando indicar os novos significados que lhe eram atribuídos do outro lado do Atlântico Norte.

Examinados alguns conceitos e proposições teóricas para a abordagem do leitor e da leitura no processo literário, cabe definir os pontos de contato com as diversas linhas de pesquisa mencionadas. Com a sociologia da literatura, compartilho o interesse pela dimensão material do fato literário, manifesta nos modos de difusão do texto, condições de distribuição e circulação de periódicos e livros, estrutura de organização do mercado editorial e das edições, modos de divulgação da obra etc., procurando conjugar o tipo de estudo proposto por Robert Escarpit com a análise e a interpretação do texto literário. Vale notar que questões afins com a sociologia literária estão muito presentes na ficção machadiana por meio de diversas referências, por exemplo, ao valor monetário do livro ("O resto deste capítulo é só para pedir que, se alguém tiver de ler o meu livro com alguma atenção mais da que lhe exigir o preço do exemplar, não deixe de concluir que o diabo não é tão feio como se pinta. Quero dizer...")[39], às suas características materiais, indicativas do público potencial do romance ("Às vezes, esqueço-me a escrever, e a pena vai comendo papel, com grave prejuízo meu, que sou autor. Capítulos compridos quadram melhor a leitores pesadões; e nós não somos um público *in-folio*, mas *in-12*, pouco texto, larga margem, tipo elegante, corte dourado e vinhetas... principalmente vinhetas... Não, não alonguemos o capítulo.")[40] ou até mesmo com referências à marca do querido e amigo papel, a que Aires se dirige constantemente no seu memorial. Das formulações de Sartre e Iser a respeito do leitor, interessa-me sobretudo a postulação de que é possível identificar no próprio texto literário as marcas de apelo ao seu público real ou virtual.

Writers and their Audiences in Great Britain and the United States, Lincoln, London, University of Nebraska Press, 1996.
39 Machado de Assis, *Dom Casmurro*, *OC*, p. 898.
40 Machado de Assis, *Memórias Póstumas de Brás Cubas*, *OC*, p. 544.

A CRÍTICA BRASILEIRA E O PÚBLICO DE LITERATURA

A percepção do público como problema – seja pela indiferença, desprezo ou pela simples constatação da exiguidade do leitorado – é tão antiga quanto o início da produção literária no Brasil, e a crítica não desconsiderou essa situação. Já no século 19, Sílvio Romero indignava-se com o abismo que separava os homens de letras e o público e com a extrema concentração da produção literária no Rio de Janeiro, situações que reproduziam no universo das letras o isolamento e a centralização que também marcavam a esfera política. José Veríssimo também tratou das condições de produção e circulação da literatura no Brasil e talvez tenha sido o primeiro a tentar avaliar o impacto disso sobre a produção brasileira. Em "Das condições da produção literária no Brasil"[41], ele associa o público limitado, a circulação restrita do texto literário e o imenso contingente de analfabetos ao caráter áulico da produção do Brasil colônia, período em que a atividade literária girava em torno de academias amparadas por vice-reis, governadores, fidalgos e bispos. Ao fazer considerações sobre os pequenos círculos produtores e leitores de literatura, Veríssimo chama a atenção para o pouco contato da produção literária com o público, atribuindo essa situação à ausência de uma "sociedade" e também às enormes distâncias e dificuldades de comunicação no país. Para relativizar a crença generalizada de que havia um imenso leitorado feminino no Brasil, Veríssimo lembra que "nossas avós, na máxima parte, não sabiam ler" e que, em 1890, apenas 16 ou 17 em cem habitantes do país estavam aptos à leitura. A preocupação em identificar os círculos de produção e difusão da literatura também se manifesta na sua *História da Literatura Brasileira*, embora isso não seja feito de modo sistemático e não se procure investigar como as condições da atividade literária no Brasil podem estar implicadas na fatura do texto.

Um estudo mais metódico das condições de produção da literatura no Brasil foi empreendido na década de 1960 por Nelson Werneck Sodré que, empenhado em escrever uma história da literatura articulada com a história socioeconômica do país, procura mostrar como o aspecto problemático do público repercutiu sobre a literatura brasileira. Não se trata apenas, como em linhas gerais fizeram Romero e Veríssimo, de constatar – com um certo tom de lamento – o apartamento entre escritores e leitores, mas de procurar

---

41 José Veríssimo, "Das Condições da Produção Literária no Brasil", in: *Estudos da Literatura Brasileira (3ª série)*, Belo Horizonte/São Paulo, Editora Itatiaia/Editora da Universidade de São Paulo, 1977, pp. 31-48.

descrever de maneira sistemática os círculos sociais de produção e difusão da produção literária num "meio dotado de acústica reduzida".[42] No entanto, como a sua interpretação da produção literária é, em última análise, pautada por uma espécie de determinismo que trata a produção literária como reflexo direto das conjunturas socioeconômicas – por mais que o autor critique os estudos baseados nas relações de causa e efeito entre a situação material e as manifestações artísticas –, não se procura compreender os efeitos sobre os textos produzidos nesse meio de acústica reduzida. O trecho que segue, em que Sodré traça a relação entre o público da literatura e sua representação nos romances oitocentistas, é exemplar da relação direta e unidirecional que o autor estabelece entre a produção literária e a realidade social:

> Estudantes e mulheres, no quadro urbano da sociedade imperial, constituem, pois, o público literário, na sua maior parte. Figuram nos romances, também, como as personagens fundamentais. Estudantes e mulheres da mesma classe, em regra, em que pese o caso isolado do moço de família empobrecida, mas vinculado à classe que detém a riqueza: via de regra, nos romances, o autor, seguindo os preceitos da época e do meio, lhe dá a esposa e lhe dá a riqueza.[43]

A observação demonstra acuidade na percepção de como a produção literária está intrinsecamente ligada à realidade social. Os primeiros romances brasileiros – de Joaquim Manuel de Macedo, José de Alencar e do primeiro Machado de Assis – são de fato povoados por mulheres e estudantes, personagens com os quais o público leitor de então, em sua maioria composto desses estratos, tinha possibilidade de se identificar. No entanto, a análise de Sodré esgota-se na verificação desse espelhamento entre a literatura e a sociedade, pressupondo uma relação quase imediata entre o perfil do público leitor e os personagens dos romances, como se estes últimos fossem construídos à imagem e semelhança daqueles. Avesso a todo e qualquer tipo de análise formal, e francamente mais interessado em sociologia do que em crítica literária, Sodré não se debruça sobre o texto, restringindo-se a procurar em sua superfície os reflexos de questões conjunturais.

A identificação de algumas peculiaridades da produção brasileira em nível do próprio texto literário foi feita por Antonio Candido na *Formação*

---

42 Nelson Werneck Sodré, *História da Literatura Brasileira*, 4. ed., Rio de Janeiro, Editora Civilização Brasileira, 1964, p. 360.
43 *Idem*, p. 206.

da Literatura Brasileira, que postula a literatura como sistema formado pela tríade obra-autor-público e procura estudar a coesão entre as formas, os temas e a sociedade. Ao compreender a produção literária não mais como reflexo do social, mas como um "processo comunicativo, que é integrador e bitransitivo por excelência"[44], Candido chama a atenção para marcas da produção brasileira vinculadas às condições de produção e circulação da literatura no país. Entre elas estaria a presença de certo traço de oralidade nos textos brasileiros, desenvolvido por força do costume da leitura de textos em voz alta, em saraus e reuniões, o que constituía estratégia importante para aumentar o alcance da produção literária numa sociedade de analfabetos. As condições peculiares de difusão da literatura teriam produzido, do ponto de vista formal, "um tom de crônica, de fácil humorismo, de pieguice", que Candido identifica tanto em Macedo quanto em Alencar e até em Machado de Assis. Em outra de suas obras, Candido defende que "poucas literaturas terão sofrido, tanto quanto a nossa, em seus melhores níveis, esta influência caseira e dengosa, que leva o escritor a prefigurar um público feminino e a ele se ajustar."[45]

Outro traço característico apontado por Antonio Candido é a acessibilidade da produção literária, relativamente fácil e pouco hermética, apesar de produzida pela e para a reduzida elite. Paradoxo aparente, explicável pela pobreza intelectual das elites nacionais, o que é tratado pelo crítico com a delicadeza que lhe é habitual:

> Com efeito, o escritor se habituou a produzir para públicos simpáticos, mas restritos, e a contar com a aprovação dos grupos dirigentes, igualmente reduzidos. Ora, esta circunstância, ligada à esmagadora maioria de iletrados que ainda hoje caracteriza o país, nunca lhe permitiu diálogo efetivo com a massa, ou com um público de leitores suficientemente vasto para substituir o apoio e o estímulo das pequenas *elites*. Ao mesmo tempo, a pobreza cultural desta nunca permitiu a formação de uma literatura complexa, de qualidade rara, salvo as devidas exceções. (...) De onde se vê que o afastamento entre o escritor e a massa veio da falta de públicos quantitativamente apreciáveis, não da qualidade pouco acessível das obras.[46]

Em complemento à argumentação de Candido, é de se notar que a acessibilidade das obras também está relacionada ao fato de que o princi-

---

44 Antonio Candido, "A Literatura e a vida social", in: *Literatura e Sociedade – Estudos de Teoria e História Literária*, São Paulo, Companhia Editora Nacional, 1976, 5. ed., p. 22.
45 Antonio Candido, "O Escritor e o Público", *idem*, p. 85.
46 *Idem*, pp. 85-6.

pal veículo de escoamento da produção literária oitocentista era o jornal, sendo raro o romance publicado em volume sem antes ter passado pelos periódicos cariocas. A observação de Machado Neto de que "os literatos foram os iniciais olimpianos do primeiro *mass media* usado no Brasil – o jornal"[47] aponta, descontados os eventuais exageros, para uma característica importante da literatura brasileira: a convivência constante num mesmo veículo entre todos os tipos de produção literária, que inclui todos os matizes que há entre o que hoje seria considerado alta e baixa literatura. Característica que na obra machadiana ficará evidenciada com a assimilação ao romance, principalmente a partir de *Brás Cubas*, de técnicas da crônica jornalística e do folhetim.

A proposta do estudo da literatura também como processo comunicativo, que está na *Formação* e também em *Literatura e Sociedade*, produziu menos efeito do que seria de se esperar em relação a duas das obras mais influentes e prestigiadas produzidas no país na segunda metade do século 20, o que novamente remete ao acanhamento do ambiente intelectual brasileiro. Os estudos de recepção, realizados principalmente a partir da década de 1980, parecem ter levado em conta menos as formulações de Antonio Candido do que as de Wolfgang Iser e Robert Jauss, dois dos principais teóricos da Estética da Recepção. Aqui, suas obras tiveram divulgação principalmente por traduções comentadas e ensaios sobre esses e outros teóricos realizados por Luiz Costa Lima[48] e por Regina Zilberman[49] que, num volume dedicado a apresentar as principais teses do grupo heterogêneo da Escola de Constança, toma o romance *Helena*, de Machado de Assis, como caso para aplicação da metodologia proposta por Robert Jauss.

Em coautoria com Marisa Lajolo, Zilberman produziu obras pioneiras para uma sociologia da leitura no Brasil, como *A Leitura Rarefeita* e *A Formação da Leitura no Brasil*[50], em que o estudo da tematização da leitura e do leitor nos escritos de Machado de Assis fornece subsídio importante para a compreensão do gosto e dos hábitos de leitura prevalentes na segunda metade dos oitocentos.

---

[47] A. L. Machado Neto, *Estrutura Social da República das Letras (Sociologia da Vida Intelectual brasileira – 1870-1930)*, São Paulo, Grijalbo/Editora da Universidade de São Paulo, 1973, p. 231.
[48] Luiz Costa Lima, *A Literatura e o Leitor – Textos de Estética da Recepção*, Rio de Janeiro, Editora Paz e Terra, 1979.
[49] Regina Zilberman, *Estética da Recepção e História da Literatura*, São Paulo, Ática, 1989.
[50] Marisa Lajolo e Regina Zilberman, *A Leitura Rarefeita – Livro e Literatura no Brasil*, São Paulo, Editora Brasiliense, 1991; *A Formação da Leitura no Brasil*, São Paulo, Ática, 1996.

Marisa Lajolo trata especificamente do leitor machadiano em "Machado de Assis: um mestre de leitura" ao focalizar a produção inicial do escritor. O texto, que tem como ponto de partida o conto "Miss Dollar"[51] e contempla também textos de crítica teatral e literária das décadas de 1850 e 1860, indica o paralelismo entre a produção de Machado de Assis e a história social da leitura na segunda metade do século 19:

> Da cordialidade à impaciência dos piparotes, da solidariedade ao distanciamento irônico, à medida que a obra de Machado amadurece literariamente, e semelhantemente às relações autor-público, as relações narrador-leitor vão sofrendo alterações não de todo independentes das alterações por que passava, no Brasil, o modo de produção dos bens da cultura que, como a literatura, valiam-se da escrita para sua circulação.[52]

Com necessária cautela, Marisa Lajolo sugere que a relação autor-público *não seja de todo independente* da que se estabelece entre narrador e leitor e também que essa última relação, eminentemente ficcional, conteria, de maneira cifrada, o projeto literário de Machado de Assis, que incluía a formação de leitores empíricos capazes de receber sua obra, produzida ao longo de cinco décadas em que se verificaram modificações significativas no país e nos modos de produção, circulação e recepção de bens culturais. Basta dizer que a publicação regular de ficção brasileira data da segunda metade da década de 1860 e que um escritor como Alencar terá seu primeiro contrato com uma editora no final da carreira e da vida.[53]

A análise inspiradora de Marisa Lajolo aponta para o dinamismo das relações autor-público e narrador-leitor na segunda metade do século 19, ressaltando a postura pedagógica do escritor, que de fato se aproxima da militância em prol da cultura nacional no início de sua carreira. Essa postura, no entanto, não me parece generalizável para toda a obra. Como procurarei mostrar, uma das características da passagem da primeira para a segunda fase é o abandono da postura pedagógica do narrador machadiano, daqueles "intuitos educativos e moralizadores" que Barreto Filho considera como marcas indiscutíveis da produção anterior à crise dos 40 anos.[54]

---

51 O conto está em *Contos Fluminenses*, que apareceu em fevereiro de 1870.
52 Marisa Lajolo, *Do Mundo da Leitura para a Leitura do Mundo*, São Paulo, Ática, 1994, pp. 77-85.
53 Cf. Laurence Hallewell, *O Livro no Brasil: sua História*, São Paulo, T. A. Queiroz/Editora da Universidade de São Paulo, 1985, pp. 125-56.
54 Barreto Filho, "O Romancista", in: *OC*, vol. 1, p. 100.

O estudo *As Tramas da Leitura*, de Maria Conceição da Silva,[55] também trata da posição do leitor na ficção brasileira. Tomando como referência romances de José de Alencar (*Lucíola, Diva, Senhora*), Machado de Assis (*Memórias Póstumas de Brás Cubas*), Jorge Amado (*Tereza Batista Cansada de Guerra*) e Osman Lins (*A Rainha dos Cárceres da Grécia*), a autora propõe uma tipologia do leitor de ficção no Brasil, que teria evoluído de uma situação de tutela, imposta pela escrita autoritária de José de Alencar, em direção a uma crescente autonomização do leitor, cada vez mais convocado a participar, questionar e completar a obra literária. Segundo esse estudo, as *Memórias Póstumas de Brás Cubas* marcariam o início, na literatura brasileira, da produção de "metatextos ficcionais", ou seja, textos em que o leitor é explicitamente chamado a participar do processo de composição da obra. O narratário das *Memórias Póstumas* seria uma espécie de reflexo da volubilidade do narrador-personagem, um "narratário sem nenhum caráter", como define a autora, referindo-se tanto à heterogeneidade quanto à fraqueza moral dos leitores. Por abarcar quase um século e meio de produção ficcional, o trabalho não se propõe a estudar nuances da representação do leitor na obra de cada um dos autores.

O Circuito das Memórias em Machado de Assis,[56] de Juracy Assman Saraiva, estuda o processo de elaboração das narrativas machadianas, em particular os romances definidos como autobiografias ficcionais (*Memórias Póstumas, Dom Casmurro* e *Memorial de Aires*), por meio das relações que o narrador estabelece com elementos específicos da narrativa, tais como a temporalidade, a focalização e o leitor. Para este trabalho interessa sobretudo a atenção dedicada pela autora à relação entre os interlocutores textuais, que são o narrador, enunciador do discurso, e o leitor, figura ficcional, definido como "receptor interno do texto", a quem o narrador se dirige explícita ou implicitamente. Embora suponha a existência de articulações entre o circuito interno da produção-interpretação e o circuito externo, protagonizado por autor e leitor, afirmando que a narração carrega consigo um apelo à "presentificação do real", Saraiva não aborda as possíveis conexões entre a relação ficcional narrador/leitor e a relação empírica escritor/público. O estudo da transitividade do texto para o mundo, postulada pelo trabalho, demonstra, principalmente, que ela se dá por meio de processos de intertextualização, ou seja, de referências do texto machadiano a outros

---

55 Maria Conceição da Silva, *As Tramas da Leitura (A Posição do Leitor na Ficção Brasileira)*, Rio de Janeiro, Livraria Editora Cátedra, 1989.
56 Juracy Assmann Saraiva, *O Circuito das Memórias em Machado de Assis*, São Paulo, Edusp, São Leopoldo, Editora Unisinos, 1993.

textos literários, sem levar em conta o contexto histórico de sua produção. O trabalho de Saraiva é subsídio importante para os capítulos que tratam dos romances em primeira pessoa.

Também fundamentais para o presente trabalho são as obras de Roberto Schwarz e as de John Gledson em torno do romance machadiano. Os estudos de Schwarz sobre o narrador, entidade na qual se concentra para melhor compreender a grandeza dos romances da segunda fase, em especial *Brás Cubas* e *Dom Casmurro*, servem aqui de baliza para a análise da relação dos narradores com seus interlocutores – ficcionais ou não – que se traduz em modos de *elocução* e *comunicação* bastante transformados ao longo da obra. Minha ideia é que essas transformações descrevem um sentido, tornando-se passíveis de interpretação. Ao procurar transpor para sua escrita as ideias do seu país e do seu tempo, papel que prescreve para o escritor no ensaio "Instinto de Nacionalidade"[57], de 1873, Machado incorporava a ela marcas de uma relação social muito cara e sensível a qualquer escritor, em qualquer tempo ou país: a relação com seu público, seja ele real, imaginado ou simplesmente desejado. Uma relação que devia ser especialmente cara a um escritor consciente como Machado de Assis, imbuído da tarefa de refinar a representação do país, afastando-se do pitoresco e da busca exclusiva da cor local.

Assim, interessa ver na reviravolta formal iniciada com *Brás Cubas* a adoção de novas estratégias de endereçamento ao leitor, traduzindo os novos pactos que o escritor busca estabelecer com seu público. Enquanto seus antecessores pareciam considerar o leitor como extensão natural de si mesmos e de sua classe, Machado problematiza a figura quase improvável do leitor de literatura procurando incorporá-la à forma do seu romance. A inscrição, no texto, de questões do universo empírico da leitura e da literatura constitui a meu ver uma dimensão do processo de "acumulação realista"[58] estudado por Roberto Schwarz nos romances machadianos, que lançam mão e testam os esquemas do romantismo e da ideologia liberal concluindo pela não aplicabilidade das ideias e ideologias importadas a uma representação que aspirava ao realismo.

Com isso chego à obra de John Gledson, com a qual este trabalho compartilha a ideia de que "as mudanças, as dúvidas, o próprio ceticismo de Machado são resultados, em grande parte, de um ajustamento inteligente a um certo tipo de realidade – a brasileira."[59] Do ponto de vista mais

---

57 *OC*, vol. 3, p. 804.
58 Roberto Schwarz, *Um Mestre na Periferia do Capitalismo*, p. 210.
59 John Gledson, *Machado de Assis: Ficção e História*, p. 75.

específico das possibilidades comunicativas do texto literário na realidade brasileira, assunto deste trabalho, esse ajustamento inteligente se processa de maneira radical a partir da experiência de *Helena*, como mostrarei. Nesse sentido, a guinada em direção à incorporação da precariedade comunicativa na escrita do romance, à manifestação da dúvida sobre a qualidade da interlocução e até mesmo da incerteza sobre a existência de interlocução é a forma encontrada por Machado para manter-se fiel a um projeto realista que fosse capaz de representar – e também de comunicar – com propriedade uma sociedade onde a produção e a circulação da literatura tinham muitas peculiaridades em relação ao que ocorria nos Estados Unidos e nos países europeus que serviam de modelo aos escritores brasileiros oitocentistas.

A inclusão no romance de questões relativas à recepção é, a meu ver, resultado do processo de acumulação realista que orienta o romance machadiano, para dizer como Schwarz, e também de um ajuste inteligente e realista ao meio brasileiro por parte de um escritor muito consciente de suas intenções e sempre lúcido em relação às condições da produção literária local e à inserção de sua obra nessa produção.

•••

Retomando a metáfora do carapicu, pode-se dizer que no romance de Machado ela remete ao *leitor empírico*, ou real, postado diante do texto e que pode ou não ser contemporâneo a sua escritura; ao *leitor-personagem*, que habita o ambiente ficcional e aparece caracterizado como possuidor de livros ou realizando a mesma atividade do leitor empírico em cenas de leitura; e ao *leitor ficcional*, projetado pelo texto, seja pela evocação direta, seja pela pressuposição fundamental de que todo texto é escrito para ser lido por alguém. Esse leitor ficcional pode ser entendido tanto como o *leitor explícito*, nomeado como "leitor" ou "leitora", quanto como o *leitor implícito*, entidade ficcional construída retoricamente e por meio das seleções de repertório e do tom com que o narrador se dirige a ele.[60] Para me referir à coletividade de leitores empíricos de uma obra, empregarei o termo *público*.

---

60 Embora ciente do conceito de narratário, proposto por Gerald Prince para designar aquele a quem se dirige a narração literária, assim como das distinções entre narratário intradiegético (aquele que participa do texto como personagem) e narratário extradiegético (aquele referido apenas como auditor/leitor), por questão de clareza e simplicidade optei por manter a designação "leitor" para se referir a ambas as instâncias ficcionais.

Finalmente, é necessário esclarecer o sentido atribuído aos termos *figura* e *figuração*. A definição mais generalizada de "figura" refere-se ao seu aspecto desviante em relação a uma expressão natural, ordinária, simples, comum ou normativa. É a figura enquanto caso de polissemia que privilegio neste trabalho, em que o leitor machadiano, "cousa nova, metafórica, original", será compreendido como entidade híbrida, multiforme, polissêmica, que carrega em si mesmo a ausência e a presença daquilo a que se refere.[61] Os termos *figura* e *figuração* reforçam, assim, a natureza ficcional do leitor e a precariedade dos seus contornos, muito menos definidos que os de uma personagem, em geral associada a imagens "corpóreas" e tridimensionais raramente associadas ao leitor ficcional, delineado por traços que não compõem uma personagem. Quando se escreve Capitu, o nome refere-se a uma terceira pessoa, a um ser puramente ficcional; quando se escreve "leitor", quem tem o livro nas mãos não deixa de ouvir um chamado, mesmo que logo em seguida ele vire o rosto, pelo menos mentalmente, para o narrador. Na morfologia narrativa, por assim dizer, o leitor evocado no fluxo ficcional é menos substantivo que pronome, no sentido de que, assim como o pronome, ele aparece como instância relacional, como marca gramatical cujo sentido e posição se transformam de acordo com a circunstância da enunciação. Ao chamar o "leitor", citado *ipsis literis*, a narração pode tanto demandar a atenção de uma segunda pessoa que lê o texto quanto pode remeter a um leitor "em terceira pessoa". O leitor empírico, portanto, participa ativamente da translação da segunda para a terceira pessoa, e vice-versa, alterando a posição do "leitor" referido pelo texto de acordo com sua conveniência. Quando é objeto das lisonjas do narrador, "o leitor" tende a ser compreendido como segunda pessoa do discurso do narrador e identificado com o leitor empírico, o receptor histórico do texto; nas reprimendas e maus-tratos, sua posição desloca-se para a terceira pessoa, referindo-se a um outro leitor, desidentificado daquele que tem o livro em mãos.

---

61 Vide: M. H. Abrams, *A Glossary of Literary Terms*, 7th edition, Fort Worth, Harcourt Brace College Publishers, 1999; J. A. Cuddon, *Dictionary of Literary Terms and Literary Theory*, 3rd. edition, London, Penguin Books, 1992; Oswald Ducrot e Tzvetan Todorov, *Dicionário das Ciências da Linguagem* (Edição portuguesa orientada por Eduardo Prado Coelho), 2. ed., Lisboa, Publicações Dom Quixote, 1974, pp. 329-335; Gérard Genette, *Figures I*, Paris, Éditions du Seuil, 1966, pp. 205-221.

PRIMEIRA PARTE

SOBRE AS CONDIÇÕES DE CIRCULAÇÃO E RECEPÇÃO DA
PRODUÇÃO LITERÁRIA NO BRASIL OITOCENTISTA

1

UM PRETO DE BALAIO NA CABEÇA A VENDER ROMANCES

A metáfora do leitor-carapicu, personagem raro, catado com dificuldade pelo condutor-escritor nas ruas do Rio de Janeiro, tem seu antecedente na imagem registrada por João do Rio. Ao elogiar a profissionalização da atividade literária, escrevia o cronista em 1908, ano da morte de Machado de Assis: "Hoje o escriptor trabalha para o editor e não manda vender como José de Alencar e o Manuel de Macedo por um preto de balaio no braço, as suas obras de porta em porta, como melancias ou tangerinas."[1] A imagem, que poderia ser atribuída à maledicência contra os fundadores do romance nacional, tem fundamento histórico. Informa Manuela Carneiro da Cunha, ao relatar alguns hábitos comerciais vigentes no Brasil em meados do século 19, que "Por preceito, por decoro, para evitarem o espetáculo tido por indecente que os negros seminus oferecem no centro da cidade, as mulheres brancas pouco saem de casa. Em contrapartida, todo o comércio vem a elas: vendedores de flores, de maçãs importadas dos Estados Unidos, de frutas e legumes, de galinhas e perus, de *livros edificantes* ou

---

1   João do Rio, *O Momento Literário*, Rio de Janeiro, Paris, H. Garnier, Livreiro-Editor, 1908, p. 326. João do Rio toca no assunto também em "Os Mercadores de Livros e a Leitura das Ruas", texto publicado em 12.2.1906 no diário carioca *Gazeta de Notícias*, que dá conta da prosperidade do negócio dos "camelôs de livros", que no começo dos oitocentos vendiam principalmente as novelas de Carlos Magno: "Há alguns anos, esses vendedores [de livros] não passavam de meia dúzia de africanos, espaçados preguiçosamente como o João Brandão na praça do Mercado. Hoje, há de todas as cores, de todos os feitios, desde os velhos maníacos aos rapazolas indolentes e aos propagandistas da fé". In: João do Rio, *A Alma Encantadora das Ruas* (organização Raúl Antelo). São Paulo, Companhia das Letras, 1997, pp. 136-45.

de *novelas*, de tecidos, gorros de seda, sapatos, facas, moringas, cristais, porcelanas."[2] A associação de novelas e romances ao trabalho escravo de fato não foi expediente estranho ao francês Paul Martin, o filho, provavelmente o primeiro editor que houve no Brasil. Rubens Borba de Moraes relata que, para fazer circular pelo Rio de Janeiro, em 1822, o primeiro catálogo de livros feito no país, Martin mandou um moleque distribuí-lo ou pregá-lo nas paredes.[3]

A imagem do preto de balaio na cabeça vem carregada das contradições que estamos acostumados a reconhecer no Brasil, a começar pela contiguidade entre o romance, produto industrial, manifestação recente e sofisticada da burguesia europeia, e o cesto de palha, produto artesanal fabricado pelo índio e pelo escravo. Escravo que por sua vez estabelece e personaliza o vínculo entre o escritor – proprietário do mascate cativo e/ou mandante da venda – e o seu potencial leitor, criando um tipo de intermediação que ia no sentido oposto ao da relação menos personalizada que o romance inaugurava entre escritores e leitores na Europa. Enquanto aqui o intermediário trabalhava sob as ordens do seu "dono" – proprietário também do livro, que muitas vezes mandava imprimir com dinheiro do próprio bolso, como era o caso de Alencar –, nas matrizes da produção romanesca a crescente profissionalização da atividade literária interpunha entre escritor e leitor uma variedade de agentes, envolvidos com processos de edição, distribuição, divulgação e comercialização do romance. A condição do negro, por sua vez, coloca em dúvida a aplicabilidade à realidade local dos valores burgueses, que em grande medida norteiam o romance europeu, deixando em xeque a pretensa universalidade daqueles valores. Seguimos aqui a linha de análise de Roberto Schwarz, que parece também se aplicar aos modos de circulação do romance. A cena ainda provoca estranheza por apresentar o romance no mesmo balaio das melancias e tangerinas, associando-o aos rebentos da exuberante natureza tropical, numa aproximação surpreendente que será utilizada por Alencar como justificativa para a originalidade de seu romance, como veremos mais à frente. Finalmente, o trecho de João do Rio chama a atenção para as profundas transformações por que passou a relação autor-obra-público entre o momento em que ele escreve, 1908, e o

---

2   Manuela Carneiro da Cunha, "Olhar Escravo, Ser Olhado", in: Paulo Cesar de Azevedo; Mauricio Lissovsky (org.), *Escravos Brasileiros do Século XIX na Fotografia de Christiano Jr.*, São Paulo, Ex Libris, 1988, pp. xxvi-xxvii. Grifos meus.
3   Rubens Borba de Moraes, *O Bibliófilo Aprendiz*, 3. ed., Brasília, Briquet de Lemos Livros, Rio de Janeiro, Casa da Palavra, 1998, pp. 191-92.

momento a que se refere, a década de 1840, período que compreende toda a vida e produção de Machado de Assis.

Retomando a imagem inicial dos carapicus, podemos pensar que ela guarda relação estrutural com a do negro vendedor de romances, no sentido de estarem ambas marcadas pelo contraste entre a modernidade dos veículos (o romance e o bonde) e a precariedade do meio marcado pela escravidão e pela escassez de passageiros e leitores. Dois dos grandes emblemas do progresso da civilização oitocentista – o romance e o bonde – circulam pelas ruas da Corte em incansável pescaria, em busca dos carapicus.

Este capítulo trata de como as peculiaridades da relação entre escritor e público, no Brasil, serão compreendidas pelos escritores ao longo do século 19. Num primeiro momento, eles atribuem a baixa ressonância dos seus escritos à indiferença e ao desapreço geral pela literatura, assim como à concorrência desleal da produção estrangeira. Só aos poucos os homens de letras tomam contato com as condições reais do país e as limitações colocadas à produção intelectual pela carência de freguesia, conscientizando-se de que era preciso ajustar o tom do romance europeu às condições acústicas locais, muito mais modestas.

•••

As incongruências e os resultados pífios das primeiras tentativas de aclimatação do romance são assuntos de algumas das melhores páginas da crítica e da história literária produzidas no Brasil. Desde o trabalho pioneiro de Sílvio Romero procura-se definir a relação entre o romance transportado em balaios e aqueles produzidos nas matrizes europeias, que lhe serviam de inspiração e modelo, enfatizando-se ora o caráter imitativo, ora a originalidade da ficção produzida no país. A começar pela defesa da necessidade de identificação e valorização dos temas nacionais, empreendida por Sílvio Romero, ao exame da transformação dos assuntos locais em forma literária, empreendido por Roberto Schwarz em *Ao Vencedor as Batatas*, a constituição de um "romance brasileiro" é problema recorrente da crítica há mais de um século. No entanto, muito pouco se refletiu sobre as condições peculiares de circulação dos romances – de que a imagem evocada por João do Rio, com toda sua estranheza e contradição, é emblemática – e suas consequências para a ficção oitocentista.

Sabemos que em suas origens o romance não era apenas o gênero que mimetizava de maneira apologética ou crítica os mecanismos de funcionamento do liberalismo econômico e da sociedade burguesa. Surgido

"Um mascate com seu escravo" é o título do desenho de Henry Chamberlain. Aí, o inglês registra um costume carioca do início do século 19: vendedores ambulantes, acompanhados de seus escravos, batiam de casa em casa oferecendo mercadorias. O vendedor leva sombrinha para proteger-se do sol; o escravo tem sobre a cabeça um tabuleiro, com tecidos e livros. Ao fundo, um negro com enorme pote sobre a cabeça leva também uma gargalheira no pescoço, para evitar fugas; atrás dele, o homem enrolou uma folha de bananeira na perna, lenitivo para a lepra.
Fonte: Biblioteca Nacional, Seção de Iconografia

em países que viviam intensos processos de urbanização e alfabetização, o romance era também uma forma literária dirigida *para* o público burguês, condição da sua existência, sobrevivência e também o seu fim. Ian Watt, no estudo sobre o surgimento do romance na Inglaterra oitocentista, associa o aparecimento desse gênero literário ao interesse crescente pela leitura e à modificação da organização do público leitor. A ampliação das classes médias, que se tornavam mais autoconfiantes e poderosas, transformava radicalmente a posição social do escritor, que deixava de depender do patronato da aristocracia para se relacionar com os interesses e capacidades de um público numeroso e anônimo, comprador de livros e financiador da atividade literária. Ao dirigir-se a um público de amplitude e heterogeneidade até então inéditas, o romancista precisava modular o tom para garantir a comunicação com essa audiência, em grande parte neófita no mundo das letras e de quem o escritor dependia para sobreviver. Para Watt, as novas condições de produção, circulação e consumo da literatura respondem, pelo menos em parte, à maleabilidade peculiar do romance e à ruptura que ele representa em relação às formas fixas, que dominavam a produção anterior e pressupunham a homogeneidade dos repertórios do escritor e do seu leitor.[4] Alterações semelhantes às verificadas na Inglaterra e descritas por Watt ocorreram na França, principalmente a partir do início do século 19, quando a burguesia se pôs a ler, criando um novo regime de comunicação entre escritor e público. Como observa Sartre a respeito da posição social do escritor francês no século 19, ainda que postulasse sua independência e autonomia em relação a qualquer tipo de ideologia, inclusive a burguesa, era essa a classe – por mais que o escritor a desprezasse – que viabilizava sua atividade e lhe conferia reconhecimento.

Erich Auerbach, em *Mimesis*, faz uma descrição sintética e breve do público francês de literatura na segunda metade do século 19, que crescia com rapidez impressionante devido à generalização da educação formal e constituía uma massa cada vez maior e mais sequiosa de ler. Era a burguesia urbana, que encontrava seu tipo no *bourgeois*, descrito por Auerbach como "aquele ser cuja estupidez, preguiça mental, enfatuação, mendacidade e covardia foram repetidamente motivo das mais violentas diatribes por parte dos poetas, escritores, artistas e críticos, desde o Romantismo."[5]

---

4 Cf. Ian Watt, *The Rise of the Novel*, Berkeley/Los Angeles, University of California Press, 1959, p. 35.
5 Cf. Erich Auerbach, *Mimesis – A Representação da Realidade na Literatura Ocidental*, 2. ed. revisada, São Paulo, Editora Perspectiva, 1987.

Escravos ambulantes vendiam grande variedade de produtos nas ruas do Rio de Janeiro, como se vê na ilustração. Nesse desenho do inglês Henry Chamberlain, intitulado "Largo da Glória", há escravos carregando e/ou vendendo lenha, chapéus, bandejas, arroz, feijão, tecidos, vassouras e cachaça. A quitandeira, segunda figura da esquerda para a direita, também carrega livros entre os produtos que equilibra sobre a cabeça. O desenho de Chamberlain faz parte de uma série, realizada entre 1819 e 1820, intitulada *Vistas e Costumes da Cidade e Arredores do Rio de Janeiro*.
Fonte: Biblioteca Nacional, Seção de Iconografia

Além disso, o romance colocava para a literatura questões de escala de produção e distribuição, que passavam a influir no processo literário e sobre as quais os escritores mais empenhados não deixavam de refletir. Nesse aspecto, a situação brasileira era muito diferente da norte-americana e da europeia. Enquanto em 1878 Inglaterra e França tinham respectivamente 70% e 77% de alfabetizados[6], em meados do século 19 os Estados Unidos já eram considerados uma nação de leitores, com 90% da população branca alfabetizada e um leitorado de livros, jornais e revistas que já superava o britânico. De 1850 a 1859, 32 títulos registraram vendagem igual ou superior a 225 mil exemplares.[7] Já nas duas primeiras décadas do século 19 escritores como Washington Irving e James Fenimore Cooper viviam exclusivamente dos direitos obtidos sobre a vendagem dos seus livros.[8] Não por acaso a norte-americana Elizabeth Agassiz registrou, em seu *Viagem ao Brasil 1865-1866*, que "nada impressiona tanto o estrangeiro como essa ausência de livros nas casas brasileiras".[9] Vão no mesmo sentido as informações de José Veríssimo que, em 1883, refere-se a uma espécie de fobia à "letra redonda" mesmo entre os segmentos instruídos da população:

> Entre nós contam-se as casas, a não ser a de algum médico que tem os seus livros de medicina, e a de algum advogado que tem os seus livros de direito, que possuam meia dúzia de volumes. E a respeito de 'homens formados' direi de passagem que, segundo me têm comunicado os livreiros desta capital, são eles os que menos livros compram. Os doutores parece têm horror à letra redonda.[10]

---

6   Em 1830, os índices de alfabetização na Inglaterra e na França eram respectivavamente de 36% e 56%. Para mais detalhes, veja-se Lawrence Cremin, *American Education: The National Experience, 1783-1876*, New York, Harper and Row, 1980. Dados citados por William G. Rowland Jr., *Literature and the Marketplace – Romantic Writers and their Audiences in Great Britain and the United States*.
7   Incluem-se aí volumes de poemas de Robert Browning e Walt Whitman, romances de Dickens, *David Copperfield, Bleak House, Hard Times, Little Dorrit* e *A Tale of Two Cities*; Hawthorne, *A Letra Escarlate, A Casa das Sete Torres*; Thackeray, *Pendennis, The Newcomes, The Virginians*; Stowe, *A Cabana do Pai Tomás*; Thoreau, *Walden ou A Vida no Bosque* e Melville, *Moby-Dick*. Para mais detalhes, veja-se Frank Luther Mott, *Golden multitudes – The Story of Best Sellers in the United States*. New York, The Macmillan Company, 1947.
8   Um *best-seller* em geral é definido como um livro cuja vendagem supera, num determinado período de tempo, o número equivalente a 1% da população do país em que foi lançado. Nos casos citados acima, o período considerado é de 10 anos. Veja-se Frank Luther Mott, *Golden Multitudes – The History of Best-Sellers in the United States*. Sobre o aumento do número de jornais em circulação nos EUA no século 19, de 852 em 1828 para 4051 em 1860, vide Neal Gabler, *Vida, o Filme – Como o Entretenimento Conquistou a Realidade*, São Paulo, Companhia das Letras, 1999, p. 35.
9   Citado por Laurence Hallewell, *O Livro no Brasil: sua História*, p. 601.
10 José Veríssimo, "Literatura e Homens de Letras no Brasil" (1883), in: *Estudos Brasileiros*, 1ª série, Belém, 1889, p. 133.

A capital a que se refere Veríssimo é Belém do Pará, mas os dados de todo o país confirmam a situação descrita. Ao longo de todo o século 19 os alfabetizados não ultrapassaram os 30% da população brasileira, e não se verificaram alterações de perfil e dimensão do leitorado semelhantes às que acompanharam a emergência do romance na França, Inglaterra e Estados Unidos. Em 1872, apenas 18,6% da população livre e 15,7% da população total, incluindo os escravos, sabiam ler e escrever, segundo dados do recenseamento; entre a população em idade escolar (6 a 15 anos), que somava 1.902.454 meninos e meninas, apenas 320.749 frequentavam escolas, ou seja, 16,9%. Já em 1890, a porcentagem diminuiu: apenas 14,8% sabiam ler e escrever.[11] Ainda segundo o censo de 1872, que apurou uma população de quase 10 milhões de habitantes, apenas 12 mil frequentavam a educação secundária e havia 8 mil bacharéis no país. Esses dados indicam o leitorado potencial, o que significa que o número de pessoas efetivamente capazes de ler e escrever era certamente muito menor.[12]

Certamente muito menor era o número de leitores de literatura, o que fica indicado pelas tiragens. Os livros saíam em edições de mil exemplares, e apenas títulos muito bem-sucedidos chegavam à segunda edição, que podia demorar dez, vinte ou trinta anos. Nesse grupo incluíam-se as *Memórias de um Sargento de Milícias*, com três edições esgotadas "num período de vinte e poucos anos", segundo o redator da *Imprensa Industrial*: "Em um país como o nosso onde poucos leem e ainda menos compram livros é a mais evidente prova do quanto esse belo romance é conhecido e apreciado."[13] Exceção das exceções nesse estado de coisas, válido até mesmo para

---

11 A população total apurada em 1890 era de 14.333.915. Dos 8.419.672 homens e mulheres livres, havia 1.012.097 homens que sabiam ler e escrever e 3.306.602 analfabetos; entre as mulheres eram 550.981 instruídas e 3.549.992 analfabetas; entre os escravos, que somavam 1.510.806 indivíduos, havia 958 homens e 445 mulheres que sabiam ler e escrever e 804.212 homens e 705.191 mulheres analfabetos. Os dados do recenseamento de 1890 estão citados em José Veríssimo, "Das condições da produção literária no Brasil", in: *Estudos da Literatura Brasileira (3ª série)*, Belo Horizonte/São Paulo, Editora Itatiaia/Editora da Universidade de São Paulo, 1977, pp. 31-48. Os dados do censo de 1872 constam do "Quadros Geraes – Recenseamento da População do Imperio do Brazil a que se Procedeu no dia 1º de agosto de 1872." Brazil, Directoria Geral de Estatistica, 1876.
12 Os indicadores do potencial de leitura de uma população em geral são calculados a partir do índice de alfabetização e grau de escolarização. Instruções sobre esses cálculos podem ser obtidos em John T. Guthrie; Mary Seifert, *Measuring Readership: Rationale and Technique*, Paris, Unesco, 1984.
13 *Imprensa Industrial*, 10.12.1876, p. 650. O comentário foi feito a propósito do lançamento da edição de Dias da Silva, que aparentemente era a quarta, e não a terceira como publicou o jornal.

medalhões como José de Alencar e Machado de Assis[14], parece ter sido *A Moreninha*, de Macedo, que teve a primeira e a segunda edições lançadas em anos consecutivos.

As pequenas tiragens, a lentidão do consumo dos livros e as limitações do público leitor não são, no Brasil, exclusividade do século 19 e, em proporções diferentes, mantém-se ainda hoje. Em 1980, Laurence Hallewell considera que um romance brasileiro que tenha dez mil exemplares vendidos possa "pretender o status de best seller".[15]

Voltando ao século 19, há de se considerar a divulgação pelas leituras em voz alta, que atingiam numeroso público ouvinte certamente a ser considerado entre os destinatários dos romances. Relatos da leitura coletiva para pequenos auditórios domésticos são muito frequentes na ficção oitocentista, incluídos os contos e romances de Machado de Assis, onde são várias as cenas de leitura incluídas no texto ficcional. Mas a memória mais célebre dessas leituras caseiras deve-se a José de Alencar, que no ensaio "Como e por que sou romancista" relembra os serões em sua casa, onde novelas e romances eram lidos em voz alta para um auditório participante. Embora essas sessões literárias contribuíssem para aumentar o alcance da "literatura nacional", é necessário cautela para não superestimar seu poder de ampliação do público do romance. Vale lembrar que a residência do Senador Alencar, pai do romancista e personagem insigne do Império, era

---

14 Tomadas isoladamente, as edições de 1.000 exemplares não são suficientes para caracterizar a pouca penetração de textos literários entre o público brasileiro. Como observa L. Hallewell, essas tiragens eram maiores que as de outras nações latino-americanas, como o México, onde as primeiras edições raramente superavam os 500 exemplares e estavam dentro dos padrões europeus contemporâneos, já que em Paris as edições de 500 exemplares eram comuns mesmo para os títulos dos melhores romancistas. No entanto, os dados das tiragens combinados com a velocidade do consumo das primeiras edições, o número total de títulos publicados anualmente no Brasil e os altos preços dos livros são indicadores da pouca popularidade do texto literário no Brasil oitocentista. F. Conceição, no artigo "Os Livros e a Tarifa das Alfândegas", publicado em 1879, descreve assim a situação das edições de livros no Brasil: "Todos sabem que quanto maior elle [o número de exemplares] fôr, até certo ponto, menor será o preço do custo, e por consequência menos o consumidor pagará por cada exemplar. A estereotypia auxilia o editor estrangeiro naquellas obras, que tem de ser reproduzidas em futuras edições, em tempos mais ou menos certos, visto que a grande exportação para todos os paizes do globo lhe poporciona consumo imediato. Entre nós as cousas se passam de modo differente. As edições são insignificantes, raramente excedem a 1000 exemplares, o que torna o livro mais caro 50 por cento. Com pequenas excepções esse mesmo limitado número de exemplares só em um prazo muito longo é consumido, tendo acontecido que, obras importantíssimas, até de interesse local em 10 annos estejam ainda em sua primeira edição". In: *Revista Brasileira*, Tomo I, 15.9.1879, pp. 607-610.
15 Laurence Hallewell, *O Livro no Brasil: sua História*, p. 606.

um caso particularíssimo entre as residências do Brasil oitocentista. E, tomando por base o apreço da gente instruída de hoje pelos livros e pela literatura, parece-me que o "horror à letra redonda" referido por Veríssimo talvez seja uma afirmação mais generalizável para descrever a relação do público brasileiro oitocentista com os livros.[16]

Apesar de todas as condições adversas e dessemelhantes das verificadas nas matrizes europeias, o romance floresceu no Brasil. As publicações d'*O Filho do Pescador*, em 1843, e d'*A Moreninha*, em 1844, deram início a uma produção que em menos de quatro décadas já incluía uma respeitável quantidade de livros que traziam "Romance Brasileiro" estampado sob seus títulos, além de algumas obras-primas de Machado de Assis.[17] No entanto, isso não ocorria sem que os escritores manifestassem desconforto diante do efeito quase nulo produzido por suas obras. Num país onde a grande maioria era iletrada, as referências culturais da elite estavam do outro lado do oceano e o acesso à informação era dificultoso e restrito a muito poucos, não surpreende que os livros fossem lançados ao público como pedras ao poço, fato de que os escritores desde cedo se ressentiram.

O ISOLAMENTO DO ESCRITOR

A dificuldade de atingir o público foi percebida e registrada já pelos primeiros "escritores brasileiros", como observa José Veríssimo em sua *História da Literatura Brasileira*:

> Já em prosa, já em versos, todos eles lastimavam da pouca estima e mesquinha recompensa do gênio que, parece, acreditavam ter e do desapreço do seu trabalho lite-

---

16 Os textos de ficção têm um alto índice de circulação entre amigos e conhecidos, e calcula-se que os números relativos à leitura de um livro de ficção podem ser quatro ou cinco vezes maiores do que o número de exemplares vendidos somados aos empréstimos em biblioteca. Para mais detalhes, veja-se John T. Guthrie; Mary Seifert, *Measuring Readership: Rationale and Technique*.

17 A discussão sobre a origem do romance brasileiro ocupou muitas páginas e alimentou várias disputas entre historiadores da literatura, havendo quem a localizasse ainda no Brasil colônia. No entanto, mais recentemente a primazia do romance tem se dividido entre as obras de Teixeira e Sousa e Joaquim Manuel de Macedo. Para uma exposição completa sobre o assunto ver o capítulo "O Problema das Origens do Romance Brasileiro" e "Iniciadores Definitivos", in: José Aderaldo Castello, *Aspectos do Romance Brasileiro*, Rio de Janeiro, Ministério da Educação e Cultura, Serviço de Documentação, (coleção 'Vida Brasileira', 18), 1960.

rário. Não tinham aliás razão. Era inconsiderado pretender que um povo em suma inculto, e de mais a mais ocupado com a questão política, a organização da monarquia, a manutenção da ordem, de 1817 a 1848 alterada por todo o país, cuidasse de seus poetas e literatos. Não é, todavia, exato que, apesar disso, os descurasse por completo. O povo amava esses seus patrícios talentosos e sabidos, revia-se gostosamente neles, acatava desvanecido os louvores que mereciam aos que acreditava mais capazes de os apreciar. Supria-lhe esta capacidade o sentimento patriótico restante dos tempos ainda próximos da Independência, e a ingênua vaidade nacional com ela nascida. (...) *A desconformidade entre aqueles nossos primeiros homens de letras e o meio*, essa, porém, era real, continuou e acaso tem aumentado com o tempo. [18]

De fato, Gonçalves de Magalhães estreia em 1832 com o volume *Poesias* lamentando o desprezo a que está condenada a arte e eximindo-se de eventuais acusações de exagero "quando é manifesto o esquecimento em que estão sepultadas as obras dos nossos melhores Poetas". Francisco de Sales Torres-Homem, num artigo publicado em 1836 na *Revista Brasiliense* a propósito de *Suspiros Poéticos e Saudades*, compara em termos perfeitamente românticos: "Entre nós quantos talentos passam incógnitos na vida, como êsses rios sem nome nas suas solidões!". Ainda mais dramáticas são as palavras de Gonçalves Dias no prólogo da primeira edição dos *Primeiros Cantos*, de 1847, em que oferece seus versos ao julgamento do público, dizendo que "tanto melhor se ele o despreza, porque o Autor interessa em acabar com essa vida desgraçada, que se diz de Poeta". Num registro mais doméstico, Fagundes Varela justifica sua decisão de publicar *Vozes da América*, em 1864, pelas instâncias dos amigos e também porque, segundo ele, dá no mesmo publicar os poemas ou deixá-los se perder "ao correr da vassoura pela sala".[19]

O que Veríssimo a princípio atribui a choramingas de homens românticos, acabrunhados com a indiferença dos seus patrícios às coisas literárias, e depois relativiza pela desconformidade entre os escritores e o meio, resultava também de um desconhecimento generalizado, na primeira metade do século 19, da situação do país e das condições concretas para a produção e circulação de bens culturais. Testemunho precioso dessa ignorância, por parte até mesmo da *intelligentsia*, é o discurso proferido por Januário da Cunha Barbosa em 1839 por ocasião da fundação do Instituto

---

18 José Veríssimo, *História da Literatura Brasileira*, pp. 140-1. Grifo meu.
19 Domingos José Gonçalves de Magalhães, *Poesias* e *Suspiros Poéticos e Saudades*; Gonçalves Dias, *Primeiros Cantos*; Luís Nicolau Fagundes Varela, *Vozes da América*. Cf. Frederico José Silva Ramos (org.), *Grandes Poetas Românticos do Brasil*, São Paulo, Edições LEP Ltda., 1949, pp. 2, 72, 347-388, 833-866.

Histórico e Geográfico do Brasil, instituição que tinha por objetivo principal "salvar da indigna obscuridade, em que jaziam até hoje, muitas memorias da patria, e os nomes de seus melhores filhos" além de assinalar "com a possivel exactidão, o assento de suas cidades e villas mais notaveis, a corrente de seus caudalosos rios, a área de seus campos, a direcção de suas serras, e a capacidade de seus innumeraveis portos."[20] O texto de Cunha Barbosa revela muito da noção do país dominante à época, nesse discurso marcado por um vago nacionalismo, flagrante no emprego abundante de substantivos abstratos, adjetivos hiperbólicos e uma profusão de pronomes indefinidos.

Para a produção literária, o desconhecimento real e profundo, associado ao idealismo romântico e aos sonhos de glória e prestígio comparáveis aos dos vates franceses, importados da França junto com os livros que deliciavam o público brasileiro, resultava no que Sílvio Romero definiu em 1897 como "o peculiar e indefinível estado da alma dos talentos sem meio adequado, das inteligências condenadas a labutar no vácuo, sem público, sem o galardão condigno."[21] Em outras palavras, uma enorme frustração, que transpira dos textos de Alencar no final de sua carreira e será registrada por Machado de Assis na década de 1860 quando, em carta a Alencar, atribui o descaso pela literatura à "conspiração da indiferença"[22], termo mais tarde reformado pelo autor d'*O Guarani* para "nova conspiração do despeito que veio substituir a antiga conspiração do silêncio e da indiferença."[23]

Reclamações sobre a negligência e o rebaixamento do gosto do público não são exclusividade dos escritores brasileiros oitocentistas e podem ser ouvidas ainda hoje, quase nos mesmos termos, de um escritor de qualquer nacionalidade. No entanto, as queixas de que tratamos aqui se referem a uma situação que então era completamente nova, tanto na Europa quanto no Brasil, e que correspondia à *constituição do público leitor como fato social e como problema*. Vale lembrar que a expressão *reading public* foi empregada pela primeira vez no início do século 19, para descrever uma nova configuração social em que aumentavam o número de leitores e o número e a variedade de publicações criadas para atender às novas demandas.

20 "Discurso" (proferido por Januario da Cunha Barbosa, 1º secretário perpétuo do Instituto, por ocasião de sua fundação em 1839), in: *Revista do Instituto Historico e Geographico do Brazil*, 2. ed., tomo I, Rio de Janeiro, Typographia Universal de Laemmert, 1856, pp. 10-21.
21 Sílvio Romero, *Machado de Assis – Estudo Comparativo de Literatura Brasileira*, Campinas, Editora da Unicamp, 1992, p. 188.
22 Machado de Assis, em resposta a carta de José de Alencar de 1868. *OC*, vol. 3, p. 900.
23 José de Alencar, "Como e por que Sou Romancista", prefácio a *O Guarani*, Rio de Janeiro, José Olympio, 1953, p. 71.

Com isso, modificavam-se também os modos de circulação das obras, assim como as estratégias de vender os encalhes.²⁴

No Brasil, a frustração dos escritores produz declarações dramáticas ao longo de todo o século 19, embora a explicação pela indiferença ou pelo despeito do público, tão repetida na primeira metade dos oitocentos, já não se sustente nas duas últimas décadas. Os desabafos de Aluísio Azevedo, datados das décadas de 1880 e 1890 – tendo o escritor maranhense se afastado da vida literária em 1895 – com outro tom, merecem leitura:

...E é isto a vida literária! Futuro! Que futuro pode ter uma obra escrita na areia da praia, como os cânticos de Anchieta? Tivesse eu a certeza de que uma só de minhas páginas viveria e ficaria contente... Mas não se vive em túmulo e o português... Não vale a pena. Anchieta ao menos tinha um leitor – o mar. E eu? ²⁵

Escrever para quê? para quem? Não temos público. Uma edição de dois mil exemplares leva anos para esgotar-se e o nosso pensamento, por mais original e ousado que seja, jamais se livrará no espaço amplo: voeja entre as grades desta gaiola estreita, que é a celebrada língua dos nossos maiores.²⁶

As explicações para a falta de apelo comercial do livro não se referem mais ao indiferentismo, e sim à carência de leitores e à exiguidade de público para língua portuguesa, que não escapa às "pancadas de amor" de Azevedo, cuja obra está entre as de maior penetração entre o público brasileiro no século 19. Vale lembrar que *O Mulato* foi um dos raros casos de repercussão, na Corte, de um fato literário gerado na província; publicado em São Luís em 1881, o romance anticlerical provocou mais reação e escândalo no Rio de Janeiro do que as *Memórias Póstumas de Brás Cubas*, saídas em livro no mesmo ano. A singularidade da situação de Azevedo foi notada por Valentim Magalhães, que em 1896 o apontou como talvez o único escritor brasileiro "que ganha o pão exclusivamente à custa da sua pena, mas note-se que apenas ganha o pão: as letras no Brasil ainda não dão para a manteiga."²⁷ Em realidade, a atividade literária não garantiu o

---

24 Cf. William G. Rowland Jr., *Literature and the Marketplace – Romantic Writers and their Audiences in Great Britain and the United States*, p. 17. *Tradução minha*.
25 Citado por Brito Broca, *Papéis de Alceste*, Campinas, São Paulo, Editora da Unicamp, 1991, p. 164.
26 Cf. "Aluísio Azevedo", folheto do Ministério da Cultura, Fundação Casa de Rui Barbosa, 1995, p. 61.
27 Cf. Valentim Magalhães, *A Literatura Brasileira 1870-1895: Notícia Crítica dos Principaes Escriptores, Documentada com Escolhidos Excerptos...* Lisboa, Livraria de A. M. Pereira, 1896.

sustento nem de Azevedo nem de qualquer outro escritor brasileiro até pelo menos 1930, conforme demonstra o estudo de Machado Neto, que afirma não ter havido sequer um escritor brasileiro que pudesse viver exclusivamente do seu ofício entre 1870 e 1930. Todos foram obrigados a combinar a literatura com uma ou mais atividades. Azevedo, por exemplo, acabou abandonando completamente as letras por um posto diplomático.[28]

A diferença mais notável entre as explicações de Azevedo, já no final dos oitocentos, e aquelas formuladas tanto pelos primeiros escritores românticos, quanto por Alencar e pelo Machado de Assis em início de carreira, é o abandono da reclamação de indiferença e o reconhecimento do público minguado. A regularização da produção editorial, a partir da década de 1870, contribuíra para evidenciar a pequena demanda por livros, e o que antes era atribuído a prevenções pessoais começa a receber novas explicações. Aos poucos, percebe-se que, além da modesta dimensão, o leitorado era formado por grupos pequenos e homogêneos, que produziam quase que para consumo próprio. Sílvio Romero, já às vésperas do século 20, descreve a situação: "uma pequena elite intelectual separou-se notavelmente do grosso da população (...) e chegamos hoje ao ponto de termos uma literatura e uma política exóticas, que vivem e procriam em uma estufa, sem relações com o ambiente e a temperatura exterior". O crítico nota com propriedade a relação frágil entre o grupo minúsculo dos literatos e o povo em geral, analfabeto e descrente, mas identifica o principal sintoma da situação que critica na produção de Machado de Assis que, com seu "humorismo de almanaque" e seu "pessimismo de fancaria", colocava-se na contramão do que Romero defendia: que a literatura e a crítica refletissem a penúria do "estado espiritual da maioria de nossas gentes".[29] Mais um ataque injusto de Romero contra o escritor que tratou com profundidade do insulamento e precariedade da produção literária no Brasil, como mostrarei à frente. Injustiça que não surpreende, pois são conhecidos o destempero e a obnubilação da argúcia de Romero quando se trata do autor das *Memórias Póstumas*.

José Veríssimo, crítico de temperamento mais equilibrado, faz um diagnóstico semelhante da produção literária no país:

> Tem sido sempre aqui a literatura uma coisa à parte na vida nacional. Feita principal se não exclusivamente por moços despreocupados da vida prática, que sacrifica-

---

28 Cf. Machado Neto, *Estrutura Social da República das Letras (Sociologia da Vida Intelectual Brasileira – 1870-1930)*, pp. 83-4.
29 Sílvio Romero, *Machado de Assis – Estudo Comparativo de Literatura Brasileira*, Campinas, São Paulo, Editora da Unicamp, 1992.

vam a ingênuas ambições de glória ou à vaidade de nomeada, nunca assegurou aos seus cultores posições ou proveitos, como não constituiu jamais profissão ou carreira.[30]

Escrevendo no início do século 20, num momento em que a atividade literária ganha especialização e deixa de se confundir com a militância política, Veríssimo reivindica a profissionalização das Letras, mas recorre à aritmética para mostrar a dificuldade da situação:

> Essencialmente, o caso se resume em ser aqui, o comércio literário, a oferta extraordinàriamente maior que a procura. Há quase tantos escritores como leitores, se não mais. Em país de instrução escassa e mofina e cultura sempre incipiente, onde 80% da população é analfabeto e o resto não lê ou lê sòmente jornais ou línguas estrangeiras, há nos vinte por cento restantes, pelo menos, dez que são literatos, dos quais 6 1/2 ou 7 são poetas. Assim, não lhes sobram leitores, e êles se têm de ler a si mesmos ou entre si. O que se chama o público, êsse não os lê. Passa-se então na alma dêsses romancistas e poetas em potência uma sombria tragédia.[31]

O aparente exagero do crítico e historiador é relativizado por números curiosos sobre a ocupação profissional dos habitantes do Rio de Janeiro em 1870. Os 235.381 habitantes, compostos de 185.289 pessoas livres e 50.092 escravos, estavam divididos em 424 eclesiásticos, 7.646 militares, 3.066 empregados públicos, *2.806 indivíduos que seguiam profissões literárias*, 21.583 comerciantes, 245 capitalistas, 1.522 proprietários, 13.560 lavradores, 1.393 pescadores, 1.603 marítimos, 44.381 indivíduos empregados na indústria, 3.275 em serviços de agência, 53.160 domésticos e 80.717 habitantes cuja profissão não foi possível determinar.[32] Ainda que as profissões literárias incluíssem jornalistas, escreventes, secretários e toda a gente que escreve, 2.806 é um número alentado se considerarmos que os livros, na melhor das hipóteses lançados em edições de mil e quinhentos exemplares, demoravam anos para se esgotar. Isso faz supor que nem aqueles que escreviam profissionalmente prestigiavam os colegas da pena com a compra de um exemplar. Ou que talvez houvesse mais escritores que leitores, disparate não de todo inverossímil se nos fiarmos nas declarações de José Veríssimo.

---

30 José Veríssimo, *História da Literatura Brasileira*, p. 223.
31 José Veríssimo, apud A. L. Machado Neto, *Estrutura Social da República das Letras (Sociologia da vida intelectual brasileira – 1870-1930)*, p. 118.
32 "Resumo histórico dos inquéritos censitários realizados no Brasil: Recenseamento do Brasil, 1920", São Paulo, Instituto de Pesquisas Econômicas, 1986, p. 197. Esse censo, restrito ao Rio de Janeiro, não incluía dados sobre nível de instrução e analfabetismo.

O isolamento do escritor e a pouca repercussão da produção literária, constatadas por Sílvio Romero e José Veríssimo em observações esparsas, constituem uma das balizas da *História da Literatura Brasileira*, de Nelson Werneck Sodré, que trata das condições de produção e circulação da criação literária:

> Está claro que eram grandes [na transição do século 19 para o 20] as dificuldades que se apresentavam ao trabalho intelectual, e particularmente à criação literária. Tais dificuldades se traduziam, inclusive, na ausência da indústria do livro. O mercado brasileiro era dominado pelo produto francês, já que nesse idioma se difundia a cultura literária e por isso os movimentos ocorridos na França encontravam aqui repercussão, com a rapidez que o tempo permitia, e com a penetração que o reduzido número de iniciados possibilitava. O livro português, em seguida, encontrou no Brasil o seu mercado por excelência, sem excluir o primeiro. E foi a atividade editorial lusa que possibilitou aos brasileiros um certo desafogo, nesse campo. Mas há que firmar a ideia de que não existia atividade editorial porque não havia público capaz de permitir a sua criação, e a divisão de trabalho, na sociedade brasileira, não chegaria à etapa de criar e diferenciar tal atividade. O produtor estrangeiro atendia perfeitamente as necessidades do mercado.[33]

A relação entre o livro estrangeiro e a pobreza da indústria editorial no Brasil ganha explicação de Sodré, fundamentada em dados da produção da época, que mostram que as tiragens de títulos estrangeiros não eram superiores às de obras nacionais. Ao longo de todo o século 19, no entanto, a literatura estrangeira aparecia como uma das culpadas pela queda da produção local no vácuo do indiferentismo. Assim, José de Alencar, na polêmica que manteve no *Jornal do Comércio* sobre sua peça teatral *O Jesuíta*, escreve em setembro de 1875: "(...) os brasileiros da corte não se comovem com essas futilidades patrióticas; são positivos e sobretudo cosmopolitas, gostam do estrangeiro; do francês, do italiano, do espanhol, do árabe, de tudo, menos do que é nacional".[34] Vinte anos depois, em 1895, Adolfo Caminha baterá na mesma tecla ao se referir à fria acolhida aos livros nacionais: "A mocidade brasileira não lê obras nacionaes; agarra-se no romance estrangeiro com um entusiasmo verdadeiramente lamentável".[35] Como se nota, o fantasma da concorrência desleal do produto estrangeiro, que volta e meia ressurge no cenário nacional, tem raízes profundas na cultura letrada brasileira.

---

33 Nelson Werneck Sodré, *História da Literatura Brasileira*, p. 433.
34 Afrânio Coutinho, *A Polêmica Alencar-Nabuco*, Rio de Janeiro, Tempo Brasileiro, 1965, p. 24.
35 Adolpho Caminha, *Cartas Litterarias*, Rio de Janeiro, Aldina, 1895.

A mistificação do leitorado brasileiro também se dava do outro lado do Atlântico, onde era comum o superdimensionamento do público brasileiro. Assim, em texto de 1848 José Feliciano de Castilho reconhecia a importância desse leitorado para o livro português, ao mesmo tempo em que lançava um alerta aos seus conterrâneos:

> A leitura neste Imperio não é tão extensa como nós ahi julgamos, nem póde ser avaliada por prismas enganadores. Todavia é para os nossos homens de letras *um mercado importante*, e que, por varias causas, se póde considerar, como estando de facto, ha muito fechado para elles.[36]

A julgar pelo catálogo da Livraria Acadêmica, de propriedade de Louis Garraux e ponto de referência de um dos círculos de leitura mais dinâmicos do país, composto pelos estudantes da Faculdade de Direito de São Paulo, havia um certo equilíbrio entre os lançamentos de ficção traduzida e a literatura em português. O catálogo de 1865 trazia 473 títulos na seção "Obras de literatura, história, novellas, romances illustrados", dos quais 215 eram traduções e 258 eram obras originalmente escritas em português. Em 1883, a mesma firma publica um catálogo em que 250 páginas são dedicadas a material estrangeiro e 192 a material em português.[37] Ainda que, entre as obras escritas em português, muitas delas fossem de origem portuguesa, é preciso considerar que a produção de obras brasileiras era consideravelmente menor que a de obras portuguesas, francesas ou inglesas, fato aliás apontado por Caminha: "O algarismo anual das nossas produções literárias é de um cômico impagável. Enquanto Paris recebe por dia cem, duzentas obras de escritores franceses, das quais 20pc[38] podem ser consideradas boas e 50pc excelentes, nós... produzimos anualmente 50 ou 100 das quais dez sofríveis e cinco boas...".[39] A culpabilização da presença da literatura estrangeira e de uma suposta preferência do público pelo que vinha de fora obscurecia a verdadeira raiz do problema, que é aquela mencionada por Sodré. O que está por trás das queixas de Alencar e Caminha, que se referem ao público como indolente, é o fato de as obras estrangeiras abocanharem parte considerável do minguado público da literatura, diminuindo ainda mais o mercado potencial para a pequena produ-

---

36 Trecho de carta de José Feliciano de Castilho enviada a Portugal em 30.3.1848. Reproduzida na *Revista Brasileira*, tomo VIII, 15.6.1881, p. 478.
37 Dados citados por Laurence Hallewell, *O Livro no Brasil: sua História*, pp. 227-230.
38 "pc" é abreviatura para "por cento".
39 Adolfo Caminha, *Cartas Litterarias*, Rio de Janeiro, Aldina, 1895.

ção nacional. Quando os escritores portugueses, certamente cobiçando os leitores americanos, ambientavam suas histórias em território brasileiro, a reação dos colegas locais era violenta. Foi o que ocorreu com Camilo Castelo Branco, que em 1876 teve seu livro *O Cego de Landim* recebido com hostilidade pela crítica fluminense. Entre outras coisas, a má-vontade devia-se ao fato de o romance, história de um português velhaco, moedeiro falso, ser ambientado no Rio de Janeiro.[40]

A preferência pelo livro estrangeiro de segunda linha, de autores como Paul de Kock, Pérez Escrich e Ponson du Terrail, rendeu outros adjetivos pouco lisonjeiros aos leitores, de gosto muitas vezes qualificado como anacrônico. Alencar, em 1875, declara-se "de sobra convencido que a plateia fluminense estava em anacronismo de um século com as ideias do escritor"[41] e defende que cabe ao escritor brasileiro atualizar o gosto dos seus conterrâneos. As mesmas questões sobre o anacronismo do gosto do público são levantadas, por uma óptica diferente, por Aluísio Azevedo num trecho do seu folhetim, *Os Mistérios da Tijuca*, em 1891:

> No Brasil [...] os leitores estão em 1820, em pleno romantismo francês, querem o enredo, a ação, o movimento; os críticos porém acompanham a evolução do romance moderno e exigem que o romancista siga as pegadas de Zola e Daudet. Ponson du Terrail é o ideal daqueles; para estes Flaubert é o grande mestre. A qual dos dois grupos se deve atender? Ao de leitores ou ao de críticos?
>
> Estes decretam, mas aqueles sustentam. Os romances não se escrevem para a crítica, escrevem-se para o público, para o grosso público, que é o que paga.[42]

O grosso do público, aliás, pagava caro por suas leituras ao longo de todo o século 19 e continuaria a fazê-lo durante o século 20 até hoje, quando o preço do livro no Brasil se mantém muito acima do praticado na França, Inglaterra, Portugal e Estados Unidos. No mesmo catálogo da Livraria Acadêmica citado acima, os livros da seção de "Poesias, Theatro, Poetas Nacionaes e Estrangeiros", que incluía obras de Scott, Dumas, Sue e Paul de Kock, custavam em 1865 entre 500 réis e cinco mil réis, quantias equivalentes a algo entre 27 centavos de dólar e US$ 2,75.[43] Para efeito de comparação, nos EUA já a partir da década de 1840 muitos livros novos

---

40 A reação ao romance de Camilo Castelo Branco está em artigo publicado no jornal *A Reforma*, do Rio de Janeiro, em 19.10.1876. Veja-se o anexo.
41 Afrânio Coutinho, *A Polêmica Alencar-Nabuco*, pp. 27-8.
42 Aluísio Azevedo, *Os mistérios da Tijuca*, cap. LXI. Citado por Marlyse Meyer, *Folhetim – Uma história*, São Paulo, Companhia das Letras, 1996, p. 306.
43 Cf. Laurence Hallewell, *O Livro no Brasil: sua História*, pp. 226-230.

eram comercializados a preços que variavam de seis a 37 centavos de dólar, dependendo do número de páginas e do requinte da edição.[44]

Retornando ao texto de Aluísio Azevedo, seus dilemas indicam modificações na posição do escritor diante do público. Uma das novidades é a referência à produção literária como atividade também comercial, e as cogitações sobre a necessidade de modular a obra em função das expectativas do público, algo fora de cogitação para Alencar e outros escritores românticos. Também aparece como novidade a especialização do leitorado, dividido entre crítica e público, grupos aos quais se atribuem abordagens específicas em relação às obras. No primeiro caso, a noção de que o crítico não lê, mas decreta, sugere que esse grupo seja formado por uma minoria que detém muito poder e é apresentada como potencial inimiga do artista, forçado a se adaptar ao gosto duvidoso do homem comum que, embora também possa se revelar inimigo do escritor, é quem no final das contas sustenta sua atividade pela compra do livro. O drama de Aluísio Azevedo, dividido entre a instrução da crítica e a ignorância do grosso público, é o do escritor que, em vias de profissionalização e forçado a redefinir seu papel e sua atitude em relação ao leitorado existente, coloca-se num lugar à parte.

É interessante notar que o escritor abre um parêntese num texto ficcional que por meio do título faz referência aberta aos *Mistérios de Paris*, de Eugène Sue – paradigma das narrativas baseadas no enredo, na ação e no movimento – para criticar justamente aquilo que ele está imitando. Sem qualquer cerimônia, entrega gato depois de anunciá-lo como lebre, apresentando um folhetim aparentemente conformado às preferências do leitor-comprador para escarnecer do seu gosto atrasado e inocular-lhe o gosto pelo romance moderno:

> É preciso ir dando a cousa em pequenas doses [...]. Um pouco de enredo de vez em quando, uma ou outra situação dramática [...]. Depois, as doses de romantismo irão gradualmente diminuindo, enquanto as de naturalismo irão se desenvolvendo; até que, um belo dia, sem que o leitor o sinta, esteja completamente habituado ao romance de pura observação e estudo de caracteres.[45]

Embora consciente da discrepância entre a fórmula ficcional que adota e o conteúdo que quer inserir nessa forma ficcional, a atitude de Aluísio Azevedo é reveladora da indefinição de fronteiras na produção cultural do

---

44 Cf. Frank Luther Mott, *Golden Multitudes – The Story of Best Sellers in the United States*, p. 77.
45 *Apud* Marlyse Meyer, *Folhetim – Uma História*, p. 307.

século 19, em que o folhetim, veiculado nos rodapés de jornais e revistas, abrigava desde a literatura artística até a produção mais ligeira, inspirada na ficção popular europeia.[46] A falta de público e a pouca especialização do trabalho intelectual faziam com que o escritor brasileiro do século 19 desempenhasse simultaneamente papéis que nos países que lhe serviam de referência estavam distribuídos entre vários escritores. Assim, o escritor brasileiro via de regra era também crítico e homem de teatro, e sua produção englobava desde o panfletarismo até a pesquisa estilística. Como seu leitorado estava dividido entre o "grosso público" e a crítica, e nenhum desses grupos era suficientemente numeroso para sustentar uma produção literária, o escritor não podia se dar ao luxo de descartar nem um nem outro, ainda que o trecho revele desprezo pela literatura de apelo mais popular. O resultado é a postura desabusadamente cínica de Aluísio Azevedo ao distribuir piscadelas a gregos e troianos. Por um lado, alicia os compradores de livros ao adotar um formato ficcional que lhes é tão caro; por outro, em pequenas dissertações como as do trecho acima, dirige-se ao leitor "qualificado", que compactua com ele dos preceitos modernos do Naturalismo, como a pedir-lhe desculpas pelo embuste. Tudo se justifica pela posição que o escritor se arroga: a de reformador do gosto ficcional atrasado de grande parte do público. O que parece indicar não só a insatisfação do escritor com a degradação do gosto, mas também a dificuldade de se identificar e atender às preferências de um público relativamente ampliado e desconhecido. O dado novo é a percepção da existência de um grupo de leitores virtuais que extrapolava os círculos especializados e semiespecializados da crítica e incluía o grosso público dos compradores de livros. Em suma, havia público, mas era diminuto e precisava ser intensamente disputado.

O público minguado criava outra situação peculiar para o romance brasileiro em comparação com o que ocorria na Europa. Enquanto lá pela primeira vez se constituía um público heterogêneo para a produção literária, no Brasil a produção chegava a círculos restritos e pequenos, compostos por gente próxima do escritor, criando uma forte personalização da relação entre autor e público. A grande maioria dos intelectuais, independen-

---

46 Essa indefinição de fronteiras não é exclusividade brasileira. Como observa Marlyse Meyer, a corte "iletrada" de Napoleão III colocava no mesmo plano Flaubert e Ponson du Terrail. Mas, por outro lado, havia na França alguma distinção entre os campos, uma vez que existia um "grosso público francês" para a literatura ligeira, e os escritores famosos de folhetim, como Xavier de Montépin e Émile Richebourg, sonhavam pertencer à *Société des Gens de Lettre*, da qual participavam os "verdadeiros escritores". Cf. Marlyse Meyer, *Folhetim – Uma História*.

temente de sua origem, escrevia para os jornais ou revistas financiados pelas oligarquias e publicavam livros destinados a um público leitor não muito maior que a oligarquia ou os grupos urbanos que compunham sua clientela.[47] Muitos livros eram financiados com recursos dos próprios escritores, membros da elite, ou sob os auspícios diretos do Imperador, que nas palavras de Nelson Werneck Sodré "bafejava-os com o seu aplauso e com o seu apoio, que era uma forma de disfarçar o desapreço geral".[48]

Havia outra diferença importante entre as condições do escritor dos dois lados do Atlântico. Na Europa, o isolamento do escritor em relação ao público e sua recusa às demandas e peculiaridades do mercado faziam parte de uma concepção romântica de autoria em certa medida derivada da condição social peculiar já descrita por Sartre:

> É a burguesia que o lê, e só ela que o sustenta e que decide quanto à sua glória. É em vão que ele [o escritor] finge recuar para considerá-la em conjunto: para julgá-la, seria necessário em primeiro lugar que ele saísse de dentro dela, e não há outra maneira de sair se não experimentando os interesses e a maneira de viver de uma outra classe. Como ele não se decide a fazer isso, vive na contradição e na má-fé, pois sabe, e ao mesmo tempo não quer saber, para quem escreve. De bom grado fala da sua solidão e, em vez de assumir o público que escolheu dissimuladamente, inventa que o escritor escreve só para si mesmo ou para Deus (...).[49]

Essa postura solitária, segundo Sartre dissimulada por alguns escritores europeus, foi largamente adotada pelos escritores brasileiros. Mas aqui a solidão do artista não servia para falsear a relação que o escritor efetivamente estabelecia com um público burguês; pelo contrário, mascarava a escassez desse público, uma vez que século 19 afora e século 20 adentro mal havia quórum, em qualquer segmento da sociedade brasileira, para dar autonomia à produção literária. O que na Europa podia aparecer como artifício e afetação – e na opinião de Sartre escondia até intenções pouco nobres – entre nós indicava, ainda que inadvertidamente, o afastamento real entre escritor e público, e também o desconhecimento generalizado, mesmo entre os escritores, da realidade circundante.

•••

---

47 Emília Viotti da Costa, *Da Monarquia à República: Momentos Decisivos*, 7. ed., São Paulo, Fundação Editora da Unesp, 1999, p. 262.
48 Nelson Werneck Sodré, *História da Literatura Brasileira*, p. 212.
49 Jean-Paul Sartre, *Que é a Literatura?*, p. 95.

Recapitulando: a percepção do público leitor como questão problemática atravessa o século 19 brasileiro, embora as explicações para a pequena circulação e repercussão da literatura nacional se transformem muito nesse período. Embora os problemas diagnosticados por Alencar, na década de 1860, e por Azevedo, na década de 1880, fossem muito semelhantes, há diferença no modo como esses escritores, emblemáticos de suas gerações, explicavam as dificuldades e se referiram ao público leitor. Num primeiro momento, supõe-se a existência de um público numeroso, mas caprichoso e indolente, como acreditavam Alencar e os primeiros românticos; num segundo momento, a pouca repercussão da literatura é associada à exiguidade do público leitor; num terceiro momento, esse público leitor passa a ser encarado como potencial consumidor de literatura, uma mudança de percepção que tem a ver com a organização da produção e comercialização dos livros.

O próximo capítulo estuda como a especialização e a profissionalização da atividade literária, verificadas sobretudo nas três últimas décadas do século 19, contribuíram para a formulação de explicações mais concretas para a baixa repercussão da produção literária local, explicações baseadas na constatação da falta de um leitorado numeroso de panfletos, quanto mais de romances. Isso colocava em dificuldades o projeto romântico e alencariano de construção nacional pelo romance, que será modificado por Machado de Assis, como veremos a seguir.

No ano seguinte à publicação de seu primeiro romance, *Ressurreição*, de 1872, Machado de Assis aparece ao lado do consagrado José de Alencar na capa do *Archivo Contemporaneo*. A reputação de Machado, nesse momento, vinha principalmente de sua atuação como poeta e crítico.
Fonte: Biblioteca Nacional, Seção de Periódicos

RECENSEAMENTO

— Este censo me faz rodar o senso; eu, estudante, solteiro, sem mais nem menos, tenho de marcar as pessoas que pernoitaram do 31 do passado á 1 do corrente em minha casa! Como fazel-o, Maria? hei de declarar que pernoitaste aqui?

— Pois não ha homens com nomes de mulheres, por exemplo o Rio Branco, chama-se José Maria; escreve Maria José da Conceição—porque assim não te compromettes, caso a lista vá cahir nas mãos do teu tio.

O primeiro recenseamento geral do Império, realizado em 1872 e com resultados divulgados em 1876, revelou o número de analfabetos no Brasil. A informação de que 84% da população era analfabeta caiu como uma bomba entre os homens letrados do país. Fonte: Biblioteca Nacional, Seção de Periódicos

2

A GUERRA DO PARAGUAI, O PRIMEIRO RECENSEAMENTO E O 'BOM LADRÃO' GARNIER

Os fatos aqui são rebeldes.
(BAPTISTE LOUIS GARNIER, 1877)

As alterações de percepção do papel do escritor e das possibilidades comunicativas da produção literária são alguns dos aspectos das transformações profundas ocorridas no Brasil da década de 1870 e que podem ser sintetizadas por três acontecimentos fundamentais: o final da Guerra do Paraguai, a realização do primeiro recenseamento geral do Império, em 1872, e especificamente no campo das letras, o conhecimento e a regularização da produção editorial, que tem sua figura máxima em B. L. Garnier, cuja reputação de avarento lhe valeu o apelido de Bom Ladrão Garnier, brincadeira com as iniciais de Baptiste Louis. As noções muito vagas do Império imaginado pelos românticos não resistem às transformações por que passa o país ao longo da década de 1870, transformações para as quais a campanha do Paraguai tem papel decisivo, ideia compartilhada por várias gerações de historiadores que atribuem à guerra o ineditismo de promover o convívio próximo e prolongado de brasileiros das várias províncias e de diversas origens sociais.

Juntamente com a abolição progressiva da escravidão, a guerra e o recenseamento constituíam uma nova realidade que, na expressão sintética de Eduardo Silva, produziu "uma verdadeira revolução na autoimagem e, portanto, na autoestima daquela jovem comunidade em formação", fazendo com que o indigenismo romântico se transformasse em "moda literária do passado, longe do gosto e da cabeça nova dos intelectuais dos anos 80" que se defrontavam com grandes e novos desafios.[1] José Veríssimo já havia

---

1 Cf. Eduardo Silva, *Dom Obá d'África, o Príncipe do Povo: Vida, Tempo e Pensamento de um Homem Livre de Cor*, São Paulo, Companhia das Letras, 1997, pp. 54 e 150.

notado, no início do século 20, que a Guerra do Paraguai produzira um impacto razoável sobre o nacionalismo exclusivista forjado pelo Romantismo, contribuindo para alterar a imagem do país e influindo diretamente nos assuntos e no tom da produção literária:

> Pela primeira vez depois da Independência (pois a guerra do Prata de 1851 mal durou um ano e não chegou a interessar a nação) sentiu o povo brasileiro praticamente a responsabilidade que aos seus membros impõem estas coletividades chamadas nações. Ele, que até então vivia segregado nas suas províncias, ignorando-se mutuamente, encontra-se agora fora das estreitas preocupações bairristas do campanário, num campo propício para estreitar a confraternidade de um povo, o campo de batalha. De província a província trocam-se ideias e sentimentos; prolongam-se após a guerra as relações de acampamento. Houve enfim uma vasta comunicação interprovincial do Norte para o Sul, um intercâmbio nacional de emoções, cujos efeitos se fariam forçosamente sentir na mentalidade nacional. A mocidade das escolas, cujos catedráticos se faziam soldados e marchavam para a guerra, alvoroçou-se com o entusiasmo próprio da idade. Os que não deixavam o livro pela espada, bombardeavam o inimigo longínquo com estrofes inflamadas e discursos tonitruantes, excitando o férvido entusiasmo das massas.[2]

O final da Guerra, coincidindo com o "ano climatérico" de 1870, inicia um momento de crise que Sílvio Romero definiu como a tomada de consciência de um "estado de penúria real", que levara os escritores e intelectuais brasileiros a se afastar "da mentira, da falácia espiritual e política" da literatura romântica. Para Romero, a obra de Machado de Assis da segunda fase, com seu tom desgostoso, pessimismo e humorismo pacato, seria um documento desse momento de crise "pelo lado da impotência visionária". Nem é preciso dizer que a reação positiva à crise será dada, na opinião de Romero, por Tobias Barreto e seus amigos da escola crítica do Recife. Sílvio Romero, conhecido tanto pela finura de algumas de suas análises quanto pelo equívoco na distribuição dos valores, acerta ao considerar a obra da segunda fase de Machado de Assis como documento da crise causada pela constatação do estado de miséria intelectual do país, mas parece errar ao considerar a postura da impotência como fato negativo e defender o engajamento panfletário da produção intelectual nacional. A obra de Sílvio Romero está, aliás, profundamente impressionada pelo contraste entre o imenso contingente de analfabetos e o confinamento da produção literária ao "grupo minúsculo que neste país faz a literatura"[3], condição da produção literária brasileira que o crítico sergipano acredita poder

---

2   José Veríssimo, *História da Literatura Brasileira*, p. 220.
3   Sílvio Romero, *Machado de Assis – Estudo Comparativo de Literatura Brasileira*, pp. 155-8.

ser revertida com o empenho dos escritores no esclarecimento do "povo". Trata-se de solução oposta à encontrada por Machado de Assis para continuar produzindo literatura sem correr o risco de ser acusado de mistificador da realidade ou alienado do seu tempo e país – acusação que pesou sobre o escritor até o final da década de 1930, quando se começou a desmontar a imagem do escritor absenteísta até então associada a Machado.

Tratemos por enquanto da estatística e suas classificações, que faziam parte do instrumental científico moderno louvado por Sílvio Romero. Embora tenha havido tentativas anteriores de incluir o Brasil no "congresso estatístico das nações"[4], isso só se deu em 1872, com o primeiro recenseamento geral que introduziu categorias como grau de instrução e alfabetização, não aferidas nem mesmo em apurações parciais, como a realizada no Município Neutro do Rio de Janeiro em 1870, considerada a mais perfeita entre todas as realizadas na capital do país durante o Império.[5]

Há muito se sabia da restrição e precariedade da instrução no país, mas os dados do recenseamento caíram como uma bomba sobre o Brasil letrado. O recenseamento geral, iniciado em 1º de agosto de 1872, teve os trabalhos concluídos quatro anos mais tarde, quando tiveram ampla divul-

---

[4] Essa é a finalidade da defesa que Joaquim Norberto de Souza e Silva faz da realização do primeiro recenseamento geral da população do Brasil no documento *Investigação sobre os Recenseamentos da População geral do Império e de cada Província de per si Tentados desde os Tempos Coloniais até Hoje*, de 2 de maio de 1870 e dirigido ao Conselheiro Paulino José Soares de Souza, Ministro e Secretário de Estado dos Negócios do Império. Nessa monografia, encomendada pelo ministro ao historiador e escritor, Joaquim Norberto relata duas tentativas fracassadas de apuração da população do país, uma em 1819 e outra em 1850. A primeira teve seus resultados publicados em *A igreja do Brasil ou informação para servir de base à divisão dos bispados, projectada no anno de 1819, com a estatística da população do Brasil considerada em todas as suas differentes classes, na conformidade dos mappas das respectivas provincias e numero de seus habitantes*. A segunda apuração, determinada pela lei de 6 de setembro de 1850, em que o Governo ficou autorizado a dispender o que fosse necessário para realizar o censo geral do Império, não foi bem-sucedida devido às resistências colocadas "pela parte da população menos sensata e illustrada" que, segundo o Visconde de Monte-Alegre, "loucamente" acreditava que o registro "só tinha por fim escravizar a gente de côr". Na província de Pernambuco, onde "o scisma e a prevenção contra o Regulamento atrahiu maior numero de desvairados, que em frenetico delirio o apellidava lei do captiveiro", houve mortos e feridos, e a execução do primeiro censo geral do Império foi suspensa por Decreto em janeiro de 1852. Para mais detalhes sobre o assunto, ver Joaquim Norberto de Souza e Silva no texto citado acima. A identificação do recenseamento com a atividade censória tem testemunho no samba de Assis Valente gravado por Carmen Miranda em 1940 cujos versos dizem o seguinte: "E o agente recenseador/ esmiuçou a minha vida/ que foi um horror".

[5] Nesse censo, a população foi classificada em relação à condição civil (livres e escravos), sexo, idade, estado civil, raça e profissão.

gação na imprensa. Todos os principais jornais da corte trouxeram na edição de 5 de agosto de 1876 o texto do ofício assinado por Manoel Francisco Correia e dirigido ao Ministro e Secretário de Estado dos Negócios do Império, José Bento da Cunha e Figueiredo, com os dados coletados pelo censo. No dia 14 do mesmo mês, *O Globo*, o jornal mais progressista em circulação e sem vínculo direto com qualquer partido político, reproduziu em sua primeira página texto originalmente publicado em *A Província de S. Paulo*, intitulado "Algarismos Eloquentes", que apresentava alguns dados sobre o índice de analfabetismo seguidos da constatação inexorável: "Somos um povo de analfabetos!". O jornal, que duas semanas antes publicara artigo definindo o Brasil como país onde não há um "cidadão popular" devido à "falta de educação do povo em geral, instrução defeituosa e pouco amor ao estudo"[6], por vários dias continuaria a se referir aos dados do censo.

A *Imprensa Industrial: Revista de Litteratura, Sciencia, Artes e Industrias* noticia os dados apurados pelo recenseamento em sua edição de 10 de agosto. O impacto causado pelos números, no entanto, só se fará sentir num longo artigo intitulado "Estatistica do Imperio", de 20 de agosto:

> Por menos exato, entretanto, que seja o resultado a que chegou a repartição encarregada desse difícil ramo de serviço, um fato ficou patente, provado a toda evidência e de dolorosa impressão para o país: o triste estado de ignorância, as profundas trevas em que ainda tateia, uma grande parte do povo.
> [...] A população escolar de 6 a 15 annos eleva-se a 1.902.454, desta frequentam escolas 320.749 crianças de ambos os sexos, e crescem nas trevas da ignorância 1.581.705!
> É um fato constritador!
> (...) Educai o povo e tereis cidadãos, deixai-o na ignorância e toda ideia de nacionalidade será um mito, nota suavíssima, porém perdida e sem eco nas vastidões de um deserto.[7]

O texto deixa claro o impacto desmistificador dos algarismos sobre a ideia abrangente de nacionalidade até então vigente, ideia agradabilíssima sem dúvida, mas irreal. E termina bradando ao governo, às municipalidades, ao país inteiro: "Luz, luz, luz a jorros!". A mesma reivindicação do derramamento de luzes sobre o Império aparecera em alemão – "Licht!

---

6 *O Globo*, 31.7 e 1.8.1876, ano 3, n. 206, p. 1. Esse artigo, intitulado "A opinião pública no Brasil", apareceu no *Diário do Maranhão* de 23.8.1876, que dois dias depois trouxe um resumo do recenseamento, que inclui dados em relação a sexo, condição civil (livre ou escravo), estado civil, religião, nacionalidade, "defeitos physicos e moraes", instrução, frequência de escola.

7 Anônimo. "Estatistica do Imperio", in: *A Imprensa Industrial*, 20.8.1876, pp. 85-8.

Licht! Licht!" – na epígrafe de um longo artigo publicado no jornal humorístico *O Mosquito* de 12 de agosto de 1876 e assinado com o pseudônimo de Alfredo Riancho.[8] Do artigo, dividido em oito capítulos de títulos jocosos como "São ou não, mudos, todos os que não falam?"[9] e "Só?", título da seção sobre o número de dementes apurados pelo censo, vale reproduzir o capítulo sétimo, intitulado "Escolas! Escolas! Escolas!":

> Há apenas [...] 550.981 mulheres que saibam ler.
> Os pais das nossas compatriotas não hão de ter muito trabalho, para que suas filhas não escrevam aos namorados!
> As Stael e as George Sand não hão de abundar, com certeza, num país onde vão à escola apenas 165.098 meninas por 795.574 que ficam em casa a conversar na cozinha com a crioula![10]

Nas províncias, notícias com os dados do recenseamento foram publicadas com a rapidez que os meios de transporte da época permitiam. N'*A Província de São Paulo*, o ofício de Manoel Francisco Correia ao ministro do Império foi reproduzido na edição de 10 de agosto junto com o já mencionado artigo "Algarismos Eloquentes", que trata dos números apurados pelo recenseamento.[11] O mesmo artigo aparece dois meses mais tarde no jornal maranhense *O Paiz – Orgão Especial do Commercio*. Publicado com o mesmo título, mas sem assinatura ou qualquer referência ao fato de ter sido anteriormente publicado no Rio de Janeiro e em São Paulo, o que, aliás, era prática comum na época.[12] Em Minas, um jornal de curiosa epígrafe – "Lemos no presente, soletramos no futuro"– manifesta sua indignação com o fato de o recenseamento ter sido concluído sem a inclusão dos dados relativos à população de 11 freguesias da província de Minas,

---

8 É possível que seja uma variante do pseudônimo de Henrique Samuel de Nogueira Rodrigues, um dos fundadores, com Bordalo Pinheiro, de *O Mosquito*, que costumava assinar Riancho. Nascido em Lisboa, veio para o Brasil em 1868, onde trabalhou também em *O Besouro* e no *Jornal do Comércio*. Cf. Raimundo de Menezes. *Dicionário Literário Brasileiro*, 2. ed., Rio de Janeiro, Livros Técnicos e Científicos, 1978, p. 191.
9 O *Jornal do Commercio* de 6 de agosto publicara um artigo assinado pelo Instituto dos Surdos-Mudos comentando os resultados do recenseamento que indicavam a existência de 11.595 surdos-mudos no Império, o que fazia do Brasil, segundo o mesmo artigo, o terceiro país com maior população de surdos-mudos. O objetivo do artigo era consolidar a simpatia que o Instituto gozava junto ao governo imperial, que sustentava a instituição com verbas generosas e recebia atenção direta do Imperador.
10 *O Mosquito*, 10.8.1876, ano 8, n. 378, pp. 2 e 3.
11 *A Província de São Paulo*, 10.8.1876, ano II, n. 460.
12 É notável a quantidade de reproduções que um texto originalmente publicado no Rio de Janeiro encontrava nas páginas da imprensa provincial.

queixa recorrente num longo artigo, datado de 13 de agosto, dedicado aos resultados do censo. Os redatores d'*O Monitor Sul-Mineiro – Semanario de Litteratura, Industria e Noticias* da cidade de Campanha saem do torpor bairrista duas semanas mais tarde, em artigo que se refere, com grifos, ao "*espantoso número de analfabetos do Império*" e se manifesta "contra o abandono em que os governos de todos os partidos têm deixado a infância de nosso país no meio das trevas de completa ignorância.[13]

A necessidade de aprimorar e ampliar o acesso à instrução pública tornara-se assunto frequente na imprensa na década de 1870. Em outubro de 1872, a revista *O Novo Mundo*, publicada em Nova York, trazia quadros mostrando o estado da instrução primária e secundária nas 20 províncias do Brasil. Os dados, coligidos pela própria redação da revista, foram retirados do Relatório do Ministro do Império, publicado três meses antes no *Diário Oficial*, e não incluíam os números do Rio de Janeiro, como explica o texto:

> Os quadros que aqui se veem não incluem o distrito do Município Neutro, sobre o qual o texto do Relatório nos ministra dados muito incompletos. Sabemos, todavia, que a instrução primária no Rio de Janeiro apresenta-nos um aspecto realmente hediondo. Pareceria que na capital do Império, onde residem os altos funcionários do Estado, onde se publicam de 70 a 80 periódicos diversos e há tanto movimento literário, a educação estaria muito adiantada. Mas talvez seja o ponto mais negro de todo o Brasil. O Sr. Ministro do Império nos diz que no Rio de Janeiro só há uma escola para 1.046 habitantes e, para chegar a este resultado, ele ainda abstraía a população escrava, – como se os escravos não fossem homens e habitantes, não fossem realmente os principais produtores da riqueza do Estado! Desses 'habitantes livres' de que nos fala, acrescenta-nos ele, só 5 1/2 por cento estão matriculados em escolas, ao passo que na velha e decrépita Espanha, e na escrava Itália, a proporção é de 7 por cento, e nos Estados Unidos é de 24 por cento. Assim, os habitantes da capital do 'grande Império da Santa Cruz', do 'grande Cruzeiro do Sul', etc. etc., estão entre 30 e 40 por cento abaixo do nível intelectual dos países mais atrasados da Europa, isto ainda com exclusão dos seus habitantes escravos! Bem podem os nossos fogosos oradores de Sete de Setembro transportarem-se de entusiasmo pelo que temos feito nestes cinquenta anos de vida nacional: a verdade fria está aqui chamando-nos aos sentidos de uma feia realidade.[14]

Com a conclusão do recenseamento, foram divulgados dados mais precisos a respeito da situação na corte. Na edição de 10 de agosto de

---

13 *O Monitor Sul-Mineiro – Semanario de Litteratura, Industria e Noticias*, Campanha da Princeza (MG), edições de 13 e 27 de agosto de 1876. A referência é o artigo publicado na primeira página do diário carioca em 6.8.1876, e reproduzido na primeira página de *O Globo* de 7 e 8.8.1876, assim como em várias outras publicações das províncias.
14 *O Novo Mundo*, 23.10.1872, vol. 3, p. 6.

1876, a *Imprensa Industrial* publicou o artigo "A Instrução Pública no Rio de Janeiro", informando que na corte, "onde a classe operária é tão numerosa quanto analfabeta", havia apenas nove estabelecimentos de instrução criados por associações filantrópicas, e dez cursos noturnos, dos quais nove tinham sido criados depois de 1872 e somente um existia desde 1858. Em outro texto da mesma edição, a revista volta ao assunto para concluir: "Frequentam as escolas 155.651 meninos e 165.098 meninas e deixam de frequentá-las 786.131 meninos e 795.574 meninas (!!!)."[15] Os pontos de exclamação são da revista, e os dados referem-se a todo o Brasil.

A verdade fria dos números novamente vem arranhar as imagens da nacionalidade projetadas pelo discurso oficial, que boa parte dos escritores românticos haviam ajudado a formular. A ironia com que *O Novo Mundo* se refere ao país como "grande Império" e "grande Cruzeiro" vem associada à percepção de quanto a nação brasileira está fundada em mecanismos poderosos de exclusão: dos escravos pelas estatísticas do governo, dos alunos pela escola, da população pelas numerosas publicações jornalísticas e literárias, e finalmente do próprio país em relação aos padrões europeus – ainda que o paradigma fosse fornecido pelos países então considerados como os mais atrasados da Europa.

A proclamação da necessidade de difundir a instrução e o clamor pelo melhoramento do ensino logo se transformam em artifícios retóricos das publicações. O assunto é muitas vezes invocado com destaque pelos jornais e revistas, principalmente nos seus números iniciais, o que aparentemente servia para atribuir ao novo veículo missão e relevância públicas, justificando sua criação por uma necessidade que transcendia os interesses dos seus proprietários e de poucos leitores. À medida que fica evidente o estado de ignorância generalizado e a abrangência do analfabetismo no país, torna-se cada vez mais imperativo criar justificativas para a criação de um novo veículo de comunicação escrita num ambiente que não comportava nem mesmo as publicações existentes. A invocação do caráter educativo da imprensa parece atingir o paroxismo no final da década de 1870, quando um jornal dirigido a patinadores, o *Skating-Rink – Jornal Humoristico e Litterario dos Patinadores*, traz no seu segundo número um editorial intitulado "Instrução Pública", procurando atribuir relevância social a um veículo cuja existência devia-se exclusivamente à frivolidade de um modismo.[16]

---

15 *A Imprensa Industrial*, 10.8.1876, pp. 13-6.
16 *Skating-Rink – Jornal Humorisico e Litterario dos Patinadores*, Rio de Janeiro, Typographia do Diário do Rio, 1878.

Voltando às reações ao censo, o brado erguido pela *Gazeta de Notícias* repercutiu também na Bahia. Em *O Monitor* de 15 de agosto, a notícia dos resultados do censo acompanha texto publicado com destaque no alto da primeira página: "Insuficiência da instrução pública". O jornal retoma um assunto que estava em pauta naqueles dias, utiliza a estatística como "prova mais evidente de nosso atraso em semelhante ramo do público serviço" e, depois de citar os principais números apurados pelo censo, conclui: "O triste resultado destes algarismos é que *setenta e nove por cento das crianças livres deste país não frequentam as escolas*".[17]

A impressão causada pela divulgação das estatísticas do Império não foi efêmera. Dois anos mais tarde, a *Revista da Sociedade Phenix Litteraria* voltava ao assunto. Ao tratar das dificuldades enfrentadas pela revista para se manter em circulação apenas seis meses depois do lançamento do seu primeiro número, o redator apelava para o recenseamento: "por ele ver-se-á que no quadro do desenvolvimento intelectual do povo brasileiro o que menos há é luz! Em compensação (triste compensação!) temos mais do que sombra – temos trevas!".[18]

A *Imprensa Industrial* também voltou ao assunto, agora estabelecendo as pontes entre a situação da imprensa e da literatura com a "triste verdade" revelada pelo recenseamento num artigo do qual vale reproduzir este longo trecho:

> O Brasil é terra dos periódicos; desde a capital até os mais remotos pontos do Império, trabalham os prelos, surgem os jornais de toda parte. Uns vivem longa vida, muitos, se não a maior parte, nascem e morrem (...). A razão por que morrem é clara; não há quem leia; triste verdade esta em um país que diz ser livre e onde tanto se fala em liberdade, como se em torno desse facho luminoso pudessem subsistir as trevas! (...)
>
> Dizia-nos o Sr. Garnier, um dia em que lhe perguntávamos por que não barateava os seus livros:
>
> – Porque tenho prejuízo com isso.
>
> – Não é exato, lhe respondemos; se baratear o livro, ganha menos, é certo, mas como necessariamente vende mais ganha por conseguinte o mesmo pelo menos.

---

17 *O Monitor*, 15.8.1876, Ano I, n. 61, p. 1, grifo do original. Assim como esse jornal baiano, administrado por Agrippino José Lopes, vários outros periódicos da corte referiram-se a 79% de crianças livres em idade escolar que não frequentavam escola; no entanto, de acordo com os dados do recenseamento, esse percentual seria de 83%.

18 *Revista da Sociedade Phenix Litteraria*, Rio de Janeiro, Typographia do Imperial Instituto Artístico. Revista mensal que circulou entre janeiro de 1878 e julho de 1879. Edição de julho de 1878, p. 150, texto assinado pela redação, que era composta por Urbano Duarte, Antão Silvério, Lauro Sodré, Paulo Marques e M. Valladão.

– Nisto está o seu erro, nos respondeu ele, o preço não influi sobre o número dos meus freguezes, digo-lh'o eu praticamente; tanto faz que eu venda uma obra por dez tostões como por dez mil réis, o consumo de exemplares é sempre o mesmo, daí vem a base dos meus preços, porque antes de expor o livro à venda já sei o número de exemplares que hei de vender, e como esse número é pouco avultado, preciso fazer um preço que retribua os sacrifícios do meu negócio e o emprego do meu capital.
– Mas isso é contrário a todos os princípios econômicos, tornamos nós, a regra é o aumento do consumo na razão da barateza do mercado.
– Isso é possível em princípio, replicou ele com um sorriso malicioso, mas *os fatos aqui são rebeldes*, e na prática essa teoria não resiste à prova material.

•••

Esta singularidade deu-me que pensar muito tempo, e aquela risadinha do único editor das nossas produções literárias, andou a mistificar-me por muito tempo.
Entretanto ele tem razão, carradas de razão. O fato explica-se naturalmente.
Quem compra livros é porque precisa deles, quem deles precisa é quem sabe ler, e os que sabem ler são poucos.
Não é questão para se submeter a preceitos da ciência econômica; resolve-se pela estatística geral do Império.
Em poucas palavras diz-se tudo:
Não sabemos ler:
A alma enluta-se perante esta triste verdade, as faces coram de vergonha, mas a realidade é essa.[19]

É notável a atualidade da conversa entre o jornalista e o editor no final da década de 1870 e dos termos ainda hoje muito utilizados para descrever, com algumas modificações, o mercado de jornais, revistas e livros de literatura brasileira. Notável também é a precocidade do diagnóstico de Baptiste Louis Garnier para um mercado de literatura incipiente não só em termos de circulação e consumo, mas também no volume de produção de obras literárias. Garnier foi figura fundamental para a definição do mercado real das publicações brasileiras, por ter sido o primeiro editor a publicar sistematicamente autores nacionais, tendo lançado 655 trabalhos de autores brasileiros no período 1860-1890, além de muitas traduções de autores estrangeiros, como Dumas, Hugo, Montepin, Feuillet etc.[20]

---

19 *Imprensa Industrial*, 25.6.1877, pp. 761-4, Rio de Janeiro, *Imprensa Industrial*, 1876-1877. Proprietário: Lino de Almeida. Redatores: Lino de Almeida, Felix Ferreira e Velho da Silva. Grifos meus.
20 Vide Paulo Berger, *A Tipografia no Rio de Janeiro: Impressores Bibliográficos 1808-1900*, Rio de Janeiro, Cia. Industrial de Papel Pirahy, 1984, p. 56. Laurence Hallewell, *O Livro no Brasil: sua História*, p. 146.

O que se nota é que, ao longo da década de 1870, começam a se produzir novas informações e sínteses sobre o país, sua população, leitores e eleitores. A exclusão dos escravos, placidamente aceita até o início da década, começa a ser questionada pelos movimentos abolicionistas. Tudo isso tem enorme impacto sobre a ideia romântica de construção nacional, que se tornava insustentável, e coloca a *intelligentsia* brasileira diante de um ambiente intelectual baseado principalmente na oralidade, do "mundo pré-literário de escravos, libertos e homens livres" tratado por Eduardo Silva em trabalho importante para se compreender as décadas de 1870 e 1880 na capital do Império.[21]

A representatividade da literatura e suas possibilidades de circulação ficavam bastante modificadas com a nova imagem que se desenhava para o país. Ao escritor cabia inventar novos regimes de comunicação com um público cuja dimensão fora sensivelmente reduzida pelo melhor conhecimento da realidade do país.

O GUARANI NA RUA DOS CIGANOS E O IMPACTO DA REALIDADE SOBRE O PROJETO ROMÂNTICO

A medida da discrepância entre o projeto de representação da nação pelo romance e sua eficácia como veículo de projeção da nacionalidade é dada pelo caso emblemático d'*O Guarani*. Frequente e generalizadamente referido como o grande romance popular brasileiro do século 19, esse talvez seja o melhor exemplo do modo como a crítica, empenhada em definir a especificidade da produção brasileira e construir os mitos literários nacionais – e os mitos da nacionalidade por meio da literatura –, encampou e endossou o projeto formulado pelos românticos de uma literatura extensiva, no sentido de uma literatura que abarcasse e desse conta de representar o máximo possível da paisagem e da "realidade" brasileiras. José Veríssimo refere-se a ele como "o romance brasileiro por excelência, o nosso epos".[22] Raimundo Magalhães Júnior, biógrafo de Alencar, afirma que o romance "representou um grande momento na acanhada vida literária brasileira do início do primeiro quartel do século dezenove".[23]

---

21 Cf. Eduardo Silva, *Dom Obá d'África, o príncipe do povo: vida, tempo e pensamento de um homem livre de cor*, p. 159.
22 José Veríssimo, *História da Literatura Brasileira*, p. 193.
23 R. Magalhães Júnior, *José de Alencar e sua Época*, São Paulo, Lisa – Livros Irradiantes, 1971, p. 69.

Sobre a publicação do romance em folhetins, diz o Visconde de Taunay em suas *Reminiscências:*

Em 1857, talvez 56, publicou *O Guarany* em folhetim no *Diário do Rio de Janeiro*, e ainda vivamente me recordo do enthusiasmo que despertou, verdadeira novidade emocional, desconhecida nesta cidade tão entregue ás exclusivas preoccupações do commercio e da bolsa, enthusiasmo particularmente accentuado nos circulos femininos da sociedade fina e no seio da mocidade, então muito mais sujeita ao simples influxo da litteratura, com exclusão das exaltações de caracter politico.
Relembrando, sem grande exageração, o celebre verso:
"Tout Paris pour Chimène a les yeux de Rodrigue", o Rio de Janeiro em peso, para assim dizer, lia o *Guarany* e seguia commovido e enleiado os amores tão puros e discretos de Cecy e Pery [...]
Quando a S. Paulo chegava o correio, com muitos dias de intervallos então, reuniam-se muitos e muitos estudantes n'uma *republica*, em que houvesse qualquer feliz assignante do *Diario do Rio*, para ouvirem, absortos e sacudidos, de vez em quando, por electrico frémito, a leitura feita em voz alta por algum d'elles, que tivesse orgão mais forte.
E o jornal era depois disputado com impaciencia e pelas ruas se via agrupamentos em torno dos fumegantes lampeões da illuminação publica de outr'ora – ainda ouvintes a cercarem avidos qualquer improvisado leitor.
Em escala, comparavelmente superior já se sabe, pelas circumstancias concurrentes, succedeu o mesmo em Paris, ao apparecerem os primeiros fasciculos dos *Miseraveis*, que tamanha intensidade de fama deram ao nome de Victor Hugo e ao mesmo tempo tantas centenas de milhares de francos lhe metteram nas algibeiras.[24]

As observações de Taunay, publicadas em volume em 1908, sobre o sucesso eletrizante de *O Guarani* no Rio e em São Paulo contêm um certo exagero e lembra o hábito ainda hoje vigente entre a elite brasileira de assumir que um pequeno grupo representa algo muito maior do que apenas um pequeno grupo. A referência ao *frisson* causado pelo livro nas repúblicas de estudantes – dado plausível, uma vez que os estudantes da Faculdade de Direito de São Paulo representavam parte significativa do leitorado brasileiro na segunda metade do século 19 – logo em seguida é generalizado para toda a cidade. As comparações com Paris e Victor Hugo, no entanto, logo são relativizadas pelas *circumstancias concurrentes* e pelo fato de Alencar, diferentemente de Hugo, não ter obtido proventos pecuniários com as vendas de *O Guarani*. Operação inversa – generalização e posterior relativização – está neste trecho de Câmara Cascudo, num prefácio a

---

24 Visconde de Taunay, *Reminiscências*, Rio de Janeiro, Livraria Francisco Alves, 1º milheiro, 1908, pp. 86-7.

Lucíola, em que ele se refere ao hábito de se decorarem páginas inteiras dos romances de José de Alencar como indício da popularidade de sua obra. O hábito, inicialmente generalizado para o "Brasil inteiro", logo depois passa a se referir a "dezenas e dezenas de pessoas":

> Um índice maravilhoso [do fato de sua obra ter apaixonado 'o Brasil inteiro'] era o fato de decorar-se páginas inteiras de Alencar não para declamá-las mas por um diário contágio, uma comunicação ininterrupta, de autor a leitor. Ainda há poucos anos dezenas e dezenas de pessoas por esse nordeste do Brasil sabiam as páginas iniciais de *Iracema*, sem engano de uma só palavra.

Nelson Werneck Sodré interpreta a suposta receptividade ao folhetim e ao livro como um sintoma da constituição de um público para a literatura brasileira: "O aparecimento de *O Guarani*, primeiro em folhetim, depois em livro, encontra um ambiente receptivo: o livro, como o folhetim, atendem, de maneira profunda, a solicitação do público existente".[25] Antonio Candido aponta esse romance como o que concorreu para dar a Alencar "glória junto aos leitores – certamente a mais sólida de nossa literatura".[26] Leia-se agora o que diz o próprio Alencar a respeito das edições em livro de *O Guarani*:

> Era essa edição de mil exemplares, porém, trezentos estavam truncados, com as vendas de volumes que se faziam à formiga na tipografia. Restavam pois setecentos, saindo o exemplar a 2$000.
> Foi isso em 1857. Dois anos depois comprava-se o exemplar a 5$000 e mais, nos belchiores que o tinham a cavalo do cordel, embaixo dos arcos do Paço, donde os tirou o Xavier Pinto para a sua livraria na rua dos Ciganos. A indiferença pública, senão o pretensioso desdém da roda literária, o tinha deixado cair nas pocilgas dos alfarrabistas.
> Durante todo êsse tempo e ainda muito depois, não vi na imprensa qualquer elogio, crítica ou simples notícia do romance, a não ser uma fôlha do Rio Grande do Sul, como razão para a transcrição dos folhetins. Reclamei contra êsse abuso, que cessou; mas posteriormente soube que aproveitou-se a composição já adiantada para uma tiragem avulsa.[27]

O texto, de 1873, dá notícia de que *O Guarani* estava então em sexta edição, incluindo-se a edição clandestina publicada pelo jornal gaúcho.[28]

25 Nelson Werneck Sodré, *História da Literatura Brasileira*, p. 280.
26 Antonio Candido, *Formação da Literatura Brasileira (Momentos Decisivos)*, vol. 2, p. 222.
27 José de Alencar, "Como e por que sou romancista", prefácio a *O Guarani*, Rio de Janeiro, José Olympio, 1953, p. 70.
28 Segundo a edição crítica do romance organizada por Darcy Damasceno, as edições de *O Guarani* em livro foram as seguintes: 1. ed., 1857; 2. ed., 1864; 3. ed., 1865; 4. ed., 1872;

Como as edições raramente ultrapassavam os mil exemplares, e da primeira só se aproveitaram setecentos, num período de 16 anos circularam pelo país no máximo 5.700 exemplares de *O Guarani*. Por um lado, essa era uma marca invejável, o que justifica a popularidade atribuída ao romance por Veríssimo, Taunay, Sodré e Candido; por outro, mostra o caráter relativo da popularidade do romance, pois trata-se de número irrisório para um país então com mais de 9 milhões de habitantes e para uma obra ambiciosa como *O Guarani*, com intenções de produzir uma síntese do passado nacional. É verdade, como observou Sílvio Romero, que esse é um dos poucos romances a produzir personagens que efetivamente caíram em domínio público, como é o caso de Peri e Ceci[29]; o mais provável, dado o pequeno número de exemplares da obra em circulação, é que a fama obtida pelas personagens ainda no século 19 se devesse mais à oitiva – pela versão operística do romance e pelas leituras em voz alta do folhetim – do que propriamente à leitura do livro.[30] A hipótese é corroborada pelo próprio Alencar, que em 1875 escrevia sobre as diversas versões para o teatro de *O Guarani*:

> Os leitores d'*O Guarani*, d'*As Minas de Prata*, d'*O Gaúcho* e de outros livros, não se encontram, salvo poucas exceções, nos corredores e plateias do teatro. Acredito mesmo que muita gente fina que viu a ópera e drama d'*O Guarani*, ignora absolutamente a existência do romance, e está na profunda crença de que isso é alguma história africana plagiada para o nosso teatro.[31]

O caso de Alencar, além de ilustrar a discrepância entre a intenção de representação/constituição da nação pelo romance e as possibilidades reais de alcance dessa representação, parece revelador do desejo de se estabele-

---

5. ed. Garnier, 1883. Cf. *O Guarani* [edição crítica por Darcy Damasceno], Rio de Janeiro, Ministério da Educação e Cultura/INL, 1958.
29 Em observação maliciosa, mas que dá boa medida da não popularidade da produção literária brasileira, Sílvio Romero observa que nenhum dos escritores mais famosos do século 19 – incluindo Machado de Assis, Macedo, Manuel Antônio de Almeida, Franklin Távora, Taunay, Aluísio Azevedo e Bernardo Guimarães – conseguiram criar um personagem que "tenha entrado na circulação com a assinatura da vida". A exceção seria Alencar, que "conseguiu apenas criar três nomes, *Iracema*, *Pery* e *Moacir*, que se tornaram populares; mas só os nomes", in Sílvio Romero, *Machado de Assis – Estudo Comparativo de Literatura Brasileira*, Campinas, Editora da Unicamp, 1992, p. 307.
30 Luís da Câmara Cascudo, "O Folclore na Obra de José de Alencar", prefácio a *Lucíola – Um Perfil de Mulher, Diva – Um Perfil de Mulher*, Rio de Janeiro, Livraria José Olympio Editora, 1953, 2. ed., p. 12.
31 Cf. R. Magalhães Júnior, *José de Alencar e sua Época*, Lisa – Livros Irradiantes, São Paulo, 1971, p. 316.

cer uma tradição literária nacional, encampando em nome da pátria o ideal romântico da construção da nação pela literatura, o que fica flagrante nas informações exageradas sobre a popularidade d'*O Guarani*. Temos aí a contrapartida, desta vez em chave eufórica, da postura desanimada e ressentida dos escritores com o suposto descaso do público por suas obras. O que está subjacente tanto na postura queixosa dos escritores, de que tratei no primeiro capítulo, quanto nas informações sobre a repercussão retumbante do livro, formuladas *a posteriori* por críticos e memorialistas, é o desconhecimento e a mistificação da realidade do país e do papel modesto que cabia à produção literária no Brasil oitocentista.

O projeto literário de representação nacional constituía-se, portanto, com uma boa dose de miopia e mistificação e uma compreensão bastante restritiva do país: no nível da representação, excluía o escravo, segmento da população que constituía a força produtiva local; no nível da comunicação, a exclusão era ainda maior, uma vez que a atividade literária, extremamente concentrada, atingia na melhor das hipóteses poucos milhares de leitores e auditores, reduzindo o público do romance nacional a uma pequena multidão. A crítica, por sua vez, ao considerar que os hábitos e interesses de grupos restritos possam ser generalizados para toda a sociedade, encampa os mecanismos de exclusão implícitos no projeto romântico, com o qual compartilha a crença na construção nacional pela literatura.

O disparate entre as expectativas associadas ao romance e sua real possibilidade de comunicação passa a constituir problema a ser desembaraçado pelos escritores sob o risco de ficarem falando sozinhos ou serem acusados de insensibilidade ao ambiente em que estavam inseridos, algo certamente indesejado por romancistas que viam a criação de representações literárias para o país como dever patriótico e se consideravam cofundadores da nação brasileira.[32] Da mesma forma como os românticos não percebiam como inverossímil a exclusão do escravo da representação da realidade brasileira, não lhes parecia estranho investir a literatura do papel de construtora e difusora dos princípios da nacionalidade num país de

---

[32] Situação que não é exclusiva do Brasil, mas de toda a América Latina, e que recebeu mais atenção nos países de língua espanhola, nos quais a pergunta sobre o significado do fazer literário em sociedades onde a autonomia da produção cultural é historicamente precária e onde a desigualdade social se reflete na apropriação desigual dos chamados patrimônios culturais "nacionais" tem chamado a atenção de intelectuais como Ernesto Sábato, Carlos Fuentes, Carlos Monsiváis e Ricardo Piglia, entre outros. Para Nestór García Canclini, "uma hipótese plausível para a sociologia da leitura que algum dia se fará na América Latina é pensar que essas perguntas contribuem para organizar as relações desses escritores com seus públicos". Cf. Néstor García Canclini, *Culturas Híbridas – Estratégias para Entrar e Sair da Modernidade*, São Paulo, Edusp, 1998, p. 75.

analfabetos e de elite inculta. Para além da profunda ignorância a respeito das condições do país, as duas atitudes têm forte componente ideológico e apontam para o mecanismo de dominação inerente à atitude de se falar em nome de quem não tem voz – uma forma de negar a autonomia do outro.

O fato de ser escrito para poucos colocava dificuldades para o romance brasileiro, uma vez que a missão de sintetizar e difundir noções da nacionalidade não casava bem com um veículo que de saída excluía a grande maioria da população, marginal não só ao universo do romance, da literatura e das letras, mas a tudo mais. A missão nacional e patriótica decerto aumentava a frustração dos escritores, que tomavam para si o papel de porta-vozes de um público pouco numeroso e muitas vezes amorfo diante das coisas literárias. A impossibilidade concreta de fazer do romance um veículo eficiente de divulgação de um imaginário nacional não será percebida pelos primeiros romancistas, ocupados em criar representações literárias – devidamente idealizadas – para as paisagens e costumes locais, o que será considerado suficiente para conferir originalidade à produção nacional.

Machado de Assis não ficou insensível a nenhuma dessas questões. Na *Semana Ilustrada* de 15 de agosto de 1876, ele começa uma crônica tratando da festa da Glória, escorrega para as corridas de cavalo e proclama sua preferência pelo burro antes de tecer os seguintes comentários sobre o resultado do recenseamento:

> E por falar neste animal [o burro], publicou-se há dias o recenseamento do Império, do qual se colige que 70% da nossa população não sabem ler.
> Gosto dos algarismos, porque não são de meias medidas nem de metáforas. Eles dizem as coisas pelo seu nome, às vezes um nome feio, mas não havendo outro, não o escolhem. São sinceros, francos, ingênuos. As letras fizeram-se para frases; o algarismo não tem frases, nem retórica.
> Assim, por exemplo, um homem, o leitor ou eu, querendo falar do nosso país, dirá:
> – Quando uma Constituição livre pôs nas mãos de um povo o seu destino, força é que este povo caminhe para o futuro com as bandeiras do progresso desfraldadas. A soberania nacional reside nas Câmaras; as Câmaras são a representação nacional. A opinião pública deste país é o magistrado último, o supremo tribunal dos homens e das coisas. Peço à nação que decida entre mim e o Sr. Fidélis Teles de Meireles Queles; ela possui nas mãos o direito superior a todos os direitos.
> A isto responderá o algarismo com a maior simplicidade:
> – A nação não sabe ler. Há só 30% dos indivíduos residentes neste país que podem ler; desses uns 9% não leem letra de mão. 70% jazem em profunda ignorância. Não saber ler é ignorar o Sr. Meireles Queles; é não saber o que ele vale, o que ele pensa, o que ele quer; nem se realmente pode querer ou pensar. 70% dos cidadãos votam do mesmo modo que respiram: sem saber por que nem o quê. Votam como vão à festa

da Penha, – por divertimento. A Constituição é para eles uma coisa inteiramente desconhecida. Estão prontos para tudo: uma revolução ou um golpe de Estado.
Replico eu:
– Mas, Sr. Algarismo, creio que as instituições....
– As instituições existem, mas por e para 30% dos cidadãos. Proponho uma reforma no estilo político. Não se deve dizer: "consultar a nação, representantes da nação, os poderes da nação"; mas – "consultar os 30%, representantes dos 30%, poderes dos 30%". A opinião pública é uma metáfora sem base; há só a opinião dos 30%. Um deputado que disser na Câmara: 'Sr. Presidente, falo deste modo porque os 30% nos ouvem....' dirá uma coisa extremamente sensata.

E eu não sei que se possa dizer ao algarismo, se ele falar desse modo, porque nós não temos base segura para os nossos discursos, e ele tem o recenseamento.[33]

Não se sabe de onde o cronista tirou esses 70%, uma vez que os analfabetos correspondiam a 84% do total apurado pelo censo, que dava uma população de 9.930.478 pessoas, somando livres e escravos. Tampouco é verdade que toda a população tivesse o direito de votar, como o texto dá a entender, pois havia restrições em relação à idade, profissão e renda mínima. Ao se concentrar na significação e nas consequências políticas do analfabetismo, eleitor e leitor, letras e política estão aproximadas pelo recurso à palavra, ao discurso e à retórica, pela capacidade de formular meias-verdades e forjar falsas totalidades: tudo isso colocado em oposição ao algarismo, que não é de meias-verdades nem de metáforas. O questionamento das noções de representatividade que estão subsumidas tanto no processo político quanto na atividade intelectual, assim como a sugestão de que o leitor, associado ao eleitor, tem um perfil sociopolítico, remetem àquela crônica de 1888 que aproxima leitores e carapicus e na qual o bonde, veículo moderno por excelência, serve a poucos, para grande frustração do condutor.

Apesar do tom de galhofa, é inevitável supor a angústia do escritor diante da constatação do público minguado da literatura. A essa altura, Machado já publicara *Ressurreição* e *A Mão e a Luva*, este último em folhetim antes de sair em livro. No exato momento em que publica a crônica, *Helena* ia a público, também em folhetim, nas páginas d'*O Globo*.

Machado, que alguns anos antes havia declarado sua crença no jornal, "hóstia social da comunhão pública" cuja "primeira propriedade é o derramamento fácil em todos os membros do corpo social"[34], por essa épo-

---

33 Machado de Assis, "História de 15 Dias", 15.8.1876, in *OC*, vol. 3, pp. 344-5.
34 Machado de Assis, "A Reforma pelo Jornal", publicado em *O Espelho*, 23.10.1859, in *OC*, vol. 3, pp. 963-5.

ca começava a se dar conta da irrealidade e do excesso retórico de suas formulações. Essa tomada de consciência, de que o artigo reproduzido acima é a expressão mais aguda, foi se formando lentamente, como se depreende da análise da produção crítica machadiana que desde o final da década de 1850 refletia sobre as dificuldades de comunicação com o público e da representatividade social da produção artística.

A precariedade do meio intelectual, objeto frequente da indignação de artistas que se colocavam numa esfera à parte, como vítimas do meio, deixará de ser percebida por Machado como pura negatividade e/ou contingência externa à atividade literária, passando a ser tratada como condição inerente à produção literária no Brasil. A indiferença geral, a carência de público e de opinião consistente, a sensação constante de queda no vazio deixam de ser tratadas como acidentes lamentáveis ou frutos de conspirações, mas fatos de uma sociedade fundada em poderosos procedimentos de exclusão sobre os quais a produção literária deve refletir.

Machado de Assis cinzelando primorosamente uma bellissima Helena no rodapé do «Globo».

No detalhe, Machado de Assis aparece esculpindo *Helena* num globo terrestre; para a crítica da época, com seu terceiro romance Machado atingia o padrão internacional.
Fonte: Biblioteca Nacional, Seção de Periódicos

Ilustração de Bordalo Pinheiro coloca a publicação do romance *Helena*, em folhetins do jornal *O Globo*, entre os fatos mais importantes daquela semana de agosto de 1876.
Fonte: Biblioteca Nacional, Seção de Periódicos

3

MACHADO DE ASSIS E OS PÚBLICOS

A partir da década de 1870, o projeto nacionalista iniciado pelos românticos da revista *Niterói*, que encontrara seu epígono em José de Alencar, começou a definhar diante das possibilidades reais – e modestas – da literatura e do romance brasileiro. Machado de Assis, que no início de sua carreira lançara mão dos ideais românticos principalmente ao tratar do teatro, na década de 1870 manifestava percepção aguda da inviabilidade do projeto de um *romance nacional extensivo, ambicioso na abrangência da representação de todo o Brasil e no cálculo de suas possibilidades de circulação pelas diversas regiões e estratos do país*. A mudança de percepção, importante para a reorientação de sua produção ficcional, pode ser acompanhada na alteração de posturas e convicções acerca da relação entre artista e público revelada em sua obra crítica. Este capítulo mostra como a noção romântica do público de arte enquanto Povo, e do artista como educador das massas, recorrente nos escritos das décadas de 1850 e 1860, sobretudo na crítica teatral, ganha novos sentidos a partir da década de 1870. A figura vaga e vaporosa do leitor vai ganhando contornos mais precisos e mais informados pela realidade objetiva até transformar-se em figura fundamental para a arquitetura narrativa.

O pequeno leitorado e a indigência do ambiente cultural brasileiro são assuntos recorrentes na produção crítica de Machado de Assis desde seu início em 1858. As explicações para os males, assim como as soluções propostas para alterar tal estado de coisas, variam bastante ao longo do tempo, mas é possível dividir a postura de Machado de Assis em relação à penúria das artes no Brasil em dois momentos principais: num primeiro momento, o mal está associado à invasão das artes estrangeiras e a solução proposta é a nacionalização da produção artística e o aperfeiçoamento do gosto do público, tarefas atribuídas aos escritores; num segundo momento, que coincide com o início de sua produção romanesca, no início da década de 1870, o crítico revela decepção generalizada com a situação das artes no Brasil.

Nas décadas de 60 e 70, Machado de Assis vê no teatro e no jornal as tribunas privilegiadas para a reforma do gosto do público. A postura do escritor fica bem sintetizada nestes trechos de "Ideias Sobre o Teatro", publicado em 1859, no qual Machado menciona o prejuízo da arte estrangeira na constituição de uma teatro nacional e o retrocesso que ele significa na educação das massas:

> (...) fizeram crer às turbas que o teatro foi feito para passatempo. (...) Deste mundo sem iniciativa nasceram o anacronismo, as anomalias, as contradições grotescas, as mascaradas, o marasmo. A musa do tablado doidejou com os vestidos de arlequim, – no meio das apupadas de uma multidão ébria. (...) O teatro tornou-se uma escola de aclimatação intelectual para que se transplantaram as concepções de estranhas atmosferas, de céus remotos. A missão nacional, renegou-a ele em seu caminhar na civilização; não tem cunho local; reflete as sociedades estranhas, vai a impulso de revoluções alheias à sociedade que representa, presbita da arte que não enxerga o que se move debaixo das mãos. (...) Uma educação viciosa constitui o paladar das plateias. Fizeram desfilar em face das multidões uma procissão de manjares esquisitos de um sabor estranho (...) Habituaram a plateia nos *boulevards*; elas esqueceram as distâncias e gravitam em um círculo vicioso. Daqui o nascimento de uma entidade: o tradutor dramático, espécie de criado de servir que passa, de uma sala a outra, os pratos de uma cozinha estranha. (...) As massas que necessitam de verdades, não as encontrarão no teatro destinado à reprodução material e improdutiva de concepções deslocadas da nossa civilização, – e que trazem em si o cunho de sociedades afastadas.[1]

A nota nacionalista, localista, missionária e levemente xenófoba, tão típica do romantismo brasileiro, perpassa todo o texto que, por outro lado, emprega termos como turbas, multidões e massas, tão inadequados para descrever as plateias dos teatros do Rio de Janeiro à época quanto deviam ser inadequadas à realidade local as ideias estrangeiras contra as quais o crítico se insurge. São termos hiperbólicos para descrever a frequência aos teatros da corte, onde mesmo no auge de sua popularidade, na década de 1850, os espetáculos teatrais eram passatempo de um público de elite e

---

[1] Machado de Assis, "Ideias Sobre o Teatro", *O Espelho*, 25.9.1859, 2.10.1859 e 25.12.1859, in *OC*, vol. 3, pp. 792-4. Todos os outros textos citados neste capítulo são de autoria de Machado de Assis, salvo indicação em contrário.

numericamente muito restrito.² Machado aplicava ao teatro a mesma ideia corrente a respeito dos livros estrangeiros que, conforme vimos no capítulo anterior, eram culpabilizados pelo estado indigente da produção nacional. Subentendido está que o produto francês, "sem o mérito da localidade"³, ocupava o espaço da produção nacional – que de fato era minguada –, constituindo um desestímulo para o desenvolvimento de uma arte dramática nacional e que, estancada a inundação do produto estrangeiro, a produção local floresceria.

Se Machado engrossava o coro generalizado de protestos contra a invasão estrangeira, ele se destacava de Alencar e de seus colegas de ofício por jamais atribuir ao público a responsabilidade pela situação da cena brasileira. Ele antes culpa as direções e as empresas pelo mal, lembrando o sucesso de público das comédias de Martins Pena e de Joaquim Manuel de Macedo e recomendando que se procure agradar ao povo, que "não é avaro em aplaudir e animar as vocações."⁴ Em "O Teatro Nacional", o crítico volta ao assunto:

> Deduzir de semelhante estado a culpa do público, seria transformar o efeito em causa. O público não tem culpa nenhuma, nem do estado da arte, nem da sua indiferença por ela; uma prova disso é a solicitude com que corre a ver a primeira representação das peças nacionais, e os aplausos com que sempre recebe os autores e as obras, ainda as menos corretas.⁵

Nesse mesmo texto, Machado defende a criação de um "teatro normal" brasileiro, criado pelo Estado nos moldes da academia de pintura, arquitetura e estatuária e que servisse para "a reforma necessária no gosto público". E também vaticinava: "Se, depois de tantos anos de amarga experiência, e dolorosas decepções, não vier uma lei que ampare a arte e a literatura, lance as bases de uma firme aliança entre o público e o poeta, e faça

---

2   Machado escrevia em março de 1860: "Estamos com dois teatros em ativo; uma nova companhia se organiza para abrir em pouco o teatro Variedades; e essa completará a trindade dramática". Os dois teatros então em funcionamento na corte eram o Ginásio Dramático e o S. Pedro, in: [A Crítica Teatral. José de Alencar: *Mãe*], "Revista Dramática" (seção do *Diário do Rio de Janeiro*), 29.3.1860, in *OC*, vol. 3, p. 838. Sobre o público de teatro do Brasil oitocentista, veja-se também Jean-Yves Mérian, *Aluísio Azevedo – Vida e Obra (1857-1913)*, pp. 351-8.
3   *Idem*.
4   "O passado, o presente e o futuro da literatura", *A Marmota*, 9 e 23.4.1858, in *OC*, vol. 3, p. 788.
5   [O Teatro Nacional], "Semana Literária", seção do *Diário do Rio de Janeiro*, 13.2.1866, in: *OC*, vol. 3, p. 861; os títulos entre colchetes não foram dados pelo autor e estão conforme os da *Obra completa* da Editora Nova Aguilar.

renascer a já perdida noção do gosto, fechem-se as portas do templo, onde não há nem sacerdotes nem fiéis".

Um mês antes, em janeiro de 1866, o escritor procura causas que expliquem o fato de a temperatura literária estar "abaixo de zero":

> A nosso ver, há duas razões principais desta situação: uma de ordem material, outra de ordem intelectual. A primeira, que se refere à impressão dos livros, impressão cara, e de nenhum lucro pecuniário, prende-se inteiramente à segunda que é a falta de gosto formado no espírito público. Com efeito, quando aparece entre nós essa planta exótica chamada editor, se os escritores conseguem encarregá-lo, por meio de um contrato, da impressão das suas obras, é claro que o editor não pode oferecer vantagens aos poetas, pelas simples razão de que a venda do livro é problemática e difícil. A opinião que devia sustentar o livro, dar-lhe voga, coroá-lo enfim no Capitólio moderno, essa, como os heróis de Tácito, brilha pela ausência. Há um círculo limitado de leitores; a concorrência é quase nula, e os livros aparecem e morrem nas livrarias. Não dizemos que isso aconteça com todos os livros, nem com todos os autores, mas a regra geral é essa.[6]

A dificuldade de circulação e difusão da produção intelectual, novamente associada ao gosto mal formado do público, recebe agora explicações mais concretas pela constatação dos entraves colocados pelo círculo limitado dos leitores. Nesse mesmo texto, que serve de declaração de princípios da coluna que começa a assinar no *Diário do Rio de Janeiro*, a lucidez em relação aos limites da produção vem de par com a boa dose de otimismo – por parte da publicação e também do escritor – que há em assumir o compromisso de uma coluna semanal dedicada à produção brasileira. Ainda no primeiro mês, o colunista é obrigado a fazer um primeiro ajuste à realidade ao declarar que "quando a semana fôr nula de publicações literárias, – e muitas o são, – recorreremos à estante nacional, onde não faltam livros para folhear, em íntima conversa com os leitores."[7]

O que no início foi previsto como exceção tornou-se recurso frequente nos cinco meses e pouco de existência da coluna, que incluiu vários textos dedicados à "estante nacional", composta de obras publicadas havia meses ou anos, como *Inspirações do Claustro* (1855), de Fagundes Varela, e *Lira dos Vinte Anos* (1853), de Álvares de Azevedo, além de artigos gerais sobre o teatro de Gonçalves de Magalhães, Macedo, Alencar etc. A iniciativa indica não apenas um erro de cálculo, mas também uma boa dose

---

6 [Propósito], "Semana Literária", 9.1.1866, in: *OC*, vol. 3, p. 841.
7 [Junqueira Freire, *Inspirações do claustro*], "Semana Literária", 30.1.1866, in *OC*, vol. 3, p. 853.

de idealismo sobre a situação das letras nacionais. Situação que Machado estava empenhado em reverter ao regularizar a opinião num ambiente onde a crítica era atividade diletante e exercida de modo intermitente.

Dois anos mais tarde, num texto sobre o poeta estreante Castro Alves, Machado de Assis escreve a José de Alencar, já com perspectiva histórica e indisfarçável decepção, sobre a situação que encontrou no início de sua carreira de crítico literário:

> Confesso francamente, que, encetando os meus ensaios de crítica, fui movido pela ideia de contribuir com alguma coisa para a reforma do gosto que se ia perdendo, e efetivamente se perde. Meus limitadíssimos esforços não podiam impedir o tremendo desastre. Como impedi-lo, se, por influência irresistível, o mal vinha de fora, e se impunha ao espírito literário do país, ainda mal formado e quase sem consciência de si? Era difícil plantar as leis do gosto, onde se havia estabelecido uma sombra de literatura, sem alento nem ideal, falseada e frívola, mal imitada e mal copiada. Nem os esforços dos que, como V. Exa., sabem exprimir sentimentos e ideias na língua que nos legaram os mestres clássicos, nem esses puderam opor um dique à torrente invasora.

É com um misto de desalento e o dever da esperança que Machado de Assis, aos 28 anos, e diante do talento de Castro Alves, conclui a carta ao mestre:

> O fim é nobre, a necessidade é evidente. Mas o sucesso coroará a obra? É um ponto de interrogação que há de ter surgido no espírito de V. Exa. Contra esses intuitos, tão santos quanto indispensáveis, eu sei que há um obstáculo, e V. Exa. o sabe também: é a conspiração da indiferença. – Mas a perseverança não pode vencê-la? Devemos esperar que sim.
> Quanto a V. Exa., respirando nos degraus da nossa Tijuca o hausto puro e vivificante da natureza, vai meditando, sem dúvida, em outras obras-primas com que nos há de vir surpreender cá embaixo. Deve fazê-lo sem temor. Contra a conspiração da indiferença, tem V. Exa. um aliado invencível: é a conspiração da posteridade.[8]

José de Alencar já fora incentivado por Machado, em sua crítica de *Iracema*, a não esmorecer, "mesmo a despeito da indiferença pública"[9] com que o livro fora recebido. Muitos anos antes Machado já lamentava a negligência com o talento em "O passado, o presente e o futuro da literatura"[10], e esse tema seria recorrente na relação de Machado com Alencar, sua grande referência nas letras nacionais. Em 1887, em prefácio para uma

---

8 [Castro Alves], "Semana Literária", 26.6.1866, in: *OC*, vol. 3, pp. 894-900.
9 [José de Alencar: *Iracema*], "Semana Literária", 23.1.1866, in: *OC*, vol. 3, p. 852.
10 "O Passado, o Presente e o Futuro da Literatura", OC, vol. 3, p. 787.

nova edição d'*O Guarani*, Machado relembrava as palavras que escrevera a Alencar quase vinte anos antes:

> Um dia, respondendo a Alencar em carta pública, dizia-lhe eu, com referência a um tópico da sua, – que ele tinha por si, contra a conspiração do silêncio, a conspiração da posteridade. Era fácil antevê-lo: *O Guarani* e *Iracema* estavam publicados; muitos outros livros davam ao nosso autor o primeiro lugar na literatura brasileira. Há dez anos apenas que morreu; ei-lo que renasce para as edições monumentais, com a primeira daquelas obras, tão fresca e tão nova, como quando viu a luz, há trinta anos, nas colunas do *Diário do Rio*. É a conspiração que começa.[11]

Essa edição monumental, provavelmente a terceira, a ser publicada em fascículos em formato grande e gravuras, aparentemente nunca foi completada, tendo sido publicadas apenas as primeiras partes.[12]

Ao longo de toda a década de 1860, o crítico atribui missão educativa e civilizadora ao teatro, comparado ao coro grego em sua iniciativa de moral e civilização[13], e também ao jornal, "literatura comum, universal, altamente democrática"[14] com suas possibilidades de "derramamento fácil em todos os membros do corpo social".[15] O tom missionário, militante, dramático e quase religioso é frequente no período, como se nota nos trechos seguintes, que valem reprodução pelo que têm de atípico e avesso à escrita sempre tão contida, sóbria e descrente de Machado:

> No país em que o jornal, a tribuna e o teatro tiverem um desenvolvimento conveniente – as caligens cairão aos olhos das massas; morrerá o privilégio, obra de noite e da sombra; e as castas superiores da sociedade ou rasgarão os seus pergaminhos ou cairão abraçadas com eles, como em sudários.[16]

> Eu o creio de coração. Graças a Deus, se há alguma coisa a esperar é das inteligências proletárias, das classes ínfimas; das superiores, não.[17]

---

11 [José de Alencar: *O Guarani*], prefácio de 1887 para o romance de Alencar, in: *OC*, vol. 3, p. 922.
12 São contraditórias as informações sobre a publicação dessa edição de *O Guarani*. Lúcia Miguel-Pereira afirma que ela nunca chegou a sair; a *Revista Illustrada* noticia o lançamento de 13 fascículos, aparecidos entre julho de 1887 e julho de 1888. Cf. *Revista da Sociedade dos Amigos de Machado de Assis*, n. 5, 29.9.1960, pp. 15-24.
13 "Ideias sobre o Teatro", in: *OC*, vol. 3, p. 791.
14 "O Jornal e o Livro", *Correio Mercantil*, 10 e 12.1.1859, in: *OC*, vol. 3, p. 945.
15 "A Reforma pelo Jornal", *O Espelho*, 23.10.1859, in; *OC*, vol. 3, p. 964.
16 "Ideias sobre o Teatro", in: *OC*, vol. 3, pp. 793-4.
17 "A Reforma pelo Jornal", in: *OC*, vol. 3, p. 964.

E crê: se há alguma coisa a esperar para a civilização é desses meios que estão em contato com os grupos populares. *Deus me absolva se há nesta convicção uma utopia de imaginação cálida.*[18]

Nos textos a que pertencem os trechos acima, temos o escritor aparentemente inclinado a fugir da burguesia e optar pelo "povo" – termo usado pelo próprio Machado – e que, impossibilitado de fazê-lo, procura mostrar-se isolado e estabelecer comunicação direta com Deus, o que o escritor faz discretamente nas invocações e evocações ao mundo divino. A postura lembra as considerações de Sartre sobre a posição social do escritor francês do século 19, de que tratamos no primeiro capítulo. O caráter retórico dessas considerações está perpassado por aquilo que Antonio Candido chamou de "mitos da instrução redentora", em que o escritor, compartilhando da ideologia ilustrada, parece acreditar que a instrução das "classes ínfimas" pelas classes esclarecidas automaticamente produziria o progresso da sociedade.[19]

Se a crença na instrução como panaceia para solução das iniquidades sociais coincidia com a postura dos escritores românticos, ao contrário destes, Machado nunca se mostra horrorizado diante das exigências materiais da arte ou revela desconforto com as exigências comerciais colocadas à atividade do escritor. Pelo contrário, ele rejubilava-se com a relativa despersonalização da atividade literária e via no jornal, veículo por excelência da literatura popular, a vantagem de conferir alguma autonomia ao homem de letras, nos tempos passados subjugado pela existência parasita "em que a consciência sangrava quando o talento comprava uma refeição por um soneto".[20] Daí a saudação ao folhetinista, entidade que ele passaria a encarnar em 1860 ao assumir a crítica de teatro no *Diário do Rio de Janeiro* e definida por ele como a entidade mais feliz do mundo por ter "a sociedade diante de sua pena, o público para lê-lo" ainda que para isso passe o ridículo de afetar o tom afrancesado instalado sobre "um *mac-adam* lamacento e com uma grossa tenda lírica no meio de um deserto".[21]

Todos os textos deixam transparecer o descompasso entre a produção e o meio, e o isolamento do artista num ambiente caracterizado ora como

---

18 [A Crítica Teatral. José de Alencar: *Mãe*], "Revista Dramática" (seção do *Diário do Rio de Janeiro*), 29.3.1860, in: *OC*, vol. 3, p. 838.
19 Antonio Candido, "Literatura e Subdesenvolvimento", in: *Argumento – Revista Mensal de Cultura*, ano 1, n. 1, Rio de Janeiro, Editora Paz e Terra, 1973, p. 13.
20 "O Jornal e o Livro", in: *OC*, vol. 3, p. 948.
21 "O Folhetinista", *O Espelho*, outubro de 1859, in: *OC*, vol. 3, p. 960.

indiferente ora como hostil à produção artística. Se ao longo de toda a década de 1860 o tom geral da crítica é de confiança no futuro das artes no Brasil e na correção do gosto corrompido, há momentos em que Machado, também em postura típica do romantismo, evadia-se para a posteridade, como o vimos fazer em carta a José de Alencar e na conclusão deste outro texto, em que critica *O Culto do Dever*, de Joaquim Manuel de Macedo:

> Pelo que diz respeito às letras, o nosso intuito é ver cultivado, pelas musas brasileiras, o romance literário, o romance que reúne o estudo das paixões humanas aos toques delicados e originais da poesia (...) meio único de fazer com que uma obra de imaginação, zombando do açoite do tempo, chegue, inalterável e pura, aos olhos severos da posteridade.[22]

Interessa na passagem a renovada confiança de Machado nos seus leitores, ainda que na forma hipotética e figurada dos olhos severos da posteridade, e também o fato de conter uma das primeiras opiniões do escritor a respeito do romance, gênero em que ele ainda não estreara. A primeira observação de Machado sobre o romance encontrei no texto de 1860, que trata da peça *Mãe*, de José de Alencar, já citado acima. Aí, ele lamenta que "esse drama, essencialmente nosso [o da escravidão], podia, se outro fosse o entusiasmo de nossa terra, ter a mesma nomeada que o romance de Harriette Stowe – fundado no mesmo teatro da escravidão".[23] Trata-se de uma referência à *Cabana do Pai Tomás*, o primeiro grande *best-seller* norte-americano, publicado em 1852, e emblema máximo do romance popular do século 19, tendo vendido bem mais de duzentos mil exemplares nos Estados Unidos no ano de sua publicação e imediatamente traduzido para mais de uma dezena de línguas, incluindo o português.[24] A associação do romance a questões de recepção e popularidade está presente num outro artigo, datado de 1864. Oito anos antes de *Ressurreição* vir à luz e sob o pseudônimo Sileno, Machado escrevia sobre *Diva*, fazendo conjecturas sobre a recepção e a popularidade do livro recém-lançado de José de Alencar:

---

22 [J. M. de Macedo: *O Culto do Dever*], "Semana Literária", 16.1.1866, in: *OC*, vol. 3, p. 847.
23 [A Crítica Teatral, José de Alencar: *Mãe*], in *OC*, vol. 3, p. 840.
24 Embora os dados sobre a vendagem de *A Cabana do Pai Tomás* no Estados Unidos sejam muito disparatados, sabe-se que na década de 1850 eram considerados *best-sellers* nos Estados Unidos livros com vendagens superiores aos 225.000 exemplares. Cf. Frank Luther Mott, *Golden Multitudes – The Story of Best Sellers in the United States*, pp. 307-8.

É um romance do autor de *Lucíola*. Todos se lembram do barulho que fez *Lucíola*. Terá este a mesma fortuna? Ouso duvidar. *Lucíola* tinha mais condições de popularidade. Primeiramente, assentava sobre o princípio da beleza moral no meio da perversão dos sentidos, princípio já gasto, mas que, segundo suponho, ainda dará tema a muitos livros. Não entro na discussão dele. *Lucíola* tinha mais a qualidade de ter uma ação complexa, movimentos dramáticos, mais profunda análise de sentimentos. (...) Mas eu explico assim os meus receios acerca do efeito do livro. Não basta para o sucesso das massas uma linguagem fluente e colorida.[25]

É justamente a busca desse tipo de peculiaridade que Machado questionará, na década de 1870, como recurso eficiente para se atingir o público de literatura. Por essa época, sua postura em relação ao público de literatura aparece bem transformada. Pode-se dizer que ela se "desromantiza", no sentido de que desaparece o arrebatamento retórico do crítico preocupado em ilustrar o povo e as massas e afirmar o caráter missionário da arte e da literatura. Nesse período, a atividade do crítico perde regularidade, mas ganha fôlego com a publicação de três ensaios fundamentais da crítica literária brasileira – "Notícia da Atual Literatura Brasileira – Instinto de Nacionalidade" (1873), o polêmico texto sobre *O Primo Basílio* (1878) e o ensaio "A Nova Geração" (1879).

Em "Instinto de Nacionalidade", escrito de encomenda para a revista *O Novo Mundo*, publicada em português em Nova York, Machado opõe o impulso romântico de revestir as diversas formas literárias com "as cores do país" à busca de um instinto de nacionalidade que faria da literatura a expressão de um sentimento nacional profundo e íntimo. No que concerne ao romance, ele sugeria a necessidade de se procurar a análise de paixões e o contraste de caracteres – seu propósito declarado em *Ressurreição* – em detrimento da descrição da natureza e costumes do país, procedimento até então predominante no romance brasileiro. Em relação à recepção das artes, Machado relata que no teatro o gosto do público tocou o último grau da decadência e perversão, lamenta a inexistência de uma crítica doutrinária, ampla, elevada e regular, ausência considerada por ele como "um dos maiores males de que padece a nossa literatura"[26] e constata sem reproche – mas também sem deixar de indicar o anacronismo – a permanência do gosto romântico entre a nova geração:

---

25 Sileno (pseudônimo), *Imprensa Acadêmica*, São Paulo, 17.4.1864, citado em R. Magalhães Júnior, *José de Alencar e sua Época* , p. 144.
26 "Instinto de Nacionalidade", *O Novo Mundo*, Nova York, 24.3.1873, in: *OC*, vol. 3, p. 804.

Os nomes que principalmente seduzem a nossa mocidade são os do período romântico; os escritores que se vão buscar para fazer comparações com os nossos, – porque há aqui muito amor a essas comparações – são ainda aqueles com que o nosso espírito se educou, os Vítor Hugos, os Gautiers, os Mussets, os Gozlans, os Nervals.[27]

Posição mais branda em relação ao romantismo será defendida por Machado em "A Nova Geração", publicado em 1879:

A nova geração chasqueia às vezes do Romantismo. Não se pode exigir da extrema juventude a exata ponderação das coisas; não há impor a reflexão ao entusiasmo. De outra sorte, essa geração teria advertido que a extinção de um grande movimento literário não importa a condenação formal e absoluta de tudo o que ele afirmou; alguma coisa entra e fica no pecúlio do espírito humano.[28]

A essa altura Machado já publicara *Iaiá Garcia* e estava às vésperas de imprimir uma guinada em sua carreira de romancista com *Brás Cubas*. Talvez por isso o tom reconciliador – e autocrítico – do escritor em relação ao Romantismo. Autocrítico porque ele mesmo, como jovem romancista, investira pesadamente contra o Romantismo nos seus dois primeiros romances. Reconciliador porque com *Iaiá Garcia* extinguia-se a tensão com o novelesco. Note-se que a frase final do trecho acima ecoa as últimas palavras de *Iaiá Garcia* – "Alguma cousa escapa ao naufrágio das ilusões" – o que talvez permita interpretar ambas como expressão, em diferentes arenas, da liquidação do romanesco na obra machadiana, o que me parece ser o papel de *Iaiá Garcia* no percurso da obra machadiana, como mostrarei mais à frente.

Essa mudança no modo de conceber a recepção da literatura e a atividade crítica fica ainda mais marcada na apreciação crítica sobre *O Primo Basílio*, também de 1879. Até então muito dedicado aos sobrevoos e à visão panorâmica da produção literária, em que o leitorado aparecia como entidade abstrata, Machado agora parte da grande aceitação do romance por parte do público para assumir a posição de um leitor ideal – refinado, minucioso, exigente, o "leitor perspicaz"[29] evocado e caracterizado pelo texto como alguém atento a incongruências mas que também quer ser atraído e envolvido pelo enredo. A noção que Machado tem de si mesmo enquanto leitor aparece alterada nesse texto, e sua nova divisa está sintetizada nestas palavras: "Nem basta ler; é preciso comparar, deduzir, aferir a ver-

---

27 *Idem*, p. 805.
28 "A Nova Geração", *Revista Brasileira*, vol. II, 1.12.1879, in: *OC*, vol. 3, p. 810.
29 [Eça de Queirós: *O Primo Basílio*], *O Cruzeiro*, 16 e 30.4.1878, in: *OC*, vol. 3, p. 906.

dade do autor".[30] É a esse tipo de leitura que Machado se entrega nessa crítica bastante circunstanciada, atípica para o padrão da época, apontando os defeitos que via no romance de Eça de Queirós e que em linhas gerais consistiam em exageros de Eça, por quem Machado demonstrava muito apreço, na aplicação dos preceitos da escola Realista, que Machado repudiava. Na resposta a dois artigos que discordavam de suas opiniões sobre o romance português, ele afirma sua independência das escolas – enquanto crítico e enquanto leitor – e faz uma distinção importante entre duas posturas para a recepção de um livro. Um dos contendores discorda da condenação à falta de decoro literário de algumas expressões e passagens do romance, citando como argumento o exemplo do *Cântico dos Cânticos* que, apesar de ser um livro bíblico, trata o matrimônio e a vida sexual com realismo e erotismo, ao que Machado responde:

> Ou recebeis o livro como deve fazer um católico, isto é, em seu sentido místico e superior, e em tal caso não podeis chamar-lhe erótico; ou só o recebeis no sentido literário, e então nem é poesia, nem é de Salomão; é drama e de autor anônimo. Ainda, porém, que o aceiteis como um simples produto literário, o exemplo não serve de nada.[31]

Ao contrastar o "sentido místico e superior" e o "sentido literário", o escritor aponta para a postura antidogmática que será uma das marcas de sua obra a partir de *Brás Cubas*, assim como o será a noção arrojada e materialista do texto como produto de consumo, conforme examinarei nos próximos capítulos.

A desmistificação da produção literária é marca distintiva de sua produção crítica a partir do final da década de 1870 e na seguinte, quando escritos dessa natureza são raros. No prefácio de um livro de poemas, Machado declara que apresentar um poeta ao público é a mais inútil das tarefas, pois "um livro é um livro; vale o que efetivamente é"[32]; e ele mesmo se encarrega de desmistificar sua postura juvenil que via na instrução e na leitura a panaceia para todos os males do país e do mundo. Isso ocorre em "A Nova Geração", de 1879, no comentário sobre o poema "Dois Edifícios", de Valentim Magalhães:

---

30 *Idem*, p. 911.
31 *Ibidem*.
32 [Francisco de Castro: *Harmonias Errantes*], carta-prefácio ao livro publicado no Rio de Janeiro pela Tipografia Moreira e datada de 4.8.1878, in: *OC*, vol. 3, p. 914.

É quase meio-dia; encostado ao gradil de uma cadeia está um velho assassino, a olhar para fora; há uma escola defronte. Ao bater a sineta da escola saem as crianças alegres e saltando confusamente; o velho assassino contempla-se e murmura com voz amargurada: 'Eu nunca soube ler!' Quer o Sr. Valentim Magalhães que lhe diga? Essa ideia, a que emprestou alguns belos versos, não tem por si nem a verdade nem a verossimilhança; é um lugar-comum, que já a escola hugoísta nos metrificava há muitos anos. Hoje está bastante desacreditada. Não a aceita Littré, como panaceia infalível e universal; Spencer reconhece na instrução um papel concomitante na moralidade, e nada mais.[33]

Com a franqueza característica dos seus escritos críticos, Machado reduz a nada o clichê, desautorizando-o com a autoridade da filosofia social de Spencer e de Littré e denotando uma relação com a escrita já muito distante do caráter quase místico e transformador que o jovem escritor lhe atribuía na década de 1850. Nesse mesmo texto, Machado reconhece faltar ao ambiente cultural brasileiro força necessária à invenção de doutrinas novas, que é uma de suas verdades óbvias, e aconselha a nova geração a não esquivar-se das condições do meio.[34] Incorporar à escrita as condições precárias do ambiente cultural é o que Machado fazia naquele exato momento, às vésperas da publicação das *Memórias Póstumas*, que a partir de março de 1880 sairiam nas páginas da mesma *Revista Brasileira* que publicava o ensaio "A Nova Geração".

A partir da década de 1890, a preocupação com a recepção da obra se expressa sobretudo na correspondência com o editor Garnier, que em 1899 se torna proprietário da obra literária do escritor. Na correspondência endereçada a Paris, temos um escritor que discute detalhes da composição dos seus livros, como ocorre numa carta datada de 8 de setembro de 1902, endereçada ao gerente da Garnier em Paris, em que o escritor protesta contra o aspecto da edição de *Várias Histórias* pela Garnier, que sairia com apenas 230 páginas em contraste com as 310 páginas da edição anterior, da Laemmert, "*c'est-à-dire que l'ouvrage aura l'aspect et la valeur d'un petit livre, ce qui fera du mal à la vente*".[35] (ou seja, a obra terá o aspecto e o preço de um livrinho, o que fará mal às vendagens). Ou então preocupado com o número de exemplares de *Dom Casmurro* que serão enviados de Paris: "*Je vous prie, dans notre interêt à tous, que le premier envoi d'exemplaires soit assez nombreux, car il peut s'epuiser vitement, et le*

---

33 "A Nova Geração", in: *OC*, vol. 3, p. 825.
34 *Idem*, p. 813.
35 Augusto Meyer (org.), *Exposição Machado de Assis – Centenário do Nascimento de Machado de Assis*, Rio de Janeiro, Ministério da Educação e Saúde, 1939.

retard du second envoi fera mal à la vente."[36] (Peço-lhe, por nosso interesse comum, que a primeira remessa de exemplares seja numerosa o bastante, pois ela pode se esgotar rapidamente, e a demora de uma segunda remessa fará mal às vendagens). Essa correspondência revela uma faceta insuspeita de Machado de Assis, a de administrador cuidadoso de sua produção literária, muito atento à venda e ao esgotamento das edições de seus livros. Retornarei a essas cartas ao tratar dos romances.

Por ora, fiquemos na segunda verdade de La Palisse, que seria formulada em carta escrita a José Veríssimo em 1883, a propósito da *Revista Brasileira*:

> Há alguns dias, escrevendo de um livro, e referindo-me à *Revista Brasileira*, tão malograda, disse esta verdade de La Palisse 'que não há revistas sem um público de revistas'. Tal é o caso do Brasil. Não temos ainda a massa de leitores necessária para essa espécie de publicações. A *Revista Trimestral* do Instituto Histórico vive por circunstâncias especiais, ainda assim irregularmente, e ignorada do grande público.[37]

Um corolário da formulação escrita a José Veríssimo – "Não há romances sem um público de romances" – não passaria pela mente de Machado de Assis, sempre tão atento ao público e a questões em torno da popularidade do romance?

Do ponto de vista biográfico, é impossível saber se a palissada passou ou não pela cabeça do escritor, que não a registrou nesses termos. Entretanto, por meio da análise e interpretação dos romances e à luz do que foi estudado acerca da importância e recorrência das questões relativas ao público leitor para os escritores brasileiros oitocentistas, e particularmente para Machado, procurarei demonstrar não só que o truísmo foi debatido por ele em todas as suas obras mas também que sua formulação, por muito tempo obnubilada pelo idealismo romântico, teve importância e força suficientes para reorientar o projeto do romancista, que a partir das *Memórias Póstumas* estará sempre questionando se é ou não romance aquilo que ele está a escrever.

---

36 *Idem*, p. 201.
37 Carta a José Veríssimo datada de 19.4.1883, in: *OC*, vol. 3, p. 1038.

SEGUNDA PARTE

A FIGURAÇÃO DO LEITOR NOS ROMANCES DE
MACHADO DE ASSIS

4

RESSURREIÇÃO E *A MÃO E A LUVA*: O QUESTIONAMENTO DO LEITOR ROMÂNTICO

Machado de Assis começa sua carreira de romancista com um projeto antirromântico num momento em que o gosto pela literatura sentimental e imaginosa domina o ambiente literário brasileiro. Sua tarefa consiste, portanto, não só em apontar e demolir os anacronismos, mas também atrair um público capaz de compreender e fruir a "literatura moderna" que pretende constituir. Por isso, a tensão entre o gosto vigente e este projeto modernizador permeia os dois primeiros livros, nos quais personagens formadas pela poesia de Lord Byron e educadas com a leitura do *Werther* são sistematicamente ridicularizadas pelos narradores, que também desafiam a expectativa dos seus interlocutores, apontando sempre para a *necessidade não apenas de um novo tipo de literatura, mas de um novo tipo de leitor.*

Vale lembrar que essa busca de inovação está expressa já no marco zero da produção romanesca de Machado de Assis, a "Advertência da primeira edição" de *Ressurreição*. Nesse prólogo cheio de declarações de modéstia e cuidados com a opinião alheia, a intenção de inovar e de se mover na contracorrente vem indiciada pela ênfase na caracterização do livro como "ensaio" e na sua dessemelhança, afirmada já a partir do prólogo, em relação a outros livros. Aí, sob a assinatura M. A., Machado de Assis confessa não saber o que se deva pensar do livro e diz ignorar sobretudo "o que pensará dele o leitor". A preocupação, atribuível a uma boa dose de retórica, também se explica pela consciência de quanto a narrativa desafiava as expectativas do leitor do início da década de 1870, acostumado a histórias de forte apelo sentimental e carregadas de cor local, das quais *Sonhos d'Ouro*, de Alencar, publicada no mesmo ano de 1872, serve de paradigma. O afastamento consciente do padrão vigente está expresso na intenção confessa de não fazer romance de costumes, mas tentar "o esboço de uma situação e o contraste de dous caracteres"[1], o que está mais de acordo com a direção proposta para a prosa de ficção brasileira em "Instinto de Nacionalidade", texto em que Machado defenderia a superioridade da análise de paixões e caracteres à descrição dos quadros típicos da paisagem e da vida brasileiras, motivos que até então dominavam a produção literária.

Esse novo interlocutor que Machado de Assis busca constituir nos seus dois primeiros romances é o assunto deste capítulo, em que procuro esboçar os contornos dessa "coisa nova" – ainda não tão metafórica nem tão original – por meio da análise das diferentes e variadas estratégias adotadas pelos narradores de *Ressurreição* e *A Mão e a Luva* no trato com seus interlocutores. Em comum, temos narradores que lançam mão dos esquemas e preceitos dominantes para demonstrar sua artificialidade e impropriedade, minando alguns procedimentos do Romantismo desde dentro e procurando transformar o leitor, se não num antirromântico, pelo menos num receptor crítico da literatura romântica.

A FRUSTRAÇÃO DAS EXPECTATIVAS

A situação apresentada – a de um quadrilátero amoroso – não é lá muito original: o advogado Meneses ama a jovem viúva Lívia, que ama o médico Félix, que corresponde ao amor da viúva, mas esta reluta em confessar seu amor pelo médico porque sua grande amiga, Raquel, por ele é perdidamente apaixonada. A consumação do amor entre o herói desambicioso e enriquecido por uma inesperada herança e a bela viúva é procrastinada pela lealdade de Lívia, que não quer fazer sofrer sua amiga Raquel. Quando o casamento de Félix e Lívia é finalmente marcado, o impedimento para sua realização materializa-se na figura do vilão Luís Batista, aparentemente autor da carta que Félix recebe às vésperas do casamento, com revelações misteriosas que o levam a cancelar as bodas. A história termina com a união feliz de Raquel e Meneses e com o sofrimento de Lívia e Félix, isolados e solitários.

Estamos no entrecho romântico, com seus encontros e desencontros amorosos, casamentos postergados e ao qual não falta nem mesmo a carta

---

1 *Ressurreição*, in: *OC*, vol. 1, p. 116.

anônima e o vilão dissimulado e insidioso. No entanto, as expectativas geradas pelo enredo convencional são frustradas à medida que a intriga se desenvolve, já que não há de fato um obstáculo externo para a realização do amor entre os protagonistas, impossibilitado única e exclusivamente pela dúvida e pelo ciúme doentio de Félix – note-se o contraste entre o nome solar e positivo e a personalidade sombria do protagonista –, o que o coloca em estado permanente de dúvida, privando-o da felicidade que está ao alcance de suas mãos. *Ressurreição* contém todos os elementos do romance romântico, mas o narrador imprime uma desaceleração ao andamento da trama, reduzindo a movimentação dramática que seria de se esperar de uma narrativa mais convencional, alocando-a na consciência atormentada de Félix. Longe de ser involuntária, essa amortização do ritmo narrativo constitui elemento central da organização da obra, que questiona abertamente as convenções do tipo de texto a que constantemente faz referência. A frustração está anunciada já no primeiro parágrafo, em que o narrador, empenhado em desmistificar as ilusões do leitor, lança mão da primeira pessoa do plural para denunciá-las e constrangê-lo a compartilhar de sua concepção desencantada da passagem do tempo:

> Tudo nos parece melhor e mais belo, – fruto da nossa ilusão, – e alegres com vermos o ano que desponta, não reparamos que ele é também um passo para a morte.
> Teria esta última ideia entrado no espírito de Félix, ao contemplar a magnificência do céu e os esplendores da luz?[2]

A advertência é clara: na história que ora se inicia, a passagem do tempo e, por extensão, o próprio desenrolar da narrativa, não aponta para a resolução dos conflitos neste ou noutro mundo. Aqui, o tempo avança em direção ao nada. Esta é a percepção desiludida que o narrador apresenta ao seu interlocutor para, em seguida, levá-lo a questionar se essa seria também a percepção do personagem Félix. O narrador finge compartilhar com seu interlocutor e com o protagonista as mesmas ilusões, indicando que todos estão igualmente imersos num mundo de falsas aparências; mas logo em seguida denuncia o embuste ao afirmar que ele mesmo não se deixa enganar pela beleza e frescor do ano novo e ao sugerir que o leitor e Félix talvez se deixem levar pelos falsos esplendores. A primeira pessoa do plural, dessa forma, é artifício retórico para aproximar-se do leitor, cujas expectativas o narrador constantemente enuncia para logo em seguida frustrar. Transformado em rotina e posto em ritmo acelerado, esse será o movi-

[2] *Idem*, p. 117.

mento da prosa das *Memórias Póstumas*, em que as expectativas do leitor também serão frustradas a cada passo pelo narrador volúvel, como estudado por Roberto Schwarz em *Um Mestre na Periferia do Capitalismo*. Por enquanto, veja-se outro exemplo do recurso em *Ressurreição*:

> O desenlace desta situação desigual entre um homem frio [Félix] e uma mulher apaixonada [Lívia] parece que devera ser a queda da mulher: foi a queda do homem. (...) Ironia da sorte chamará o leitor a este desfecho de uma situação que, algumas semanas antes, tão outra se lhe afigurava. Chame-lhe antes lógica da natureza, porque o coração de Félix, que aparentava ser de mármore, era simplesmente da nossa comum argila.[3]

Ao antecipar a expectativa do leitor para em seguida desmenti-la, o narrador parece ter em mente um leitor acostumado a uma norma (romântica, neste caso) distinta da que considera desejável; daí a postura de quem parece estar o tempo todo corrigindo os impulsos interpretativos do interlocutor. Para imprimir naturalidade e confiabilidade sem parecer extravagante ou inverossímil, o narrador sugere que a "lógica da natureza" rege esse mundo ficcional contraposto ao artificialismo dos romances antigos, em que predominava a imaginação e aos quais seus interlocutores estariam habituados. Com isso, ele chama a atenção para a originalidade do seu relato, que soluciona pela "lógica da natureza" as mesmas situações que a convenção romântica resolve por meio de ardis fantasiosos e inverossímeis.

Caracterizado em linhas gerais como um iludido por convenções já superadas, o leitor explicitado pela narração frequentemente é alvo das desculpas do narrador pelas infrações cometidas, um artifício com múltiplas intenções: levar o leitor empírico a identificar o anacronismo de alguns recursos narrativos repisados nos livros do seu repertório, o que é uma forma de apontar o seu caráter não natural e não obrigatório; indicar a impropriedade e a inadequação desses recursos; e, em última análise, reformar-lhe o gosto. Para realizar a conversão, o narrador coloca-se na posição de autoridade que formula perguntas e inocula dúvidas em seu interlocutor para imediatamente respondê-las. Vejamos o mecanismo em funcionamento:

> Aqui podia acabar o romance muito natural e sacramentalmente casando-se dous pares de corações e indo desfrutar a sua lua de mel em algum canto ignorado dos homens. Mas para isso, leitor impaciente, era necessário que a filha do coronel e o Dr. Meneses se amassem, e eles não se amavam, nem se dispunham a isso. Uma das razões

---

3 *Ibidem*, p. 143.

que desviavam da gentil menina os olhos de Meneses era que este os trazia namorados da viúva. De admiração ou de amor? Foi de admiração primeiro, e depois foi de amor; cousa de que nem ele, nem o autor do livro temos culpa. Que quer? Ela era formosa e moça, ele era rapaz e amorável, e de mais a mais inexperiente ou cego, que não adivinhava a situação anterior da viúva e do médico ainda por entre os véus com que lha ocultavam.[4]

Essa espécie de "procedimento de Iago", empregado pelo vilão da história para induzir Félix ao mergulho na ilusão, é utilizado pelo narrador com objetivo oposto: abrir os olhos do leitor para as mistificações embutidas num certo tipo de literatura que o narrador condena. Às expectativas do leitor familiarizado e afeito às narrativas em que o amor é um dado da natureza a ser sacramentado pela religião assim que estiverem superados os obstáculos materializados na figura do vilão, o narrador contrapõe outra realidade ficcional. Nesse novo regime, os impedimentos não estão corporificados nos antagonistas, mas interiorizados em regiões recônditas do espírito dos personagens, incluindo os heróis, e podem ser perscrutados mediante observação atenta. Observar atentamente: é isso que o narrador procura ensinar ao seu interlocutor, tão inexperiente ou cego como Meneses, mas que em relação ao personagem goza da imensa vantagem de ter alguém empenhado em revelar-lhe o que está sob as aparências. No trecho acima, é notável como os sentimentos se revelam no jogo entre o visível e o invisível – na correspondência/não correspondência de olhares, na cegueira de Meneses, nos véus que ocultam o envolvimento de Lívia e Félix –, um jogo cujas regras só o narrador parece dominar completamente e no qual ele envolve o interlocutor por meio do emaranhado de suposições, perguntas e dilemas.

O mecanismo de controle implícito nesse sestro de antecipar expectativas e prever reações fica encoberto pela naturalidade que o narrador procura imprimir ao que está sendo narrado, tanto pelo tom de conversa quanto pela simulada concordância do – e com o – interlocutor, que muito provavelmente não pensou em nada daquilo e rigorosamente não disse nada para ser alvo das interpelações – como aquele surpreendente e ousado "Que quer?" – do narrador. Ao adiantar as inferências e conclusões do leitor, corrigi-las e colocá-las nos trilhos, o autor, por meio desse narrador, parece simultaneamente delinear o leitor que ele recusa e apontar para o perfil do público virtual e do público ideal que procura atingir.

4 *Ibidem*, p. 159.

À PROCURA DO LEITOR MODERNO

Para delinear quem é o leitor projetado em *Ressurreição*, examinemos como o texto lida com um expediente típico dos enredos do romance romântico – o enriquecimento de um personagem com inesperada herança. Quando, no início da história, Félix recebe um legado que o lança da pobreza e da obscuridade diretamente para o mesmo patamar social de Lívia, o narrador afirma não se tratar de clichê, mas de um lance da Providência, que "possui o segredo de não aborrecer com esses lances tão estafados no teatro".[5] Félix recebe a herança porque Deus, ou o destino, assim o quis: essa é toda a explicação fornecida, o que é, rigorosamente, explicação nenhuma. Ao procurar imprimir naturalidade ao seu relato, acaba desvelando os clichês, sem substituí-los por outros supostamente mais naturais ou verdadeiros. Sob essa aparente contradição está delineada uma postura do narrador: ao mesmo tempo em que denuncia a artificialidade e a mentira de procedimentos narrativos tidos por normais, recusa-se a procurar outros, sublinhando assim o fato de que o romance é um relato construído, no qual a verossimilhança importa mais do que a verdade.

Esta é, aliás, uma das questões centrais que o livro coloca por meio de Félix, para quem o sofrimento e o destino infeliz não têm qualquer lastro na realidade objetiva. Basta lembrar que ele mesmo considera plausível a hipótese de que a carta que o levou a desfazer o casamento com Lívia fosse um ardil de Luís Batista, e mesmo assim não faz nada:

> A veracidade da carta que impedira o casamento, com o andar dos anos, não só lhe pareceu possível, mas até provável. Meneses disse-lhe um dia ter a prova cabal de que Luís Batista fora o autor da carta; Félix não recusou o testemunho nem lhe pediu a prova. O que ele interiormente pensava era que, suprimida a vilania de Luís Batista, não estava excluída a verossimilhança do fato, e bastava ela para lhe dar razão.[6]

O narrador, que acaba por revelar ao leitor que Luís Batista era efetivamente o autor da carta ("Entendamo-nos, leitor; eu, que te estou contando esta história, posso afirmar-te que a carta era efetivamente de Luís Batista."[7]), inclui a figura do vilão, importada do figurino romântico, para dizer ao final que não é ele o responsável pela infelicidade dos amantes. O mal não é uma força externa, mas está interiorizado em Félix e constitui

---

5 *Ibidem*, p. 117.
6 *Ibidem*, p. 195.
7 *Ibidem*, p. 191.

um dado de sua perturbação mental, da sua fragilidade, do seu caráter pusilânime e do seu ciúme doentio. É a natureza psíquica do personagem que inviabiliza sua felicidade, e não as artimanhas do vilão. O que importa a vilania de Luís Batista diante da verossimilhança das alucinações produzidas pelo ciúme? Essa é a pergunta fundamental que Machado coloca ao leitor por meio de Félix, personagem com matizes estranhos ao padrão corrente. A estranheza fica mais evidente na comparação de Félix, "cujo espírito só engendrava receios e dúvidas", com Meneses, "propenso às fantasias cor-de-rosa"[8], contraste que o autor define como objetivo principal do seu livro.[9]

Esse contraste entre os personagens pode ser transposto para o plano da interlocução, já que o narrador parece querer transformar o leitor de Meneses em Félix, no sentido de induzir seu interlocutor a duvidar dos procedimentos e hábitos tradicionais de leitura, contrastando as soluções de um outro tempo à modernidade do seu relato:

> No tempo em que os mosteiros andavam nos romances, – como refúgio dos heróis, pelo menos, – a viúva acabaria os seus dias no claustro. (...) Mas o romance é secular, e os heróis que precisam de solidão são obrigados a buscá-la no meio do tumulto.[10]

Ao proclamar o caráter retrógrado do romantismo de fundo católico, que empurra a solução dos conflitos para o claustro ou para a morte, exilando-a da esfera humana, o autor faz a verdade baixar à terra para afirmar que cá mais vale a aparência de verdade do que a verdade em si – ou, por outra, que veracidade e verossimilhança são o que contam para o romance, que é secular e pertence a este mundo. Tematizando o caráter literário da obra dentro dela mesma, o narrador de Machado aproxima sua narrativa do realismo, que usa esse recurso para reivindicar para si o nível da realidade, opondo-a às soluções fantasiosas do romance romântico.

Assim, o "contraste dos dous caracteres" proposto na "Advertência" parece sugerir outras dualidades: entre o velho e novo padrão ficcional, sugerido também pelos títulos dos dois capítulos iniciais, "No Dia de Ano-Bom" e "Liquidação do Ano Velho"; entre Romantismo e Realismo; idea-

---

8   *Ibidem*, p. 159.
9   Está prefigurada aí a questão central de Bentinho em *Dom Casmurro*, para quem "a verossimilhança... é muita vez toda a verdade", conforme observado por John Gledson em *The Deceptive Realism of Machado de Assis*, Liverpool, Francis Cairns, 1984, p. 84. Félix também dá início à numerosa galeria de ciumentos machadianos que incluirá o Estácio de *Helena* e culminará em Bentinho.
10 *Ressurreição*, in: *OC*, vol. I, p. 194.

lismo e materialismo; localismo e universalismo etc. As múltiplas dualidades foram notadas e registradas por leitores contemporâneos à primeira publicação de *Ressurreição* em textos examinados a seguir.

A RECEPÇÃO DE *RESSURREIÇÃO*

O romance de estreia de Machado de Assis veio a público dois anos e meio depois do previsto em contrato com o editor B. L. Garnier, datado de setembro de 1869, em que o autor vendia a propriedade plena e inteira da primeira e das demais edições da obra, prometida para meado de novembro daquele ano.[11] A distância que separava *Ressurreição* da prosa ficcional então em voga foi assinalada por críticos contemporâneos, como Carlos Ferreira, que em maio de 1872 escrevia:

> O Sr. Machado de Assis, cujo talento incontestável para as maviosidades do lyrismo e para aperfeiçoamentos de estylo ninguem desconhecerá, é entretanto, julgo eu, dotado de uma imaginação fria e positiva que, por assim dizer, embaraça-lhe a penna na descripção das paixões violentas e deixa incompletos os quadros das grandes tempestades do coração. Nota-se isto no seu bello romance *Ressurreição*; pelo menos, notei-o eu de mim para mim.[12]

Poucos dias depois, a *Semana Illustrada* publicava texto sobre o livro, "excellente – mas, não inexcedivel, porque, seja dito de passagem, se é irreprehensivel na fórma, é umas vezes frio na essencia e outras um pouco inverossimil na consubstanciação de certos typos e no emperramento de indebitas desconfianças". Dr. Fausto, pseudônimo com que o texto vinha assinado, também expressa sua frustração diante do caráter pouco nacional da obra: "Sendo tão bem traçado, o romance *Ressurreição* poderia ser mais nacional, porém n'esta idéa que avento talvez que eu seja o mais exigente dos apreciadores, porque em verdade o espírito essencialmente brasileiro é tão pequenino ás vezes, que desnortêa as mais profundas aspirações de um verdadeiro romancista".[13] O crítico, que se ressente da frieza e do emperramento da ação, reivindica, ponto por ponto, o retrato de costumes de feitio romântico descartado por Machado no introito de *Ressurreição*.

---

11 Augusto Meyer (org.), *Exposição Machado de Assis – Centenário do Nascimento de Machado de Assis*, p. 178.
12 C. Ferreira, "Sem título", *Correio do Brasil*, Rio de Janeiro, 12.5.1872, p. 1.
13 Dr. Fausto (pseudônimo), "Revista Bibliográfica", *Semana Illustrada*, Rio de Janeiro, n. 597, 19.5.1872, e n. 598, 26.5.1872.

Ilustrativo da preferência e do gosto literário do Dr. Fausto é o trecho que ele reproduz como exemplo de forma irrepreensível:

> Sentia-se que ela olhava com o espírito. Félix contemplou-lhe longo tempo aquele rosto pensativo e grave, e involuntariamente foram-lhe os olhos descendo ao resto da figura. O corpinho apertado desenhava naturalmente os contornos delicados e graciosos do busto. Via-se ondular ligeiramente o seio túrgido, comprimido pelo cetim; o braço esquerdo, atirado molemente no regaço, destacava-se pela alvura sobre a cor sombria do vestido, como um fragmento de estátua sobre o musgo de uma ruína. Félix recompôs na imaginação a estátua toda, e estremeceu. Lívia acordou da espécie de letargo em que estava. Como também estremecesse, caiu-lhe o leque da mão. Félix apressou-se a apanhar-lho.[14]

Aí, a atração física de Félix por Lívia vem completamente sublimada na sucessão de acontecimentos silenciosos. As emoções e os desejos, inefáveis, são literalmente constrangidos e represados pelos tecidos até finalmente encontrarem escape no gesto físico involuntário – o estremecimento – e no barulho da queda do leque que tiram as personagens do transe imobilizador. O elogio do resenhista recai sobre o domínio pleno de procedimentos do melodrama, caracterizado por Peter Brooks como "o texto da mudez" (*the text of muteness*), uma vez que nos momentos de clímax e nas situações extremas as narrativas de forte carga melodramática remetem a meios não verbais para expressar estados emocionais e condições morais das personagens. Daí ser comum nas narrativas melodramáticas a inscrição nos olhares e nos corpos daquilo que não pode ser dito em palavras.[15] Embora façam suas aparições em *Ressurreição*, os procedimentos do melodrama acabam obscurecidos, "esfriados" pela narrativa que marca passo – daí a impressão de frieza citada e criticada por Ferreira e pelo Dr. Fausto. Quatro anos mais tarde, Machado de Assis empregará esses recursos com muito menos parcimônia em *Helena*.

Luís Guimarães Júnior, poeta, jornalista, "folhetinista elegante e jovial"[16] e amigo de Machado, fez considerações interessantes sobre Félix e também algumas previsões sobre as dificuldades de recepção do livro entre o público contemporâneo:

> O Dr. Félix no romance de Machado de Assis é um typo, senão pos-sibilissimo, pelo menos admiravelmente comprehensivel. Dá-nos o poeta [Machado] o seu perfil

---

14 *Ressurreição*, *OC*, vol. 1, p. 130.
15 Cf. Peter Brooks, *The Melodramatic Imagination* – Balzac, *Henri James, Melodrama and the Mode of Excess*, New Haven, Yale University Press, 1995.
16 Machado de Assis, "Instinto de Nacionalidade", in: *OC*, vol. 3, p. 806.

com aquelle cuidado e garbo com que Feuillet em traços magistraes poz em relevo a figura do conde de Camors e do marquez de Champcey.

Os demais personagens da "Ressurreição" empallidecem ao pé do heróe; eis o motivo porque o livro de Machado de Assis será muito estudado, mas por muito pouca gente. Não é um romance que attraia o vulgo: é sim um quadro que chama o olhar dos entendidos e a attenção dos amigos da boa e efficaz litteratura.

O estylo é acurado, é trabalhado, é desenvolvido com uma solicitude ás vezes exagerada, e que em um ou em outro ponto parece pertencer mais aos arabescos da arte do que á expontaneidade do sentimento.[17]

Nas três resenhas, a comparação implícita é com as histórias de Feuillet, e os críticos ressentem-se da falta das "paixões violentas", das "grandes tempestades do coração" e da "espontaneidade do sentimento"; em outras palavras, dos ingredientes e do tom da literatura sentimental, que aparentemente deliciava não só o "vulgo", mas também os "amigos da boa e efficaz litteratura", se considerarmos que os artigos são assinados por alguns dos melhores e mais respeitados jornalistas da época.

Por motivos diferentes, a obra também causou estranheza em José Carlos Rodrigues, que publica na revista *O Novo Mundo*, em Nova York, resenha elogiosa sobre o romance fluminense e seu
tenha o "gênio brilhante" do Sr. Alencar e a "admirável fluência e naturalidade" do Sr. J. M. de Macedo, "não se deixa sacrificar pelas extravagâncias do primeiro, nem pela monotonia do segundo". A certa altura, porém, em meio aos elogios o resenhista pede licença para observar um demérito da composição, que seria a aplicação inadequada ao personagem Félix destes versos de Shakespeare – "*Our doubts are traitors/ And make us lose the good we oft might win,/ By fearing to attempt*".[18] Para o editor d'*O Novo Mundo*, Félix é um personagem desprovido de elevação espiritual e portanto de qualquer dúvida que mereça perdão ou tentativa de explicação; trata-se de "um ente sem mola nenhuma na vida", indigno da grandeza da dúvida shakespeariana, pois esta, embora se dirija à fraqueza do espírito humano, também acena à força de superá-la pela coragem e pela fé. Ao apontar a inadequação, o resenhista propõe duas alternativas: ou que se atribuísse mais grandiosidade ao personagem, no sentido de dotá-lo de algum sentimento elevado, ou então que Félix fosse tratado com mais severidade

---

17 *Diário do Rio de Janeiro*, n. 130, 13.5.1872, p. 3.
18 Na primeira edição do livro os versos vêm traduzidos, provavelmente pelo próprio Machado, uma vez que não há outra indicação de autoria, da seguinte forma: "São as nossas dúvidas uns traidores, que nos fazem perder muita vez o bem que poderíamos obter, incutindo-nos o receio de o tentar".

pelo autor, considerado indulgente. São reivindicações por narrativas mais convencionais, que explorassem melhor as qualidades morais das personagens, punindo o vício, premiando a virtude, e sobretudo que revelassem um posicionamento moral mais claro do autor diante das personagens.[19]

A preocupação moralizante explicita-se também na censura ao autor por descrever "muito ao vivo certas scenas em que figuram Cecilia, Felix e Moreirinha" assim como certos ímpetos "horríveis" de Luís Viana, personagem apresentado como um parasita por direito divino.[20] Rodrigues sugere a supressão da cena em que Lívia é comparada a uma estátua, transcrita acima, e tacha de imperdoável o trecho que sugere que Cecília talvez fosse "o altar em que o Moreirinha fazia os seus sacrifícios diários e pecuniários".[21] O indesculpável certamente refere-se às sugestões ao sexo e à prostituição. Vale notar que em carta dirigida ao editor d'*O Novo Mundo* Machado agradece o artigo e as observações sobre *Ressurreição*, destaca o trecho com as "censuras relativas a algumas passagens menos recatadas", afirma não gostar da literatura de escândalo e promete emendar-se na próxima composição.[22] Dois anos mais tarde, quando da publicação de *A Mão e a Luva*, a revista publica artigo sobre o livro e volta à discussão moral, como se verá mais à frente.

A estreia do romancista também foi comentada por outras revistas estrangeiras, como a *Artes e Letras*, de Lisboa, e *Echo Americano*, de Londres, em artigos excessiva e superficialmente lisonjeiros, nos quais o grande entusiasmo pela obra não está fundamentado em qualquer argumento – como aliás era frequente na crítica publicada na imprensa de então – e o crítico limita-se a manipular as palavras do prefácio do autor, numa mostra da antiguidade do hábito de se criticar sem ler. Vale mencioná-los apenas para apontar a notável repercussão do lançamento de *Ressurreição* na imprensa carioca e estrangeira[23], fato raro na época e que voltaria a se repetir com intensidade semelhante somente duas décadas mais tarde, por ocasião do lançamento em livro de *Quincas Borba*. É de se notar que vários desses textos observam dissonâncias em relação aos padrões dominantes, sobretudo porque a apresentação de senões não motivados por querelas pessoais

---

19 Veja-se José Carlos Rodrigues, "Um Romance Fluminense", in: *O Novo Mundo*, vol. 3, Nova York, 23.12.1872, p. 46.
20 *Ressurreição*, in: *OC*, vol. 1, p. 120.
21 Machado de Assis, *Ressurreição*, 1. ed., Rio de Janeiro, Livraria Garnier, 1872, p. 47.
22 Carta a J. C. Rodrigues datada de 25.1.1873, in: *OC*, vol. 3, p. 1032.
23 Além dos artigos citados, o lançamento foi noticiado por G. Planche no *Jornal do Commercio*, n'*O Mosquito* e no *Diário do Rio de Janeiro*, em resenha de Luís Guimarães Júnior, somando pelo menos oito resenhas sobre o romance.

constituía também algo raro para a crítica da época, bastante dada aos elogios e lisonjas derramadas, como o escritor sugere na "Advertência" a *Ressurreição*, em que praticamente suplica uma opinião isenta e justa.

O pedido de franqueza parece ter sido atendido pela crítica que, em linhas gerais, manifestou desagrado e estranheza com tudo aquilo que rompia com as convenções dos "livros da imaginação", modo como Lívia, a protagonista do livro, define a literatura romântica. Os elementos desse tipo de literatura estão presentes, com o objetivo de serem denunciados pelo narrador como artificiais e arbitrários. Com isso, o escritor manipula o repertório do público empírico para apresentar-lhe outra possibilidade de lidar com esse universo de referências. A operação revela crença no caráter pedagógico da criação literária, que também seria responsável pela formação do leitor.

Embora denuncie a inverdade e a inverossimilhança do universo romântico, o livro termina em nota edificante ao concluir que sem ilusão e confiança não há felicidade, já que a razão última da infelicidade de Félix consiste no fato de seu coração ter esquecido "na sepultura o sentimento da confiança e a memória das ilusões".[24]

Pálido precursor das figuras vivazes das futuras obras, o leitor ficcionalizado pelo romance aparece principalmente como um leitor de gosto romântico, funcionando como uma espécie de baliza para o escritor se posicionar em relação aos leitores virtuais imaginados para o seu texto que, a despeito de todo o idealismo, projeta um leitor francamente antirromântico, ou pelo menos disposto a romper com as convenções das narrativas tradicionais.

A READEQUAÇÃO DE *A MÃO E A LUVA*

A Mão e a Luva registra um sensível recuo na postura agressiva de *Ressurreição*, o que se nota em estratégias bastante modificadas de comunicação do narrador com seu interlocutor. A narração assume tom mais ligeiro e aparece despojada do clima algo sombrio do romance anterior, o que combina com o fato de ser essa uma obra escrita para folhetim, sujeita portanto "às urgências da publicação diária"[25] e às expectativas e exigên-

---

24 *Ressurreição*, p. 195.
25 "Advertência de 1874" de *A Mão e a Luva*, in: *OC*, vol. 1, p. 198. O romance foi publicado em folhetim pelo jornal *O Globo*. Embora na advertência Machado diga que a publicação em capítulos estava fora dos seus hábitos, esse expediente seria frequente em sua carreira de

cias do público de jornal, provavelmente muito menos tolerante às afrontas aos seus gostos e convicções do que o seleto público consumidor de livros. As mudanças na postura do narrador sugerem também o acatamento de alguns dos senões colocados pela crítica em relação ao livro anterior.

Novamente, há quatro personagens no núcleo central. A protagonista é Guiomar, nascida na pobreza e elevada à opulência pela madrinha baronesa, que a adota depois de perder a única filha. Em torno de Guiomar giram três pretendentes: Estêvão, pobre e sentimental; Jorge, herdeiro e insosso; e finalmente Luís Alves, rico e ambicioso. Pelo sentimentalismo excessivo e o desapego às coisas materiais, Estêvão será logo descartado pela herdeira. Restam Jorge, o preferido da baronesa, e Luís Alves, o escolhido de Guiomar, por combinar "as afeições domésticas com o ruído exterior".[26] Como fazer o seu desejo sobrepor-se ao da baronesa, a quem ela devia tudo? – eis o conflito central de Guiomar e do livro. Por sorte, a matriarca é adepta do "paternalismo esclarecido"[27], respeitadora da vontade individual dos seus beneficiados; além disso, a protegida da baronesa é dotada de muito "tino e sagacidade" – e de uma boa dose de cálculo – para resolver o impasse. Diante do sofrimento de Estêvão e da indiferença de Jorge, realiza-se o casamento de Guiomar e Luís Alves, que constitui o encontro da mão e da luva do título.

Como se nota, a paisagem social ganha relevo por meio da desigualdade material entre as personagens, compondo um terreno muito mais acidentado que o de *Ressurreição*, onde o nivelamento das personagens as coloca num ambiente do qual as preocupações concretas da existência estão completamente afastadas. Trata-se de um ambiente quase etéreo, característica muito bem sugerida por ilustração publicada na revista *Semana Ilustrada*, na qual os personagens principais do romance aparecem encimados pela imagem de Machado de Assis ladeado por dois cisnes. Diante desse novo universo, a postura do narrador aparece bastante alterada. Ele não se coloca mais em constante oposição ao seu interlocutor, mas passa a narrativa buscando sua cumplicidade e tentando entabular acordos. Em vez de se posicionar entre os fatos narrados e o leitor para dizer-lhe que o que

romancista, na qual *Ressurreição*, originalmente escrito para sair em volume, é a exceção entre os livros da primeira fase. Só com *Dom Casmurro*, de 1899, Machado voltará a publicar um romance diretamente em livro, sem antes passar por uma versão em periódico – e em capítulos.

26 *Idem*, p. 254.
27 Cf. Roberto Schwarz, *Ao Vencedor as Batatas: Forma Literária e Processo Social nos Inícios do Romance Brasileiro*, 4. ed., São Paulo, Duas Cidades, 1992, pp. 75-6.

ele vê não é aquilo que imagina, como no romance anterior, o narrador de *A Mão e a Luva* parece perscrutar seu interlocutor em busca de afinidades. A entonação enfática e quase teatral de *Ressurreição*, em que o narrador parece estar fixo na boca de cena apresentando e comentando a ação, cede espaço a um tom mais conciliatório. A impressão é de que o narrador constantemente oferece o braço para nos conduzir pelo espaço ficcional, ora convocando-nos a ir "escada acima, até a sala de visitas"[28], ora convidando o amigo leitor a abandonar a cena:

> A sineta do almoço chamou-as a outros cuidados, e a nós também, amigo leitor. Enquanto as três almoçam, relanceemos os olhos ao passado, e vejamos quem era esta Guiomar, tão gentil, tão buscada e tão singular (...).[29]

São raros os momentos em que o leitor não é colocado na condição de testemunha dos fatos narrados. Ainda quando o leitor não está "presente", o narrador trata de descrever as posições relativas entre os elementos do campo ficcional, numa demonstração de extremo cuidado em localizar o leitor diante do narrado e buscar sua aproximação:

> Estêvão, da distância e na posição em que se achava, não podia ver todas essas minúcias que aqui lhes aponto, em desempenho deste meu dever de contador de histórias.[30]

Em regra, o narrador (ou o romancista, como aparece no texto) divide com seu interlocutor o privilégio de ver no rosto de uma personagem aquilo que as outras não veem ou não podem ver.[31] A frase lembra a formulação de Thackeray em *Vanity Fair* – "*novelists have the privilege of knowing everything*" –, prerrogativa que o narrador machadiano, pelo menos desta vez, educadamente compartilhará com seu leitor. Além de situá-lo no espaço ficcional, o narrador procura guiar o leitor pelo tempo narrativo, lembrando-o do que ele "viu", "ouviu" ou do que "ficou dito", simulando a fusão dos seus sentidos com os do interlocutor, em mais uma tática para criar proximidade.

A atitude é muito diferente da adotada pelo narrador de *Ressurreição*. Não se trata mais daquele mestre de cerimônias que, instalado entre o leitor

---

28 *A Mão e a Luva*, p. 199.
29 *Idem*, p. 215.
30 *Idem*, p. 208.
31 *Ibidem*, p. 244.

e a cena, diz ter a honra de apresentar ao leitor este ou aquele fato, fazendo questão de manifestar seu juízo. Desta vez, o narrador pretende passar despercebido e invoca para si o papel de mero instrumento de revelação dos "fatos", não mais utilizados para contrariar as expectativas do leitor, mas talhados para corresponder a elas. Em *A Mão e a Luva* o narrador surge mais conformado à superfície do papel, à natureza bidimensional da narração, digamos assim. Daí a abundância de considerações como "do que aí fica dito, facilmente compreenderá o leitor"[32]; "não será preciso dizer a um leitor arguto e de boa vontade"[33], "um leitor perspicaz, como eu suponho que há de ser o leitor deste livro, dispensa que eu lhe conte"[34]; "dirá a leitora (...) e terá razão"[35]; "já o leitor ficou entendendo";[36] "os leitores não terão dificuldade de admitir"[37]; "como facilmente acredita o leitor"[38] etc.

Essas referências resultam num artifício extremamente produtivo para a verossimilhança do texto. Embora as frequentes menções ao leitor explicitem o caráter ficcional do relato, a atribuição de tantas qualidades a esse leitor serve para imprimir "naturalidade" tanto aos fatos narrados quanto às interpretações desses fatos, com as quais o leitor empírico é induzido a concordar justamente porque ele é arguto, perspicaz e de boa vontade. A alternativa que lhe resta é recusar os adjetivos lisonjeiros, o que é muito possível, mas bem pouco humano. Dessa forma, ao dirigir o foco para o interlocutor e entretê-lo com afagos, o narrador aproveita a distração – e quiçá o afrouxamento da capacidade crítica do leitor empírico, embevecido com os elogios – para potencializar sua confiabilidade. Eis o recurso em funcionamento:

> Suponho que o leitor está curioso de saber quem era o feliz ou infeliz mortal, de quem as duas [Guiomar e Mrs. Oswald] trataram no diálogo que precede, se é que já não suspeitou que esse era nem mais nem menos o sobrinho da baronesa, – aquele moço que apenas de passagem lhe apontei nas escadas do Ginásio.[39]

Primeiro, os holofotes são dirigidos para a curiosidade e a capacidade dedutiva do leitor, que supõe coisas, para depois referir-se a Jorge, um dos

---

32 *Ibidem*, pp. 224 e 261.
33 *Ibidem*, p. 228.
34 *Ibidem*, p. 239.
35 *Ibidem*, p. 246.
36 *Ibidem*, p. 248.
37 *Ibidem*, p. 266.
38 *Ibidem*, p. 266.
39 *Ibidem*, p. 223.

principais personagens, como "aquele moço que apenas de passagem lhe apontei nas escadas do Ginásio". A afetada displicência sugere que a intriga ficcional não esteja determinada desde o princípio, mas que ela está sendo elaborada em simultaneidade com o desenrolar dos acontecimentos "reais". As marcas da construção ficcional são cuidadosamente recobertas pelas lisonjas e pelas informações apresentadas como óbvias e naturais, o que serve para minimizar a impressão de interferência do narrador sobre os "fatos", reivindicação expressa com todas as letras nas páginas finais:

> Não falo eu, leitor; transcrevo apenas e fielmente as imaginações do namorado [Estêvão]; fixo nesta fôlha de papel os vôos que êle abria por êsse espaço fora, única ventura que lhe era permitida.[40]

No empenho de aproximar-se e estabelecer cumplicidade com o leitor, o narrador a todo momento o induz a identificar-se com as personagens, positiva ou negativamente. Assim, numa situação em que uma "interrogação imperiosa" surge nos olhos de Guiomar, a dúvida da personagem logo em seguida é atribuída ao leitor[41]; noutra situação, ao supor que a leitora julgue o sobrinho da baronesa como não merecedor dos cuidados da tia rica, o narrador adverte sua interlocutora de que "os olhos da baronesa não são os da leitora".[42] Embora sem fazer muito alarde de sua presença, o narrador está sempre procurando aproximar seu interlocutor do ambiente ficcional pelo estabelecimento de empatia com as personagens.

Embora o objetivo principal da obra seja traçar o perfil de Guiomar, conforme declarado pelo autor[43], não é com ela, que aparece lendo para a madrinha um romance francês "recentemente publicado em Paris e trazido pelo último paquete"[44], nem com o frio e resoluto Luís Alves que o leitor é convidado a se identificar. Ainda que esses dois, por harmonizarem cálculo e bons sentimentos, sejam apresentados como exemplos do comportamento moderno, o *páthos* está todo concentrado no romanesco e retrógrado Estêvão.

A identificação com esse personagem começa a ser construída já na página inicial, em que o intervalo temporal que separa o tempo da ação e o da narração é descrito como "uma bagatela de vinte anos que lá vão, levan-

---

40 *Ibidem*, p. 257.
41 *Ibidem*, p. 245.
42 *Ibidem*, p. 246.
43 *Ibidem*, p. 198.
44 *Ibidem*, p. 231.

do talvez consigo as ilusões do leitor, e deixando-lhe em troca (usurários!) uma triste, crua e desconsolada experiência".[45] Logo em seguida saberemos que as desilusões, assim como a má experiência atribuídas ao leitor são as mesmas vividas por Estêvão, prestes a contar ao amigo Luís Alves sobre o amor não correspondido por Guiomar. No final, a identificação do leitor com Estêvão fica novamente sugerida; ambos estão aproximados pela suposição do narrador de que, na situação deste, aquele adotaria a mesma atitude:

> Na noite do casamento, quem olhasse para o lado do mar, veria pouco distante dos grupos de curiosos, atraídos pela festa de uma casa grande e rica, um vulto de homem sentado sobre uma lájea que acaso topara ali. Quem está afeito a ler romances, e leu esta narrativa desde o começo, supõe logo que esse homem podia ser Estêvão. Era ele. Talvez o leitor, em lance idêntico, fosse refugiar-se em sítio tão remoto, que mal pudesse acompanhá-lo a lembrança do passado.[46]

Em contraste com o que ocorre em *Ressurreição*, a expectativa atribuída ao leitor é confirmada pelo narrador – o vulto era de fato Estêvão! –, e é pelos olhos do personagem que o leitor assiste à vitória de Guiomar e Luís Alves, assim como é o seu sofrimento que apela à simpatia do leitor, ainda que isso se dê em registro cômico. A comicidade associada ao personagem tem um objetivo: despertar a identificação do leitor com Estêvão para corrigir, pelo riso, as ideias que o leitor eventualmente compartilhe com o personagem, caracterizado por Machado como quintessência do romantismo: seja como leitor do *Werther*, em que projeta de maneira caricata a dor do seu amor "extático e romanesco"[47], seja como autor de versos byronianos em que confessa "à cidade e ao mundo a profunda incredulidade do seu espírito, e o seu fastio puramente literário".[48] As referências, embora negativas e associadas a uma visão de mundo e a um gosto manifestamente retrógrados, são apresentadas de modo bastante simpático, fazendo de Estêvão o principal foco de identificação do leitor e quem sabe da própria crítica que, diante de *Ressurreição*, cobrara de Machado um romance mais ortodoxo.

Arriscando um pouco no terreno sempre arriscado da biografia, a simpatia do escritor pelo romantismo juvenil de Estêvão fica sugerida pela coincidência da caracterização desse personagem com a autoanálise do

---

45 *Idem*, p. 199.
46 *Idem*, p. 269.
47 *Idem*, p. 267.
48 *Idem*, p. 205.

jovem Machado a respeito das "ideias muito metafísicas e vaporosas" que o escritor confessa ter manifestado num texto de 1858.[49] A formulação é quase idêntica à empregada para caracterizar as ambições políticas de Estêvão – "aspirações vagas, intermitentes, vaporosas"[50] – assim como os "belos hexâmetros"[51], forma escolhida por Machado para ventilar suas próprias ideias "metafísicas e vaporosas", remetem à métrica do último suspiro poético de Estêvão, materializado em "sextilhas à sua *juventude perdida*".[52]

Recapitulando: em *Ressurreição*, o narrador parece estar francamente empenhado em contrariar as expectativas do leitor de romances românticos, o que também ocorre em *A Mão e a Luva* embora com nova estratégia, já que desta vez o narrador não bate de frente com seu interlocutor, fingindo compartilhar com ele o mesmo repertório. O procedimento agora consiste em induzir o leitor a se identificar com Estêvão para em seguida demonstrar a inviabilidade, a artificialidade e o ridículo das convicções romanescas do personagem. Se em *Ressurreição* o filtro que se interpunha entre o leitor e a matéria da narração era flagrantemente antirromântico, desta vez o narrador empresta ao leitor os "óculos cor-de-rosa"[53] de Estêvão para apontar as distorções do romantismo, que comparece como capricho, afetação:

> Duas vezes viu ele [Estêvão] a formosa Guiomar, antes de seguir para São Paulo. Da primeira sentiu-se ainda abalado, porque a ferida não cicatrizara de todo; da segunda, pôde encará-la sem perturbação. Era melhor, – mais romântico pelo menos, que eu o pusesse a caminho da academia, com o desespero no coração, lavado em lágrimas, ou a bebê-las em silêncio, como lhe pedia a sua dignidade de homem. Mas que lhe hei eu de fazer? Ele foi daqui com os olhos enxutos, distraindo-se dos tédios da viagem com alguma pilhéria de rapaz, – rapaz outra vez, como dantes.[54]

Como se observa, o narrador simula aplicar os procedimentos românticos à narrativa (e, portanto, sugere que vai corresponder às expectativas do leitor) para dizer em seguida que não é por sua culpa, nem por falta de boa vontade, que tais procedimentos são inaplicáveis. A prova definitiva é que nem mesmo Estêvão, que chegou a imprimir versos "repassados do mais puro byronismo, moda muito do tempo"[55], consegue sustentá-los.

---

49 O texto das ideias vaporosas é "O Passado, o Presente e o Futuro da Literatura", e a confissão aparece em "O Jornal e o Livro", *OC*, vol. 3, p. 947.
50 *A Mão e a Luva*, p. 205.
51 "O Jornal e o Livro", *OC*, vol. 3, p. 947.
52 *A Mão e a Luva*, p. 205.
53 *Idem*, p. 200.
54 *Ibidem*, pp. 203-4.
55 *Ibidem*, p. 205.

Enquanto no livro anterior os esquemas parecem aplicáveis, mas são indesejáveis, aqui eles são apresentados como desejáveis ("Era melhor, – mais romântico pelo menos"), mas inaplicáveis, aparecendo apenas como artifício, já que o natural – e recomendável, porque mais conforme à realidade, como se quer afirmar, é agir como Guiomar e Luís Alves, que também dançam conforme a música, mas sem jamais despregar olhos e pés do chão. Embora permaneça o objetivo de reformar o gosto do leitor, transformando-o num receptor mais adequado a um projeto modernizador, a estratégia é outra. Não se trata mais de combater os princípios antiquados por meio de preleções, mas de miná-los a partir de dentro.

Diante da tarefa de dirigir-se ao público de jornal, muito afeito à leitura dos folhetins estrangeiros, e confrontado com as reações negativas da crítica que, a propósito de *Ressurreição*, sugeria a inexistência de um público receptivo a um romance que pusesse em xeque os procedimentos românticos, o escritor produz uma narrativa mais conforme os hábitos de leitura correntes. O leitor implícito agora aparece mais identificado com o idealismo de Estêvão do que com o materialismo de Guiomar e Luís Alves, embora estes últimos tragam as marcas da modernidade que o leitor deveria pelo menos ser capaz de reconhecer. O livro convida o leitor implícito a desvencilhar-se da sensibilidade caduca para fruir a "realidade" e a "modernidade" da narrativa que se lhe apresenta, um convite que não despertou grande entusiasmo dos leitores de 1874, aparentemente mais interessados nas reviravoltas das páginas de Feuillet e Montépin.

A RECEPÇÃO DE *A MÃO E A LUVA*

Curiosamente, *A Mão e a Luva* foi o romance de Machado de Assis com menor repercussão na imprensa do Rio de Janeiro. Além de um registro de lançamento na *Semana Ilustrada*, que declara não ter suficiente vulto para entrar em uma apreciação mais longa do livro, a única resenha encontrada na imprensa da época foi publicada em Nova York pela revista *O Novo Mundo*, a mesma que dois anos antes criticara a frouxidão moral de *Ressurreição*. Eis o texto:

> "A Mão e a Luva" tal é o titulo d'um romance do nosso sympathico Machado d'Assiz, que fe-lo primitivamente apparecer no folhetim do "Globo" e para satisfazer o anhelo do publico fluminense, tirou-o em separado constituindo o primeiro elo d'essa cadeia de romances que receberam o nome de "Bibliotheca do Globo".

Applaudindo de todo o coração tão patriotica ideia, mui propria da illustre redacção do nosso primeiro jornal, exponhamos com lisura o nosso juizo acerca do citado romance.

Mostrou-se ainda uma vez o illustre romancista esmerado cultor da forma, mantendo os fóros d'um dos nossos primeiros estylistas; a substancia porém não condiz com esse primor externo; visto como não parecem estar nas notas do seu diapasão themas de longo folego. Fracos são os caracteres, a urdidura despida de interesse commovente, a acção fria, e o desfecho intuitivo desde o primeiro acto. Resgatam tais defeitos (si assim se podem denominar) a formosura das descripções que molduram o quadro. Pelo que respeita á moralidade pertence á classe dos que como os de Thackeray podem os pais darem ás suas filhas sem previa leitura.[56]

A breve apreciação, publicada sob o pseudônimo de Araucarius, retoma o tema da moralidade, em torno do qual se concentravam as principais críticas à obra anterior. Desta vez, no entanto, não há ressalvas. O que retorna é a observação sobre a frieza da narrativa, a que faltaria movimentação e surpresa. Essa parece ser a expectativa do público leitor imaginado pelo crítico que, na mesma coluna em que comenta *A Mão e a Luva*, noticia o lançamento da *Guerra dos Mascates*, de Alencar, considerado um livro sem atrativos "para leitores habituados ao movimento dramatico das novellas francesas e hespanholas, e as scenas tranquillas do viver domestico, apanagio da eschola ingleza".

Em seu segundo romance, Machado novamente se defronta com a decepção da crítica e a reivindicação de aproximação dos modelos vigentes, que eram os das narrativas movimentadas e repletas de reviravoltas e lágrimas de Feuillet, um dos autores mais lidos e admirados na época. E é importante notar que a reivindicação era feita e endossada por críticos qualificados como José Carlos Rodrigues e Salvador de Mendonça, respectivamente diretor e colaborador de *O Novo Mundo*, ambos amigos de Machado, que os tinha em alta conta. Daí me parecer possível supor que a recepção dos dois primeiros livros tenha influído nos caminhos tomados por Machado de Assis em *Helena* e *Iaiá Garcia*.

---

56 Araucarius (pseudônimo do cônego Joaquim Caetano Fernandes Pinheiro, 1825-1876), in: *O Novo Mundo*, Nova York, vol. V, n. 53, 22.2.1875, p. 127. A grafia, incluindo a ausência de pontuação em alguns trechos, está conforme o original. Essa resenha também é a única citada por J. Galante de Sousa em *Fontes para o Estudo de Machado de Assis*, Rio de Janeiro, Ministério da Educação e Cultura/Instituto Nacional do Livro, 1958.

5

HELENA E *IAIÁ GARCIA*: EM BUSCA DO LEITOR POPULAR?

Helena e *Iaiá Garcia* estabelecem um regime de comunicação bastante diferente com seus leitores. Em ambos, a interpelação direta e explícita ao leitor escasseia e, quando ocorre, ela se dá de maneira afável e cordial, sem demonstração, por parte do narrador, da intenção de modificá-lo. É como se nesses dois livros Machado ajustasse sua expectativa de público – seu público virtual – ao público de fato disponível no Brasil. Com isso, a relação sempre ansiosa dos narradores machadianos com seus interlocutores sofre uma significativa distensão, o que resulta em narradores apaziguados que, por meio dos "como sabemos", "vejamos" e "como o leitor há de se lembrar" parecem pressupor um acordo com seus interlocutores. A tensão, que em *Ressurreição* e *A Mão e a Luva* aparecia muito concentrada na superfície da narração, desloca-se para o nível do enredo, em ambos os casos marcados pela grande variedade de personagens, situações e acontecimentos. Dito de outra forma, em *Helena* e *Iaiá Garcia* o apelo à atenção do leitor se faz de modo mais velado e indireto, por meio de tramas turbulentas, cheias de reviravoltas, e também da exacerbação da intensidade emocional dos dramas centrais.

Com isso, o escritor aproximava-se do gosto de grande parte do público leitor, que tinha muito apreço pelas narrativas melodramáticas e sentimentais, cujos paradigmas eram dados pelas obras de Paul de Kock, Escrich e Ponson du Terrail. As expectativas desse público, no entanto, são apenas parcialmente correspondidas pelos livros, já que em *Helena* os esquemas do melodrama não se completam e em *Iaiá Garcia* eles são sistematicamente frustrados, como veremos.

> **27 DE ABRIL DE 1878.**   O BESOURO.   **32**
>
> ## LITTERALOGIA
> Casamento do Commendador Motta Coqueiro e di Yá-Yá Garcia.
>
> [ilustração]
>
> No momento em que Yá-Yá Garcia e o Sr. Motta Coqueiro *recebem* a voz, dada pelo bojudo mediaineiro dos idealismos, cahe, como um raio junto aos conjuges o *Primo Basilio* que, tendo esgotado *em sensações* novas toda a borracha do Paraguay, volta a explorar a borracha do Pará esperando igual exito. Ao ver, porém, Yá-Yá Garcia casando por conveniencia com Motta Coqueiro, homem que apenas se prende ás *sensações* do seu negocio, embebe-se no *tranquillo olhar côr de rosa onde se reflectem os azulados raios da argentea lua;* e suspenso *em extasis das aureas e vastas madeixas côr de cenoura da poetica* Yá-Yá, atira para trás das costas a borracha do Pará e diz:
> Estava transviado! Estou confundido. — Esta Yá-Yá é quem me vai dar sensações novas! Olaré!

A ilustração mostra Iaiá Garcia e Mota Coqueiro, personagem do romance *Mota Coqueiro ou a Pena de Morte*, de José do Patrocínio, publicado em folhetim pela *Gazeta de Notícias* simultaneamente à publicação de *Iaiá Garcia* em *O Cruzeiro*. O quarto romance de Machado, recebido com pouco entusiasmo, foi assunto de dois artigos publicados na imprensa.
Fonte: Biblioteca Nacional, Seção de Periódicos

No movimento da obra machadiana, os dois livros registram um quase desaparecimento de marcas do narrador – e do leitor explícito – da superfície narrativa. Insistindo na metáfora teatral, a impressão é de que os narradores, antes em cena aberta, agora se recolhem aos bastidores, de onde passam a dirigir a movimentação dos personagens ao mesmo tempo em que observam, de longe, as reações da plateia.

A ILUSÃO DA FICÇÃO POPULAR

Em *Helena*, a intriga tem início com a morte do Conselheiro Vale, homem das primeiras classes da sociedade do Segundo Império que deixa uma irmã, D. Úrsula, um filho, Estácio, e um testamento no qual reconhece a existência de uma filha natural – a Helena do título, supostamente nascida de uma aventura extraconjugal – e determina que a moça receba sua parte da herança e passe a viver com os parentes numa chácara do Andaraí, onde se concentra a ação.

O enredo contém todos os elementos do melodrama, com sua heroína órfã submetida à arbitrariedade e crueldade de figuras paternas e convulsionada por crises sucessivas que envolvem separação e perda, identidades trocadas, sedução, abandono, extorsão, suicídio, vingança, ciúme, obsessão e compulsão.[1] Os sinais do melodrama espalham-se pelo próprio ambiente ficcional, onde temos uma leitora contumaz do "opúsculo moral" pré-romântico *Saint-Clair das Ilhas*, e uma possível leitora do romanticíssimo *Paulo e Virgínia*, que recua diante do *Manon Lescaut*, considerado por ela como leitura imprópria até para "moças casadas".

Os diálogos entre Estácio e Helena são marcados por tal teatralidade que em certos momentos dão a impressão de que as personagens estão num palco declamando suas falas. O artificialismo é exacerbado pelo fato de Helena, obrigada a ocultar sua verdadeira identidade, expressar sua condição por meio de metáforas, definindo-se como "uma pobre alma lançada num turbilhão", protegida pelas "asas do favor" e ameaçada no "sacrário de sua alma" pelo irmão que ama em silêncio. Tais frases, pronunciadas em alto e bom som, produzem o efeito paradoxal que Peter Brooks menciona como típico do modo melodramático – o desejo de dizer tudo numa narrativa baseada na mudez, onde "as palavras, por mais livres e puras, por mais

---

1 Cf. Marcia Landy (ed.), *Imitations of Life: a Reader of Film and Television Melodrama*, Detroit, Wayne State University Press, 1991, p. 14.

transparentes que sejam como veículos para expressão das relações e verdades básicas, parecem não ser inteiramente adequadas para a representação de significados."[2]

De fato, quando a crise se torna mais intensa e a verdade está prestes a ser revelada, os significados parecem emanar diretamente do corpo das personagens, como já vimos ocorrer em *Ressureição*. A cena reproduzida abaixo é exemplar desse tipo de recurso: infortúnio, mau fado, destino, felicidade, abandono e esperança são evocados, mas ao final o que realmente importa não pode ser expresso em palavras. O que precisa ser dito sequer pertence a este mundo:

– Há criaturas tão malfadadas que aqueles mesmos que as desejam fazer venturosas, não alcançam mais do que preparar-lhe o infortúnio. Tal foi o meu destino. Seu pai e minha mãe não tiveram outro pensamento; meu próprio pai foi levado pelo mesmo impulso, quando me obrigou a ser cúmplice de uma generosa mentira. Agora mesmo que ele me foge, com o fim único de me não tolher a felicidade, arranca-me o último recurso em que eu tinha posto a esperança...
– Helena! interrompeu Estácio.
– O último, repetiu a moça.
Esvaíra-se-lhe o sorriso, e o olhar tornara a ser opaco. Estácio teve medo daquela atonia e concentração; travou-lhe do braço; a moça estremeceu toda e olhou para ele.
A princípio foi esse olhar um simples encontro; mas, dentro de alguns instantes era alguma coisa mais. Era a primeira revelação, tácita mas consciente, do sentimento que os ligava. Nenhum deles procurara esse contacto de suas almas, mas nenhum fugiu. O que eles disseram um ao outro, com os simples olhos, não se escreve no papel, não se pode repetir ao ouvido; confissão misteriosa e secreta, feita de um a outro coração, que só ao Céu cabia ouvir, porque não eram vozes da Terra, nem para a Terra as diziam eles.[3]

A narrativa de *Helena* está carregada de momentos desse tipo, "em que os corpos se comportam quase histericamente, se por histeria entendermos uma condição de escrita corporal, uma condição em que aquilo que está reprimido é representado no corpo".[4] Nesses momentos, o inefável se manifesta por meio de sinais corporais – o sorriso evanescente, o corpo trêmulo, os olhares expressivos – ou então é projetado para esferas etéreas e intangíveis.

Os procedimentos do melodrama, embora operantes em vários níveis, funcionam apenas parcialmente nessa narrativa em que a tensão fica afrou-

---

2   Peter Brooks, *The Melodramatic Imagination* – Balzac, *Henry James, Melodrama and the Mode of Excess,* New Haven, Yale University Press, 1995, p. 56. Minha tradução.
3   *Helena*, pp. 385-6.
4   Cf. Peter Brooks, *The Melodramatic Imagination*, p. xi.

xada pela fraca polarização entre Bem e Mal, e a oposição à heroína não se corporifica em nenhuma personagem. A vilania pulveriza-se em paternidades múltiplas a que a heroína é submetida: ela subordina-se às disposições do testamento do falso pai, às determinações de seu pai verdadeiro, e ao irmão, que toma lugar do patriarca e, movido pelo ciúme, põe-se a aterrorizá-la. A heroína também está à mercê do pai espiritual da família Vale, o padre Melchior que, mesmo depois de esclarecida a origem de Helena, insiste em manter a farsa criada pelo testamento. A pressão exercida por todos esses pais serve para fazer aflorar a inocência e a virtude de Helena, o que vai bem com o melodrama, embora seja notável que todas as figuras paternas estejam já desde o início absolvidas. O Conselheiro Vale, responsável pela turbulência fundadora do enredo, jamais tem qualquer de seus atos questionado pelos demais personagens ou mesmo pelo narrador, tão indiscutível é o seu poder de patriarca. A mesma imunidade se aplica a Estácio, que se esforça para ocupar o lugar do pai no círculo familiar, e ao padre Melchior, complacente com as injustiças e violências a que a heroína é submetida.

O Dr. Camargo, com suas mãos peludas, o tique de morder as pontas do bigode, o "olhar fixo e metálico dos gatos" e seu caráter frio, ambicioso, egoísta e dissimulado, é o principal depositário da maldade, condição atenuada pela sua qualidade de pai extremoso, justificadamente empenhado num bom casamento para a filha. Único conhecedor da verdadeira origem de Helena, sua maldade limita-se a chantageá-la, pedindo-lhe que intervenha junto a Estácio para a pronta realização do casamento com Eugênia. O gesto, no entanto, revela-se desnecessário e não tem consequência para o curso da narrativa, já que antes mesmo da ameaça de Camargo a heroína fizera o "irmão" prometer-lhe o tal casamento. Ou seja, o Dr. Camargo, que inicialmente parecia vir sendo construído como um vilão, acaba não tendo participação direta em nenhuma das revelações, mudanças abruptas e incidentes importantes da narrativa. Camargo só retornará ao primeiro plano da narrativa quando o destino da heroína estiver selado – mais precisamente, na última linha, no terceiro beijo de Camargo em sua filha Eugênia.

A polarização entre Bem e Mal, Vício e Virtude, fica enfraquecida à medida que a história avança, e a heroína simplesmente caminha para o sacrifício sem a interferência de um vilão identificável. Ao contrário do Bem, claramente personalizado em Helena, o Mal está atribuído às normas de comportamento e à moralidade vigente, em relação às quais ficam justificadas as atitudes pouco ortodoxas de todos os pais: as mentiras do Conselheiro e de Salvador, a chantagem de Camargo, a defesa da sustentação da mentira pelo padre Melchior e acatada por toda a família. Essa disseminação do mal compromete a tensão do livro. Em determinado momento, a máquina melodramática gira em falso com a entrada em ação de uma espécie de realismo desencantado, manifestado na nota amarga do final do romance e nos vários sintomas de restabelecimento da ordem patriarcal: o terceiro beijo de Camargo em sua filha, o retorno da família Vale à situação anterior à chegada perturbadora da intrusa e também pela palavra "pai", significativamente a última do livro.

Em resumo: uma jovem de bom coração, pobre mas com uma extensa lista de predicados burgueses, perturba a ordem de uma família patriarcal. Seu direito legal à herança não basta num ambiente em que o olhar severo da sociedade e os desejos paternos sobrepõem-se à lei e onde a única possibilidade do pobre afirmar sua individualidade é por meio da renúncia, e é isso que faz Helena. Numa sociedade placidamente dividida entre proprietários e escravos e onde aqueles que não pertenciam a nenhuma dessas categorias tinham de optar entre a miséria ou a cooptação, os recursos do melodrama *tout court*, baseado na forte polarização de interesses, nos enfrentamentos entre personagens de estratos sociais desiguais e na afirmação da autonomia do indivíduo, tornam-se inaplicáveis. Este é o beco sem saída em que está colocada Helena, a personagem, e também o romance: afirmar a individualidade e a autonomia do pobre seria uma falsificação; negá-la significava enfraquecer o melodrama. A solução conciliatória é dada pela renúncia a tudo, que é a forma de Helena afirmar sua independência, embora seu ato extremo indique justamente a impossibilidade de tal autonomia naquele ambiente. A meio caminho entre o melodrama, que não se completa, e a representação realista, sobrecarregada pelo sentimentalismo, *Helena* é de fato o livro fraturado a que a crítica se refere, assunto de que tratarei mais adiante. Entre os leitores contemporâneos à primeira publicação da obra, o apelo ao sentimentalismo importado da ficção popular europeia revelou-se um recurso eficiente para chamar a atenção, como fica sugerido pelo relativo destaque que seu lançamento teve nas publicações da época.

A RECEPÇÃO DE *HELENA* E O "PADRÃO INTERNACIONAL"

Publicado em folhetim e logo em seguida em livro pelo jornal *O Globo*, *Helena*, ao contrário do que ocorreu com *A Mão e a Luva*, foi objeto de comentários e elogios em várias publicações. No jornal *A Reforma* e na *Imprensa Industrial*, foi alçado à condição de modelo do bom romance nacional e contraexemplo do que Camilo Castelo Branco criticava como livros sonolentos, escritos numa linguagem "a suspirar mimices de sutaque", referências às obras de José de Alencar, em particular, e à literatura brasileira em geral. A querela com o escritor português tivera origem com a publicação de *O Cego de Landim*, história que o autor de *Amor de Perdição* ambientara parcialmente em território brasileiro, fato que gerou animosidades por aqui. O motivo dos protestos era a alegada falta de reciprocidade dos portugueses que, além de ignorar solenemente a literatura produzida no Brasil, ainda se apossavam de ambientes e assuntos brasileiros para escrever literatura de exportação, como se quisessem dar lições aos brasileiros de como descrever as coisas pátrias.[5]

O objetivo do artigo de *A Reforma*, que trata da obra de Camilo Castelo Branco e do recém-lançado *Helena*, é provar a existência de romancistas e romances nacionais à altura dos congêneres portugueses, então muito lidos no Brasil. *Helena* aparece como exemplo de obra brasileira "sem saguis nem papagaios, producto de um talento brilhante, de uma imaginação robusta, embora fabricada com tapioca e annanaz". Ao ressaltar o "progresso" que representa em relação a *Ressurreição*, o resenhista atribui-lhe as seguintes qualidades: "estudo sério do coração humano, urdidura simples mas vibrante de interesse, situações novas e habilmente desenlaçadas, linguagem poética e nervosa, sobriedade artística". A comparação com o livro de Castelo Branco atribui um padrão internacional à obra de Machado, caracterizado como "trabalho que pode competir com os mais bem acabados no gênero".[6]

Na *Imprensa Industrial*, a notícia de lançamento também vem impregnada de indignação com as acusações de que a literatura brasileira corrompesse o idioma de Camões e Lucena. Caracterizado como romance de entrecho "singelo", *Helena* novamente é citado como "protesto contra o atrazo que nos imputam aqueles que mais por especulação do que em consciencia, nol-o attribuem, fabricando moeda falsa litteraria para circular entre nós", referência ao autor d'*O Cego de Landim*, acusado de preferir histórias de "amores ruidosos e adubados de escândalos".[7]

---

5 O artigo d'*A Reforma* cita os casos de Pinheiro Chagas, Gomes de Amorim e do próprio Camilo Castelo Branco em livros como *A virgem Guaracyaba*, *Os Selvagens* e *O Cego de Landim*. Este último conta a história de um português velhaco, moedeiro falso, quadrilheiro de profissão e que acaba como espião de polícia no Rio de Janeiro. Cf. "A Propósito de Romances", *A Reforma*, Rio de Janeiro, 19.10.1876.
6 *Idem*.
7 "Bibliographia", *Imprensa Industrial*, 25.10.1876, pp. 487-8.

Desta vez não há qualquer acusação de frieza, ausência de sentimentos ou emperramento da ação; pelo contrário, elogia-se o livro por "correr bem", pelo "prazer em lel-o", assim como pelo "sentimento elevado, inspiração ardente, e linguagem colorida, opulenta". Tudo isso o aproximava do padrão estrangeiro, cujo paradigma era fornecido pelos textos publicados nos folhetins de quase todos os diários cariocas, espaço que o próprio Machado disputava, já que *Helena* saía n'*O Globo* ao mesmo tempo em que o rodapé da concorrente *Gazeta de Notícias* era ocupado por *A Feiticeira Vermelha*, do popularíssimo Xavier de Montépin. A associação de *Helena* às narrativas estrangeiras de apelo popular também fica explícita numa quadrinha bem-humorada de *O Mosquito*:

> AO "GLOBO"
> Por occasião de começar a publicar em folhetim
> o romance "Helena", de Machado D'Assis
>
> Tenham outros embora Escrich ou *Rocambole*,
> *Segredos do Doutor, Tragedias de Pariz*....
> Com Machado D'Assis que o gosto se console!...
> Mas, ai! leitor, jamais terás assas assis.
>
> Bob.

Nos versos de sentido um tanto dúbio, o livro de Machado de Assis aparece na companhia de, em concorrência com e em superioridade aos pesos-pesados da ficção popular internacional. Em comparação com os dois livros anteriores, *Helena* foi muito bem recebido. A *Ilustração Brasileira* saudou-o como "motivo de júbilo para as letras pátrias" e o descreveu como "um estudo psicológico do melhor quilate, uma delicadíssima análise do coração humano, sem toques realistas e ao mesmo tempo sem sutilezas fora da verdade; imagine-se uma série de episódios que promovem a curiosidade sem, entretanto, um único lance da escola inverossímil e das surpresas melodramáticas".[8] Como se vê, o adjetivo "melodramático" já era uma pecha entre o público da prestigiosa e efêmera *Ilustração Brasileira*.

O próprio Machado, em mais de uma ocasião, revelou seu especial apreço por *Helena*. Em carta a Salvador de Mendonça, informava ter-lhe remetido um exemplar para Nova York e não escondia a satisfação com a recepção do livro ao acrescentar: "Dizem aqui que dos meus livros é o

---

8 Anônimo, "Boletim Bibliographico", *Ilustração Brasileira*, 15.10.1876, p. 127.

menos mau; não sei, lá verás. Faço o que posso e quando posso".[9] No prefácio à segunda edição do livro, de 1905, o já consagrado autor de *Dom Casmurro*, *Quincas Borba* e *Memórias Póstumas* desculpa-se pelo que há de excessivamente romanesco e ingênuo em *Helena*, diz ouvir nele um eco remoto da sua produção posterior e declara: "dos que então fiz, este me era particularmente prezado".[10] De fato, em muitos aspectos *Helena* prenuncia a obra posterior de Machado. A dicção do narrador em alguns momentos lembra a de Brás Cubas, em trechos como este, que se refere ao Dr. Camargo: "Ele ouvia já o rumor público; sentia-se maior – antegostava as delícias da notoriedade – via-se como que sogro do Estado e pai das instituições"[11]; a tortura psicológica a que Estácio é submetido pelo ciúme inconsciente de Helena remete ao suplício do Bentinho de *Dom Casmurro*; e a descrição da felicidade de Mendonça ao ouvir a promessa da mão de Helena parece composta com as mesmas tintas do famoso delírio de Brás Cubas:

> Quando Mendonça chegou à casa nessa noite, ia mais que nunca cheio de comoção e nadando em plena glória. A cidade, apenas aí entrou, pareceu-lhe transformada por uma vara mágica; viu-a povoada de seres fantásticos e rutilantes, que iam e vinham do céu à terra e da terra ao céu. A cor deste era única entre todas as da palheta do divino coreógrafo. As estrelas, mais vivas que nunca, pareciam saudá-lo de cima com ventarolas eléctricas, ou fazerem-lhe figas de inveja e despeito. Asas invisíveis lhe roçavam os cabelos, e umas vozes sem boca lhe falavam ao coração. Os pés como que não pousavam no solo; ia extático e sem consciência de si. Era aquele o galhofeiro de há pouco? O amor fizera esse milagre mais.[12]

Considerado pelos contemporâneos como exemplo de grande romance nacional, *Helena* alcançou relativa popularidade à época de seu lançamento. Segundo Gilberto Freyre, a protagonista teria inspirado muitas mães, nos últimos decênios do Império e primeiros anos da República, a batizarem suas filhas com o nome da infeliz personagem, o que é um grande feito no Brasil onde, à exceção de Iracema, Peri e Ceci, poucas personagens literárias do século 19 foram integradas ao imaginário popular.[13] Entre as obras da primeira fase, *Helena* também foi a que produziu a impressão mais duradoura. Em 1908, ao noticiar a publicação do *Memorial de*

---

9 Machado de Assis, carta a Salvador de Mendonça datada de 13.11.1876, in: *OC*, vol. 3, p. 1034.
10 "Advertência" a *Helena*, *OC*, vol. 1, p. 272.
11 *Helena*, *OC*, vol. 1, p. 328.
12 *Idem*, p. 340.
13 Cf. Gilberto Freyre, *Ordem e Progresso*, 1º tomo, Rio de Janeiro, José Olympio, 1959, p. 280.

Aires, o *Diário Popular* referia-se a Machado de Assis como o "festejado romancista brazileiro" e autor de *Helena*.[14]

Apesar dos muitos elogios anonimamente publicados nos jornais, o escritor não recebeu, nem por meios dos jornais, nem por meio da correspondência a que temos acesso, qualquer manifestação por parte dos seus críticos amigos, nem mesmo dos fiéis José Carlos Rodrigues e Salvador de Mendonça, que haviam publicado apreciações sobre obras anteriores.

Teriam o sentimentalismo e as viravoltas melodramáticas de *Helena* desagradado aos leitores mais refinados? Impossível responder. À posteridade, *Helena* chegaria como paradigma do antirromance machadiano, opinião cuja gênese acredito poder ser melhor compreendida à luz do que venho estudando sobre a recepção das obras da primeira fase.

O MELODRAMA EM *HELENA*

A despeito da opinião dos contemporâneos e do próprio autor, *Helena* é frequentemente tratado como súmula dos defeitos da primeira fase do romancista. Talvez por isso tenha se passado quase um século antes do aparecimento das primeiras interpretações consistentes, o que ocorreria com os capítulos que Helen Caldwell e Roberto Schwarz dedicaram ao romance respectivamente em *Machado de Assis – The Brazilian Master and his Novels*[15] e *Ao Vencedor as Batatas*.[16] Diante do que veio depois, é

---

14 Leopoldo de Freitas, "Memorial de Ayres", *Diário Popular*, 29.9.1908, p. 1.
15 Helen Caldwell, *Machado de Assis – The Brazilian Master and his Novels*, Berkeley, University of California Press, 1970.
16 No capítulo dedicado por Schwarz a *Helena*, esse romance é entendido, juntamente com os outros romances da primeira fase, como tentativa – artisticamente não muito bem-sucedida – de representar a convivência problemática entre os valores patriarcais vigentes no Brasil da segunda metade do século 19 e os valores liberais e burgueses emergentes, importados da Europa, que afirmavam a liberdade e a autonomia do indivíduo em oposição à sua submissão às esferas tradicionais de poder – representados principalmente pela Igreja, o Estado e a família. Questão de fato central no romance, cuja protagonista é apresentada como uma fina flor da burguesia – Helena fala ou compreende várias línguas, é exímia pianista, desincumbe-se à perfeição de todas as tarefas domésticas e tem até mesmo a lei ao seu lado, uma vez que é oficialmente reconhecida pelo Conselheiro Vale como sua filha; no entanto, nada disso é suficiente para sua inclusão na família Vale, uma vez que a personagem traz consigo a marca indelével de sua origem, pelo que é expurgada do universo social do romance, pautado pelas regras do paternalismo. A análise traz ao primeiro plano uma questão convincentemente apresentada por Roberto Schwarz, e sob uma perspectiva diferente por John Gledson, como fundamentais para o projeto romanesco de Machado: a da constituição de uma forma literária que dê conta de representar os mecanismos de funcionamento da

natural que as obras da primeira fase fossem relegadas à sombra das que seguiram e que *Helena*, a mais sentimental e melodramática, caísse no ostracismo. Augusto Meyer, em *Machado de Assis*, nem sequer menciona o livro. Astrojildo Pereira refere-se a ele apenas para exemplificar como se dá a representação dos escravos na obra de Machado. Brito Broca, apaixonado confesso de *Quincas Borba* e do *Memorial de Aires*, reserva exatas três linhas a *Helena*, para qualificá-lo, ao lado de *A Mão e a Luva*, como história singela e placidamente sentimental.[17] Lúcia Miguel-Pereira, em sua biografia de Machado de Assis, é um pouco mais generosa, embora não lhe dedique mais do que meia dúzia de parágrafos. Alfredo Pujol foi dos poucos a demonstrar entusiasmo por *Helena*; ao descrevê-lo como "o mais bello e o mais perfeito dos romances de Machado de Assis na sua primeira fase", Pujol considera *Helena* como um ponto do percurso do autor em direção à "perfeição estética" das *Memórias Póstumas*.[18]

Apesar da opinião dissonante de Alfredo Pujol, predomina a visão do livro como antípoda da produção da maturidade literária de Machado. Essa parece ser a opinião subliminar de Mário de Alencar ao perguntar ao escritor e grande amigo como ele pôde escrever o *Brás Cubas* depois de ter escrito *Helena*, ao que Machado teria explicado que "se modificara porque perdera todas as ilusões sobre os homens".[19]

A estranheza diante do romance vem sempre associada a sua carga sentimental e melodramática. Lúcia Miguel-Pereira não usa exatamente esse último termo, mas tangencia a ideia ao escrever que Machado "lançou mão de um subterfúgio que condenou tantas vêzes: deixou que os incidentes dominassem as situações psicológicas", transformando *Helena* em "dramalhão".[20] Agripino Grieco o define como "ainda muito Feuillet" e aponta para as "complicações algo melodramáticas, de roman-feuilleton" do final da história.[21] Helen Caldwell descreve-o como "*a story [that] was*

---

sociedade brasileira da segunda metade do século 19, o que será realizado com perfeição a partir das *Memórias Póstumas*. Cf. Roberto Schwarz, *Ao Vencedor as Batatas – Forma Literária e Processo Social nos Inícios do Romance Brasileiro*, 4. ed., São Paulo, Livraria Duas Cidades, 1992.

17 Brito Broca, *Machado de Assis e a política* (Obras Reunidas 14), São Paulo, Livraria e Editora Polis, 1983, p. 195.
18 Alfredo Pujol, *Machado de Assis*, Rio de Janeiro, Livraria José Olympio, 1934, p. 79.
19 Lúcia Miguel-Pereira, *Machado de Assis (Estudo Crítico e Biográfico)*, 4. ed., São Paulo, Gráfica Editora Brasileira Ltda., 1949, p. 145.
20 Idem, p. 120.
21 Agripino Grieco, *Machado de Assis*, 1. ed., Rio de Janeiro, José Olympio Editora, 1959, pp. 28-30.

only an exciting series of events with no implications beyond themselves – in short, a melodrama", o que ela considera ser o propósito do autor que, para segurar a atenção e emoção do leitor, injeta uma forte carga emocional à história, comparável a uma página de Goethe com a cena da tempestade de vento e chuva em que a figura do herói arquejante carrega nos braços o corpo moribundo da heroína.[22] Até no prefácio à edição crítica elaborada pela Comissão Machado de Assis, fala-se em uma fratura entre a "elaboração rigorosa, quase clássica" em sua primeira metade e a posterior incursão "pela linha do melodrama (...) a partir do instante em que a alma de Estácio, enamorado de Helena sem o saber, enche-se de suspeitas".[23] Mais recentemente, Regina Zilberman, num texto que aponta, a meu ver de modo muito acertado, a tendência da crítica em compreender a "obra de Machado de Assis de frente para trás", desvalorizando a produção da primeira fase, propõe uma releitura não teleológica de *Helena*, que tem seu final também caracterizado como "melodramático e inverossímil".[24] Roberto Schwarz, por sua vez, localiza o principal defeito do livro na interferência produzida pela intriga "turbulenta e melodramática" sobre a moldura realista – uma impropriedade literária que resultaria na fissura da narrativa.

Em linhas gerais o melodrama aparece sempre associado à falha, ao defeito e a algum tipo de excesso, que compromete o "equilíbrio" da narrativa, desviando-a de um caminho que seria o "normal", ou pelo menos mais de acordo com a produção posterior de Machado. Sem deixar de reconhecer a irregularidade da composição de *Helena*, que apontei acima em termos da não continuidade e do não cumprimento das expectativas melodramáticas – ou das expectativas de representação realista, conforme o olhar que se lance para o livro –, e sem querer negar o inegável, que é a inferioridade da composição de *Helena* em relação às obras da segunda fase, parece-me que a utilização dos procedimentos do melodrama e da ficção sentimental, em *Helena*, pode ajudar a compreender melhor a trajetória descrita pelo conjunto da obra machadiana, uma obra menos linear e mais errática do que parece quando lida de frente para trás.

Vimos pelas circunstâncias da publicação e da recepção dos primeiros romances de Machado de Assis que o recurso ao melodrama não pode ser explicado como acidente ou desvio de rota, nem como ato involuntário de um escritor imaturo. Pelo contrário, trata-se de um registro não apenas

22 Cf. Helen Caldwell, *Machado de Assis – The Brazilian Master and His Novels*, p. 58.
23 *Helena*, Rio de Janeiro, Civilização Brasileira, 1977.
24 Regina Zilberman, *Estética da Recepção e História da Literatura*, São Paulo, Ática, 1989.

reivindicado pelo público leitor contemporâneo como buscado pelo escritor, que o utiliza como estratégia para atingir o público leitor de folhetim, espaço para o qual a narrativa originalmente se destinava e que o romance de Machado de Assis passava a dividir com textos seriados de autores como Ponson du Terrail e Xavier de Montépin.

Assim, o que ocorrerá em seguida, principalmente a partir de *Brás Cubas*, é que talvez deva ser entendido como um desvio de percurso, ou melhor, como resultado de uma reorientação do projeto de Machado de Assis. Uma dupla percepção, por parte do romancista, teria produzido essa correção de rota: 1) a de que as fortes oposições, características do melodrama e da ficção popular, não prestavam para descrever, com o mínimo de verossimilhança, as relações da sociedade brasileira da segunda metade do século 19; e 2) a de que não havia, no "ambiente inusitado e rarefeito"[25] do Brasil oitocentista, público suficientemente numeroso para sustentar uma ficção popular no Brasil, situação que, como vimos, ficava clara na década de 1870 com a regularização da atividade editorial e com a revelação da exiguidade não só de leitores reais, mas de leitores potenciais de literatura, dramaticamente reduzidos com o conhecimento do número de analfabetos.

De fato, os valores burgueses, urbanos e democráticos, que eram os do melodrama e da ficção popular inglesa e francesa do século 19, nos quais os escritores brasileiros se espelhavam e com os quais procuravam concorrer, definitivamente não vigoravam no Brasil oitocentista, caracterizado por uma sociedade monárquica, patriarcal e extensivamente rural, em que o acesso à produção cultural estava restrito a uma pequena elite urbana. Os valores europeus – modernos e desejáveis *em abstrato* – funcionavam bem nas narrativas estrangeiras, mas não ornavam com as intenções realistas da produção local, a não ser à custa de muita mistificação.

A composição falha de *Helena*, evocada com frequência pela crítica, atesta a inviabilidade de aplicação de procedimentos das narrativas populares europeias ao romance brasileiro, que parece ser um dos objetivos do escritor nesse livro. O silêncio dos pares do escritor, seu confronto com a virtual inexistência de leitores no país, indicada pelos números do censo, divulgados no momento em que Machado publicava o folhetim, tudo isso não haveria de ter contribuído para a perda das ilusões nos homens – e nos leitores? – a que o escritor se referia na resposta a Mário de Alencar? Ilusões que naufragarão em definitivo com *Iaiá Garcia*, onde se dá a liquidação do romanesco na obra machadiana.

---

25 Roberto Schwarz, *Um Mestre na Periferia do Capitalismo*, p. 174.

> # YAYÁ GARCIA
> POR
> ## MACHADO DE ASSIS
>
> Este formoso romance, que tanta acceitação obteve dos leitores do «Cruzeiro», sahiu agora á luz em um nitido volume de mais de 300 paginas.
>
> Vende-se nesta typographia, rua dos Ourives n. 51 e em casa dos Srs. A. J. Gomes Brandão, rua da Quitanda n. 90; B. L. Garnier, rua do Ouvidor n. 65; E. & H. Laemmert, rua do Ouvidor n. 66; Livraria Luso Brasileira, rua da Quitanda n. 24; Livraria Imperial, rua do Ouvidor n. 81; Livraria Economica, rua Sete de Setembro n. 83; Livraria Academica, rua da Uruguayana n. 33.
>
> ### PREÇO 2$000

Anúncio de *Iaiá Garcia* publicado em *O Cruzeiro*, Rio de Janeiro, 3.7.1878.
Fonte: Biblioteca Nacional do Rio de Janeiro, Seção de Periódicos.

O NAUFRÁGIO DAS ILUSÕES

Os esquemas melodramáticos e a atmosfera sentimental continuam em operação em *Iaiá Garcia*, embora se note um forte recuo na utilização dessas estratégias de apelo e aliciamento do leitor. A profusão de peripécias desaparece, e a narrativa adquire uma sobriedade e uma placidez que contrastam com a prosa lépida e exagerada de *Helena*. Mais do que na obra anterior, *Iaiá Garcia* recusa-se a oferecer ao leitor uma gratificação emocional por meio de soluções convencionais para os conflitos que desenha ao longo do seu desenvolvimento. O leitor de folhetins é submetido à frustração quase completa de suas expectativas à medida que o romanesco, caracterizado como pérfido[26] e pueril[27], é submetido a sucessivos choques de realidade.

A liquidação do excessivamente imaginoso, implausível e sentimental se dá principalmente por meio do personagem Jorge que, num impulso ver-

---

26 *Iaiá Garcia*, in: *OC*, vol. 1, p. 480.
27 *Idem*, pp. 498 e 506.

dadeiramente novelesco, decide lutar na Guerra do Paraguai. A decisão não é motivada por nenhum heroísmo patriótico, mas pela paixão de Jorge por Estela, moça pobre, filha de um escrevente amigo da rica Valéria, mãe de Jorge. O jovem bacharel, uma vez rejeitado por Estela e por insistência da mãe que não quer ver o filho unir-se a uma moça de plana social mais baixa, decide lutar na guerra em parte vencido pelo cansaço de recusar os pedidos insistentes da mãe, em parte pela ideia do sacrifício em nome do amor e também pelo remorso que uma morte em combate causaria à amada e à mãe. O que à primeira vista se apresenta como heroísmo ultrarromântico resulta numa atitude inútil e fútil, uma vez que o amor carregado de traços fantasiosos acaba superado pelo tempo, chegando ao final do livro reduzido a quase nada.

O sentimento que dá origem à trama só tem continuidade na firmeza do orgulho de Estela, que se mantém inabalável na renúncia ao amor por Jorge e decide casar-se com Luís Garcia, um homem por quem ela tem *respeito*. Jorge, por sua vez, casa-se com a jovem Iaiá Garcia, filha de Luís e enteada de Estela. No final, já viúva de Luís Garcia, Estela parte para o norte de São Paulo, onde vai dirigir um estabelecimento de ensino. Assim como em *Helena*, a autonomia e a individualidade da heroína se afirmam por meio da renúncia à felicidade, que é o preço da não submissão à violência das relações profundamente assimétricas. A diferença em relação ao livro anterior, além da sobrevivência da heroína, é que em *Iaiá Garcia* os desencontros e frustrações vão se multiplicando no desenrolar da narrativa sem jamais atingir um clímax e sem produzir cenas de extravasamento emocional, como aquela em que Estácio resgata Helena desfalecida em meio a uma tempestade ou a cena das revelações junto ao leito de morte. Desta vez, tudo é sensivelmente mais contido, e o enredo se desenvolve muito mais lentamente.

O empecilho à realização do amor, que é o abismo social que separa Jorge e Estela, coloca-se desde o início e não se move um milímetro ao longo de toda a história, ao contrário do que ocorre em *Helena*, onde o jogo de aparências pelo menos cria a ilusão da possibilidade de superação das diferenças que separam os amantes. Estela *sabe* o quanto de sujeição implicaria a consumação do seu amor por Jorge, enquanto Helena apenas *sente e intui* o nível de violência contido no amor ciumento de Estácio, o que torna a renúncia de Estela mais dramática e menos melodramática do que a renúncia de Helena, no sentido de que aquela tem mais consciência da sua situação do que Helena, pressionada e manipulada por todos os lados. Assim, em *Iaiá Garcia* triunfam os sentimentos domesticados pela razão e bem calçados na realidade objetiva, que são os que escapam ao naufrágio das ilusões referido nas palavras finais do livro.

Vejamos como os recursos do melodrama são manipulados na cena que descreve o reconhecimento do amor entre Jorge e Iaiá, muito semelhante à cena da revelação do amor de Estácio e Helena, transcrita anteriormente:

> Jorge recebeu-as [as mãos de Iaiá] nas suas, e a linguagem que a alma não quis confiar do lábio do homem, eles a disseram com os olhos, durante alguns minutos largos. Jorge perguntou finalmente: – É certo? ama-me? – Iaiá cingiu-lhe o pescoço com os braços e inclinou a cabeça com um gesto de submissão. Jorge inclinou-se também e nos cabelos, – nos fios de cabelo, que lhe pendiam na testa, pousou o mais puro e fugitivo dos beijos. Ao contato daquele lábio, Iaiá enrubesceu e estremeceu toda; mas não fugiu, não retirou os braços; deixou-se ficar subjugada e feliz.[28]

Mais ousada nas referências ao contato físico, a confissão amorosa também se dá por meio do olhar etéreo e dos gestos fugidios. Mas só por alguns instantes os sentimentos não ousam se expressar na linguagem dos homens, pois logo em seguida saem pelos lábios de Jorge, em forma de pergunta, o que os amantes haviam afirmado pelo olhar. A diferença fundamental é que desta vez o amor melífluo aparece como substituto de um outro amor da mesma natureza projetado no início da história – o amor de Jorge por Estela, que também se manifestara com os lábios cerrados, "enquanto os olhos diziam a eloquência da paixão mal contida e prestes a irromper".[29] Ao caracterizar os sentimentos como provisórios, perecíveis, sujeitos às ações do tempo, "esse químico invisível, que dissolve, compõe, extrai e transforma todas as substâncias morais"[30], a narrativa desmente não só a eternidade do amor de Jorge, mas contradiz a si própria e os postulados das narrativas que emula. Há uma inegável crítica e uma boa dose de cinismo na representação de um amor sem fim que vem suplantar um outro amor sem fim!

Assim, embora em *Iaiá Garcia* a intensidade dramática se mantenha sempre alta, as emoções nunca transbordam nem convergem para um desfecho dramático e irreversível, como ocorre em *Helena*. Daí talvez a sensação de livro abafado referida por Roberto Schwarz.[31] Realmente, tudo aí parece cozido sob pressão e em fogo lento, imagem bem exemplificada

---

28 *Ibidem*, p. 487.
29 *Ibidem*, p. 412.
30 *Ibidem*, p. 399.
31 Roberto Schwarz, *Ao Vencedor as Batatas*, p.122.

pela descrição do amor de Estela por Jorge no momento em que ela descobre o interesse de sua enteada, Iaiá, pelo seu antigo amor:

> Eram as energias latentes de um amor comprimido, mas intenso, como uma cratera que acaso fechasse uma abóbada de gelo; pior que tudo, tinha a fatalidade de um longo constrangimento, a luta de duas forças igualmente pujantes, indomáveis e cegas. O orgulho vencera uma vez; agora era o amor, que, durante os anos de jugo e compressão, criara músculos e saía a combater de novo. A vitória seria uma catástrofe, porque Estela não dispunha da arte de combinar a paixão espúria com a tranquilidade doméstica; teria as lutas e as primeiras dissimulações; uma vez subjugada, iria direito ao mal.[32]

Estão aí todos os ingredientes do recalcamento melodramático, na contenção das palavras e sentimentos, nas lágrimas trancadas sempre prestes a irromper em silêncio e soluços sufocados, na profusão de metáforas, antíteses e jogos de contraste entre o latente e o comprimido, a vitória e a catástrofe, o calor da cratera e a abóbada de gelo. Tudo isso contribui para a construção de um universo ao mesmo tempo marcado pelo excesso e pela opressão, onde as paixões estão represadas por lábios cerrados e olhos em erupção silenciosa sem jamais dizer seu nome:

> Estela ficou ainda mais pálida do que era: o sangue todo refluiu-lhe ao coração, donde lhe não saiu uma só palavra; foi com um gesto negativo que ela respondeu. E se não podia empalidecer mais, podia corar e corou de vergonha. Luís Garcia não viu nem a primeira, nem a segunda impressão de suas palavras. Enrolava e desenrolava com os dedos um dos cantos da carta. Naturalmente relembrava os sucessos daqueles cinco anos, as confidências da mãe e do filho.[33]

Em toda a cena, prevalece o silêncio acompanhado dos gestos convulsos e de ações involuntárias como o refluxo do sangue, a palidez, o enrubescimento e o manuseio distraído da carta reveladora, sobre a qual os dedos de Luís Garcia exercem estratégica pressão, chamando a atenção do leitor para a importância do seu conteúdo. É por meio dessa carta que parece se dar a liquidação do romantismo. Nela Jorge confessa a Luís Garcia o motivo que o levara ao Paraguai – um amor semelhante a uma fé religiosa que nem mesmo ele sabia explicar, "alguma cousa nova, uma saudade sem esperança, mas também sem desespero"[34], que ele nutria por uma mulher cujo nome não menciona. Essa mulher é Estela, atual esposa de Luís

---

32 *Iaiá Garcia*, p. 475.
33 *Idem*, p. 451.
34 *Ibidem*, p. 421.

Garcia. Com "suas letras de fogo"[35], a carta é o atestado da superação do amor de Jorge, descrita da maneira mais crua e antirromântica: "Ainda em 67 durava a tal paixão; afinal pareceu que só esperava o fim da guerra para acabar também. Morreu-lhe a paixão e ele engorda".[36]

É assim que o romance, em seu conjunto, trata o amor entre Jorge e Estela, cabendo ao cético e desenganado Luís Garcia, que é o leitor ideal do livro, fazer o diagnóstico duro e desmistificador. Como já observei, em *Iaiá Garcia* o leitor nunca é interpelado direta e explicitamente; a palavra "leitor" só aparece uma vez ao longo do livro, em terceira pessoa, para referir-se ao pai de Iaiá que, apesar da escassa cultura, era "leitor de boa casta, dos que casam a reflexão à impressão, quando acabava a leitura, recompunha o livro, incrustava-o por assim dizer, no cérebro".[37] Luís Garcia destaca-se nesse ambiente ficcional povoado por leitores bissextos, que utilizam os livros para aplacar o tédio ou como veículo de bilhetes confidenciais e amorosos, como faz o próprio Jorge ao consultar Iaiá sobre sua disposição de desposá-lo.[38] Jorge, cujos livros Luís Garcia lê de empréstimo, é o oposto do sogro: é leitor desatento, incapaz de se concentrar na leitura e de levar a cabo qualquer de seus vários projetos de escrita – uma história da guerra, um opúsculo sobre questões jurídicas, duas biografias de generais e finalmente um romance, que contava sua própria história, também abandonado porque "reconheceu que a execução não correspondia ao pensamento, e que não saía das efusões líricas e das proporções da anedota".[39] Luís Garcia, em contraste, é o leitor refletido, que retorna à carta depois de cinco anos para constatar a transitoriedade – e o ridículo – dos sentimentos derramados.

Luís Garcia, com seu desengano, ceticismo e contenção, funciona como espécie de projeção, no enredo, da postura cética, desenganada e contida do narrador em relação ao seu relato. Apesar da altíssima intensidade emocional da história, o narrador desde o início deixa claro ter as rédeas da narração ao sugerir que seu livro tem um plano – há um drama "que este livro pretende narrar"[40] –, um centro – "Antes de irmos direito ao centro da ação, vejamos por que evolução do destino se operou o casamento de Estela"[41] – e um fim – "Poucos legados deixara a viúva. Um deles interessa-

---

35 *Ibidem*, p. 457.
36 *Ibidem*, p. 451.
37 *Ibidem*, p. 445.
38 *Ibidem*, p. 486.
39 *Ibidem*, p. 434.
40 *Ibidem*, p. 399.
41 *Ibidem*, p. 424.

nos, porque recaiu em favor de Iaiá Garcia."[42] Os fatos estão sob controle e o caudal das emoções é regulado a torniquete pelo narrador, escorrendo lentamente, o que impede que elas atinjam o extravasamento catártico, frustrando o desejo de expansão romanesca que o livro também provoca.

Nesse sentido, ocorre em *Iaiá Garcia* o oposto do que geralmente se dá na ficção sentimental e no melodrama, onde as emoções se acumulam até o grande momento em que irrompem junto com a revelação pública da virtude e da verdade. Aqui, o efeito das revelações de Estela sobre sua ligação com Jorge está amortecido. No penúltimo capítulo, ao contar a Iaiá sobre o seu passado, Estela faz uma confissão pela metade, evadindo-se de responder a Iaiá se amou ou não o filho de Valéria, o que produziria o confronto mais esperado, que nunca se realiza. Na conversa com o pai, já no último capítulo, Estela revela o seu sentimento por Jorge e, em vez de ter reconhecida sua virtude por ter resistido à relação desigual em nome do decoro, não é compreendida pelo próprio pai, que lhe chama de "fera". "Nem esse amparo lhe ficava na solidão"[43] é o comentário do narrador a respeito de Estela e que também se aplica ao leitor, já que o livro termina sem lhe oferecer uma situação em torno da qual ele, os personagens e o narrador possam se identificar e, eventualmente, compartilhar seus sentimentos.

Roberto Schwarz já observou que o desencontro de motivos é um princípio formal dessa narrativa em que o "enredo descontínuo e difuso não propicia a identificação romanesca nem satisfaz a sonho algum".[44] De fato, o desencontro marca *Iaiá Garcia* em vários níveis e não se refere apenas às relações amorosas. O desencontro está nas expectativas mínimas que os personagens têm uns em relação aos outros, como fica sugerido na cena em que Jorge pede um abraço a Luís Garcia, que lhe estende a mão, ou quando Jorge dá a mão ao sr. Antunes, pai de Estela, que lhe reivindicava um abraço, ou ainda num comentário de Procópio Dias a respeito de uma casa de Jorge que ele talvez quisesse alugar. Eis o trecho, que contém uma lição muito concisa sobre o que é ponto de vista e posição de classe:

– Meu interesse é achá-la arruinada; o seu é dizer que apenas precisa de algum conserto. A realidade é que a casa está entre a minha e a sua opinião. Olha, se está disposto a concordar sempre com os inquilinos, é melhor vender as casas todas que possui.[45]

---

42 *Ibidem*, p. 433.
43 *Ibidem*, p. 508.
44 Roberto Schwarz, *Ao Vencedor as Batatas*, p. 143.
45 *Iaiá Garcia*, p. 436.

O desencontro também pauta a relação da narrativa com seus potenciais leitores, ou leitoras, cujas expectativas começam a ser frustradas já no título, que não concorda com a matéria do livro, criando a falsa ilusão de que Iaiá seja a heroína da história, papel que a leitura revela ser de Estela. O mesmo aceno enganoso que o título dirige ao leitor afeito aos romances sentimentais perpassa a narração. Apesar da atmosfera muito cordial e da forte carga de emoções, o livro mostra-se refratário a esse tipo de leitor ao recusar-lhe o extravasamento emocional, sistematicamente desacreditar os interesses supraindividuais e ao fim e ao cabo brindá-lo com um desfecho anticlimático.

Desde as primeiras páginas o leitor é colocado em estado de alerta diante das motivações coletivas e dos gestos magnânimos. Antes mesmo do início da ação, que começa com a convocação de Valéria para que Luís Garcia fosse a sua casa, a viúva tramava enviar o filho para a Guerra do Paraguai. Sob o discurso de quem sacrifica os sentimentos íntimos em nome "da pátria, que está acima de nós"[46] – palavras de Valéria proferidas com uma animação que Luís Garcia considera mais dissimulada que sincera –, o leitor é levado a descobrir um motivo puramente familiar, que na realidade se revela motivo individual, já que a família de Jorge se resume à mãe, a maior e única interessada em enviar o filho à guerra, afastando-o da paixão inconveniente.

Por ora, as desilusões se manifestam por meio de uma agressividade muda, contida e recalcada do narrador, que com essa atitude revela pelo menos uma esperança: provar ao seu interlocutor a falsidade do clichê que proclama que "a lei do coração é anterior e superior às outras leis".[47] Em *Helena*, o clichê faz parte das questões fundamentais do romance, e até certo ponto parece ser levado a sério, embora a certa altura, para não afrontar a verossimilhança, a narrativa frustre as expectativas do leitor que procurou atrair fazendo-o esperar pela vitória do sentimento sobre a razão. Já em *Iaiá Garcia* o apelo ao público real parece dissimulado desde o início, assim como é planejada a frustração dos procedimentos das narrativas sentimentais, utilizados para chamar a atenção do leitor com a finalidade de abalar suas convicções. Nos dois casos, o recurso a procedimentos das narrativas populares é deliberado, mas a verificação da inaplicabilidade desses procedimentos, acidental em *Helena*, torna-se programática em *Iaiá Garcia*.

---

46 *Idem*, p. 400.
47 *Ibidem*, p. 418.

Os leitores figurados nos quatro primeiros romances estão longe de formar uma galeria homogênea. Inicialmente, a desconformidade com o gosto do público real resulta numa forte idealização do leitor implícito, que em grande medida aparece como negação do leitor empírico, cujo gosto o narrador está empenhado em reformar. Assim, quando os narradores de *Ressurreição* e *A Mão e a Luva* se dirigem ao leitor, eles simultaneamente se referem ao leitor como ele é e como ele deve ou deveria ser para fruir um novo tipo de romance. Apesar dos diferentes graus de agressividade antirromântica, há nos dois romances um claro empenho do narrador em transformar o leitor, em apresentá-lo como ele deveria ser. Os dois livros seguintes, num certo nível mais conformados ao gosto e às expectativas do leitorado empírico, incorporam essas expectativas à narrativa, seja por meio do enredo movimentado seja pelo tom mais apaziguado com que o narrador se dirige ao leitor. Disso resulta um leitor implícito menos idealizado, em relação ao qual os narradores de *Helena* e *Iaiá Garcia* parecem ter poucas expectativas de transformação, ao mesmo tempo em que o leitor se torna alvo da agressividade muda dos narradores, que sistematicamente frustram as expectativas sugeridas na superfície da narração. Agressividade muda que, como sabemos, será transformada em agressividade estridente com o narrador de *Brás Cubas*, o que também implicará mudanças substanciais na figuração do leitor.

A RECEPÇÃO DE *IAIÁ GARCIA*

O lançamento de *Iaiá Garcia* foi registrado na imprensa por meio de dois artigos. O primeiro deles consistia num longo texto repleto de anedotas, digressões e derramados elogios à retidão moral de Estela e que considerava o livro exemplar de "como com um fino talento, apurado gosto e elegante linguagem, se faz engolir ao povo até uma historia de amores, seixo duríssimo, que deu quanto tinha a dar (perdão, sentimentalistas!)". Apesar de se proclamar avesso às histórias de amor, o resenhista diz que o início do livro se lia "sem grande abalo", mas a segunda metade "arrasta o leitor com um interesse sempre crescente, até o desfeixo, que, bem ao revez d'esses torpes Basilios, é sem mancha e sem reproche".[48] Rigoleto,

---

[48] *Iaiá Garcia* saiu no mesmo ano d'*O Primo Basílio*, e sua publicação em livro ocorreu num momento em que ainda estava fresca na memória a crítica de Machado à artificialidade e aos exageros de escola do romance de Eça de Queirós.

que assina a crítica, afirmava que nesse livro o escritor conseguia "encantar o publico com os feitiços do seu estylo, e o publico entregou-se-lhe vencido". A adesão do público, no entanto, era uma suposição do resenhista, que logo em seguida esclarecia que "o publico não nos honrou com as suas confidencias, até porque não dispoe de commodos meios de communicação comnosco".[49]

Menos otimista se mostrava Urbano Duarte, futuro companheiro de Machado na fundação da Academia Brasileira de Letras, que na *Revista da Sociedade Phoenix Litteraria* noticiou com pouquíssimo entusiasmo a publicação do livro, dizendo que *Iaiá Garcia* se foi "tão desenxabida como no dia em que nasceu". Depois de apontar como qualidades do livro o estilo ameno e fácil, alguns estudos interessantes de psicologia e uma ou outra "phosphorescencia de poesia domestica", o crítico alertava e aconselhava o autor:

> Mas pode convencer-se de que não são as sufficientes para tornar uma obra d'arte viavel na republica das lettras. O cantor das – *Americanas* – que acatamos e apreciamos, deve apimentar um pouco mais o bico de sua penna afim de que seus romances não morrão lymphaticos.[50]

De fato, apesar dos esforços do editor em anunciar nos jornais o "formoso romance", *Iaiá Garcia* ganharia uma nova edição vinte anos mais tarde, em 1898. Por ocasião do lançamento dessa segunda edição, José Veríssimo, com argúcia e precisão características, definiu *Iaiá Garcia* como "não só o mais romanesco, mas talvez o mais emotivo" entre os livros do autor, ressalvando em seguida ser essa uma emoção "sempre contida e sobria, consoante o temperamento do artista". Nesse mesmo artigo, em que se refere à primeira e à segunda maneira do escritor, distinção que daria origem à consagrada divisão da obra machadiana em duas fases, o crítico afirma que a segunda maneira "não é sinão a primeira com o romanesco de menos e as tendencias criticas de mais".[51]

---

49 Rigoleto (pseudônimo), "Fantasias – A propósito de Iaiá Garcia", *O Cruzeiro*, 11.4.1878. O único exemplar do jornal da coleção da Biblioteca Nacional tem partes mutiladas, não tendo sido possível acesso ao texto integral. Das sete colunas do pé de página ocupado pela crítica, uma estava completamente estropiada.
50 Urbano Duarte, "Crônica", *Revista da Sociedade Phoenix Litteraria*, maio de 1878, pp. 68-9.
51 José Veríssimo, "Bibliografia", *Revista Brazileira*, Rio de Janeiro, novembro de 1898, tomo XVI, pp. 249-255. Também a propósito do lançamento da segunda edição foi publicada uma ligeira apreciação sobre o romance em *A Notícia* de 5.11.1898. O texto, assinado por J. dos Santos (pseudônimo de Medeiros e Albuquerque), não foi encontrado na coleção de periódicos da Biblioteca Nacional.

Distinção similar à vivida pelo romanesco Jorge, que se lançou ao Paraguai com sonhos confusos de cavaleiro medieval para chegar ao final da história bastante modificado:

> A diferença entre uma e outra dessas duas fases é que presentemente o desengano não o levaria à guerra, nem lhe daria os desesperos do primeiro dia.[52]

Assim como Jorge, a primeira fase do romance machadiano chega ao final mostrando descrédito nos projetos e interesses verdadeiramente coletivos e concluindo com o naufrágio das ilusões. Entre os náufragos certamente está o romancista romântico, que escreve um livro para afirmar sistematicamente o desencontro entre os personagens e o descompasso entre seu projeto de escrita e as expectativas do leitor disponíveis – ou não disponíveis – para ele. *Iaiá Garcia* liquida o Romantismo na obra machadiana situando sua ação na transição da década de 1860 para a de 1870, período decisivo para a dissolução da imagem romântica do país entre intelectuais e escritores, como vimos no segundo capítulo.

Essa desilusão, recalcada em *Helena* e *Iaiá Garcia*, vai se manifestar com todas as letras e de modo francamente agressivo por Brás Cubas, que da superfície do texto interpela o leitor:

> Quem não sabe que ao pé de cada bandeira grande pública, ostensiva, há muitas vezes várias outras bandeiras modestamente particulares, que se hasteiam e flutuam à sombra daquela, e não poucas vezes lhe sobrevivem?[53]

O questionamento explícito da viabilidade dos projetos coletivos e da própria comunicabilidade do texto literário são o principal assunto da mensagem "Ao Leitor", que abre as *Memórias Póstumas* anunciando grandes alterações no modo de evocação e figuração do leitor na obra de Machado de Assis.

---

52 *Iaiá Garcia*, p. 485.
53 *Brás Cubas*, *OC*, vol. 1, p. 516.

Anúncio de *Memórias Póstumas de Brás Cubas* publicado no *Jornal do Commercio*, Rio de Janeiro, 14.1.1881.
Fonte: Biblioteca Nacional do Rio de Janeiro. Seção de Periódicos.

6

BRÁS CUBAS E A TEXTUALIZAÇÃO DO LEITOR

O terreno comum que os narradores machadianos procuram definir com seus leitores até *Iaiá Garcia* aparece completamente minado em *Brás Cubas*, livro em que o leitor passa a ser abertamente provocado, insultado, ultrajado, injuriado, desafiado, escarnecido, inferiorizado, humilhado, transformado em objeto de chacota e forçado ao embate constante com um narrador principalmente agressivo. Sem jamais chegar à ruptura, o que inviabilizaria o livro, Brás Cubas comporta-se ora como um ser superior ora como um vizinho malcriado que, postado do lado de lá de um muro imaginário, parece incansável em sua tarefa de disparar desaforos contra o interlocutor que imagina existir do lado de cá, num terreno contíguo ao seu. O relacionamento, no entanto, não se esgota na afronta e na agressão. O leitor é também acumpliciado pela narração repleta de efeitos e cortinas de manobra, e é detrás delas que o narrador procura mover seu interlocutor da posição inimiga para a condição de comparsa, e vice-versa.

Com isso, em *Brás Cubas* a narração parece abandonar qualquer função didática ou pedagógica para assumir uma função eminentemente estética, no sentido de que há significativa diminuição no nível de redundância da narrativa, tornada menos reiterativa e muito mais independente das convenções romanescas que balizavam, ainda que negativamente, os livros anteriores.[1] O objetivo principal agora é antes atrair e manter a atenção do

---

[1] As noções de função didática e estética estão em Umberto Eco, *Lector in Fabula*, São Paulo, Perspectiva, 1986, p. 37. Segundo Eco, a passagem de uma função a outra implica um deslocamento da iniciativa interpretativa para o leitor.

leitor do que convencê-lo do que quer que seja. O texto deixa de remeter para um espaço ficcional, digamos, externo, para voltar-se sobre si mesmo, sobre sua própria materialidade, cujos limites são dados pela base, altura e profundidade do livro.

Essas novidades da figura do leitor em parte podem ser entendidas no contexto das modificações que se operam na posição do escritor do Romantismo ao Realismo nos Estados Unidos e também na Europa. Como definiu em 1855 o poeta norte-americano James Russell Lowell, o escritor abandona o papel de visionário e mestre para o de *entertainer* profissional, passando a atender as demandas de um público consumidor de literatura em vez de pregar verdades e sabedorias a um grupo passivo de fiéis. Como já foi notado, a tensão entre o público desejado e idealizado pelos escritores e a relação real que eles mantinham com seus públicos tornou-se central na produção literária a partir do século 18, ganhando força ao longo de todo o século 19 não só nas matrizes da produção literária, mas também nos países periféricos que procuravam modelos alternativos para a produção de literatura. Não era mais possível dirigir-se a um homem universal, a uma natureza humana pura, mas a um interlocutor concreto, cujo interesse precisava ser despertado de modo que ele se sentisse impelido a comprar o livro e, assim, financiar a atividade do escritor. Isso significava desfazer a concepção muito arraigada entre escritores e críticos românticos sintetizada por um crítico norte-americano a propósito dos poetas americanos e ingleses: "Para Hawthorne, assim como para Shelley, 'literatura' é o que ocorre na mente e no espírito do escritor, não a obra publicada que ele oferece ao público".[2]

A transição da posição pedagógica para a do entretenimento, o deslocamento da iniciativa interpretativa para o leitor assim como a tematização cada vez mais constante do objeto livro como instância fundamental para o processo literário – essas são características que distinguem as obras da primeira e da segunda fase. O narrador do romance machadiano mais tardio, como procurei mostrar, está impregnado dessa visão da literatura como algo que se dá por meio do livro, cuja materialidade é abordada sob todos os ângulos possíveis, até mesmo do ponto de vista dos vermes completamente indiferentes àquilo que roem – ou leem. Nessa passagem da primeira para a segunda fase, desaparece qualquer tentativa de converter os interlocutores ao que quer que seja, e os narradores parecem empenhados sobretudo em manter seus interlocutores atentos à narração.

---

2   Cf. Rowland Jr., *Literature and the Marketplace – Romantic Writers and their Audiences in Great Britain and the United States*, p. 114.

Retomando a imagem da narrativa como espaço de um teatro, pode-se dizer que até *Brás Cubas* os narradores, com aparições menos discretas nos dois primeiros romances do que nos dois livros seguintes, procuram sempre atrair o olhar do espectador para o que ocorre no palco. Com *Brás Cubas*, o foco muda de lugar: o narrador coloca-se na boca de cena e no centro do palco e, com estardalhaço, chama a atenção para si mesmo e para a plateia, cujos comportamentos ele prevê, comenta, reflete e ridiculariza no curso do próprio relato, em que o exercício de sua lábia parece importar mais do que o enredo.

O apelo ao envolvimento sentimental do leitor desaparece desse universo ficcional em que as personagens não estão separadas por suas virtudes, mas trazem todas elas seu próprio quinhão de maldade, mesquinharia e sordidez. O foco de tensão desloca-se do nível do enredo para o embate do narrador com o leitor, que deixa de ser tratado como objeto de conversão para tornar-se objeto de diversão e alvo da ironia e do sarcasmo do narrador. Nessa nova ordem, o leitor é figurado como alguém a ser *divertido*, tanto no sentido de entretido como no de distraído, por um narrador-*entertainer*, cujas ações parecem apontar menos para o mundo do que para o próprio texto. Como diz Brás Cubas, sua obra torna-se "mais do que passatempo e menos do que apostolado".[3]

A INCORPORAÇÃO DA RECEPÇÃO E A OBSESSÃO PELA PLATEIA

O livro, como se sabe, começa com um prólogo ao leitor, que antecede a narração propriamente dita. O personagem-narrador-autor Brás Cubas, que o subscreve, sugere ter o leitor em alta conta ao colocá-lo literalmente no primeiríssimo plano da narrativa. Vejamos:

AO LEITOR
Que Stendhal confessasse haver escrito um de seus livros para cem leitores, cousa é que admira e consterna. O que não admira, nem provavelmente consternará é se este outro livro não tiver os cem leitores de Stendhal, nem cinquenta, nem vinte e, quando muito, dez. Dez? Talvez cinco. Trata-se, na verdade, de uma obra difusa, na qual eu, Brás Cubas, se adotei a forma livre de um Sterne, ou de um Xavier de Maistre, não sei se lhe meti algumas rabugens de pessimismo. Pode ser. Obra de finado. Escrevi-a com a pena da galhofa e a tinta da melancolia, e não é difícil antever o que poderá sair desse conúbio. Acresce que a gente grave achará no livro umas aparências de puro

[3] *Brás Cubas*, p. 516.

romance, ao passo que a gente frívola não achará nele o seu romance usual; ei-lo aí fica privado da estima dos graves e do amor dos frívolos, que são as duas colunas máximas da opinião.

Mas eu ainda espero angariar as simpatias da opinião, e o primeiro remédio é fugir a um prólogo explícito e longo. O melhor prólogo é o que contém menos cousas, ou o que as diz de um jeito obscuro e truncado. Conseguintemente, evito contar o processo extraordinário que empreguei na composição destas *Memórias*, trabalhadas cá no outro mundo. Seria curioso, mas nimiamente extenso, e aliás desnecessário ao entendimento da obra. A obra em si mesma é tudo: se te agradar, fino leitor, pago-me da tarefa; se te não agradar, pago-te com um piparote, e adeus.

BRÁS CUBAS.[4]

O introito incorpora à narrativa, em linguagem direta e com muita concreção, o problema da recepção do texto literário. Ele vem expresso em termos da exiguidade numérica dos potenciais leitores, das possíveis dificuldades de compreensão e fruição colocadas pela natureza pouco usual do texto e também do possível descompasso entre sua natureza desviante e contraditória e as supostas expectativas das colunas máximas da opinião. Vale notar que essa opinião é formada por leitores graves e frívolos, o que lembra a polaridade entre a crítica e o grosso público traçada por Aluísio Azevedo no quase contemporâneo *Os Mistérios da Tijuca*, de 1882. Mas as duas categorias referidas no prólogo são importadas de prefácios da obra *Do amor*, de Stendhal. Nesses prefácios, sob o disfarce de Stendhal o escritor Henry Beyle trata do insucesso do livro que, publicado em 1822, foi considerado incompreensível e teve circulação tão modesta a ponto de seu editor, ao ser consultado sobre a recepção do livro, responder ao autor: "Pode-se dizer que ele é sagrado, pois ninguém toca nele". É no segundo prefácio da obra que Stendhal afirma escrever para cem leitores; e é no terceiro, datado de 1842, que ele confessa ter encontrado apenas dezessete leitores entre 1822 e 1833. Neste último, declara: "Depois de vinte anos de existência, o *Ensaio sobre o Amor* foi compreendido por apenas uma centena de curiosos".[5]

A ousadia da comparação com a obra de Stendhal logo é atenuada pela humildade do tom com que Brás Cubas aventa a possibilidade de seu livro ter menos de cem leitores. Por trás da falsa modéstia, Brás supõe a pertinência de equiparar o interesse das memórias de um homem obscuro e confessadamente medíocre com um estudo sobre o mais complexo dos

---

4 *Idem*, p. 513.
5 Stendhal, *Do Amor* [tradução Roberto Leal Ferreira], São Paulo, Martins Fontes, 1993, p. LX.

sentimentos, escrito por um dos grandes nomes da literatura universal e publicado na França, e não no Brasil.

Para quem acreditar na modéstia do narrador, o segundo parágrafo trata de desfazer a crença, ao relativizar tudo o que fora dito anteriormente. Nele, Brás Cubas diz acalentar esperanças de que seu livro, ao contrário do livro de Stendhal, seja sim acolhido pelo público, ainda que por uma terceira coluna da opinião, caracterizada pela expectativa de prólogos curtos e pouco explícitos e a cujo gosto o livro aparentemente atende com seus capítulos breves, a mixórdia de referências, os raciocínios desconexos. Também contrariando afirmação anterior, Brás sugere que a forma escolhida para contar suas memórias não seja assim tão livre, o que se depreende da série de restrições que ele se impõe para despertar o interesse do leitor. Ao contrário do que faz supor a condição de defunto imune aos embaraços terrenos, instalado num lugar onde "já não há vizinhos, nem amigos, nem inimigos, nem conhecidos, nem estranhos; não há plateia"[6], o autor mostra-se muito preocupado com a interlocução, enumerando procedimentos que evitará para não desagradar ao leitor. Nenhum outro narrador machadiano necessita tanto de plateia e disputa tanto a atenção do leitor quanto esse Cubas, que nunca descansa do olhar agudo e judicial da opinião.

Afirmar para em seguida relativizar ou até mesmo desmentir é o procedimento dominante no livro, e ele aparece sintetizado no último período do prólogo, dessa vez em tom de desconversa. Imediatamente depois de afirmar que "a obra em si mesma é tudo", Brás Cubas revela-se preocupado em agradar ao leitor, referido como finalidade da obra e recompensa da tarefa da escrita. A obra, portanto, não é tudo, pois depende da aceitação do leitor, embora Brás mais uma vez se contradiga, concluindo com uma nota de descaso pelos maus destinatários do seu texto, aos quais promete o piparote. O que à primeira vista se apresenta como deferência termina em tom de ameaça, e esse jogo entre o profundo desdém e a extrema consideração com o leitor, cujo objetivo principal é chamar e manter a atenção, desenrola-se ao longo de todo o romance.

A afetada indiferença é desmentida pelo correr da narrativa, em que Brás Cubas se mostra um obcecado por interlocução ao apostrofar não só para "pessoas", mas para o destino[7], para o próprio nariz ou para as amáveis pernas, que surgem imortalizadas num capítulo[8], para Lucrécia

---

6 *Brás Cubas*, p. 546.
7 *Idem*, p. 571.
8 *Ibidem*, p. 580.

Bórgia[9] ou para a multidão anônima, que confessa ter cobiçado até a morte.[10] Outra meia verdade está embutida nessa cobiça, pois sabemos que ele carregou o desejo da fama para além da morte, para a posteridade, de onde também se dirige aos críticos para pedir perdão por suas opiniões e instar pela boa vontade e indulgência[11], ou então para declarar desaforadamente que a crítica não entende nada e que é preciso explicar tudo.[12]

O tratamento do leitor como número e como opinião é uma das grandes novidades anunciadas por esse prólogo, que também indica transformações no modo de elocução do narrador, que adota um tom mais ligeiro e coloquial, produzindo uma significativa abreviação das unidades ficcionais. Isso resulta em capítulos substancialmente mais curtos que os dos romances anteriores, e também na maneira de se encarar o texto literário, frequentemente referido por meio de dados bastante concretos. A extensão da narrativa e suas repercussões sobre o tamanho do livro, o tempo de leitura, o uso de papel e o preço do exemplar – todas questões próprias do universo do texto-mercadoria – são introduzidas na obra machadiana a partir das *Memórias Póstumas*.

Essa nova perspectiva do literário, referido em seu estado material de livro, enquanto objeto e como mercadoria, coincide com a introdução no ambiente ficcional machadiano de leitores profissionais, que incluem o crítico, figura com que Brás Cubas se debate várias vezes ao longo da narração; o editor, preocupado com a quantidade de papel, o número de gravuras e o preço final do exemplar; e o bibliômano[13], a quem o livro interessa pela raridade e sobretudo pela singularidade do exemplar. A perspectiva materialista do livro atinge o paroxismo na referência aos incansáveis bichos que roem os livros – e a última edição de cada vida humana – completamente alheios e indiferentes ao que possa haver ali de conteúdo, digamos, espiritual.

Essas referências ao livro como objeto servem de comentário sarcástico ao apego do público leitor às aparências e à ostentação materialista, apego compartilhado pelo narrador, que jocosamente considera que os descuidos e barbarismos da "quarta edição" de sua vida "achava[m] alguma compensação no tipo, que era elegante, e na encadernação, que era luxuo-

---

9   *Ibidem*, p. 516.
10 *Ibidem*, p. 604.
11 *Ibidem*, p. 612.
12 *Ibidem*, p. 627.
13 *Ibidem*, p. 584.

sa".[14] O leitor projetado pelo narrador aparece caracterizado como alguém que "prefere a anedota à reflexão", torcendo o nariz para as digressões e interessando-se mais pelas ilustrações e gravuras vistosas do que pelo texto:

> Capítulos compridos quadram melhor a leitores pesadões; e nós não somos um público *in-folio*, mas *in-12*, pouco texto, larga margem, tipo elegante, corte dourado e vinhetas... principalmente vinhetas... Não, não alonguemos o capítulo.[15]

O próprio narrador Brás Cubas, no capítulo em que narra seu delírio, aparece transformado numa *Suma teológica* de são Tomás de Aquino, "encadernada em marroquim, com fechos de prata e estampas (...) sendo as minhas mãos os fechos do livro".[16]

À fixação na materialidade do livro corresponde uma representação bastante concreta da narrativa, ora caracterizada como um espaço por onde Brás Cubas se move e no qual procura dirigir os movimentos do leitor, sugerindo-lhe retornos, emendas, saltos etc., ora como unidade composta de partes móveis e articuláveis, passíveis de serem recombinadas. Em alguns momentos, Brás Cubas sugere que o leitor salte o capítulo, ou pede que intercale um trecho entre uma oração e outra do capítulo anterior. Ainda que o narrador faça essas sugestões da boca para fora, exagerando a margem de liberdade do leitor para mantê-lo sob rédea curta, os procedimentos reforçam a ideia do romance como estrutura manipulável, espécie de jogo a ser completado pelo leitor.

Os expedientes não são novos, uma vez que são comuns às narrativas que circulavam à larga nos jornais oitocentistas e estão presentes nos romances anteriores, sobretudo em *A Mão e a Luva*, *Helena* e *Iaiá Garcia*, publicados originalmente nos rodapés das folhas e gazetas. Enquanto nesses romances os recursos estavam menos aparentes, camuflados ou diluídos pela movimentação do enredo, desta vez eles se tornam muito visíveis já que o narrador maliciosamente aponta para procedimentos característicos do texto-mercadoria por excelência, o folhetim, explicitando sua natureza de "coisa" e imprimindo-lhe um caráter espetacular.[17] De procedimentos da engrenagem narrativa, a explicitação das idas e vindas, assim como

---

14 *Ibidem*, pp. 556-7.
15 *Ibidem*, p. 544.
16 *Ibidem*, p. 520.
17 Helen **Caldwell** chama a atenção para a frequência com que a palavra "espetáculo" aparece em *Brás Cubas*, principalmente em referências a diversas formas de luta pela vida e pela sobrevivência. Cf. Helen Caldwell, *Machado de Assis – The Brazilian Master and his Novels*, p. 110.

a variedade e a fragmentação do relato tornam-se também assunto dessa narração conduzida por um narrador que usa e abusa de um procedimento descrito pelo cronista Machado de Assis como típico do homem fatigado e esfalfado do século 19: "deitar todos os nomes no mesmo cesto, misturá-los, tirá-los sem ordem e cosê-los sem escolha".[18]

OS LEITORES DE *BRÁS CUBAS*

Brás Cubas começa, portanto, com o tema da recepção do texto literário. Cabe notar que esse texto introdutório foi escrito e incorporado ao romance em algum momento entre os meses que separam a publicação do primeiro capítulo, que saiu na edição de 15 de março de 1880 da *Revista Brasileira*, da qual o prólogo não constava, e sua primeira edição em livro, lançada provavelmente em janeiro de 1881.

A inclusão posterior de texto tão incisivo e tão cheio de referências ao sentido do livro suscita questões sobre o sentido desse prólogo no contexto geral da produção machadiana.

Em primeiro lugar, trata-se de uma expressão explícita – e precoce – do empenho de Machado de Assis em organizar e dirigir a recepção de sua obra. O esforço manifesta-se por meio dessa instância discursiva um tanto ambígua, calculadamente situada a meio caminho entre o escritor Machado de Assis e seus narradores e que responde pelas advertências que antecedem sete dos seus nove romances, ora sob o nome Machado de Assis, ora sob as iniciais M. A., ou M. de A., ou então sob o nome de personagens. Nesse prólogo ao leitor, assinado por Brás Cubas, o escritor associa pela primeira vez sua nova maneira às produções de Stendhal, Sterne e Xavier de Maistre, o que faz pensar sobre o caráter programático e consciente da mudança que estava imprimindo a sua carreira com o *Brás Cubas*. Ao contrário de Alencar, acusado de construir a posteriori um sentido para sua obra, o prólogo de 1881 sugere que, ao escrever as *Memórias Póstumas*, Machado de Assis já teria um projeto definido para seus futuros livros, ou pelo menos que o escritor tinha consciência aguda de quanto o novo livro apontava para caminhos distintos dos que vinha seguindo até então.

De fato, excetuando a "Advertência da primeira edição" de *Ressurreição*, que saiu junto com a primeira edição da obra, em 1872, todos os outros prólogos e advertências foram escritos depois de 1890. Os textos que

---

18 Machado de Assis, "A Semana", 28 de fevereiro de 1897, in: *OC*, vol. 3, p. 768.

introduzem as edições definitivas dos livros da primeira fase foram acrescidos quando da publicação das novas edições, que começaram a vir à luz a partir de 1905, seis anos depois de o escritor vender os direitos de suas obras para a Garnier.[19]

O "Prólogo à Terceira Edição" das *Memórias Póstumas*, incluído na edição de 1896 e assinado por Machado de Assis, retoma e reafirma questões presentes no texto "Ao leitor", escrito 15 anos antes: a filiação literária do romance às obras de Sterne e Xavier de Maistre e a recepção de *Brás Cubas*.[20] O prólogo da terceira edição incorpora ao romance as primeiras reações da crítica, fazendo referências explícitas às observações de Macedo Soares, Valentim Magalhães e Capistrano de Abreu acerca do *Brás Cubas*. Em julho de 1880, quando *Brás Cubas* ainda estava sendo publicado na *Revista Brasileira*, o primeiro escrevera-lhe uma carta de Mar da Espanha, Minas Gerais, elogiando o capítulo XLVI, intitulado "A Herança", em que trata das brigas entre Brás Cubas, a irmã Sabina e o cunhado Cotrim pelo legado do pai.[21] O segundo manifestou perplexidade e dificuldade de classificar o livro ao escrever a Capistrano e perguntar intrigado: "O que é Brás Cubas em última análise? Romance? Dissertação moral? Desfastio humorístico?". As perguntas estavam colocadas no artigo que Capistrano de Abreu publicou na *Gazeta de Notícias* no início de 1881, quando da primeira publicação de *Brás Cubas* em livro. Quinze anos depois, Machado de Assis incorporava a dúvida de Magalhães ao tecido ficcional, evadindo-se das respostas, que atribui ao finado narrador-personagem.

19 A advertência de *Helena* e a advertência da nova edição de *Ressurreição* são de 1905, a de *A Mão e a Luva* data de 1907, e a de *Quincas Borba*, de 1899. É de se notar que nos dois últimos romances, publicados em 1904 e 1908, os prólogos ao leitor estão organicamente ligados às narrativas. Em *Esaú e Jacó*, a "Advertência" define as circunstâncias em que teriam sido encontrados os cadernos do Conselheiro Aires que deram origem à narrativa; no *Memorial de Aires*, o próprio romance é apresentado como espécie de prólogo de um romance jamais escrito.
20 J. Galante de Sousa e Helen Caldwell explicam a confusão sobre as primeiras edições *das Memórias Póstumas*. Galante de Sousa esclarece que a publicação na *Revista Brasileira* foi considerada como primeira edição. Assim, a segunda edição em livro é, em realidade, a primeira; a terceira é a segunda e assim por diante. Para complicar ainda mais, o "Prólogo à terceira edição" só foi publicado na chamada quarta edição, de 1899, que na realidade era a terceira edição em livro. Caldwell supõe que ela tenha sido escrita para a edição de 1896, mas também é possível que o prólogo tenha sido escrito para a edição de 1899 que era de fato a terceira edição em livro. Para mais detalhes, cf. José Galante de Sousa, *Bibliografia de Machado de Assis*, Rio de Janeiro, Ministério da Educação e Cultura/Instituto Nacional do Livro, 1955; Helen Caldwell, *Machado de Assis – The Brazilian Master and his Novels*, p. 239.
21 Vide R. Magalhães Júnior, *Vida e Obra de Machado de Assis* (Volume 3: Maturidade), Rio de Janeiro: Civilização Brasileira; Brasília, INL, 1981, p. 6.

Ainda em relação às modificações sofridas pelo texto original, publicado na *Revista Brasileira*, é de se notar que a versão da revista não incluía a dedicatória aos vermes e tinha como epígrafe "*I will chide no breather in the world but myself; against whom I know most faults*", versos de Shakespeare traduzidos pelo escritor como "Não é meu intento criticar nenhum folego vivo, mas a mim sómente, em que descubro muitos senões".[22] Excluída de todas as edições em livro, a epígrafe é indicativa do caráter autocrítico que Roberto Schwarz estuda nesse romance em que os vícios da classe dominante, magnificamente eufemizados na tradução como "senões", são expostos e ridicularizados a partir de dentro, por um de seus membros. Por meio de Brás Cubas, o escritor constrangia o leitor empírico à leitura em primeira pessoa da autocrítica de um bacharel estroina, que talvez lhe servisse como uma luva.

A julgar pelas primeiras reações, a crítica não era muito cifrada. Sob o pseudônimo de D. Junio, um redator da *Revista Ilustrada* percebia o potencial agressivo do livro e tirava o corpo fora, desidentificando-se do destinatário das críticas ao declarar: "Eu, com certeza, não apanho o piparote".[23] Capistrano de Abreu, intrigado, escreveu para Machado logo depois de receber o texto, já em formato de livro: "Sei que há uma intenção latente porém imanente a todos os devaneios, e eu não sei se conseguirei descobri-la".[24] A desorientação e a dificuldade de identificar o que há de novo e diferente no livro marcam a recepção crítica de *Brás Cubas*, assunto ao qual voltarei mais adiante.

NARRADOR PÓSTERO, LEITOR ANACRÔNICO

A postura que Machado de Assis assume diante do seu leitor nas *Memórias Póstumas de Brás Cubas* lembra a de Shelley que, diante da sua alienação em relação ao público, que se mantinha indiferente à obra do poeta, confidenciou a um amigo em carta de 1812: "Não me dirijo mais aos iletrados. Procurarei fatos nos quais minha participação seja impossível e farei de mim mesmo a causa de um efeito que só será sentido muito tempo depois de eu ter me desfeito em pó".[25] Em vez de projetar para a poste-

---

22 Os versos são da cena II do 3º ato de *As You Like It*.
23 *Revista Illustrada*, Rio de Janeiro, Typographia de J. Barbosa & C, n. 235, ano 6 [1881], p. 6.
24 Capistrano de Abreu, carta a Machado de Assis datada de 10 de janeiro de 1881 e citada por R. Magalhães Júnior, *Vida e Obra de Machado de Assis*, vol. 3, p. 11.
25 Percy Bysshe Shelley, *The Letters of Percy Bysshe Shelley*, 2 vols., Oxford, Clarendon, 1964, vol. 1, p. 277, tradução minha.

ridade a possibilidade de compreensão de sua obra, Machado faz troça da incompreensão dos seus contemporâneos ao deslocar tudo para o além, transformando o narrador em póstero e atribuindo voz ao próprio pó.

O narrador faz graça disso no capítulo XXXVIII, intitulado "A Quarta Edição", onde relembra sua teoria das edições humanas, segundo a qual cada fase da vida é uma edição, que vai sendo corrigida e emendada até a edição definitiva, oferecida de graça aos vermes. Naturalmente já em edição definitiva, Brás Cubas lembra-se de um episódio ocorrido quando ele ainda se encontrava em "quarta edição, revista e emendada, mas ainda inçada de descuidos e barbarismos". Por essa época, uma cadeia de incidentes e coincidências colocou-o diante de uma mulher de alma decrépita e rosto amarelo e bexiguento, atrás do balcão de uma loja de ourivesaria. Acaba que essa ruína era nada mais nada menos do que um desatino da primeira edição de Brás Cubas que, surpreso, pergunta ao seu interlocutor: "Crê-lo-eis, *pósteros*? essa mulher era Marcela".[26]

A pergunta lança luz sobre a enormidade do absurdo proposto ao leitor. Como pode o leitor ser póstero? Póstero em relação a quê? Diante da rigorosa impossibilidade de algo posterior à eternidade, não podem existir, do ponto de vista de um autor defunto, leitores que sobrevivam a ele. A denominação é aplicável apenas ao narrador, que já habita a eternidade, futuro máximo e definitivo de qualquer cristão. O narrador retorna a esse disparate que fundamenta a relação com seu interlocutor ao cogitar a supressão de um capítulo por haver nele algo parecido com despropósito, "e eu não quero dar pasto à crítica do futuro".[27]

Com observações assim, a narrativa afronta não apenas crenças religiosas, mas também a concepção muito arraigada entre escritores oitocentistas de que a compreensão de suas obras só seria possível na posteridade, o que significava adiar para o futuro a possibilidade de interlocução, figurando os leitores ideais como pósteros. Em *Brás Cubas*, a certeza professada por escritores como Stendhal de que sua obra só seria compreendida muitas décadas depois de escritas, é literalmente virada do avesso. Ao invés de construir o leitor como entidade futura, Machado cria um narrador póstero – de si mesmo e de todos os interlocutores possíveis –, colocando os leitores de qualquer tempo, já de saída, na condição de seres anacrônicos, retrógrados. Anacronismo e retrogradação reiteradas a cada passo da leitura, na qual, seguindo a análise de Roberto Schwarz, a volubilidade do

---

26 *Brás Cubas*, p. 557. Grifo meu.
27 *Idem*, p. 584.

narrador desnorteia o leitor num processo em três tempos, que configuram o ritmo acelerado da narração: 1) o da afirmação de uma novidade; 2) o da imediata desqualificação dessa novidade; 3) o da subsequente inferiorização do leitor que, ainda apegado ao que foi anunciado no primeiro passo, cai do cavalo, surpreendido pela sua fulminante invalidação.[28] Tanto no nível miúdo da engrenagem narrativa quando no nível macro da arquitetura do livro, o leitor está condenado a um atraso irrecuperável.

A ideia do artista como homem morto que fala à posteridade, tão em voga a partir do Romantismo, é tomada ao pé da letra por Machado de Assis, que sugere por meio de Brás Cubas, e de maneira radical, o caráter precário e improvável da comunicação literária ao narrar, já de saída, o "óbito do autor", título do primeiro capítulo do romance. Aí, a lembrança do célebre texto de Roland Barthes, intitulado "A Morte do Autor", é inevitável. Nesse escrito de 1968, Barthes critica a tirania da figura do Autor na literatura e na crítica contemporâneas, postura segundo a qual "a *explicação* da obra é sempre procurada do lado de quem a produziu". Em linhas gerais e para o que interessa aqui, o crítico opõe o *scriptor* moderno, que "nasce ao mesmo tempo que o seu texto", ao Autor, "sempre concebido como o passado do seu próprio livro", no sentido de que este existe sempre depois daquele, como consequência da atividade de uma *pessoa*.[29] Brás Cubas perverte também essa noção, ao colocar-se no futuro em relação ao seu livro, e ao anunciar-se como um "defunto autor, para quem a campa foi outro berço". A relação entre autor-narrador e leitor que aparece ficcionalizada nas *Memórias* é de um absurdo escandaloso, uma vez que postula o único tipo de comunicação considerado impossível em qualquer nível de racionalidade: a comunicação entre o mundo dos vivos e os mortos. A extravagância do primeiro capítulo alerta para o caráter puramente textual da narração, que parte da inverossimilhança absoluta – até segunda ordem os mortos não escrevem nem se comunicam com os vivos –, e com isso acaba por explicitar a natureza linguística tanto das instâncias de autoria quanto das instâncias de recepção.

Essa sutil representação do autor e do leitor como entidades anacrônicas é reiterada pela constante caracterização do leitor e da leitora como românticos, fato de que o narrador escarnece em vários trechos, como neste que segue:

---

[28] Roberto Schwarz, *Um Mestre na Periferia do Capitalismo: Machado de Assis*, p. 47.
[29] Cf. Roland Barthes, *O Rumor da Língua*, Lisboa, Edições 70, pp. 49-53.

Não a vi partir; mas à hora marcada senti alguma cousa que não era dor nem prazer, uma cousa mista, alívio e saudade, tudo misturado, em iguais doses. Não se irrite o leitor com esta confissão. Eu bem sei que, para titilar-lhe os nervos da fantasia, devia padecer um grande desespero, derramar algumas lágrimas, e não almoçar. Seria romanesco, mas não seria biográfico. A realidade pura é que eu almocei, como nos demais dias, acudindo ao coração com as lembranças da minha aventura, e ao estômago com os acepipes de M. Prudhon...[30]

Ao prever a irritação do interlocutor diante do que assume ser a expectativa desse interlocutor – trata-se de uma conjetura sobre outra conjetura –, a postura de Brás Cubas lembra a do narrador de *A Mão e a Luva*, com que Brás Cubas divide a veia cômica praticamente ausente em *Helena* e *Iaiá Garcia*. Vale reproduzir novamente o trecho daquele livro que também trata da rápida convalescença de uma frustração amorosa, no qual a falsidade e o exagero da retórica romântica são ridicularizados e contrastados com o prosaísmo dos fatos:

Duas vezes viu ele [Estêvão] a formosa Guiomar, antes de seguir para São Paulo. Da primeira sentiu-se ainda abalado, porque a ferida não cicatrizara de todo; da segunda, pôde encará-la sem perturbação. Era melhor, – mais romântico pelo menos, que eu o pusesse a caminho da academia, com o desespero no coração, lavado em lágrimas, ou a bebê-las em silêncio, como lhe pedia a sua dignidade de homem. Mas que lhe hei eu de fazer? Ele foi daqui com os olhos enxutos, distraindo-se dos tédios da viagem com alguma pilhéria de rapaz, – rapaz outra vez, como dantes.[31]

Em ambos os casos, os narradores carregam na ironia para tratar da decepção que porventura causem às expectativas do leitor, projetado como romanesco e romântico. A diferença é que Brás Cubas lança mão do argumento da autoridade biográfica para imprimir veracidade ao relato e colocá-lo em oposição ao romanesco. O argumento tem pés de barro, já que a adoção de práticas que contrariam princípios confessos não é nada estranha a esse narrador que vive dizendo uma coisa para fazer outra; no campo literário, sabemos que Brás traz no seu currículo uma passagem por Coimbra, onde fizera "romantismo prático e liberalismo teórico"[32], o que faz duvidar de sua integridade moral e intelectual e da autoridade que sua biografia lhe confere. Para o que interessa aqui, a diferença fundamental está na maneira como os narradores se dirigem ao leitor. Brás Cubas, mais desinibido, vai direto aos nervos do leitor, ao passo que o narrador de *A*

---

30 *Brás Cubas*, p. 613.
31 *A Mão e a Luva*, in *OC*, vol. 1, pp. 203-4.
32 *Brás Cubas*, p. 542.

Mão e a Luva refere-se às expectativas do seu interlocutor por meio de um impalpável e conceitual "romântico". Em *A Mão e a Luva*, a atribuição de um "era melhor" para os esquemas românticos que o narrador finge acatar funciona como um balizamento para a relação com seus interlocutores, a serem convertidos para uma postura antirromântica; com *Brás Cubas* não há mais conversão possível, até porque nem mesmo o narrador assume posição confiável – e nem mesmo fixa – para a qual converter seu interlocutor.

Brás Cubas, assim, pode ser lido como um manifesto para os *happy few*, uma declaração de princípios do romancista que aplica com mais radicalidade à sua obra as ideias formuladas no "Instinto de nacionalidade", escrito sete anos antes. O abandono do olhar tendencialmente externo do narrador em terceira pessoa tira do horizonte qualquer intenção de se fazer "romance de costumes" ou "romance brasileiro" – motivação comum a todos os escritores que antecederam Machado de Assis. Ao escolher um narrador em primeira pessoa, significativamente nomeado com um pedaço do nome do país (Brás/Brasil), o escritor marca posição sobre a natureza sempre restritiva de todo e qualquer ponto de vista, seja ele individual ou de classe, refutando agora a existência de uma verdade nacional, o que pode ser entendido como declaração da impossibilidade de se representar a nação pela literatura, divisa de boa parte dos escritores românticos.[33]

A agressão e o pessimismo do narrador apontam para duas motivações aparentemente contraditórias: por um lado, a intenção de frisar a diferença e a impossibilidade, ainda que momentânea, de estabelecer um chão comum com seu interlocutor; por outro, a demonstração da inconformidade com esse estado de coisas, que faz supor um desejo de que fosse diferente. Além dos seus componentes mais óbvios de negação do outro, a postura agressiva e pessimista também constitui estratégia para chamar à ação e à modificação de um determinado estado de coisas. Em sua crônica de despedida de "A Semana", em 1897, o escritor faz uma observação que ajuda a explicar a sua própria atitude em relação à negatividade atribuída a Brás Cubas: "Se destes com alguma coisa que se possa dizer pessimista, adverte que nada há mais oposto ao cepticismo. Achar que uma coisa é

---

[33] A título de curiosidade, em *Do Amor*, citado por Brás Cubas no seu prólogo ao leitor, Stendhal faz declarações explícitas nessa mesma linha, ridicularizando a postulação da existência de verdades nacionais e defendendo os sentimentos e opiniões "verdadeiras em toda parte". Stendhal, *Do Amor* [tradução Roberto Leal Ferreira], São Paulo, Martins Fontes, 1993. A motivação patriótica do nome Brás, que remete ao Braz Cubas do século 16, fundador da cidade paulista de Santos, é tratada por Helen Caldwell, *Machado de Assis – The Brazilian Master and His Novels*, p. 78; a sugestão de que "à sua maneira, Brás Cubas seja também o *Brasil*" está em John Gledson, *Machado de Assis: Ficção e História*, p. 71.

ruim, não é duvidar dela, mas afirmá-la".[34] Negar insistentemente, como faz Brás Cubas no derradeiro capítulo de suas memórias, é também uma forma de afirmar alguma coisa. Por exemplo, a existência do livro que o leitor tem em mãos e que é de fato o que restou de sua vida.

O pessimismo do narrador em relação à interlocução se manifesta pela negação da possibilidade de acordos consistentes, já que eles são feitos e desfeitos no calor das situações e em função de interesses sempre voláteis e mesquinhos. Diferentemente do que ocorre na ficção realista europeia, que via de regra pressupõe uma realidade comum e valores compartilhados, ou compartilháveis, resultando num regime de comunicação em que o narrador pressupõe falar a mesma língua e ter um chão comum com o do seu leitor, nas *Memórias Póstumas* Machado de Assis cria um narrador que a rigor não diz nada com nada, em constante desacordo consigo mesmo e com os seus leitores, preocupado principalmente com os efeitos de sua prosa.

Uma das grandes novidades de *Brás Cubas* está na problematização, desde suas primeiras linhas, das possibilidades de comunicação do texto literário no ambiente brasileiro oitocentista. A interlocução e a recepção, até então tratadas como questões externas à esfera literária, são incorporadas ao texto como problema, a ponto de o leitor, razão de ser e condição de existência do romance, ser apontado pelo narrador como único defeito do livro. A narração, explicitamente dividida entre a consciência do narrador e as expectativas do leitor, entre as intenções de sentido projetadas pelo primeiro e as possíveis atualizações de sentido realizadas pelo segundo, sofre uma fratura que repercute por todo o terreno ficcional. O próprio Brás está irreversivelmente cindido entre sua condição de autor-narrador, situado num "presente póstumo", e a condição de personagem que teve um passado no mundo dos homens, habitante de dois mundos em princípio incomunicáveis. A cisão do narrador[35] tem repercussões também sobre o leitor empírico, ora induzido a se reconhecer no leitor evocado pelo texto, ora encorajado a fingir que nada tem a ver com aquele leitor que, pelo menos por razões de autoestima, é melhor ser compreendido como uma terceira pessoa. Isso exige que o leitor empírico se mantenha em estado de alerta constante, para se prevenir e desviar das bordoadas do narrador. Esse deslizamento estratégico da segunda para a terceira pessoa é um procedimento apreciadíssimo pelos narradores machadianos, explicitado na abertura da série "Bons Dias!", de 1888, em que o cronista chama atenção para o ardil narrativo:

---

34 "A Semana", 28.2.1897, in *OC*, vol. 3, p. 769.
35 Sobre a cisão do narrador das *Memórias Póstumas de Brás Cubas*, veja-se Juracy Assmann Saraiva, *O Circuito das Memórias em Machado de Assis*, pp. 43-92.

BONS DIAS!
Hão de reconhecer que sou bem criado. Podia entrar aqui, chapéu à banda, e ir logo dizendo o que me parecesse; depois ia-me embora, para voltar na outra semana. Mas, não senhor; chego à porta, e o meu primeiro cuidado é dar-lhe os bons dias. Agora, se o leitor não me disser a mesma cousa, em resposta, é porque é um grande malcriado, um grosseirão de borla e capelo; ficando, todavia, entendido que há leitor e leitor, e que eu, explicando-me com tão nobre franqueza, não me refiro ao leitor, que está agora com este papel na mão, mas ao seu vizinho. Ora bem![36]

O leitor, que nos livros anteriores parecia projetado para mais longe do narrador e da narração, passa a integrar a "geologia" do texto, para tomar emprestada uma imagem do próprio Brás Cubas ao descrever a novidade do seu livro: "O que é novo neste livro é a geologia moral do Lobo Neves, e provavelmente a do cavalheiro, que me está lendo. Sim, essas camadas de caráter, que a vida altera, conserva ou dissolve, conforme a resistência delas, essas camadas mereceriam um capítulo, que eu não escrevo, por não alongar a narração".[37] O que vai ocorrer nos romances que seguem é um aprofundamento da figuração do leitor em camadas mais fundas do texto.

A RECEPÇÃO DE *BRÁS CUBAS*

O romance mais abusado produzido no Brasil oitocentista, marco da maturidade e da modernidade das letras nacionais e de uma espécie de renascimento literário do principal escritor brasileiro de todos os tempos, teve recepção modesta na imprensa. Além da já mencionada crítica de Capistrano de Abreu publicada na *Gazeta de Notícias*, o livro rendeu outro comentário alentado, o de Urbano Duarte, que nas páginas da *Gazetinha* afirmava que "para romance falta-lhe entrecho", previa que "o leitor vulgar pouco pasto achará para sua imaginação e curiosidade banaes" e resumia desta forma a impressão causada:

A obra do Sr. Machado de Assis é deficiente, sinão falsa, no fundo, porque não enfrenta com o verdadeiro problema que se propoz a resolver e só philosophou sobre caracteres de uma vulgaridade perfeita; é deficiente na fórma, porque não ha nitidez, não ha desenho, mas bosquejos, não ha colorido, mas pinceladas ao acaso.[38]

---

36 "Bons Dias!", 5.4.1888, in: *OC*, vol. 3, p. 485.
37 *Brás Cubas*, p. 595.
38 Urbano Duarte, "Bibliographia", *Gazetinha*, Rio de Janeiro, 2.2.1881.

A manifesta surpresa dos dois críticos que se debruçaram sobre *Brás Cubas*, ambos intrigados se era ou não romance o que tinham diante de si, permite cogitar que a acolhida fria se explique pelos embaraços que a novidade da obra criou para os seus primeiros leitores. Apesar de lançar dúvida sobre o gênero do escrito e fazer algumas considerações sobre a filosofia social de *Brás Cubas*, o artigo de Capistrano de Abreu é principalmente um resumo dos principais acontecimentos do livro. Já Urbano Duarte deixa clara sua desorientação diante do livro por meio de uma série de metáforas em torno da dificuldade de definir pontos fixos: "descobrir a bussola que dirige a penna do escriptor, tal é a missão mais importante e difficultosa da critica", "pensamento cardeal", "um catavento que impelle a briza caprichosa" etc.

O lançamento do livro foi registrado em duas notas publicadas na *Revista Ilustrada* e também numa terceira, estampada na *Gazetinha*. Dessas, a mais interessante e opinativa é aquela já citada, de autoria do jovem Raul D., abreviação de Raul d'Ávila Pompeia, então com 17 anos. O autor de *O Ateneu* percebeu haver "mais alguma cousa" por trás do estilo ligeiro, alegre e espirituoso e recomendava aos seus leitores: "Leiam com attenção, com calma; ha muita critica fina e phrases tão bem subscriptadas que, mesmo pelo nosso correio, hão de chegar ao seu destinatario".[39] De quebra, na menção ao correio nacional, Raul Pompeia registrava na breve nota sua percepção do caráter dificultoso da circulação não só de livros, mas de todas as coisas, no Brasil.

Em contraste com a baixa repercussão das *Memórias Póstumas*, o romance *O Mulato*, de Aluísio Azevedo, provocaria mais escândalo e teria maior repercussão na imprensa do Rio de Janeiro, onde, segundo Helen Caldwell, teria sido assunto de mais de cem artigos durante o ano de 1881.[40] Caldwell acredita que Machado ficou deprimido com a recepção de sua obra, dedução que a crítica norte-americana faz a partir da leitura de uma carta que Miguel de Novais escreveu ao cunhado. Nela, Novais responde a queixas do escritor sobre a falta de compreensão do público e procura incentivar Machado a não quebrar sua pena e perseverar. Dessa carta tratarei no próximo capítulo.

---

39 Raul Pompeia, "Livro da Porta", *Revista Illustrada*, Rio de Janeiro, 3.4.1880, p. 2.
40 Para uma comparação entre a repercussão de *O Mulato* e das *Memórias Póstumas*, veja-se Luciana Stegagno Picchio, *História da Literatura Brasileira*, p. 259 e Helen Caldwell, *Machado de Assis – The Brazilian Master and His Novels*, especialmente o capítulo "Public Opinion – The Worms", pp. 116-126.

7

QUINCAS BORBA E O LEITOR DISSIMULADO

Os fatos raramente têm interpretação única, e é preciso atentar para a discrepância entre o que determinada coisa parece ser e aquilo que ela é. Essa é a advertência contida nas linhas iniciais de *Quincas Borba*, que começa com Rubião a olhar a enseada de sua casa em Botafogo: "Quem o visse, com os polegares metidos no cordão do chambre, à janela de uma grande casa de Botafogo, cuidaria que ele admirava aquele pedaço de água quieta; mas, em verdade, vos digo que pensava em outra cousa".[1] O narrador em terceira pessoa, além de apresentar a cena e comentá-la, rapidamente se coloca na posição de intermediário entre o leitor e a verdade com o emprego da formulação bíblica – "em verdade, vos digo". O expediente, ao mesmo tempo em que ajuda a atribuir confiabilidade a esse narrador, também coloca o leitor em estado de alerta para o caráter enganoso das aparências, o que se aplica até mesmo para as esferas divinas, pois logo em seguida Rubião faz cogitações sobre como Deus escreve direito por linhas tortas. As linhas tortas correspondem à não consumação do casamento da irmã de Rubião com Quincas Borba e à morte de ambos, fatos que fazem de Rubião herdeiro único e universal dos bens do filósofo inventor do Humanismo, "de modo que o que parecia uma desgraça...".[2]

O que parecia uma desgraça resultou na transformação de Rubião em capitalista, na sua mudança para o Rio, no cultivo da amizade com o casal

1 Machado de Assis, *Quincas Borba*, in *OC*, vol. 1, p. 643. A partir daqui, essa edição passa a ser referida como *QB*.
2 *QB*, p. 643.

Palha iniciada no trem que os levava de Minas à corte, na paixão pela mulher do amigo e na exacerbação do seu ciúme em relação a Sofia, que Rubião acreditava encontrar-se às escondidas com um conhecido seu, Carlos Maria, nos arrabaldes da cidade.

No capítulo inicial, há dois descompassos entre as expectativas e a realidade. O primeiro refere-se ao leitor, a quem o narrador atribui uma compreensão equivocada do que se passava pela cabeça de Rubião, alertando-o para a necessidade de uma leitura que vasculhe por trás das aparências, que desvende as motivações ocultas dos personagens; o segundo diz respeito à surpresa de Rubião sobre o curso de sua vida, que tomou rumos completamente diferentes do que até mesmo ele poderia imaginar um ano antes, quando ainda era um pobre professor em Barbacena. As interpretações errôneas, os erros de cálculo e o desacordo entre o aparente e o real são comuns ao personagem e aos leitores projetados pelo narrador. Essas aproximações e identificações entre o leitor e Rubião fazem parte das manobras sutis e subterrâneas do narrador, presentes ao longo de todo o livro.

O primeiro capítulo, no entanto, é plácido como a água quieta da enseada de Botafogo, e o efeito da leitura difere muito do impacto causado pelas páginas iniciais de *Brás Cubas*, ao qual este livro está explicitamente associado por meio de um personagem comum, o Quincas Borba, que foi colega de escola de Brás Cubas, e por referência direta do narrador ("Este Quincas Borba, se acaso me fizeste o favor de ler as *Memórias Póstumas de Brás Cubas*, é aquele mesmo náufrago da existência..."[3]). Na superfície da narração, a impressão de quietude se mantém, já que no decorrer de *Quincas Borba* não se registra nada parecido com os xingamentos, impropérios e palavras amargas usados pelo narrador Brás Cubas para se dirigir a seus interlocutores. Pelo contrário, aqui estes são tratados por meu rico senhor, senhora minha, leitora amada, amigo e senhor, entre outros salamaleques para seduzir, quebrar a resistência, angariar confiança e produzir identificação do leitor com aquilo que está sendo narrado.

Sob a superfície serena e cordial, contudo, há um mundo marcado pela irracionalidade que se procura naturalizar aos olhos do leitor, cuja desrazão fica insinuada pelos constantes paralelos das suas atitudes e posturas com as do ensandecido Rubião. Ao contrário do que ocorre em *Brás Cubas*, onde o desencanto e a desesperança com o interlocutor sobem à tona do texto, desta vez os mesmos sentimentos se expressam por meandros mais complexos, num nível mais profundo, embora não de forma

---

3   *QB*, p. 644.

menos ofensiva. Em *Quincas Borba* a aspereza do narrador é apenas mais sutil, insidiosa e metódica que a de Brás Cubas, e sua eficiência consiste em estabelecer um terreno comum e bem fundado de confiabilidade com seu interlocutor para repentinamente tirar-lhe o chão, levantando dúvidas sobre a boa-fé do narrador, que desmente o que parecia certo, levando o leitor a se defrontar com o caráter forjado da narração e a encarar de frente sua própria credulidade e ingenuidade, para dizer o mínimo.

O leitor mais atento pode notar o funcionamento desse processo já no segundo capítulo, que anuncia o "abismo" oculto sob as "águas tranquilas". Aí, a desintegração de Rubião fica sugerida pela forma como a narração apresenta, aos cacos, o fluxo dos pensamentos do herdeiro de Barbacena, dividido entre o que vê e as reflexões a respeito dos acertos do destino:

> Que abismo que há entre o espírito e o coração! O espírito do ex-professor, vexado daquele pensamento, arrepiou caminho, buscou outro assunto, uma canoa que ia passando; o coração, porém, deixou-se estar a bater de alegria. Que lhe importa a canoa nem o canoeiro, que os olhos de Rubião acompanham, arregalados? Ele, coração, vai dizendo que, uma vez que a mana Piedade tinha de morrer, foi bom que não casasse; podia vir um filho ou uma filha... – Bonita canoa! – Antes assim! – Como obedece bem aos remos do homem! – O certo é que eles estão no céu! (p. 643)

Sob a surperfície cordial instaura-se uma relação hostil e desrespeitosa com o leitor, o que a meu ver confirma a observação de John Gledson de que os ataques ao leitor tornam-se estruturais em *Quincas Borba*. Reconhecendo que tal postura está presente nas crônicas anteriores a *Brás Cubas* e sobretudo neste livro, Gledson argumenta que nos escritos anteriores a provocação seria algo episódico, algo diferente do que é inaugurado aqui – uma técnica narrativa que estabelece com o leitor uma comunicação em dois níveis de significados: um que se ajusta às convenções realistas, para uso do leitor comum, e outro que os mais sagazes são desafiados a descobrir, que seria o nível oculto do texto.[4] Embora me pareça que Machado de Assis desde sempre opere em mais de um registro, projetando pelo menos dois tipos de leitor conflitantes – o romântico e o antirromântico, o crédulo e o incrédulo, o estúpido e o perspicaz etc. – a observação de Gledson indica o aprofundamento, no texto, do embate entre as instâncias da narração e da interlocução. É por meio dessa ideia de "embate" que talvez possa ser descrito o movimento geral do romance machadiano, em que a questão da recepção aparece cada vez mais interiorizada no

---

4 Cf. John Gledson, *Machado de Assis: Ficção e História*, pp. 113 e 120.

texto por meio da figura do leitor que, retomando a imagem de Brás Cubas, passa a integrar a geologia do texto. Vejamos como isso se dá no processo de narração propriamente dito.

ALICIAMENTO, AGRESSÃO E CONFUSÃO DE LIMITES

O narrador de *Quincas Borba* procura aproximar-se e conquistar a confiança do leitor com palavras lisonjeiras, afirmações sobre sua inteligência, referências a sua capacidade dedutiva e pressuposições de bom entendimento; mas ao mesmo tempo em que profere elogios, sistemática e insidiosamente semeia dúvidas sobre tudo o que afirma. Embora pressuponha a independência do interlocutor, sugerindo que ele seja capaz de deduzir ou de ver alguma coisa por si mesmo, o narrador nega-lhe autonomia ao dirigir cuidadosa e milimetricamente sua opinião, conformando-a ao seu ponto de vista. Nesse sentido, a metáfora da narração como espaço de um teatro, a que vinha me referindo para tratar da relação do narrador com a plateia, parece já não se aplicar neste caso, em que a maneira como o narrador conduz a narração lembra bastante a imagem cinematográfica, com seu jogo de cortes, distanciamentos e aproximações, bem exemplificado nesta cena da apresentação do personagem Carlos Maria:

> Examinai-o bem; é um galhardo rapaz de olhos grandes e plácidos, muito senhor de si, ainda mais senhor dos outros. Olha de cima; não tem o riso jovial, mas escarninho. Agora, ao sentar-se à mesa, ao pegar no talher, ao abrir o guardanapo, em tudo se vê que ele está fazendo um insigne favor ao dono da casa, – talvez dous, – o de lhe comer o almoço, e o de lhe não chamar pascácio.[5]

Por meio de imperativos, o olhar do leitor é conduzido por uma descrição baseada na metonímia dos gestos em que a suposta objetividade visual vem acompanhada do julgamento implacável do caráter do personagem, juízo que no correr da frase parece decorrência natural daquilo que se vê. Mas o que parece se apresentar naturalmente aos olhos do leitor é resultado do que o narrador descreve e atribui à visão do leitor, colocado simultaneamente na condição de testemunha ocular da cena e cúmplice do narrador em sua opinião acerca do personagem. Ao longo de *Quincas Bor-*

---

5 *QB*, p. 664. A aproximação de *Quincas Borba* com a técnica cinematográfica, especificamente em relação ao uso do *flashback* na versão do romance em livro é notada por R. Magalhães Júnior. Cf. *Vida e obra de Machado de Assis*, vol. 3, p. 192.

ba essa cumplicidade é forçada não só pela coincidência do olhar, mas pela tentativa constante de conduzir o interlocutor corporalmente, digamos assim, pelo espaço e tempo da narração, o que se expressa em convocações como – "Vem comigo, leitor; vamos vê-lo, meses antes, à cabeceira do Quincas Borba".[6]

O uso do plural majestático é outro dos recursos de aliciamento. Como nos romances anteriores, há o emprego puramente retórico e reiterativo dos "não esqueçamos", "assim os vimos" e "podemos crer", que buscam aproximar o leitor do plano da narração. Peculiar a *Quincas Borba* é o emprego da primeira pessoa do plural na designação de um relacionamento comum do narrador e do leitor com uma terceira pessoa, procedimento de largo uso na ficção oitocentista, povoada de "nossos heróis" e "nossas heroínas", mas raríssimo na obra machadiana. *Quincas Borba* constitui exceção, já que o narrador constantemente se refere a Rubião como "o nosso amigo", "nosso Rubião" ou, mais raramente, como "o nosso homem", forçando a intimidade com um personagem com que nenhum leitor em sã consciência, com o perdão do trocadilho, gostaria de se identificar. O fato de a primeira pessoa do plural ser regularmente empregada, no ambiente ficcional, principalmente pelos parasitas que orbitam em torno da fortuna de Rubião para expressar bajulação e falsa intimidade leva a pensar que o uso do possessivo "nosso" para se referir a Rubião não é apenas recurso para o acumpliciamento do leitor, mas subterfúgio para igualá-lo à legião de interesseiros, chupins e imprestáveis que, de olho na herança, também tratam o herdeiro de "nosso Rubião".

Embora à primeira vista procure distanciar-se da maluquice que impera no universo ficcional – e mantenha seu interlocutor também a distância –, o que se vê é o estabelecimento de uma gradativa intimidade entre narrador e leitor em torno de um sandeu, um gira com delírios imperiais, referido como "nosso herói" justamente no momento em que se desprende do continente da razão. A referência, inédita no romance machadiano, a um personagem como herói e o prenúncio da loucura de Rubião ocorrem na cena em que este, sozinho com Sofia, pega a mão dela e, ao inclinar-se para beijá-la, é surpreendido por uma presença indesejada. Eis como é descrita a reação de Rubião diante do temor de que tivessem visto, ouvido ou adivinhado alguma coisa da cena, e a tornassem pública:

6 *QB*, p. 644.

Aqui temos o *nosso herói* como alguém que, depois de navegar cosido com a praia, longos anos, acha-se um dia entre as ondas do alto mar; felizmente o medo também é oficial de ideias, e deu-lhe ali uma, *lisonjear o interlocutor*.[7]

A observação faz pensar no cálculo e nas motivações inconfessáveis que podem estar escondidas sob os termos lisonjeiros com que o narrador – também ele temeroso de despegar-se da racionalidade? – dirige-se ao interlocutor. Apesar de frequentemente elogiado pela capacidade de compreensão, talvez não seja assim tão perspicaz quem tem como herói Rubião, um homem apresentado como medroso, covarde, adulador etc. A menos que o narrador esteja sugerindo estarmos todos irmanados em torno de um patife!

A confusão deliberada dos limites entre falas e pensamentos do narrador, do leitor e de Rubião faz-se também pelo emprego do discurso indireto livre, com deslizamentos quase imperceptíveis da voz do narrador para interferências atribuídas ao interlocutor, que por sua vez intervém na narração pedindo explicações e esclarecimentos. Isso ocorre principalmente por meio de perguntas que brotam da imaginação defensiva e paranoica do narrador e são sub-repticiamente atribuídas ao leitor projetado por ele. Há momentos em que o narrador faz conjecturas para em seguida imputá-las explicitamente ao leitor, que não pode se defender e é instado a se demorar em torno de afirmações enigmáticas e estapafúrdias. Exemplo disso são as considerações feitas logo depois que Rubião, a golpes de toalha, mata um punhado de formigas para em seguida ouvir uma cigarra chamar em seu canto "Sôôôô... fia, fia, fia, fia, fia... Sôôôô... fia, fia, fia, fia, fia...":

> Oh! precaução sublime e piedosa da natureza, que põe uma cigarra viva ao pé de vinte formigas mortas, para compensá-las. Essa reflexão é do leitor.[8]

Depois de encampar o delírio auditivo de Rubião e compor um adágio de sentido duvidoso, o narrador confere a autoria do pensamento ao leitor, dissolvendo as fronteiras que separam o seu discurso, o do leitor e o de um personagem às vésperas da loucura. A propositada confusão e sobreposição de discursos atingirá o auge no Capítulo CVI:

> ... ou, mais propriamente, capítulo em que o leitor, desorientado, não pode combinar as tristezas de Sofia com a anedota do cocheiro. E pergunta confuso: – Então a entre-

---

7   *QB*, p. 674. Grifos meus.
8   *QB*, p. 720.

vista da Rua da Harmonia, Sofia, Carlos Maria, esse chocalho de rimas sonoras e delinquentes é tudo calúnia? Calúnia do leitor e do Rubião, não do pobre cocheiro, que não proferiu nomes, não chegou sequer a contar uma anedota verdadeira. É o que teria visto, se lesses com pausa. Sim, desgraçado, adverte bem que era inverossímil que um homem, indo a uma aventura daquelas, fizesse parar o tílburi diante da casa pactuada. Seria pôr uma testemunha ao crime. Há entre o céu e a terra muitas mais ruas do que sonha a tua filosofia, – ruas transversais, onde o tílburi podia ficar esperando.[9]

O trecho explicita os procedimentos básicos para o aliciamento e a confusão do leitor: o narrador, que induzira o leitor a todos os deslizes, agora tira o corpo fora, atribuindo a Rubião e ao leitor a responsabilidade pelos equívocos acerca dos supostos encontros entre Carlos Maria e Sofia, acobertados pela costureira da rua da Harmonia. É notável nesse trecho a profusão dos pontos de vista: o de Sofia, o de Carlos Maria, o do cocheiro, o de Rubião, o da costureira – todos disparatados, conformados a interesses muito particulares e orquestrados por um narrador que desde sempre conhecia o infundado das suspeitas de adultério. Por mais de cem capítulos o narrador oculta isso do leitor, para cinicamente acusá-lo de cúmplice de Rubião na calúnia. Enquanto Rubião tem como atenuantes o amor, o ciúme e a loucura, a calúnia do leitor só se explica por má-fé ou inépcia, uma vez que, apesar das advertências iniciais do narrador sobre a necessidade de procurar o sentido oculto sob as aparências, o leitor foi afoito e falhou ao não percorrer as vias transversais da interpretação. Completa-se assim o procedimento básico do narrador de *Quincas Borba*: apresentar-se confiável e generoso nos conselhos apenas para agravar a acusação de incompetência do seu interlocutor, incapaz até mesmo de aplicar os procedimentos que lhe foram sugeridos pelo narrador. As acusações perdem a ligeireza que tinham em *Brás Cubas* – onde sempre era possível fingir que o leitor evocado era uma terceira pessoa – e ganham em gravidade. Desta vez, não há dúvida de que o leitor referido pelo narrador é o "eu" que tem o livro nas mãos, manipulável e volúvel a ponto de incorrer nos crimes de calúnia e falso testemunho, dos quais é expressamente acusado.

Vale notar que o capítulo CVI, ao qual pertence o trecho reproduzido acima, foi inserido na versão do romance publicada em livro no final de 1891, constituindo uma das principais diferenças em relação ao texto publicado nas páginas da revista de variedades *A Estação*.[10] A inclusão pos-

---

9 *QB*, p. 732.
10 *Quincas Borba* foi publicado aos pedaços, com algumas interrupções, entre 15.6.1886 e 15.9.1891.

terior do trecho denota a intenção do escritor não apenas de produzir uma crise de confiabilidade em relação ao narrador, como defende John Kinnear em "Machado de Assis: *To Believe or Not To Believe*", mas também de problematizar e aprofundar na narrativa a crise em relação à recepção do texto, que chegara ao primeiro plano em *Brás Cubas*. Kinnear, que faz uma comparação minuciosa do texto que saiu na imprensa com o texto do livro, localiza em *Quincas Borba* a adoção de uma nova postura do narrador para com o leitor; essa nova postura, consequência de um momento de crise do escritor, consistiria numa propensão para desconfiar do realismo e para questionar as atitudes ingenuamente realistas dos leitores perante a ficção. O que tenho procurado mostrar é que a mudança de postura e a crise do narrador com o leitor constituem um processo contínuo na obra machadiana, que tem nessa relação um dos seus principais eixos temáticos e na problematização do embate entre narrador e leitor uma das marcas de sua originalidade.[11]

AS MUDANÇAS DO ESCRITOR

A aparente concordância em torno de interesses que repentinamente se desfazem, a variedade de pontos de vista e de possíveis explicações para um mesmo fato, as dissensões e os conflitos de interesses, tudo isso que pauta as relações entre as personagens repercute sobre a relação entre o narrador e o leitor em *Quincas Borba*. Os desacordos e não correspondências estão anunciados já pelo título que, à maneira do que ocorre em *Iaiá Garcia*, cria falsas expectativas em relação à matéria do romance, efetivamente protagonizado por Rubião e Sofia, e não pelo personagem-título, que não se sabe se é o filósofo ou seu cão. Muito diferente é o fato de haver no livro de 1878 uma heroína claramente configurada em Estela, cuja virtude consiste em sua integridade e constância, ao passo que a obra 1891 conta com um elenco de homens e mulheres volúveis e divididos. Entre todos, o melhor exemplo é Rubião, um homem cindido sob todos os aspectos: em sua relação com o passado, já que ele é repentinamente transformado de professor em capitalista; em suas referências cotidianas, completamente alteradas na mudança de Barbacena para o Rio de Janeiro, onde passa a viver rodeado de falsos amigos; moralmente, na inconciliabilidade

---

[11] John Kinnear, "Machado de Assis: To Believe or Not To Believe", *Modern Language Review*, 71 (1976), pp. 54-65.

entre sua amizade por Palha e seu amor pela mulher dele; e ainda psicologicamente, no abismo crescente que se abre entre o que lhe vai no espírito e no coração. A fissão anunciada já no segundo capítulo ("Que abismo que há entre o espírito e o coração!"[12]) alarga-se no decorrer do texto, tornando-se imagem recorrente do romance, servindo até mesmo para anunciar a iminente dissolução psíquica de Rubião, cujo espírito "pairava sobre o abismo".[13]

Vale insistir um pouco na comparação com *Iaiá Garcia*, já que esse contraste pode lançar luz sobre as transformações do escritor. A ação de *Quincas Borba* e a de *Iaiá Garcia* estão situadas no mesmo tempo e lugar, o Rio de Janeiro do final da década de 1860 e início da de 1870[14], período de grandes transformações, como vimos no segundo capítulo, que marcou o início do fim do Brasil imperial[15] e no qual a mobilidade social e as possibilidades de ascensão tornam-se menos raras, como testemunham as trajetórias de Rubião e de Sofia, cuja mudança de classe Machado descreve num parágrafo magistral:

> Foi assim que nossa amiga, pouco a pouco, espanou a atmosfera. Cortou as relações antigas, familiares, algumas tão íntimas que dificilmente se poderiam dissolver; mas a arte de receber sem calor, ouvir sem interesse e despedir-se sem pesar, não era das suas menores prendas; e uma por uma, se foram indo as pobres criaturas modestas, sem maneiras, nem vestidos, amizades de pequena monta, de pagodes caseiros, de hábitos singelos e sem elevação. Com os homens fazia exatamente o que o major contara, quando eles a viam passar de carruagem, – que era sua, – entre parêntesis. A diferença é que já nem os espreitava para saber se a viam. Acabara a lua de mel da grandeza; agora torcia os olhos duramente para outro lado, conjurando, de um gesto definitivo, o perigo de alguma hesitação. Punha assim os velhos amigos na obrigação de lhe não tirarem o chapéu.[16]

Num ambiente onde as relações sociais não estão mais engessadas em castas e podem modificar-se várias vezes ao longo da vida, é necessário desenvolver estratégias para o descarte do passado. Os gestos e comportamentos de Sofia descritos no trecho acima são técnicas de sobrevivência nesse mundo onde a ascensão social é possível e a desenvoltura na dissimulação passa a integrar a lista das prendas necessárias. Parece difícil acreditar que Sofia e Estela sejam frutos do mesmo tempo e lugar, já que a

---

12 *QB*, p. 643.
13 *QB*, p. 714.
14 Mais especificamente, em *Quincas Borba* a ação se desenrola entre meados de 1867 e o início de 1872.
15 Cf. John Gledson, *Machado de Assis: Ficção e História*, p. 59.
16 *QB*, p. 761.

mulher do Palha é a antípoda da integérrima Estela, que chega ao final do livro orgulhosa de nunca ter visto uma porta abrir-se a ela por obséquio e nem de ter seu nome servido "de pasto à natural curiosidade dos amigos de meu marido".[17]

O contraste entre os romances não se resume às diferenças marcantes entre Estela e Sofia. Todo o ambiente ficcional de *Quincas Borba* é muito mais diversificado, dinâmico e arejado que o de *Iaiá Garcia*, passando a incluir o ambiente de província, com a Barbacena de onde sai e para onde retorna Rubião, os subúrbios da corte onde vive a pobre costureira suspeita de alcovitagem e até a intimidade das casas de figurões do Estado. Para o leitor desavisado, tal dessemelhança pode causar a impressão de que as duas histórias ou não se passam no mesmo tempo e lugar ou foram escritas por diferentes autores. Não sendo verdadeira nenhuma das alternativas, é preciso reconhecer que a mudança radical refere-se ao escritor. Este agora se move em águas bastante diferentes, tanto no que se refere à técnica narrativa e à percepção do universo a ser representado quanto na relação que a obra pressupõe com seus possíveis interlocutores.

Enquanto a narrativa de 1878 terminava afirmando a sinceridade e a piedade, preservadas do naufrágio das ilusões juntamente com o caráter impoluto de Estela e de Luís Garcia, nada há de puro nesse outro ambiente em que tudo e todos trazem traços de mesquinharia e pequenez. À exceção de D. Fernanda, que por motivos humanitários se empenha no tratamento da saúde mental de Rubião, não há outra personagem cuja relação com o herdeiro de Quincas Borba ultrapasse o mero interesse de mordiscar sua fortuna. Focalizando o período que começa com o enriquecimento súbito de Rubião e termina com o seu retorno à pobreza e o encontro da morte em Barbacena, a história trata de um mundo em que os inescrupulosos, os cínicos e os dissimulados são os vencedores e merecedores das batatas.

O leitor implícito de *Quincas Borba* também é muito diferente do subsumido em *Iaiá Garcia* onde, apesar da frustração dos princípios românticos, as categorias do Bem e do Mal ainda estão operantes e onde o leitor é claramente induzido a se identificar com o caráter de Estela e de Luís Garcia. Neste outro universo ficcional, onde "moralmente as colchas inteiriças são tão raras", como diz o narrador ao descrever a alma do Palha[18], todas as entidades ficcionais, incluído o leitor figurado pelo texto, têm como traço comum a falta de integridade, não havendo para onde con-

---

17 *Iaiá Garcia*, *OC*, vol. 1, p. 504.
18 *QB*, p. 689.

vergir a simpatia ou a identificação do leitor empírico, também ele referido pelo narrador como um dissimulado, alguém que aparenta ser o que não é – "deixai que vos diga que sois muito indiscreta, e que eu não me quero senão com dissimulados".[19]

A discrepância entre parecer e ser, como vimos, está presente desde as linhas iniciais do livro e consiste num dos princípios que regem todos os elementos do jogo ficcional em *Quincas Borba*. A distância, o desacordo e o desencontro não se dão mais entre os personagens, ou apenas entre o narrador e o leitor, mas estão interiorizados em cada uma dessas entidades ficcionais, elas próprias em dessintonia consigo mesmas, divididas entre aquilo que parecem ser e aquilo que são, considerando-se que aquilo que são talvez não passe de mera aparência.

A precariedade da comunicação do texto, encenada de modo histriônico e espetaculoso em *Brás Cubas*, manifesta-se em *Quincas Borba* por meio de uma voz mais arredia, discreta e desconfiada, que recalca sua animosidade contra o leitor em camadas mais fundas da narrativa. A aparente tranquilidade da superfície só é rompida eventualmente, quando a movimentação nos subterrâneos da narrativa atinge um nível de turbulência que deixa entrever as fissuras de todos os elementos que a integram.

Veremos como esse processo de desintegração será aprofundado e exacerbado nos livros seguintes, com o dilaceramento do narrador-protagonista em *Dom Casmurro*, a dualidade estrutural de *Esaú e Jacó* e o polimorfismo do narrador do *Memorial de Aires*, figurado simultaneamente como autor, narrador, leitor e crítico de uma obra calculada para não ser lida por ninguém.

AS REFERÊNCIAS DISPARATADAS

Um dos aspectos que deixa clara a maior variedade do universo ficcional de *Quincas Borba* em relação ao de *Iaiá Garcia* é o disparate das referências e preferências literárias expressas nesse romance, em que os livros marcam presença ostensiva e os jornais e revistas circulam com uma desenvoltura até então inédita na obra machadiana. Entre as personagens, as preferências literárias são flagrantemente retrógradas, incluindo o drama de lágrimas, citado por meio do *Pobre das Ruínas*, peça que Freitas, um dos comensais de Rubião, disse que veria se um dia fosse a Atenas[20]; o

---

19 *QB*, p. 760.
20 *QB*, p. 664.

indefectível *Saint-Clair das Ilhas ou os Desterrados da Ilha da Barra*, único volume da biblioteca do velho major Siqueira e sua filha Tonica[21]; e as figuras de Byron e Gonçalves Dias, emblemáticas do gosto corrente, e que o finado Quincas Borba, leitor aplicado das *Confissões* de Santo Agostinho, tanto admirava. Há também os leitores de livros técnicos e jurídicos, como Teófilo, o marido de D. Fernanda, que "amava tanto os livros que parecia amá-los mais que a ela"[22]; e o Dr. Camacho, que tinha em sua estante títulos de Lobão, Pereira de Sousa, Dalloz e um exemplar das *Ordenações do Reino*.[23]

O padrão dominante, entretanto, é definido por Rubião, para quem a literatura tem caráter principalmente ornamental, o que fica sugerido pelas estátuas de bronze de *Mefistófeles* e do *Fausto* que adornam a sala do ex-professor não pela evocação literária, mas por serem feitas de "matéria de preço".[24] O novo-rico Rubião, leitor do almanaque de Laemmert de onde decora os "nomes bonitos" de marqueses a barões[25], tem seu gosto sintetizado neste trecho:

> Ultimamente, [Rubião] ocupava-se muito em ler; lia romances, mas só os históricos de Dumas pai, ou os contemporâneos de Feuillet, estes com dificuldade, por não conhecer bem a língua original. Dos primeiros sobravam traduções. Arriscava-se a algum mais, se lhe achava o principal dos outros, uma sociedade fidalga e régia. Aquelas

---

21 Um estudo detalhado sobre o significado de *Saint-Clair das Ilhas* para o major Siqueira e sua filha, em particular, e para a obra de Machado de Assis em geral é feita por Marlyse Meyer em seu artigo "Machado de Assis lê *Saint-Clair das Ilhas*", in: *As Mil Faces de um Herói Canalha e Outros Ensaios*, Rio de Janeiro, Editora UFRJ, 1998, pp. 31-107.
22 *QB*, p. 793.
23 Os livros ocupam "quatro largas estantes" na casa do bacharel e deputado Teófilo, circulam pelas mãos do advogado e jornalista Camacho, integram a herança de Quincas Borba, que "devia ter muitos livros, citava muitos deles", e também marcam presença nas casas mais modestas, como a do major Siqueira, que tem um único título em sua estante. Rubião é um protetor das letras, de modo que os "livros que lhe eram dedicados entravam para o prelo com a garantia de duzentos e trezentos exemplares" (*QB*, p. 760), e assina jornais sem os ler, além de ser contribuinte da *Atalaia*, folha fundada pelo Dr. Camacho e que ia bem em assinaturas, tinha anúncios, mas precisava de contribuições para "ampliar a matéria, pôr-lhe mais noticiário, variedades, tradução de algum romance para o folhetim, movimento do porto, da praça, etc." (*QB*, p. 694). Há também leitores das revistas de variedades, como uma das elegantes do tempo, esposa de senador, que lia Feuillet na *Revista dos Dous Mundos* e por meio de quem Sofia veio a conhecer a revista, imediatamente pedindo ao marido que a assinasse, passando a ler os romances que lá saíam (*QB*, p. 778). Há também o leitor de revista estrangeira Carlos Maria, que lê um "estudo de sir Charles Little, M. P., sobre a famosa estatueta de Narciso, do Museu de Nápoles" publicado numa revista inglesa cujo nome não é citado (*QB*, p. 788).
24 *QB*, p. 643.
25 *QB*, p. 713.

cenas da corte de França, inventadas pelo maravilhoso Dumas, e os seus nobres espadachins e aventureiros, as condessas e os duques de Feuillet, metidos em estufas ricas, todos eles com palavras mui compostas, polidas, altivas, graciosas, faziam-lhe passar o tempo às carreiras. Quase sempre, acaba com o livro caído e os olhos no ar, pensando. Talvez algum velho marquês defunto lhe repetisse anedotas de outras eras.[26]

Aí fica sintetizado também o gosto de Sofia e de grande parte dos leitores do Brasil na segunda metade dos oitocentos, quando as obras traduzidas de Dumas pai circularam largamente, fascinando o público e fixando nele o gosto pela linguagem grandiloquente, pelos ambientes cheios de pompa e luxo e pela distração oferecida pelos enredos com grandes arrancos. Já os livros de Feuillet, muitas vezes disponíveis apenas no original, é que faziam do aprendizado do francês um item indispensável "para conversar, ir às lojas, para ler um romance"[27], nessa ordem de importância.

Interessa notar o descompasso marcado entre o gosto pela literatura escapista e sentimental, atribuído aos personagens, e as preferências literárias muito mais sofisticadas e eruditas do narrador, que frequentemente cita a Bíblia, aprecia Sterne e "o elegante Garrett"[28], supõe compartilhar com o leitor o gosto por Álvares de Azevedo, ao qual se refere como "nosso"[29], menciona obras de Shakespeare e sobretudo cita o *Hamlet*. Mas é preciso cautela diante das citações de frases estropiadas de acordo com as conveniências do narrador[30] e das suas declaradas admirações por táticas narrativas a que se refere apenas para impressionar o interlocutor, já que faz o contrário do que elas prescrevem.

O narrador, por exemplo, elogia os títulos descritivos dos capítulos de *Tom Jones* e cita um deles, intitulado "Contendo Cinco Folhas de Papel", para ressaltar a clareza, a simplicidade e honestidade do recurso – "são cinco folhas, mais nada, quem não quer não lê, e quem quer lê".[31] Seu procedimento, no entanto, é oposto ao de Fielding, já que dedica muitas e muitas linhas para exaltar a capacidade de síntese. Ou seja, ele subverte diante dos olhos do leitor a regra elogiada, já que o Capítulo CXII é reduzido à função de introito ao seguinte, dedicado a descartar a solução de

---

26 *QB*, p. 712.
27 *QB*, p. 697.
28 *QB*, p. 689.
29 *QB*, p. 736.
30 O narrador emenda *Hamlet* duas vezes: "Há entre o céu e a terra, Horácio, muitas cousas mais do que sonha a vossa vã *filantropia*" e, logo em seguida, "mais do que sonha a vossa vã *dialética*".
31 *QB*, p. 738.

Fielding. As virtudes dos velhos livros não se aplicam ao seu, que não é claro nem simples e que não se cansa de engambelar o leitor. Eis todo o Capítulo CXIII:

> Se tal fosse o método deste livro, eis aqui um título que explicaria tudo: 'De como Rubião, satisfeito da emenda feita no artigo, tantas frases compôs e ruminou, que acabou por escrever todos os livros que lera'.
> Lá haverá leitor a quem só isso não bastasse. Naturalmente, quereria toda a análise da operação mental do nosso homem, sem advertir que, para tanto, não chegariam as cinco folhas de papel de Fielding. Há um abismo entre a primeira frase de que Rubião era coautor até a autoria de todas as obras lidas por ele; é certo que o que mais lhe custou foi ir da frase ao primeiro livro; – deste em diante a carreira fez-se rápida. Não importa; a análise seria ainda assim longa e fastiosa. O melhor de tudo é deixar só isto; durante alguns minutos, Rubião se teve por autor de muitas obras alheias.[32]

Com todos esses ditos e desditos, o narrador enfatiza a contradição inerente à sua declarada preferência pela narrativa sucinta e também o possível desagrado que essa postura causaria num certo tipo de leitor afeito a delongas e minúcias. Ele afirma gostar do simples, do direto e do honesto logo depois de escrever três capítulos que não são propriamente capítulos, mas preâmbulos para um longo capítulo que ele diz não saber se poderia vir resumido no título. No segundo parágrafo, em atitude característica, o narrador projeta sua confusão no interlocutor, deixando entrever o desvario de seu método – "Desvario embora, lá tem seu método" é a frase do *Hamlet* recorrentemente citada por ele. Ele também focaliza o abismo de Rubião e também o seu próprio, que não consegue concordar consigo mesmo, oscilando entre as expectativas que seriam de seu interlocutor e seus "princípios" narrativos, supostamente fundados na clareza e na síntese. O não cumprimento dos princípios declarados estabelece um desacordo entre a enunciação e a ação, desacordo semelhante à discrepância entre a aparência dos fatos e os fatos, para a qual o narrador alerta desde as linhas iniciais do livro.

A RECEPÇÃO DE *QUINCAS BORBA*

No mundo empírico, os fatos também divergiam das aparências, já que a recepção do livro tratou de desmentir as expectativas negativas em relação à interlocução expressas em *Quincas Borba*. Foi este o primeiro

---

32 *QB*, pp. 738-9.

grande sucesso de crítica e público de Machado de Assis. O livro foi assunto de resenhas em vários jornais, inclusive fora do Rio de Janeiro, e sua publicação coincidia com o momento em que a obra machadiana passava a catalisar a atenção das principais facções da crítica literária de então representadas, de um lado, por Sílvio Romero, Múcio Teixeira, Luís Murat e Agripino Grieco e, do outro, pelo Conselheiro Lafaiete (Labieno), Magalhães de Azeredo, José Veríssimo, Araripe Júnior e Valentim Magalhães.

Apesar dos artigos numerosos sobre o livro, há entre o texto de Machado e a linguagem das resenhas que trataram do seu lançamento, no final de 1891, um abismo comparável ao que separa as referências e preferências literárias do narrador e as das personagens de *Quincas Borba*. O redator d'*O Tempo* qualificou o livro de "um brilhante demais engastado no diadema da literatura brasileira" e "um cálix de licor finíssimo que a gente prova e sorve de um trago".[33] Em *O Estado de S. Paulo*, Magalhães de Azeredo, então com 19 anos, publicou uma série de seis artigos elogiosos a *Brás Cubas* e a *Quincas Borba*. Nesses textos, o futuro amigo e pupilo de Machado de Assis, que até o final da vida teria nele um confidente, definia o humorismo do escritor como "flor doentia da experiência e da desilusão, que semelha um goivo de sepulcro abrindo-se numa jarra de porcelana de Sèvres, sobre um piano donde se evolam acordes de polcas alegres, no turbilhão doido de um baile de duendes".[34] Até José Veríssimo, tão comedido com as palavras e sempre tão sóbrio na linguagem, cede à pieguice e exorbita nos adjetivos ao dizer que livros como os de Machado de Assis "confortam-nos algumas horas como o doce perfume de uma flor rara ou a sombra fofa de uma copa de árvore em meio de longo caminho árido".[35]

Entre as críticas contemporâneas ao lançamento do livro, a de observações mais finas e mais livre de floreios é a de Araripe Júnior, que concluía assim o primeiro dos dois artigos que dedicou ao romance em 1892:

> Machado de Assis tem andado entre Octave Feuillet e Laurence Sterne; duas naturezas aparentemente diversas, uma de angorá, outro de urso filósofo. Eu prefiro a última e por isso gosto mais de *Brás Cubas* e de *Quincas Borba* do que da *Iaiá Garcia* e da *Helena*.[36]

---

33 José Anastácio, "Quincas Borba", *O Tempo*, Rio de Janeiro, 25.1.1892, p. 1.
34 Carlos Magalhães de Azeredo, "Quincas Borba", in *O Estado de São Paulo*, São Paulo, 19, 20, 21, 24, 26 e 27.4.1892.
35 José Veríssimo, "Às Segundas-feiras – Um Novo Livro do Sr. Machado de Assis", *Jornal do Brasil*, Rio de Janeiro, 11.1.1892, pp. 1-2.
36 Araripe Júnior, "Quincas Borba", *Gazeta de Notícias*, 12.1.1892, p. 1.

Escrita muito antes que a obra de Machado de Assis fosse dividida em duas fases, a observação de Araripe Júnior é notável pelo reconhecimento de dessemelhanças e semelhanças entre os livros, pelo apontamento das filiações literárias de cada um deles e também por evidenciar o contraste de gosto que marca não só a distância entre o narrador e os personagens, mas também o descompasso entre a obra e o ambiente literário em que ela se inseria, o que também fica demonstrado nas diferenças entre a limpeza da dicção machadiana e a linguagem retorcida empregada na maioria das resenhas dedicadas ao *Quincas Borba*. Diante de alguns trechos dessas resenhas, é tentador imaginar a expressão facial e os comentários silenciosos (ou não) do escritor com seus próprios botões diante das comparações suscitadas por seu livro.

Desta vez Machado de Assis pelo menos tinha o consolo do sucesso de circulação do livro, que recebeu várias resenhas na imprensa e teve sua primeira edição esgotada em período recorde, chegando à segunda edição em 1896 e à terceira em 1899.[37] O fato inédito não passou despercebido pelo escritor, que no "Prólogo da Terceira Edição" fez um dos registros mais explícitos do interesse pela recepção de sua obra. Depois de informar que "a segunda edição deste livro acabou mais depressa que a primeira", Machado refere-se à sugestão de um confrade para escrever um terceiro volume que formasse com *Brás Cubas* e *Quincas Borba* uma trilogia, ideia que o escritor pondera e rejeita. Nesse mesmo prólogo, ele também menciona a crítica, dividida em duas facções: a primeira formada pelos que tacharam sua obra de repetitiva – leia-se Sílvio Romero, que dois anos antes publicara o estudo em que procura demonstrar a superioridade literária de Tobias Barreto em relação a Machado de Assis; e a segunda, composta pelas "vozes generosas e fortes" que saíram em defesa pública de Machado contra os ataques de Sílvio Romero – leia-se Lafaiete Rodrigues Pereira que, sob o pseudônimo de Labieno, publicou uma série de artigos no *Jornal do Comércio* para refutar as teses de Romero.[38]

Ao escrever que Rubião "se desdobrava, sem público, diante de si mesmo"[39], Machado provavelmente aludia também à sua condição de es-

---

37 A primeira edição em livro, publicada em 1891 pela Garnier, teve tiragem de 1.000 exemplares; a segunda, de 1896, foi de 1.100 exemplares; não há contrato para a terceira edição, já que quando do seu lançamento, em 1899, os direitos sobre as edições dessa obra já estavam vendidos para François-Hippolyte Garnier, mas a tiragem deve ter sido em torno dos 1.000 exemplares, conforme costume da época.
38 O agradecimento em particular foi feito por meio de carta enviada a Lafaiete Rodrigues Pereira datada de 19.2.1898 e reproduzida em *OC*, vol. 3, p. 1043.
39 *QB*, p. 711.

critor frustrado com os efeitos ínfimos produzidos por seu *Brás Cubas* dez anos antes, o que o levou, num gesto muito pouco característico seu, a se queixar ao cunhado Miguel Novais, que lhe respondeu em carta: "Parece que não tem razão para desanimar e bom é que continue a escrever sempre. Que importa que a maioria do público lhe não compreendesse o último livro? Há livros que são para todos e outros que são só para alguns – o seu último livro está no segundo caso e sei que foi muito apreciado por quem o compreendeu – não são e o amigo sabe-o bem os livros de mais voga os que têm mais mérito. Não pense nem se ocupe da opinião pública quando escrever. A justiça mais tarde ou mais cedo se lhe fará esteja certo disso...".[40]

Machado de Assis não quebrou a pena, mas também jamais deixou de se importar e manifestar seu interesse e preocupação com a opinião pública e com a acolhida de sua obra, o que fez em agradecimento público a José Veríssimo[41] e por carta a Magalhães de Azeredo, que a partir de então se tornariam amigos por toda a vida. Depois do desapontamento com a recepção do romance anterior, Machado cria um narrador mais retraído e menos estridente na sua relação com os leitores empíricos, aprofundando a figuração do leitor no terreno ficcional por meio de um narrador dissimulado que finge proximidade para, a certa altura, passar uma descompostura e flagrar a inépcia e a incompetência do leitor. A crítica ao leitor empírico, explícita e direta em *Brás Cubas*, desta vez está deslocada para camadas mais profundas do texto e se faz por meio da figuração do leitor como alguém dissimulado, confuso e desorientado que, à semelhança do novo-rico Rubião, aprecia *Mefistófeles* e *Fausto* pelo seu valor de troca. São os leitores das estátuas de bronze que não deviam ser raros no tempo da publicação de *Quincas Borba*, marcado pela euforia econômica, ilusão de riqueza, negócios mirabolantes e falcatruas do Encilhamento.

---

40 Carta de Miguel Novais a Machado de Assis de 21.7.1882, *apud* Luiz Viana Filho, *A vida de Machado de Assis*, São Paulo, Livraria Martins Editora, 1965, pp.113-4.
41 A satisfação de Machado com a resenha de José Veríssimo manifestou-se em artigo sobre o lançamento do livro *Estudos Brasileiros*, que incluía o texto de Veríssimo publicado no *Jornal do Brasil*; no artigo, Machado fazia referência indireta à resenha ao falar que, além da competência conhecida e reconhecida do crítico, havia no livro "páginas que mostram que há nele também muita benevolência". Machado de Assis, "A Semana", 2.12.1894, *OC*, p. 635.

A litografia publicada na capa de *O Mequetrefe*, em outubro de 1886, comemora os 22 anos de publicação do primeiro volume de poemas, *Crisálidas*. A essa altura, Machado de Assis era amplamente reconhecido como o maior escritor brasileiro.
Fonte: Biblioteca Nacional, Seção de Periódicos

8

DOM CASMURRO E O LEITOR LACUNAR

Em *Dom Casmurro*, a figura do leitor passa a incluir também o risco da interpretação inerente ao processo de leitura, e o lugar que lhe é prescrito torna-se mais ambíguo do que em qualquer dos romances anteriores. Desta vez o leitor é explicitamente convocado a participar do processo literário na condição de *intérprete*, completando lacunas, tirando conclusões e fazendo julgamentos do que lhe é relatado. Enquanto em *Brás Cubas* e *Quincas Borba* o tom jocoso da narração convida ao distanciamento em relação aos fatos narrados, em *Dom Casmurro* a nostalgia melancólica apela à empatia do leitor. Ao mesmo tempo em que o narrador Bento Santiago procura convencer-nos da sua versão do ocorrido, ele vai deixando pelo caminho falsas pistas que possibilitam explicações divergentes das suas, constituindo-se em iscas para enredar o leitor no campo ficcional. Para isso, como bem observou Silviano Santiago em "Retórica da verossimilhança", o leitor é colocado no centro da arena de discussão, já que persuadir é um dos principais interesses da prosa de *Dom Casmurro*. Mas o processo de convencimento e persuasão não quer fazer com que o leitor evolua no seu modo de pensar ou de encarar os problemas, mas sim fornecer-lhe matéria para que ele se convença a si próprio, a partir dos seus próprios conceitos e preconceitos. Daí a centralização do motivo do discurso estar não no discernimento do orador casmurro, mas no de quem escuta, em última análise responsável por completar e dar sentido à narração.[1]

---

1 Cf. Silviano Santiago, *Uma Literatura nos Trópicos: Ensaios sobre Dependência Cultural*. 2. ed. Rio de Janeiro, Rocco, 2000, pp 27-46.

Ao apelo por uma identificação negativa com Brás Cubas e, em certa medida, com Rubião, sucede a procura não de identificação, mas de uma espécie de adesão do interlocutor ao processo da narração. O narrador procura seduzi-lo de modo a torná-lo não apenas cúmplice, mas coautor da narração, forçando-se a aproximação entre as instâncias da narração e da interlocução. Diferentemente do que ocorre nos dois romances anteriores, as objeções ao leitor desta vez não se manifestam pelo confronto direto, mas aparecem incorporadas ao modo ambíguo do relato. É como se a tessitura do texto se alargasse e as fissuras – contradições, omissões, emendas, lacunas – construíssem um espaço, digamos, interno, capaz de abrigar leituras discordantes entre si, variáveis em função das projeções que o leitor empírico faz dos seus próprios valores e crenças sobre o texto radicalmente ambíguo do romance.

DA AUDIÇÃO AO SILÊNCIO

A questão da recepção, ou melhor, da interlocução no processo literário, aparece já no capítulo inicial, em que o narrador trata das circunstâncias da origem do título. No trem de volta para casa, Bento Santiago encontra um conhecido do bairro que se senta perto dele e recita-lhe versos. Involuntariamente, o narrador é colocado na posição de ouvinte dos versos alheios, posição que ele rejeita com veemência, não disfarçando o tédio, o enfado e o sono. A recusa de um determinado tipo de recepção do texto – a do leitor-ouvinte – está, portanto, na origem do apelido e do título do romance. Mas entre a cena do trem e a definição do título do livro que o leitor empírico tem em mãos, há um longo processo de sedimentação de significados, iniciada com o reconhecimento, pelos amigos de Bento Santiago, da propriedade da alcunha. O que nasceu do ressentimento do poeta frustrado com a indiferença silenciosa do interlocutor – situação cujas consequências poderiam não ter ultrapassado os limites do comboio que levava Bento Santiago do centro para sua casa no subúrbio do Engenho Novo – acaba por sofrer um processo de assimilação pela escrita. Esse processo tem início com os vários bilhetes que os amigos de Bento Santiago lhe enviam chamando-o "casmurro", apelido que vai atingir a posição talvez mais destacada que um nome possa ocupar: o título de um livro.

Do oral ao escrito, dos versos à narração de alcova, o primeiro capítulo sintetiza e explicita o processo de formação das histórias, concluindo ao final haver autores que não inventam nem mesmo o título das suas narrativas. A observação, interpretável como primeira amostra da maledicência do autor-narrador, que faz insinuações sobre a regularidade da prática do plágio e do roubo de histórias alheias, também pode ser lida como subterfúgio para isentar-se de responsabilidade sobre o escrito. Ao assinalar o caráter coletivo dos nomes, das reputações e das histórias, ele sugere que nada – ou muito pouco – do que é contado deve-se apenas à imaginação do autor, resultando antes de um processo coletivo de acumulação e depuração de sentidos no qual a interlocução é fundamental.

A insistência na importância dos interlocutores no processo de constituição das histórias, assim como dos leitores na consumação do processo literário, é um dos estratagemas do narrador para transferir ao outro a responsabilidade sobre a interpretação dos fatos, o que ele fará explicitamente no trecho em que atribui ao leitor a tarefa de preencher lacunas. Ao postular que o sentido de uma obra literária se completa no leitor e explicitar isso na estrutura do romance, Machado de Assis coloca narrador e leitor em posições ousadas, aprofundando a complexidade da relação entre autor, narrador e leitor, que atingiria o paroxismo em *Memorial de Aires* e tornar-se-ia problema fundamental na literatura moderna, em que a questão do sujeito – e da autoria – está sempre apresentada como problema.

A partir da cena do trem, quase imperceptivelmente o interlocutor vai sendo instalado no texto por meio de referências as mais diversas. A primeira delas aparece ainda no primeiro capítulo, quando o narrador refreia um impulso que imagina ser o do seu leitor: recorrer a um dicionário para saber o sentido de casmurro. Aí, pela primeira vez o narrador assegura que tudo que seu interlocutor precisa saber está no livro que ele tem em mãos, enfatizando não só o seu aspecto material e sua presentificação temporal quanto chamando a atenção para o fato de que o sentido do livro se completa na sua relação com o leitor, sem necessidade da intermediação de terceiros.

A manobra de desautorizar e desvalorizar as referências externas e os sentidos solidificados das palavras coloca o leitor numa situação bastante vulnerável. Abrir um dicionário, como observa Umberto Eco, significa aceitar uma série de *postulados de significado*[2]; ao tentar dissuadir seu interlocutor de fazê-lo, o narrador casmurro pretende suspender a validade de todos esses postulados, deixando-o à sua mercê e arrogando-se a posição de único e suficiente árbitro dos sentidos coletivos, capaz de fornecer todos os detalhes necessários para a compreensão da história. A autossuficiência

---

2   Cf. Umberto Eco, *Lector in Fabula* – A cooperação interpretativa nos textos narrativos, p. 36.

do relato e sua independência dos significados externos são reiterados no final do segundo capítulo, quando o narrador afirma que pela leitura o leitor entenderá o porquê de certa tarde de novembro nunca ter desaparecido de sua memória, ainda que ele tivesse vivido muitas outras tardes, melhores ou piores do que aquela. "É o que vais entender, lendo."

Ao mesmo tempo em que afirma a autonomia do leitor na produção de sentidos, Bento Santiago procura minar suas referências, reivindicando controle exclusivo sobre uma figura que tem existência externa ao texto – o leitor –, como se procurasse atraí-lo, cooptá-lo e circunscrevê-lo dentro dos limites ficcionais. O esforço de cooptação do leitor fica explícito em considerações como esta, no capítulo "Uma reforma dramática", em que o interlocutor é colocado no mesmo patamar do narrador e das personagens:

> Nem eu, nem tu, nem ela, nem qualquer outra pessoas desta história poderia responder mais, tão certo é que o destino, como todos os dramaturgos, não anuncia as peripécias nem o desfecho.[3]

O apelo é para que o leitor se desvencilhe de referências externas e não apenas se entregue ao ato da leitura, mas integre o núcleo narrativo, ao qual o narrador esforça-se por imprimir uma força centrípeta, capaz de arrebatar esse leitor, transformando-o em matéria narrativa. Vejamos em mais detalhes como isso se produz.

A LEITURA EQUIVOCADA E REDUTORA

As referências diretas ao leitor e à leitora, presentes ao longo do livro em registros que oscilam da lisonja ao desprezo e à má-criação, vão forjando a aproximação e a intimidade entre o narrador e seus interlocutores. Há o leitor caro e amigo e também o desgraçado e de cabeça perversa; as leitoras incluem as devotas e castíssimas assim como as que perturbam a adolescência de seminaristas, caso de Capitu em relação a Bentinho. Ao mesmo tempo em que o narrador conta com a sagacidade dos interlocutores para a elaboração do relato, há entre eles os obtusos, que não preenchem lacuna alguma e "nada entendem, se se lhes não relata tudo e o resto"[4] ou só entendem alguns conceitos "à força de repetição".[5] Esse leitor xucro,

---

3 Machado de Assis, *Dom Casmurro*, in *OC*, vol. X, pp. 883-4. A partir daqui, essa edição passa a ser referida como DC.
4 *DC*, p. 915.
5 *DC*, p. 841.

que o narrador inclui entre seus interlocutores, é sempre apresentado como um terceiro, um outro indesejado com quem o leitor empírico não deve se identificar. Esse artifício, presente em *Brás Cubas*, ajuda a estreitar os laços entre o narrador e o leitor que está com o livro nas mãos, ambos bons entendedores, como o primeiro quer fazer crer ao segundo. Ao referir-se a bons e maus interlocutores, o narrador força a aproximação do leitor empírico, que dificilmente vai querer identificar-se com os perversos, os obtusos etc.

A aproximação do leitor empírico em relação ao núcleo ficcional também se produz pela sua identificação/não identificação com os tipos variados de leitores-personagens que habitam o espaço da ficção. A divisão dos interlocutores em ouvintes e leitores, presente na cena inicial do livro, aplica-se também às personagens. Há tanto auditores, representados por personagens da velha ordem, como D. Glória e a prima Justina, que ouvem Walter Scott pela boca de José Dias, quanto os leitores solitários e silenciosos de livros, dos quais Dom Casmurro é o principal representante e com o qual o leitor mais refinado e culto é induzido a se identificar. Bento Santiago não é apenas o que lê mais – ele também possui mais livros. É de sua biblioteca que saem exemplares tanto para Escobar quanto para Capitu, que sabemos não possuir livros em casa e é uma leitora de favor ("lia os nossos romances, folheava nossos livros de gravuras"[6]), o que marca, também nesse terreno, as diferenças sociais entre ela e Bentinho. Apesar de ser o leitor mais completo, conhecedor dos clássicos antigos e modernos, o que lhe confere superioridade e autoridade diante dos outros personagens e também do seu interlocutor, há muitos indícios de que Santiago seja um leitor muito limitado.

Seus equívocos e limitações parecem aplicar-se não só aos fatos da sua própria vida – na interpretação do que dizem os retratos, o Panegírico de Santa Mônica, a expressão de Capitu diante do corpo de Escobar –, mas também a autores que ele cita e dos quais faz uma leitura arrevesada. Bento apresenta-se como leitor de Homero, Shakespeare, Prévost e Goethe, familiarizado com a literatura jurídica (ele foi aluno da Faculdade de Direito em São Paulo) e com as Sagradas Escrituras, conhecedor das *Inspirações do Claustro*, de Junqueira Freire, publicadas em 1855, dos aforismos de Benjamin Franklin e Montaigne e releitor da melhor produção do romantismo brasileiro em prosa e verso, representada pelas obras de José de Alencar e Álvares de Azevedo. Todas essas referências literárias têm relação direta e imediata com os fatos narrados por Bento

---

6   *DC*, p. 841.

Santiago, deixando claro o intenso subjetivismo deste leitor que enxerga sua própria história em tudo aquilo que lê.

As "inquietas sombras" do *Fausto*, por exemplo, citadas logo no início da narrativa, remetem à fantasmagoria do passado de Bento Santiago corporificada nas estátuas e bustos que enfeitam a casa do Engenho Novo, ela própria uma sombra da casa de Mata-cavalos. O sofrimento do seminarista Bentinho, implicitamente comparado à tortura moral narrada por Junqueira Freire no seu livro mais célebre, *Inspirações do Claustro*, só tem cabimento se descontado o pendor do narrador pela exageração e supervalorização dos próprios sentimentos. A triangulação em torno do ciúme, formada por Bento, Capitu e Escobar, está refletida no *Otelo*, referido mais de uma vez ao longo do livro; e também a forçada identificação de Bentinho, no capítulo "O Penteado", com o inocente cavaleiro Des Grieux, jovem de boa família levado à perdição pela bela e imoral Manon Lescaut no romance setecentista de Antoine-François Prévost, que tematiza a paixão sexual e a intervenção do dinheiro nas relações amorosas.

Ao reduzir essas leituras a ilustrações dos seus sentimentos e conflitos, distorcendo fatos em função dos interesses do seu relato, Bento Santiago revela-se um mau leitor. Disso, o melhor exemplo é a comparação flagrantemente tendenciosa que Bento Santiago faz com *Otelo*, comparação da qual está excluída qualquer possibilidade da inocência de Capitu, cuja culpa ele só faz reafirmar. Depois de assistir a toda a peça e já voltando para casa, Santiago delicia-se ao imaginar as possíveis reações do público, que aplaudira freneticamente o assassinato de Desdêmona por Otelo, diante de uma eventual punição de Capitu: "E era inocente, vinha eu dizendo rua abaixo; – que faria o público, se ela deveres fosse culpada, tão culpada como Capitu? E que morte lhe daria o mouro? Um travesseiro não bastaria; era preciso sangue e fogo, um fogo intenso e vasto, que a consumisse de todo, e a reduzisse a pó, e o pó seria lançado ao vento, como eterna extinção..."[7]. Ou seja, ele distorce o que vê para justificar a sua condenação e total punição de Capitu[8], que sua imaginação atribui ao público. Com isso, os riscos inerentes à leitura e à interpretação são tematizados

---

7 *DC*, p. 935.
8 Sobre as leituras equivocadas dos clássicos em *Dom Casmurro*, Cf. Helen Caldwell, *The Brazilian Othello of Machado de Assis: A Study of Dom Casmurro*, Berkeley and Los Angeles, University of California Press, 1960; Maria Manuel Lisboa, "Machado de Assis and the Beloved Reader", in *Scarlet Letters: Fictions of Adultery from Antiquity to the 1990s*, Houndmills, England, Macmillan Press, 1997, pp. 160-173; Lisboa refere-se também às leituras equivocadas que Bentinho faz de Platão, Sócrates e de algumas passagens bíblicas.

pelo romance, que em mais de um momento chama a atenção para o desastre implicado na leitura incorreta ou deturpada; com isso, abrem-se brechas para que os leitores mais atentos desconfiem da leitura e da interpretação que Bento Santiago faz dos acontecimentos de sua vida, supostamente relatados com isenção.

Nessas constantes comparações de sua história com as dos livros, o narrador também sugere que as histórias, de maneira geral, são apenas reedições de um número reduzido de matrizes narrativas, o que é uma de suas ideias recorrentes. Ele parece crer – ou tentar fazer com que seu leitor creia – que toda obra literária é manifestação de um texto preexistente, cujo autor seria Deus, ou a natureza, ou o destino, como se depreende da afirmação de que "os sonetos existem feitos, como as odes e os dramas, e as demais obras de arte, por uma razão de ordem metafísica"[9]; ou de que "há um texto pré-escrito, do qual até Shakespeare é um plagiário, e esse texto consiste na luta do tenor com o barítono pelo soprano em presença do baixo e dos comprimários; ou do soprano e contralto pelo tenor, em presença dos mesmos baixo e comprimários. Tudo cabe na mesma ópera..."[10]. A afirmação de que todas as histórias se equivalem e estão escritas desde sempre é um dos vários recursos do narrador para eximir-se da responsabilidade tanto sobre o acontecido quanto em relação ao narrado; assim, personagem e narrador apenas desempenhariam a função prescrita para eles no enredo de uma ópera universal, composta em tempos imemoriais. O narrador Bento Santigo quer fazer o leitor convencer-se de que o personagem Bentinho, assim como o Otelo e o Iago de Shakespeare, apenas emprestou a tessitura particular de sua voz a uma história preexistente, que aguardava manifestação no mundo sublunar. A história contada, apesar da parcialidade do ponto de vista, da violência e gravidade das acusações, é naturalizada pela pressuposição de que o interlocutor já a conheça, uma vez que ela é apenas a reedição de uma história-matriz. Trata-se de uma outra maneira de mobilizar o repertório do leitor para que este chegue a conclusões por si mesmo, deixando o narrador em posição aparentemente isenta.

Ao mesmo tempo em que insinua que sua interferência e responsabilidade sobre os fatos narrados tendem a zero, a entidade narrador-autor-personagem também chama a atenção do leitor mais atento para sua impossibilidade de recompor os fatos passados, seja por meio de palavras

---

9 DC, p. 867.
10 DC, p. 819.

ou... de tijolos. É o próprio narrador que, logo de saída, confessa a tentativa baldada de reconstruir no Engenho Novo a casa de Mata-Cavalos, reconhecendo que, apesar de "chacarinha, flores, legume, uma casuarina, um poço e lavadouro (...) louça velha e mobília velha" em comum, na nova casa adornada com os mesmos medalhões e bustos de outrora "falto eu mesmo, e esta lacuna é tudo".[11] Tanto na casa do Engenho Novo como no livro – aproximados pelo vocabulário comum empregado para tratar desses dois lugares fundamentais para a recomposição do passado de Bento Santiago –, há desvãos a serem preenchidos. Cindido entre a vivência do passado, a memória e a tentativa de representação do passado no presente, o narrador a todo tempo reitera sua incompletude e a incompletude do seu relato. Enquanto na recriação da casa antiga falta uma dimensão de Bento Santiago com a qual o narrador casmurro não mais se identifica em função do avanço inexorável do tempo, há no livro pelo menos a esperança de recomposição do sentido por intermédio da participação do leitor: "É que tudo se acha fora de um livro falho, leitor amigo. Assim preencho as lacunas alheias; assim podes também preencher as minhas".[12] Ao incumbir outro de complementar sua história, Casmurro explicita – ainda que seja por pura dissimulação – sua incompletude não só como narrador, mas, retrospectivamente, como vivenciador das experiências relatadas. O leitor, portanto, aparece figurado como uma espécie de extensão complementar do narrador, também incompleto, cindido.

O OUTRO DO NARRADOR

O leitor aparece no romance como uma superfície refletora, espécie de espelho distorcido que devolve para Bento Santiago uma imagem sempre deformada de si mesmo. O narrador procura colocá-lo na posição que ele próprio, Bento, enquanto personagem, frequentemente esteve em sua vida: a de conhecer-se por meio do olhar e da voz do outro. Isso fica sugerido numa das cenas fundamentais do romance, aquela em que Bentinho pela primeira vez se dá conta do seu apego por Capitu ao ouvir, atrás da porta, José Dias advertir a mãe do perigo de o filho "pegar de namoro", expressão do agregado, com a vizinha pobre. Como ouvinte de uma narrativa construída no ambiente familiar, Bentinho entra em contato com um eu que até aquele momento ele próprio desconhecia. Mais do que delatá-lo à

11 DC, p. 810.
12 DC, p. 871.

mãe, José Dias denuncia Bentinho a Bentinho, numa "revelação da consciência a si própria".[13]

Esse capítulo das revelações insidiosas do agregado à matriarca da família Santiago poderia ser intitulado, por exemplo, "A Revelação", mas seu título é "A Denúncia", sugerindo sua força negativa na memória do narrador. De fato, a impressão causada pela entrevista de D. Glória com José Dias é tal que o narrador confessa que aquela tarde de novembro nunca desapareceu de sua memória. A cena, indicada como "o princípio da minha vida"[14], é o ponto-zero da memória de Bento Santiago, marcando também o nascimento do narrador casmurro e o início da elaboração do relato, que representa um esforço de explicação sobre a importância dessa tarde que, para outra pessoa qualquer, poderia ser banal.

A cena da constituição do eu por meio de um outro é emblemática tanto da relação de Bento Santiago consigo mesmo quanto da relação entre o narrador-autor Bento Santiago e os leitores imaginados por ele. No plano do narrado, ao ouvir atrás da porta a conversa em que José Dias conta a D. Glória do seu interesse pela vizinha, Bentinho assume a posição de terceira pessoa no discurso delator para se constituir como primeira pessoa; e é nessa situação em que o eu se constitui pela intervenção do outro que está a gênese da transformação de Bento Santiago no futuro narrador em primeira pessoa do livro que o leitor empírico tem em mãos.

No plano da enunciação, o leitor explícito é colocado nesse circuito de elaboração de uma história que em última análise se refere a terceiras pessoas – Bentinho e Bento Santiago são seres de um outro tempo aos quais o narrador casmurro se refere como outros de si mesmo – embora essas terceiras pessoas estejam associadas ao narrador que, isolado do mundo, utiliza a interlocução do outro para reconstruir-se e imprimir credibilidade à sua versão dos fatos.

No presente da narração, o papel do leitor, evocado como "leitor das minhas entranhas", é subliminarmente associado ao do sagaz agregado. Tal adjetivação do leitor ocorre justamente no único momento do livro em que o narrador confessa seu "puro ciúme" de Capitu, num capítulo sugestivamente intitulado "Uma Ponta de Lago", que trata de outro assalto de José Dias às emoções de Bentinho: a insinuação de que Capitu, com Bentinho internado no seminário, procurava "pegar algum peralta da vizinhança".[15]

---

13   DC, p. 821.
14   DC, p. 817.
15   DC, p. 874.

O leitor pode ler as entranhas do narrador assim como o agregado lia a intimidade de Bentinho, enxergando nele a manifestação do puro ciúme.

Machado constrói um narrador que, embora procure convencer-nos de dizer tudo e toda a verdade e de ter o controle absoluto sobre a narração, é explicitamente apresentado como um sujeito falho, incompleto e dependente do outro para se constituir e para se legitimar enquanto narrador. No processo da narração, esse outro é o leitor, figura que em *Dom Casmurro* aparece entranhada no tecido ficcional, que a postula como indissociável da figura do narrador e fundamental para a consumação do processo narrativo, de cujas entranhas o leitor deve participar.

A CONTABILIDADE NARRATIVA

A integração do leitor à matéria da narração manifesta-se também de forma muito concreta em *Dom Casmurro*, onde a materialidade do processo literário está representada de maneira bastante explícita. Entre os romances de Machado de Assis, é neste que as interações possíveis entre autor, narrador e leitor são exploradas de forma mais variada e apresentadas em detalhes que incluem menções a aspectos editoriais e referências diretas ao objeto que o leitor empírico tem em mãos – o livro. Essas menções e referências incluem a narração do momento em que surgiu a ideia de se escrever a história à solicitação de que, se encontrar algum exagero, o leitor avise "para que o emende na segunda edição"[16], passando por considerações sobre o número de páginas e o preço final do exemplar.

O procedimento metadiscursivo consiste em participar o leitor das escolhas realizadas para a arquitetura do relato em função das implicações disso sobre o tamanho, a apresentação e até mesmo o preço que as palavras e os episódios narrados terão ao chegar a sua forma final. O narrador casmurro, muito cioso das dimensões concretas de sua narrativa e para quem "nada há mais feio que dar pernas longuíssimas a ideias brevíssimas"[17], está sempre justificando a entrada em minúcias e detalhes, que ele tem o cuidado de dizer não serem em vão, mas plenamente justificáveis para a rentabilidade narrativa. Essas ponderações não se fazem em torno de questões estéticas ou morais, mas à luz do número de páginas ou capítulos que a narração de um determinado fato viria a ocupar. A

16 *DC*, p. 880.
17 *DC*, p. 880.

quantificação do interesse reforça e dá literalidade para a capacidade de cálculo do narrador-personagem, ao mesmo tempo em que evidencia a necessidade de pesar bem o interesse de uma história em função do tempo que ela tomará do leitor. Assim, o narrador está constantemente alertando para determinado fato, advertindo-o de que isso só tomará um capítulo ou de que a anedota é curta, o que às vezes resulta em equações curiosas, como as contidas na afirmação de que "as curiosidades de Capitu dão para um capítulo"[18] ou de que as confissões da infância valiam duas ou três páginas[19] ou de que "esta página vale por meses, outras valerão por anos, e assim chegaremos ao fim".[20]

Às vezes o narrador interrompe o relato para dizer que não vai contar em detalhes sua passagem pelo seminário porque para isso não bastaria apenas um capítulo[21]; anuncia a omissão da narração dos seus sonhos – "para não alongar esta parte do livro"[22]; revela que sob o fluxo narrativo maquinava a altura em que dedicaria um capítulo a determinado assunto[23]; e com muita malícia presta contas sobre a discrepância entre o plano de livro que ele tem em mente e o resultado que está sendo apresentado ao leitor:

> Aqui devia ser o meio do livro, mas a inexperiência fez-me ir atrás da pena, e chego quase ao fim do papel, com o melhor da narração por dizer. Agora não há mais que levá-la a grandes pernadas, capítulo sobre capítulo, pouca emenda, pouca reflexão, tudo em resumo. [24]

A relação entre a matéria do relato e o espaço físico ocupado está sempre tematizada, chegando-se a sugerir que a quantidade total de papel destinado ao manuscrito esteja predefinida, como no trecho acima e em outros, em que o narrador diz omitir tal ou qual fato para não tirar espaço ao resto.[25] Ao mesmo tempo em que sugere um planejamento rigoroso das partes e seções do livro, o narrador sugere seu descontrole e falta de isenção ao emitir julgamentos sobre a qualidade da narração, ao afirmar que o melhor ainda está por vir e revelar sua inexperiência e seu pendor ao excesso. Além das questões espaço-temporais, o narrador também entra em

---

18 *DC*, p. 841.
19 *DC*, p. 823.
20 *DC*, p. 905.
21 *DC*, p. 864.
22 *DC*, p. 875.
23 *DC*, pp. 888-9.
24 *DC*, p. 905.
25 *DC*, p. 868.

cogitações monetárias, referindo-se em mais de uma ocasião ao preço do livro, como se observa nestes trechos:

> Justamente, quando contei o pregão das cocadas, fiquei tão curtido de saudades que me lembrou fazê-lo escrever por um amigo, mestre de música, e grudá-lo às pernas do capítulo. Se depois jarretei o capítulo, foi porque outro músico, a quem mostrei, me confessou ingenuamente não achar no trecho escrito nada que lhe acordasse saudades. Para que não aconteça o mesmo aos outros profissionais que porventura me lerem, melhor é poupar o editor do livro o trabalho e a despesa da gravura.[26]

> O resto deste capítulo é só para pedir que, se alguém tiver de ler o meu livro com alguma atenção mais da que lhe exigir o preço do exemplar, não deixe de concluir que o diabo não é tão feio como se pinta.[27]

> ... Perdão, mas este capítulo devia ser precedido de outro, em que contasse um incidente, ocorrido poucas semanas antes, dous meses depois da partida de Sancha. Vou escrevê-lo; podia antepô-lo a este, antes de mandar o livro ao prelo, mas custa muito alterar o número das páginas; vai assim mesmo, depois a narração seguirá direita até o fim. Demais, é curto.[28]

A obsessão por quantidades está presente em vários aspectos do romance, em que nem mesmo a relação com o divino escapa à sanha contábil de Bento Santiago. O valor das promessas espirituais vem sempre quantificado no número de pais-nossos e aves-marias, e as coisas da religião frequentemente aparecem sob metáforas monetárias: "Jeová, posto que divino, ou por isso mesmo, é um Rotschild muito mais humano"[29], o adiamento do envio de Bentinho ao seminário é comparado à reforma de uma letra[30], e o purgatório aparece como "uma casa de penhores, que empresta sobre todas as virtudes, a juro alto e prazo curto".[31] Incapaz de lidar diretamente com sua própria intimidade, o narrador refere-se a suas emoções e sentimentos por meio de parâmetros materiais. O apego à dimensão do livro, seu aspecto e preço servem para deixar na sombra seus sentimentos. O livro é apresentado como estrutura predefinida a ser preenchida pelo narrador-autor – e também pelo leitor –, o que vem reiterado em outros níveis da narrativa. A atenção aos aspectos concretos da história materializa-

---

26 *DC*, p. 871.
27 *DC*, p. 898.
28 *DC*, p. 931.
29 *DC*, p. 881.
30 *DC*, p. 889
31 *DC*, p. 920.

da no objeto livro faz parte da estratégia do narrador de deslocar a atenção das motivações reais do relato – que são a de reviver e eventualmente reformular a própria vida pela escrita. Esse apego ao aspecto concreto e "objetivo" das histórias parece funcionar como contrapeso e lastro de verossimilhança para uma narrativa em que a carga de subjetividade é extrema.

À abordagem materialista da dimensão editorial do processo literário corresponde uma visão também materialista do leitor, cuja atenção não só é quantificável, mas também passível de ser apreçada, o que o narrador faz em várias ocasiões ao se mostrar preocupado com o tempo que sua narração tomará e o preço final do livro. Por outro lado, é preciso notar a contradição que há na insistência nessa contabilidade narrativa. As explicações, digressões, iterações e desculpas acabam "desperdiçando" muitas páginas, encarecendo o livro e tomando o tempo do leitor, o que não deixa de ser uma forma de afronta e crítica ao leitor implícito de *Dom Casmurro*, que talvez não seja tão exigente em relação à brevidade e concisão da narrativa e cujo tempo talvez não seja assim tão valioso.

A intenção da afronta parece ter sido pescada pelo crítico Frota Pessoa, que em 1902 escreveu:

> O seu ultimo livro, *D. Casmurro*, é de concepção inferior. Expurgando-o das pequeninas observações que o recheiam, pedacinhos de vida e pedacinhos de alma, vistos como através de um buraco de fechadura, elle resume-se em mostrar como uma criança licenciosa por educação e talvez por atavismo dará uma mulher adultera.
>
> E esta moralidade explicita lá está no livro: "*Uma estava dentro da outra, como a fructa dentro* da casca." Parece exaggerado quatrocentas paginas para tão pouco.[32]

A leitura pela cartilha do Naturalismo, que mandava arrancar de cada obra uma tese, reduzia *Dom Casmurro* a quase nada, o que mais uma vez dá a medida da discrepância entre os leitores implícitos dos romances machadianos e as expectativas do público empírico agora já na virada para o século 20. Desta vez, no entanto, a discrepância está embutida na narrativa, em que a figuração do leitor se alarga de modo a acolher os mais variados tipos de leitores, até mesmo os leitores de outros livros, ou os não leitores de *Dom Casmurro*, como mostrarei a seguir.

---

32 Frota Pessoa, *Critica e Polemica*, Rio de Janeiro, Arthur Gurgulino, 1902, p. 67.

O NÃO LEITOR DO NÃO LIVRO

O narrador, no segundo capítulo, desfia a lista dos livros que pensou em escrever antes de se lançar à redação de *Dom Casmurro*. Relembrando, Bento Santiago cogitou uma obra de jurisprudência, depois filosofia, política e finalmente uma "História dos Subúrbios", embora só tivesse credenciais para escrever a respeito do primeiro assunto, já que ele não era filósofo, político ou historiador, mas bacharel em Direito. Quinze capítulos adiante, o narrador declara ter tido veleidades de escrever uma dissertação a propósito de uma frase da Escritura, dita pelo Padre Cabral, que o fez lembrar de uma história envolvendo Aquiles e sua lança. Com isso, aventava a possibilidade de incursionar pela mitologia e pela religião para, num só golpe, juntar o pensamento israelita e o oráculo pagão. O narrador volta à carga, já quase na metade do livro, ao afirmar que se não fosse Capitu e o sexo da leitora, "este livro seria talvez uma simples prática paroquial, se eu fosse padre, ou uma pastoral, se bispo, ou uma encíclica, se papa, como me recomendara tio Cosme".[33]

Mas uma vez que a decisão está tomada e o livro que se tem em mãos é *Dom Casmurro*, e não outro, o que levaria um narrador tão empenhado na concisão e na economia de papel a rememorar suas cogitações sobre outros livros antes de proceder ao relato do seu casamento desgraçado com Capitu?

Reivindicação de sua posição de racionalidade, numa tentativa de convencer o leitor de que ele, narrador, poderia lançar-se à escrita de diversos livros com a mesma desenvoltura e isenção? Disfarce para o fato de viver assombrado pelos fantasmas do passado, invocados na citação do *Fausto* – "Aí vindes outra vez, inquietas sombras?..." – e personificados nos bustos de Nero, Augusto, Massinissa e César – todas personagens romanas, todas vítimas de traição – que o teriam persuadido a escrever sobre o amor de sua vida e assim tentar se livrar de um passado fantasmagórico? Certamente há esses dois impulsos na manobra retórica do narrador. Mas há mais.

Anteriormente, o leitor fora informado de que a decisão de escrever nascera da solidão do narrador, da sua intenção de atar as duas pontas da vida e, finalmente, do desejo de distrair-se da monotonia e do tédio.[34] Tudo isso contribui para reforçar a ideia da origem supostamente casual para o li-

---

[33] *DC*, p. 875.
[34] *DC*, pp. 809-810.

vro. Mas o próprio narrador confessa, de passagem e como se fosse uma banalidade qualquer, a razão verdadeira de sua decisão quase desesperada de escrever especificamente o *Dom Casmurro*: "Deste modo, viverei o que vivi".[35] O primeiro verbo poderia ser outro – escreverei, contarei, narrarei etc. Ao empregar "viver" o narrador aproxima o escrever do viver, traindo o fato de que a tarefa desse livro específico não é apenas ambiciosa, mas impossível: reviver o passado. A referência a outras obras possíveis funciona como uma espécie de cortina de fumaça em torno da gravidade do assunto e do profundo interesse que o narrador tem sobre essa obra específica que ele, com afetada displicência, sugere ser apenas uma entre outras possibilidades.

As referências aos livros não escritos também apontam para as expectativas de interlocução por parte do narrador. A rigor, *Dom Casmurro* resulta da preterição e do adiamento de um outro livro, a "obra de maior tomo"[36] cuja consecução fica adiada até a convocação final: "Vamos à 'História dos Subúrbios'".

Afinal, que obra é essa para a qual *Dom Casmurro* é mera preparação e cujos leitores ele toma emprestado, procurando engambelá-los com a promessa sempre adiada?

O modelo, pelo que sugere o narrador, está nas *Memórias para Servir à História do Reino do Brasil*, publicadas em 1825 em dois volumes, de autoria de Luiz Gonçalves dos Santos (1767-1844), o Padre Perereca.[37] Trata-se, segundo o prefaciador Noronha Santos, do "mais exato e minudente informe do Brasil de 1808 a 1821". Com efeito, é um texto impregnado do estilo enciclopédico, que se inicia com a descrição exata das coordenadas geográficas da cidade do Rio de Janeiro, seguida da relação de cada uma das principais ruas da corte assim como de suas posições relativas, ao que se segue o relato ano a ano dos principais fatos ocorridos durante a estada de D. João VI e sua corte no Brasil. A referência abstrusa e aparentemente inexplicável mais uma vez serve para sugerir a imparcialidade do narrador, que se apresenta capaz de contar com a mesma isenção tanto uma história impessoal e pública quanto a história íntima e pessoalíssima da sua desgraça conjugal. Serve também para minimizar seu

---

35 *DC*, p. 811.
36 *DC*, p. 811.
37 Luiz Gonçalves dos Santos, *Memórias para Servir à História do Reino do Brasil* (2 volumes, com prefácio e notas de Noronha Santos). Rio de Janeiro, Editora Zélio Valverde, 1943. O padre Perereca foi celebrizado por seu envolvimento em campanha contra a presença no Brasil de missionários protestantes e pela polêmica travada com o padre Diogo Antônio Feijó a respeito do celibato clerical.

envolvimento e interesse em relação aos fatos relatados no hiato entre a manifestação do desejo e o início da escrita da "História dos Subúrbios", que ele sugere ser a obra principal em relação à qual *Dom Casmurro*, história da ruína da sua vida, seria mera preparação!

A obra do padre Perereca aparece principalmente como paradigma do apego à minúcia e ao descritivismo detalhista, postura narrativa a que o narrador em vários momentos se declara avesso. É por exigir documentos e datas, "tudo árido e longo"[38], que ele adia a "História dos Subúrbios" para depois da conclusão de *Dom Casmurro*. Enquanto isso, ele afronta o descritivismo e o apego à "reprodução fotográfica e servil das coisas mínimas e ignóbeis", características não só da prosa antiga do padre mas também do realismo de inspiração naturalista, ainda em voga à época da publicação do romance e duramente criticada por Machado nos célebres artigos sobre *O Primo Basílio*.[39] Daí a promessa constante ao leitor, sempre com uma ponta de ironia, do respeito à economia e à fluência narrativa: "Descansa, que não farei descrição alguma, nem a língua humana possui formas idôneas para tanto".[40] A isso ele contrapõe uma narrativa cheia de elipses exaustivamente indicadas e que compõem um livro anunciado como falho, incompleto e cheio de lacunas a serem preenchidas pelo leitor, ainda que esse modelo venha carregado de reminiscências dos "livros de imaginação" do Romantismo:

> Nada se emenda bem nos livros confusos, mas tudo se pode meter nos livros omissos. Eu, quando leio algum desta outra casta, não me aflijo nunca. O que faço, em chegando ao fim, é cerrar os olhos e evocar todas as cousas que não achei nele. Quantas ideias finas me acodem então! Que de reflexões profundas! Os rios, as montanhas, as igrejas que não vi nas folhas lidas, todos me aparecem agora com as suas águas, as suas árvores, os seus altares, e os generais sacam das espadas que tinham ficado na bainha, e os clarins soltam as notas que dormiam no metal, e tudo marcha com uma alma imprevista.[41]

A contraposição entre esses modelos narrativos – o dos livros detalhados e confusos e o dos omissos e lacunares – também se dá entre o modelo do gosto do narrador, que enuncia no presente, e o dos personagens dos fatos narrados, situados no passado. É de se notar, no entanto, que o próprio narrador sugere não se tratar de territórios perfeitamente distin-

---

38 *DC*, p. 810.
39 "*O Primo Basílio*", *O Cruzeiro*, 16 e 30 de abril de 1878, in: *OC*, vol. 3, p. 904.
40 *DC*, p. 908.
41 *DC*, pp. 870-1.

tos, com suas alusões à natureza grandiosa, aos generais e às espadas, reminiscências de um gosto que também é seu. Em linhas gerais, o passado está associado ao gosto e hábitos do leitor romântico, que tem seu paradigma na figura dramática e hiperbólica de José Dias, habituado a ler em voz alta para D. Glória, mãe de Bentinho, e para a prima Justina livros de Walter Scott e de cuja boca "os castelos e os parques saíam maiores (...) os lagos tinham mais água e a 'abóbada celeste' contava alguns milhares mais de estrelas centelhantes".[42] Apesar de ridicularizado, como é praxe nas obras de Machado de Assis, também aqui o leitor romântico é representado como o mais perspicaz, capaz de ler as entrelinhas do desejo de Bentinho e vaticinar seu futuro infeliz junto à "desmiolada"[43] Capitolina.

São resquícios de um tempo bastante recuado em relação ao presente da narração, quando todos os leitores/ouvintes já estão mortos: D. Glória, a prima Justina, o tio Cosme, José Dias. Os resquícios desse tempo, no entanto, permanecem na forma de anacronismos, como atesta a tentativa de leitura coletiva e em voz alta da primeira cena do livro. Ali, é justamente no trem, espaço privilegiado para a leitura silenciosa da prosa de ficção – pelo menos na Europa –, que o poeta tentará ler em voz alta seus poemas. Com isso, o narrador chama a atenção do leitor para a ocupação equívoca do espaço da prosa e da leitura silenciosa pelo poema e pela leitura em voz alta. O apelido casmurro, que dá origem ao romance, resultaria da reação do escritor anacrônico (o poeta do trem) à recusa firme de um outro escritor, Bento Santiago, a compactuar com o anacronismo. É esse mesmo tipo de anacronismo que parece existir entre a figuração do leitor como alguém que espera a tal "História dos Subúrbios" e o leitor implícito na narrativa moderna de *Dom Casmurro*, fundada nas lacunas, nas incertezas e na exacerbação da ambiguidade.

O desencontro entre as expectativas projetadas para o leitorado empírico e as expectativas de leitor por parte do narrador fica bem ilustrado pela declaração ríspida do narrador de que "a audiência aqui não é das orelhas, senão da memória"[44], o que remete à cena inicial e reafirma a recusa do narrador a um tipo de recepção anacrônica, calcado no gosto pelo exagero, pelo fantasioso e pelo excesso.

---

42 *DC*, p. 833.
43 *DC*, p. 811.
44 *DC*, p. 874.

O TEXTO LACUNAR

Referido como preenchedor de lacunas, o leitor de *Dom Casmurro* está diante de um texto que também se apresenta como uma imensa lacuna, já que ocupa o intervalo entre a manifestação da intenção e o anúncio da escrita da "verdadeira" obra, que é a "História dos Subúrbios". O romance, assim, dirige-se a um leitor que supostamente é o leitor de um livro que não existe e jamais vai existir. Ou seja, o romance coloca-se numa posição radicalmente ambígua em relação às expectativas dos seus leitores possíveis, que ele manipula o tempo todo sem nunca satisfazer. Dito de outra forma, é um livro dirigido a um leitor que não existe.

Essa ambiguidade e esse constante deslocamento que o *Dom Casmurro* parece reivindicar em relação aos seus receptores certamente contribuem para explicar o fato de ser esse o romance brasileiro que gerou a polêmica mais duradoura envolvendo personagens ficcionais – em torno da traição ou não de Bentinho por Capitu – e, entre as obras de Machado de Assis, a que deu matéria ao maior número de estudos críticos desde sua publicação. Daí as interpretações divergentes, divididas entre as identificadas com a versão do narrador enquanto homem da elite, patriarcal, que procura imprimir naturalidade à sua violência em relação a Capitu, disfarçando-a e suavizando-a com o apelo ao sentimentalismo e à prosa elegante, e aquelas que denunciam o narrador como um embusteiro, um manipulador, de que a leitura de Helen Caldwell, publicada em 1960, foi pioneira.[45] Filiado a essa segunda corrente, o estudo mais recente de Roberto Schwarz sugere que até o texto seminal de Caldwell uma parcela importante do leitorado de *Dom Casmurro* – a crítica – teria se posicionado numa espécie de campo cego de visão, incapacitada de enxergar a intenção do livro de denunciar o autoritarismo da classe proprietária, a que pertence Bento Santiago, e o desembaraço com que ela faz sua vontade prevalecer sobre tudo o mais.[46] Nesse sentido, esse livro, de maneira muito mais insidiosa e sutil que os anteriores, denunciaria parte do seu leitorado, reservando-lhe um lugar confortável e "natural" à sombra do discurso de Bento Santiago, com quem o leitor, pelo menos à primeira vista, é induzido a se identificar.

---

[45] Helen Caldwell, *The Brazilian Othello of Machado de Assis: A Study of* Dom Casmurro, Berkeley-Los Angeles, University of California Press, 1960. Há edição brasileira publicada em 2002 pela Ateliê Editorial, com tradução de Fábio Fonseca de Melo.

[46] Roberto Schwarz, "A poesia envenenada de *Dom Casmurro*", in: *Duas Meninas*, São Paulo, Companhia das Letras, 1997, pp. 7-41.

Aqui importa atentar para a ambiguidade com que o relato é construído, possibilitando que os leitores empíricos, baseados no que o próprio texto diz e distorcendo o mínimo, projetem suas simpatias e visão de mundo neste ou naquele personagem, acreditando mais ou menos no que diz o narrador e formulando até mesmo interpretações e julgamentos opostos sobre as personagens e suas motivações. A narração se apresenta com lacunas suficientes de modo a permitir que os leitores, como faz o próprio Bento Santiago, tenham espaço para projetar sua própria subjetividade, identificando-se e desidentificando-se com personagens e diferentes interpretações dos fatos narrados.

A RECEPÇÃO DE *DOM CASMURRO*

A ambiguidade do relato passou despercebida nos comentários de Artur Azevedo, que em duas ocasiões elogiou muito o livro e dirigiu-se ao seu autor como aquele "que nos dás o exemplo da força e da sobranceria da arte; que não esmoreces (?) diante da indifferença, nem da inepcia, nem da maldade; que não fazes concessões á turba alvar que t'as pede, e de quando em quando vais serenamente, magestosamente, com um livro novo, elevando ainda mais a altura do monumento que a posteridade te reserva!".[47] Mas a ambiguidade foi notada pelos outros dois resenhistas que escreveram sobre o livro em março de 1900.

Ainda que tendam a endossar a visão do narrador e encampar sua condenação de Capitu, ambos acabam demonstrando desconforto e chegam a suspeitar da autoproclamada isenção do narrador em relação ao narrado. O crítico J. dos Santos, pseudônimo de Medeiros e Albuquerque, parece acreditar completamente na versão do narrador. O articulista de *A Notícia* explicita a concordância de sua visão com a de Bento Santiago ao considerar "natural que, estando nós postos na mesma situação d'esse marido, porque elle é o narrador, só attendamos bem para esse personagem [Escobar], na scena em que a dissimulação d'elle e de Capitú, não foi mais possível".[48] Apesar de encampar a visão do narrador, ele chama a atenção para o fato de ser um "homem que chegou ao scepticismo absoluto" quem

---

47 Artur Azevedo, "Palestra", *O País*, Rio de Janeiro, 18.3.1900. Azevedo voltou ao livro nas páginas de *A Estação* em 31 de março de 1900.
48 J. dos Santos, "Chronica litteraria [Machado de Assis – *Dom Casmurro*]", *A Notícia*, Rio de Janeiro, 24-25 de março de 1900, p. 1.

tem a palavra do começo ao fim, sugerindo a necessidade de relativizar a verdade dos fatos narrados. O que impressiona mesmo o resenhista é a expressão da desilusão do escritor:

> Em *Dom Casmurro*, Machado de Assis é mais do que nunca o ex-romantico desilludido que chegou a um verdadeiro terror de qualquer pintura de emoções fortes. Sempre que a acção o leva a um episodio sentimental, amoroso ou tragico, elle nol-o pinta escarnecendo-o um pouco, como para nos mostrar que não está commovido, nem quer explorar nossa veia pathetica. Mesmo em quadros simples, quando, por exemplo, Capitú abraça o marido, elle diz:
> "... depois estirou os braços e atirou-m'os sobre os hombros, tão cheios de graça que pareciam (velha imagem!) um collar de flores."
> Assim, até a menor figura de rhetorica, que lhe pareça trahir uma certa sensibilidade, elle a corrige com um reparo, uma ironia.[49]

Notável no trecho de Medeiros e Albuquerque é seu desejo implícito de histórias com alta carga dramática. A frustração da expectativa de emoções fortes e sentimentalismo, expressa de modo mais ou menos velado desde o tempo da publicação dos primeiros romances, parece ser uma das marcas fortes produzidas por Machado sobre a crítica contemporânea à produção de sua obra, quase sempre pronta a oferecer sua "veia patética" aos livros.

Mesmo José Veríssimo, ao tratar de *Dom Casmurro*, observa que a Machado de Assis "falece-lhe, ou esconde-a ciosamente" a emoção sentimental, depois de afirmar que a obra de arte "se define pela emoção que deve provocar ou despertar em nós" e distinguir entre emoção sentimental e intelectual. Em artigo publicado no *Jornal do Commercio*, Veríssimo não deixa de revelar seu desconcerto com a interpretação e os julgamentos do narrador-personagem. A princípio isentando-o de maldade e caracterizando-o como um garoto "ingênuo, simples, cândido, confiante, canhestro", futuramente desasnado por Capitu, "acoroçada pela ingênua e velhaca cumplicidade dos pais", ao longo da resenha o crítico parece dar-se conta da insuficiência dessa interpretação, produzindo uma interessante e engenhosa clivagem do narrador-personagem, tripartido em Bentinho, Bento Santiago e Dom Casmurro, e deslocando para este último o papel de traidor dos dois primeiros:

> Dom Casmurro traiu e caluniou o Bentinho, o bom menino, o filho amante, o rapaz inocente e respeitoso, o estudante aplicado, o jovem piedoso, o namorado ingênuo,

---

49 *Idem*.

o amigo devotado e confiante, o marido amoroso e crédulo. A moral, os comentários de que acompanham os fatos e gestos de Bentinho, são dele, mas depois que o espírito se lhe desabusou daqueles olhos de Capitu "que traziam não sei que fluido misterioso e enérgico, uma força que arrastava para dentro, como a vaga que se retira da praia, nos dias de ressaca", daqueles "olhos de cigana oblíqua e dissimulada", como lhes chamava, com demasiado estilo, José Dias, e também dos "olhos dulcíssimos" de Escobar, como lhos achava o mesmo José Dias, e da sua polidez, das suas boas maneiras, que a todos captavam. Sim, é de Dom Casmurro e não de Bentinho ou sequer do Bento Santiago, a parte que não é propriamente narrativa da autobiografia, as reflexões morais, as explicações dos atos e sentimentos.[50]

Ao final do texto, não é só o Dom Casmurro que está sob suspeita, mas tudo o que é narrado, incluindo-se aí a maneira como o narrador se refere a Bentinho e a Bento Santiago. Para Veríssimo, é o amor e o ódio por Capitu, que o narrador tenta mas não consegue esconder, que o tornariam suspeito diante dos olhos do leitor.

Como se pode notar, os questionamentos sobre as consequências de um ponto de vista tão particular sobre a narração dos fatos têm a mesma idade do romance, que desde as páginas iniciais apresenta a recepção como problema.

Extratextualmente, Machado de Assis deixou registrado seu entusiasmo com a recepção de *Dom Casmurro*, expressando satisfação com todos os comentários publicados a respeito de seu livro. Em 19 de março de 1900, mesmo dia da publicação do artigo de José Veríssimo, ele escreveu ao amigo agradecendo a bondade da crítica.[51] Também no dia 19 escreveu a Magalhães de Azeredo, dizendo-se satisfeito com a acolhida: "Falaram sobre ele o Artur Azevedo, ontem, e o José Veríssimo, hoje, ambos com grande simpatia, mas o Veríssimo com mais desenvolvida crítica, segundo costuma. Pelo correio, receberá um volume. Leia-me logo, e diga-me se não estarei chegando ao fim."[52] Por carta, Machado também recebia elogios dos amigos Lúcio de Mendonça e Joaquim Nabuco.

Depois do sucesso de *Quincas Borba*, Machado parecia nutrir grandes expectativas em relação a *Dom Casmurro*, a ponto de ter escrito para

---

50 José Veríssimo. *Estudos de Literatura Brasileira, 3ª série*, Belo Horizonte, Ed. Itatiaia/ São Paulo, Edusp, 1977. " 'Um irmão de Brás Cubas' – O 'Dom Casmurro' do Sr. Machado de Assis", p. 28. Outra cisão interna do narrador-personagem seria proposta por Helen Caldwell, que vê em Bento Santiago a combinação sinistra de Otelo e Iago. Cf. Helen Caldwell, *Machado de Assis – The Brazilian Master and His Novels*, Berkeley, University of California Press, 1970, p. 143.
51 *OC*, vol. 3, pp. 1051-2.
52 *Apud* R. Magalhães Júnior, *Vida e Obra de Machado de Assis*, vol. 4, p. 114.

seu editor, em Paris, pedindo-lhe que reservasse para *Dom Casmurro* um papel da mesma qualidade concedida a *Brás Cubas* e *Quincas Borba*[53] e que enviasse para o Rio de Janeiro um reparte bastante numeroso *"car il peut s'epuiser vitement, et le retard du second envoi fera mal à la vente"*[54] (pois ele pode se esgotar rapidamente, e a demora de uma segunda remessa fará mal às vendagens). Os 2000 exemplares – tiragem inicial volumosa e até então inédita para os romances do autor – chegaram ao Rio de Janeiro em janeiro de 1900 com atraso de um mês em relação à data inicialmente prevista.

Maximiano de Carvalho e Silva, na introdução à sua edição crítica de *Dom Casmurro*, pondera que a segunda edição da obra aparentemente é uma falsa 2ª edição, por provavelmente tratar-se de mera reimpressão, uma vez que "limita-se a reproduzi-lo [o texto base], com apenas uma divergência e apresentando outros lapsos tipográficos". Assim, à luz das tiragens das edições dos demais romances e da repercussão inicial de *Dom Casmurro* na imprensa, é muito provável que a inclusão da informação "2ª Edição" na folha de rosto fosse mais um dos expedientes do editor Garnier e que os anunciados 2000 exemplares da tiragem inicial incluíssem também os exemplares da falsa segunda edição, essa sim com várias correções em relação à anterior.[55]

---

53 Essas observações foram feitas em carta de Machado de Assis a F. H. Garnier datada de 5 de setembro de 1899 e respondida por este em 8 de outubro de 1899. Cf. *Exposição Machado de Assis*, p. 200.
54 *Idem*, p. 201.
55 Machado de Assis, *Dom Casmurro*, edição crítica com apuração do texto, revisão e notas por Maximiano de Carvalho e Silva. 2. ed., São Paulo, Edições Melhoramentos, 1968.

9

ESAÚ E JACÓ E O LEITOR COMO DUPLO

Num ensaio já clássico sobre *Esaú e Jacó*, Alexandre Eulalio considera essa a obra mais complexa e ambígua entre todas da maturidade de Machado de Assis.[1] Nas palavras de Alexandre Eulalio, Machado de Assis em *Esaú e Jacó* parece "pretender fazer-se acompanhar do leitor às raízes do escrever. Mostrando-lhe as convenções e deficiências do meio expressivo, criticando a sua mesma técnica, referindo-se com insistência aos capítulos anteriores e posteriores, deixando visível a arbitrariedade criadora dele, denunciando, numa crítica joco-séria, as repetições e os enfados da narrativa – estamos aqui diante de uma prematura tentativa para tornar visível ao público a dinamicidade mesma da criação".[2] Muitos desses procedimentos, que poderíamos chamar de desmistificadores do processo de construção ficcional, fazem-se notar desde *Ressurreição*. A especificidade é que agora o narrador procura arrastar seu interlocutor às profundezas da escrita, ou aos seus subterrâneos, para lembrar também outra metáfora radical, a de Augusto Meyer, insistindo nos ditos e desmentidos e na manipulação derrisória da paciência do leitor. Essas considerações de Alexandre Eulalio desfazem a impressão de esquematismo e excesso construtivo que as constantes imagens de dualidade, duplicação e oposição simétrica podem causar à primeira leitura. Empetecado talvez seja um bom adjetivo

---

[1] Alexandre Eulalio, "O *Esaú e Jacó* na Obra de Machado de Assis: as Personagens e o Autor Diante do Espelho", in: *Escritos*. [org. Berta Waldman e Luiz Dantas], Campinas, Editora da Unicamp-SP, Editora Unesp, 1992, p. 355.
[2] Alexandre Eulalio, *Escritos*, pp. 350-1.

para esse livro que certamente teria tido mais atenção se não estivesse situado entre a excelência de *Dom Casmurro* e o fascínio do *Memorial de Aires*, obra derradeira e de muitas sugestões autobiográficas. Constituir-se como um bordado no tempo, um nada em cima de invisível – definições que o próprio romance oferece para o que seria um texto sublime – parece ser o objetivo dessa narrativa extremamente elaborada, construída com uma infinidade de pontos falsos (ou invisíveis), em que nada evolui e tudo parece esboroar-se mediante a mera enunciação.

O enredo central, que John Gledson define como "calculado para desapontar"[3], não inclui nem casamento, nem adultério, nem qualquer dos acontecimentos e recursos fundamentais para a ficção fundada sobre grandes movimentações de enredo. Ao contrário, trata-se de uma história baseada na imobilidade de dois gêmeos que se odeiam e amam a mesma mulher, Flora, também ela paralisada na indecisão sobre qual dos irmãos escolher. Todos os personagens principais – Pedro, Paulo, Flora, Natividade – são irresolutos e incapazes de agir por si mesmos. Além dos gêmeos, ninguém mais nasce no tempo ficcional do romance, que também não registra a transmissão de qualquer legado ou herança que modifique o curso da narrativa. Dos golpes e grandes transições da vida humana, só as mortes de Flora e Natividade, a despeito de seus nomes primaveris. Os motivos clássicos do Romantismo, do Naturalismo e do Realismo estão descartados dessa história outonal, de águas paradas, antípoda da movimentação desenfreada do enredo de *Helena* e da qual os leitores afeitos à literatura romântica e naturalista são excluídos logo de início pelo narrador, que comunica a intenção de não colocar lágrimas no livro, embora as coloque, e desculpa-se por insistir em minúcias, ainda que o faça.

À placidez da narração corresponde também a serenidade no trato do narrador com o leitor, que aparece ainda mais emaranhado no texto do que em *Dom Casmurro*. Embora os narradores dos dois romances insistam em forçar a identificação do leitor tanto com a matéria narrada quanto com sua opinião sobre ela, desta vez a identificação e a proximidade imaginadas pelo narrador são tamanhas que se pode dizer que o interlocutor já nem parece mais projetado como entidade empírica, mas como entidade fantasmagórica, espécie de duplo do narrador. Simultaneamente à busca quase obsessiva de assentimento, nota-se, por meio de asserções ambíguas e constantes afirmações e negações em torno de uma mesma proposição, a tentativa de desorientar o leitor diante do narrado como que para imobilizá-

---

3   John Gledson. "Esaú e Jacó", in: *Machado de Assis: Ficção e História*. pp. 161-214.

lo, colocando-o em condições parecidas às das personagens e do narrador. Não se trata de objetivo propriamente inédito numa obra tão ciosa dos seus interlocutores, como a de Machado, mas os meios de atingi-lo radicalizam-se neste caso em que o tumulto da relação com o leitor se manifesta em camadas muito profundas do texto, emergindo à superfície sob o disfarce de figuras de pensamento ou de contradições lógicas.

No panorama da obra, trata-se, de fato, de um romance *sui generis*, qualificado por Eugênio Gomes como testamento estético de Machado de Assis. *Esaú e Jacó*, cujo título original era *Último* e que por alguns anos foi pensado pelo escritor como o fecho de sua obra, contém ecos e retoma muitos procedimentos de livros anteriores. Em alguns momentos, considerações sobre tais procedimentos ocupam longos trechos, que de fato podem ser lidos – sempre pelas entrelinhas e com muita desconfiança de seus valores nominais – como cláusulas desse testamento literário ou sínteses de uma possível teoria da composição machadiana. Dada a frequência com que o leitor é invocado e a insistência com que a recepção do texto literário é tematizada, *Esaú e Jacó* parece sintetizar a teoria do leitor que no início deste trabalho postulei existir no conjunto dos romances machadianos.

Como o leitor está figurado nesse romance? Qual a sua especificidade em relação à figuração do leitor nos livros anteriores? E que apelo a figura ficcional faz ao leitor empírico e histórico? Afinal, qual é a configuração última – ou penúltima – da figura do leitor machadiano? As considerações em torno dessas perguntas constituem o assunto deste capítulo.

A CONSTRUÇÃO DA IDENTIDADE COM O LEITOR

A identificação com o leitor constrói-se por meio de um interlocutor temporal e espacialmente muito próximo do narrador onisciente e, pelo menos em aparência, muito afinado com seu modo de pensar e suas opiniões. Essas afinidades são extensivas ao conselheiro Aires, autor das notas que deram origem à história organizada por este narrador onisciente e que, em alguma medida, também narra o romance. É como se para revelar tantos segredos sobre o processo de construção ficcional o narrador onisciente precisasse construir um interlocutor de sua confiança, um semelhante, um irmão. A semelhança entre esse narrador e o interlocutor projetado por ele não implica apaziguamento dessa relação, assim como as semelhanças extremas entre Pedro e Paulo não significam que os gêmeos estejam de acordo com o que quer que seja – muito pelo contrário, já que é do ódio entre irmãos que o romance tira seu assunto. Da mesma forma, o narrador deixa escapar respingos de ironia sobre a capacidade de compreensão do seu interlocutor, mas imediatamente se emenda justificando: "não que tenhas o entendimento curto ou escuro, mas porque o homem varia do homem".[4] O que prevalece na superfície do texto é a assunção de uma enorme capacidade de observação e interpretação do leitor, traduzida, por exemplo, no uso frequente de verbos que o colocam na condição de testemunha dos fatos narrados. O uso reiterado de formas como "vês que", "viste que", "acabas de ver como" e "lembras-te" ajudam a aproximar leitor e narrador tanto física quanto intelectualmente. A mesma intenção aplica-se ao emprego insistente do verbo "saber", seja para rememorar um fato já narrado, seja para comunicar alguma interpretação que o narrador espera coincidir com a do leitor.

Mais que afinidade, o narrador supõe proximidade e familiaridade com o ambiente e o tempo dos fatos narrados ao tratar seu interlocutor como habitante do Rio de Janeiro no último quartel do século 19. Ele supõe que uma gazeta de 1869 com a notícia da missa em intenção da alma de um certo João de Melo ainda esteja ao alcance fácil[5] e não divulga o número do jazigo onde foi enterrada Flora para evitar "que algum curioso, se achar este livro na dita Biblioteca, se dê ao trabalho de investigar e completar o texto".[6] Ele também assume que o leitor de jornais e frequentador de bibliotecas, "patrício da minha alma"[7], saiba que no Rio de Janeiro, no mês de novembro, já é dia claro às cinco e quarenta da manhã[8] e que "há dessas regiões em que o verão se confunde com o outono, como se dá na nossa terra".[9] Embora não descarte explicitamente os leitores de outros tempos e lugares, o narrador não esconde que o mais bem aparelhado para compreender sua narrativa é um contemporâneo, que como ele viveu o encilhamento, tempo em que o dinheiro, se não brotava do chão, caía do céu: "Quem não viu aquilo não viu nada".[10]

Insidiosa e maliciosamente, o narrador procura sugerir identidades entre seu interlocutor e o conselheiro Aires, cuja capacidade de compreensão e interpretação ele, narrador, tem em altíssima conta. A associação só

---

4 *Esaú e Jacó*, in *OC*, vol. 1, p. 956. A partir daqui essa edição será abreviadamente referida como *EJ*.
5 *EJ*, p. 953.
6 *EJ*, p. 1082.
7 *EJ*, p. 1042.
8 *EJ*, p. 1025.
9 *EJ*, p. 973.
10 *EJ*, p. 1041.

lhe traz vantagens: leitor e narrador ficam aproximados pela identificação comum com um personagem refinado e equilibrado, o que cria a ilusão de despersonalização da relação entre narrador e leitor, facilitando sua adesão ao universo do romance. Aires parece funcionar, assim, como um lugar ficcional onde as imagens do narrador e do interlocutor se encontram, nunca se confundindo inteiramente, mas jamais deixando de manter pontos de contato. Nesse sentido, Aires é também a entidade que intermedeia a relação entre o escritor Machado de Assis e seu leitor empírico.

O jogo de projeções indica que ao final das contas há um ponto de vista dominante, que é o do narrador – ou o do leitor –, por mais que o narrador procure atribuir a Aires a narração e a interpretação dos fatos, como ocorre neste trecho:

> Ao despedir-se, fez Aires uma reflexão, que ponho aqui, para o caso de que algum leitor a tenha feito também. [...] Tal foi a conclusão de Aires, segundo se lê no *Memorial*. Tal será a do leitor, se gosta de concluir. Note que aqui lhe poupei o trabalho de Aires; não o obriguei a achar por si o que, de outras vezes, é obrigado a fazer. O leitor atento, verdadeiramente ruminante, tem quatro estômagos no cérebro, e por eles faz passar e repassar os atos e fatos, até que deduz a verdade, que estava, ou parecia estar escondida.[11]

Há decerto uma nota de sarcasmo na comparação – sempre colocada em formas condicionais – entre as conjecturas do leitor e as do conselheiro, cujas supostas concordâncias são orquestradas e esperadas pelo narrador que, embora use sempre a terceira pessoa, oscila entre a referência impessoal a "algum leitor" e a interpelação direta. Com isso, ele revela seu temor de interpretações incorretas, induzindo a interpretações e conclusões que faz questão de dizer não serem suas, mas do diplomata e do leitor. O narrador assim procura neutralizar sua condição de intérprete, apresentando-se apenas como facilitador de interpretações que ele quer fazer passar como inevitáveis e naturais. A única comparação que não vem na forma condicional é entre o cérebro do leitor e o estômago de um ruminante. A imagem, além de engraçada, é chave para se compreender a teoria do leitor machadiana, como mostrarei mais à frente, ainda que não seja a metáfora nova e original buscada pelo cronista.[12]

---

11 *EJ*, p. 1019.
12 "Um crítico é um leitor que rumina. Por isso, deveria ter mais de um estômago." Esse é o teor de um dos fragmentos do romântico Friedrich Schlegel, aparentemente o primeiro a colocar em circulação a imagem do leitor ruminante, que seria retomada por Nietzsche. Cf. Friedrich Schlegel. *O Dialeto dos Fragmentos* [tradução, apresentação e notas de Márcio Suzuki], São Paulo, Iluminuras, 1997, p. 23.

A expectativa de um interlocutor cuidadoso, atento, de excelente memória e também espirituoso manifesta-se nos vários momentos em que o narrador se defende da possível acusação de contradições no seu relato, atribuindo-as antes ao caráter instável e mutável dos interesses e paixões humanas. Disso é exemplar o trecho do capítulo em que o narrador relembra a cena em que Natividade e Perpétua, radiantes com as previsões da cabocla do Morro do Castelo, depositam uma nota de dois mil-réis no chapéu de um andador, que acaba por surrupiá-la da missa das almas. Já quase no final do livro, o ex-empregado da irmandade de S. José reaparece como o ricaço Nóbrega, explicando sua fortuna não pela generosidade das mulheres talvez saídas de um caso extraconjugal, mas pela intercessão generosa de Santa Rita de Cássia:

> Não, leitor, não me apanhas em contradição. Eu bem sei que a princípio o andador das almas atribuiu a nota ao prazer que a dama traria de alguma aventura. Ainda me lembram as palavras dele: 'Aquelas duas viram passarinho verde!'. Mas se agora atribuía a nota à proteção da santa, não mentia então nem agora. Era difícil atinar com a verdade. A única verdade certa eram os dous mil-réis. Nem se podia dizer que era a mesma em ambos os tempos. Então, a nota de dous mil-réis equivalia, pelo menos, a vinte (lembra-te dos sapatos velhos do homem); agora não subia de uma gorjeta de cocheiro.
> Também não há contradição em pôr a santa agora e a namorada outrora. Era mais natural o contrário, quando era maior a intimidade dele com a igreja. Mas, leitor dos meus pecados, amava-se muito em 1871, como já se amava em 1861, 1851 e 1841, não menos que em 1881, 1891 e 1901. O século dirá o resto.[13]

Note-se que o "leitor dos meus pecados" é uma versão menos orgânica e mais religiosa do "leitor das minhas entranhas" de *Dom Casmurro*, formulação que desta vez acompanha a suposição de um interlocutor atento a deslizes e falhas do narrador. Este, embora afirme obediência a um método e apego à verdade, ainda que às vezes a verdade soe pouco natural ou francamente contraditória, em alguns momentos admite suprimir informações ou resumir um ou outro fato apenas por capricho. Arbitrariamente, dá saltos e imprime rumos à narrativa que ele mesmo alerta não serem obrigatórios, indicando possibilidades alternativas de escrita e de leitura: "Não tendo outro lugar em que fale delas [das barbas de um capucho e das barbas de um maltrapilho], aproveito este capítulo, e o leitor que volte a página, se prefere ir atrás da história".[14] Há aí, assim como na consideração

---

13 *EJ*, pp. 1044-5.
14 *EJ*, p. 977.

de que determinados estados de alma "davam matéria a um capítulo especial, se eu não preferisse agora um salto, e ir a 1886"[15], ecos inconfundíveis da lepidez volitiva do narrador Brás Cubas, o que conta a favor da condição de romance-testamento atribuída a este livro por Eugênio Gomes. Diferentemente daquele narrador caprichoso, que se apresentava como desobrigado das regras do mundo dos vivos e obediente apenas aos seus gostos e inclinações, o narrador de *Esaú e Jacó* explicita o seu compromisso com as expectativas de uma virtualidade concreta, que é o leitor. Mais que isso, ele se declara consciente de estar escrevendo um livro que precisa obedecer a lógica e andamento próprios:

> Se não fora o que aconteceu e se contará por essas páginas adiante, haveria matéria para não acabar mais o livro; era só dizer que sim e que não, e o que estes pensaram e sentiram, e o que ela sentiu e pensou, até que o editor dissesse: basta! Seria um livro de moral e de verdade, mas a história começada ficaria sem fim. Não, não, não... Força é continuá-la e acabá-la.[16]

As considerações sobre a necessidade de adequar a história à forma livresca e aos limites colocados pelo editor não indicam que o narrador vá de fato fazê-lo, servindo principalmente para fustigar e desafiar a paciência do leitor, além de reafirmar o controle do narrador. Afinal, parece ser esse o seu objetivo ao interromper o capítulo para dizer que não vai truncar a narração com considerações menores sobre tabuletas – exatamente o que ele está fazendo nas barbas do leitor. Ele chega a fazer troça não só do método de composição do seu livro, que gira em falso na sucessão quase indefinida de negações e afirmativas, mas também da paciência do leitor que chegou até ali acompanhando o narrador alternar-se entre sins e nãos, num jogo que tende ao infinito. O abuso da paciência e atenção do leitor fica ainda mais explícito nas páginas finais, em que o narrador aproveita para reafirmar o "método" peculiar adotado e aplacar – e provocar – a provável exasperação do leitor diante dos não acontecimentos:

> Todas as histórias, se as cortam em fatias, acabam com um capítulo último e outro penúltimo, mas nenhum autor os confessa tais; todos preferem dar-lhes um título próprio. Eu adoto o método oposto; escrevo no alto de cada um dos capítulos seguintes os seus nomes de remate, e, sem dizer a matéria particular de nenhum, indico o quilômetro em que estamos na linha. Isto supondo que a história seja um trem de ferro. A minha não é propriamente isso. Poderia ser uma canoa, se lhe tivesse posto águas e

15 *EJ*, p. 976.
16 *EJ*, p. 1058.

ventos, mas tu viste que só andamos por terra, a pé ou de carro, e mais cuidosos da gente que do chão. Não é trem nem barco; é uma história simples, acontecida e por acontecer; o que poderás ver nos dous capítulos que faltam e são curtos.[17]

Em meio à profusão de imagens concretas – trem de ferro, canoa, carro, águas, ventos – e delimitações de espaço e tempo – linha, quilômetro, último, penúltimo – o narrador inclui a afirmação de que a história que ele conta não está inteiramente acontecida, sugerindo duas possibilidades: ou os fatos que ele narra se desenvolvem simultaneamente ao presente da escrita, o que o deixaria em posição de subordinação à realidade; ou os fatos narrados só existem na sua imaginação e se definem à medida que vêm à sua mente, ainda que ele tenha um esquema mental que lhe permite dividi-la previamente em fatias e antecipar o que ainda está por vir.

Retoma-se assim a discussão sobre o método narrativo e o caráter autoexplicativo dos títulos, levantada em *Quincas Borba*, para novamente se adotar o método contrário ao referido. Ainda que de fato os dois últimos capítulos do livro sejam, conforme prometido, intitulados "Último" e "Penúltimo", a narrativa não está organizada em linha reta, bastando lembrar que a epígrafe aparece no Capítulo XIII, intitulado "A Epígrafe". Assim, ao chamar a atenção para o caráter errático da narração e ficcionalizar o leitor como testemunha do processo de produção da narrativa – "viste", "poderás ver" – Machado mais uma vez se coloca em posição arrojada, fazendo do próprio ato da escrita um acontecimento, o que prefigura as quebras da ordem cronológica características de formas narrativas que teriam grande voga décadas mais tarde, como a escrita automática e o monólogo interior.

O narrador que vinha declarando empenho em não aborrecer o leitor e no capítulo "Que Voa" prometeu imprimir à história um ritmo comparável ao do trem que subia a serra até Mauá[18], agora confessa que a comparação é imprópria e que sua história anda devagar. O procedimento, portanto, serve tanto para denunciar o aborrecimento do leitor quanto para provocá-lo. Não parece ser outro o objetivo de considerações como "Descansa, amigo, não repito as páginas"[19], já que a repetição é método e matéria-prima desse romance desprovido de surpresas e povoado de personagens sempre iguais a si mesmos: "Sei, sei, três vezes sei que há muitas visões dessas nas páginas que lá ficam. Ulisses confessa a Alcinoos que lhe é enfadonho contar as mesmas cousas. Também a mim. Sou, porém, obri-

---

17 *EJ*, pp. 1090-1.
18 *EJ*, p. 1082.
19 *EJ*, p. 1090.

gado a elas, porque sem elas a nossa Flora seria menos Flora, seria outra pessoa que não conheci. Conheci esta, com as suas obsessões ou como quer que lhe chames".[20]

Ainda no que diz respeito à forma livresca da narrativa, a preocupação com o tempo que a leitura do livro exigirá do leitor dispersivo, cuja atenção precisa ser constantemente disputada, vem sempre acompanhada de considerações sobre o espaço físico ocupado pela história, como já ocorria em *Dom Casmurro*. O capítulo XVII, intitulado "Tudo o que Restrinjo", gira em torno de quantas linhas ou páginas seriam gastas para contar a transformação dos gêmeos de bebês em adultos – e acaba por não contá-la, alegando que restrições se impõem "para não enfadar a leitora curiosa de ver os meus meninos homens e acabados".[21] Assim, é necessário calar sobre um assunto interessante, que daria "três ou quatro páginas sólidas"[22], ou então resumir uma explicação "que merecia ir em capítulo seu, mas não vai, por economia".[23] O narrador dispõe-se a explicar uma contradição contanto que o costume "não pegue", pois "explicações comem tempo e papel, demoram a ação e acabam por enfadar". Daí recomendar-se ao leitor que "o melhor é ler com atenção"[24], nova formulação para o "é o que vais entender, lendo" do segundo capítulo de *Dom Casmurro*, que aponta para a autossuficiência do livro.

Assim como ocorre em *Dom Casmurro*, as considerações sobre economia demandam muito tempo do leitor e muito espaço no livro, contrariando a intenção de brevidade reiteradamente declarada pelo narrador e sugerindo que a atenção do leitor e o papel gasto no livro, no final das contas, talvez não valham absolutamente nada. Quem sabe não sejam apenas mais um dos estratagemas do escritor para manter a atenção dos leitores apressados, afoitos e impacientes a que Machado dedica tantas referências, sugerindo nas entrelinhas serem essas as características mais generalizadas entre o leitorado do último quartel do século 19, tempo em que se desenvolve a ação de *Esaú e Jacó*, e do início do século 20, quando o romance é publicado.

20 *EJ*, p. 1074.
21 *EJ*, p. 970.
22 *EJ*, p. 970.
23 *EJ*, p. 974.
24 *EJ*, p. 955.

PROJEÇÕES DO LEITOR HISTÓRICO

O leitor-ouvinte e de pendor romântico está praticamente descartado de *Esaú e Jacó*, marcando presença residual em Gouveia, poeta bissexto que "citava Musset e Casimiro de Abreu"[25], rejeitado por Flora e ridicularizado pelo narrador, que se declara tolerante com qualquer um, menos com aquele que atribuir significação romântica ao azul da alma de Natividade. Essa personagem, aliás, pertence a outra linhagem descartada, a das leitoras extravagantes e volúveis. Freguesa das novelas francesas, inglesas e russas, Natividade pensava em batizar os filhos a partir dessas leituras, chegando ao excesso de cogitar nomes eslavos para os gêmeos.[26] Mas os leitores de gosto duvidoso ou anacrônico são raros neste universo ficcional dominado por edições luxuosas[27] e pautado pelo gosto clássico e refinado do conselheiro Aires, leitor de Horácio, Cervantes, Erasmo e também de Xenofonte, que ele lê em grego, assim como recita de cor, em grego e em verso, trechos da *Odisseia* e da *Ilíada*.[28] O refinamento das leituras dos personagens marca também a expectativa acerca do repertório do seu interlocutor, a quem o narrador sugere a leitura das *Eumênides*, de Ésquilo, e de quem supõe o conhecimento de Voltaire e Basílio da Gama, o doce poeta que teve em comum com o filósofo o personagem Cacambo e contra si "o assunto estreito e a língua escusa"[29] em que escreveu o *Uraguai*, um dos poemas mais admirados pelo escritor Machado de Assis.

Peculiar a *Esaú e Jacó* são as frequentes cogitações acerca do gênero do leitor. A questão tem peso inédito para o narrador machadiano, que agora associa capacidades e habilidades de interpretação diferentes para o interlocutor masculino e feminino e constantemente se refere à sagacidade das leitoras:

---

25 *EJ*, p. 1067.
26 *EJ*, p. 959.
27 O leitor é informado de que os livros encontrados no gabinete de Batista, pai de Flora, são poucos e bons, e que a biblioteca do ex-presidente de província inclui o Código Criminal e também um *Relatório* ricamente encadernado, que Aires tira da estante de Batista. Vide *EJ*, p. 1016.
28 *EJ*, p. 1002. A insistência nos gregos talvez seja uma sátira ao helenismo que, segundo Eugênio Gomes, apoderou-se da literatura brasileira no começo do século 20, praticado por Coelho Neto, Olavo Bilac e Alberto de Oliveira; vide Eugênio Gomes, "O Testamento Estético de Machado de Assis", in: *OC*, vol. 3, pp. 1097-1120.
29 *EJ*, p. 1042.

Não sei quem me lê nesta ocasião. Se é homem, talvez não entenda logo, mas se é mulher creio que entenderá. Se ninguém entender, paciência (...)[30]

Até uma nota maliciosa em torno da ambivalência e ambiguidade sexual do leitor comparece no esclarecimento que vem intercalado entre travessões no trecho que segue:

Quanto a ti, amigo meu, ou amiga minha, segundo for o sexo da pessoa que me lê, se não forem duas, e os sexos ambos, – um casal de noivos, por exemplo, – curiosos de saber como é que Pedro e Paulo puderam estar no mesmo credo...[31]

Embora a leitora em geral seja objeto de simpatia, também há manifestações de impaciência com a ansiedade das leitoras pelas coisas do amor, a exemplo do que ocorre em *Memórias Póstumas* e *Dom Casmurro*. Em alguns momentos, o narrador tangencia o tom grosseiro, como neste trecho, que é longo, mas saboroso e esclarecedor das expectativas em relação ao leitor empírico da obra e da sua intenção de frustrá-las ao repisar os mesmos fatos:

Eis aqui entra uma reflexão da leitora: 'mas se duas velhas gravuras os levam a murro e sangue, contentar-se-ão eles com a sua esposa? Não quererão a mesma e única mulher?'
O que a senhora deseja, amiga minha, é chegar já ao capítulo do amor ou dos amores, que é o seu interesse particular nos livros. Daí a habilidade da pergunta, como se dissesse: 'Olhe que o senhor ainda nos não mostrou a dama ou damas que têm de ser amadas ou pleiteadas por estes dous jovens inimigos. Já estou cansada de saber que os rapazes não se dão ou se dão mal; é a segunda ou terceira vez que assisto às blandícias da mãe ou aos seus ralhos amigos. Vamos depressa ao amor, às duas, se não é uma só a pessoa...'
Francamente, eu não gosto de gente que venha adivinhando e compondo um livro que está sendo escrito com método. A insistência da leitora em falar de uma só mulher chega a ser impertinente. Suponha que eles deveras gostem de uma só pessoa; não parecerá que eu conto o que a leitora me lembrou, quando a verdade é que eu apenas escrevo o que sucedeu e pode ser confirmado por dezenas de testemunhas? Não, senhora minha, não pus a pena na mão, à espreita do que me viessem sugerindo. Se quer compor o livro, aqui tem a pena, aqui tem papel, aqui tem um admirador; mas, se quer ler somente, deixe-se estar quieta, vá de linha em linha; dou-lhe que boceje entre dous capítulos, mas espere o resto, tenha confiança no relator destas aventuras.[32]

---

30 *EJ*, p. 996.
31 *EJ*, p. 1082.
32 *EJ*, pp. 982-983.

Embora com frequência solicite ajuda para compor a história, nesse ponto o narrador suspende o convite e reafirma sua autoridade ao colocar a interlocutora em seu devido lugar. A conversa delirante e a irritação resultam não só da suposição de que esta adivinhe a disputa dos gêmeos pela mesma mulher; explicam-se também pelo temor de ser acusado de empulhação ou concessão às expectativas da leitora. É para evitar isso que o narrador lança mão do argumento das dezenas de testemunhas que atestariam a verdade dos fatos, insiste na obediência a um método de composição e chega a propor, sempre em tom de conversa corriqueira, o absurdo de trocar de posição com a leitora. O ataque do narrador acaba servindo para chamar a atenção do leitor tanto para a possibilidade de estar sendo empulhado quanto para a sagacidade das leitoras, cujos julgamentos afinal não se mostram apressados ou incorrectos, pois o desenrolar da narrativa mostrará que elas tinham mesmo razão, já que os gêmeos viriam a desejar a mesma Flora.

Se por um lado a leitora está associada a uma maior desenvoltura e familiaridade com o universo ficcional, por outro ela também está associada à precipitação. Ao tratar da indecisão de Flora em relação aos gêmeos, o narrador supõe que a leitora depreenderá daí que a personagem é namoradeira, embora se trate justamente do contrário.[33] Num outro momento, atribui-lhe a expectativa de um terceiro pretendente:

> Mas donde viria o tédio a Flora, se viesse? Com Pedro no baile, não; este era, como sabes, um dos dous que lhe queriam bem. Salvo se ela queria principalmente ao que estava em S. Paulo. Conclusão duvidosa, pois não é certo que preferisse um a outro. Se já a vimos falar a ambos com a mesma simpatia, o que fazia agora a Pedro na ausência de Paulo, e faria a Paulo na ausência de Pedro, não me faltará leitora que presuma um terceiro... Um terceiro explicaria tudo, um terceiro que não fosse ao baile, algum estudante pobre, sem outro amigo nem mais casaca que o coração verde e quente. Pois nem esse, leitora curiosa, nem terceiro, nem quarto, nem quinto, ninguém mais. Uma esquisitona, como lhe chamava a mãe.[34]

Mais adiante, no capítulo "O Terceiro", o leitor será informado da existência de outro pretendente, o Gouveia; e depois será a vez de contar sobre a manifestação das pretensões matrimonias do enriquecido Nóbrega no capítulo "O Quarto". A intuição atribuída à interlocutora curiosa não estava de todo equivocada, ainda que Flora rechace os dois pretendentes e

---

33 *EJ*, p. 1038.
34 *EJ*, p. 1008.

morra sem um terceiro amor que a resgate da indecisão entre os dois gêmeos. No coração de Flora, mas só nele, inexiste o terceiro conjecturado, como fica explicitado pelo verso do *Fausto – Ai, duas almas no meu seio moram!* – que resume o seu drama e sintetiza a ideia de dualidade – ou de unidade dividida – que perpassa o livro, como veremos a seguir.

DUALIDADE, DUPLICAÇÃO, DESINTEGRAÇÃO

A noção de dualidade é constante em *Esaú e Jacó*: está na figura dos gêmeos, na ambivalência do amor de Flora, na dualidade moral e mental de Batista, que tinha "o temperamento oposto às suas ideias"[35], e também no fato de o livro que o leitor tem diante de si debruçar-se sobre outro texto – o do diário de lembranças do conselheiro José da Costa Marcondes Aires –, cujos fatos e opiniões supostamente reflete. É certo que se trata de duplicação imperfeita e parcial, só realizada plenamente nos raros momentos em que as palavras do conselheiro são reproduzidas *ipsis verbis*, aparecendo entre aspas. Mais frequentes são as ocasiões em que a narração dobra-se sobre si mesma para refletir sobre o modo como ela se apropria dos cadernos do conselheiro, discutir procedimentos da composição narrativa e fazer conjecturas sobre o que ocorre do lado de cá das páginas, na relação do leitor com o texto.

A dualidade e a cisão também repercutem sobre o próprio narrar, que em muitos momentos se apresenta como um diálogo que o narrador trava consigo mesmo por meio de interlocutores habilmente instalados na narração. Nos dois trechos reproduzidos acima, pode-se notar o tom íntimo e não cerimonioso do diálogo entabulado pelo narrador com uma interlocutora imaginária. Trata-se na verdade de um solilóquio construído em torno de muitas perguntas e do emprego do discurso indireto livre que cria passagens quase imperceptíveis entre as cogitações do narrador e aquelas que ele projeta sobre sua interlocutora, a quem se dirige num registro muito familiar, para não dizer próximo ao da bisbilhotice. O narrador de *Esaú e Jacó*, assim como os outros narradores a partir de *Brás Cubas*, dá vazão a vozes interiores que antecipam possíveis reações ao relato e simulam transitar entre o lado de lá e o lado de cá das páginas do livro, fingindo colocar-se na posição do leitor, ou da leitora. A especificidade neste caso talvez esteja no fato de o interlocutor aparecer como parte de uma consciência

---

35 *EJ*, p. 1017.

dividida que, ao mesmo tempo em que narra, vai relativizando e interpretando o contado. A princípio projetado como duplo do narrador, o interlocutor ficcional é uma entidade interposta entre o narrador e o leitor empírico, apontando para a consciência dividida e para o caráter fragmentário não apenas do narrador, mas também do leitor a que ele faz apelo.

Esse jogo de duplicidades estende-se aos detalhes. No capítulo "Entre um ato e outro", o narrador equipa o leitor com binóculos e sugestiona-o a se imaginar no teatro, comparando o interregno teatral, com suas mudanças de figurino e cenário, à passagem do tempo no livro:

> Enquanto os meses passam, faze de conta que estás no teatro, entre um ato e outro, conversando. Lá dentro preparam a cena, e os artistas mudam de roupa. Não vás lá; deixa que a dama, no camarim, ria com os seus amigos o que chorou cá fora com os espectadores. Quanto ao jardim que se está fazendo, não te exponhas a vê-lo pelas costas; é pura lona velha sem pintura, porque só a parte do espectador é que tem verdes e flores. Deixa-te estar cá fora no camarote desta senhora. Examina-lhe os olhos; têm ainda as lágrimas que lhe arrancou a dama da peça. Fala-lhe da peça e dos artistas. Que é obscura. Que não sabem os papéis. Ou então que é tudo sublime. Depois percorre os camarotes com o binóculo, distribui justiça, chama belas às belas, feias às feias, e não te esqueças de contar anedotas que desfeiem as belas, e virtudes que componham as feias. As virtudes devem ser grandes e as anedotas engraçadas. Também as há banais, mas *a mesma banalidade na boca de um bom narrador faz-se rara e preciosa*. E verás como as lágrimas secam inteiramente, e a realidade substitui a ficção. Falo por imagem; sabes que tudo aqui é verdade pura e sem choro.[36]

Com a sugestão do uso de binóculo e o uso reiterado do modo imperativo, o narrador deixa clara sua intenção de direcionar o olhar do interlocutor, de modo a fazer com que esse olhar coincida e se confunda com a mirada que ele, narrador, lança sobre o aspecto construído da ficção teatral. Ao supor familiaridade do seu interlocutor com o ponto de vista dos bastidores, de onde se vê que é tudo lona velha sem pintura, e aconselhá-lo a se manter do lado da plateia, onde tudo é mais bonito, ele novamente chama a atenção para o aspecto figurado das suas alusões teatrais. A dissimulação, a possibilidade de significar o contrário do que se diz ou de dizer sem nada significar, o poder do narrador de transformar e injetar interesse numa história – o trecho é uma súmula dos procedimentos da construção ficcional. A projeção da visão do narrador sobre a do leitor, e das supostas visões e opiniões deste no fluxo da narração, agora se textualiza nas instruções so-

---

36 *EJ*, p. 1003. Grifo meu.

bre como se converter num bom narrador, suficientemente hábil para enxugar dos olhos de uma senhora as lágrimas arrancadas pela ficção.

A insistência na capacidade do interlocutor de compreender, interpretar, interferir e até colaborar na narração acaba sendo mais um recurso do narrador para dirigir e controlar sua interpretação, o que fica claro na liberalidade do emprego do modo imperativo, sobretudo o imperativo negativo, ao longo do livro. O romance está pontilhado de "não concluas" e "não creias", "não me peças a causa", "não atribuas" e "não cuides", todos verbos referentes a atos de interpretação, como se o narrador precisasse refrear o impulso interpretativo – ou superinterpretativo – do leitor.[37] Embora lhe ocorra a possibilidade de interpretações dissidentes e ele aparentemente encoraje seu interlocutor a fazê-las, o narrador não encampa as explicações divergentes das suas, como deixa claro no capítulo "Fusão, difusão, confusão", em que compara o processo de fusão de Pedro e Paulo numa só pessoa – uma alucinação de Flora – à fusão do liberalismo e do conservadorismo em sua mãe, D. Cláudia, cuja posição oscila ao sabor dos ventos da política:

> Se alguém quiser explicar este fenômeno pela lei da hereditariedade, supondo que ele era a forma afetiva da variação política da mãe de Flora, não achará apoio em mim, e creio que em ninguém. São cousas diversas.[38]

Embora lance mão de várias estratégias para construir um interlocutor identificado com os personagens e com os procedimentos da narração, lisonjeando-o e conferindo-lhe autonomia, o narrador vai minando a confiança dele em sua autonomia e habilidade interpretativa. O procedimento básico consiste em produzir identificação para, em seguida, tirar o corpo fora, desestabilizando seu interlocutor, numa postura agressiva que lembra muito a do narrador em terceira pessoa de *Quincas Borba*.

Ao mesmo tempo em que escancara o caráter construído da ficção, o narrador afirma dizer apenas a verdade ao longo de todo o romance. Ao contar que os gêmeos, na véspera do aniversário da morte de Flora, tiveram separadamente a mesma ideia de depositar flores no túmulo da amada, o narrador observa: "Não digo que fossem das mesmas flores, não só para respeitar a verdade, senão também para afastar qualquer ideia intencional

---

[37] O uso reiterado de formas verbais como o imperativo negativo e o imperfeito do subjuntivo, assim como de figuras de linguagem como a lítotes, que consiste em afirmar por meio da negação do contrário, "se pode parecer gratuito ou mero ornamento caprichoso para o leitor ingênuo, acompanha e reinterpreta, de modo personalíssimo, o gosto eclético do tempo", como observa Alexandre Eulalio, *Escritos*, p. 352.

[38] *EJ*, p. 1049.

de simetria na ação e no acaso. Uma era de miosótis, outra creio que de perpétuas. Qual fosse a de um, qual a do outro, não se sabe nem interessa à narração. Nenhuma tinha letreiro".[39] Não é só o respeito à verdade que orienta o relato, mas também o respeito à veracidade e à verossimilhança. Se as flores fossem as mesmas, o narrador talvez sacrificasse a informação apenas para não parecer que adulterava os fatos de modo a conformá-los à simetria. Se não interessa quem levou qual flor, como fica dito em seguida, o que parece importar para esse narrador é afirmar seu poder de dar ou omitir informações, de modo a manter o leitor constantemente inseguro sobre a confiabilidade do relato. A garantia do respeito à verdade, portanto, está sempre contaminada pela dúvida. Esse procedimento pode ser notado bem no início do romance, na cena da profecia da cabocla: "Custa-me dizer que acendeu um cigarro, mas digo, porque é verdade, e o fumo concorda com o ofício".[40] Ou no relato da morte de Natividade quando, em vez de se calar, o narrador diz que "podia torcer a pena" para poupar a personagem, mas com isso "cometeria uma ação fácil e reles, além de mentirosa".[41]

Ao lembrar a possibilidade da mentira, o narrador também se corrige, confessando imprecisão e erro nas suposições e previsões anteriores. O recurso, que aparentemente serve para imprimir confiabilidade ao relato, acaba tornando a narração um terreno cada vez mais movediço, no qual o interlocutor deve pisar com cuidado, já que a afirmação de agora pode ser relativizada ou desmentida a qualquer momento. Mesmo os mais açodados podem perceber a artimanha, já que tudo poderia ser alterado antes de o relato chegar à forma de livro, o que o próprio narrador encarrega-se de lembrar:

> Sobre isto escrevi agora algumas linhas, que não ficariam mal, se as acabasse, mas recuo a tempo, e risco-as. Não vale a pena ir à cata das palavras riscadas. Menos vale supri-las.[42]

O narrador chega a fazer alarde das falhas, omissões e emendas, retomando pontos que ficaram obscuros, desculpando-se por formulações de gosto ou clareza duvidosa e chamando a atenção para o seu papel de "organizador" dos fatos que narra, como ocorre nos trechos seguintes:

---

39 *EJ*, p. 1083.
40 *EJ*, p. 949.
41 *EJ*, p. 1091.
42 *EJ*, p. 1032.

Em verdade, as palavras não saíram assim articuladas e claras, nem as débeis, nem as menos débeis; todas faziam uma zoeira aos ouvidos da consciência. Traduzi-as em língua falada, a fim de ser entendidas das pessoas que me leem (...).[43]

Nada disso foi escrito como aqui vai, devagar, para que a ruim letra do autor não faça mal à sua prosa. Não, senhor; as palavras de Santos saíram de atropelo, umas sobre outras, embrulhadas, sem princípio ou sem fim.[44]

A causa seria talvez por não haver dado ao pedido a forma clara que aqui lhe ponho, com escândalo do leitor.[45]

Os trechos dão conta de que o processo de transformação das anotações do conselheiro em narrativa implica todo tipo de manipulação por parte do narrador, e não se sabe mais que distância separa o texto publicado do manuscrito encontrado na secretária de Aires, rijamente encapado em papelão. Se lembrarmos bem, o narrador já no terceiro capítulo colocara a possibilidade de não estar dizendo a verdade ao declarar – "Se minto, não é de intenção".[46]

Ao embutir afirmações nas negativas e negações nas afirmativas do narrador, instila-se uma gota de dúvida nas juras e levantam-se suspeitas sobre a retidão e a imparcialidade do narrador. No seu monólogo constante com os interlocutores que projeta dentro de si e com os quais mantém uma relação aparentemente cordata, o escritor vai apontando as fissuras na integridade da voz narrativa, também ela unidade dividida, como os gêmeos, como Flora e como o próprio Conselheiro Aires, este último treinado para se posicionar no meio dos conflitos, um equilibrista que jamais se inclina completamente para qualquer um dos lados, embora transite com desenvoltura por campos opostos.

Todas essas ideias de duplicidade, dualidade e oposição simétrica que caracterizam a relação do narrador com seu interlocutor e definem o estatuto ficcional do leitor no romance machadiano da maturidade estão sintetizadas no seguinte trecho:

Ora, aí está justamente a epígrafe do livro, se eu lhe quisesse pôr alguma, e não me ocorresse outra. Não é somente um meio de completar as pessoas da narração com as ideias que deixarem, mas ainda um par de lunetas para que o leitor penetre o que for menos claro ou totalmente escuro.

43 *EJ*, p. 952.
44 *EJ*, p. 962.
45 *EJ*, p. 1069.
46 *EJ*, p. 952.

Por outro lado, há proveito em irem as pessoas da minha história colaborando nela, ajudando o autor, por uma lei de solidariedade, espécie de troca de serviços, entre o enxadrista e os seus trebelhos.

Se aceitas a comparação, distinguirás o rei e a dama, o bispo e o cavalo, sem que o cavalo possa fazer de torre, nem a torre de peão. Há ainda a diferença da cor, branca e preta, mas esta não tira o poder da marcha de cada peça, e afinal umas e outras podem ganhar a partida, e assim vai o mundo. Talvez conviesse pôr aqui, de quando em quando, como nas publicações do jogo, um diagrama das posições belas ou difíceis. Não havendo tabuleiro, é um grande auxílio este processo para acompanhar os lances, mas também pode ser que tenhas visão bastante para reproduzir na memória as situações diversas. Creio que sim. Fora com diagramas! Tudo irá como se realmente visses jogar a partida entre pessoa e pessoa, ou mais claramente, entre Deus e o Diabo.[47]

Nesse trecho, que corresponde a todo o texto do capítulo intitulado "A Epígrafe", a referência à imagem do tabuleiro e aos diagramas está longe de apontar para qualquer tipo de esquematismo. Enxadrista dedicado e de vida inteira, leitor de publicações sobre o jogo e memorizador das posições belas e difíceis, Machado sabia muito bem das possibilidades quase infinitas da combinação de 32 peças em movimento sobre os 64 quadrados de um tabuleiro.[48] Trata-se de uma metáfora sintética e complexa do jogo ficcional, em que virtualmente qualquer situação pode ser construída com os mesmos personagens sobre um mesmo chassi, numa depuração de uma imagem de *Dom Casmurro* – "Tudo cabe na mesma ópera..."[49], relembrada aliás por Olavo Bilac. Em sua crítica ao livro, escrita durante viagem à Europa e publicada em *A Notícia*, o poeta elogiava e mostrava-se surpreso com o talento de Machado de Assis de escrever "uma literatura originalíssima" a partir de "uma cidade sem caráter próprio, uma cosmópolis imprecisa e vaga", a partir do que concluía: "Com os mesmos cenários, porém, com os mesmos personagens, e com as mesmas paixões, fazem-se cem mil dramas diversos. A literatura de Machado de Assis realiza o milagre de criar, no Rio de Janeiro, conflitos morais, estados de alma, e aspectos sociais absolutamente inéditos". Bilac elogiava no livro aquilo que Machado apontara em "Instinto de Nacionalidade" como uma das características supe-

---

47 *EJ*, p. 966.
48 Sobre Machado de Assis jogador, apreciador e formulador de problemas enxadrísticos, vide Herculano G. Mathias. "Machado de Assis e o jogo de xadrez", *Anais do Museu Histórico Nacional*, Rio de Janeiro, vol. 13, 1952. Republicado em Luís Anselmo Maciel Filho, *Rua Cosme Velho, 18: Relato do Restauro do Mobiliário de Machado de Assis*, Rio de Janeiro, Academia Brasileira de Letras, 1998, pp. 15-31. O texto inclui também referências ao jogo de xadrez nas crônicas, contos e correspondência de Machado de Assis.
49 *Dom Casmurro*, OC, vol. 1, p. 819.

riores do romance: a capacidade de análise das paixões e dos caracteres a partir da observação, que é o que o narrador de *Esaú e Jacó* está pedindo ao seu interlocutor em vários momentos, como no trecho reproduzido acima.

As imagens de dualidade e duplicação estão na base das comparações, que constituem o principal recurso retórico empregado por Machado para expor sua teoria da composição. No capítulo do entreato, a narração era comparada ao espetáculo teatral; desta vez o pedido é para que se aceite a dupla comparação entre enxadrista e autor e entre os trebelhos e os personagens da narração, entre os quais está incluído o próprio leitor.[50] As comparações, uma vez aceitas, podem se desdobrar num jogo infernal de estabelecer correspondências entre as diversas peças do xadrez e os personagens, atividade à qual o narrador, aliás, convida.

A comparação com o tabuleiro de xadrez, construído pela oposição simétrica entre peças pretas e brancas, esclarece muito da armação ficcional, já que o mesmo tipo de simetria se aplica à cena do duelo metafórico entre os gêmeos, ambos amadrinhados por Flora, colocada em posição equidistante dos dois, reforçando a ideia de simetria.[51] Natividade também está no ponto médio entre os campos opostos definidos pelos gêmeos, o que pode ser visualizado na cena imaginada pelo narrador para o beijo que Pedro e Paulo teriam dado na mãe por ocasião de suas entradas na câmara, como deputados:

> Não consta qual deles a beijou primeiro: não havendo regimento interno nesta outra câmara, pode ser que fossem ambos a um tempo, metendo-lhes ela a cara entre as bocas, uma face para cada um. A verdade é que o fizeram com igual ternura.[52]

Além da simetria, a cena remete à permutabilidade entre os elementos – é indiferente em que face cada um dos gêmeos está –, que também está implicada no tabuleiro de xadrez, onde a oposição visível entre peças brancas e pretas "não tira o poder da marcha de cada peça, e afinal umas e

---

50 No manuscrito de *Esaú e Jacó*, a inclusão do leitor entre os trebelhos e as personagens da narração está explicitada no início do Cap. LXXX, intitulado "Transfusão, Enfim", onde se lê: "Viste já (cap. XIII) que os personagens do livro devem auxiliar o autor; ao leitor cumpre fazer o mesmo. Assim sae a obra mais clara. Não importa, antes é mais vantajoso que cada um complete a definição a seu modo. A boa história não é só a que tem o nosso sufrágio, mas também a que leva a nossa colaboração, se não é que esta é a melhor de todas". Cf. ASSIS, Machado. *Esaú e Jacob*. Edição fac-similar. Apresentação Cícero Sandroni. Rio de Janeiro: ABL, Biblioteca Nacional, 2008, pp. 577-578.
51 *EJ*, p. 1085.
52 *EJ*, p. 1089.

outras podem ganhar a partida". Assim como peças distintas podem desempenhar as mesmas funções e dispor do mesmo poder, as histórias dos gêmeos Pedro e Paulo Santos – duplicação dos apóstolos irmanados pelo cristianismo embora inimigos entre si – são estruturalmente intercambiáveis com as de Castor e Pólux[53], filhos de Júpiter e Leda, e têm como matriz literária a lenda bíblica de Esaú e Jacó[54], filhos de Isaac e Rebeca, que, ainda grávida, sente as crianças lutando dentro dela e, ao consultar Iahweh, é informada: "Há duas nações em teu seio, dois povos saídos de ti, se separarão".[55] A mesma ideia se duplica na epígrafe, retirada do *Fausto*, de Goethe – "Ai, duas almas no meu seio moram".

A oposição de coisas que parecem unas, ou a aparente unidade de coisas opostas, que é a história que o livro conta a propósito dos gêmeos, sugere a possibilidade da diversidade na unidade e novamente remete à existência de uma história matriz – possível de ser circunscrita a um tabuleiro, à estrutura narrativa de uma ópera – sempre igual a si mesma: "Como nas missas fúnebres, só se troca o nome do encomendado – Petrus, Paulus".[56] Se há alguma afirmação veemente nesse livro, ela se refere à imutabilidade: nada muda, ninguém muda, tudo é sempre o mesmo. Essas ideias estão sintetizadas já na epígrafe que o livro teria se tivesse alguma – e o leitor sabe que tem, pois passou por ela entre a "Advertência" e o "Capítulo I": – *"Dico, che quando l'anima mal nata –"*. Os versos truncados do *meu* Dante, segundo o narrador, constituem uma versão de um velho adágio (note-se o emprego dos possessivos) *nosso*: "O que o berço dá só a cova o tira".

Como se nota, a ideia de dualidade está em todos os níveis desse universo ficcional em que tudo se manifesta aos pares e, paradoxalmente, tudo se reduz a um mesmo: os dois conjuntos iguais das peças de xadrez dividem um único tabuleiro; os vários pares de gêmeos são manifestações opostas de uma mesma natureza e disputam o mesmo ventre e o amor das mesmas mulheres; o verso e o adágio são expressões de um mesmo sentido etc. etc. etc.

---

53 *EJ*, p. 1092.
54 Sobre as referências mitológicas, que sempre aparecem em dupla nesse romance, vide Affonso Romano de Sant'Anna, "Esaú e Jacó", in: *Análise Estrutural de Romances Brasileiros*, 4. ed., Petrópolis, Editora Vozes, 1977, pp. 116-152.
55 Tiago Giraudo [direção editorial], *A Bíblia de Jerusalém*, São Paulo, Sociedade Bíblica Católica Internacional e Paulus, 2000, p. 65.
56 *EJ*, p. 1087.

Voltando ao capítulo da epígrafe, o leitor aí é referido como intérprete, capaz de perscrutar os sentidos que ficarem à sombra, atribuindo sentido ao narrado. Seu papel, no entanto, já não se esgota mais no preenchimento das lacunas deixadas pelo autor/narrador. O tuteio agora é com um leitor capaz de compreender e aceitar a comparação entre o xadrez e o jogo ficcional. Ainda que haja ironia na figuração desse leitor inteligente e de boa memória, o fundamental é a consideração, por parte do narrador, da possibilidade de alguém capaz de considerar muitas variáveis, de fazer interpretações complexas e perceber que as explicações nem sempre se reduzem a aparências – as peças brancas e pretas, por exemplo, distinguem-se menos pela diferença visível do que pelas funções variadas e complexas que desempenham. São necessários muitos níveis de observação e interpretação: das peças individualmente (rei e rainha), das peças enquanto tipos (bispos, cavalos, torres e peões) e de todo o conjunto, levando-se em conta suas posições relativas, numa visão dinâmica e gestáltica do tabuleiro, indicativa da visão machadiana da composição e da recepção do texto ficcional. Pode-se pensar nesses três níveis de interpretação como os dominantes, respectivamente, entre o leitor romântico, aferrado a individualidades irredutíveis, íntegras e sempre iguais a si mesmas, o leitor do Realismo e do Naturalismo convencional, afeito às tipologias e categorias sociais, e, finalmente, o leitor que Machado de Assis desenha para a sua obra – alguém que dispensa os esquemas, capaz "de reproduzir na memória as situações diversas", leitor verdadeiramente ruminante, com quatro estômagos no cérebro.

Está aí, não sem direito à bordoada de costume, a imagem do leitor ideal não só do *Esaú e Jacó*: um leitor empenhado, que lê e relê muitas vezes, volta, compara, procura o que está oculto sob as aparências e atinge a verdade, que precisa ser desentranhada do texto por meio de um processo mental e baseado na dedução. Um leitor avesso ao sentimentalismo, aos apelos sensoriais, nem apressado nem impaciente, pertencente à linhagem de Luís Garcia, "leitor de boa casta, dos que casam a reflexão à impressão" e que, ao acabar o livro "incrustava-o por assim dizer, no cérebro".[57] A caracterização da boa leitura como resultado de um processo de análise, quebra, desintegração, tem semelhança com a imagem forjada por Machado para explicar as alterações de sua obra: "Aos vinte anos, começando a minha jornada por esta vida pública que Deus me deu, recebi uma porção

---

57 *EJ*, p. 445.

de ideias feitas para o caminho [...] e vivi assim até o dia em que por irreverência do espírito, ou por não ter mais nada que fazer, peguei de um quebra-nozes e comecei a ver o que havia dentro delas".[58]

O escritor que procurava desarraigar do seu espírito as ideias e clichês herdados das gerações anteriores, reduzindo-os a nada, virando-os do avesso, embaralhando as posições estabelecidas, buscava também um leitor que incrustasse seus livros no cérebro, submetendo o discurso dos seus narradores à análise minuciosa. O paradigma desse leitor ideal, várias vezes formulado pelo escritor nos agradecimentos a análises e comentários sobre seus textos, parece estar em José Veríssimo, crítico de todas as obras da maturidade de Machado de Assis, mais de uma vez elogiado por este pela combinação de competência, rigor e benevolência.

A RECEPÇÃO DE *ESAÚ E JACÓ*

Esaú e Jacó, que chegou às livrarias do Rio de Janeiro no segundo semestre de 1904, provavelmente no mês de setembro, em meio à discussão sobre a vacina obrigatória, como escreveu Artur Azevedo em nota sobre o lançamento do livro[59], recebeu mais atenção da imprensa do que o romance anterior, tendo sido assunto de pelo menos oito resenhas. Todas, sem exceção, fazem referência elogiosa à simplicidade da linguagem, o que contrastava com os torneios verbais e o cultivo do vocabulário raro, e às vezes bizarro, de Coelho Neto, Rui Barbosa e Euclides da Cunha. Mário de Alencar alerta o leitor de que "pódes lel-o sem difficuldade, porque não ha palavra alli que não uses na tua linguagem de todo o dia. Não consultarás diccionario, e essa é outra virtude do livro"[60]; Oliveira Lima fala em português limpo e castiço e falta de artifícios e voluntária simplicidade[61]; José Veríssimo chama a atenção para "a lingua admirável, a rara sciencia de dicção com que é escripto".[62]

---

58 Citado por Barreto Filho, "O Romancista", in: *OC*, vol. 1, pp. 102-3.
59 Artur Azevedo, "Folha nova", s/d, *apud* Josué Montello, *O Presidente Machado de Assis*, São Paulo, Livraria Martins Editora, 1961, p. 178.
60 Mário de Alencar, *Jornal do Commercio*, 2.10.1904.
61 Oliveira Lima, *Gazeta de Notícias*, 21.11.1904; Machado agradeceu o espírito benévolo do crítico em carta datada de 4.12.1904, *apud* Luiz Viana Filho, *A Vida de Machado de Assis*, p. 234.
62 José Veríssimo, *Kosmos*, dezembro de 1904.

Também recorrente é a atribuição das virtudes não ao enredo, mas ao próprio processo de narração: "Não é, porém, no entrecho que está a sua real belleza: é na graça do dizer as coisas, por mais importantes ou mais insignificantes que sejam", dizia Medeiros e Albuquerque.[63] A mesma ideia seria expressa de outra forma por Oliveira Lima, que observava que "a sua acção carece de um enredo complicado e escabroso", acrescentando que "a questão está, litterariamente, no modo de tratal-a"[64], e ainda de outra maneira por José Veríssimo, para quem "a história é simples, e por isso mesmo difficil de contar. Aliás as histórias do Sr. Machado de Assis perderiam muito em ser recontadas por outros. O seu principal encanto talvez esteja no contador".[65]

Sobre a posição ousada e moderna em que o livro colocava o seu leitor, as observações mais sagazes vieram de Oliveira Lima e Walfrido Ribeiro. O primeiro, contrastando a prosa de Machado com a dos românticos, chamava a atenção para "a contradicção dos actos, a vacillação das resoluções, a apparente descontinuação dos pensamentos", elogiando no livro a afirmação da dúvida e da hesitação, "que são garantias da verdade" e sugerindo "estar a própria ironia na retina" do escritor.[66] Observação semelhante sobre o caráter nada assertivo da obra, construída com meios-tons e baseada na proposição de incertezas para o leitor, foi registrada por Walfrido Ribeiro: "Não é categórico, e parece desejar que a sua frase nunca encerre uma sentença. (...) A sua arte deixa que o leitor também trabalhe na leitura, e fá-lo pensar".[67]

As exigências e apelos colocados pelo romance, de modo até explícito, finalmente chegavam ao leitor empírico, que pescava a incompletude da narrativa cujo sentido devia ser complementado no processo de recepção. O dilaceramento do leitor figurado, mediador dos apelos que o escritor faz ao seu leitor ideal, deixa o leitor empírico em situação de desamparo cada vez maior. A indução a um estado constante de desconfiança e suspeita facilita o seu aprisionamento no campo de força ficcional, gerado e alimentado pelo caráter instável da narrativa. Como observou John Gledson a respeito do complexo simbolismo e das muitas sugestões de alegoria do livro, "o leitor

---

63 J. dos Santos [pseudônimo de Medeiros e Albuquerque], "Crônica Literária", *A Notícia*, 30.9.1904.
64 Oliveira Lima, *Gazeta de Notícias*, 21.11.1904.
65 José Veríssimo, *Kosmos*, dezembro de 1904; Machado agradeceu a crítica em carta de 4.10.1904, in *OC*, vol. 3, pp. 1069-1070.
66 Oliveira Lima, *Gazeta de Notícias*, 21.11.1904.
67 Walfrido Ribeiro, "A Livraria", *Os Annaes*, Rio de Janeiro, 5.11.1904, pp. 77-8.

fica preso, e acredito que isso seja proposital, entre o ceticismo e o impulso de descobrir modelos de significado, incapaz de se resolver, com alguma segurança, a tomar uma atitude única e estável".[68] A instabilidade resulta de um processo complexo que, como se viu, inclui a sedução e o desarme do leitor por meio de lisonjas, afirmações de afinidade e garantias de transparência seguidas de súbitos recuos nessas atitudes de simpatia.

Tudo isso existe em *Dom Casmurro*. Mas enquanto no livro anterior a incerteza gira em torno da veracidade de fatos relembrados por um narrador comprometido e interessado naquilo que conta, desta vez a instabilidade se desloca para o próprio processo narrativo, uma vez que a história propriamente importa muito pouco, até porque ela não avança, *"Dico, che quando l'anima mal nata –"*. Tudo parece esgotar-se no próprio processo narrativo que, com suas afirmações e negações, estabelece um jogo perverso consigo mesmo e com o interlocutor. Envolvido pela elegância da dicção, pelos volteios e pelo brilho desnorteador desse texto armado como um jogo de espelhos, o leitor aparece figurado como entidade tragada por esse turbilhão de reflexos sem jamais conseguir lançar um olhar distanciado sobre o narrado. Abusando um pouco da metáfora, é como se o fluxo da narração procurasse mergulhar o leitor na tinta mesma que compõe o texto.

A propósito de tintas, elas aparecem com muita constância em *Esaú e Jacó*: no episódio das tabuletas do Custódio, no tinteiro que teria pertencido ao jornalista Evaristo da Veiga, na longa digressão sobre o frei e o maltrapilho que em mais de uma ocasião deitaram tinta à barba, na referência ao preto e branco que cobrem as mesmas peças do xadrez etc. As tintas talvez sejam metonímias dos atos responsáveis pelas grandes transições da vida pública mencionadas pelo livro, onde todas as grandes mudanças e transformações são sarcasticamente reduzidas a canetadas e demãos de tinta: as constantes renovações e quedas dos gabinetes; a Abolição da Escravatura; a alternância no poder entre as facções conservadoras e liberais; a transição do Império para a República, ouvida por Aires ao cocheiro do Largo da Carioca e reduzida ao prosaísmo desnorteado do confeiteiro Custódio do Catete, às voltas com a pintura das suas célebres tabuletas.

Tudo isso soa como boa metáfora de um tempo e de um país que o redator do jornal *The Rio News* definia como "a terra do imprevisto, uma Nação de contradições inexplicáveis" e sobre o qual escreveu, três dias depois da insurreição que instalou a República no Brasil: *"we have no*

---

68 John Gledson, *Machado de Assis: Ficção e História*, p. 187.

word of commendation for a people who can change their principles and institutions in a moment without protest or thought of resistance. Men of character do not change their sentiments, habits and principles as they change their coats, nor do they yield that which is revered and dear to them without a strugle". (não temos elogios para um povo que muda seus princípios e instituições de uma hora para outra sem qualquer protesto ou esboço de resistência. Homens de caráter não descartam sentimentos, hábitos e princípios como quem troca de casaco, nem abrem mão, sem lutar, daquilo que lhes é caro.) E, passado o calor dos fatos, o mesmo jornal sentenciava: "*We have changed, and yet are unchanged. Brazil has merely put on new suit of clothes*". (Mudamos e, contudo, permanecemos inalterados. O Brasil apenas vestiu um traje novo.)

Voltando ao romance, parece ser no turbilhão das tintas que o leitor figurado pelo romance apela ao leitor empírico, também ele mergulhado numa "atmosfera de dúvida e insegurança, misturada com ambiciosa especulação", de volatilidade e rápidas transformações, que parecem marcar não só o tempo da ação do romance, como observa John Gledson[69], mas as narrativas da modernidade.

---

69 *The Rio News*, Vol. XVI, n. 46, Rio de Janeiro, 18.11.1889, p. 2; *The Rio News*, Vol. XVI, n. 48, Rio de Janeiro, 2.12.1889, p. 2. Nas palavras do redator do semanário, o leitor há de se lembrar de Brás Cubas e de reconhecer os procedimentos narrativos que vimos apontando, baseados nas trocas de papéis, falsas oposições, opostos que se equivalem, equivalentes que se opõem, dissoluções e restabelecimentos, mudanças para o mesmo. Para um estudo detalhado das articulações entre as incertezas do período histórico focado por *Esaú e Jacó* e o desnorteamento produzido pela experiência de leitura do romance, veja-se o capítulo de John Gledson sobre o romance em *Machado de Assis: Ficção e História*, p. 161-214.

10

MEMORIAL DE AIRES E O LEITOR DE PAPEL

A figuração do leitor simultaneamente como interlocutor e testemunha do solilóquio do narrador não poderia encontrar expressão melhor do que em *Memorial de Aires*, romance baseado no diário íntimo de um diplomata aposentado, que retorna ao Brasil depois de vários anos de serviço no exterior e compensa a solidão dedicando-se a seus escritos. O formato escolhido para a apresentação da narrativa já define a situação imaginada para o leitor que, no plano ficcional, é apresentado como um acidente, entidade que só vai se configurar caso o texto não seja destruído antes da morte do autor/narrador, o que ele várias vezes afirma ser sua intenção. A narrativa, portanto, já de saída considera seu interlocutor como eventualidade, dúvida e acidente. Na melhor das hipóteses aventadas pelo Conselheiro, suas notas terão apenas um leitor – ele próprio, que constantemente declara reler suas anotações; no pior dos casos serão lidas por cinco pessoas do seu círculo íntimo: sua irmã Rita, o casal Aguiar, Tristão e Fidélia.

A expectativa de interlocução, portanto, apresenta-se como mínima, já que é da natureza do diário ser uma espécie de conversa íntima, pressupondo nenhum ou muito poucos interlocutores, o que indica o fechamento do texto sobre si mesmo. A circularidade e o isolamento que marcam esse universo ficcional ficam sugeridos também pelo fato de Aires volta e meia referir-se à releitura de Goethe, Thackeray e Shelley, de quem empresta o verso "*I cannot give what men call love*", sempre repetido ao longo do texto e emendado com um fecho de sua composição: "Eu não posso dar o que os homens chamam amor... e é pena!".[1]

Apesar da enunciação de todos esses propósitos aparentemente circunscritos à subjetividade do autor-narrador e da apresentação do relato como algo dirigido a ninguém, sabe-se que até mesmo o registro mais ingênuo das próprias lembranças está sempre assombrado por vozes que inscrevem no texto outras possibilidades de compreensão dos fatos narrados. Mas a ingenuidade não faz parte do *Memorial de Aires*, onde as instâncias de autoria, narração e interlocução aparecem propositadamente embaralhadas, estabelecendo relações complexas. Ao contrário do que se procura afirmar, as memórias e reflexões do Conselheiro não se esgotam em si mesmas. Além de todas as razões internas, puramente pessoais, aqui e ali outras motivações são associadas à elaboração do diário, que também se apresenta como fonte de prazer e forma de colocar a subjetividade em circulação no mundo, já que, como diz o narrador, "dá certo gosto deitar ao papel cousas que querem sair da cabeça, por via da memória ou da reflexão".[2]

É dessa constante comutação entre a posição pretensamente objetiva do relato e sua matéria estritamente subjetiva que o romance retira boa parte da sua dinâmica e complexidade. No que diz respeito ao leitor, isso se traduz num permanente movimento de exclusão e inclusão da interlocução no processo narrativo, que é o assunto deste capítulo.

•••

No *Memorial de Aires*, o Conselheiro Aires é apontado como autor, narrador único e também protagonista de uma história que se apresenta à maneira casual e circunstancial dos diários, incluindo o registro das datas e às vezes do horário das anotações. Todas essas informações chegam ao leitor empírico por meio do organizador e editor ficcional M. de A., subscritor da "Advertência" que apresenta o livro como resultado da reunião das notas relativas aos anos de 1888-1889 deixadas pelo diplomata aposentado José da Costa Marcondes Aires e apenas "decotadas de algumas circunstâncias, anedotas, descrições e reflexões". Pelo texto introdutório, sabemos retrospectivamente que esse M. de A., dublê do escritor Machado de Assis, ainda que também possa ser entendido como mais uma entidade

---

[1] *Memorial de Aires*, OC, vol. 1, p. 1102. A partir daqui, as referências a essa edição do romance serão indicadas por *MA*.
[2] *MA*, p. 1141.

ficcional, também fora responsável pela organização do texto de *Esaú e Jacó*, publicado quatro anos antes e organizado a partir das notas do último dos sete cadernos deixados pelo Conselheiro Aires, como fica dito na "Advertência" daquele livro, que, diferentemente deste, não traz assinatura. Outra diferença marcante em relação a *Esaú e Jacó* é que no *Memorial* estão pouco evidentes as marcas da interferência de um autor que organiza, suprime e acrescenta informações às anotações deixadas por Aires, características que aproximam *Esaú e Jacó* de um formato de romance mais tradicional.

Ao mesmo tempo em que reivindica fidedignidade e realismo para a narração que introduz, a *Advertência* serve para levantar dúvida sobre tudo o que vem em seguida. Quando se trata de um texto, "decotar", "desbastar" e conservar "só o que liga o mesmo assunto" não são atitudes neutras, impessoais, como quer fazer crer M. de A. no prólogo. Em função da triagem do que pertence e do que não pertence ao mesmo assunto – além da prévia determinação de qual é o assunto –, pode-se alterar completamente o sentido daquilo que o autor original talvez quisesse significar. Basta folhear *Esaú e Jacó* e o *Memorial de Aires*, narrativas organizadas de maneiras tão diferentes – uma dividida em capítulos, a outra, na forma de entradas de um diário – e apesar disso atribuídas a um mesmo autor, para se começar a questionar quais as noções de autoria aí envolvidas. E também, por extensão, para refletir sobre as noções de interlocução implícitas nessas narrativas, compostas de camadas conflitantes – uma atribuída ao editor, outra atribuída ao autor-narrador – que fazem com que nem o autor nem o interlocutor jamais estejam numa posição fixa.

Apesar da declarada edição das notas originais, a manutenção da forma de um diário produz a impressão de que tanto o escritor Machado de Assis quanto o editor M. de A. e o autor Conselheiro Aires têm pouco controle sobre o desenrolar da história, que é subordinado ao correr do tempo, imprevisível. A princípio, todas as entidades envolvidas no jogo ficcional estão colocadas na mesma situação de impotência diante dos fatos, impossibilitadas de saber se as conjecturas e cogitações do dia de hoje serão confirmadas ou desmentidas pelo dia (ou pela página) seguinte, o que serve para aproximar o leitor em relação ao autor, ao narrador e ao editor das notas. Por esse prisma, os leitores que têm o romance em mãos estariam diante do máximo do efeito de realidade, em que os fatos são registrados de maneira bruta, supostamente com o mínimo de interferência tanto do escritor Machado de Assis quanto do editor M. de A., eximidos da intenção de produzir este ou aquele efeito sobre o interlocutor.

O interlocutor, aliás, é uma instância fundada sobre a contradição própria dos diários íntimos, narrativas marcadas pelo equilíbrio instável entre o registro do absolutamente privado e a possibilidade – e o desejo, ainda que muitas vezes negado –, de tornar-se público, possibilidade colocada pela própria materialização da intimidade na escrita. No *Memorial*, esse conflito já está colocado na *Advertência*, que se dirige a um grupo de leitores que talvez inclua até mesmo leitores do romance anterior ("Quem me leu Esaú e Jacó..."), o que choca com a matéria da narração propriamente dita, em que o conselheiro insiste em não estar se dirigindo a ninguém – ou a quase ninguém.

OS BALIZAMENTOS DO TEXTO

Aludir reiteradamente à não existência de alguma coisa é também uma forma de cogitar sua existência. Insistindo na não expectativa de leitores para o seu texto, Aires não só vislumbra potenciais leitores, mas também se defende das possíveis acusações que estes lhe possam fazer de manipulação dos fatos narrados. Não parece ser outro o motivo que o leva a interromper a narração para dizer que releu suas anotações, mostrar-se preocupado por ter-lhe imprimido algum tom poético ou romanesco e reiterar – afinal, para quem? – que é "tudo prosa, como a realidade possível". A afirmação sobre a fidelidade da narração aos fatos ocorridos e o contraste do seu texto com os textos de imaginação constituem mais um dos sestros desse autor-narrador, que em muitos momentos retoma formulações parecidas com aquelas de *Dom Casmurro* e *Esaú e Jacó*:

> Há na vida simetrias inesperadas. A moléstia do pai de Osório chamou o filho ao Recife, a do pai de Fidélia chama a filha à Paraíba do Sul. Se isto fosse novela algum crítico tacharia de inverossímil o acordo de fatos, mas já lá dizia o poeta que a verdade pode ser às vezes inverossímil.[3]

> Se eu estivesse a escrever uma novela, riscaria as páginas do dia 12 e do dia 22 deste mês. Uma novela não permitiria aquela paridade de sucessos. Em ambos esses dias, – que então chamaria capítulos, – encontrei na rua a viúva Noronha, trocamos algumas palavras, vi-a entrar no bonde ou no carro, e partir; logo dei com dous sujeitos que pareciam admirá-la. Riscaria os dous capítulos, ou os faria mui diversos um de outro; em todo caso diminuiria a verdade exata, que aqui me parece mais útil que na obra de imaginação.

3   *MA*, p. 1126.

Já lá vão muitas páginas falei das simetrias que há na vida, citando os casos de Osório e de Fidélia, ambos com os pais doentes fora daqui, e daqui saindo para eles, cada um por sua parte. Tudo isso repugna às composições imaginadas, que pedem variedade e até contradição dos termos. A vida, entretanto, é assim mesmo, uma repetição de atos e meneios, como nas recepções, comidas, visitas e outros folgares; nos trabalhos é a mesma cousa. Os sucessos, por mais que o acaso os teça e devolva, saem muita vez iguais no tempo e nas circunstâncias; assim a história, assim o resto.

Dou essas satisfações a mim mesmo, a fim de mencionar o meu joelho doente [...].[4]

Nos dois trechos, o comportamento é profundamente ambíguo. Ao opor a vida à novela, reafirma-se a natureza do diário como escrita desinteressada e sem expectativa de interlocução; ao mesmo tempo, a referência a procedimentos literários e a comparação das unidades textuais referentes a cada dia com os capítulos de uma novela chamam a atenção para a armação da narrativa. Ao mesmo tempo em que servem para imprimir maior verossimilhança ao texto, reforçando seu caráter casual e circunstancial, os expedientes empregados nos trechos acima servem também para alertar o leitor sobre a possibilidade de manipulação dos fatos narrados. Por isso, quando as reflexões começam a parecer muito bem acabadas, o narrador sente a necessidade de justificar-se, dizendo estar falando consigo mesmo. A certa altura, desvia o assunto para o próprio joelho, como se ele se recolhesse para dentro de si mesmo diante da imagem fantasmagórica de um leitor que porventura perguntasse – Afinal, para que tantas satisfações e tanto cuidado na exposição de um texto que não se destina a ninguém? – e concluísse estar diante de um autor/narrador dissimulado.

Isso tudo resulta num aumento do nível de incerteza do interlocutor diante da confiabilidade do narrador e da verdade dos fatos narrados, de modo que o leitor que tem o livro nas mãos está diante de uma narrativa que a todo momento coloca em dúvida a sua existência, a do leitor, bem entendido. Mas não é apenas pela negação que o leitor empírico vai sendo instalado no texto. Sua presença também fica sugerida pelo esforço do narrador em fornecer localizações geográficas precisas, identificar pessoas com que seu interlocutor talvez não esteja familiarizado e interromper o fluxo da narração para esclarecer alguma coisa que porventura tenha ficado obscura ou acrescentar algo que ele deixou de dizer, e importava. Ao mesmo tempo em que levanta dúvida sobre a inteligibilidade de suas explicações e justifica-se dizendo que isso não importa "porque me entendo assim

4   *MA*, pp. 1154-5.

mesmo, ainda que pouco"[5] ou que "basta que o sinta comigo"[6], o narrador manifesta a enorme preocupação em arranjar os fatos. Mesmo acreditando que Aires dirige essas observações apenas para si mesmo, aos olhos do leitor empírico elas aparecem como uma proposta – ou tentativa de indução – de um percurso de leitura coincidente com o do autor-narrador.

Dessa forma, a narrativa endógena e espontânea vai se revelando repleta de balizamentos externos ao texto por meio dos quais o narrador-autor procura controlar a produção e a possível recepção do seu texto, reeditando procedimentos empregados por narradores de romances anteriores. O cuidado com a contabilidade narrativa está novamente presente, e o narrador diz que seu relato está reduzido ao mínimo necessário para a compreensão[7] (de quem?), faz as contas de quantas páginas os sucessos de uma determinada noite ocupariam e acaba desistindo de relatá-los[8] e promete (a si mesmo?) que a reflexão que vai fazer é curta.[9] Desta vez, o motivo alegado não é o temor de enfadar o leitor ou de descontentar o editor por estender demais o livro e encarecer a edição, instâncias que não estão ou pelo menos não deveriam estar no horizonte desse narrador dissimuladamente ensimesmado. O motivo seria o pavor das narrativas alongadas: "Nada há pior que gente vadia, – ou aposentada, que é a mesma cousa; o tempo cresce e sobra, e se a pessoa pega a escrever, não há papel que baste".[10] Essa obsessão pela brevidade, manifesta em quase todos os romances de Machado, atinge o paroxismo no *Memorial*, onde o Conselheiro Aires a certa altura, diante da promessa da irmã de que uma história seria contada em apenas cinco minutos, saca o relógio do bolso para marcar o tempo da narração, ouve pacientemente todo o relato e arremata: "Rita começou e acabou em dez minutos. Justamente o dobro".[11]

Apesar da impressão primeira de um diário escrito sem compromisso, logo se nota que nada é espontâneo, natural ou realista nesse universo milimetricamente orquestrado por Machado de Assis, que por meio do editor ficcional M. de A. rearranja as notas deixadas pelo Conselheiro Aires. Desse modo, Juracy Assman Saraiva parece ter razão ao afirmar que nesse

---

5   *MA*, p. 1185.
6   *MA*, p. 1190.
7   *MA*, p. 1107.
8   *MA*, p. 1175.
9   *MA*, p. 1188.
10 *MA*, p. 1111.
11 *MA*, pp. 1111-2.

romance Machado de Assis desmistifica a crença na concepção realista da arte, que aparentemente é o ponto de partida do seu relato:

> [...] as relações transtextuais, assim como as outras marcas de autorreferencialidade, salientam o artifício da execução do texto memorialístico, dimensionando-o como testemunho do fazer literário. Ao acolher, adaptar, reelaborar ou transgredir convenções, o *Memorial de Aires* não só sublinha o arbitrário de sua estruturação discursiva, como desmistifica a crença na concepção realista da arte.[12]

De fato, a postulação de uma representação realista não se sustenta por muito tempo nessa narrativa em que um diplomata sexagenário está constantemente apostrofando para o papel, ato que soa como radicalização sobre as possibilidades comunicativas e as possibilidades miméticas da literatura, que sofrem uma espécie de redução ao absurdo.

A RADICALIZAÇÃO DA ESCRITA

Ainda que comece anunciando que o destino dos seus escritos são as cinzas – "Não sei se me explico bem, nem é preciso dizer melhor para o fogo a que lançarei um dia estas folhas de solitário"[13] –, à medida que os dias avançam Aires não apenas revela inquietação e um discreto desejo de interlocução para o texto, como chega a nomear possíveis leitores caso seu projeto não saia como imaginado. A interlocutora mais constante, porque também destinatária mais provável do espólio de um viúvo sem filhos, é a única irmã, ao longo do livro referida nos três trechos que seguem:

> Algum dia, quando sentir que vou morrer, hei de ler esta página a mana Rita; e se eu morrer de repente, ela que me leia e me desculpe; não foi por duvidar dela que lhe não contei o que já escrevi atrás.
> Leia, e leia também esta outra confissão que faço das suas qualidades de senhora e de parenta.[14]

> Antes de me deitar, reli o que escrevi hoje ao meio-dia, e achei o final demasiado céptico. A mana que me perdoe.[15]

---

12 Cf. Juracy Assmann Saraiva, *O Circuito das Memórias em Machado de Assis*, São Paulo, Edusp, São Leopoldo / Ed. Unissinos, 1993, p. 191.
13 *MA*, p. 1104.
14 *MA*, p. 1181.
15 *MA*, p. 1181.

Não tendo casado outra vez, pareceu-lhe que ninguém deve passar a segundas núpcias. Ou então (releve-me a doce mana, se algum dia ler este papel), ou então padeceu agora tais ou quais remorsos de não havê-lo feito também... Mas, não, seria suspeitar demais de pessoa tão excelente.[16]

O autor desculpa-se por antecipação pelos eventuais excessos do que deixa escrito e que talvez, ainda que contra sua vontade, chegue aos olhos da irmã. A única manifestação de um desejo voluntário de interlocução está no primeiro dos trechos reproduzidos acima, aquele em que a irmã é prefigurada como ouvinte de uma passagem específica do diário. Também é na condição de ouvintes que os outros possíveis interlocutores de Aires – o casal Aguiar e Tristão e Fidélia – são imaginados:

Se assim acontecer, lerei esta página aos dous velhos, com esta mesma linha última.[17]

Soubesse eu fazer versos e acabaria com um cântico ao deus do amor; não sabendo, vá mesmo em prosa: 'Amor, partido grande entre os partidos, tu és o mais forte partido da Terra...'. Lerei esta outra página aos dous moços, depois de casados.[18]

Nos dois casos condicionada a fatores externos – no primeiro caso, à desistência de uma candidatura política por parte de Tristão; no segundo, à realização do casamento de Tristão e Fidélia –, a cogitação de interlocutores vem acompanhada de delimitações do narrador, que mostra seu desejo de controlar exatamente o que ele vai ler, para quem e em que circunstâncias.

Mas é na superfície inanimada do papel que Aires tem seu interlocutor mais constante. É ele que toma o lugar do substantivo "leitor", que nos livros anteriores eram o objeto do tuteio dos narradores. Se antes leitor e leitora podiam aparecer acompanhados de toda sorte de adjetivos, dos mais lisonjeiros aos mais desrespeitosos, aqui o papel aparece como velho amigo[19], sábio, paciente e confidente confiabilíssimo "a quem digo tudo o que penso e tudo o que não penso"[20]:

Papel, amigo papel, não recolhas tudo o que escrever esta pena vadia. Querendo servir-me, acabarás desservindo-me, porque se acontecer que eu vá desta vida, sem

---

16 MA, p. 1184.
17 MA, p. 1188.
18 MA, p. 1190.
19 MA, p. 1117.
20 MA, p. 1127.

tempo de te reduzir a cinzas, os que me lerem depois da missa do sétimo dia, ou antes, ou ainda antes do enterro, podem cuidar que te confio cuidados de amor.

Não, papel. Quando sentires que insisto nessa nota, esquiva-te da minha mesa, e foge. A janela aberta te mostrará um pouco de telhado, entre a rua e o céu, e ali ou acolá acharás descanso. Comigo, o mais que podes achar é esquecimento, que é muito, mas não é tudo; primeiro que ele chegue, virá a troça dos malévolos ou simplesmente vadios.

Escuta, papel. O que naquela dama Fidélia me atrai é principalmente certa feição de espírito, algo parecida com o sorriso fugitivo, que já lhe vi algumas vezes. Quero estudá-la se tiver ocasião. Tempo sobra-me, mas tu sabes que é ainda pouco para mim mesmo, para o meu criado José, e para ti, se tenho vagar e quê, – e pouco mais.[21]

A insistência com que o narrador interpela e dialoga com o papel, chegando a lhe desejar boa noite, remete à humanização de elementos não humanos, animação de objetos inanimados, assim como o rompimento das distinções entre elementos abstratos e concretos, procedimentos que dão graça ao texto de Machado de Assis. Esse recurso bem conhecido da obra machadiana está presente nos seus apólogos, assim como nos vermes e nos algarismos falantes. Remete também a outro procedimento recorrente, embora menos estudado da obra machadiana – a tematização da materialidade da escrita –, que aqui atinge o paroxismo.

Veja-se como o recurso, que lembra o capítulo das reticências em *Brás Cubas*, reaparece aqui:

A mim mesmo perguntei se ela não estaria destinada a passar dos gelos às flores pela ação daquele bacharel Osório... Ponho aqui a reticência que deixei então no meu espírito.[22]

E ainda de modo mais sutil neste diálogo entre Aires e o afilhado de D. Carmo, já recém-casado com a viúva Fidélia e em preparativos de mudança para Lisboa:

– Por que não vem daí, conselheiro? Perguntou-me Tristão.
– Depois de tanta viagem? Sou agora pouco para reconciliar-me com a *nossa* terra.
Sublinho este *nossa* porque disse a palavra meio sublinhada; mas ele creio que não a ouviu de nenhuma espécie.[23]

De elemento externo a que o narrador atribui vontade própria e chega a dirigir-se com o cumprimento de boa noite, o papel passa a configurar-se

21 *MA*, pp. 1115-6.
22 *MA*, p. 1124.
23 *MA*, p. 1195.

como suporte e depositário de manifestações da subjetividade do autor e narrador – suas lembranças, sua memória, seus sentimentos, suas lágrimas que se fundem à própria tinta:

> As lágrimas que verti então – pretas, porque a tinta era preta, – podiam encher este mundo, vale delas.[24]

A escrita é abordada no nível diminuto do contato da caneta com o papel, passando por considerações microscópicas sobre marca, gramatura e textura, roçando o impalpável e o imaterial na comparação de uma carta a um "documento psicológico, verdadeira página da alma", escrito em quatro páginas "do antigo papel chamado de peso, marca Bath".[25]

Na surpreendente fusão da página com a alma, o papel é o lugar onde sentimentos e marcas da subjetividade manifestam-se materialmente, o que é reforçado por outras imagens que aproximam as inquietações do espírito do narrador a elementos gráficos. Tudo que há de etéreo em "documento psicológico, verdadeira página da alma" é imediatamente concretizado nos qualificativos da página, que tem especificada até a marca comercial.

Partindo das imagens vaporosas, chega-se à reificação total dos sentimentos, confundidos e às vezes contidos na dimensão mais concreta possível da escrita: lágrimas/ tinta; alma/página; ênfase vocal/sublinhado, dúvida/reticências etc. A confusão entre o pouco palpável e o concreto atinge seu ápice na caracterização do interlocutor como papel, e vice-versa, nessa narrativa à primeira vista tão delicada e sublime em que tudo, paradoxalmente, aparece materializado.

No nível do narrado, a expressão dos afetos e dos sentimentos de Aires também se dá preferencialmente pelo papel, por meio de cartas que são a instância privilegiada para o contato entre personagens e canal onde se manifesta o jogo de sedução. Assim, quando Aires recebe uma carta de Tristão, supõe "que ele cedeu ao desejo de ser lido por mim e de me ler também. Questão de simpatia, questão de arrastamento".[26] Como signos do passado, das lembranças, elas constituem manifestações concretas e materiais da memória, como se depreende das constantes menções e cogitações sobre o destino dos guardados:

---

24 *MA*, p. 1165.
25 *MA*, p. 1130.
26 *MA*, p. 1139.

Já aqui chegou o Tristão. Não o vi ainda; também não tenho saído de casa estes três dias. Entre outras cousas, estive a rasgar cartas velhas. As cartas velhas são boas, mas estando eu velho também, e não tendo a quem deixar as que me restam, o melhor é rasgá-las. Fiquei só com oito ou dez para reler algum dia e dar-lhes o mesmo fim. Nenhuma delas vale uma só das de Plínio, mas a todas posso aplicar o que ele escrevia a Apolinário: 'teremos ambos o mesmo gosto, tu em ler o que digo, e eu em dizê-lo'. Os meus Apolinários estão mortos ou velhos; as Apolinárias também.[27]

A comparação com Plínio, o Jovem (62-113), um dos mestres do estilo epistolar, leva o narrador à conclusão de que seus possíveis interlocutores, homens e mulheres, já não existem ou estão em vias de se extinguir. A não interlocução não se deve apenas à questão objetiva da faixa etária em que estão o narrador e as pessoas do seu círculo de relações, mas à falta de quem compartilhe, no outro polo da comunicação literária, o mesmo gosto e o mesmo prazer que o autor tem em escrever. A negação do interlocutor, no entanto, não é completa. Há na citação da frase a Apolinário uma provocação ao leitor empírico do livro, que, se a esta altura ainda o lê, certamente tem alguma afinidade com o que diz seu autor.

Vale notar que Gaius Plinius Caecilius Secundus, sobrinho de Plínio, o Velho, de quem emprestou o nome e o epíteto, não só reuniu e publicou suas Epístolas em nove volumes (o mesmo número de romances publicados por Machado, sendo o *Memorial* o nono) dedicados à correspondência pessoal, como teve um décimo volume, contendo sua correspondência com o imperador Trajano, publicado postumamente. As cartas, além de oferecerem uma descrição valiosa da vida e dos costumes no primeiro século da era cristã, são também conhecidas pelas marcas indubitáveis de terem sido escritas, reescritas e revisadas com vistas à publicação. Ou seja, embora afirme e reafirme a destruição das suas cartas, o que o narrador machadiano positivamente faz é uma seleção, não descartando a possibilidade de elas, assim como seus cadernos, um dia virem a público. Ainda que não explique seus critérios, as oito ou dez que ficaram valem a releitura e são consideradas por ele suficientemente valiosas para justificar o risco de sobreviverem a sua morte.

As cartas reproduzem, no âmbito interno da ficção, a mesma situação dos diários: a afirmação da ausência de interlocutores vem acompanhada da sugestão de um possível interlocutor, Tristão, com quem ele, Aires, sugere relação parecida com aquela de Plínio e Apolinário, que ele menciona para negar.

---

27 *MA*, p. 1133.

Mais à frente, outras cartas encontradas pelo criado de Aires dentro de uma mala velha são mandadas queimar, e as imagens do papel e da carta finalmente perdem sua integridade material ao serem consumidos pelo fogo e se transformarem em memória:

> Eram cartas, apontamentos, minutas, contas, um inferno de lembranças, que era melhor não se terem achado. Que perdia eu sem elas? Já não curava delas; provavelmente não me fariam falta. Agora estou entre estes dous extremos, ou lê-las primeiro, ou queimá-las já. Inclino-me ao segundo. (...) Resolvo mandar queimar os papéis, ainda que dê grande mágoa ao José que imaginou haver achado recordações grandes e saudades. Poderia dizer-lhe que a gente traz na cabeça outros papéis velhos que não ardem nunca nem se perdem por malas antigas; não me entenderia.[28]

Por meio do fogo, a escrita retoma seu sentido abstrato, simbólico, imaterial e inapreensível. A destruição do papel não significa a destruição da memória, e por trás de toda a concretude do papel e da tinta, das cartas e de seus suportes, o texto ressurge como meio de conhecimento e depositário de sentidos presentes e passados. Isso é magnificamente explicitado na descrição do envolvimento e da intimidade entre Tristão e Fidélia, em que o texto, adverbializado, aparece agora como metáfora de aprofundamento e intimidade:

> Sabiam tudo. Parece incrível como duas pessoas que se não viram nunca, ou só alguma vez de passagem e sem maior interesse, parece incrível como agora se conhecem *textualmente* e *de cor*.[29]

A reiterada evocação do papel radicaliza a condição da narrativa memorialística, baseada na divisão fictícia do eu, que ao mesmo tempo é escritor, personagem e leitor do seu próprio relato. Mais uma vez, a materialidade implicada no textual vem contrastada pela abstração do "de cor" (= de coração). A construção da intimidade pelo texto, bem-sucedida no caso de Tristão e Fidélia, contrastando com o insucesso da relação pessoal de Aires com a viúva, é a marca desse romance em que os papéis circulam em profusão. É sobretudo pelas cartas que D. Carmo e Aguiar se relacionam com o afilhado e passam a se relacionar com Fidélia; é pelas cartas que o Conselheiro e a irmã Rita se relacionaram a vida toda, é pelas cartas que o Conselheiro se relacionou com o mundo durante sua vida ativa, uma função que agora, retirado do serviço diplomático, está transferida para o

---

28 *MA*, pp. 1160-1.
29 *MA*, p. 1182. Grifos meus.

seu diário, por meio do qual ele se compõe para si mesmo e para os seus eventuais leitores.

O papel aparece, assim, como expressão material de algo ainda menos palpável, que é a voz interior de um narrador que a certa altura atribui um pensamento espevitado "a algum cão que latisse dentro do meu próprio cérebro", numa piada aparentemente cifrada com Quinca Borba ("Pois eu terei engolido um cão filósofo, e o mérito do discurso será todo dele.").[30] O papel constitui o último lastro material de uma outra questão, existencial, que fica explicitada neste trecho eloquente da condição e do drama do narrador-autor:

> Hoje, que não saio, vou glosar este mote. Acudo assim à necessidade de falar comigo, já que o não posso fazer com outros; é o meu mal. A índole e a vida me deram o gosto e o costume de conversar. A diplomacia me ensinou a aturar com paciência uma infinidade de sujeitos intoleráveis que este mundo nutre para os seus propósitos secretos. A aposentação me restituiu a mim mesmo; mas lá vem dia em que, não saindo de casa e cansado de ler, sou obrigado a falar, e, não podendo falar só, escrevo.[31]

Desta vez, o duelo não se dá entre personagens, nem entre o narrador e um interlocutor explicitado no processo da narração, mas no interior de um narrador dividido entre o amor por Fidélia e a impossibilidade da realização desse amor – "*I cannot give what men call love*"... e é pena! – e que faz disso o assunto principal do diálogo que entabula consigo mesmo e resulta no seu diário íntimo, manifestação em papel do seu dilaceramento e de sua solidão.

Enquanto em *Brás Cubas* e *Dom Casmurro* os narradores dirigem-se explicitamente a diversos interlocutores, ainda que sejam apenas os cinco leitores calculados por Brás Cubas ou os leitores de um outro livro projetado por Bento Santiago, o *Memorial* pressupõe a identidade entre quem escreve e quem lê o próprio relato, uma identidade que assim como a de Tristão e Fidélia é construída *textualmente*.

Nas páginas finais de sua vasta produção, não há de ser casual o fato de a relação amorosa bem-sucedida se construir *textualmente e de cor*. E as palavras de espanto do velho Aires acerca da relação de intimidade de duas pessoas que mal se viram também hão de servir para definir a relação entre escritor e leitor proposta por Machado de Assis: desconhecidos íntimos, intimamente desconhecidos, cuja relação inscreve-se no texto.

30 *MA*, p. 1153.
31 *MA*, pp. 1168-9.

A RECEPÇÃO DO *MEMORIAL*

Esta tem por fim dizer-lhe que ainda não morri, tanto que lhe remeto um livro novo. Chamei-lhe *Memorial de Aires*. Mas este livro novo é deveras o último. Agora já não tenho forças nem disposição para me sentar e começar outro; estou velho e acabado. Mande-me notícias suas, meu amigo (...)[32]

Lá vai o meu *Memorial de Aires*. Você me dirá o que lhe parece. Insisto em dizer que é o meu último livro; além de fraco e enfermo, vou adiantado em anos, entrei na casa dos setenta, meu querido amigo. (...) Uma vez que o livro não desagradou, basta como ponto final.[33]

Leia-me, e diga se não é lamparina de madrugada. O Mário, que escreveu um artigo no *Jornal do Comércio*, diz que não é. Creio nele e na afeição que me tem; mas quero também a sua opinião. Como já lhe disse este livro é o último; já não tenho forças para me sentar à mesa e começar outro.[34]

Nos trechos acima, respectivamente tirados de cartas a Oliveira Lima, Joaquim Nabuco e Magalhães de Azeredo, amigos a quem Machado enviara exemplares do *Memorial*, ainda uma vez o escritor mostra-se preocupado com a opinião e a recepção de sua obra. A insistência na afirmação de que o *Memorial* significava a conclusão da obra romanesca explica-se pelo fato de *Esaú e Jacó*, como já foi dito, ter sido originalmente pensado como fecho da obra, a ponto de ter sido nomeado *Último* em contrato com o editor Garnier. Machado modificou o título apenas com o livro concluído e pouco antes de sua publicação[35], talvez por ter vislumbrado a possibilidade de escrever ainda mais um título, que resultaria no *Memorial*. A possibilidade de um novo título é levantada de modo muito oblíquo em outubro de 1904, em carta de agradecimento a Mário de Alencar pela sua resenha de *Esaú e Jacó*:

Ontem li e reli o seu artigo acerca de *Esaú e Jacó*. Pela nossa conversação particular e pela sua cartinha de 26 sabia já a impressão que lhe deu o meu último livro; o

---

32 Carta de Machado de Assis a Oliveira Lima, 1.8.1908, in: *Correspondência*, edição Jackson, pp. 432-3.
33 Carta de Machado de Assis a Joaquim Nabuco, 1.8.1908, in: *Correspondência*, edição Jackson, p. 137.
34 Carta de Machado de Assis a Magalhães de Azeredo, *apud* R. Magalhães Júnior, *Vida e Obra de Machado de Assis*, vol. 4, p. 344.
35 Em rascunho de carta ao editor Garnier datada de 9.11.1903, Machado refere-se às provas corrigidas de *Último*, fazendo recomendações sobre a divisão dos capítulos, entrelinhamento, papel etc. Cf. *Exposição Machado de Assis*, p. 205.

artigo publicado no *Jornal do Comércio* veio mostrar que a sua boa amizade não me havia dito tudo. Creio na sinceridade da impressão, por mais que ela esteja contada em termos altos e superiores ao meu esforço. Vi que penetrou o sentido daquelas páginas, que as leu com amor e simpatia, e desta última parte nasceu dizer tanta cousa bela, mais ainda para quem já vai em pleno inverno. Ainda bem que lhe não desmereci do que sentia antes. – *Se houvesse de compor um livro novo, não me esqueceria esta fortuna de amigo, que aliás cá fica no coração.*[36]

Quatro anos mais tarde, Machado de fato não esqueceria a promessa feita ao amigo, único a receber as provas do livro novo, que era o *Memorial*, num gesto pouco usual para um escritor que ao longo de toda a vida surpreendeu até os amigos mais íntimos com o aparecimento de seus livros. Em carta, o filho de José de Alencar declarou ser sua convicção "que o livro é bom demais para o meio, ainda meio bárbaro, incapaz de sentir a simplicidade divina".[37] Na resposta, datada de dezembro de 1907, Machado dá a entender que esperou a apreciação e as observações do amigo antes de enviar as provas ao editor:

> Repito o que lhe disse verbalmente, meu querido Mário, creio que esse será o meu último livro; faltam-me forças e olhos outros; além disso o tempo é escasso e o trabalho é lento. Vou devolver as provas ao editor e aguardar a publicação do meu *Memorial de Aires*.[38]

Quando o livro saiu, a repercussão na imprensa foi relativamente ampla, e Machado reagiu a ela, mostrando interesse na recepção de sua obra até os últimos dias de vida. No final de julho de 1908, o velho escritor recebeu em correspondência de Mário de Alencar um artigo de Alcindo Guanabara sobre o *Memorial*, soube que o jornalista Félix Pacheco lera com entusiasmo o livro e planejava um artigo sobre toda a obra e foi informado de que João Luzo também ficara bem impressionado com o *Memorial*. A resposta de Machado veio em dois dias:

> Muito obrigado pelas boas novas. Vou ler o artigo do Alcindo e escrevo esta para não demorar a resposta. Folgo de saber o que o Félix e o João Luzo lhe disseram, e ainda bem que o livro agrada. Como é definitivamente o meu último, não quisera o

---

36 Carta de Machado de Assis a Mário de Alencar datada de 3.10.1904, in: *Correspondência*, edição Jackson, pp. 246-247. Grifo meu.
37 Carta de Mário de Alencar a Machado de Assis datada de 21.7.1908, *apud* R. Magalhães Júnior, *Vida e Obra de Machado de Assis*, vol. 4, p. 338.
38 Carta de Machado de Assis a Mário de Alencar, Rio, 22.12.1907, in: *OC*, vol. 3, p. 1084.

declínio. O seu cuidado, porém, mandando uma boa palavra a esta solidão é um realce mais e fala ao coração.[39]

O artigo de Alcindo Guanabara, em linhas gerais muito elogioso ao livro, chama atenção para o realismo e o naturalismo da prosa em contraposição com as tramas intricadas geralmente associadas ao romance mais usual:

> Não se procure nos romances de Machado de Assis tramas intricadas, nem paixões violentas: não ha nelles nada mais do que a vida, não a vida excepcional, que comporta tragedias, mas a vida ordinaria, a vida do commum dos homens, a vida de todos os dias, a vida banal... Referir-nos, nessa forma de memorias, que é tão sua, em cerca de 200 paginas, episodios vulgares da vida ordinaria e fazel-o de modo a prender a attenção e a interessar vivamente o leitor, já só por si bastaria para lhe salientar o merito. Mas não é só isso o que se encontra na obra de Machado de Assis. Ou melhor: não é isso o que se encontra na sua obra. O episodio, o trama, a ficção, ahi não é sinão mero pretexto para as observações exactas, para o conceito original, para a sentença curiosa, para um humorismo á ingleza, para a manifestação de um certo scepticismo, mordaz e amavel, que trae um estado d'alma eivado de um indifferentismo que se traduz, afinal, numa bondade infinita, que tudo explica e tudo perdôa.[40]

Mais de três décadas depois de *Ressurreição* e *A Mão e a Luva*, permanecia o estranhamento em relação à frieza e à contenção sentimental e dramática da obra, ainda que essas características desta vez sejam objeto de elogio.

A mesma estranheza também foi expressa por José Veríssimo:

> O *Memorial de Aires* tem, além dos outros méritos próprios do autor, a originalidade da forma do romance. Estou que ainda não houve nenhum, com essa forma de diário, objetivo. *Werther* e os de seu gênero são autobiografias, de composição relativamente fácil. Mas um diário de anotações da vida alheia com a naturalidade de observações e comentários íntimos, com o interesse crescente de um romance, e ao cabo um romance, é caso único.[41]

Em 24 de julho de 1908 Machado recebia carta emocionada de Afrânio Peixoto endossando as opiniões de Mário de Alencar sobre o *Memorial*, à qual respondeu no mesmo dia, igualmente emocionado:

---

39 Carta de Machado de Assis a Mário de Alencar datada de 1.8.1908, in: *Correspondência*, edição Jackson, p. 312.
40 Pangloss [pseudônimo de Alcindo Guanabara], *A Imprensa*, 29.7.1908, p. 2.
41 Carta de José Veríssimo a Machado, Rio, 16.12.1907, edição Jackson, p. 275.

Deixe-me dizer-lhe: ao fim de uma vida de trabalho e certo amor da arte que sempre me animou, vale muito sentir que encontro eco em espíritos ponderados e cultos. Vale por paga do esforço, e paga rara. Receba com estas linhas o meu agradecimento (...).[42]

Três semanas antes da morte, Machado escrevia algo muito parecido a Salvador de Mendonça depois de ler seu artigo sobre o *Memorial de Aires*, escrito como uma carta aberta e publicado no *Jornal do Comércio*.[43] Nele, o amigo de longa data, que acompanhara toda a carreira do escritor em meio século de amizade, considerava ser esta sua obra-prima, chamava a atenção para a naturalidade da prosa, "sello da verdadeira obra de arte", e rebatia a crítica que ouvira de alguém sobre a carência de enredo do livro: "e eu lhe respondi que o mister dos velhos não é fazer enredos, mas desenredal-os".[44]

No dia seguinte, 7 de setembro de 1908, respondia-lhe Machado em correspondência particular:

Chegando ao fim da carreira, é doce que a voz que me alente seja a mesma voz antiga que nem a morte nem a vida fizeram calar.

Apesar da compreensão de José Veríssimo e da defesa de Salvador de Mendonça, no mesmo dia da morte do escritor, 29 de setembro de 1908, o *Diário Popular* noticiava o lançamento do novo livro do "festejado romancista brasileiro", observando que "na sua expressão rigorosa não se trata de um romance nem de uma novella em que se descrevem lances dramáticos e sentimentaes" mas de "uns interessantes episódios, observados com a costumada nitidez".[45] No dia da morte do escritor, sua obra causava perplexidade, desafiando e desestabilizando as certezas dos seus interlocutores, colocados diante do enigma de ser romance, novela ou o quê aquilo que Machado lhes oferecia.

A morte abria o pasto à crítica futura.

---

42 Carta de Machado de Assis a Afrânio Peixoto datada de 24.7.1908, in: *Correspondência*, edição Jackson, p. 431.
43 O artigo saiu em 1.9.1908.
44 Salvador de Mendonça, "Memorial de Aires", *Jornal do Commercio*, Rio de Janeiro, 6.9.1908, p. 1.
45 *Diário Popular*, 29.9.1908, p. 1.

CONSIDERAÇÕES FINAIS

Primeiramente, uma consideração biográfica. Como procurei mostrar, há por parte de Machado um interesse constante – e não seria exagero falar em tentativa de controle – sobre a recepção de sua obra, o que se expressa de maneira mais visível na forma de advertências, prefácios e notas ao leitor, e também na crítica a outros escritores e na correspondência com amigos e com o editor Garnier. Apesar disso, há uma ideia muito difundida de uma espécie de indiferentismo de Machado em relação ao público leitor, da qual o trecho que segue, de autoria de R. Magalhães Júnior, é exemplar:

> O seu êxito não fora avassalador, como o daqueles [Macedo, Alencar, Gonçalves Dias, Castro Alves, Aluísio Azevedo, Júlio Ribeiro, Raimundo Correia e Olavo Bilac]. Era um êxito discreto, sem galas de uma popularidade capaz de suscitar entusiasmos e mover rápidos os prelos em tiragens sucessivas. Em vez de tentar ampliá-lo cortejando o público, adotando as modas literárias do dia, Joaquim Maria, ao contrário, timbrava em não fazer concessões, em tornar seus livros cada vez menos populares e destinados, decerto, a grupo cada vez mais limitado de leitores.[46]

Ainda que algumas dessas observações sejam aplicáveis à obra da maturidade, parece-me problemática a generalização da ideia muito difundida de que Machado de Assis não tenha feito a menor concessão ao gosto do público, expressa no começo do século por José Veríssimo ("A este [o público] pode afirmar-se que não fez em toda a sua obra a menor concessão)[47] e sustentada, entre outros, por Magalhães Júnior que também chegou a afirmar que "pouco se lhe dá de que, em lugar do aplauso das multidões, do interesse das turbas que enxameiam na rua do Ouvidor (...) tenha apenas a admiração de um magote escasso de pessoas".

Se não houve concessão no sentido de condescendência, violação de convicções pessoais ou barateamento de ideias, parece-me inegável o fato de que Machado de Assis concedeu ao gosto e expectativa do público leitor que ele imaginava e/ou desejava para sua obra e que essa atenção e sensibilidade ao público sejam pilares da grandiosidade dessa mesma obra. Isso fica atestado não só pela publicação dos seus primeiros romances na imprensa mas também pelas características temáticas e narrativas de livros como *A Mão e a Luva*, *Helena* e *Iaiá Garcia* que, por mais que se debatam

---

46 R. Magalhães Junior, *Machado de Assis Desconhecido*, 3. ed., Rio de Janeiro, Editora Civilização Brasileira, 1957, pp. 295-6.
47 José Veríssimo, *História da Literatura Brasileira*, p. 287.

contra e procurem frustrar expectativas, são construídos em torno das convenções do romance popular e das narrativas sentimentais oitocentistas. Mesmo os livros da segunda fase trabalham largamente com procedimentos das narrativas sentimentais voltadas para públicos populares, ainda que seja para aviltá-los, tornando-os alvo de paródia ou de chacota.

Embora seus livros, a partir de *Brás Cubas*, de fato se tornem cada vez menos palatáveis a um público popular e manifestamente se destinem a um grupo cada vez menor de leitores, parece-me haver uma dose razoável de mistificação em torno dos motivos que levaram o escritor a abandonar um determinado modelo de romance e perseguir outro. Entre esses motivos destacam-se a doença e o consequente retiro a Nova Friburgo, que teriam colocado o escritor diante da perspectiva da morte, e a teoria da crise dos 40 anos. Sem desconsiderar os motivos biográficos tradicionalmente associados à passagem da primeira para a segunda fase, a tomada de consciência da escassez de leitores, problema que se inscreve de maneira cada vez mais radical em seus romances, parece-me fator relevante para ajudar a explicar a guinada que o escritor imprime a sua carreira.

De *Brás Cubas* ao *Memorial*, nota-se um aprofundamento da solidão e do isolamento dos narradores e/ou protagonistas, sempre às voltas com as possibilidades de compartilhamento do texto. Por meio de narradores cada vez mais voltados para si mesmos e descrentes da possibilidade de se entabular um diálogo que não esteja baseado na indução ao engano e na traição da confiança do interlocutor, o escritor Machado de Assis parece voltar-se ao público como quem se dirige a uma plateia que não o entende, um leitorado incapaz de compreender e interpretar o sentido da história como os próprios protagonistas dos romances que, principalmente a partir de *Dom Casmurro*, tornam-se leitores/intérpretes equivocados em relação a suas próprias histórias. Esses equívocos e enganos, por sua vez, estão metaforizados pelos enredos calcados na traição, como observa John Gledson em sua originalíssima interpretação do *Memorial de Aires*.[48]

O crítico acredita que a singularidade de Machado de Assis na história do romance oitocentista está no fato de que os escritores oitocentistas "por mais que manifestem horror à realidade, escrevem, em última instância, com um senso de comunidade e nacionalidade", ao passo que Machado "jamais assumiu a existência de ambos".[49] Dostoiévski, por exemplo, não hesita em se referir a seus protagonistas como "nosso herói", expres-

---

48 Cf. John Gledson, *Machado de Assis: Ficção e História*, Rio de Janeiro, 1986.
49 *Idem*, p. 255.

são que pressupõe um chão comum, a que Machado raramente se refere ao longo de sua obra, a não ser de forma jocosa em *Quincas Borba*. Esse senso de comunidade e nacionalidade, traído pelo uso da primeira pessoa do plural, existe e está em ação nos primeiros romances até *Helena*, mais vai sendo minado a partir de *Iaiá Garcia* e desaparece por completo a partir das *Memórias Póstumas*, em que narrador e interlocutor habitam planos incomunicáveis e Brás Cubas fecha o relato celebrando a inexistência de legatários para o seu legado. A figuração cada vez mais nítida da ausência de interlocução atinge o paroxismo no *Memorial de Aires*, em que o narrador conversa com o cão filósofo instalado em seu próprio cérebro, apontando para a precariedade de comunicação, precariedade que é humana/filosófica/existencial e também conjuntural de um país – para onde Aires retorna depois de décadas de exílio – desprovido de acordos e de chão comum para a entabulação de diálogos.

Paradoxalmente, é a construção ficcional desse isolamento do narrador em relação às instâncias de recepção e também em relação a si mesmo, afirmando a precariedade e instabilidade de toda comunicação assim como de qualquer forma de conhecimento, que contribui para que os cinco últimos romances de Machado de Assis atravessem seu século de existência mantendo forte capacidade comunicativa e ainda hoje possam ser lidos com muito poucos travos. O fato de a esta altura já terem resistido a todo o século 20 sem exigir do leitor lentes grossas para corrigir a crescente distância temporal em relação ao mundo ali representado é a grande prova da espantosa originalidade e atualidade da obra machadiana.

Roberto Schwarz já escreveu que a obra de Machado sobrevive à passagem do tempo "porque as circunstâncias que ela cala e frente às quais compôs a sua voz e personagem continuam de pé" e "a despeito de toda a mudança havida, uma parte substancial daqueles termos de dominação permanece em vigor cento e dez anos depois, com o sentimento de normalidade correlato, o que talvez explique a obnubilação coletiva dos leitores, que o romance machadiano, mais atual e oblíquo do que nunca, continua a derrotar".[50] Para além do feito de conseguir representar de maneira complexa um universo social "em terceira pessoa", digamos assim, o que eu procurei mostrar é que parte significativa da atualidade e do interesse que o romance machadiano ainda desperta em leitores e críticos e uma das razões de sobrevivência e vigência desses textos têm a ver também com a

---

50 Roberto Schwarz, *Um Mestre na Periferia do Capitalismo: Machado de Assis*, São Paulo, Livraria Duas Cidades, 1990, pp. 11-2.

precariedade que ele postula para sua relação com as instâncias possíveis de interlocução. O leitor contemporâneo – e não só o brasileiro – não tem dificuldade em reconhecer-se no sujeito esfacelado, dissoluto, impotente para os grandes projetos e acordos, subjugado pelo improviso dos arranjos feitos ao sabor dos interesses momentâneos.

São os abismos intransponíveis da própria conformação social do país (e do mundo?), onde os interesses públicos e coletivos parecem estar em constante processo de dissolução, que informam a configuração dos leitores projetados pelo texto e passam a definir também a relação entre os narradores e seus interlocutores, baseada em algo como um individualismo acanalhado, seguindo ainda as pegadas da crítica de Roberto Schwarz. A obra de Machado, a meu ver, é um poderoso testemunho dessa corrosão, que está ali flagrada e configurada no leitor cada vez mais mínimo, mais esfacelado e menos íntegro.

Essa tematização da interlocução, sendo um aspecto fundamental do romance machadiano, como procurei demonstrar ao longo deste trabalho, responde também em grande parte pela modernidade dos procedimentos do romance, que pressupõe a virtual inexistência de interlocução e aponta para o caráter precário e incerto da comunicação literária. Sob esse aspecto, no *Memorial de Aires* Machado ainda uma vez vira o clichê do avesso ao apresentar a morte não como empecilho à construção da obra, mas como empecilho à sua destruição, eventualidade que a constituirá como peça literária.

ANEXO

RESENHAS E COMENTÁRIOS SOBRE OS ROMANCES MACHADIANOS

Reprodução da primeira página mutilada do jornal *O Cruzeiro*, de 11.4.1878, que pertence ao acervo da Biblioteca Nacional, no Rio de Janeiro. No rodapé da página, parte do texto "Fantasias – a propósito de *Iaiá Garcia*", assinado por Rigoleto. Parte da crítica sobre os romances de Machado, publicada no calor da hora, perdeu-se e ainda se perde por dificuldades de arquivamento e conservação.
Fonte: Biblioteca Nacional, Seção de Periódicos

Este anexo contém resenhas, críticas e comentários publicados na imprensa a respeito dos romances de Machado de Assis à época dos seus aparecimentos em livro e que serviram de subsídio para a execução desta tese. Se não estão aqui todos os textos consagrados à produção romanesca do escritor, seguramente estão aqui quase todos, levantados a partir de referências de J. Galante de Sousa e de Raymundo Magalhães Júnior e também da pesquisa direta nos principais periódicos dos períodos pesquisados na Biblioteca Nacional, no Rio de Janeiro, na Biblioteca de José Mindlin, em São Paulo, além da Biblioteca da Universidade de Berkeley e da Universidade de Stanford, ambas na Califórnia. Nesta última encontrei a coleção completa de *O Novo Mundo*, publicado por José Carlos Rodrigues em Nova York entre 1870 e 1879, que me serviu de inspiração para colecionar os artigos consagrados à obra de Machado.

O leitor poderá notar que o escritor manteve contato com muitos dos que escreveram sobre sua obra e correspondeu-se com vários deles. Em alguns casos, como os de Salvador de Mendonça, José Carlos Rodrigues e José Veríssimo, estabeleceu correspondências duradouras. Com os dois primeiros, e também com Lúcio de Mendonça e Joaquim Nabuco, estabeleceu relações calorosas; com Mário de Alencar teve intimidade, o que fica sugerido pelo título quase exclusivo de "meu querido amigo", utilizado em toda a correspondência com o filho de José de Alencar e só repetido nas cartas a Lúcio de Mendonça.

É interessante notar que o conjunto desmente a ideia, não de todo injustificada, que se tem da crítica do século 19, de ser uma produção laudatória, retórica, oca, ou então de resumir-se à paráfrase dos textos criticados. O que se nota é que muitas vezes a paráfrase, tão comum no tratamento jornalístico dos romances oitocentistas, dá lugar a apreciações e juízos circunstanciados por leituras muito atentas da obra machadiana. Embora não tenha passado incólume às louvaminhas, a obra de Machado foi muito bem criticada não só no sentido de ter recebido críticas empenhadas como também por ter sido assunto de críticos muito argutos, como José Veríssimo e Sílvio Romero, e até mesmo de alguns que se perderam no tempo, como Walfrido Ribeiro, que em sua crítica a *Esaú e Jacó* já cogitava sobre a necessidade de nova postura e de novos instrumentos para se pensar a produção de Machado de Assis.

A reunião destes textos também permite avaliar quão cioso era o escritor das apreciações sobre seus livros. Muitas das colocações dos resenhistas e críticos serão "respondidas" por Machado em sua correspondência ou nas advertências e prólogos dos seus romances, formando um diálogo que nos permite compreender melhor a importância da crítica no processo de construção da obra machadiana. Alguns casos desse diálogo são conhecidos, como o do prólogo de *Brás Cubas*, em que o escritor incorpora as dúvidas de Capistrano de Abreu sobre aquilo ser ou não ser romance. Outros tiveram menos publicidade, como o "Prólogo à Terceira Edição" de *Quincas Borba*, em que Machado responde à resenha de Araripe Júnior, publicada em janeiro de 1892, na qual classifica Machado como um dos "narcisos litterarios".

Esse vaivém da produção literária, ilustrado pela permeabilidade de Machado de Assis à crítica, aponta para a grande importância dos leitores e das instâncias de interlocução na obra do escritor. Uma ideia que aliás não era nada estranha a Machado de Assis, que explicita isso em muitos momentos, como em *Dom Casmurro*, onde a insistência na importância dos interlocutores no processo de constituição das histórias, assim como dos leitores na consumação do processo literário, é um dos estratagemas do narrador para transferir ao outro a responsabilidade sobre a interpretação dos fatos, o que ele fará explicitamente no trecho em que atribui ao leitor a tarefa de preencher lacunas. Ao postular que o sentido de uma obra literária se completa no leitor e explicitar isso na estrutura do romance, Machado de Assis coloca narrador e leitor em posições ousadas, aprofundando a complexidade da relação entre autor, narrador e leitor, que atingiria o paroxismo em *Memorial de Aires* e tornar-se-ia problema fundamental na literatura moderna, em que a questão do sujeito – e da autoria – está sempre apresentada como problema.

O leitor notará que o conjunto é bastante desigual, mas sua reunião permite flagrar no calor da hora a perplexidade e a perturbação produzidas na imprensa brasileira pelo maior acontecimento literário do Brasil do século 19 – e talvez de todos os tempos. A surpresa e o contraste entre o tipo de literatura que caía bem ao gosto da época e a produção machadiana ficam explicitados por Magalhães de Azeredo que, na conclusão dos dez longos artigos dedicados a *Quincas Borba*, escrevia com muito desdém sobre a "outra literatura", desbancada pela produção de Machado de Assis.

A transcrição dos artigos procurou ser a mais fiel possível ao texto original, mantendo-se a grafia original, incluindo erros de tipografia. No caso de erros que julguei dificultarem a compreensão ou induzirem à confusão, optei por indicá-los com um [sic], notas explicativas ou com a palavra correta indicada entre colchetes. A manutenção da grafia original, se tem a desvantagem de dificultar a leitura, talvez possa oferecer subsídios a estudos futuros sobre a grafia do período ou pelo menos servir para documentar a barafunda ortográfica vigente nas principais publicações brasileiras entre 1872 e 1908. Mas antes de tudo a decisão de manter a grafia se deve ao mau estado de conservação de boa parte desse material, de difícil consulta, facilitando o acesso aos textos da maneira como foram originalmente publicados.

A ideia inicial era reunir cópias fotográficas dos artigos, o que se mostrou inviável devido ao mau estado de conservação de muitos deles, que dificultava ou tornava impossível a leitura. Daí a decisão de digitá-los, tarefa para a qual contei com a colaboração preciosa de Alcione Abramo, que não só transcreveu a maioria dos textos como é responsável pela organização de grande parte deste anexo, sugerindo notas e observações. Agradeço à Alcione pela dedicação, capricho e rigor com que realizou este trabalho. Também agradeço a Cristina Antunes e José Mindlin, da Biblioteca José Mindlin, a Maria Angélica Brandão Varella, Rejane Briglia, Cláudio de Carvalho Xavier, Joaquim Marçal Ferreira de Andrade, da Divisão de Iconografia, e a Anna Naldi, Eliane Cunha e Eliane Perez, da Divisão de Informação Documental da Biblioteca Nacional, pela colaboração preciosa.

Apesar dos esforços de decifração e da checagem dos microfilmes e originais nos locais de pesquisa, alguns trechos resistiram a todas as tentativas de leitura. Esses casos, felizmente poucos, vêm indicados por [ilegível] ou [mutilado]. No caso de autores que tiveram sua produção jornalística reunida em volume, como Araripe Júnior, procurei restaurar os trechos faltantes a partir dos textos publicados em livro. Esse procedimento, quando adotado, está sempre indicado em nota de rodapé.

Os textos estão organizados de acordo com os romances a que se referem e em ordem cronológica de publicação.

RESSURREIÇÃO

• *A Reforma,* Rio de Janeiro, 24.4.1872, p. 1.[1]

Romance. – O distincto escriptor fluminense Machado de Assis acaba de publicar um romance que se intitula *Resurreição.*

Poeta de grande merecimento e prosador elegante, o Sr. Machado de Assis cada vez conquista novos titulos entre os escriptores nacionaes.

Daremos opportunamente mais larga noticia do romance com que enriqueceu as lettras patrias o illustre poeta das *Phalenas.*

• *Diário de Notícias,* Rio de Janeiro, 28.4.1872, p. 1.

Recebemos e agradecemos um exemplar do novo romance, do distincto escriptor brasileiro o Sr. Machado de Assis, – *Resurreição.*

Daremos, em breve, noticia mais circumstanciada da obra do illustre poeta brasileiro.

É edictor o Sr. B. L. Garnier.

• *Jornal do Commercio,* Rio de Janeiro, 1.5.1872, p. 2.

A RESURREIÇÃO.
DE MACHADO DE ASSIS.

Estylo facil e correcto, vivacidade de colorido, sobriedade de descripções, caracteres bem sustentados recommendão logo este livro a apreciação do critico imparcial.

Em sua leitura vai-se suave e agradavelmente caminhando de episodio em episodio e com verdadeiro interesse seguindo o estudo que o autor fez de dous typos; o Dr. Felix e Livia.

Entretanto cumpre advertir: a idéa fundamental do romance não é original.

Ella já foi desenvolvida pelo eximio escriptor Victor Cherbuliez[2] no seu bellissimo romance *Paule Méré.*

---

1 O autor da nota, segundo R. Magalhães Júnior, provavelmente é Joaquim Serra, então em evidência com o sucesso da peça *O Remorso Vivo,* escrita em coautoria com Furtado Coelho.
2 O romancista e crítico literário de origem suíça Victor Cherbuliez (1829-1899) foi colaborador da *Revue des Deux Mondes. Conde Kostia* (1863) e *Paule Méré* (1864) são duas de suas obras mais conhecidas; não localizei traduções desses romances para o português.

Ha situações identicas, o desenlace é quasi o mesmo; os dous caracteres principaes muito chegados aos do autor do *Conde Kostia*: a mesma duvida no coração do homem, a mesma altivez de sentimentos, longanimidade e afinal firmeza de resolução em Livia e em Paula.

Em nada, porém, fica diminuido o alto conceito em que collocamos a Resurreição; julgamos tão sómente responder assim ao appello que fez o Sr. Machado de Assis na sua leal e concisa introducção.

G. PLANCHE[3]

• *O Mosquito,* Rio de Janeiro, 4.5.1872, p. 3.[4]

RESURREIÇÃO

Romance de Machado de Assis. – Editor Garnier

Corrida como anda a naturalidade da maior parte do que por ahi se escreve, a apparição do romance de Machado de Assis póde servir de modelo a uns choramigas, espiritos ôcos do bom senso e da gram-matica, que andam a asoinar os ouvidos dos poucos que ainda os leem, com as suas invocações á lua, ao sol e ás estrellas.

Não é raro ler-se um livro com a indifferença com que se passa os olhos pela ultima pastoral do *ultimo* dos bispos; ora se os bispos só escrevem para serem entendidos pelos bispos, os escriptores sidereos e mellifluos deviam ter os seus editores na lua, á qual teem por costume dirigir-se.

Não fallam a linguagem dos homens e chamam ao seculo "utilitario" e outros nomes tão *feios* como este, não querendo comprehender que n'este mundo sublunar ha bons e maus, virtudes e vicios e que aos espiritos superiores cabe estudar como philosophos a sociedade em que convivem, esquecendo-se do seu *eu*, para concorrer pela lição moral para o aperfeiçoamento de todos.

O romance assim encarado offerece leitura despretenciosa e sempre util; querem-se livros onde se encontre a verdade dos caracteres, porque d'esta fórma o leitor vê-se reflectido no romance e insensivelmente entra a pensar nas fraquezas que tem em si.

Sem recorrer, pois, ás exagerações de uma phantasia mais ou menos extravagante, sem precisar de fazer uso da erudição, chamada de livreiro, nem tão pouco cançando o leitor com divagações extensas, ou dialogos que mais parecem discursos do que conversas, conseguiu Machado de Assis

---

3 G de Gustave.
4 O artigo não traz assinatura, mas escreviam no jornal Augusto de Castro e Ferreira de Araújo, entre outros.

desenhar com traços indeleveis o typo da irresolução e da duvida na personagem do dr. Felix, a mulher apaixonada e digna em Livia, o amor e a abnegação em Rachel e Menezes.

Que admiravel estudo não indica a personificação d'aquelles caracteres? Vendo-os tão verdadeiros, quem haverá que se não recorde de um ou outro seu conhecido das Larangeiras, de Botafogo ou da rua do Ouvidor? Quantos não se verão reflectidos no dr Felix?

O Sr. Machado de Assis, talento robusto, auxiliado por muito estudo e uma modestia que só é condão de verdadeiro merito, escreve com muita correcção de linguagem, é sobrio de figuras, o seu dialogo é natural e incisivo e finalmente o seu romance sem situações imprevistas consegue demorar a attenção do leitor, sem que este dê por perdidas as trez ou quatro horas que lhe consagra.

Os nossos parabens ao Sr Garnier a quem auguramos uma 2ª edição do livro.

• *Correio do Brazil*, Rio de Janeiro, 12.5.1872, p. 1.[5]

FOLHETIM
SEM TITULO
Rio, 11 de abril de 1872.

Cumpro uma promessa voltando a tratar do bello romance do Sr. Machado de Assis – *Resurreição*.

Além deste livro e dos *Idylios*, do Dr. Caetano Filgueiras[6], appareceu tambem um outro notavel romance – *Lagrimas do Coração,* – fructo da elegante penna de Sylvio Dinarte[7] escriptor que vai, de dia em dia, ganhando uma bem merecida e legitima fama.

Meu intento neste logar é dizer muito pela rama e sem o menor vislumbre de fatuidade as impressões que senti ao terminar a leitura destes livros, que a imprensa recebeu com agrado e que o publico julgará, como juiz severo que é.

---

5 O artigo, embora não assinado, é de autoria do poeta e dramaturgo Carlos Ferreira, então com 26 anos e que acabara de lançar o livro de versos *Alcíones*. Ferreira, nascido no Rio Grande do Sul em 1844 ou 1846, foi pensionista de bolsa particular concedida a ele por D. Pedro II.

6 Caetano Filgueiras (1830-1882), poeta, romancista, teatrólogo, jornalista, advogado, presidente da província de Goiás, deputado provincial, sócio do Instituto Histórico e Geográfico Brasileiro. Em 1864 escreveu o prefácio para *Crisálidas*, de Machado de Assis. Entre suas obras estão *Arremedos de Poesia* (1851) e *Idílios* (1872).

7 Pseudônimo de Alfredo d'Esgragnolle Taunay, o Visconde de Taunay.

Críticas não as farei eu, nem me abalançarei nunca a tomar ares de pedagogo, ao expender minhas opiniões individuaes em assumptos literarios porque, mercê de Deus, estou de perfeito accordo com a minha consciencia.

A critica é uma cousa espinhosa e difficilima; sei que não digo uma novidade, mas ninguem negará de certo que bem poucos comprehendem a soberania da missão do critico, graças a um certo sentimento que nos faz muitas vezes transviar a razão, o qual sentimento chama-se vaidade.

Eu por mim confesso, mas sem esses tolos arrebiques de falsa modestia, que não sei fazer a critica exacta e rigorosa de uma obra litteraria, senão que apenas me atrevo a esboçar uma simples impressão de leitura. Criticar! ser imparcial, independente e sensato para investigar a verdade e dizel-a com urbanidade, que cabedal immenso de instrucção se torna necessario para um tal committimento!

Nada custa, de certo, vir á imprensa um critico, a fazer estylo mais ou menos pomposo e sybilino á custa de um autor qualquer, sem se dar ao trabalho de dizer qual é a verdade e onde está o erro, quando não se lembra de sustentar que aquella é este e este é aquella. Pois não é certo que vemos ahi todos os dias confundidos o erro com a verdade, por espirito de orgulho que se compraz em fazer periodos torneados, ou por insuflação da malevolencia que quer fazer estylo bordalengo?

A questão é toda de sympathia ou de antipathia; ou unta-se uma grande porção de mel aos labios do escriptor, ou dá-se-lhe uma bordoada na cabeça, consoante o *humor* variavel do intitulado critico.

Isto é prejudicial sobre ser escandaloso. Eu vejo ahi todos os dias atassalhadas as grandes reputações sem que possa certificar-me da verdadeira causa que origina taes odios, a menos que não tenham elles explicação nesse abominavel sentimento da inveja.

José de Alencar, o nosso eminente e laborioso romancista, o fecundo poeta do *Guarany,* não tem tido porventura detractores cujo unico intento é embaraçar-lhe o vôo, emquanto que o poeta, conscio de sua missão, repelle os importunos e trabalha?

Castro Alves, aquelle vertiginoso poeta dos sonhos da liberdade, cabeça fadada para accommodar em si todos os reflexos da gloria, não foi aqui nesta mesma côrte vilipendiado um dia?

Foi. Chamaram-no louco em um folhetim, e compararam-no não sei a que idiotas que por ahi andam pelo simples facto de o ter o Sr. Alencar apresentado ao publico, na mesma occasião em que disse ser o Sr. Machado de Assis o nosso primeiro critico, o que mais augmentou a vozeria dos invejosos.

Eis ahi como se pretende animar e como se respeita a quem trabalha, como se vai aos poucos, e arguciosamente, intrigando as vocações legitimas, para dar logar aos ineptos invejosos, os chamados gansos do capitolio.

A critica, a verdadeira critica é uma sciencia que tem segredos subtilissimos, e que exige dos seus apostolos primeiro que tudo serenidade de animo e o gosto formado por um estudo profundo e consciencioso.

Ainda assim não é difficil ver nos maiores criticos as mais completas discordancias com referencia a um prosador ou a um poeta, e não raro se nota quantas vezes a imparcialidade desapparece para dar logar a um mesquinho sentimento de vingança.

Veillot e Lerminier serão absolutamente imparciaes tratando de V. Hugo como poeta? Estarão estes dous criticos de accordo com Planche, Sainte-Beuve, e outros? Certo que não; basta um pouco de fel da politica para tisnar uma reputação litteraria.

Um conservador trata de destruir um republicano, e quando não tem onde atacal-o ataca-o em seus meritos de escriptor, com a calumnia e com a mordacidade de uma critica toda de prevenção e de fel.

Tudo isto veio a pello por querer eu dizer que não me sinto com sufficiencia para me revestir com a soberania da critica, e nem pretendo para a minha opinião o imponente caracteristico de dogma.

Deixo a outros a grande tarefa capaz de assoberbar-me; prefiro isto a tomal-a sobre meus hombros com uma requebrada faceirice de modestia, que confessa a propria ignorancia, quando lhe está a consciencia a assoprar o contrario da confissão.

O romance *Resurreição* appareceu na semana passada, e a imprensa foi unanime em saudações dignas do merecimento real da obra e do nome sympathico do seu autor.

Machado de Assis goza de uma bella reputação litteraria no Brazil e em Portugal. Tem-se dito, e eu não sei até que ponto é verdade, que o autor das *Chrysalidas* é um escriptor mais portuguez que brazileiro. Sei só que o acho um estylista de grande força, mas de uma imaginação pouco impetuosa e ardente.

O caracteristico principal dos talentos americanos, e com especialidade brazileiros, é a impetuosidade de inspiração. Desde Alvares de Azevedo até Castro Alves, todas as notaveis vocações poeticas desta terra tem exhuberantemente demonstrado esta verdade sendo que se attribue uma tal circumstancia á grandiosa magestade da natureza do nosso paiz.

Em Alencar, Francisco Octaviano[8], Pedro Luiz[9], Varella[10] e tantos outros, nota-se o quer que é de certo ardor da imaginação, de um apaixonado sentimentalismo, que me parece ser um dos predicados principaes dos filhos desta bella porção da America.

O Sr. Machado de Assis, cujo talento incontestavel para as maviosidades do lyrismo e para aperfeiçoamentos de estylo ninguem desconhecerá, é entretanto, julgo eu, dotado de uma imaginação fria e positiva que, por assim dizer, embaraça-lhe a penna na descripção das paixões violentas e deixa incompletos os quadros das grandes tempestades do coração. Nota-se isto no seu bello romance *Resurreição*; pelo menos, notei-o eu de mim para mim.

Quer me parecer que a singeleza em litteratura não importa o anniquilamento completo da inspiração alada e vertiginosa, sempre que é preciso photographar um coração que estremece á tempestade dos sentimentos.

Descrever uma luta de corações e de ideias onde o amor faz seus estragos; tratar de perto as indoles diversas, os pensamentos oppostos e os temperamentos variadissimos onde se agitam as febres todas do mal e todos os ridentes sonhos do bem; tratar disto tudo em uma só linguagem, em um só tom, debaixo das vistas constantes de uma orthodoxia geometrica e fria, parece-me não ser em realidade o quanto se deve exigir do talento para escrever os dramas mysteriosos do coração humano.

O romance não é só uma simples narrativa, é alguma cousa que deve primeiro que tudo fallar á alma, e deixar nella uma impressão profunda da verdade da these que se propoz desenvolver.

Porventura a *Resurreição* satisfaz plenamente essa anciedade da alma que procura no livro a impressão sensibilisadora que lhe deve ser causada pelo desenlace de uma secção? Eu por mim vacillo na resposta e digo-o, com toda a franqueza de que sou capaz, por isso mesmo que voto ao Sr. M. de Assis a mais sincera admiração e o mais alto apreço.

---

8 Francisco Otaviano (1825-1884). Advogado, jornalista, político, um dos primeiros tradutores brasileiros de Shakespeare, traduziu *Romeu e Julieta* em 1843. Traduziu também versos de Byron na mocidade. Colaborou na *Sentinela da Monarquia*, na *Gazeta Oficial*, no *Jornal do Comércio* e no *Correio Mercantil*.
9 Nas palavras do próprio Machado de Assis, em obituário publicado em 5.10.1884, Pedro Luís Pereira de Sousa (1839-1883), "jornalista, poeta, deputado, administrador, ministro e homem da mais fina sociedade fluminense, pertencia este moço à geração que começou por 1860". Iniciou vida de advogado no escritório de Francisco Otaviano. É o patrono da cadeira n. 31 da Academia Brasileira de Letras, por escolha de Luís Guimarães Júnior.
10 O poeta Fagundes Varela (1841-1875).

Diz um grande critico francez que ha duas especies de litteratura: uma toda de cabeça, toda de coração a outra. Dahi duas especies de litteratos: uns que se limitam a produzir sómente com o auxilio de reminiscencias, descrevendo paixões que não sentem e julgando das lutas do coração pelo que estudaram nos livros; outros que só produzem exclusivamente sob o dominio da sua indole natural, consultando a todo o momento a propria alma, á feição do genio e conforme lhes vai dictando o sentimento proprio.

Não quero dizer que o Sr. Machado de Assis pertença ao numero dos primeiros mencionados de que falla o critico francez, mas tenho para mim que o distincto escriptor trabalha mais com a intelligencia do que com o coração, por isto que em suas obras as severas prescripções da arte parecem querer a todo o momento asfixiar a impetuosidade da poesia e do sentimento.

As paixões violentas pareceram-me frouxamente descriptas em seu livro, e todavia ha naquellas paginas elementos para a construcção completa de um quadro onde poderiam sobresahir todos os vivissimos coloridos das lutas apaixonadas.

O assumpto do romance é o mais singelo que é possivel imaginar-se; é um pequeno episodio de amor perfumado de ternura e de divina suavidade; nada póde haver de mais simples.

O romance termina deixando triumphar a calumnia que paira sobre a heroina, pelo menos na consciencia do heroe, que se contenta com qualquer accusação para fundamentar a sua duvida.

Felix é um rapaz cheio de duvidas e de esquisitices, provavelmente de uma natureza nervosa, homem meio visionario que quer e não quer, e em um bello dia dá de mão a todas as felicidades sem saber por que.

Livia, que tem, a meu ver, sob o ponto de vista poetico (desculpe-me a leitora), o grave senão da viuvez, é todavia um typo interessante e bello.

Os outros personagens estão ligeiramente traçados; o autor apresenta-os á meia luz, meio encobertos, pouco visiveis a todos os respeitos.

Não é possível formar-se uma idéa exacta de todos elles, moral, e sobretudo physicamente fallando.

Dir-se hia que o Sr. Machado de Assis teve em vista sómente narrar um singelo episodio de amor entre duas almas, pouco lhe importando os accessorios do romance, que são de mór valia, uma vez que não se tenha em menospreço as prescripções de esthetica.

Entretanto que dizer mimoso e que suavidade de pensamentos! Que elegancia e que facilidade de estylo!

Como é lindo e repleto de intima poesia o capitulo denominado *Ultimo golpe!* Para mim é um dos mais bellos do livro, por ser um dos que mais fallam á alma.

Espero que não julguem nem de leve que estimo o romance cheio de peripecias inverosimeis e capazes de abalar grosseiramente todas as fibras do coração humano, não: mas tambem a demasiada singeleza corre risco de se tornar monotona, se não percorre uma certa gamma de sentimentos vivos, com arte e moderação, como o podem fazer talentos da tempera desse que traçou o bello romance de que trato.

Octavio Feuillet, que é um modelo de singeleza, ahi está para corroborar o que digo. Quando se termina a leitura de um livro deste autor, sente-se no coração o quer que seja de um estremecimento vago, uma especie de combinação de contentamento e lagrimas, que deixa o leitor mergulhado em profundas scismas.

Em conclusão: pelo facto do romance *Resurreição* não me ter deixado no espirito uma impressão profunda por falta de um colorido vehemente no jogo das paixões, não se segue que eu não o achasse magnifico. Quis me parecer porem que entre Livia e Rachel a luta de sentimentos guiada pelo amor e pelo ciume pudera ser mais aproveitada pelo distinctissimo escriptor.

Entretanto póde o defeito estar da parte do meu entendimento; e neste caso peço todas as desculpas para elle. O Sr. M. de Assis é um talento brilhante e talhado para grandes commettimentos.

Bem sei que não precisa que eu lhe diga isto, porque vozes mais autorisadas já o disseram.

Quero só que não considere minhas palavras como critica, porque decididamente nunca tive geito para Aristarcho.

São as minhas impressões apenas, impressões ligeiras, escriptas no sabbado, para verem a luz domingo e morrerem no dia seguinte, como cousa sem grande pretenção e mesmo dispensavel.

• *Diário do Rio de Janeiro,* Rio de Janeiro,13.5.1872, p. 2.

LITTERATURA
Bibliographia
PROSA E VERSOS
Rio, 10 de Maio.

O romance e a poesia teem sido ultimamente representados com toda a eloquencia pela nossa brilhante mocidade litteraria. Além do "Til" assignado pela mais acreditada penna das lettras nacionaes contemporaneas, tivemos os livros do Machado de Assis, "Resurreição"; do Silvio Dinarte, "Lagrimas do coração"; do Carlos Ferreira, "Alcyones", e do Dr. Caetano Filgueiras, "Idylios".

O "Til", que ha sido pela grande imprensa festejado e applaudido, veio, do folhetim da "Republica" para as folhas do livro, dar-nos ensejo de admirar em socego, na meditação do gabinete e na leitura fluente o fructo inspirado da intelligencia que creou o "Guarany" e a "Iracema", dous poemas da divina America.

No "Til" ha um drama intenso, um drama apaixonado e cheio de peripecias, em que campêa uma figura angelica, a terna figura de Bertha, como um astro a illuminar uma borrasca. Estará completada, nos quatro pequenos volumes dessa história, a idéa que a promoveu? Ou o poeta quiz, na sua maneira brilhante e larga, estylo de Rembrandt, pincel de Delacroix, pintar-nos unicamente o perfil do amor caridoso, o typo da mulher celeste em luta com os desvarios, com os tropeços e com as contrariedades da vida?

Aceitemol a assim, a essa legitima irmã das heroinas de "Guarany", "Iracema", "Tronco do Ipê", "Gaúcho", e espalhemos o olhar ancioso sobre as folhas do livro em que a natureza e o amor são tão magistralmente burilados.

A posteridade fará um dia uma galeria das mulheres dos romances de J. Alencar, como fez das de Shakespeare, das de Murger, de Pope, de Milton e da Biblia.

Estudar-se-ha então isoladamente, face por face, olhar por olhar, sorriso por sorriso e lagrima por lagrima, a candida e tentadora pha-lange dessas creaturas geradas pela exuberante seiva do poeta e vestidas por aquelle estylo gracioso, vibrante, limpido, que fórma em redor dos personagens esboçados como que uma aureola palpitante de luz e de ideal!

Estará ahi a Cecília, a suave e pura Cecy, arrebatada na correnteza de uma paixão homerica, e iluminada como as martyres christãs pelo fogo de um incendio e os negros clarões de um desastre!

Adiante elevar-se-ha, garrida e simples, apaixonada e serena, um raio de lua e um raio de sol, o perfil arrebatador de Alice, de cujas azas cahirão em estrellas vaporosas as lagrimas que ella enxugou em vida, fascinada pelas palavras do céo, que ensinavam-lhe o bem, a ventura e o sacrificio na terra!

Entre uma e outra pagina resplandecerá o vulto da amante do "Gaúcho", com os cabellos soltos, a fronte abrasada, o seio offegante, a rolar no abysmo, amarrada aos braços do seu destino, como uma folha que rola presa ás azas de um furacão implacavel!

E as miniaturas elegantes, correctas, cheias de luz, encherão o livro predestinado. Carlota seguirá á Diva. Amelia hombreará com a Lucia, essa desventurada e pallida peccadora, ardente como a Miranda de Shakespeare e terna e perdoada como a Magdalena do catholicismo!

J. de Alencar é propriamente o escriptor da alma e o pintor da natureza.

Sente se, lendo uma descripção, um painel de seus romances, da mesma forma porque se agita o espirito, acompanhando as flores e os espinhos de uma existencia que o romancista e o philosopho narram!

O estylo do autor do "Til" é sempre uma harmonia, é a música da eloquencia; as mais subtis e inuteis particularidades, os menos necessarios episodios, passando pelo crysol daquella natureza artistica e primorosa assumem uma attitude importantissima e fazem estacar o observador, que ainda nestas cousas crê sem paixão e sem estolidos sentimentos.

No "Til", já o disse um critico de nome, os quadros da natureza são traçados por palheta invejavel. O estylo do escryptor é de uma onomatopéa admiravel; dulcissimo, quando agita uma gase, uma flor, um ninho; imponente e elevado, quando descreve as lutas da tempestade, que açouta como colera divina a fronde das arvores e a alma do homem.

O typo de Bertha recorda o que há de mais contido e meigo nas paginas do Evangelho. É uma consubstanciação divina, essa criança, que ampara um idiota e estende as invesiveis azas sobre a cabeça do assassino arrependido.

Bertha é o romance; é a alma desse livro que começa por um sorriso da mocidade e por um raio do dia, terminando pela compassiva e regeneradora lagrima da caridade.

Depois do romance do conselheiro José de Alencar, veio-nos á mão o romance de Machado de Assis "Resurreição".

Há muito que se esperava com certa e louvavel ancia um livro em prosa do elegante prosador dos "Contos fluminenses".

A "Resurreição" firmou os justos brazões desse moço de talento e de modestia, poeta primoroso e folhetinista de uma expontaneidade rara. É o mesmo estylo dos "Contos" com a limpidez que o estudo proporciona e com mais valentia e firmeza de phrase. Como pureza de estylo poucas obras teem sido ultimamente publicadas, capazes de entrar em luta de primasia com a "Resurreição". Machado de Assis escreveu o seu romance como um pintor consciencioso pinta uma tela, que pretende expor em galeria de mestres.

Eu não sou daquelles que amam o romance de peripecias, de enredos complicados, onde a attenção do leitor vacila enleiada, á maneira de um insecto que se enrola em uma têa. Eis o motivo porque prefiro a Sue e a Dumas, Octavio Feuillet e Gustavo Flaubert. O romancista deve ser um pouco anatomista, e o typo principal de uma obra de coração e de intelligencia precisa ser apresentado por todos os lados á observação como um corpo que se estuda, fibra por fibra.

O Dr. Felix no romance de Machado de Assis é um typo, senão possibilissimo, pelo menos admiravelmente comprehensivel. Dá-nos o poeta o seu perfil com aquelle cuidado e garbo com que Feuillet em traços magistraes poz em relevo a figura do conde de Camors e do marquez de Champcey.

Os demais personagens da "Resurreição" empallidecem ao pé do heróe; eis o motivo porque o livro de Machado de Assis será muito estudado, mas por muito pouca gente. Não é um romance que attraia o vulgo; é sim um quadro que chama o olhar dos entendidos e a attenção dos amigos da boa e eficaz litteratura.

O estylo é acurado, é trabalhado, é desenvolvido com uma solicitude ás vezes exagerada, o que em um ou em outro ponto parece pertencer mais aos arabescos da arte do que á expontaneidade do sentimento.

Ha descripções brilhantes e concisas, das quaes lembro uma, genuino retrato, onde tudo brilha como um modelo de Latour.

Eil a:

"Felix examinou-lhe detidamente a cabeça e o rosto, modelo de graça antiga. A tez, levemente amorenada, tinha aquelle macio, que os olhos percebem antes do contacto das mãos. Na testa lisa e larga parecia que nunca se formara a ruga da reflexão, não obstante, quem examinasse naquelle momento o rosto da moça veria que ella não era extranha ás lutas interiores do pensamento; os olhos, que eram vivos, tinham instantes de languidez; mas naquella occasião não eram vivos, nem languidos: estavam parados. Sentia-se que ella, olhava com o espírito.

Felix contemplou-lhe longo tempo aquelle rosto pensativo e grave, e involuntariamente foram-lhe os olhos descendo ao resto da figura.

O corpinho apertado desenhava naturalmente os contornos delicados e graciosos do busto. Via-se ondular ligeiramente o seio turgido, comprimido pelo setim; o braço esquerdo, atirado mollemente no regaço, destacava-se pela alvura sobre a côr sombria do vestido, como um fragmento de estatua sobre o musgo de uma ruina. Felix recompoz na imaginação a estatua toda e estremeceu. Livia acordou da especie de lethargo em que estava. Como tambem estremecesse, cahiu-lhe o leque da mão. Felix apressou-se a apanhal-o."

Isso é um completo quadro, em que as tintas estão derramadas com uma precisão, um carinho e uma delicadeza especiaes.

A "Resurreição" occupará o logar de honra a que tem juz e que lhe foi assignalado pela critica contemporanea. Não é livro que arraste; é um estudo que impressiona e força á meditação prolongada.

O perfil de Livia não deve ser posto de parte, attendendo-se ao mimo com que o pincel arredondou e illuminou aquelles encantadores contornos.

Depois disso, perguntará algum espirito caustico se o livro de Machado de Assis tem ou não a menor macula, o mais leve defeito?

Deixo aos sensatos e aos mestres a resposta necessaria e peço ao poeta das "Phalenas", ao primeiro prosador dos "Contos fluminenses", que não abandone nunca essa litteratura brasileira, que o considerará e hoje considera-o mais do que nunca um dos seus mais caros ornamentos. O editor do "Til" e da "Resurreição" é o Sr. B. L. Garnier, sempre solicito em publicar as joias da litteratura brasileira.

(Continúa)[11]
Luiz Guimarães Junior

• *Semana Illustrada*, Rio de Janeiro, 19.5.1872, pp. 4771 e 4774.

REVISTA BIBLIOGRAPHICA
RESURREIÇÃO
Romance de Machado de Assis.

Escrevo dominado pelas minhas impressões de leitura.

Longe de mim o pensamento de arvorar-me em critico.

Fique tanto á coragem dos homens como Gustave Planche, se é o que os há n'esta abençoada terra das palmeiras e dos sabiás.

E, seja dito de passagem, se entre nós ainda não appareceu uma valentia critica egual a que atacou as obras colossaes de Victor Hugo, é notoria a existencia de *predestinados* que principiam por onde os outros acabam, isto é, apavonando-se de Aristarchos, censurando acremente a obra alheia, sem que tenham experimentado, ao menos em garatujas, a originalidade propria!

E assim vae o mundo!

Os que nada sabem censuram os que sabem pouco; e os que sabem muito, guardam a sabedoria para si mesmos, quiçá porque não podem ser entendidos.

---

[11] Apesar da indicação, o artigo não teve continuação.

É de mau gosto essa reserva!

Nem alardeem com sciencia infusa ou de outiva, nem façam da cabeça uma adega, engarrafando para ahi o que há de mais generoso em sciencia liquida, de que só a morte se aproveita, em quanto ficam por cá tantas creaturas á espera... dos thesouros de pensamentos engarrafados!

Fulano – dizem uns – é um homem de saber profundo e de conhecimentos variadissimos! Que illustração, Deus meu!

E o tão gabado sujeito, que lê todas as grandes producções velhas e novas, que terça ou é capaz de terçar em todas as questões litterarias, que se desgosta de todos os poetas e que encontra senões em todos os prosadores, termina a sua missão n'este valle de lagrimas sem ao menos encher algumas paginas de qualquer prologo de folhinha!

Que supino egoismo!

Inda se fossem do bello sexo, poder-se-hia dizer que concebem na terra e vão dar á luz em planetas mais commodos.

Portanto é o caso de se dizer que por ora tanto devemos contar com a efficacia da critica litteraria quanto com a apparição das suspiradas cebolas do Egypto.

Nem por isso deixarei de ir avante.

O titulo que tomei para este artigo indica, leitores meus, que pretendo occupar-me de cousa muito mais séria do que os criticos em expectação ou em realidade.

Era noute....

Acham exquisito o meio de reatar o fio do discurso, (phrase useira dos grandes parlamentares) ou entendem que é refinadissima affectação?

Nem uma, nem outra cousa.

Repito – era noite, e eu não estava disposto a valsar no baile do Cassino e a ver o principe Alexis.

Não obstante a sympathia inspirada pelo nome que tenho ás que se prezam de serem edicções mais correctas e augmentadas do ideal feminino do Goethe, entendi não auctorisar com a minha presença as tentações de tantos Mephistopheles nos fluxos e refluxos d'esse oceano de luzes, de crystaes, de sedas, de harmonias, de sorrisos, de enlevos, de graças, de bolinholos e de refrescos, etc., que outros chammam um baile.

Demais a minha idolatrada Margarida não illuminaria com seus placidos olhos a fervida atmosphera d'aquelle humano torvelinho.

Se por acaso eu lá indo, me inebriasse, phantasioso como ás vezes sou, dos encantos de algumas sylphides d'esse baile, voltaria descontente para o meu leito, porque poderia dizer como o poeta que, lembrado de sua bella Analia, só vira nas outras mulheres

"Os pedaços de um retrato
"Que a natureza quebrou"

E para que expor-me a commetter uma infidelidade em *parte*, se guardo integralmente na imaginação o teu deslumbrante retrato, minha tentadora Psyche?

Isto posto não fui ao Cassino. Mas como empregar o meu tempo, longe d'ella e no seio tacito da noute? Dizia comigo.

Resolvi-me a ler o que houvesse de mais novo e attrahente em casa, bem entendido, producção nacional.

Tinha diante de mim as *Lagrimas do Coração* de Silvio Dinarte e a *Resurreição* de Machado de Assis.

Um livro de *lagrimas* e do *coração*, naquela noite convidativa de saudades e tristezas, poderia servir-me de tremendo excitante, quando eu necessitava apenas de um brando calmante. Guardei, pois, as *lagrimas* de Sílvio Dinarte[12] para melhor occasião, e entreguei-me em corpo e alma ao filho intellectual do sympathico auctor dos *Contos Fluminenses*.

Quem não conhece Machado de Assis? Na republica das lettras quem não se admira de um homem todo espirito, cujo involucro terreno faz lembrar a *Baptistina* irman de Bemvindo Miriel, a qual tinha um corpo que *era um pretexto para uma alma viver na terra?*

Fidalgo d'alma, o mavioso poeta das *Crysalidas* e das *Phalenas* ha trabalhado tanto que fez da obscuridade da sua origem o melhor titulo da sua grandeza actual.

Bemaventurados os pobres que assim trabalham, porque é n'elles o melhor desforço que a humanidade toma dos que se esquecem do nivelamento do tumulo nas distincções ridiculas com que se destacam os brazões heraldicos!

Machado de Assis é um gigante do espírito a julgar pelas vantagens com que o seu talento se tem sobreposto ás contingencias da matéria.

Não é por ser trigueiro que a limpeza d'alma lhe sobresahe no rosto, mas, porque Deus compraz-se em fazer de um rosto feio um limpido espelho de consciencia.

Não se zangue o autor dos *Deuses de Casaca*, porque o seu exterior vive tão illuminado pelo seu priviligiado espirito, quanto um feio candelabro que despede raios de vivissima e deslumbrante luz.

Mas, para que estou a occupar-me da pessoa do applaudido romancista, quando ella não entra em discussão?

---

12 Referência a *Lágrimas do Coração*, livro de Sílvio Dinarte contemporâneo a *Ressurreição*.

Se elle não fosse casado e eu fosse matrona rabiscadora, haveriam de cuidar que eu suscitava, por despeito, as desvantagens do physico de Machado de Assis.

Afortunados os que participam da imperfeição humana apenas em tão transitorias desvantagens!

Se o poeta da *Resurreição* não é bonito, melhor para as senhoras e para elle, porque está livre de entrar em lucta por causa de um *Paris* de hoje que não ficaria isento de converter-se amanhã em outro *Menelau*.

Pensem lá como pensaram as senhoras, acabemos com a disputa, porque o espaço não offerece logar para tanto.

Dizem que o meu poeta é imperfeito, porque é feio no corpo e bonito n'alma?

Pois bem eu direi d'elle o que disse do Laurindo Rabelllo o Dr. Alvares da Silva: "A natureza para provar que é grande, creou-o; para mostrar que é justa fel-o imperfeito"

Agora as impressões de leitura.

Credite Pisones, devorei com um gosto inexprimivel essas duzentas e quarenta e oito paginas, e por ellas tão destrahido fiquei que houve momentos em que perdi a lembrança do meu divino e humanisado estimulo.

Perdôa, innocente Margarida, se ante a imagem voluptuosa de Livia, olvidei as graças do teu angelico semblante!

O culpado foi o Machado de Assis que então tornou-se para mim um verdadeiro Mephistopheles, suggerindo-me a idéa de que se na sociedade as virgens attrahem mais que as viuvas, no romance uma viuva póde valer mais do que uma virgem.

DR. FAUSTO.
(*Continúa*)

• *Semana Illustrada*, Rio de Janeiro, 26.5.1872, pp. 4782 e 4783.

REVISTA BIBLIOGRAPHICA
RESURREIÇÃO
Romance de Machado de Assis.
(*Conclusão*)

Convem notar que *Livia* não é uma viuva enlutada como Hécuba, ou chorosa como Niobe.

Livia é a mulher que no tumulo de seu marido reconheceu que o *primeiro amor nasce apenas da necessidade de amar*, e, portanto, cortejada em todos os salões pelos adoradores de tão deslumbrante viuvez, mais fresca e seductora do que muita innocente virgindade, não teve remedio senão entregar de novo o coração, para seu enlevo e castigo.

O protagonista do romance, *Dr. Felix*, é um homem que participa mais da indole européa do que da americana; é um mixto de *Werther*, de *Othelo*, de *Hamlet* e de *Romeu*, sem deixar de parecer, ás vezes, uma arremedo subtil de *Lovelace*.

Seja como fôr, e para não dar ao caracter da pessoa mais importante do enredo concebido por Machado de Assis proporções de um capricho da fantasia, de uma anomalia, ou cousa que o valha, fique desde já consignado que o *Dr. Felix* é o scepticismo humanisado contra a viuvez que tenta despir o luto nos braços de segundo e confiante amor.

Desventurada *Livia*! Não houve argumentos que podessem desentranhar do pensamento do teu amante a espinhosa duvida que ia cada vez mais germinando em terreno tão cansado e secco.

Nem a tua belleza de Venus, nem a abnegação com que por elle abandonaste nos salões o teu indisputavel throno, nem a sinceridade fervorosa e apaixonada com que no teu affecto nivelaste esse orgulhoso adventicio com o filho de tuas entranhas, nem os teus sorrisos de perdão, nem as tuas lagrimas de Suzana, poderam de uma vez para sempre rasgar o véo da incerteza que involvia tão singular espirito gasto pelas preoccupações sociaes!

O teu coração quiz resuscitar, mas não teve tempo; o coração d'esse medico, se é que existiu, nem dava signaes de morto, porque é certo que *Felix* amou apenas com a fantasia.

A lucta acre-doce entre esses dous typos, entretida na maior familiaridade, é o que constitue o enredo principal do romance.

Para essa lucta concorreu *Vianna* com a sua bohomia de verdadeiro parasita e de irmão pouco escrupuloso; *Luiz Baptista* com a intriga do seu despeito de galanteador; *Rachel* com a ingenuidade propria da virgem que ama sem retribuição; o *Dr. Menezes* com o desinteresse, mas tambem com os desazos de que é capaz uma indole pouco affeita ás vicissitudes do amor.

Além d'estas personagens ha ainda algumas como *Cecilia*, que é verdugo feminino, abandonado por *Felix* para ser o castigo de *Moreirinha*; e *Luiz*, fructo do primeiro amor de *Livia*, e que, apezar de criança, não deixa de influir muito com uma pergunta no desfecho importante de situação assaz pathetica.

Bem quizera eu narrar ás minhas leitoras todas as peripecias da *Resurreição*; entendo, porém, que é melhor deixal-as em sobresalto e quasi mortas de curiosidade, para que assim tenha mais extracção o excellente livro de Machado de Assis em beneficio do editor.

– Excellente – disse eu? Pois bem – excellente – mas, não inexcedivel, porque, seja dito de passagem, se é irreprehensivel na fórma, é umas vezes frio na essencia e outras um pouco inverossimil na consubstanciação de certos ypos [sic] e no emperramento de indebitas desconfianças.

A verdade d'este asserto será mais tarde corroborada pelo proprio Machado de Assis, quando, obreiro infatigavel como é, produza um romance de mais folego do que a *Resurreição*.

Demais o titulo não satisfaz a nenhum dos prismas por que se encare o assumpto capital do livro.

Em vez de *Resurreição*, o auctor poderia baptisar o seu filho intellectual com qualquer outro nome que exprimisse a duvida arraigada de *Felix* e a confiança apaixonada de *Livia*.

Outros pensam que o titulo de uma obra, principalmente romanesca, pouco influirá na importancia d'ella e nas sympathias que possa captar.

Pois, se assim é, não percam tempo em desparafusar da cabeça originalidades de rotulo; exhibam a obra sem titulo.

Sendo tão bem traçado, o romance *Resurreição* poderia ser mais nacional, porém n'esta idéa que avento talvez que eu seja o mais exigente dos apreciadores, porque em verdade o espirito essencialmente brasileiro é tão pequenino ás vezes, que desnortêa as mais profundas aspirações de um verdadeiro romancista.

Agora, para não sahir-me mal perante o publico, da franqueza das minhas impressões de leitura, vou apadrinhar-me na indulgencia das leitoras, transcrevendo aqui um dos melhores topicos do estylo em que está concebido o precioso livro de Machado de Assis.

Quem escreve taes linhas póde caminhar sobranceiro a criticos apaixonados.

"Sentia-se que ela (*Livia*) olhava com o espirito.

Félix contemplou-lhe longo tempo aquele rosto pensativo e grave, e involuntariamente foram-lhe os olhos descendo ao resto da figura. O corpinho apertado desenhava naturalmente os contornos delicados e graciosos do busto. Via-se ondular ligeiramente o seio turgido, comprimido pelo setim; o braço esquerdo, atirado molemente no regaço, destacava-se pela alvura sobre a côr sombria do vestido, como um fragmento de estatua sobre o musgo de uma ruina. Felix recompoz na imaginação a estatua toda e estremeceu. Livia acordou da especie de lethargo em que estava. Como tambem estremecesse, cahiu-lhe o leque da mão.

Felix apressou-se em apanhal–."

Em que peze aos descontentes de tudo, no espaço abrangido pelos primores de tão ligeira descripção encerra-se mais do que uma louçania de romance, porque resplandecem a plastica e a esthetica resumidas por encanto no bellissimo trecho de um poema lyrico em prosa. E como esse topico ha tantos outros na *Resurreição*.

Antes de concluir, peço ao poeta das *Phalenas* que tambem applique o seu omnimodo talento ás composições dramaticas. O nosso theatro carece tanto!

Agora um aperto de mão a Machado de Assis que acaba de ajuntar mais uma delicadissima flor á sua imarcessivel grinalda, enriquecendo

DR. FAUSTO.[13]

• *Artes e Letras*[14], Lisboa, junho de 1872, p. 94.

Chronica do Mez

Recebi do Rio de Janeiro tres interessantes livros de que vou fallar com muito prazer. Intitulam-se – *Resurreição*, romance pelo sr. Machado d'Assis; – *Alcyones*, poesia pelo sr. Carlos Ferreira, e – *Nevoas matutinas*, versos do sr. Lucio de Mendonça.

Deseja o auctor do romance *Resurreição*, que a critica lhe diga se alguma qualidade o chama para o genero de literatura que ensaia na sua nova nova publicação, ou se todas lhe faltam, porque n'este caso volverá para outro campo em que já tem trabalhado com aprovação, cuidados e esforços.

Não devo abalançar-me a satisfazer o desejo do sr. Machado d'Assis no tom solemne de critico encartado, porque o não sou, nem desejo ser; entretanto, se o distincto literato brazileiro se contenta com a opinião franca e sincera de um simples trabalhador, dir-lhe-ei que continue a escrever romances, muitos romances, porque se estreou com um de grande interesse e optimas condições literarias, que pode servir de lição e modelo a muitos escriptores do genero.

---

13 R. Magalhães Júnior, citando Tancredo de Barros Paiva, informa que o Dr. Fausto era Augusto Fausto de Sousa, antigo colaborador da *Revista Popular* e do *Jornal das Famílias*, onde Machado também trabalhava, e autor dos livros *À Caça de um Baronato* e *Cenas da Vida Republicana*, publicados por Garnier.

14 *Artes e Letras – Revista de Portugal e Brazil* [circulou em Lisboa entre janeiro de 1872 e 1875]. Na edição de maio de 1872, à página 80, anunciara a publicação de "*Resurreição*, romance, pelo sr. Machado d'Assis. A proposito d'esta ultima obra vimos nos jornaes do Rio criticas muito lisonjeiras para o illustre litterato, que é uma das glórias do Brazil". Nem a nota nem esse artigo traziam assinatura.

De entre as qualidades boas que exornam a obra do sr. Machado d'Assis, sobresae uma que mal se pode definir e que tão rara é de encontrar em grande numero das publicações modernas: – a que nos prova, da primeira á ultima pagina, que o livro é escripto por um literato.

• *O Novo Mundo,* Nova York, 23.12.1872, p. 46.[25]

UM ROMANCE FLUMINENSE

Resurreição, Romance por *Machado de Assis.* –
Rio de Janeiro, B. L. Garnier. 1872. – 1 vol. in 12mo., 244 pags.

Uma dos melhores amostras de ficção em prosa que nos tem dado ultimamente o Rio de Janeiro é a *Resurreição* do Sr. Machado de Assis. Sem o genio brilhante do Sr. Alencar e sem a admiravel fluencia e naturalidade do Sr. J. M. De Macedo, o Sr. Machado de Assis, todavia, não se deixa sacrificar pelas extravagancias do primeiro, nem pela monotonia do segundo. Elle é mais *artista* do que qualquer delles, sem que comtudo se possa dizer que seja de sua força.

A *Resurreição* pretende ser, não um romance de costumes, mas sómente o esboço de uma situação. O livro, porém, não é sinão um romance de costumes. E' na sociedade brazileira, ou antes, na sociedade do Rio de Janeiro que o Sr. Machado de Assis achou os elementos de sua "situação", e dos seus contrastes. O Dr. Felix é um ente que vive, corpo e alma, no meio de nós, e que, ai de nós! – ha de viver ainda por muito tempo. Quem conhece a compleição da nossa sociedade não vê na *Resurreição* mais do que uma bôa photografia de um de seus aspectos communs.

O proposito do romance é offerecer-nos um commentario da verdade que SHAKSPEARE (sic) exarou no *Measure for Measure*, desta fórma:

"Our doubts are traitors,
And make us lose the good we oft might win,
By fearing to attempt."

A acção se concentra principalmente em dous typos, Felix e Livia. Era Felix um "rapaz vadio e desambicioso" de 36 annos de edade, "sympathico", vestindo-se com apurada elegancia, e para quem o amôr era o "idylio de um semestre, um episodio sem chammas nem lagrymas".

---

15 Presume-se que o autor desse artigo seja José Carlos Rodrigues.

Fallando em nossa linguagem positiva, Felix era um "rapaz" devasso e corrupto, incapaz de aspirações elevadas, e que nos lupanares do Rio de Janeiro aprendêra a duvidar do amôr e da mulher, esbanjando assim a vida no que se nos diz ser "um composto de toda a especie de occupações *elegantes* e *intellectuaes.*"

Livia era uma viuva de 24 annos, extremamente formosa, sem o "amor-proprio geralmente inseparavel das mulheres bonitas," e com "um ar de rainha, uma natural magestade, que não era rigidez convencional e affectada, mas uma grandesa involuntaria e sua."

Felix e Livia encontram-se n'um baile, e a moça produz impressão no Doctor em Medicina, – não todavia, uma dessas impressões que nos elevam e purificam, – que disto era incapaz Felix; mas a impressão que faz a mulher bella nos olhos os mais mundanos.

Todavia, com o correr do tempo, a viuva conseguiu reanimal-o um pouco com o espirito de vida. Felix não podia ficar indifferente á forte paixão de que ella se deixou inspirar por elle. Mas o seu amôr foi uma serie de dores: o grande phantasma da duvida, dos ciumes, perseguia incessantemente o Dr. Felix. Um dia lhe confessa que, como ella, elle tivera tambem generosos affectos; mas que esses lhe foram arrancados do coração em pleno vigor, o seu espirito ficando arido, a sua alma calejada e o seu coração morto. "É certo que me resuscitaste", continuou fallando á Livia: "si o futuro me guarda ainda alguns dias de felicidade sem mescla, a ti só os deverei. Mas... a obra não está completa." E não estava. Ainda seguiu-se muito luctar antes da noticia formal do casamento, a qual noticia naturalmente espantou a todos que conheciam o Dr. Felix. O Dr. Baptista, um intrigante, dirige uma carta anonyma a Felix; e éra tal o estado de degradação e miseria a que este chegara, que essas linhas de um estranho o levam a romper o contracto. Livia cáe doente, perdôa a Felix pela centesima vez, mas chega á conclusão que seu casamento com esse homem seria um infortunio. "Mais vale sonhar com a felicidade que poderiamos ter, do que chorar aquella que tivessemos perdido," diz-lhe ella por fim. Tarde, já tarde lamenta Felix ter perdido a acquisição de uma excellente mulher. Elle que tantas vezes parecêra ter resurgido, outras tantas recahira no abysmo das suas duvidas, de modo que não ha propriamente uma *Resurreição*, como nos diz o titulo do livro. E' elle mesmo que escreve que, depois do rompimento, "o amôr extinguiu-se (em Felix) como lampada a que faltou oleo... O amôr do medico teve duvidas posthumas."

Sobre os meritos e demeritos desta composição, pedimos licença para observar:

1º A duvida traiçoeira de que tracta Shakspeare e que já o Apostolo equiparava á onda do mar que é levada pelos ventos daqui para ali, é a fraquesa dos espiritos timoratos que se deixam apoucar perante considerações diversas, e se conservam neutralisados na escolha de dous fins. A duvida é a fraqueza na mola real dos impulsos, – uma fraquesa que convém sobrepujar com resolução e fé. O que o Dr. Felix soffria não eram *duvidas* desse genero, e que são a partilha do genero humano, – *"our doubts,"* como diz o poeta. O Dr. Felix não só não duvidava, como *não sentia*. Era um bruto – elegante e intellectual, – "si quizerem, mas eras implesmente [era simplesmente] um ente sem mola nenhuma na vida, todo escaldado e gasto nos taes prazeres "elegantes" de "rapaz" vadio, desambicioso e rico. A duvida nelle era a negação completa de tudo, – era a falta da alma, que havia perdido. O auctor da *Resurreição*, pois, tracta-o com excessiva indulgencia. Affigure-se-lhe só o grande e virtuoso Shakspeare levantando-se do tumulo e ouvindo repetir-se o seu lindo pensamento, como a razão dos infortunios de um Dr. Felix!

2º O auctor infelizmente descreve muito ao vivo certas scenas em que figuram Cecilia, Felix, e Moreirinha, e nem vemos cores bastantes que neutralisem as que elle emprega em pintal-as. O final da pag. 47 é imperdoavel; a estatua do final da pag. 41 bem podia ser omittida, e certos "impetos" do Vianna são horriveis.

3º O que quer que se diga dos typos da *Resurreição*, são elles descriptos com rara felicidade de expressão e cores vivas. O Sr. Machado de Assis é um observador accurado e conhece o segredo de achar palavras e phrases que exprimem justamente certas phases do character, que muitos comprehendem, mas que mal podem desenhar. O papel de Livia é bem sustentado até o fim, e sempre mais interessante. Rachel é um typo encantador, – timida, casta e amorosa; e é pena que não se cassase com um mancebo ainda melhor do que Menezes, com todas as suas experiencias da vida. No fundo do quadro vemos Baptista e Vianna, descriptos em poucas, mas vigorosas linhas.

Tudo, na *Resurreição,* até seus mesmos defeitos, anima-nos a pedir que o auctor prosiga nos seus estudos de "contrastes," como elle chama a estes, na sua modestia. Para realçar a virtude, porém, é provavel que elle se convença que não é necessario pintar tão viva e demoradamente certas scenas, que agora nos pesa vêr n'um livrinho tão excellente, como o seu.

A MÃO E A LUVA

• *Semana Ilustrada*, n. 731, Rio de Janeiro, 13.12.1874.

A Mão e a Luva
POR MACHADO DE ASSIS

Com este interessante romance enceta o *Globo* uma bibliotheca que desde já lhe agradecemos, dizendo-lhe com franqueza, que está fazendo um serviço relevantissimo ás letras patrias.

O auctor deste romance, o Sr. Machado de Assis, deve ter conhecimento da recepção da sua obra, embora pequena, mas nem por isso menos brilhante, – quando esta foi publicada em folhetim no *Globo*. Será modestia, prevenir-nos o auctor, na introducção, que o romance fôra escripto em *pedaços diarios*?

Tanto maior é a honra para elle. Talvez não teria sahido tão feliz da delicada penna, se não tivesse sido tal motivo de escrever assim por capitulos os caracteres que nos traçou, e tão bem encadeado o enredo desta historia amorosa, que nos foi contada com a simplicidade da conversa despretenciosa e em estylo tão natural que ás vezes faz duvidar que nisto justamente está a graça, a difficuldade e o primor da linguagem.

A *Semana* não é folha de tamanho vulto para entrar em uma apreciação mais longa; tem só duas palavras, uma de estima e de consideração ao auctor e outra de agradecimento ao *Globo*, que nos mimoseou com mais essa perola da litteratura patria.

TYP. DO IMPERIAL INST. ARTISTICO – Rua Primeiro de Março n. 17.

• *O Novo Mundo,* Nova York, 22.2.1875, p. 127.

"A Mão e a Luva" tal é o titulo d'um romance do nosso sympathico MACHADO D'ASSIZ, que fe-lo primitivamente apparecer no folhetim do "Globo" e para satisfazer ao anhelo do publico fluminense, tirou-o em separado constituindo o primeiro elo d'essa cadeia de romances que receberam o nome de "Bibliotheca do Globo".

Applaudindo de todo o coração tão patriotica ideia, mui propria da illustre redacção do nosso primeiro jornal, exponhamos com lisura o nosso juizo acerca do citado romance.

Mostrou-se ainda uma vez o illustre romancista esmerado cultor da forma, mantendo os fóros d'um dos nossos primeiros estylistas; a substancia porém não condiz com esse primor externo; visto como não parecem estar nas notas do seu disposão[16] themas de longo folego. Fracos são os caracteres, a urdidura despida de interesse commovente, a acção fria, e o desfecho intuitivo desde o primeiro acto. Resgatam taes defeitos (si assim se podem denominar) a formosura das descripções que molduram o quadro. Pelo que respeita á moralidade pertence á classe dos que como os de THACKERAY podem os pais darem ás suas filhas sem previa leitura.

Araucarius.

HELENA

• *A Gazeta de Notícias*, Rio de Janeiro, 7.8.1876, p. 2.

O Globo encetou hontem a publicação de um novo romance do nosso amigo Sr. Machado d'Assis, intitulado *Helena*.

Escusado é recommendar sua leitura, o nome de Machado d'Assis é um dos que mais sympathias gozam na nossa litteratura; do que nos não podemos eximir é de dar os nossos parabens aos nossos illustres collegas da imprensa diaria.

• *A Província de São Paulo*, São Paulo, 8.8.1876, p. 2.

Noticia Litteraria – *O Globo* dá aos seus leitores a noticia de que brevemente começará a publicar em folhetim um novo romance original do nosso illustre escriptor e poeta Machado de Assis.

Valiosissima promessa, para os que sabem que primores costuma dar-nos a pena que escreveu a *Mão e a Luva*.

• *O Mosquito,* Rio de Janeiro, 12.8.1876, p. 6.

AO "GLOBO"
POR OCCASIÃO DE COMEÇAR A PUBLICAR EM FOLHETIM
O ROMANCE " HELENA", DE MACHADO D'ASSIS

Tenham outros embora ESCRICH ou *Rocambole,*
Segredos do Doutor, Tragedias de Pariz...
Com MACHADO D'ASIS que o gosto se console!...
Mas, ai! leitor, jamais terás assas ASSIS.
BOB.

16   diapasão.

• *A Província de São Paulo*, São Paulo, 13.8.1876, p. 3.[17]

Romance de Machado de Assis – O *Globo* de 6 do corrente encetou no seu folhetim a publicação do promettido romance desse nosso eximio escriptor.

Intitula-se – *Helena*.

• *Illustração Brasileira*, Rio de Janeiro, 15.10.1876, p. 127.

Boletim Bibliographico

Entre os bons livros, vindos à luz n'esta quinzena, ocupará primeiro lugar a *Helena*, romance por Machado de Assis.

São entre nós tão raros os bons romances, que é motivo de jubilo para as lettras patrias a notícia de algum volume nesse genere [sic] firmado por Alencar, Macedo, Taunay ou Machado de Assis.

Este ultimo já nos havia dado, além de uma deliciosa collecçao de contos, que são primores de pequenos romancetes, duas obras de aleuto – *Ressurreição* e depois *A Mão e a Luva*.

Sem dúvida alguma o primeiro é superior ao segundo, mas *Helena*, o terceiro romance de Machado de Assis, é muito superior ao primeiro.

Imagine-se um estudo psychologico do melhor quilate, uma delicadissima analyse do coração humano, sem toques realistas e ao mesmo tempo sem subtilezas fóra da verdade; imagine-se uma serie de episodios que promovem a curiosidade sem, entretanto, um unico lance da escola inverosimil e das surprezas melodramaticas; imagine-se o mais espirituoso de todos os dialogos e as mais sentidas de todas as scenas apaixonadas, tudo isso em brilhante, colorido, crystalino estylo, e ter-se-ha ideia do que seja o novo livro que nos dá o poderoso e fecundo engenho a quem já devemos tantas paginas de boa poesia e de excellente proza.

Não recommendaremos a bella, a formosa *Helena*, porque ella, como aquella que nos deu a prisca Grecia, saberá seduzir a todos quantos d'ella se aproximem.

Demais, um livro assignado por Machado de Assis vem recommendado pela assignatura.

– De S. Paulo recebemos um exemplar das *Licções de Historia Patria* pelo Dr. Americo Braziliense.

Esse livro, com quanto modesto, pois é o resultado de palestras escolares em um collegio de Campinas, encerra grandes qualidades e é a re-

---

17 Nota publicada na seção "Noticiário".

velação de uma grande aptidão para os trabalhos que tanto immortalisaram Macaulay, Thierry, e Herculano.

Em suas licções de historia, o Dr. Braziliense; além de um espirito indagador e analysta, mostra-se democrata sincero e convencido, procurando na philosophia da historia as causas do progresso ou o entorpecimento da civilisação.

Sobre muitas paginas do nosso viver colonial lança elle brilhantissima luz, e com documentos valiosos explica factos até hoje mal comprehendidos ou controvertidos.

O periodo do primeiro reinado é o que mais provoca a critica do distincto historiador, que, sempre patriota e vendo nos factos uma consequencia forçada dos principios, estigmatisa tudo quanto não poderá viver por mais esforços que façam os chronistas officiaes.

Recebemos com muita satisfacção o livro do Dr. Americo Braziliense, pois, em suas *Licções de Historia*, vemos que elle soube reservar ao povo o primeiro papel nas lutas do Brasil colonia e do Brasil nação.

Serão sempre bem vindos livros didacticos como esse.

– A casa Garnier deu a estampa o primeiro volume do *Miguel Strogoff*, o ultimo romance de Julio Verne.

Como na Europa, tem tido aqui um grande successo tudo quanto escreve esse vulgarisador da sciencia por meio de leituras amenas.

O novo romance é uma perigrinação pela Russia, e pretexto para nos serem discriptas as regiões do gelo, a luta com os ursos, e muitas particularidades proprias daquella terra, tão extraordinaria como pouco descripta em livros populares.

É possivel, conforme pensa um critico muito pessimista, que a sciencia, ensinada nos romances de Verne, seja tão verdadeira como a historia dos romances de Alexandre Dumas, mas é inegavel que, afora as exagerações de um e de outro, nesses livros lucra-se mais do que nos romances realistas de Flaubert, e do que em outras leituras que nem são tão agradaveis, nem tão uteis.

O seculo actual não quer, como dantes, monopolisar a sciencia. Divulga-a por meio de cursos e palestras adaptadas a comprenhensão dos profanos, e por meios de livros amenos, é que infiltra por qualquer modo o desejo de estudar os grandes problemas.

Ora é inegavel que Julio Verne tem, nesta nobilissima cruzada, desempenhado um papel notavel.

O seu ultimo livro, como narrativa romanesca e como repositorio de notas scientificas, está na altura da reputação, que adquiriu o illustre escriptor francez desde que iniciou a sua propaganda civilisadora.

– Começamos fallando de um romance brasileiro e terminaremos este boletim dando noticia do apparecimento de outro.

Seu autor é o Sr. Dr. Franklin Tavora, um nome illustre na republica das lettras, uma reputação consolidada como critico de gosto e de erudição.

Estreiando-se no romance, e dando-nos *O Cabelleira*, veio o Sr. Dr. Tavora mostrar que tem capacidade para todas as emprezas litterarias.

O seu romance é o primeiro de uma serie, que pretende escrever, estudando os nossos costumes, usos, e sobretudo a nossa natureza.

E é prova de que levará por vante tão bello intento, *O Cabelleira*, livro riquissimo de descripções do nosso interior, e do modo de viver do nosso povo.

A pintura dos typos, a sustentação dos caracteres, a disposição dos quadros, e urdidura da acção dramatica, tudo é artistico e apurado no bello romance do Sr. Dr. Franklin Tavora, que, além de outras qualidades que possue, é estylista de boa escola, e optimo pintor paysagista quando penetra pelos nossos sertões, e vê as magnificencias do nosso solo.

Tão auspiciosa estréa merece ser saudada com calorosas palmas afim de que não desanime o talentoso escriptor, e possa completar a serie que promette, e que a curiosidade publica fica aguardando com interesse.

• *A Reforma*, Rio de Janeiro, 19.10.1876, p. 1.[18]

FOLHETIM
A proposito de romances

Acabo de ler um dos ultimos livros do Sr. Camillo Castello Branco; aquelle que se intitula *O Cego de Landim* e que faz parte de uma serie que o illustre romancista portuguez dá a estampa, sob a denominação de *Novellas do Minho*.

Esse romance é a historia de um portuguez velhaco, moedeiro falso, quadrilheiro de profissão, e por fim espião de policia no Rio de Janeiro.

De envolta com as observações picantes que o Sr. Camillo Castello Branco faz sobre a industria de moeda falsa que, diz elle *florir no Porto como planta indigena*, distribue-nos o romancista portuguez ironias d'este gosto:

"A terminalogia [sic] das Ordenações era uma anomalia em um paiz jovem e que tem o sabiá e o côco... O governo brazileiro com a subtileza propria dos cerebros formados com tapioca e annaz [sic] etc, etc, etc.

---

18 Segundo R. Magalhães Júnior, o autor do rodapé era Joaquim Serra, espécie de faz-tudo no jornal.

"Este episodio poderia ser o esmalte do meu livro se em um chefe de policia coubessem scenas de amor brasileiro morbidas e somnolentas como os derrete o Sr. José de Alencar. Em paiz de tanto passarinho, tantissimas flores a recenderem cheiros varios, cascatas e lagos, um céo estrellado de bananas, uma linguagem a suspirar mimices de sutaque, e com uma rede a bamboar-se entre dous coqueiros, um sabiá por cima, um papagaio de um lado, um sagui do outro, e veriam que meigos moquen-quices eu não estillava d'esta penna de ferro etc, etc."

O Sr. Camillo Castello Branco não sómente acredita que a litteratura brazileira tem por elementos um pateo de bichos, como acha que o nosso primeiro romancista, o Sr. Alencar, não faz senão derreter scenas cheias de moquenquices, e mimices de sutaque, e mais outras galanterias denunciadas em sua linguagem pictoresca.

Eu sei que em Portugal os nossos livros não são lidos; que lá acredita-se muito na escuridão d'esta terra, e tanto que já pretenderam alguns escriptores luzitanos, entre outros os Srs. Pinheiro Chagas[19], Mendes Leal e Gomes de Amorio[20] [sic] escrever romances de exportação, occupando-se de nossos indios, de nossa natureza, e ensinando-nos como devem ser tratadas as cousas patrias.

Não me admirou, portanto, a ironica tirada do Sr. Camillo Castello Branco.

José de Alencar é um romancista piegas, e isso já é muita honra que se nos faz.

Entretanto os livros do distincto brazileiro são, entre nós, n'esta terra do sabiá e do côco, sob este céo estrellado de bananas, tão admirados como os livros do autor das *Novellas do Minho*, lá no paiz onde nasce o tomilho e onde a azeitona floresce e completa a historia patria.

Ha, porém, uma singularidade á respeito dos que criticão e desdenham das obras do Sr. José de Alencar, e é que, quando se mettem elles a tratar do Brazil, não fazem outra couza senão arremedar aquillo que foi dito pelo desdenhado romancista brazileiro.

Os Srs. Pinheiro Chagas e Gomes de Amorim escrevendo *A Virgem Guaracyaba* e *Os Selvagens*[21], não fazem sinão parodiar o que escreveu o

---

19 Manuel Pinheiro Chagas (1842-1895), escritor, jornalista, político, dramaturgo e orador português. Publicou várias traduções de obras de Octave Feuillet, Júlio Verne, Alexandre Dumas. Entre suas obras está *Fora da Terra* (1878).
20 Francisco Gomes de Amorim (1827-1891), escritor português, sócio da Academia Real das Ciências e de várias sociedades literárias nacionais e estrangeiras. Publicou vários livros de poesia e algumas peças de teatro.
21 Esse romance de 1875 "evoca conflitos entre tribos índias do Brasil e problemas ligados à evangelização e à busca de oiro e pedras preciosas por europeus". Cf. *Biblos – Enciclopédia VERBO das Literaturas de Língua Portuguesa*. Lisboa/São Paulo, Editorial Verbo, 1995.

poeta que nos deu o *Guarany, Iracema, Ubirajara* e tantos outros romances dignos da penna de Cooper e da musa do cantor *Hyawatha*.

Emquanto não temos um novo livro do Sr. José de Alencar para contrapor ao *Cégo de Landim*, peço permissão ao Sr. Camillo Castello Branco para offerecer-lhe um romance brazileiro, sem saguis nem papagaios, producto de um talento brilhante, de uma imaginação robusta, embora fabricada com tapioca e annanaz.

O romance a que me refiro é a *Helena* do illustre fluminense o Sr. Machado de Assis.

Leia o Sr. Camillo Castello Branco a obra do jovem escriptor, e diga se realmente estamos aqui tão atrasados, que seja necessario vir de tão longe o doutrinamento.

Helena é um trabalho que pode competir com os mais bem acabados no genero.

Já antes nos havia dado o Sr. Machado de Assis um outro romance, que, pela finura de observações, desenho dos caracteres, estudo psychologico, e amenidade dos episodios, annunciava a posição eminente que teria de occupar entre os romancistas naciones [nacionais] o vigoroso autor da *Ressurreição*.

Helena, que se lhe seguiu, é um grande progresso.

Estudo serio do coração humano, urdidura simples mas vibrante de interesse, situações novas e habilmente desenlaçadas, linguagem poetica e nervosa, sobriedade artistica, e mil outras particularidades attestam que o Sr. Machado de Assis póde sem receio deixar que o seu romance seja confrontado com os melhores que nos chegam de Portugal, e que são aqui lidos com tanta sofreguidão quanto é o desdem com que lá acolhem as nossas mais bem acabadas composições.

Se é certo que tornou-se hoje de grande tom, entre uma certa roda, amesquinhar a capacidade litteraria do Sr. José de Alencar, não é menos certo que os proprios que o depreciam, n'elle enchergam o chefe da escola que tomou a peito nacionalisar o romance.

Pois bem, tão ruim escola tem dado os melhores fructos, e, n'essa *Helena* que motiva as linhas que traço, terá o juiz imparcial bem decisiva prova de como é possivel tratar de amores nos *somnolentos* romances brazileiros sem *derretel-os* e nem fazer jus as ironias dos que julgam esta terra um ninho de selvagens.

Chamando a attenção dos escriptores nacionaes para o *Cégo de Landim*, que nos chega do Minho, aos escriptores do Minho recommendo a leitura da *Helena* do Sr. Machado de Assis.

Pela minha parte cumpro um dever recebendo como verdadeira preciosidade o ultimo romance daquele que, não ha muitos mezes enlevou-nos com o apparecimento de suas *Americanas*.

Esse livro de versos e o volume de proza que agora nos offerece Machado de Assis dão testemunho de que, na litteratura brazileira, ha alguma cousa mais do que aquelles *cachos* de jaboticaba descriptos na *Virgem Guaracyaba*.

Ha n'essa litteratura sentimento elevado, inspiração ardente, e linguagem colorida, opulenta.

Se esta não é moldada por Jacintho Freire ou Lucena, é sem duvida genuina filha de limpido e juvenil idioma que fallou e escreveu Garret.

• *O Estado de S. Paulo*, São Paulo, 22.10.1876, p. 3.

Helena – Recebemos em brochura este novo romance de Machado de Assis.

É publicado pelo sr. Garnier e faz parte da sua já extensa *Bibliotheca Universal*.

Agradecemos o exemplar recebido.

• *Imprensa Industrial,* Rio de Janeiro, 25.10.1876, pp. 487-488.[22]

BIBLIOGRAPHIA

HELLENA. – É mais um mimoso romance do sr. Machado de Assis, publicado em folhetins no *Globo,* e editado pelo sr. Garnier.

O elegante poeta das *Crhysalidas* é um dos poucos que vão lutando e resistindo á indifferença publica, e resistindo e lutando com consciencia, pois o trabalho sáe-lhe sempre das mãos acabado, polido, aprimorado na fórma, e meditado no assumpto.

O entrecho do romance é singelo, e ainda que não corresponda á predilecção do sr. Camillo Castello Branco pelos amores ruidosos e adubados de escandalos, corre bem, e sente-se prazer em lel-o; isto é, sentimos nós, e apreciamos esses livros que reputamos bons, com os sotaques com que fallamos, e extravagancias de que nos accusam, e os preferimos assim originaes, aos que nos vêm de além-mar plagiados dos nossos e fundidos em moldes portuguezes, que lá são bem recebidos pelo amaneirado da phrase, e aqui são mal acceitos por isso mesmo e por disparatados.

[22] Segundo R. Magalhães Júnior, o responsável por essa seção da revista era Félix Ferreira.

Accusem-nos muito embora de estarmos a corromper o bello idioma de Camões e Lucena, mas é fatal que assim aconteça, como tem acontecido com outros povos; e por maior que seja a exportação de livros portuguezes que ao Brazil vêm procurar o consumo que não encontram em Portugal, onde muito escriptor, aliás com prejuizo das lettras, definharia devorado pelos [sic] traças, não conseguirão que o nosso fecundo e popularissimo litterato J. de Alencar escreva o portuguez classico do sr. Camillo, nem que por isso valha elle menos para nós, que o presamos assim, emancipado da litteratura portugueza, e prestando reaes serviços á nacional.

Dir-nos-hão que não é possivel o ser e não ser, que não ha portuguez do Portugal e portuguez do Brazil; mas em Portugal mesmo está o erudito sr. Latino Coelho, autoridade na materia, que definio lucidamente a questão.

Em ultima analyse: dirão que fallamos brazileiro e não portuguez? Não nos zangamos por isso.

O livro do sr. Machado de Assis é um protesto contra o atrazo que nos imputam aquelles que mais por especulação do que em consciencia, nol-o attribuem, fabricando moeda falsa litteraria para circular entre nós, como a moeda falsa do nosso thesouro, da mesma proce-dencia e com o mesmo fim; segundo o testemunho do proprio romancista portuguez.

Se o fim do sr. Camillo Castello Branco mimoseando-nos com algumas phrases de espirito salobro, foi fazer annunciar o seu livrinho, pela nossa parte já lhe fizemos a vontade.

Agradecendo ao sr. Garnier a offerta que nos fez de um exemplar da *Hellena* apertamos cordialmente a mão ao seu talentoso autor e congratulamo-nos com os que prezam as lettras patrias, por mais um livro digno dellas e de quem o produzio.

MIGUEL STROGOFF. – Acaba o sr. Garnier de editar mais este romance, o mais moderno dos de Julio Verne, do qual recebemos o primeiro volume, vertido para o portuguez.

Julio Verne pertence ao numero dos autores que dispensam qualquer recommendação. Ninguem ainda como elle possuio o segredo de instruir deleitando, qualquer que seja a sciencia de que se proponha tratar: quer atravesse com os seus leitores os desertos da Africa, viaje por baixo das ondas, percorra os espaços celestes, afronte os gelos do pólo, ou corra atravez de mil perigos de Moscow ás tristes regiões da Siberia, é sempre um companheiro tão amavel quanto erudito.

Miguel Strogoff é um romance digno do mesmo acolhimento que têm tido entre nós todos os outros do mesmo autor.

ILLUSTRAÇÃO DO BRAZIL. – Sempre no firme e louvavel proposito de levar por deante a sua excellente empreza, o sr. Vivaldi acaba de fazer sensiveis melhoramentos nessa publicação, tornando-a semanal e empregando o mais superior papel que é possivel obter-se em nosso mercado.

A mudança de quinzenal para semanal, hade-lhe trazer grande numero de assignantes.

O CABELLEIRA. – Fômos obsequiados pelo Sr. Franklin Tavora com um exemplar deste seu romance, que é o primeiro de uma série com a qual o autor conta fundar a *Litteratura do Norte*. No proximo numero de nossa Revista daremos, de um dos nossos mais autorisados collegas de Redacção, uma analyse detida e circumstanciada da producção do sr. Franklin Tavora, a quem desde já agradecemos a offerta que nos fez de seu livro.

IAIÁ GARCIA

• *O Zigue-Zigue* – Hebdomadario humorístico critico satiryco e illustrado, Rio de Janeiro, 12.1.1878, p. 3.[23]

[...] Pois para impingir ao leitor coisas ensossas, chegam as que fabricamos cá por casa, como, por exemplo, o *Senhorio*[24], romance importantissimo, que começamos tambem hoje de dar a lume, propositalmente para fazer frente á languorosa *Yayá Garcia*, do *Cruzeiro*, e ao chorado martyr *Motta Coqueiro*[25], da *Gazeta de Noticias*. [...]

• *Revista Phenix Litteraria*, Rio de Janeiro, março de 1878, pp. 68-72.[26]

"(...) Foi-se tambem Yaya Garcia, e tão desenxabida como no dia em que nasceu. Inda estamos por saber que these quiz o author desenvolver em

---

23 Esse periódico, subtitulado *Hebdomadario Humoristico, Critico, Satyrico e Illustrado*, era impresso na Tipographia Cosmopolyta. O texto reproduzido faz parte do editorial, intitulado "Ao Público".
24 Título do "romance histórico", que vem assinado "por mim", que o jornal começava a publicar em folhetim a partir desse primeiro número, o único disponível no acervo da Biblioteca Nacional.
25 Referência ao romance *Motta Coqueiro ou a Pena de Morte*, de José do Patrocínio, publicado em 1877.
26 O texto é de autoria de Urbano Duarte (U. D. Oliveira), jornalista, cronista, humorista e teatrólogo, que tinha então 23 anos. Convidado para a última sessão preparatória da Academia Brasileira de Letras, em 28 de janeiro de 1897, é o fundador da cadeira n. 12, que tem como patrono França Júnior.

seu livro, sendo fora de duvida que elle quiz alli desenvolver qualquer these. Tratamos de descobrir o fito do pensador em meio d'aquelle langoroso idyllio e chegamos á conclusão *final* de que a sua these era uma these *garcio logica*.

Um estylo ameno e facil sem trivialidade, alguns interessantes estudos psychologicos feitos ao correr da penna, uma on [sic] outra phosphorescencia de poesia domestica, são qualidades incontestaveis e valiosas ao livro do Sr. Machado de Assis. Mas pode convencer-se de que não são as sufficientes para tornar uma obra d'arte viavel na republica das lettras. O cantor das – *Americanas* – que acatamos e apreciamos, deve apimentar um pouco mais o bico de sua penna afim de que seus romances não morrão lymphaticos. Á proposito, um admirador da orthographia do Sr. Machado fazia a apologia d'essa com grande fogo: – "Accusão-lhe de escrever fallar com um l; quantas linguas temos nós, uma ou duas? E a palavra – hynverno! que originalidade! parece que està mesmo com frio! Deve-se escrever as palavras com a orthographia mais *onomatopifica* que fôr possivel!"

Este gramamtico [sic] está talhado para redigir os artigos de fundo da *Patria*; fundindo-se-o com o Sr. Carlos Bernardino (ou Bernardo) de Moura, teriamos em resultado a celebridade mais ousada e mais analphabetica que porventura existisse no importante batalhão dos que não sabem precisamente onde tem o nariz.

• *O Cruzeiro*, Rio de Janeiro, 11.4.1878, p. 1.

Fantasias – A Propósito de Yayá Garcia
[início mutilado]
Assim o entendeu e fez o Sr. Machado de Assis, levando a imparcialidade até o ponto de deslocar, por meio do titulo, o interesse do livro, para assim fazer uma experiencia maliciosa sobre o publico, a ver se elle concentrava as suas sympathias na matreira Yayá Garcia.

É suave, depois de atravessar o charco onde coaxam os Antunes e os Procopios, os Jorges e Garcias, respirar um pouco de puro ambiente moral juncto d'essa criatura, cuja vida se concentrou em uma constante e virtuosa abnegação, e remata sollitaria no trabalho honesto, esse consolador de todos os desastres, esse pacificador de todas as consciencias sans, esse dever de todos os espiritos rectos que encontra no seu cumprimento a propria recompensa. A essa não lhe corrompeu a civilização o instincto.

Desde que o amor teve de luctar com a dignidade, foi o amor sacrificado. Foi rude o combate, violento, tempestuoso provavelmente; adivinha-se. Surpreendeu-a uma vez a enteada indiscretamente em um momento de desespero. Mas a sociedade encontrou-lhe sempre o rosto sereno, e o proprio sacrificio passou despercebido, porque ninguem lhe pode perscrutar a rudeza da lucta.

Na flor da vida e da belleza, na plena exuberancia do coração, aquelle espirito austero comprouve-se em desfolhar firmemente, deliberadamente uma a uma todas as flores do opulento jardim da sua imaginação sobre as cabeças dos dous noivos, que, cada um a seu modo, a haviam ultrajado cruelmente, e depois se retirou com a divindidade de uma deusa olympica, para a solidão, para o estudo, para se consagrar à instrucção

[mutilado]

"... se acha frente a frente com a sobredita Yayá, a quem o auctor, para armar uma cilada ao espirito do publico, apresentou como heroina do seu romance.

Eu sei perfeitamente que não tenho o menor direito de perguntar ao auctor a razão por que elle antes escreveu um romance do que um tractado de phisiologia ou de chimica; ou por que não preferiu compor um romance historico, como *Ivanhoe*, pilosophico como *Candide*, político como (...) *Handschrift*, ou de costumes como *I Promessi Sposi*.

O auctor faz o que quer. O publico e o critico acceitam a obra como ella se apresenta; é o seu dever. Critica-a conforme o seu merito: é o seu direito.

O merito de um romance de amores afere-se approximadamente como o sabor de uma sopa de pedra.

Sabem o que isto é?

Eu lh'o digo.

Um pobre zuavo, desgarrado por noite tempestuosa, foi bater á porta de uma pobre choupana. Os camponezes acolheram-no com extrema desconfiança; e, com aquella bonhomia propria do *homo silvestris*, esconderam toda a comida que tinham e declararam-lhe que teriam todo o prazer em franquear-lhe a sua pobre choupana (e aqui não havia tropo nem figura) para que ahi [ilegível] rresse de fome.

[ilegível] zuavo não se mostrou abalado e antes declarou emphaticamente que, depois que aprendera [ilegível] sopa de pedras, perdera o medo de morrer [ilegível]

[...]

Á sua vista.

– E... deixa-nos aprender a receita?

– Por que não?! Pedras não faltam. E eu gosto de fazer bem aos amigos.

O zuavo sahiu e voltou d'ahi a pouco com um calháu bem roliço (devia ser quartz), lavou-o convenientemente, metteu-o dentro de uma panella, que attestou com agua, e pôl-a ao fogo com a maior fleugma do mundo.

E d'ahi [...] conversa de cousas varias, feitos e estreitezas de guerra, lazeres de milicia, e sanha de inimigos, historias muito de prender entendimentos simples em longos serões de inverno, como diria qualquer frade chronista dos bellos tempos.

A agua da panella fervia, o seixo muito naturalmente conservava-se duro e impassivel, como um ministro decahido ouvindo a narração das boas medidas de seus successores.

– Então a sopa fica boa?
– Excellente. Mas leva tempo. Se não levasse, então ninguem faria sopa de outra qualidade.
– E o seixo póde comer-se?
– Tanto não digo eu; basta que dê bom gosto e substancia ao caldo. Se lhe misturassemos algumas couves, então ficaria magnifica.

A mulher desappareceu e dahi a pouco trazia na mão uma pouca de hortaliça, que metteu dentro da panella, ao lado do seixo.

– Mas eu não vejo d'onde ha de sahir a gordura para o caldo.
– Pois eu disse-lhe que o caldo havia de ter gordura?
– Mas então é preciso, pelo menos, botar-lhe algum unto.
– Isso então é ouro sobre azul.

Junctou-se-lhe unto e sal, uns restos de um chouriço. A conversa trouxera a *entente cordiale*, e quando o caldo ficou prompto, deitou-se fóra a pedra; cearam alegremente e deram um feixe de palha ao pobre zuavo para dormir, que não lhe achou uma espinha, como elle depois contou, e gostava de lembrar quando era velho.

Ora, isto em lettras, é assim mesmo muitas vezes. As sopas de pedra sahem frequentemente as melhores quando o condimento é bom e perfumado; e eis ahi está como com um fino talento, apurado gosto e elegante linguagem, se faz engolir ao povo até uma historia de amores, seixo [d]uríssimo, que deu quanto tinha a dar (perdão, sentimentalistas!); ou antes se a não engole, põe-n'a de parte, mas saborea o molho como ambrosia de deuses.

O Sr. Machado de Assis quis, pois, fazer um *tour de force* e conseguiu-o. Assentou-o que havia de encantar o publico com os feitiços do seu estylo, e o publico entregou-se-lhe vencido. É o seu direito; está acostumado a taes victorias.

Se a exposição, como frequentemente acontece, se lê sem grande abalo, a segunda metade do seu livro arrasta o leitor com um interesse sempre crescente, até o desfeixo, que, bem ao revez d'esses torpes Basilios, é sem mancha e sem reproche.

O eminente auctor da *Justiça na Revolução e na Egreja* impacientava-se ao ler o *Raphael*, de Lamartine, por nunca ver apparecer um irmão d'aquelle joven effeminado, que lhe assentasse meia duzia de bofetadas e o arrancasse da companhia da sua indigna amante, e o levasse para a fazenda e lhe mettesse uma enxada na mão.

Mas, dizia elle, isso seria uma explosão de bom senso, e se nos romances de Mr. de Lamartine o bom senso falasse, o romance acabaria no mesmo instante.

Outro tanto se póde dizer de quasi todos os outros romances de amores; e entretanto Proudhon não tinha razão. Um romancista deve descrever a humanidade como ella é, como lh'a apresenta a sociedade, e não como ella deveria ou poderia ser. Nisso consiste a lição.

Um critico allemão definiu a comedia *a representação litteraria do eterno combate que a toleima humana traz travado comsigo mesma*.

Uma composição litteraria de costumes representa o livre jogo das forças da natureza; o romancista nada pode, portanto, fazer melhor do que representar a verdade ethica, e desenvolvel-a convenientemente.

Assim o entendeu e fez o Sr. Machado de Assis, levando a imparcialidade a té o ponto de deslocar, por meio do titulo, o interesse do livro, para assim fazer uma experiencia maliciosa sobre o publico, a ver se elle concentrava as suas sympathias na matreira Yaya Garcia.

O publico não nos honrou com as suas confidencias, até porque não dispõe de commodos meios de communicação comnosco; mas é muito provavel que tenha feito plena justiça àquella nervosa e infantil pescadora, a todo o transe, de um marido gentil e rico; especie de Putiphar virgem, que não recúa nem ainda deante do expediente de o agarrar pela aba do fraque, quando elle quer fugir a uma seducção obstinada.

Esta parte do romance, em que Yayá Garcia encontra na sua inspiração feminil, aliás inexperiente, e porventura em uma copiosa litteratura de romances francezes um arsenal completo de armas e recursos para fazer cerco ao imbecil Jorge, é verdadeiramente admiravel e está escripta com fino primor. Tanto a analyse psychologica como as manifestações exteriores ahi estão traçadas por mão de mestre.

A's vezes o malicioso auctor compraz se em levantar a ponta do véu que encobre a sua intenção.

Assim, ao sahir da visita á pobre enferma, que lhe pergunta pelo noivo e quando é o casamento, Yayá responde confiadamente:

– O dia não sei; mas que se ha de fazer é certo. Ou eu não sou quem sou.

Yayá tinha medido a fundo as forças de seu antagonista (é o termo), homem sem fim algum social, natureza inerte, que não sonhava com dever algum e que acreditava piamente ter desempenhado a sua missão neste mundo dando lições de inglez e de xadrez ás crianças travessas, despendendo ao mesmo tempo o rendimento de uma consideravel fortuna, que, sem o menor esforço nem merito da sua parte, elle honrava com a sua posse.

Alguem disse que o amor era "o instincto aperfeiçoado pela litteratura"; seria talvez mais exacto affirmar que o amor é o instincto pervertido pela civilização.

Yayá não é por certo peior que muitas outras, mas vive em uma sociedade que ostenta um luxo cuja sêde a devora; ve desfilar á tarde os carros elegantes em que Lais, Phrines e Aspasias modernas (estupidas e crassamente ignorantes, é a differença) pompeiam os seus ricos vestuarios, suas joias deslumbrantes; sabe-lhes os nomes, as intrigas conhece-lhes os amantes, computa-lhes os orçamentos, avalia-lhes as dadivas, mede-lhes o alcance dos sorrisos, e subindo d'ali até a *alta sociedade*, apanha-lhe no ar os escandalos, estuda-lhe as influencias, sonda-lhe as miserias, e com a maior innocencia do mundo vae atirando a sua pedra com a consciencia pura de quem ainda não teve occasião de peccar.

Tudo isso se adivinha na finura com que Yayá descobriu de longe, com um faro que lhe faz extremada honra, os vestigios d'aquelle beijo furtivo do pobre Jorge, beijo sincero e ardente, que, apezar disso, não pode encher todo o espaço que no espirito delicadissimo e nobilissimo de Estella, a separava do homem a quem ella amava.

Estella! Chegámos emfim a um nome, a um caracter, a um espirito, a uma organização sympathica e digna!

E' suave, depois de atravessar o charco onde coaxam os Antunes e os Procopios, os Jorges e Garcias, respirar um pouco de puro ambiente moral juncto d'essa creatura, cuja vida se concentrou em uma constante e virtuosa abnegação, e remata solitaria no trabalho honesto, esse consolador de todos os desastres, esse pacificador de todas as consciencias sans, esse dever de todos os espiritos rectos que encontra no seu cumprimento a propria recompensa. A essa não lhe corrompeu a civilização o instincto.

Desde que o amor teve de luctar com a dignidade, foi o amor sacrificado. Foi rude o combate, violento, tempestuoso provavelmente; adivinha-se. Surprendeu-a uma vez a enteada indiscretamente em um momento de desespero. Mas a sociedade encontrou-lhe sempre o rosto sereno, e o proprio sacrificio passou despercebido, porque ninguem lhe pode prescrutar a rudeza da lucta.

Na flor da vida e da belleza, na plena exuberancia do coração, aquelle espirito austero comprouve-se em desfolhar firmemente, deliberadamente uma a uma todas as flores do opulento jardim da sua imaginação sobre as cabeças dos dous noivos, que, cada um a seu modo, a haviam ultrajado cruelmente, e depois se retirou com a divindidade de uma deusa olympica, para a solidão, para o estudo, para se consagrar à instrucção do [ilegível] milhante.

[ilegível] ruidoso da multidão, e se perde na recordação, ás vezes bem pouco duradora, de intimos amigos.

Acaso a penetração de Estela lhe deu claramente a entender o pouco que perdia em tal noivo, e o muito que lucrava com o seu sacrificio.

Se, como tantas vezes acontece, o Sr. Machado de Assis tomou na vida real os typos do seu romance, que depois ageitou a seu modo, Yayá Garcia deve ahi andar passeiando por essas ruas em um grande carro, com quatro ou cinco filhos, muito gorda, fazendo numerosas compras de bagatellas na rua do Ouvidor, riquissimamente vestida, com braceletes de ouro macisso, falando em voz alta e estridente, queixando-se dos criados e escravos, que são todos uma peste, emquanto o marido, absolutamente annullado e egualmete pançudo, discute á porta do Castellões[26] a authenticidade das fórmas de certas figurantes do Alcazar ou do circo equestre.

Estella raro passa na rua do Ouvidor. Quando a eu encontro com o seu nitido e singelo vestido de flanella azul orlado de preto, o seu liso chapéu de palha com uma fita, as suas luvas de fio da Escossia, as suas grossas e commodas botinas inglezas, pergunto-lhe sempre o que leva naquelle seu cabazinho de fina esteira. São livros, gravuras, musicas para os seus discipullos, pequenas encommendas de uso domestico, surprezas para uma criança, lembranças para uma amiga.

Como ella é bem recebida e acatada em todas as casas conhecidas onde apparece, em todas as occasiões em que é preciosa a consolação e o conforto! Como a acarinham as crianças, a affagam os hospedes, lhe sorri-

---

[26] Afamada confeitaria, que teve origem na casa de D. Francisca de Paula Cordeiro Castellões, onde se vendiam "finissismos doces, peças frias e guizadas, pastelões folhados, chuvas de amor, biscoitos para chá e doces". Instalada na rua do Ouvidor, realizou banquetes célebres para festas da Sociedade Philarmonica e para a Assembleia Fluminense. Cf. Noronha Santos, *Meios de Transporte no Rio de Janeiro*. Rio de Janeiro, Typographia do Jornal do Commercio, 1934, p. 200.

em e a servem os criados! Atraz de si deixa sempre uma palavra, um sentimento, uma recordação. Nada sabe do que é mau; atravessa a sociedade na ponta dos pés sem enlamear-se. Sua belleza, serenando, santificou-se. Ate os parvos comprehendem que não há ahi lugar para outro sentimento senão para o respeito.

Um aperto sincero de mão ao suavissimo poeta que creou tão bello e virtuoso exemplar de mulher. Desculpe elle as excentricidades de um folhetinista de occasião, que, fazendo plena justiça ao seu grande talento e excellente coração, julga sempre dever assignar-se o pobre

RIGOLETO[27]

• *Revista Brazileira,* Rio de Janeiro, novembro de 1898, pp. 249-255.[28]

BIBLIOGRAPHIA

261. – Yayá Garcia, por Machado de Assis, Nova edição, H. Garnier, editor, Rio de Janeiro, 320 pags.

O livro delicioso e honesto que tem este nome pertence á primeira maneira do autor. Entendamo-nos, porém, quando falamos em primeira maneira do Sr. Machado de Assis. No Sr. M. de A. justifica-se mais uma vez o conceito critico da unidade da obra dos grandes escriptores. Todo o Sr. M. de A. está effectivamente nas suas primeiras obras; de facto elle não mudou, apenas evoluiu, para empregar uma expressão em voga. O mais individual, o mais pessoal, o mais "elle" dos nossos escriptores, todo o germen dessa individualidade que devia attingir em *Braz Cubas,* em *Quincas Borbas* [sic], nos *Papeis Avulsos* e em *Varias Historias* o maximo de virtuosidade, acha-se nos seus primeiros poemas e nos seus primeiros contos. A sua segunda maneira, pois, de que estes livros são a melhor amostra, não é sinão o desenvolvimento logico, natural, expontaneo da primeira, ou antes não é sinão a primeira com o romanesco de menos e as tendencias criticas de mais. Digo expressamente "de mais" e não "a mais", porque receio que estas ultimas tendencias possam talvez ser um dos senões – e as mais perfeitas obras os têm – da obra do Sr. M. de A. A caracteristica do Sr. M. de A. é que elle é, em a nossa literatura de ficção, um artista forrado de um pensador, de um philosopho. E até pouco tempo foi o unico nestas condições. Os que possam existir depois delle, derivam

---

27 Pseudônimo não identificado.
28 Artigo publicado por ocasião do lançamento da segunda edição de *Iaiá Garcia.*

consciente ou inconscientemente delle, sendo alguns méros imitadores sem valia. E no genero, si não uso mal a expressão, elle ficou sem par. Acrescente-se que esse philosopho é um pessimista de temperamento e convicção, e ter-se-á a sua caracterização completa, quanto é possivel desenhar uma figura forte e complexa como a sua em dois traços de penna.

Yayá Garcia, como *Resurreição* e *Helena*, é um romance romanesco, talvez o mais romanesco dos que escreveu o A. Não só o mais romanesco, mas talvez o mais emotivo. Nos livros que se lhe seguiram é facil notar como a emoção é, dirieis, systematicamente refugada pela ironia dolorosa do sentimento realista de um desabusado. Em *Yayá Garcia*, sem ter a pieguice dos romanticos, as gracis sentimentalidades de Alencar, a emoção, sempre contida e sobria, consoante o temperamento do artista, corre e anima todo o livro, e o romanesco alliando-se a ella faz desta novella, como disse começando, um delicioso livro, que Tolstoi, com um ou outro córte, poderia porventura arrolar entre as obras da sua literatura humana. Isto para a superficie. Porque no fundo, lá está a misanthropia do A. Misanthropia social e amavel, curiosa de tudo, interessando-se por tudo – o que em ultima analyse ainda é uma maneira de amar os homens, sem estimal-os embora. Uma porção de conceitos, desses conceitos penetrantes e finos como uma maxima de La Rochefoucauld, que é uma das superioridades do Sr. M. de A., e nos quaes resume elle uma situação d'alma ou um caracter, diriam ao leitor attento que eu não me engano e que nas paginas emocionaes de *Yayá Garcia*, como dos *Contos fluminenses*, da *Helena*, e da *Resurreição*, e nos mesmos versos do Sr. M. de A. se faz a gestação de Braz Cubas.

Pouco direi da fabulação do livro. É simples, bem urdida e natural. Não me animo a acrescentar, logica. Os dois caracteres femininos estudados, o são talvez com mais força que acerto. Mas são inteiros e bem desenhados. Um dos psychologos da moda não teria deixado de attribuir áquellas duas mulheres uma nevrose qualquer, e de pôr naquellas paginas de arte um nome arrevesado, apanhado de outiva no consultorio de um medico ou mal percebido de uma leitura indigesta. O Sr. M. de A., com seu apurado gosto e fino tacto, manteve-se no puro dominio da arte. Viu as duas formosas creaturas do seu romance apenas com os seus olhos de artista observador. Não quiz saber do estado dos seus orgãos e despresou a pathologia da familia. Julgou-as e descreveu-as sem auscultal-as nem percutil-as, sem indagar das condições physicas dos seus antepassados, mas só pelo que dellas viu e assistiu. Si errou no descrevel-as, não houvera errado menos com aquellas precauções clinicas e ridiculas. Prova de uma superioridade artistica, pouco vulgar entre nós e alhures. Histericas ou não, Estella e Yayá são dois interessantes perfis de mulher, para o meu prosaismo feminino talvez algum tanto poetizadas, mas vivas, e como o Sr. M. de A. não quer ser um "naturalista" ou um "realista", no sentido escolastico destas qualificações, aceito-as quaes me apresentou. Luiz Garcia, esse, é uma figura completa, e tanto mais difficil que é uma figura apagada e Valeria, se não chega a ser um medalhão, é um forte esboço. O heroe de romance, e neste lhe cabe bem o nome, Jorge, – até o nome é romanesco – é, ao meu ver, a figura menos perfeita, mais trivial delle. Quando se estudar minuciosamente, como merece, a obra do Sr. Machado de Assis, se verá que em toda ella ha uma porção de typos subalternos, admiravelmente descritos com crueldade e amor, se posso juntar estes dois substantivos. Ha uma classe de individuos profundamente antipathicos ao Sr. Machado de Assis, para os quaes elle especialmente reserva toda a sua capacidade de malquerença, são primeiro os tolos e depois, longe, muito longe dos tolos, os velhacos sem talento, sem força, sem energia, abjectos, almas baixas e espiritos tambem sandios. A essa galeria, onde figuram o Vianna da *Ressurreição*, o Freitas do *Quincas Borba* e outros muitos, pertence o Sr. Antunes de *Yayá Garcia*. O Sr. M. de A. não teria jamais dado o reino do céu aos pobres de espirito, ou então lhe parecerá, como a Alvares de Azevedo, preferivel o inferno.

 A excellencia com que o autor de *Yayá Garcia* escreve a nossa lingua é proverbial. A preeminencia com que a escreve não é talvez tanto, e essa me parece a mim util de verificar. Nos dois povos que a falam ha escriptores tão correctos, tão puros e, direi mesmo, tão elegantes; alguns haverá mesmo mais copiosos; nenhum, porém, conheço que a use com igual facilidade, nas mãos de quem seja ella tão ductil, tão leve, tão expressiva, tão significativa, tão capaz, tão matizada e ao mesmo tempo tão sobria, galante e senhoril. A lingua portugueza me dava a impressão de não ser propria ao conceito, adequada ás finuras do aphorismo ou ás graças e agudezas das sentenças e bons ditos. Experimentem traduzir uma maxima de Larochefoucauld ou um pensamento de Amiel ou Renan e terão a minha inpressão, leiam o Marquez de Maricá e que taes moralistas da nossa lingua e terão a confirmação dessa impressão. Unico talvez entre os seus escriptores o Sr. Machado de Assis lhes dará impressão contraria. Não lhes falo de frases como estas, lidas em *Yayá Garcia*: "R. olhava para ella, bebendo a felicidade, que se lhe entornava dos olhos, como um jorro d'agua pura" ou: "Yayá derramava pela casa todas as sobras de vida;" ou "uma familiaridade enluvada, um ar de visita de pouco tempo;" ou " E. era o vivo contraste do pai, tinha a alma acima do destino;" ou "nunca abria porém a porta do coração á curiosidade transeunte" e mil outras, que são bellas, originaes, imprevistas, raras, que entram por muito no feitio do escriptor, mas que poderiam ser inquinadas de um abuso da metafora , algumas de *mievrerie* mesmo. Refiro-me ao que forma propriamente o conceito, o residuo verbal do pensamento. Da obra do Sr. Machado de Assis se poderia extrair, como da dos verdadeiros pensadores, um livro de aphorismos. Em *Yayá Garcia* esta feição do genio do Sr. M. de A. reconhecivel desde os seus primeiros ensaios, que se desenvolverá no *Braz Cubas,* no *Quincas Borba*, e nos contos da sua segunda maneira já é mais manifesta que na *Ressurreição*, ou na *Helena*. Ao acaso colhemos estes:

"A vida conjugal é tão sómente uma chronica; basta-lhe fidelidade e algum estylo" – "Ha uns amores aliás verdadeiros, a que precedem muitas contrafacções; primeiro que a alma os sinta, tem despendido a virgindade em sensações infimas". O que realça esta capacidade do Sr. M. de A. é a sobriedade e a propriedade com que a usa, com o raro sentimento de bom gosto e tacto, que tanto o distinguem entre os nossos melhores escriptores.

É sabido que o Sr. M. de A. não é um vulgar pintor de costumes, não pretende, não quer sel-o. A arte descritiva, fórma sem duvida inferior da arte, não o seduziu jámais, em um meio em que só ella tinha cultores. E' mais uma prova de personalidade, que faz delle, como já tive occasião de dizer, um escriptor á parte na nossa literatura. Nunca elle escreveu por baixo de uma novella sua o habitual "romance brazileiro". Nelle a moldura, a paizagem – pela qual não tem nenhum gosto – são quando muito accessorios secundarios. As *lacrima rerum* acaso o deixam indifferente, o que o preoccupa é o homem, as situações e os contrastes dos caracteres, como já o deixou perceber algures. O homem não, os homens. Como seu Luiz Garcia, o pai de *Yayá,* acaso elle amando a especie aborrece o individuo. Mas este, como parcella da especie, o interessa sobretudo, e o seu grande prazer de artista é observal-o, estudal-o, dissecal-o fibra a fibra, musculo por musculo, com uma grande curiosidade de suas paixões, dos seus *tics,* das causas que o movem e agitam, nas suas relações sociaes e humanas. E o individuo toma a sua desforra pela propria intensa e completa maneira por que o preoccupa. Mas esse homem, essa mulher, Luiz ou Yayá Garcia, Jorge ou Estella – uma das figuras com mais carinho tratadas na obra do Sr. M. de A. – não é especialmente brazileiro ou brazileira, mas universal. De brazileiro tem apenas as feições geraes para não destoarem do meio a que pertencem, não quebrarem a harmonia do ambiente da ficção, e não offenderem os sentimentos de realidade do leitor. E é esta a mais alta distincção do genio do Sr. M. de A. na literatura brazileira, que elle é o unico escriptor verdadeiramente geral que possuimos, sem deixar por isso de ser brazileiro. Mas a demonstração deste asserto, alongaria de mais estas observações que não pretendem ser mais que uma simples nota bibliographica.

J.V

• *Crepusculos.* – por Pedro Vaz, Rio de Janeiro, 1898.

Nimbos. – por Luiz Edmundo, 2ª edição, Rio de Janeiro, 1898.

Nas 64 pags. deste livrinho de versos não sabemos si ha propriamente um poeta; mas si dellas surgisse um, não nos admirariamos. Além da facilidade e geral correcção do verso, ha no Sr. L. E. uma pontinha de emoção e de graça, – não a graça de fazer rir, – que lhes dá um certo relevo no meio da espantosa e mediocre producção dos numerosos poetas que povoam o parnaso indigena.

Proféssos. – por Juvenal O. Miller, Porto Alegre, 1898.

Credito movel pelo penhor e o bilhete de mercadorias. – pelo Visconde de Ouro Preto, Laemmert & C.ª editores, 1898, XII – 540 – IV pags. XXIX – 413 pags.

Titulos ao Portador no Direito Brazi. – por H. Inglez de Souza, Rio de Janeiro, Francisco Alves, editor, 1898, in – 8º.

Manoel de Soiza – Historia ligeira por Oscar Leal, Lisboa, 1898, 25 pags.

A morphéa. – Extracto dos trabalhos da conferencia internacional de Berlim realizada em outubro de 1897, Bahia, 1892, 64 pags.

A Religião entre os condemnados da Bahia. – Estudo de psychologia criminal, Amargosa, Bahia, 1898, 36 pags.

Annuario Medico Brazileiro. – Fundado e dirigido pelo Dr. Carlos Costa, decimo primeiro anno – 1896, Rio de Janeiro, 1898, VIII – 115 pags.

1º e 2º Relatorios da Commissão encarregada... – Para comprovação das investigações do Sr. professor Domingos Freire sobre a febre amarella, Rio de Janeiro, 1898, 64 pags.

• *A Notícia*, Rio de Janeiro, 5.11.1898.[29]

Chronica litteraria
MACHADO DE ASSIS – *Yayá Garcia*.
MANUEL TAPAJÓS – *Fronteira sul do Amazonas: questão de limites*

---

29 Artigo assinado por J. dos Santos, pseudônimo de Medeiros e Albuquerque.

LUIZ EDMUNDO – *Nimbos*.

Yayá Garcia é um romance romantico de Machado de Assis.

O romantismo em Machado de Assis não podia tomar o caracter excessivo e fogoso, lamuriento e piégas, que foi uma das suas notas dominantes. A serenidade risonha e ironica do auctor de *Braz Cubas* tinha forçosamente de temperar os exageros da escola. Por pouco que os seus personagens manifestem velleidades de entregar-se a grandes arrebatamentos lyricos, percebe-se que o auctor está junto d'elles a contel-os, a chamal-os a uma realidade mais comedida, mais discreta...

D'ahi, uma vantagem: é que, chegados a outros tempos, a outras modas litterarias, os seus livros supportam perfeitamente o confronto com obras que se dizem do mais absoluto naturalismo.

Yayá Garcia é um volumesito simples e delicioso. Há n'elle a historia de uma filha que, tendo suspeitado o amor da madrasta por um dos seus antigos namorados do tempo de solteira, lembra-se de fazer amar por esse homem, para desviar do pae qualquer deshonra, qualquer traição. O plano estava bem traçado; exigia, porém um pouco menos de mocidade, quer da parte de Yayá-Garcia, quer da parte de Jorge. A seductora não previo que seria seduzida. Foi, entretanto, o que succedeu. Queria apenas ser amada; não calculou que chegasse tambem a amar.

Todo o romance passa-se entre duas mulheres, Yayá Garcia e Estella, e um homem, Jorge; os demais personagens são figuras accessorias. Estella é um nobilissimo caracter de mulher, firmemente desenhado pelo auctor.

O livro é bellissimo. Não tem uma pagina, já não digo *impura*, mas simplesmente *incorrecta*. É commovedor e simples. Dará, de certo, aos que o não tenham ainda lido (e n'esse numero estava eu) algumas horas de intenso prazer.

*
* *

E agora, uma nuga...

Nas publicações theatraes de Arthur Azevedo e Valentim Magalhães, *Os doutores* e *O badejo*, appareceu pela primeira vez, sob o nome dos auctores, a designação: *"Da Academia Brazileira de Lettras"*.

Porque Machado de Assis, presidente d'aquella corporação, não faz inscrever a mesma declaração na reedição dos seus livros? Certo, isto não lhe dará um só leitor a mais. Quem tem a lucrar não é o escriptor, é a Academia. Convem que o publico vá encontrando a cada passo na grande maioria de livros de valor a menção de que os seus auctores fazem parte da Academia de Lettras. Assim se dissipará o preconceito que contra ella nutrem tantos espiritos.

Que esse preconceito é tolamente importado de França – não ha duvida. Também, verdade seja, não de outro logar foi importada a idéa da nossa academia e até a sua organisação interna. Mas um facto não auctorisa outro. Criticas, que são lá perfeitamente justas, são aqui sem o menor fundamento.

Em primeiro logar, a censura feita á constituição de todas as academias por alguns, que se dizem apaixonados pelo individualismo em materia de arte, parece absolutamente inepta. Não se vê bem em que o valor individual, o temperamento, o modo de ser de cada escriptor, fiquem alterados por fazer elle parte de uma associação composta de outros, cujo valor e temperamento sejam diversos. Lado a lado, os escriptores mais profundamente antagonistas, não é de crer que nenhum contagia o outro, quer com os seus processos litterarios, quer com as suas convicções de outra ordem. Na Academia Francesa não consta que até hoje os escriptores que a compõem tenham sacrificado ou modificado sua originalidade.

Depois (já se escreveu aqui, mas é bom repetil-o) não se com-prehende por que a *associação* que é a fórma mais aperfeiçoada da manifestação de todas as actividades humanas só fallaria [faltaria] na literatura? – a associação, precisamente instituida, não para crear nivelamentos intellectuaes, mas para garantir e conservar originalidades individualissimas.

A critica mais justa feita á Academia Franceza é da exclusão de um grande numero de escriptores de valor muito superior ao de alguns que d'ella fazem parte. Entre nós, critica analoga difficilmente será acceitavel, não porque todos os academicos sejam o *nec plus ultra* do talento nacional, mas porque, dada a nossa fraca producção litteraria, era fatal que em quarenta nomes se comprehendessem quase todos os que trabalham, os que se deve presumir que tenham algum merito. Pode talvez haver excepções, tendo sido incluido quem não o devera ser, com exclusão de algum de mais valor. Nenhum, porém, dos mestres, dos chefes, dos grandes nomes da nossa litteratura deixou de estar ahi figurando.

É isto que incumbe a Machado de Assis e a outros nas suas condições fazer vêr praticamente, escrevendo por baixo dos seus nomes, cada vez que produzam ou reproduzam uma obra, a menção: "*Da Academia Brazileira de Lettras.*"

[o artigo continua tratando dos outros livros indicados no início]

MEMÓRIAS PÓSTUMAS DE BRÁS CUBAS

• *Revista Illustrada*, Rio de Janeiro, 3.4.1880, p. 2.

Revista Illustrada
LIVRO DA PORTA
*
* *

O governo vai absorvendo os poetas.

O Sr. Pedro Luiz está ministro, o Sr. Machado de Assiz official de gabinete[30]... justamente quando encetou na *Revista Brazileira* a publicação do seu romance *Memorias de Braz Cubas*, muito interessante para que todos desejem a sua continuação.

É ligeiro, alegre, espirituoso, é mesmo mais alguma cousa: leiam com attenção, com calma; ha muita critica fina e phrases tão bem subscriptadas que, mesmo pelo nosso correio, hão de chegar ao seu destinatario.

É portanto um romance mais nosso, uma resposta talvez, e de mestre uma e outra cousa; e será um desastre se o official de gabinete absorver o litterato.

Esperemos que não.

Raul D.[31]

• *Gazetinha*, Rio de Janeiro, 12.1.1881, p. 1.

[...] Recebemos e agradecemos um exemplar do notavel romance de Machado de Assis, *Memorias Posthumas de Braz Cubas*, sobre o qual daremos qualquer dia destes um folhetim.

O *Leonardo*, dando noticia do apparecimento deste livro, que vem accrescentar as lettras nacionaes, limitou-se a estas simples palavras:

"O Sr. Machado de Assis acaba de dar-nos em livro nitidamente impresso na typographia nacional, as suas *Memorias Posthumas de Braz Cubas*, já publicadas nas paginas da *Revista Brazileira*, onde encontraram a geral estimação que mereciam".

Decididamente, o *Jornal do Commercio* é um grande pandigo.

---

30 Pedro Luís assumira a pasta dos Negócios Estrangeiros em 28 de março de 1880; na mesma data, Machado fora nomeado oficial de gabinete do ministro da Agricultura, Manuel Buarque de Macedo. Cf. *Revista do livro*, n. 11, Ano III, Setembro 1958. Edição comemorativa do cinquentenário da morte de Machado de Assis. Rio de Janeiro, Instituto Nacional do Livro, 1958, p. 157.

31 Abreviação de Raul d'Ávila Pompeia.

Si se tratasse da apreciação de algum *waudeville* tolo, é provavel que lhe fossem sacrificadas algumas das duzentas e vinte linhas de composição que hontem tomou o *Obituario*.

Os redactores do *Jornal* não seriam convidados para a sociedade José de Alencar?

• *Revista Illustrada*, Rio de Janeiro, 15.1.1881, p. 6.[32]

BIBLIOGRAPHIA

Acabo agora mesmo de reler as *Memorias posthumas de Braz Cubas*, cuja publicação tinha acompanhado sempre com o maximo interesse.

Já uma vez me referi a esta obra, cujos primeiros capitulos eram uma valiosissima promessa, que o autor hoje paga com uma generosidade de espirito e de bom humor inapreciaveis. Machado de Assis, reconhecem-n'o todos aquelles que o tem acompanhado d'esde as *Phalenas*, *A Mão e a Luva*, *Ressurreição*, *Contos Fluminenses*... até *Yaia-Garcia* e *Tu Só, Tu, Puro Amor*..., é uma organisação essencialmente litteraria e, sobretudo, um talento provadamente progressivo: vence-se constantemente.

As *Memorias Posthumas*, escriptas com a penna da galhofa e a tinta da melancholia, são mais uma prova interessante do seu engenho e um valioso mimo de humorismo. A obra é tudo, diz elle, esquivando-se a um prologo: se te agradar, pago-me da tarefa; se te não agradar, pago-te com um piparote.

Eu, com certeza, não apanho o piparote.

• *Gazeta de Notícias*, Rio de Janeiro, 30.1.1881, p. 2.[33]

LIVROS E LETTRAS

As *Memorias posthumas de Braz Cubas* serão um romance? Em todo o caso são mais alguma cousa. O romance aqui é simples accidente. O que é fundamental e organico é a discripção dos costumes, a philosophia social que está implicita.

Esta philosophia define-se facilmente evocando os dois nomes de La Rochefocauld e Sancho Pancha. Com effeito vemos de um lado o scepticismo, perguntando si atraz de um acto que desperta o enthusiasmo e desafia a

---

32 Assinado D. Junio, provavelmente pseudônimo de José Ribeiro Dantas Júnior, jornalista, redator da *Revista Illustrada* e colaborador em *A Estação*.
33 O artigo é de autoria de Capistrano de Abreu.

critica e a malevolencia, não ha motivos reconditos que o reduzem a proporções de um facto qualquer banal. De outro, ha a satisfação, ha o contentamento, que acha que tudo vai muito bem, no melhor dos mundos imaginaveis.

Segundo esta philosophia, nada existe de absoluto. O bem não existe; o mal não existe; a virtude é uma burla; o vicio é um palavrão. Tudo se reduz a uma evolução; a passagem do importuno para o opportuno, ou do opportuno para o importuno.

Os homens bem o sabem. Porque não reagem?

Primeiro, por causa das formalidades, a mais consistente de quantas argamasas conservam preso o edificio da sociedade. Segundo, pelo interesse, que, si não encobre o caminho direito, leva a embicar para a direcção opposta. Depois a vaidade, a cobardia, a cobardia principalmente...

Philosophia triste, não é? O auctor é o primeiro a reconhecel-o, e por isso põe-na nas elocubrações de um defunto, que nada tendo a perder, nada tendo a ganhar, póde despejar até as fezes tudo quanto se contém nas suas recordações.

A sua vida levou-o, aliás, a taes conclusões. Nasceu de pais ricos e complacentes, que o amavam com ardor, mas de um amor antes especifico e animal do que esclarecido e elevador. As suas inconveniencias e travessuras passavam como rasgos de espirito. As suas exigencias, por mais esdruxulas, eram sempre satisfeitas. D'ahi a primeira tendencia – para a satisfacção, para o optimismo, tendencia auxiliada pela fatuidade, que herdára do pai.

Veio a amar, – mas sensualmente "durante quinze mezes e onze contos de réis." Foi a este proposito que lhe sobrevieram as primeiras duvidas, e desgostos. Mas quem sabe? pensou comsigo. Si o meu amor fosse puro, seria outro o desenlace.

Viu, porém, que não seria. Encontrou no navio em que embarcara um par que se amava legitimamente. A mulher morre, e é pretexto para versos, e no applauso por estes suscitado afoga-se a dôr da perda que considerava irreparavel.

Na universidade em que estudou, a face dos objectos poderia modificar-se. Si o estudo o arrastasse; si a sciencia com sua belleza mascula o attrahísse ou uma idéa qualquer o prendesse; poderia ter sido differente o resto de sua carreira.

Não succedeu assim. O que queria era a carta de bacharel; esta obteve-a sem grandes difficuldades. E, como o problema do bem nunca se desenhara em sua consciencia, o problema da verdade nunca palpitou em seu espirito.

Volta para a patria e perde a mãi. Uma dor grande o possue. Aguilhado por ella, vai procurar lenitivo na solidão. O pai visita-o, e em vez de encontrar n'elle a angustia e o desconsolo, Braz Cubas só enxerga a vaidade por ter recebido uma carta do regente, ao mesmo tempo que o desejo de o introduzir na politica.

Mostra-se agora um ensejo que poderia dar outra direcção á vida de Braz Cubas. Encontra uma mulher nobre, digna, de uma virtude que não permittia duvidas, de um caracter que não admittia transacções.

Amou-a, si é que podia amar; porém, ella era pobre, filha natural e os calculos do pai apontavam-lhe outra; que era uma apresentação para a deputação. Fez a côrte a esta; foi bem recebido; tudo parecia encarrilhado da melhor maneira... quando um rival, que não lhe era superior, seduziu a sua noiva acenando-lhe com a corôa de marqueza.

Si não fosse Braz Cubas, teria soffrido um choque terrivel; mas o nosso heróe não era homem de abalos. Sua vaidade foi amarrotada, e muito mais a do pai, que não poude resisitir ao golpe. Mas não passou disto; nem protestos, nem maldições contra as mulheres, nem cousa nenhuma. Já chegara á theoria das *edições humanas,* e vira que isto de amor, por maior que seja a impressão causada no momento, difficilmente escapa ao ridículo, quando passado o extasis.

Viu mais tarde que a amizade de familia é um logro, pois sua irmã e seu cunhado por causa da herança não hesitavam em quebrar os laços.

Então atirou-se á vida facil, ás polemicas de jornaes. Si tivesse de ganhar a vida; si a necessidade o obrigasse ao labor; é provavel que diverso fosse o seu futuro; mas nem no exterior, nem no intimo encontrava incentivos para a actividade.

Não tardou muito que voltasse para o Rio Virgilia, a mulher que por ambição lhe preferira outro. Encontraram-se os dois e não se sabe bem porque, – provavelmente porque de importunos tinham passado a opportunos – começaram a se amar.

Amor cego, que chegou ás cumiadas do sentimento, para depois ir baixando, baixando até ficar rente com o solo. Braz Cubas a principio nada viu, enlevado no primeiro impeto; depois, porém, notou que a alma que elle julgava pertencer-lhe inteira era dominada por muitas outras considerações: a vaidade, o gosto de ser admirada, o medo, uma certa ingenuidade impudente...

O marido desconfiou; mas, embora caracter de rija tempera, apenas gretado por certos preconceitos, não teve coragem de desaffrontar-se, porque viu que isto seria tornar publica a mancha domestica.

D'ahi a tempos, Virgilia teve de acompanhar o marido a uma provincia de que fora nomeado presidente, após incidentes bastantes curiosos.

Nada prendia Braz Cubas a Virgilia; o amor fôra substituido pela saciedade em ambos; o filho, que Virgilia a principio annunciara, morrera antes de nascer. Por isso acabou cedendo ás propostas de casamento que sua irmã lhe fazia. Mas estava escripto que elle nunca havia de formar familia; a noiva morre poucos dias antes do acto realisar-se.

Foi depois do fallecimento da noiva que Braz Cubas entrou na politica. Foi deputado; escapou de ser ministro e não foi reeleito. Imagine-se a sua decepção!

Mas um amigo o consolou, um amigo de viver bastante agitado, que da ociosidade fôra levado ao vicio, e do vicio ao crime. Este amigo a quem uma fortuna herdada inexperadamente, afastara do caminho da corrécção, imaginou um systema de philosophia: o humanitismo.

Tudo é bom; tudo é grande; tudo é santo. A humanidade reside no todo, mas reside igualmente no individuo. Como, por conseguinte, póde lesar-se a si própria!

No humanitismo podemos dar por concluída a carreira de Brás Cubas. Toda a sua vida anterior levara-o a esta fórmula filosófica.

Achada, o resto não passa de aplicações.

E agora podemos dizer como ele: vede que trabalho de arte anima estas *Memórias*: de um lado, a vida do personagem não passa de um acidente, de um lado que prende as observações; de outro, é claro que com o viver que ele levou não podiam diferir as observações e conclusões.

Se depois de expor a moralidade das *Memórias*, quiséramos considerá-las como produto literário, encontramos uma tarefa que nada tem de fácil. As *Memórias* são um livro concêntrico, isto é, há dentro dele muitos livros, de tendências nem sempre convergentes; é por conseguinte como parcelas e não como todo que deve ser estudado.

Este trabalho, muito interessante aliás, não o tentaremos aqui, porque muita coisa existe que não entendemos.

Diremos simplesmente ao leitor: *tolle et lege*. Talvez desejasse mais animação e variedade no estilo; que certas antíteses fossem menos empregadas, que os saltos fossem menores; que os contrastes não fossem tão crus. Não importa! *Tolle et lege*. Se entenderes, hás de passar algumas horas únicas – misto de fel, de loucura, de ríctus. Se não entenderes, tanto melhor. É a prova de que és um espírito puro, consciencioso, firme, ingênuo, isto é, um pouco tolo.

• *Gazetinha,* Rio de Janeiro, 2.2.1881.

BIBLIOGRAPHIA
MEMORIAS PHOSTHUMAS DE BRAZ CUBAS

As *Memorias phosthumas de Braz Cubas* são um livro de philosophia mundana, sob fórma de romance. Para romance falta-lhe entrecho e o leitor vulgar pouco pasto achará para sua imaginação e curiosidade banaes.

O livro poder-se-ia intitular, sem muita falta de propriedade, – o Elogio do Egoismo – tal é a amarga philosophia que distilla, aliás muito contestavel, si bem que temperada por um humorismo de bom gosto.

O *eu*, o *eu* sinistro, é o factor da vida que assoberba e nullifica todos os outros; só ha no livro um personagem com sentimentos altruístas, desprendido do *eu,* este personagem é um louco – o Quincas Borba.

E neste mesmo, como o auctor dá a entender, o altruismo não é mais que uma simples extensão do egoismo, inventada pela sandice.

Dirá o auctor que aquillo é o fructo de longa observação e experiencia, mas nós lhe contestaremos que nos phenomenos da observação e da experiencia o ponto de vista é tudo. Os effeitos de luz e sombra dependem do ponto em que, voluntaria ou involuntariamente, se collocou o observador.

O auctor, sobrio como é, usando de anodynos a tudo, deixou transparecer uma ponta de materialismo, que, máo grado seu, avulta e enche o espirito do leitor até chegar a este terrivel theorema, – o bem e o mal não são principios, são resultados.

A virtude ou o vicio são o producto das circumstancias, e o homem é o escravo das circumstancias. Logo o homem é irresponsavel e innocente, como queriamos demonstrar.

O Sr. Machado de Assis rebate, com visivel voluptuosidade de philosopho, ao chão da banalidade e do commum, toda ordem de sentimentos e idéas que nos pareciam filhas de um movel generoso, elevado, desinteressado, espontaneo, o qual deve residir no imo da naturesa humana.

Si não disse isto positivamente, escreveu-o nas reticencias, um dos segredos do seu estylo. Interpretar ou mesmo adivinhar a idéa-mãe da obra, descobrir a bussola que dirige a penna do ecriptor, tal é a missão mais importante e difficultosa da critica.

A nós, parece-nos que o seu pensamento cardeal foi o que acima exarámos; e si assim é, si quiz de facto fazer o elogio do *eu,* pondo em partes secundarias todas as outras forças cuja resultante final é a acção humana, nós oppomos o nosso fraco voto a esta desoladora theoria.

Anniquilar a vontade humana, reduzil-a a um catavento que impelle a briza caprichosa, quando justamente todo o drama da vida provém da grande luta empenhada entre a vontade e a fatalidade, entre o homem e o mundo exterior!... Inutil é insistir na falsidade deste theorema.

Vejamos agora a feição litteraria do livro.

O estylo é sobrio, impeccavel, ataviado de expressões originaes e pinturescas que muito o realçam; ás vezes, porém, monotono e livrando-se da monotonia pelo abuzo das cabriolas. No colorido geral poucas são as côres definidas, e estas mesmas desmaiadas e se succedendo continuamente em infinitos matises, para supplicio do orgam visual. E' um estylo furta-côres, aquelle.

Ha, no correr da obra, percepções singulares, conceitos de grande agudeza, certa veia comica que faz rir para não fazer chorar, e umas tantas tendencias naturalistas assáz attenuadas pela polidez natural do auctor.

Em summa, a nossa impressão final é a seguinte: – A obra do Sr. Machado de Assis é deficiente, sinão falsa, no fundo, porque não enfrenta com o verdadeiro problema que se propoz a resolver e só philosophou sobre caracteres de uma vulgaridade perfeita; é deficiente na fórma, porque não ha nitidez, não ha desenho, mas bosquejos, não ha colorido, mas pinceladas ao acaso.

Appelamos para juizo mais competente.

U.D.[34]

• *A Estação*, Rio de Janeiro, 28.2.1881, p. 40.

BIBLIOGRAPHIA

Memorias posthumas de Braz Cubas, por Machado de Assis.
Rio de Janeiro. Typographia Nacional. 1881

N'um ligeiro artigo biographico deste auctor, publicado n'uma data gloriosa (10 de junho de 1880), dizia eu desta narrativa humoristica, que se andava então a estampar na *Revista brasileira*:

"E opinião minha (e hoje creio que é da Critica) que este extraordinario romance, inspirado diretamente nos humoristas inglezes, dissecando cruamente a alma humana com uma observação maravilhosa, não se limitando a julgar parcialmente este microcosmo chamado homem, mas abrangendo n'uma synthese poderosa todos os grandes impulsos que nos alevantam acima de nós mesmos e todas as pequeninas paixões que nos conservam acorrentados à baixa animalidade; é opinião minha, repito, que este extraordinario romance de Braz Cubas não tem correpondente nas

---

[34] Iniciais de Urbano Duarte.

litteraturas de ambos os paizes de lingua portugueza e traz impressa a garra potente e delicadissima do Mestre."

Não me mentiu o presagio: o que eram simples presumpções são hoje realidade acabada.

*
* *

Não se poderá dizer que este livro seja uma autobiographia minuciosa e completa, porque estamos alli como que photographados, eu, no meu egoismo; tu, na tua presumpção; o homem que dobrou aquella esquina, na caustica mordacidade; o nosso visinho da esquerda, na ambição e na avareza.

Mas a observação é tão positiva, os factos são de uma realidade tão papavel [sic], fiel, esmagadora e perfeita, que ninguem os podia ter inventado, nem fabulado, a frio, entre as quatro paredes de gabinete; é evidente que o autor os viveu primeiro e os pôz no papel muito mais tarde, com o juizo calmo da experiencia e as desillusões da edade, com as recordações, amargas ou doces, do tempo que passou, com a nota predominante do seu temperamento e o melhor do seu coração.

E' esta circumstancia singular o que lhe dá mais valor e lhe affirma a durabilidade; foi ainda esta circumstancia que levou um critico, a quem aliás sobeja talento, a perguntar admiradissimo do ruido que o livro fez:

– Mas o que é, afinal, o *Braz Cubas*? Um sujeito nullo que escreve para os jornaes, escapa de casar, e morre.

Applicando o mesmo processo de critica a todas as grandes obras do engenho humano, o que deixam ellas como resultado? Quatro palavras simples, simples como a verdade, simples como a natureza, simples como a realidade.

O entrecho dos *Trabalhadores do mar* é a coisa mais simples deste mundo: um homem, ou melhor, o homem lucta com a natureza para arrancar-lhe ás garras o costado de um velho navio e alcançar, como paga da audacia, a mão de uma mulher.

E eis ahi está a Odysséa do homem.

Não ha grande dispendio de imaginação neste enredo; mas no emtanto que profundo interesse nos desperta este livro, que bella e bôa obra do *enfant terrible* de Chateaubriand!

É egualmente simples o *Paulo e Virginia* de Bernardin de Saint-Pierre; são-n'o tambem o *Eurico*, o *D. Quichote*, *Madame Bovary*, os livros de Zola e os livros de Daudet, todos os monumentos e todas as obras-primas da Arte, finalmente, quer na poesia, quer na pintura, quer na esculptura.

O que é imprescendivel [sic], o que é essencial, n'uma obra d'arte, é que ella exista na natureza, que impressione viva, benetica [sic] e poderosamente o espirito do homem, que a um tempo o delicie, aperfeiçoe e melhore.

E o novo livro do Sr Machado de Assis satisfaz cabalmente estas exigencias, porque o typo do heroe foi colhido ao vivo de entre a multidão; porque representa – como entende um escriptor consciencioso, o Sr Urbano Duarte – a lucta do egoismo esteril e brutal de Braz Cubas e o altruismo do Quincas Borba; e é positivo que esta lucta interessa, melhora e aperfeiçoa o espirito do leitor.

O *Braz Cubas* mereceu do talentoso critico, a quem me refiro, outro reparo, que tambem me parece menos cabivel: o da influencia patente que exercitou o *Primo Basilio*, vicioso de hoje, no pobre do *Braz Cubas*, adultero de 1814.

E essa influencia baseia-a no escriptor em que em ambos os livros ha uma esposa que prevarica e um amante que se goza com a prevaricação; e, por derradeiro, que a casinha da Gambôa parece-se muito com o *Paraiso*.

Esta reminiscencia, esta cópia, este plagio, ou como lhe queiram chamar, sinceramente não n'o vejo eu.

É facto que é esta a primeira vez que o Sr Machado de Assis elege um thema escabroso e sem egual em toda a sua obra; bem póde ser que se deixasse levar, de caso pensado, pelos romances ruidosos de hoje; é possivel tambem que haja obedecido ao espirito dos tempos de agora; mas dahi a asseverar que copiou o *Primo Basilio* vae uma grande distancia.

Demais, a mulher adultera, tanto na sociedade como nos livros, escolhe um sitio para se encontrar com o amante; não é somente no *Primo Basilio* que há *paraiso*: ha-o tambem na *Madame Bovary*, no *Affaire Clémenceau*, e outros, e outros.

Mas, dado que este incidente seja copiado, porque o seria do *Primo Basilio*, e não o seria antes, e com maior somma de razão, da *Madame Bovary* ou do *Affaire Clémenceau*, que lhe são superiores?

Porventura o Sr Eça de Queiroz será melhor romancista que Dumas filho ou melhor mestre que Flaubert?

Certo que não; e, repetimos, é despropositada a censura do critico, que neste caso se nos affigura nada prudente, comquanto bem intencionado.

*
* *

É soberano, limpido, musical, colorido, grave, terno, brincalhão, conceituoso, magistral, o estylo deste livro notavel, o mais notavel que se tem publicado, em litteratura amena, depois da morte de José de Alencar.

Mas para o leitor vulgar e inclinado ás grandes interjeições falsas e aos lances inverosimilhantes dos romances industriaes, estes predicados do estylo e a philosophia, ora triste, ora comica, do pessimismo que produz e róe, como um cancro, a flôr da vida e do tedio, a flor amarella e morbida do capitulo XXV; – estas excellencias do estylo e a philosophia que se desprende das paginas deste livro devem de commover mediocremente e inspirar até fadiga mortal.

Appellou um dos criticos para juizo mais alto e mais sabio que o seu; demos ao tempo o que é do tempo; e daqui a vinte annos, talvez menos, talvez mais, depois de lido e comprehendido o livro nas suas varias intenções, lavre-lhe então o publico, que é o supremo juiz, a sentença definitiva que o fará viver ou esquecer.

Até lá, e emquanto se não apresenta outro escritor com mais claros direitos ao generalato que o Sr Machado de Assis, cabe-nos a nós, ultimo soldado raso do desordenado batalhão das nossas letras, cabe-nos a nós, toda a vez que o avistarmos, já nas paginas do livro, já nas columnas do jornal, fazer-lhe a continencia do estylo e apresentar-lhe as armas.

ABDIEL.

QUINCAS BORBA

• *Jornal do Brazil*, Rio de Janeiro, 11.1.1892, pp. 1-2.

FOLHETIM
Ás segundas-feiras
Um novo livro do Sr. Machado de Assis
Machado de Assis – *Quincas Borba* – Rio de Janeiro –
B. L. Garnier, 1891

O novo livro do Sr. Machado de Assis, um romance com o titulo de *Quincas Borba*, comquanto tenha na capa a data de 1891, só foi dado a publico nos primeiros dias do anno que começa, de 1892. Por isso escapou á resenha que na ultima segunda-feira fiz da nossa producção litteraria.

O Sr. Machado de Assis tem o merito raro, e de nenhuma fórma alludo agora ao valor litterario da sua obra, de ser perfeitamente um escriptor.

Eu creio que elle seja um excellente funccionario, estou certo, porém, que para elle, e, talvez mais para elle que para outros, como para a maioria dos nossos homens de lettras, a burocracia de que vivem é apenas uma necessidade imposta pelas circumstancias, praticada com dedicação, com habilidade, com honradez, mas sem amor. Afora a sua qualidade de funccionario publico, qualidade que eu quasi me inclino a chamar accidental não obstante ser a essencial da sua existencia, o Sr. Machado de Assis é, sobretudo e principalmente, um homem de lettras. Elle nunca foi jornalista, senão de passagem e sem sacrificio da sua personalidade litteraria, nunca foi politico, nunca foi das finanças ou do commercio, nunca foi em summa outra cousa senão um artista, poeta ou romancista, algumas vezes critico, occupado e preoccupado de sua arte.

Direi mais que sob este aspecto elle é o homem de lettras segundo o meu coração, vivendo senão das suas lettras, que lh'o não consente o meio, mas pelas suas lettras.

Desde longe e de muito, na doce e querida obscuridade da vida provinciana, acompanhando com sympathia e interesse a vida litteraria brazileira, que quasi toda é aqui completa se bem que pobremente vivida, eu reparava que se os seus livros se succedião com mais ou menos espaço, nunca jamais lhe vi o nome nas polemicas e lutas com que os nossos homens de lettras têm o habito quasi periodico, de se dar em espectaculo ao burguez pacato, que se vinga do desprezo que lhes merece, desfructando-os. Não lhe vi tão pouco o nome nas listas das directorias das companhias que fervilhárão por ahi quando a população desta cidade ameaçava tornar-se inteiramente de banqueiros e capitalistas. De vez em quando, entretanto, lia-o em outra parte que o frontispicio dos seus livros ou o fim dos seus artigos litterarios n'alguma revista ou jornal; era, de ordinario, n'algum periodo desdenhoso ou ferino da nova geração. Para quem estava alheio ás pequenas ou grandes animosidades litterarias que por cá andavão, quasi ficavão incomprehendidos o desprezo com o ataque a um escriptor que podia julgar com a mesma isenção com que apreciaria um estrangeiro e por um unico documento: os seus livros. Ora, esses livros, em que pese aos novos escriptores, entre os quaes muitos ha que admiro e estimo, erão deliciosos.

D'ahi o não participar eu de um certo prejuizo de seita litteraria – e tenho horror a todas as seitas, politicas, litterarias, religiosas ou o que forem – contra o poeta delicado das *Phalenas*, o espirituoso novellista dos *Contos Fluminenses*, o mimosissimo autor de *Tu, só tu, Puro Amor*, o romancista observador da *Resurreição*, o fino humorista dos *Papeis Avulsos* e das *Memorias Posthumas de Braz Cubas*. E, para que hei o de esconder? independentemente do valor propriamente litterario da sua obra, eu não pude, apezar daquellas criticas e daquelles desdens, furtar-me a admirar e estimar o escriptor que sem embargo do meio, ficou sempre e antes de tudo um escriptor, conservando não só o amor da sua arte e do trabalho litterario, mas a elevação e a dignidade que devião ser a norma, e quasi direi o apanagio, da vida litteraria. As parcerias que desgraçadamente muitas vezes nessa vida se formão não bastão para negar a obra de um escriptor de quinze livros.

Não é, entretanto, o sei, pelo numero senão pelo valor dos livros que se julga a obra litteraria de um homem de letras. Não são raros os que vivem apenas por um livro, e menos raros são ainda os que não salva uma copiosa producção. Como, porém, o que faz a producção litteraria é o livro, o valor de tal producção, quer de um paiz, quer de um homem, é, ao menos á primeira vista, julgado pelo numero de livros, tanto mais que são poucos aquelles escriptores a cujo renome basta um só.

No Brazil não são muitos os escriptores de numerosos livros. Não o permitte o meio que forçosamente restringe a producção litteraria á escassez da procura, como tambem a presumpção de fazer litteratura sem livros. Não são poucos os grandes escriptores ou pelo menos os litteratos eminentes que temos possuido e possuimos, dos quaes se não conhece um livro.

Em sciencia tambem, ha ahi – no passado e no presente– sabios e mestres, alguns com M grande, cuja sciencia tem apenas o defeito de não poder ser scientificamente aquilatada por falta de documentos.

*
* *

A obra litteraria do Sr. Machado de Assis, não póde ser julgada segundo o criterio que eu peço licença para chamar nacionalistico. Esse criterio, que é o principio director da *Historia da Litteratura Brazileira* e de toda a obra critica do Sr. Sylvio Roméro, consiste, reduzido a sua expressão mais simples, em indagar o modo por que um escriptor contribuio para a determinação do caracter nacional, ou, em outros termos, qual medida do seu concurso na formação de uma litteratura, que por uma porção de caracteres differenciaes se pudesse chamar conscientemente brazileira. Um tal criterio, applicado pelo citado critico e por outros á obra do Sr. Machado de Assis, certo daria a esta uma posição inferior em nossa litteratura.

Parece-me, porém, que legitimo de certo modo, é por demais estreito para formarmos delle um principio exclusivo de critica. Se a base de uma litteratura qualquer é o sentimento nacional, o que a faz grande e enriquece não é unicamente esse sentimento. Estreitariamos demais o campo da actividade litteraria dos nossos escriptores se não quizessemos reconhecer no talento com que uma obra é concebida e executada um criterio do seu valor, independentemente de uma inspiração mais pegada á vida nacional. Por isso, a do Sr. Machado de Assis deve ser encarada á outra luz e, sobretudo, sem nenhum preconceito de escolas e theorias litterarias. Se houvessemos, por exemplo, de julga-la conforme o criterio a que chamei nacionalistico, ella seria nulla ou quasi nulla, o que basta, dado o seu valor incontestavel, para mostrar quão injusta póde ser ás vezes o emprego systematico de formulas criticas. Eu por mim cada vez acredito menos nellas.

O Sr. Machado de Assis, não é nem um romantico, nem um naturalista, nem um nacionalista, nem um realista, nem entra em qualquer dessas classificações em *ismo* ou *ista*. É, aliás, um humorista, mas o humorismo não é uma escola nem sequer uma tendencia litteraria, é apenas um modo de ser do talento; ha humoristas ou póde have-los em todas as escolas. Por isso, e até certo ponto, o Sr. Machado de Assis tem uma certa inferioridade que não quero deixar em silencio. Á nossa litteratura, mesmo no seu sentido mais geral e mais lato, seria sensivel a falta da obra dos romanticos da primeira hora, a de Alencar, a de Bernardo Guimarães e mesmo a de Macedo; não sei se o seria tanto a sua. E a razão é que a do Sr. Machado de Assis é a obra eminentemente pessoal de um escriptor que pelo seu genero de vida, pelas proprias circumstancias da vida a que acima alludi, e talvez por condições especiaes de temperamento e de caracter, ficou alheio ao conjuncto de factos de toda ordem que eu chamaria a Vida brazileira.

Veria acaso superficialmente quem não visse, porém, que nem tudo foi nisso perda para o escriptor e que a sua obra ganhou por isso mesmo em distincção, no sentido exacto desta palavra, e, talvez, em profundeza. O Sr. Machado de Assis não é simplesmente um escriptor, é tambem um escriptor á parte. Na litteratura brazileira elle póde não occupar o primeiro lugar, ou sequer um dos primeiros lugares, mas, se não me engano redondamente, occupará um lugar especial.

Não pertencendo a escolas, elle não poderá ser classificado consoante á esthetica de cada uma dellas. Escrevendo ao sabor da sua inspiração e do seu talento, sómente o modo porque executou a sua obra lhe será levado em conta no juizo final da nossa historia litteraria.

Outra feição especial que distinguirá o Sr. Machado de Assis é o seu humorismo. A não ser Joaquim Serra, que eu aliás não sei se posso considerar um escriptor embora fosse um poeta, e que antes foi um jornalista, eu não conheço na litteratura brazileira um humorista. O primeiro é o Sr. Machado de Assis. Nós não somos um povo espirituoso – e muitos acontecimentos recentes me autorisarião a dizer que nós somos um povo sem espirito. Não conservamos a *chalaça* portugueza, nem chegamos a apanhar o *espirito* francez. O *humour*, caracteristicamente germanico, e por isso mesmo mais difficil de assimilar por povos como nós, de outra origem, mais raro ainda é entre nós. Que nós não nos podemos ter por um povo espirituoso, prova-lo-hia uma indagação nesse sentido feita em os nossos escriptores. Alencar, com um tão variado talento, não tem essa nota, como não a têm os poetas, nem os romancistas, se exceptuarmos entre aquelles Bernardo Guimarães que accidentalmente a revela e entre estes Macedo, que é talvez, senão o mais espirituoso, o mais engraçado dos nossos escriptores. Humoristas propriamente, não conheço outro além do Sr. Machado de Assis, e esta feição do seu talento litterario ajuda a dar-lhe o lugar á parte, de que fallei, em a nossa litteratura.

*
* *

O novo livro do Sr. Machado de Assis não destróe, mas de algum modo attenua senão diminue e reduz, o caracter que eu, em certo sentido, chamarei impessoal da sua obra, querendo significar que elle a puzera acima da vulgar preoccupação de ser nacional, o que em outro sentido a torna grandemente pessoal.

Em *Quincas Borba* não ha tanto aquelle desinteresse e aquella indifferença pelo meio, e o autor pudera por-lhe a epigraphe que Eça de Queiroz escreveu em frente da *Reliquia*: a verdade destaca-se sob as roupagens da fantasia. Não é mais a fantasia recobrindo como nos *Papeis Avulsos* e mesmo no *Braz Cubas* situações mais ou menos veridicas, estados de espirito ou entes de razão de um artista cujo pensamento nem sempre é claro e cujo humorismo furta-se muitas vezes á nossa perspicacia. Não é tambem um "caso" ou um estudo de caracter como na *Resurreição*. *Quincas Borba* é, sob a fórma que desde algum tempo compraz ao autor e hoje tão sua, um romance completo, de caracter e de costumes. Essa fórma, creio eu, começou com as *Historias sem Data*, com os *Papeis Avulsos* e com as *Memorias de Braz Cubas* e nella ha, além do rompimento com os moldes vulgares do romance, disposição symetrica dos seus elementos e capitulos, arranjo classico dos episodios, unidade de narração e de tom, a ironia brincalhona e o humorismo ligeiramente melancolico e um pouco obscuro (e é o seu defeito) de um espirito que leu e conversou assiduamente os humoristas inglezes. Para dar um exemplo material a quem não tenha ainda lido *Quincas Borba*: o livro tem 433 paginas em 8º, e 101 capitulos dos quaes os ha de meia duzia de linhas. Não é tão facil dar assim como que graphicamente uma idéa ao leitor que a não conheça dessa maneira especial do autor. Dou-lhe, portanto, a ler um capitulo ao acaso, aquelle em que Rubião, o personagem principal do livro, recebe dous commensaes:

"Rubião passou o resto da manhã alegremente. Era domingo; dous amigos vierão almoçar com elle, um rapaz de vinte e quatro annos, que roía as primeiras aparas dos bens da mãi, e um homem de quarenta e quatro ou quarenta e seis, que já não tinha o que roer.

"Carlos Maria chamava-se o primeiro. Freitas o segundo. Rubião gostava de ambos, mas differentemente; não era só a idade, que o ligava mais ao Freitas, era tambem a indole deste homem. Freitas elogiava tudo, saudava cada prato e cada vinho com uma phrase particular, delicada, e sahia de lá com as algibeiras cheias de charutos, provando assim que os preferia a quaesquer outros. Tinha-lhe sido apresentado em certo armazem da rua Municipal, onde jantárão uma vez juntos. Contarão-lhe alli a historia do homem, a sua boa e má fortuna, mas não entrárão em particularidades. Rubião torceu o nariz; era naturalmente algum naufrago, cuja convivencia não lhe traria nenhum prazer pessoal nem consideração publica. Mas o Freitas attenuou logo essa primeira impressão; era vivo, interessante, anecdotico, alegre como um homem que tivesse cincoenta contos de renda. Como Rubião fallasse das bonitas rosas que possuia, elle pedio-lhe licença para ir ve-las: era doudo por flores. Poucos dias depois appareceu lá, disse que ia ver as bellas rosas, erão poucos minutos, não se incommodasse o Rubião, se tinha que fazer. Rubião, ao contrario, gostou de ver que o homem não se esquecêra da conversação, desceu ao jardim onde elle ficára esperando, e foi mostrar-lhe as rosas. Freitas achou-as admiraveis; examinava-as com tal affinco que era preciso arranca-lo de uma roseira para leva-lo á outra. Sabia o nome de todas, e ia apontando muitas especies que o Rubião não tinha nem conhecia, – apontando e descrevendo, assim e assim, deste tamanho (indicava o tamanho abrindo e arredondando o dedo pollegar e o index), e depois nomeava as pessoas que possuião bons exemplares. Mas as do Rubião erão das melhores especies; esta, por exemplo, era rara, e aquella tambem, etc. O jardineiro ouvia-o com espanto. Tudo examinado, disse Rubião:

"– Venha tomar alguma cousa. Que ha de ser?

"Freitas contentou-se com qualquer cousa. Chegando acima, achou a casa muito bem posta. Examinou os bronzes, os quadros, os moveis, olhou para o mar.

"– Sim, senhor! disse elle, o senhor vive como um fidalgo.

"Rubião sorrio; fidalgo, ainda por comparação, é palavra que se ouve bem. Veio o criado hespanhol com a bandeija de prata, varios licores, e calices, e foi um bom momento para o Rubião. Offereceu elle mesmo este ou aquelle licor: recommendou afinal um que lhe derão como superior a tudo que, em tal ramo, poderia existir no mercado. O Freitas sorrio incredulo.

"– Talvez seja encarecimento, disse elle.

"Tomou o primeiro trago, saboreou-o devagar, depois segundo, depois terceiro. No fim, pasmado, confessou que era um primor. Onde é que comprára aquillo? Rubião respondeu que um amigo, dono de um grande armazem de vinhos, o presenteára com uma garrafa; elle, porém, gostou tanto que já encommendára tres duzias. Não tardou que se estreitassem as relações. E o Freitas vai ahi almoçar ou jantar muitas vezes, – mais vezes ainda do que quer ou póde, – porque é difficil resistir a um homem tão obsequioso, tão amigo de ver caras amigas."

Nenhuma obra d'arte póde viver sem verdade, mas a verdade na arte não é a copia trivial da realidade das cousas.

O Sr. Machado de Assis, cujo temperamento parece avesso á representação quasi photographica, á photographia banal da vida, como diria esse desditoso Maupassant, não obstante a fórma phantasiosa e velada, ironica e humorista do seu romance, fez nelle um quadro excellente da nossa vida e dos nossos costumes. E fe-lo tanto melhor que talvez o fizesse sem a preoccupação de faze-lo.

Se o leitor leu *Braz Cubas,* conhece aquelle Quincas Borba, o inventor de uma philosophia. Quincas Borba morre logo ao começo do novo romance deixando ao seu amigo Rubião, que o tratou como desvelado enfermeiro, a sua fortuna e o seu cão, ao qual por mania de philosopho dera o seu proprio nome. Eu não sei se é o cão se o morto, quem dá o nome ao livro do Sr. Machado de Assis. São talvez ambos ou mais propriamente o espirito do morto. Quasi a morrer Quincas Borba qualifica o seu futuro herdeiro de "asno", e asno elle se mostra durante todo o romance, deixando-se sugar pelos parasitas que o frequentão, deixando-se explorar pelo seu amigo Christiano Palha que á sua custa enriquece e, tenho medo aqui, de trahir o pensamento do autor, deixando de seduzir a mulher de Palha. Eu não sei mesmo se esta não seria a moralidade – e digo moralidade por me não acudir de prompto outro termo – da fabula: que o pobre Rubião devia seduzir Sophia. Elle não teria então endoudecido, as batatas, quero dizer Sophia seria para elle, e, sem desmentir a philosophia de Quincas Borba elle teria provado que não era um asno. Mas não é asno quem não quer ser, e o bom mestre escola de Barbacena bem merecia as orelhas de papelão com que os antigos mestre-escolas adornavão os discipulos pouco applicados ou pouco atilados. Ao contrario de outros mestre-escolas, o pobre Rubião achou-se abaixo de sua fortuna, e aquelle encontro no caminho de ferro com Palha e a mulher de volta de Vassouras foi-lhe fatal. Quem lhe metteu na cabeça que para alcançar a mulher do Palha, que lhe aceitava adereços de pessoa e ornatos de casa, precisava seguir a linha que ia dos olhos de um aos olhos de outro, passando pelo Cruzeiro? Fatal ignorancia de geometria e de astronomia, que não vio que o caminho mais curto entre dous pontos é a linha recta e que o Cruzeiro fica a bilhões de leguas... dos olhos de Sophia, esses olhos que ao ingenuo matuto parecião que ella os comprava em alguma fabrica mysteriosa, tanta era a maior e diversa belleza que cada dia tinhão.

Peço ao leitor que não me taxe de immoral; apenas serei obtuso, se estou a tirar da fabula do Sr. Machado de Assis uma moralidade ou immoralidade que ella não contém. Mas a ironia e o humorismo do autor são, já o tenho dito, por demais velados e não receio dizer obscuros, para que o comprehendamos sem custo. Não sei se isto não prejudicará perante o publico, que não se compõe de espiritos acostumados a subtilezas de estylo e de pensamento, não só este livro, mas toda a obra delicada e distincta, talvez mesmo um pouco rebuscada, do elegante escriptor.

Eu já conhecia o talento penetrante do Sr. Machado de Assis e sabia que sem pretenciosas reclamações de escolas, de processos e todo um arsenal de termos em moda, era elle um fino senão profundo psychologo, para usar do termo querido dos falsos ou legitimos filhos de Balzac.

Na *Resurreição*, romance de 1872, os dous caracteres principaes que o autor se propoz estudar, se abstrahirmos do ambiente em que os poz, são tratados com um real talento de observação. Nem Livia, nem Felix me parecem verdadeiros em o nosso meio social, um e outro se me affigurão creações sem realidade; entretanto, ambos elles, a aceita-los taes e quaes no-los apresenta o autor, são dos mais bem estudados caracteres do nosso romance, e a conclusão deste, fugindo da banalidade quasi desejada e quasi fatal do casamento daquelles dous entes, revelava já no Sr. Machado de Assis um verdadeiro sentimento da logica dos caracteres que imaginou.

Em *Quincas Borba* essas qualidades se destacão com maior relevo.

Esse livro, que, já o disse, é sob o aspecto da litteratura chamada nacional um progresso, consciente ou não, tem uma porção de typos e situações eminentemente nossas. E eu não conheço na arte typos mais difficeis de reproduzir – e na arte reproduzir é crear – que os caracteres corriqueiros, vulgares, communs. São como as physionomias sem expressão, sem destaque, que nem a photographia póde apanhar e que fazem o desespero dos pintores.

Rubião é um desses typos, e é realmente admiravel o seu retrato durante todo o romance, embora occasiões haja, mas essas poucas, em que os seus pensamentos nos parecem um poucochinho demais alevantados para a sua ignorancia e o seu pouco espirito de matuto.

O typo do parasita Freitas, que lembra um pouco o Vianna da *Resurreição*, como os de Carlos Maria e de Theophilo, sem fallar nos do Palha, do Dr. Camacho, do major Siqueira, vivem realmente, mas sobre todos prefiro os de Sophia e de Maria Benedicta, apezar da differença da importancia dos seus papeis. Maria Benedicta é uma das melhores copias do romance brazileiro e Sophia uma das suas melhores creações.

Nos tristes tempos que atravesssamos – tristes para a vida litteraria ao menos – os livros como o do Sr. Machado de Assis são um consolo e uma esperança. Confortão-nos algumas horas como o doce perfume de uma flôr rara ou a sombra fôfa de uma cópa d'arvore em meio de um longo caminho arido, e alentão-nos com a idéa de que mais adiante toparemos com outras flores ou com outras arvores.

Eu não indago se o Sr. Machado de Assis é um moderno ou um antigo, um velho ou um novo, um romantico ou um naturalista; acabando de ler o seu livro, acode-me, a mim que tenho igual sympathia por todas as escolas e igual desprezo por todas as parcerias, acode-me a idéa trivialissima que o melhor meio de servir uma litteratura é ainda fazer livros – principalmente bons livros, como este.

José Veríssimo.

• *Gazeta de Notícias,* Rio de Janeiro, 12.1.1892, p. 1.

QUINCAS BORBA
[Parte 1]

Os primeiros trabalhos de Machado de Assis que folheei foram as *Phalenas* e os *Contos Fluminenses.*

Tinha eu então a meu cargo os folhetins de critica do *Dezeseis de Julho*, jornal politico que se publicava n'esta capital em 1870.

Os dous livros chegavam de Pariz, nitidamente editados, se não me falha a memoria, pela casa Garnier.

Sendo-me entregues, para os fins convenientes, atirei-me a elles como gato a bofes, certo de que alli encontraria onde afiar o gume do meu cutelo de critico incipiente.

N'essa época eu andava muito preoccupado com a idéa do romance nacional; sabia de cór o *Brasil* de Ferdinand Denis e lêra pela oitava ou nona vez o *Guarany* de J. de Alencar. No que respeita á litteratura, ignorava completamente a existencia de uma cousa chamada *proporções*; pouco tinha observado, muito menos comparado, de modo que, segundo então pensava, não havia senão uma craveira: – diante d'uma obra d'arte, ou tudo ou nada.

D'ahi uma consequencia – as *Phalenas* seriam toleraveis, mas os *Contos* mereciam morte afrontosa e violenta. Escrevi o folhetim indignado e descansei no fim da obra, certo talvez de ter causado a ruina de um edificio colossal.

Como são agradaveis estas illusões e perversidades infantis!

O que é certo é que n'esses venturosos tempos, apadrinhado com as auctoridades, entre outras, de Marmontel, eu julgava facilimo soltar as velas em mar alto. Citava a proposito de estylo o – *soyez vif et pressé dans vos narrations* – de Boileau; em materia de romance não via nada que excedesse a Mery, nas suas, incontestavelmente deliciosas, phantasias de *Florida*, *Héva*, e *Guerra do Nizan*; e como cada qual exige o vinho que apetece, entendia que Machado de Assis devera ter fabricado contos iguaes aos de Boccacio e Lafontaine ou reproduzido á brasileira as *Noites* do romancista marselhez. O futuro auctor das *Memorias de Braz Cubas*, porém, não trahiria o seu temperamento; e porque já, a este tempo, tinha descoberto o seu caminho, escrevera as historias de *Luiz Soares*, de *Miss Dolar* e os [*Segredos de Antônia*[35], cuja excentricidade punham [sic] o meu gôsto artístico, o meu chateaubrianismo intransigente, em verdadeiro desespêro. Êste desespêro foi traduzido na frase iracunda que mais devia ferir o escritor criticado. Em última análise, o pai dos dois livros dera ao público uns contos completamente ocos, vazios][36] de interesse.

E tudo isto se dizia em um jornal dirigido por J. de Alencar, o mesmo J. de Alencar que, poucos mezes antes, do seu ninho da Tijuca escrevera a Machado de Assis uma carta, apresentando-lhe o poeta Castro Alves e brindando o auctor das *Phalenas* com o titulo de principe da critica brasileira.

---

[35] Esse título, ilegível no exemplar do jornal consultado, aparece dessa forma na edição da *Obra crítica de Araripe Júnior*, mas deve se referir ao conto *O Segredo de Augusta*.

[36] O trecho que aparece entre colchetes, ilegível no exemplar do jornal disponível na Biblioteca Nacional, foi completado a partir da edição da *Obra Crítica de Araripe Júnior*. Cf. T. A. Araripe Júnior, *Obra Crítica de Araripe Júnior*, Vol. II (1888-1894), Rio de Janeiro, Casa de Rui Barbosa, 1960.

Talvez que isto mesmo fosse a causa principal e inconsciente da minha irritação. O principado devia começar pelas obras de creação e não de eleição.

Este modo de pensar não agradou ao director da folha, e, gerando duplo dissentimento, terminou mais tarde, sob o pretexto que mais decente se me afigurou, pela minha sahida da collaboração de um jornal para o qual entrára como para o paraiso de Mahomet.

Correram os tempos e variada sorte tivemos depois d'isto.

Machado de Assis continuou sua vida com a pertinacia de que são capazes os Narcisos litterarios. Apaixonado do proprio espirito, procurando em toda parte o reflexo de si mesmo, nos livros, nas bibliothecas, nos museus, nas collecções, nos jornaes, nos theatros, nos salões, nas reuniões de amigos, na rua do Ouvidor; ruminando a originalidade de suas obras, entre a preoccupação do applauso popular e o horror á vulgaridade; flagellado continuamente pela obsessão do novo e pela imposição dos classicos, Machado de Assis fortaleceu-se na idéa e aprimorou-se na fórma; mas hoje, como hontem, como em 1870, posso affirmal-o, não mudou uma linha do seu primitivo eixo. Subiu, subiu muito alto; porém a linha ou as linhas que prendem o seu papagaio multicor, são as mesmas com que elle o empinava quando menino, isto é, na época em que surgiam os seus primeiros livros.

Vem de molde, pois, dizer de que natureza são estas linhas, e se por alguma d'ellas pôde o auctor fazer descer a scentelha de Franklin.

Duas; duas são as tendencias que encontro no espírito litterario de Machado de Assis: uma symbolizada nas *Phalenas*, outra nos *Contos Fluminenses*, o que, em termos habeis, quer dizer que o escriptor de 1870, até esta data, não tem feito outra cousa senão desenvolver ou aggravar os dous traços com que desde logo estygmatizou a sua esthetica.

Phalenas significam na sua biographia o mesmo que amor á correcção, ao *modulo* heleníco, ao compasso; cuidado, e vaidade na roupagem poetica; gosto pela erudição; paixão litteraria!

Dellas brotaram naturalmente as obras em que Machado de Assis mais se approxima da mulher – *Yayá Garcia*, *Helena*, *Resurreição*, e todas as paginas dos seus livros em que se falla de relações sexuaes, do eterno feminino, e da vida fluminense. Não ha nessa linha nem observação, nem psychologia, embora o auctor se proponha estudar caracteres e fazer retratos *d'après nature*. A percepção dos factos é sempre tenue e superficial, a analyse das causas determinantes amarrada ao *a priori*. Tudo se resolve numa collecta de traços geraes; tudo se transforma em um diletantismo mystico, dentro do qual o espirito do poeta gira sem maldades, sempre distrahydo do *travo* real das cousas, envolvendo os seus personagens, as suas paizagens em um nevoeiro dourado de sol poente.

Composições assim dispostas agradam ás moças e poem n'alma de quem as lê, umas notas suaves, se bem que ponteadas de vez em quando pelas invasões de um outro Machado de Assis, que se esforça por não perturbar a harmonia do livro actual.

Isto não quer dizer que o psychologo allemão não busque ser penetrante e mesmo inexoravel. Nos trabalhos a que alludo encontra-se, ao envez disso, um constante esforço para convencer-nos de que os caracteres por elle exhibidos são complicados e extraordinarios. O estylo aponta-se em reticencias venenosas; as phrases empinam-se, de vez em quando annunciando que vai apparecer algum monstro como Yago ou Glocester; mas chega-se ao fim do capitulo ou do livro e com surpreza reconhece-se que a complicação não passava de susto do auctor a quem o pequeno desvio da burgueza já se affigurava o prodromo de inauditas atrocidades.

Não pôde exprimir as atrocidades irregulares dos tempos modernos o temperamento que, espontaneo, se affeiçoou ao *modulo* dos gregos; e se esse temperamento não tem força para a contemplação objectiva, acaba por arrojar-se para dentro de si mesmo, transformando os seus tics, as suas pequenas excentricidades, os accidentes de sua imaginação enclausurada na expectação interior, nos curiosos typos do romance.

Machado de Assis tem andado entre Octave Feuillet e Laurence Sterne; duas naturezas apparentemente diversas, uma de angora, outra de urso philosopho. Eu prefiro a ultima e por isso gosto mais de *Braz Cubas* e de *Quincas Borba*, do que da *Yayá Garcia* e da *Helena*.

ARARIPE JUNIOR

• *Gazeta de Notícias*, Rio de Janeiro, 16.1.1892, p. 1.

QUINCAS BORBA
II

As mulheres do auctor de *Quincas Borba* são em regra incolores, sem expressão.

O motivo d'esta fraqueza acha-se na estructura do talento de quem as imaginou. Os grandes pintores do genero foram sempre emeritos conquistadores, como Shakespeare, Boccacio, Byron e Dumas, pai, ou insignes mexeriqueiros, como Brantôme, Saint Simon e Balzac. Para bem retratar mulheres, é indispensavel sentil-as ao pé de si e cheirar-lhes o pescoço, ou brigar com ellas, intervindo e perturbando os seus negocios.

Machado de Assis, asceta dos livros e retrahido ao gabinete, não as invadiu por nenhum d'estes aspectos; e por isso as suas heroinas não despedem de si esse *odôr de femina*, que se aspira ainda nos typos mais angelicos de Shakespeare, como por exemplo, Desdemona.

Outro tanto não succede relativamente aos typos masculinos. E' certo que estes distanciam-se muito da verdade, encarados como reflexo do mundo objectivo; mas, attendendo a que o auctor tira os elementos com que os constróe, em grande parte, da observação de si mesmo, esses typos ganham em excentricidade o que perdem em exactidão, e por tal motivo tornam-se de um interesse palpitante para o leitor desprevenido, apenas preoccupado com o desejo de entreter-se, através do livro, com o espirito do escriptor.

Sob este ponto de vista, folgo de poder hoje repetir o que em 1883 dizia a respeito das *Memorias posthumas de Braz Cubas*: "O livro mais exquisito de quantos se têm publicado em lingua portugueza."

De facto, o *Quincas Borba* confirma, em plena floração, as qualidades excentricas, que, n'aquella primeira parte da da [sic] obra, se affirmavam de um módo categorico.

N'esses dois livros, Machado de Assis entrega-se francamente a toda fuga do seu genio paradoxal; e se alguma vez decai, deve-o a ter por descuido deixado abrir a porta por onde entram de vez em quando uns idyllios, quero dizer, umas paginas perdidas dos romances amorosos anteriores.

Dir-se-hia que o humorista tem receio de ficar completamente a sós com o seu humor, e por cautela, á maneira de certos dilettantes que se entregam ao auto-hypnotismo, deixa a entrada do gabinete entre-aberta, afim de que possa receber soccorros das pessoas de fora, quando porventura os macaquinhos azues, de envolta com os bons espiritos invocados, venham perturbar-lhe a imaginação e a tranquillidade d'aquella gymnastica [sic] litteraria.

E quem sabe se n'estas phrases não estou eu traduzindo a exacta situação do animo do escriptor?

É preciso conhecer Machado pela sua feição mais curiosa: a do *causeur*.

Nós brasileiros, de ordinario, preferimos cultivar a conversa de estylo pornographico. Noventa por cento das phrases diariamente emittidas na rua do Ouvidor, ou são claramente bocagianas, ou sublinhadas pelo vermelhão da lubricidade, clima, ociosidade, ou educação; qualquer explicação póde ser aceita; mas o que está verificado, é que nós raramente estamos dispostos para fazer diante de um copo de cerveja allemã um duetto sobre philosophia, ou uma *ola podrida* litteraria.

Se o sensualismo não nos invade, cahimos na politica pessoal e nas conspirações que todos escutam, todos sabem, todo o mundo annuncia.

Machado de Assis faz clamorosa excepção a esta regra. A mulher para elle constitue uma das formulas cabalisticas das sciencias occultas. Nas suas praticas a companheira de Adão passa como uma sombra; os desesperos da carne, os transportes da luxuria, os segredos de Poppéa, os filtros de Canídia, não lhe provocam curiosidades indiscretas, nem referencias que ultrapassem o puro goso litterario.

Ovídio pensava assim nas suas *Metamorphose*; Catullo foi um grande cultor da arte feminina; Balzac disse taes e taes paradoxos sobre a mulher, e preceituou o modo pelo qual os maridos deviam entrar em casa!

Fóra do circulo de observações comedidas como estas, é impossivel obter do auctor do *Quincas Borba* uma audacia, uma phrase equivoca. Quando muito, póde-se obrigal-o a expôr uma theoria sobre o amor, mas sem sentenças certas e em estylo annuviado.

D'ahi a razão pela qual, no seu ultimo livro, Sophia nos apparece, entre Rubião e Carlos Maria, em uma eterna vacillação, que a muito custo se comprehende. Encarada, substancialmente, essa mulher é uma deshonesta, senão uma descarada: admitte que o marido especule e enriqueça através de sua formosura e á custa do amigo, de quem ella recebe presentes de joias custosíssimas; acceita a côrte de Carlos Maria e adultéra em espirito com elle, esse indifferente; tem ciumes de Maria Benedicta, só porque se falla em casal-a com Rubião; chafurda-se no sensualismo do luxo; sonha grandezas orientaes; e atira coquettemente convites impossiveis á virilidade indisposta do idiota do herdeiro de Quincas Borba; entretanto, esse idiota, no primeiro accesso de loucura, encerra-se com ella no fundo de uma carruagem, e a depravada, tendo bastante espirito para não arrecear-se do louco, hesita em satisfazer o hausto febricitante do seu erotismo vulgar e complacente.

Tudo isto, porém, encontra explicação nas repugnancias do auctor da obra. Machado de Assis é incapaz de entregar uma heroina sua á logica brutal da respectiva organisação. Onde E. Zola forçosamente collocaria uma scena de cannibalismo amoroso e o desespero da burgueza que não soube conter os arrancos da luxuria, elle põe um grito de nobreza e um pudor illogico de mulher perversa e mal casada, cujos transportes domesticos se traduzem ordinariamente em permittir que o esposo erga-lhe o roupão e oscule a perna, no proprio logar em que a meia de seda incide com a carne rósea e assetinada.

Um timido – eis o que é nestes assumptos o creador das bellas *Memorias de Braz Cubas*. Falta-lhe a afouteza para cheirar o pescoço de

Messalina; ferocidade para dilacerar amantes a dentadas, como o poeta Bilac; desprezo á vida para arrostar os perigos dos amores de Cleopatra. Causam-lhe vertigens as fogueiras voluptuosas do rei Sardanapalo; não o seduzem as noites de Tigellino, os banquetes de Trimalcião; provocam-lhe vomitos as orgias de Nero e as tragedias realistas do Colliseu.

Provoquem-o, porém, para a arena do parodoxo languido do deliquescente do fim do seculo XIX, e vel-o-hão rejuvenescer na *verve* de um *causeur* incomparavel.

É possivel que se encontre quem exprima-se com mais vivacidade e elegancia, quem apimente uma anecdota de modo mais dramatico do que elle; todavía, duvido que um [sic] apresente no Brasil artista mais desvelado no aprumo da conversação e que a tome tão a serio.

Machado de Assis palestrando não galopa no corcel da fantasia doida, como dizem que o fazia o nunca assaz lembrado Dumas pai. Faz cousa mais apreciavel quanto a mim; sonha labyrinthos, embrulha-se n'elles; agarra-se a teias de aranhas, dá-lhes consistencia, doura-as; pendura-se em raios de sol e começa n'estes trapezios delicados a executar uns jogos japonezes que deleitam e prendem a gente por longas horas de recreio.

Estas bizarrices são toda a sua alma de artista, exposta á luz meridiana... dos amigos; d'ellas, isto é, d'esse deposito de *verve* ex-centrica, timida, nervosa, ás vezes assombrada, é que tal prosador extrahe os personagens, as descripções, e a feição humoristica dos seus melhores livros.

ARARIPE JUNIOR

• *O Tempo*, Rio de Janeiro, 25.1.1892, p. 1.

QUINCAS BORBA

É tão raro o apparecimento de um livro nas lettras patrias, é tão rara uma emissão de bellas lettras desde que nesta terra começou a emittir-se as hypothecarias e as[sic] debentures em edições tão collossaes, que quando a gente logra ver surgir um bom fructo na arvore da litteratura indigena, sente-se ufana, bate no peito e altivamente declara: Anch'io sono rabiscador!

O novo livro de Machado de Assis, sempre joven, sempre primaveril, é um brilhante de mais engastado no diadema da litteratura brazileira, e o seu elevado quilate, a sua pureza d'agua e o seu grandioso valor já foram apreciados pelos Rezendes e Faranis da nossa joalheria critica.

Eu não venho, pois, analysar o livro delicioso de Machado de Assis; quem sou eu para acompanhar nosso pai fóra de horas? eu venho simplesmente referir as suaves impressões que me ficaram dessa deleitosa leitura.

O Quincas Borba lê-se quasi de uma assentada; é como um calix de licor finissimo que a gente prova e sorve de um trago.

Não se parece com um romance de Ohnet, porque não se observa nelle o cuidado do enredo, nem o modo por que a acção se encaminha para o desfecho; não é tão pouco um romance de Zola, em que as minudencias são fiel e longamente observadas, mesmo as mais somenos, onde se descreve o trivial e o extraordinario com igual e assombrosa justeza de observador e com a mais arrojada naturalidade.

Poder-se-hia dizer que é um livro de Guy de Maupassant, se o infeliz escriptor francez, ao seu primoroso estylo mesclasse, como o auctor brazileiro, o que ha de mais fino atticismo, o que ha de mais metaphorico, o que ha de mais subtil, de mais ironico e de mais suave e melifluo na linguagem escripta.

No Quincas Borba ha Ohnet, ha Zola, ha Maupassant, ha tudo isso; mas em escala reduzida e por um modo tão natural, tão philosophico, tão profundo, tão harmonico e tão suave que encanta.

Quem conhece a sociedade fluminense, vê synthetizados em Rubião muitas nullidades improvisadas millionarias pelo acaso, alguns zangões Christianos Palhas, que se encheram no encosto da parvoice, que é sempre velhaca, muitos marisqueiros politicos como o Dr. Camacho, muitos Carlos Marias e muitas Sophias.

Não basta conhecer o livro por trechos isolados, é necessario lêl-o de fio a pavio; mas para dar uma idéa do estylo primoroso, como só o sympathico escriptor brazileiro o sabe burilar, não me posso furtar á tentação de extractar algumas passagens, o que, aliás, já tem sido feito por outros admiradores do sempre festejado escriptor.

Como elle descreve a lucta pela existencia, e a manutenção do equilibrio, *Humanitas*, principio, e *Humanitas*, remate das cousas:

"Não ha morte. O encontro de duas expansões, ou a expansão de duas fórmas, póde determinar a suppressão de uma dellas; mas, rigorosamente, não ha morte, ha vida, porque a suppressão de uma é a condição da sobrevivencia da outra, e a destruição não attinge o principio universal e commum. Dahi o caracter conservador e benefico da guerra. Suppõe tu um campo de batatas e duas tribus famintas. As batatas apenas chegam para alimentar uma das tribus, que assim adquire forças para transpôr a montanha e ir á outra vertente, onde ha batatas em abundancia; mas, se as duas tribus dividirem em paz as batatas do campo, não chegam a nutrir-se sufficientemente e morrem de inanição.

A paz nesse caso é a destruição: a guerra é a conservação. Uma das tribus extermina a outra e recolhe os despojos. Dahi a alegria da victoria, os hymnos, as acclamações, recompensas publicas e todos os demais effeitos das acções bellicas. Se a guerra não fosse isso, taes demonstrações não chegariam a dar-se, pelo motivo real de que o homem só commemora e ama o que lhe é aprazivel e vantajoso, e pelo motivo racional de que nenhuma pessôa canonisa uma acção que virtualmente a destróe. Ao vencido, odio ou compaixão; ao vencedor, as batatas ".

E a conclusão daquelle artigo de fundo do jornal politico *A Atalaia*, escripto pelo redactor Dr. Camacho, lido ao ricaço Rubião?...

"Os partidos devem ser unidos e disciplinados.

Ha quem pretenda (*mirabile dictu!*) que essa disciplina e união não pódem ir ao ponto de regeitar os beneficios que cahem das mãos dos adversarios. *Risum teneatis!* Quem póde proferir tal blasphemia sem que lhe tremam as carnes? Mas supponhamos que assim seja, que a opposição possa, uma ou outra vez, fechar os olhos aos desmandos do governo, á postergação das leis, aos excessos da auctoridade, á perversidade e aos sophismas. *Quid inde?* Taes casos – aliás raros – só podiam ser admittidos quando favorecessem os elementos bons, não os máos.

Cada partido tem os seus discolos e sycophantas. É interesse dos nossos adversarios ver-nos afrouxar, a troco da animação dada á parte corrupta do partido. Esta é a verdade; negal-a é provocar-nos á guerra intestina, isto é (*horresco referens!*) á dilaceração da alma nacional... Mas, não, as idéas não morrem; ellas são o lábaro da justiça. Os vendilhões serão expulsos do templo; ficarão os crentes e os puros, os que põem acima dos interesses mesquinhos, locaes e passageiros, a victoria indefectivel dos principios. Tudo que não for isso ter-nos ha contra si. *Alea jacta est*."

Vejamos a ousada declaração de amor do audaz galanteador de mulheres casadas, Carlos Maria, á mulher do Palha, do mesmo que se casa mais tarde com Maria Benedicta:

"... A noite era clara; fiquei cerca de uma hora, entre o mar e a sua casa. A senhora aposto que nem sonhava comigo? Entretanto, eu quasi que ouvia a sua respiração...

Sophia tentou sorrir e elle continuou:

– O mar batia com força, é verdade, mas o meu coração não batia menos rijamente; – com esta differença, que o mar é estupido, bate sem saber porque, e o meu coração sabe que batia pela senhora."

O capitulo CXXXV descreve perfeitamente a philantropia dos ricos de improviso na praça do Rio de Janeiro:

"Rubião protegia largamente as lettras. Livros que lhe eram dedicados, entravam para o prélo com garantia de dusentos e tresentos exemplares. Tinha diplomas e diplomas de sociedades litterarias, choreographicas, pias, e era juntamente socio de uma Congregação Catholica e de um Gremio Protestante, não se tendo lembrado de um quando lhe fallaram do outro; o que fazia era pagar regularmente as mensalidades de ambos. Assignava jornaes, sem os ler. Um dia, ao pagar o semestre de um, que lhe haviam mandado, é que soube, pelo cobrador, que era do partido do governo; mandou o cobrador ao diabo."

Quincas Borba é um livro para se ler inteirinho, assim como a delicada iguaria é para se comer sem nada deixar, é livro para não se conhecer por excerptos, assim como a delicada iguaria não é para ser provada por migalhas.

Era no dia de S. Sebastião, que, creio, continúa a ser o padroeiro da cidade, porque as deposições não foram ainda até á folhinha ecclesiastica. Eu lia o livro de Machado de Assis e ouvia troar os canhões na barra, e pensei:

– Quando uma pleiade de egoistas incita sorrateira, covarde e perversamente um bando de infelizes a matar e a morrer, pela sustentação dos seus palacetes, das suas carruagens e das suas amantes, consola ter uma brochura destas na mão e pensar que ha ainda nesta boa terra quem trabalha, quem ganha e augmenta a fortuna de boa reputação – a única que se póde gozar livremente, publicamente, que é solida e que vai além da vida.

E o ribombar da artilharia cessou. Eram os miserandos instrumentos da cobiça, eram os revoltosos de Santa Cruz que se rendiam.

Lembrei-me então das theorias daquelle maniaco de Barbacena, lembrei-me do proloquio: – Nem sempre os lirios florescem, e cheguei tambem á conclusão de que nem sempre se apanham as batatas cobiçadas.

José Anastacio[37]

• *A Estação*, Rio de Janeiro, 31.1.1892.

CHRONIQUETA
Rio, 18 de Janeiro de 1892.
Quatro flagellos. – Cá e lá... – *Quincas Borba* – Reforma e liberdade do vestuario feminino. – *Mot de la fin*.

Actualmente não é deliciosa a vida na capital federal, oh! não! Somos victimas de quatro flagellos: a febre amarella, a falta d'agua, o calor e a politica!

---

37 Talvez esse seja um dos vários pseudônimos adotados por Teófilo Guimarães (Campos, RJ, 1872 (?), 1927), poeta, contista, novelista, teatrólogo, jornalista, funcionário público. Entre seus pseudônimos constam Sílvio Montpelier, Rubino de Alencastro, Rômulo, Berotau, Jota, Bráulio, Dell'Acqua, Alpha, Kean, Ego, Ubirajara, Ary, Aladino Hermston, Gotts, Anastácio, Pero de Góes.

Quem me déra agora em Pariz, em comissão do governo, estudando, por exemplo, a influencia dos omnibus nas sociedades modernas! Entretando, lá, como aqui, ha motivos de queixa: a influenza não mata menos que a febre amarella, e o frio intenso não é menos desagradavel que a canicula...

Felizmente de vez em quando apparece, nos dominios da Arte, alguma coisa que até certo ponto nos consola de taes flagellos.

Depois das *Aleluias*, de Raymundo Corrêa, formoso livro que tem passado completamente despercebido, tivemos o *Quincas Borba*, de Machado de Assis.

As leitoras conhecem o romance, que durante muito tempo foi publicado nas columnas da *Estação*; mas essa leitura dosimetrica naturalmente pouco aproveitou, e eu recommendo-lhes que o leiam de novo no volume editado pelo Sr. B. L. Garnier.

Quincas Borba é, como as *Memorias Posthumas de Braz Cubas*, um dos livros mais notaveis da nossa litteratura; deve figurar na bibliotheca de quantos se interessam pelo progresso das lettras brazileiras.

*

Um assumpto que deve interessar ás senhoras é o que actualmente preoccupa a Federação Franceza das Sociedades Feministas. Trata-se da reforma e da liberdade do vestuario feminino.

Mme. Chœliga-Lœvy, presidente da União Universal das Mulheres, disse que as habitantes do cantão de Vand, dadas á agricultura, ha muito tempo se vestiam com roupas de homem sem que ninguem se importasse com isso; perguntam se as francezas não poderiam imital-as.

Respondeu Mme. Potonié-Pierre, dizendo que já tinho ido á Prefeitura de Policia para tratar d'esse assumpto, e lá, o chefe da segunda divisão, que a recebeu com muita amabilidade, disse-lhe que não havia lei nem regulamento prohibindo a nenhuma mulher vestir-se de homem, mas, desde que o facto produzisse escandalo – e é o que sempre acontece, porque só nas operetas as mulheres pasam por homens – os agentes de policia tinham obrigação de prendel-as e conduzil-as ao posto.

Esta declaração esfriou um pouco o enthusiasmo da assembléa, que resolveu limitar-se a tratar, por emquanto, dos melhoramentos do vestuario.

Depois de renhida discussão, as cincoenta delegadas das sociedades feministas comprometteram-se a usar saias e vestidos os mais curtos que fôr possivel, a não trazer collete, a não se decotar, a não pôr chapéo de abas largas e só calçar botinas sem salto.

Deus queira que a mania não chegue até cá, e só tenhamos uma Mme. Durocher. Façam-se as leitoras cada vez mais *chics*, e para isso não peçam conselhos senão a este periodico. Uma senhora sem collete!... que horror!...

Para concluir:

Tratando-se em certa roda de um conde, marquez, ou o que for, preso, ha dias, em Lisboa, por umas tantas falcatruas bancarias, observou alguem:

– É exquisito! Os portuguezes na sua terra castigam os titulares que se fazem ladrões, e aqui transformam os ladrões em titulares...

ELOY, O HERÓE.[38]

- *O Estado de S. Paulo*, São Paulo, 19.4.1892, p. 1.

QUINCAS BORBA

I

Não menos de tres volumes notaveis, sahidos de prelos brasileiros, tenho eu aqui sobre a mesa, para d'elles escrever alguma cousa.

É o *Quincas Borba*, do insigne mestre de todos nós, Machado de Assis; é o caderno de viajante *Entre Mares e Lares*, de que devo um exemplar á bondade obsequiosa do meu eminente amigo, o padre Senna Freitas; é, por fim, o livro das *Alleluias*, com que o festejado Raymundo Corrêa acaba de fazer uma nova apparição no mundo das lettras, confirmando ainda uma vez esta verdade já tão provada: que a poesia no Brasil tem, e terá sempre, emquanto a nossa raça fôr o que é, solidas garantias de grandeza e vitalidade.

Todas essas obras, annunciadas de ante-mão pela imprensa, eram esperadas por muita gente com impaciencia; o que demonstra que, entre nós, vae dia a dia ganhando terreno a convicção de que um bom livro é algo mais do que um objecto convencional, proprio para empoeirar-se perpetuamente nas estantes de uma bibliotheca.

Por Jupiter! não é sem razão que somos chegados ao ultimo decennio do seculo 19. Mesmo neste infortunado paiz da joven America, entregue de mãos e pés atados á politicagem e á especulação bancaria, alguma significação ha de ter por força semelhante facto.

A civilisação intellectual, como de ordinario a influencia de todos os principios essencialmente expansivos, é, si me permittem a ousadia da comparação, como essa garôa subtil e tenuissima que tão frequente vemos

---

38 Pseudônimo de Artur Azevedo.

em S. Paulo; parece cousinha de nada, e o transeunte nem se dá o incommodo de abrir o guarda-chuva para defender-se della: mas, cem passos adiante, sente a roupa toda embebida em humidade, e resfriado o corpo pelo seu tenaz infiltramento.

Façamos o mesmo com o progresso que tem, alem de tudo, a vantagem de não trazer constipações: não é mister mais do que uma docilidade negativa: não abrir o guarda-chuva...

Victor Hugo qualificava o fumo – um veneno lento, mas seguro. – Consolemo-nos os que nos afanamos por obter algum resultado em prol das boas ideias. É tambem lenta, mas segura a acção do nosso trabalho.

Quanto é de folgarmos que se fórme em nossa sociedade um publico menos indifferente aos esforços do talento litterario e artistico, um publico de apreciadores judiciosos, que comprehendam haver na leitura de um bello livro, e na contemplação de um quadro de mestre, delicia superior á de devorar ás pressas um noticiario e saborear gole a gole uma tabella de cambio, á de assistir no theatro a comedias soezes e pessimas, e no hippodromo a disputas entre cavallos de meio-sangue e de puro-sangue!

Perguntar-me-ão d'onde trago eu hoje esse optimismo a respeito do meio em que vivemos, e que tantos acham deficientissimo. Que sei eu? em parte, de observações pessoaes, em parte, sem duvida, da boa impressão causada em meu espirito pelos tres volumes a que me referi.

Considerando nelles, e considerando em outros muitos que, de ha annos para cá, têm apparecido, custa-me a crêr que se possa fazer tanto em uma sociedade boçal e estupidificada completamente, onde a iniciativa de organisações mesmo excepcionaes não encontre a minima repercussão e o minimo auxilio.

O meio é deficiente, de accôrdo; mas não é nullo; e isso já quer dizer muito, e auctorisa os homens de boa vontade a esperar muito mais...

II

Machado d'Assis é talvez, entre os nossos escriptores já de longa data consagrados (isto é, já não moços), o que mais concorreu para lançar as bases do periodo litterario, em que actualmente nos achamos.

Tendo estreado, mui joven ainda, em 1864, com os formosos versos das Chrysalidas, que de prompto obtiveram decidido favor entre os contemporaneos, tomou d'esse triumpho alentos novos, estudou, poliu ainda mais a sua forma poetica tão elegante por natureza, e deu-nos nas Phalenas e nas Americanas os primeiros moldes do parnasianismo romantico, continuando, no ultimo d'esses livros, as tradições nacionaes de Gonçalves Dias e Magalhães, despidas, porém, dos primitivos exageros, incompativeis com o gosto moderno.

Elle foi, pois, na nova esthetica, o precursor que abriu caminho a esse grupo de poetas illustres, que tanto honram as nossas lettras, como Olavo Bilac, Raymundo Corrêa, Filinto d'Almeida, Alberto de Oliveira, e outros.

Ainda em nossos dias tem o mesmo encanto e o mesmo vigor essa poesia, que não envelhece; a quem não é deleite suavissimo reler aquellas estrophes tão verdadeiras da *Musa Consolatrix*, gostar os arroubos amorosos dos *Versos a Corinna*, a matinal e perfumada graça da *Menina e Moça*, a correcção toda grega d'aquelle trecho olympico – *Uma Ode de Anacreonte* ?

Prosador, adquiriu logo elevado posto entre os nossos prosadores de melhor nota. Desde os seus primeiros trabalhos – as Historias da Meia Noute, os Contos Fluminenses, e Helena, si me não engano – o seu estylo foi dia a dia ganhando em pureza, brilho e perfeição, até attingir no admiravel "Braz Cubas" o apogéo das suas peregrinas qualidades. É innegavelmente o melhor dos contistas brasileiros; nenhum outro lhe iguala a delicadeza, o natural, a insinuante simplicidade, com que sabe pintar e commover nas suas narrativas. Compulsador assiduo e quotidiano dos classicos, adversario irreconciliavel dos barbarismos parasitas, que deturpam tanto producto de aproveitaveis engenhos, fez timbre sempre em guardar e defender ciosamente a castidade vernacula da linguagem – arca-sancta que houvemos de nossos maiores, e nos cumpre legar sem mancha a nossos filhos; e esse não é, entre mil outros, o seu menor merito, para os que presamos, com o devido cuidado, a honra e a nobreza secular do nosso idioma.

Machado de Assis não póde queixar-se de sua sorte; a gloria não foi ingrata para com elle. Creio que esse lettrado amavel e bom nunca teve de soffrer com as perversidades grosseiras de um povo que o desconhecesse, e não quizesse dar echo á sua voz; não é um incomprehendido. Si o fundo da sua alma é cheio de melancholia e desalento, não provém isso, por certo, sinão da disparidade e da antinomia, que hão de existir sempre, apesar de tudo, entre o homem de pensamento e de coração e o commum dos mortaes.

Os seus creditos na litteratura firmaram-se bem cedo; attesta-o a famosa carta de José de Alencar, apresentando-lhe Castro Alves, carta escripta muito antes de 1870.

Presentemente, acha-se Machado de Assis investido em um verdadeiro pontificado intellectual; todos á uma o acatam e respeitam, e ouvem a sua palavra como um oraculo. A sua estrella não declinou um apice com o decurso dos annos; subiu rapida ao zenith, e ahi se conserva immovel.

A tantos dotes reune elle uma austeridade de caracter que lhe dá duplo direito á nossa veneração, e uma affabilidade despretenciosa de maneiras, que o torna perfeito e distinctissimo cavalheiro.

Devo-lhe uma das primeiras animações que em bem me fadaram ainda na meninice, estimulando-me a proseguir com ardor e enthusiasmo na encetada carreira das lettras. Sobre os meus timidos ensaios de collegio dirigiu-me Machado de Assis ha tres annos algumas linhas de applauso e de conselhos, e tanto mais me penhoraram quanto elle então não me conhecia pessoalmente, e eu o sei incapaz de transigir, por nenhum respeito, com a sua consciencia de homem e de escriptor.

D'ahi começaram as nossas relações de amizade, com que muito me ufano e desvaneço.

Dados, assim, uns poucos traços sobre essa individualidade tão sympathica e preponderante entre nós, passemos á nova obra com que nos brindou – e que esperamos não será a ultima, porque o auctor de Resurreição, o ignora o que é dormir á sombra dos louros já conquistados.

Magalhães de Azevedo [sic]

• *O Estado de S. Paulo*, São Paulo, 20.4.1892, p. 2.

QUINCAS BORBA
III

"Quincas Borba"! para entender a fundo este romance, é preciso, ou, pelo menos, é de conveniencia conhecer o "Braz Cubas". O proprio auctor parece indical-o no capitulo IV: "Este Quincas Borba, si acaso me fizeste o favor de lêr as *Memorias Posthumas de Braz Cubas*, é aquelle mesmo naufrago da existencia..." Lá é que vem por extenso a narração d'essa existencia tão accidentada, e a longa serie de naufragios, porque teve de passar aquelle maniaco desabusado e original, desde a escadaría da egreja de S. Francisco até a estação policial, desde o furto de um relogio até as premissas e conclusões do Humanitismo. Aqui, presenciamos apenas os dous naufragios ultimos: o da loucura total, e o da morte, que poz termo a todos os mais. Cada livro é inseparável do outro; diriamos quasi uma obra em dous tomos. Aliás seria dubio até o titulo: teriamos razão para perguntar, si é o cachorro ou o seu defuncto, homonymo que dá o titulo ao livro – como se lê na derradeira pagina.

Com effeito: é o philosopho ou o cão? mas o philosopho quasi só apparece alli para fallecer e o cão vive até ás primeiras linhas do ultimo capítulo.

Quem dos dous é, portanto, o "Quincas Borba"? Estou a ver o auctor sorrindo com benevola malignidade (não se espantem d'estes dous termos que parecem brigar, mas se conciliam muito bem), e respondendo que, naturalmente, ambos. Pois não iria a alma do finado visionario, do velho Humanitista aninhar-se, parte sob o couro felpudo do seu melhor amigo, do seu fiel rafeiro, parte em algum esconso recanto do cerebro já fraco de Rubião?

Assim, a tres personagens cabe a parte principal na acção do romance: Braz Cubas e Rubião de Alvarenga, e, entre elles, como vinculo que os une, Quincas Borba – para não fallar por emquanto dos deliciosos typos femininos que de vez em quando deixam naquellas paginas um tão penetrante perfume de formosura, de serenidade e de perversidade...

Cubas e Rubião são dous homens mediocres; Quincas é uma figura perfeitamente accentuada, que tem certo cunho de grandeza, embora desordenada e phantastica, dando a impressão como de um gigante mutilado e grotesco...

Braz Cubas e Rubião gozam a plenos haustos a felicidade espessa e vulgar, que o acaso lhes trouxe – a um o acaso do nascimento, ao outro o acaso da herança.

Aquelle, porém, é uma pessoa acostumada desde o berço á abundancia, e desfructa-a por isso com certa naturalidade, com certa distincção; o professor de Barbacena viveu até a idade viril na mediocridade da fortuna, não na *aurea mediocritas* de que falla Horacio, mas na mediocridade ferrea e aspera, que lucta com a sorte para garantir um pão e um leito. Nessa differença de dous caracteres, aliás proximos e congeneres, mas formados em meios diversos, ha um bello estudo de Machado de Assis, um notavel parallelo entre o *parvenu* e o rico filho de rico. Observe-se que o subito e enorme lucro de Rubião nem siquer foi resultado do seu trabalho, obra do seu engenho e do seu esforço: foi uma cousa inesperada, uma surpreza cahida do céo; foi como a sorte grande de uma lotérica confusa. Os que conhecem um pouco a sociedade sabem que esse é para o pobre, sobretudo para o pobre sem cultura e curto de senso, o meio mais perigoso de enriquecer; torna-o fatuo, infla-o com sopros de presumpção ridicula, colloca-o na posição um tanto desageitada do rustico, que se veste nos domingos com a roupa do patrão.

Rubião não tinha a cabeça bastante forte, e a indole bastante fidalga, para resistir a esse enervamento de um luxo novo e prodigioso; a prosperidade embriagava-o, entontecia-o o contraste sublime entre a sua modesta casinhola de Barbacena, com a aula aborrecida e a meninada impertinente, e o soberbo palacete de Botafogo, cheio de moveis sumptuosos, objectos de arte, e baixelas de prata lavrada; tudo isso fazia d'elle uma especie de bolha de sabão, que quizesse subir até bem alto, bem alto, até as nuvens e até os astros, reflectindo todos os cambiantes do sol e todos os matizes do firmamento. – Eis ahi o germen latente da "megalomania" que o victimou porfim, e que Machado de Assis analysa e descreve com a finura, o tacto, a minuciosidade de um genuino pathologista.

Com Braz Cubas não se daria tal, por Deus! Levava elle decidida vantagem ao outro num ponto: era dotado de extraordinario senso pratico; qualidade predominante, que suppria a superioridade moral e intellectual que lhe faltava. Braz Cubas suppor-se jamais Napoleão III! não; Braz Cubas sabe que é Braz Cubas, e mais nada. O *Nosce te ipsum* do sabio grego está alli feito carne e osso.

De resto, naquelle homem sem talento e sem ideal, surge de quando em quando, e mesmo com habitual frequencia, a agudeza de um espirotosinho voltaireano, mas, menos amargo que o do cynico de Ferney, gostando de rir-se dos outros, e, um pouco tambem de si proprio...

Nascido de familia burgueza, opulenta, mas despida inteiramente de illustração e de graciosidade, começa, como todos mais ou menos, por ser uma creança travessa e vivaz. Nessa edade feliz, a intelligencia, virgem ainda de leituras e de theorias, abre-se á luz das cousas, como as flores se abrem na aurora ao orvalho e ao sol – phenomenos de physiologia inconsciente. Depois, a admiração babosa dos paes, dos avós, dos tios, da parentela toda, puxa muito por nós, dando-nos sempre como uns Sant'Antoninhos da casa, e uns genios mais ou menos em embryão, só porque batemos palmas diante de uma te[ilegível], ou perguntamos se as estrellas são os brinquedos dos anginhos. Um traço caracteristico na infancia de Braz Cubas, um traço por onde se vê que "o menino é o pae do homem", é o de preoccupar-se elle mais com o seu espadim de latão do que com a espada de Bonaparte; eis a formula synthetica do egoismo universal; e, si em algo se notabilizou em Braz Cubas, foi, sem duvida, no egoismo.

Entrado na adolescencia, tem, como muito rapazinho perdido de mimos, uma aventura banal com uma prostituta. – Ignorando o valor do dinheiro, porque não teve de o ganhar, achou-o já prompto e ao seu dispor, gasta-o ás mão rotas, até que o pae lhe descobre as tramoias, agarra-o á força, e manda-o cursar as aulas de direito em Coimbra. Lá na bohemia independente, longe de qualquer vigilancia, que podia elle ser? primeiro um cabula [cábula], depois um bacharel.

Limita-se a isto a bagagem que elle traz comsigo, regressando á patria: uma carta-diploma, uma dose soffrivel de pedantismo, outra maior de ignorancia, e um pouco de presumpção por contra-pêso.

Chega; o pae tenta casal-o; por circumstancias fortuitas, o projecto gora, mas não se elimina, transforma-se, vindo mais tarde a exercer profunda influencia no seu destino; desfeitas as nupcias (caso commum na política de todas as epochas!) desfaz-se o plano de elegel-o deputado, que d'aquellas dependia.

Principia aqui para Braz Cubas um periodo de transição, em que não se sabe ao certo o que faz elle; vive; vegeta. Até que um dia em conversação ligeira, dão-lhe esta noticia: Virgilia, casada com o Lobo Neves, chegou de S. Paulo...

(Continúa).

Magalhães de Azeredo

• *O Estado de S. Paulo*, São Paulo, 21.4.1892, p. 1.

QUINCAS BORBA
V

Virgilia chegou de S. Paulo...

Ora, esta Virgilia fôra precisamente a noiva de Braz Cubas nos famosos esponsaes tractados e desmanchados. Já veem que era um trecho, e talvez o mais interessante, da sua mocidade, o que se lhe ia apresentar diante dos olhos. Encontraram-se – é claro; encontraram-se, e sobreveio-lhes a tentação de continuarem clandestinamente os seus interrompidos amores, os seus amores gostados outrora com calma, com honesta singeleza, sob a proteção da lei, e o augusto consenso da sociedade.

Effeitos da musica, das luzes, do calor, do delirio de um baile – scenario arriscado, em que se prendem tantas almas e se constroem ou se estragam, tantos futuros.

Aqui se toca na questão melindrosa das mulheres, que teem um namorado a serio, e, depois, abandonando-os por qualquer causa, ou capricho, ou volubilidade, ou obediencia a imposições alheias, acabam por se ligar em matrimonio com outro homem. Triste sorte a d'este si sabe do facto, e é precavido, que se vê na contingencia de estar sempre de atalaia para que não venha o *outro* reivindicar um coração que lhe pertence, e um corpo que devia pertencer-lhe.

Si o porvir é cheio de ciladas, o passado não o é menos – Vinho bom, uma vez provado, deixa saudades nos labios; e que muito é que não resistam elles a saboreal-o de novo, quando a taça transbordante os atrahe e os convida?

E' historia de todos os dias esta: moças que se casaram, e vão vivendo admiravelmente com os respectivos maridos e de subito, ao cruzarem seus olhos, com os de alguem que amaram ou julgaram amar, por acaso, na esquina de uma rua ou na platéa de um theatro, eil-as, vencidas, arrastadas irremissivelmente a todas as vehemencias e vicissitudes de uma paixão renovada – e prohibida...

Diga-se isto de passagem, e prosigamos. Vamos ver o Braz Cubas ás voltas com o Amor – o *aeternus Amor*, a força maxima, o maximo encanto da vida, o velho thema sempre novo e sempre inexgotavel de todos os romances e poemas, o maravilhoso transformador dos seres, que torna fracos os heroes, e heroes os fracos.

Porque Braz Cubas amou – seja dito em sua honra; amou um tanto a seu modo, que querem? mas amou deveras. Teve coragem, teve dedicação bastante para se arrojar cegamente ao torvelinho de incertezas, de angustias, de receios pungentes, de gosos infinitos, de acerbos remorsos, de esperanças, de tedios, de desalentos, em que se debate desde os primeiros instantes um sentimento d'aquelles.

Meus amigos, Virgilia era uma mulher soberba, joven esplendida, e, demais, resoluta como poucas. Valia bem a pena arrostar por ella alguns perigos, e até a morte... não chego a tanto; porque Braz Cubas, organisação positiva e sensata, não o esqueçam, havia de ter em alto gráu o instincto de conservação...

Não me cabe desenrolar neste estudo, peça por peça, todo o mechanismo d'aquelle adulterio romanesco, a que nada falta, nada do que ordinariamente, e necessariamente, o constitue. O certo é que a elle ficou ligado, póde-se dizer, todo o resto da existencia de nosso Cubas, e, como epilogo digno da chronica, Virgilia, após dous annos de ausencia, assiste-lhe ao passamento, e fecha-lhe os olhos. Tudo fôra descoberto, houveram de separar-se, mas, nesse momento supremo, as suas almas uniram-se de novo, e a que partia para regiões ignotas pôde dizer o adeus derradeiro á que ficava, melancholica, abatida, avelhentada e fria...

Fallecido, encerrado no esquife, dado á terra o cadaver d'esse solteirão de 65 annos, reconstruamos-lhe o caracter: tipo practico, muito, como dissemos – sensibilidade media, mas equivoca e desigual – consciencia condescendente e elastica; hajam vista o caso da moeda e o do embrulho mysterioso – intelligencia, pouca, futil, improductiva, e vaidosa; quem na camara pronuncia um longo discurso para ser modificado o feitio dos barretinas do exercito: – resumo; um mediocre.

Prevejo a objecção do leitor; mas o Braz Cubas era um grande philosopho. Escreveu as Memorias Posthumas! Attende, porém, leitor benigno, a que, por serem posthumas é que ellas valem o que valem; olha que se tracta, conforme o prosador de além-tumulo egregiamente observa, não de "um auctor defuncto" mas de "um defuncto auctor". Que pretendes tu que seja, sinão sabio e genial, um filho de Eva, que penetrou já nos temerosos mysterios do outro mundo, e, entre elles pensa, e compõe livros? Lá brilha a luz ampla da verdade absoluta, que faz ver o fundo das cousas; lá perecem as falsas apparencias, as illusões, os preconceitos; não descobres um vestigio frisante dessa serenidade e desse desprendimento superior, nas linhas funebres da dedicatoria: *Ao verme que primeiro roeu as frias carnes do meu cadaver...*?

VI

Rubião residia de longa data em Barbacena; era mestre-escóla.

Ensinava o que sabia – não sabia mais do que ensinava; pouquissimo, com certeza. Sem aspirações, sem talento, sem gosto esthetico, sem tendencias e aptidões scientificas, habitos abaixo de modestos e escassissima pecunia, devia aborrecer-se mortalmente – sobre tudo porqueguardava [sic] nos refolhos mais ignotos do seu organismo certas gulas de sybarita e certas pretenções ingenuas de *viveur*.

Uma vez apparece por alli o Quincas Borba, vindo do Rio, já com todo o seu systema do Humanitismo condensado em um grosso volume, e uns grãos de sandice a dansarem-lhe no encephalo.

Apaixona-se por uma irmã de Rubião, intenta recebel-a por esposa, mas, antes de o conseguir, uma pleuriza a leva. Temos os dous – o irmão e o noivo sem ventura – ligados por este lance, feitos amigos, como cunhados hypotheticos.

Borba adoece; Rubião tracta-o com solicitude e carinho, é-lhe enfermeiro assiduo e devotado, sempre á cabeceira do leito, administrando-lhe tisanas e velando-lhe o somno, bastando-lhe a paciencia até para ouvir com religiosa attenção, nas horas quietas da convalescença, a exposição das chimeras phantasmagoricas do Humanitismo.

Borba morre, e, aberto o testamento, vê-se Rubião herdeiro universal de solida fortuna. É simples e é logico. Também é logico e simples que este, senhor de tamanho capital, dê ao diabo Barbacena e a escóla, e mude-se para a Corte, objecto dos seus sonhos dourados, onde o conforto é o maior, o luxo mais fácil, a existencia mais varia e mais complicada.

Na viagem, succede-lhe o que é de uso succeder em viagens; trava relações com um casal, aboletado no mesmo wagon que elle, um rapaz distincto, de trato ameno, de maneiras affaveis, e sua senhora, uma moça bonita, de contornos suaves e olhos scismadores. Sem que elle o perceba, os acontecimentos se precipitam; no espaço de poucos dias junctam-se dous elementos poderosos, que lhe modificaram radicalmente a vida: uma herança, que o arranca da miséria, e o transporta sem intervallo para a plena opulencia e o encontro casual de uma mulher que pouco a pouco, sem proposito deliberado, sem premeditação, se vae apoderar d'elle, e exercer dominio tyrannico sobre as suas idéas e as suas faculdades.

No Rio, chegado de pouco, Rubião tem por força de fazer a aprendizagem do roceiro, que se perde e confunde no labyrintho de uma cidade populosa e culta. Em summa, com umas tantas licções, o verniz pega facilmente, embora apenas na superficie.

E depois, quem tem dinheiro, muito dinheiro, está mesmo talhado para amphytrião; e, para o ser de optima estofa, não são necessarios dotes excepcionaes; mesmo um tal qual acanhamento não fica mal, tem até graça, é de bom tom, revela a modestia de um dono de casa lhanno e tractavel. Está, pois, descoberta a sua profissão de ora avante, e sem custo: será amphytrião. De facto, nunca foi outtra cousa; quando deixou de o ser, por falta de meios (o thesouro esvahira-se até o ultimo real, e a razão se lhe enchera de trevas), todos lhe fugiram, todos o renegaram; e é tambem isto logico e simples, porque nelle não era o homem que festejavam, era o amphytrião.

Elevado officio, meritorio e caritativo, esse! Dar de comer e beber aos outros, divertir os outros, pagar dividas, contas de hotel, bilhetes de espectaculos aos outros, rir-se do chiste dos outros, encampar as ambições monetarias e politicas dos outros, quereis mais perfeito e consummado altruismo? Não mereceria elle estatuas em todas as praças publicas, e a immortalidade na historia? E, não obstante – roverso [sic] imprevisto d'aquella fulgente medalha! – só lhe retribuem os favores e os sacrificios com esquecimento e despreso.

O proprio Palha, que Rubião tanto auxillara [sic] na carreira commercial, foi-lhe ingrato; a propria Sophia, a doce, a meiga, a honesta Sophia, que elle adorara até o desvario, e que tinha parte bem real, embora inconsciente, na alienação mental que o empolgou!

Rubião a amara – ridiculamente, porque não era correspondido, e, aldeão louco, primitivo que permanecia sob o fraque correcto e a gravata de seda, não tinha arte sufficiente para disfarçar a chaga que o devorava por dentro. O amor amesquinhava-o, concorrendo para a decomposição irreparavel do seu debil espirito.

Elle não era da raça dos conquistadores altivos, que se impoem aos desejos femininos, com inteira certeza do seu poder de fascinação; nem pertencia ao numero dos fortes, ainda mais raros, que concentram em si, sem uma queixa, a vehemencia de um affecto esmagador, transformam-no em um culto delicado e pudico, e, a despeito do aguilhão da dor moral que os punge de continuo, proseguem corajosos na sua missão humana, em prol da consciencia, e em prol do dever.

Rubião, coitado! não passava de uma boa alma incaracteristica e passiva.

No meio dos seus banquetes e prodigalidades, uma utopia anormal entra a desarranjar-lhe o cerebro.

Principia a pensar muito em Napoleão I e Napoleão III; compra os bustos dos dous imperadores, e colloca-os no seu gabinete, bem á vista; um dia, manda chamar o barbeiro para dar-lhe nos bigodes e á pera o feitio dos de Luiz Bonaparte e mais tarde, a monomania progride; sempre que se falla em ceremonias da corte ou em batalhas, eil-o a delirar, dizendo-se Napoleão, nomeando duques, generais, ministros os seus interlocutores; uma occasião, tomando logar no carro de Sophia, ao seu lado, o tresloucamento chega ao auge; elle é o imperador francez; ella é a imperatriz Eugenia; e, dentro em pouco, os accessos de sandice que eram intermittentes, tornam-se habituaes, e é forçoso encerral-o numa casa de saude.

Apura-se-lhe a fortuna; fora-se toda; restam miseraveis migalhas que nem dão para lhe pagar as despezas.

Assim acaba, na total ruina, esse desditoso, cuja maior inferioridade, foi não saber ser feliz.

Vae dar o ultimo suspiro, em Barbacena, onde entra sob uma chuva torrencial, desvairado, febricitante, acompanhando-o somente o velho cão, unico que o não abandonara, como não abandonara nunca o extincto Quincas Borba; e, da mesma forma que este expirou na convicção de que era Santo Agostinho em pessoa, também o infortunado Rubião, synthetisando no derradeiro instante os seus delírios de grandeza, "poz a coroa na cabeça – uma coroa que não era, ao menos, um chapeu velho ou uma bacia... Não senhor; elle pegou em nada , levantou nada e cingiu nada..."

(*Continúa*)

Magalhães de Azeredo

• *O Estado de S. Paulo,* São Paulo, 24.4.1892, p. 1.

QUINCAS BORBA
VII

É entre as duas figuras que acabo de reconstruir – com cuidado e escrupulo, um pouco como si se tractasse de imagens historicas – que se nos mostra o perfil exotico, mephistophelico de Quincas Borba.

Podemos evocar com interesse e curiosidade essa especie de dr. Fausto maluco, que não foi buscar nas abstracções da metaphysica ou nas experiencias da chimica o segredo dos seres, mas remexeu assiduamente a escoria humana, em todos os seus exgottos, desde as astucias da gatunagem até a infecção do catre rôto da enxovia; e a quem todo o ocio de uma mendicidade aventureira deparou amplos lazeres para a creação de uma philosophia, entre ironica a serie [sic], que aliás pôde com vantagem soffrer o confronto de outras muitas, mais ou menos em voga por esse orbe alem.

Soberbo contraste é aquelle, e dá um realce extranho ao quadro.

Quincas Borba e o humanitismo são duas cousas que se confundem; um é a relaidade [sic], outro é o symbolo; um é o sacerdote, outro é o dogma.

Ora, o ponto de partida para a analyse de ambos é a sorpresa [sic] dolorosa de Braz Cubas, vendo uma bella manhã no Passeio Publico, pobre, esfarrapado, sordido, abjecto aquelle mesmo que fôra tão gentil menino, tão garboso collegial, fazendo de imperador nas festas, e escolhendo sempre para si um papel que significasse dominio e preeminencia sobre os outros.

Parece que o futuro philosopho tinha sido uma d'essas mil victimas do ideal, que acotovelamos tantas vezes pela rua, sem siquer attentar-mos nellas quasi nunca. É como um d. Quixote de outro genero. O que o perdeu foi justamente haver posto os olhos em miras altas demais; novo Icaro, o sol da crua realidade derreteu-lhe a cêra das azas – e de resto tão feliz como o outro, teve a boa sorte de encontrar quem lhe abrisse logar distincto em selecta galeria litteraria.

Naturalmente, criança amimada, rapazinho crescido entre o carinho e a submissão de todos os seus proximos, desde a mãe até os criados, aceito sem contestação pelos companheiros como general ou rei nos seus brincos e comedias, sahiu da escóla com a ingenua convicção de que seria neste mundo tudo o que ambicionasse – sem outro esforço que o de querer.

O mundo, porem, sahiu-lhe bem ás avessas do que cuidava; em quanto [sic] não lhe faltou dinheiro, a vida foi facil; mas, acabado elle... Si sob essa pelle até então acostumada ao contacto macio do luxo, houvesse um caracter de luctador sadio e forte, a adversidade, longe de o entibiar, ser-lhe-ia incentivo para o combate; mas, vadio por habito, vadio por indole, em vez de dar de si um trabalhador honrado, sahiu-nos um mendigo ladrão. A queda foi fatal, segundo o velho aphorismo escolastico – *corruptio optimi pessima* – e a despeito de lermos, entre os axiomas do Braz Cubas, improvisado La Bruyére [sic] por momentos: "Antes cahir das nuvens que de um terceiro andar."

Taes circumstancias só ao de leve as vemos acenadas no romance; mas deprehendem-se sem custo do entrecho, e concorrem para fazer do Quincas Borba um dos typos melhor apanhados em flagrante de humanidade, que ainda creou Machado de Assis.

É, de facto, perfeitamente um d'esses desgraçados sem numero, a quem a miseria callejou a alma, "a ponto de lhe tirar a sensação da lama". Quem os não conhece? quem os não tem visto a cada esquina que dobra, parados de mão estendida, olhos turgidos e avermelhados de alcoolismo, com um aspecto tão merencorio, e tão cynico a um tempo, que produz " um sentimento mixto de nojo e lastima"?

Ante a inopia torpe e desbriada, que nos procura, que nos persegue com lamurias falsas, a gente chega a hesitar, quando tira do bolso uma moeda, entre o impulso caritativo de soccorrer o infortunio, e o receio honesto de estimular o vicio.

Eis a personificação acabada e completa de semelhante casta de parias: "Deixa-me agradecer-lhe de mais perto?" – pergunta o Quincas a Braz Cubas, que lhe dera uma nota de cinco mil reis.

"E, dizendo isto, abraçou-me com tal impeto, que não pude evital-o... Metto a mão no collete, e não acho o relogio.

Ultima desillusão! o Borba furtara-m'o no abraço".

Mas naquella degradação moral tão repellente não andava só em effeito da pobreza desoccupada e indigna; andava tambem um systema, um modo especial de encarar as cousas. Astucia de tractante, que inventa theorias accintemente para sobredourar com ellas os seus máos costumes? tendencia de zombador sem preconceitos, intelligente e um pouco doido, a englobar num plano geral, mais ou menos coordenado, as suas opiniões desrespeitosas e revolucionarias, sobre os phenomenos que observa, e os principios que d'elles deduz? Talvez uma e outra cousa; ou antes, nada d'isso; mera diversão de quem não tem nada melhor a fazer.

Quando vemos alguem, que costuma ficar-se callado horas e horas, sentado em uma cadeira de balanço ou encostado a uma janella, com a vista perdida no tecto ou no horizonte, todo absorvido num extasi de fakir ou de budhista, o primeiro commentario que nos acode á mente é este: Que profundo pensador deve ser este homem!

Considerem agora o Quincas Borba, que consumiu longos e arrastados annos na mais absoluta inacção; inventivo como era, prescrutador, com uma pontinha de genio falho, é de suppor que conversasse muito com os seus botões, e, á força de argumentações monologadas, conseguisse edificar o que elle chamou a principio a "sua philosophia da miseria", e mais tarde chrismou com a denominação technica de Humanitismo, tendo-o modificado já com certas emendas optimistas, que lhe inspirou a sua abastança, restaurada por um sucesso imprevisto.

Sim, morrera-lhe uma tia lá para os lados de Minas, e tocara-lhe o legado inteiro, sem quebra de um real. Vendo-se rico de novo, forçosamente o seu primeiro cuidado foi reenvernisar o rosto com uma boa provisão de vergonha – não digo muita, mas *quantum salis,* para as despezas jornaleiras da comedia social.

Temos d'isso um documento de alto valor; a carta que escreve ao Braz Cubas, remettendo-lhe um relogio d'ouro, em substituição do que lhe empalmara, e pedindo-lhe venia para ir expor-lhe as suas doutrinas de reforma philosophica.

(Continúa).

Magalhães de Azeredo

• *O Estado de S. Paulo*, São Paulo, 26.4.1892, p. 1.

QUINCAS BORBA
VIII

O Humanitismo, como quasi todas as philosophias novas e velhas, parte da concepção do universo para o estabelecimento e a applicação de certas leis, destinadas a reger a actividade individual e collectiva. O principio essencial, a origem, o meio, o fim de tudo é Humanitas; pantheismo espiritual, que eleva o homem á cathegoria de deus, e conclue que elle "deve adorar-se a si proprio". De accordo com esta formula, ha tres phases em Humanitas, todas dirigidas ao bem e á supremacia do grande ser: a statica, anterior a toda a creação; a expansiva, começo das cousas; a dispersiva, apparecimento do homem; e, por uma falta de logica que trahe um principio de enfermidade mental, ainda haverá uma quarta, inexplicavel, a contractiva, absorpção do homem e das cousas; por quem?

Visto isso, todos os actos são bons; ponto de contacto entre o Humanitismo e a Escolástica, por exemplo; nesta, como manifestação de um factor, e o mais nobre, entre os seres contingentes; naquelle, como desenvolvimento da mesma força fecunda e eterna, e volvendo atravez das idades.

A Escolastica, porem, admitte que um acto possa ser mao, moralmente, pela falta de uma perfeição intrinseca: a sua conformidade com as normas impostas pelo Creador; no Humanitismo não ha essa restricção: todos os actos são bons, porque todos são necessarios; d'onde, nem direitos nem deveres; apenas um fatalismo incontrastavel.

Todas as ambições, por mais desmesuradas, todos os sentimentos, por mais baixos, são inteiramente licitos. "Assim o algoz que mata o condemnado, póde excitar o vão clamor dos poetas; mas, substancialmente, é Humanitas que corrige em Humanitas uma infracção de Humanitas." A inveja, o odio, a cubiça [sic], a avareza, a prodigalidade, tudo isso é justo, porque a lei unica é "a lucta pela existencia", e, para entrar nella, qualquer arma é permittida. Todas as complicações se resolvem pela regra de Hobbes: o mais forte devora o mais fraco; logo, a maior felicidade é ser forte, descender do peito ou dos rins de Humanitas; a única desgraça é não ter nascido.

A consequencia ultima do systema, tirou-a a Quincas Borba em Barbacena, em uma prelecção dogmatica ao seu fiel enfermeiro Rubião, discorrendo, ás bordas do sepulchro, sobre a morte, como Socrates, com a taça de cicuta na mão, discorreu sobre a immortalidade:

"Não ha morte. O encontro de duas expansões, ou a expansão de duas formas, pode determinar a suppressão de uma d'ellas; mas, rigorosamente, não ha morte, ha vida, porque a suppressão de uma é a condição da sobrevivencia da outra, e a destruição não attinge o principio universal e commum. D'ahi o caracter benefico e conservador da guerra"

Descreve-lhe então duas tribus famintas, acampadas, numa plantação de batatas, que são insufficientes para alimental-as a ambas. "A paz, neste caso, é a destruição; a guerra é a conservação. Uma das tribus extermina a outra, e recolhe os despojos."

E Quincas Borba, enthusiasmado, põe o extremo remate ao Humanitismo, nesta clausula synthetica, e sublime:

"Ao vencido, odio ou compaixão; ao vencedor, as batatas!"

"Vêm que a doutrina é interessante, e, explorada a geito, poderia fazer a nomeada de mais de um pensador – sem embargo de algumas pequenas incoherencias; mas corre quasi como proverbio a comparação: " incoherente como um philosopho..."

IX

Conhecidos os tres personagens principaes que esbocei, está implicitamente exposta a acção do romance, que é, aliás, muitissimo simples; nem preciso deter-me em traçar o retrato mysterioso do cachorro Quincas Borba

2, cuja sombra paira sobre todos os capitulos, como o de uma sorte de genio familiar, vagamente satanico.

Com verdadeira maestria e firmeza de pulso, delineou tambem Machado d'Assis os perfis das mulheres, – Virgilia e Sophia que já são para nós relações antigas; Marcella, a amante semi-publica, a concubina venal de Braz Cubas; a flor da moita, Eugenia, em traços rapidos; Eulalia, a flor do valle, igualmente debuxada de passagem; d. Placida, a alcoviteira ancian, triste filha das hervas, fructo pêco dos amores de um sacristão e de uma doceira; d. Tonica, a dos olhos de trinta annos, "cansados de esperar" sempre á cata de um noivo, sempre desilludida e sempre animada a novos projectos; d. Fernanda, a distincta e generosa senhora, que é a phisionomia mais sympathica da galeria; Maria Benedicta, a bella e romantica enamorada, a esposa feliz, a mãe extremosa; assim como os typos masculinos, entre os quaes notaremos: o pae de Braz Cubas; o Cotrim, cunhado do mesmo; o desembargador Villaça, glosador emerito, rival verdadeiro ou supposto de Bocage nas ceias bohemias do restaurante Nicola; Lobo Neves e Theophilo, entregues de alma e corpo á febre da politica; Carlos Maria, o elegante, o dandy de gosto fino, educado no respeito de si mesmo, e um pouco tambem no desprezo dos outros; o alegre e galhofeiro Freitas, conviva quotidiano de Rubião; o major Segueira[39], tagarella inexgotavel; e outros, que no enredo representam papel mais ou menos secundario e accidental.

Após tão extensa enumeração, o mais acertado é fazer ponto por hoje, deixando para outro artigo algumas breves considerações sobre a maneira, a composição, o estylo, a psychologia, e, sobretudo, o humorismo extraordinariamente caracteristico do auctor. Não terminarei, entretanto, sem me explicar com os que, porventura (e não serão poucos) acharem nimiamente prolixa esta minha apreciação acerca de dous livros de mera litteratura; convenho no reproche de prolixidade, mas digo-lhes que não ha outro remedio sinão incorrer nelle; com effeito, ha duas especies de critica: uma para os que leram a obra de que se tracta; outra para os que a não leram.

Ora, entre nós, a presumpção é que a mór parte dos que vão ler a apreciação no jornal, não leram a obra, que é mais longa e mais cara; do que se segue que a critica, em ultima analyse, é um convite e um estimulo para que o publico compre e leia a obra.

De que modo obter tal resultado, sinão dando uma idéa geral do livro, dizendo umas cousas e callando outras, para que a curiosidade se excite, e

---

39 Siqueira.

queira saber tudo, como foi isto, como foi aquillo, e como nasceu aquelle typo, e como morreu aquell'outro?

Mas isso é rudimentar de mais, e os leitores me perdoarão o atrevimento de lhes dar esta licção de abecedario critico.

(Continúa).

Magalhães de Azeredo

• *O Estado de S. Paulo,* São Paulo, 27.4.1892, p. 1.

QUINCAS BORBA
(Conclusão)
X

Ao classificar estes dois volumes, como nos sentimos longe d'aquelles emmaranhados romances de intriga tenebrosa, tramada, desenvolvida, levada a cabo por um cento de personagens, que em cada lance nos reservam um enigma e em cada pagina uma sorpresa! São nossos antipodas os Montepins, os Sues, os Ponsons, cujos prodigios de funambulismo imaginativo ainda acham quem os admire nas agoas-furtadas dos proletarios, e nos gabinetes de leitura barata, com immenso gaudio dos editores, e serio detrimento das intelligencias debeis.

Nós, quando attentamos nas suas creações incongruentes, nos seus Marquezs [sic] de ***, Duques de *** e Damas de luva preta, e galans alambicados, e filhos bastardos, e faccinoras de catadura tremenda, exclamamos instinctivamente: que fantoches de páo sarapintado!

E, como no scenario dos theatros réles, em que as télas mal remendadas deixam a nú os machinismos de madeira para mutações imprevistas, descobrimos sem custo, por sob aquelles ouropéis de baixa litteratura, o plano pueril de produzir effeitos faceis nas phantasias incultas, sem grande dispendio de talento e de trabalho, só com as falsas scintillações de uma inverosimilhança desmarcada!

Quanto ao *Braz Cubas* e ao *Quincas Borba*, perguntarieis até si são realmente romances, tão extranha lhes é toda a pretensão de armar ao assombro e a bôa fé dos leitores. Eu responderia assás justamente; Isto não é um romance, é a *Vida*.

Nada ha postiço, artificial nos episodios, que se desenrolam com perfeita naturalidade, e com a logica, por vezes inopinada, dos factos quotidianos. Bem cabido é o reparo de Machado de Assis no prologo do *Braz Cubas*:

"A gente grave achará no livro umas apparencias de puro romance, ao passo que a gente frivola não *achará nele o seu romance usual.*"

Zola, em confabulação familiar com De Amicis, disse-lhe que "elle não faz os seus romances, deixa que estes se façam de per si."

Escolhe dous ou tres factos fundamentaes, e dados os costumes, o temperamento, as idéas dos protagonistas e comparsas, o meio em que se formaram, a educação que tiveram, tudo quanto lhes pode influir na indole e no proceder, tira d'esses dous ou tres factos escolhidos as conclusões mais obvias. Pelo mesmo methodo se regulam as cousas nos livros a que nos vamos referindo; Braz Cubas e Virgilia fizeram isto: walsaram [sic] junctos e abraçaram-se um pouco demais, e, beijaram-se depois; mas Braz Cubas e Virgilio [sic] são taes e taes: que se segue d'ahi? Isto. Pois será isto, e mais nada.

Não contesto que haja romances de entrecho mais variado, mais rico; não os ha, porém, melhor estudados e desenvolvidos. E ainda o que, a meu ver, enaltece o merito do auctor é ter sabido, com elementos relativamente restrictos, attrahir tão bem, de principio a fim, a attenção e o interesse de quem o lê.

Disse eu: não é um romance, é a vida. E, de feito, não ha relação mais fiel e minuciosa da vida do Rio de Janeiro que Machado d'Assis conhece a fundo ha muitos annos.

Liga-se a esta circumstancia o seu modo peculiar de descrever. Não gasta elle, em quadros interminaveis, paginas e paginas, como fazem de ordinario Balzac e Zola; não é raro que consagre poucas linhas á pintura de um logar ou de uma physionomia; mas linhas são essas tão artisticamente traçadas, que nos dão, inteira, a impressão do que elle quer que vejamos.

Comtudo não escasseiam, sobretudo no Braz Cubas, largos trechos descriptivos de extraordinario relevo; por exemplo, o capitulo VII, em que soberbamente narra o delirio da febre com um mixto exquisito de generosidade biblica e de facecia molieresca; o XII, em que reconta por miudo o gracioso "Episodio de 1814"; o XVII – "Do Trapezio e Outras Cousas" – em que ha um notavel retrato de Marcella; o XIX, "A Bordo", tão repassado de nostalgia e de emoção; o LXXIV "Historia de d. Placida"; o CXXI "Morro Abaixo", e innumeros outros.

Mais uma particularidade: pondo-nos em face de um caracter, bom ou máo, elevado ou rasteiro, valioso ou futil, não nol-o apresenta de um só golpe, fazendo no mesmo ponto a lista das qualidades, que o exornam, ou que lhe faltam: deixa que estas se revelem a tempo e horas, quando as condições internas ou externas o determinarem; não é tal processo o mais racional, o mais consentaneo com a realidade?

Que referencias farei ao seu estylo? quem desconhece neste Brasil o estylo de Machado d'Assis?

"Quel bello stile che m'ha fatto onore", pode elle dizer com Dante.

A dupla superioridade, substancial d'essa linguagem perfeita, é guardar ella zelosamente – neste fim de seculo – toda a pureza e correcção dos classicos, alliando-a com sapiente equilibrio aos beneficios do progresso.

Machado de Assis comprehende bem que um idioma é o reflexo de uma época e de uma civilisação, e, portanto, não se póde mumificar, eternamente estacionario nos mesmos moldes; é mister que viva com o povo que o faz vehiculo das suas idéas e dos seus sentimentos, e passe, como elle, por todas as modalidades, que importa cada phase da sua existencia collectiva; mas comprehende tambem, por outro lado, que essas modalidades não lhe podem influir na essencia, não lhe podem alterar sinão a forma; comprehende que – quem é rico não precisa viver de emprestimos – e por isso proscreve dos seus escriptos toda a locução extrangeirada e desnecessaria; comprehende que não devemos atirar por cima dos moinhos as joias mais preciosas do thesouro vernaculo, e por isso reintegra em seus foros de cidade genuinas phrases e construcções, ineptamente relegadas na valla commum dos archaismos obsoletos.

Outra primazia innegavel de Machado de Assis consiste na sua sciencia de psychologo, e no seu humorismo personalissimo, que revestem de um encanto novo e ignoto aquelles capitulos, na maioria tão curtos, que a gente os devora, e sente que findem tão depressa.

As suas analyses psychologicas rivalisam com as dos mais auctorisados mestres na materia. A subtileza com que elle analysa as minimas nuanças dos desejos, dos pensamentos, das resoluções, dos sonhos humanos faz crer que exista, com effeito, a verdadeira "anatomia da alma" e que seja possivel penetrar com segurança nos escaninhos do coração, para dissecar á luz do dia as suas fibras recônditas e mysteriosas.

Não quero citar exemplos, porque não acabaria mais; ha-os a cada pagina, que nos espantam pela argucia e pela excentricidade. E, de resto, não os cito, muito de proposito: quem se sentir curioso de os apreciar, abra o livro, e não terá difficuldade em encontral-os; affianço-lhe que não se saciará d'elles, antes de chegar á palavra – Fim.

Não terminarei sem me occupar do seu humorismo, uma das qualidades principaes que lhe assignalei. É predicado quasi absolutamente novo e desconhecido nas nossas lettras. Em geral, entendemos por humorismo o habito de encarar as cousas pelo seu lado comico, provocando com remoques joviaes, a gargalhada das turbas.

Não se parece nada com esse impropriamente denominado humorismo, o de Machado de Assis; é um humorismo mais fino, mais aristocratico, mais acerbo. E', com pequenas modificações, o que Ramalho Ortigão nos define nas *Farpas*:

"Não, não sois humoristas... Não o sois porque vos falta a faculdade de crear as grandes violencias de que se tiram os grandes contrastes. Porque não sabeis pôr a tinta que ri ao pé da tinta que chora. Não sabeis dar as grandes gargalhadas convulsas, que soluçam, como quem vae morrer; não sabeis fazer a sorte difficil, que é a de polichinello pintado a alvaiade, com uma enorme bocca de vermelhão, com uma corcunda e uma pansa, que se acocora, que guincha, que se rebola no chão, e de repente vos faz uma visagem – que é a tragedia – que vos supita o riso, e vos gela o sangue nas veias".

É isso, com um pouco menos de revolta e um pouco mais de melancolia serena o humorismo de Machado de Assis; é o humorismo de um desenganado; é o humorismo de Moliére no *Mysanthropo*, e de Shakespeare em algumas scenas do *Hamleto* e do *Othello*.

É essa flor doentia da experiencia e da desillusão, que semelha um goivo de sepulchro abrindo-se numa jarra de porcellana de Sévres, sobre um piano d'onde se evolam accordes de polkas alegres, no turbilhão doido de um baile de duendes...

Assim se fecha, numa expressão de desesperança resignada, o *Quincas Borba:*

"Chora os dous recentes mortos, si tens lagrimas. Si só tens riso, ri-te! *E' a mesma cousa*. O *Cruzeiro*, que a linda Sophia não quiz fitar, como lhe pedia Rubião, *está assás alto para não discernir os risos e as lagrimas dos homens*."

E aqui me despeço eu d'estes dous livros, amaveis companheiros dos meus lazeres, e a cuja convivencia ainda muitas vezes hei de tornar a recorrer, sempre com o mesmo gosto e a mesma solicitude.

Magalhães de Azeredo

• *O Álbum*, Anno I, n. 2, Rio de Janeiro, janeiro de 1893, pp. 9-11.

MACHADO DE ASSIS

Em 1885 Arthur Barrreiros escreveu, n'um periodico ephemero, profundo e luminoso artigo sobre a personalidade de Machado de Assis. Hoje, que o *Album* se honra publicando o retrato do Mestre, transcreve para as suas colunas esse artigo quasi inedito, rendendo assim uma dupla homenagem ao glorioso autor das *Memorias Posthumas do Braz Cubas*, e ao illustre moço cuja morte prematura foi uma perda sensível para as lettras nacionaes.

Eis as palavras de Arthur Barreiros, – nós não poderiamos dizer mais, nem melhor:

"Machado de Assis não se elevou pelo empenho, nem pelo fortuito dom do nascimento, nem pelas inexplicaveis combinações do acaso ou da politica. Para se tornar illustre e amado, não precisou de trepar para o carro de dentista em pleno vento e fixar sobre si a curiosidade das ruas, ao som estridente dos cornetins de feira, ao desalmado rufar das caixas e tambores. Deem-me um Atheniense, que em troca eu vos darei cem Beocios! póde elle insculpir como divisa na frontaria da sua obra. Filho de artista, elle apenas quiz ser artista maior, n'outra esphera mais alta e mais vasta.

Á volta do seu berço não lhe sorriram as boas fadas da lenda, que lhe outhorgassem bens transitorios e de sua natureza injustos; o Talento e o Trabalho, em compensação, estenderam-lhe as mãos, e da humildade do seu nascimento o trouxeram ao combate homerico da vida, e o armaram cavalheiro, certos de que os seus triumphos seriam sem conta e as victorias gloriosas.

A sua vida litteraria, que se estende, como um golfo grego e azulado, de aguas travessas e risonhas, das *Crysalidas* aos *Papeis Avulsos*, e fórma um opulento fio de perolas, raro será o homem de gosto que não a conheça no todo ou em parte.

Relêde-me as *Crysalidas*, que consorciam ás rosas os raios de sol, preparam as suas rimas com o mel das abelhas e a luz das estrellas, cantam, enfim, os deslumbramentos da Mater uberrrima e as explosões ruidosas do genio, todo esse mundo irradiante e impalpavel de sentimentos e idéas que rebentam prodigiosamente na imaginação dos poetas e nos quadros divinos da natureza, e que se póde conter no espaço abrangido por uma janella que deita para o campo, ou no espaço – muito maior e muito mais pequeno! – do adorado olhar feminino; relêde-me esses versos, e dizei-me se não descobris em germen o embryão – como se distingue no botão toda a flor e nas graças da menina toda a seducção da mulher – a nota poderosa, a nota pessoal, moderna e sincera que domina este singular, este grande, este admiravel livro das *Memorias Posthumas de Braz Cubas*.

E' a sua obra prima, a mais trabalhada e a mais saborosa, a que o definio inteiro e vivo, philosopho adoravel, de um scepticismo, nem brutal nem deshumano, – gotta a gotta adquirido como um veneno irresistivel, – indocil, religioso á sua maneira; e o vinco pessimista que d'esse volume para cá marca todas as suas paginas poderia ser tomado como um arrebique mais, se elle não fosse um convencido.

Estylista impeccavel, estylista desde que pela primeira vez se vio armado de uma penna e com algum papel branco diante de si (porque ha escriptores de nascença), Machado de Assis burilou no mais bello marmore, com um sagrado respeito á Forma, com uma noção nitida e poderosa do Bello, esssa longa e original serie de contos, de romances, de folhetins, de phantasias delicadas, imprevistas, deliciosamente ironicas, sintillantes de graça, que se chamam – citando ao acaso – *Miss Dollar, A Mão e a Luva, O Cão de Lata ao Rabo, A Chinella Turca, A Serenissima Republica, As Academias de Sião, Um Capitulo Inedito de Fernão Mendes Pinto*...

O critico não desmerece do phantasista; a penna que zombeteia e sabe rir, sabe tambem, sem clamores e com perfeita exempção, partir o pão da justiça entre os que arroteiam e lavram a mesma geira de terra, os que consomem o melhor e o mais puro do seu sangue insuflando vida ás creações do espirito, os eternos descontentes de si mesmos, os que veem sempre recuar e fugir os horisontes da terra promettida.

Há disto um exemplo frisante no magnifico estudo sobre a Nova Geração, que triumphalmente fez a volta á imprensa do paiz: desprende-se d'aquellas paginas enthusiasticas e justas "opportunas e amigas", tal serenidade de animo, uma tal comprehensão da confraternidade litteraria, tão ponderados são os seus juizos, tão rectilineos, tão inilludiveis, que não houve revoltados, e, se os houve, não se atreveram a apellar do julgamento.

E no meio de todos nós, que lhe quizemos bem muito antes de saber o que pensava o Mestre dos nossos grandes ou pequenos predicados de espirito, elle é simplesmente um vivo e alegre camarada, que se faz rapaz com os rapazes, que não nos dá o louvor a juros ou com a intenção de agremiar caudatarios, mas que nos adverte e estimula, para nos ver triumphar em toda a linha nobremente e sem ódios.

Disse Jorge Sand que o auctor dramatico deve deixar o auditorio fora de portas se quizer impressionar, não um publico, mas o coração humano; Machado de Assis dá maior amplitude á maxima do escriptor feminino: evita e execra a galeria, por temperamento, por um augusto e elevado sentimento de independencia e liberdade.

Nestes tempos de vozeria e fumarada, em que os mais bem dotados de pulmões se julgam os triumphadores e os heróes, quando quasi todos se sentem mordidos pelo demonio da publicidade e da gloriola, elle vive a serena e luminosa vida da Arte, egualmente repartido entre a obra divina e a obra humana, egualmente deslumbrado pela valsa phantastica das borboletas c por um tercetto genial de Dante, por uma apostrophe despedaçadora de Shakespeare e pelo manso derivar da agua sonora.

No trato intimo, benevolo, discrito, polido, admirador e seguidor das praticas britanicas, *gentleman*, em uma palavra; na palestra é ainda um escriptor de raça, deleitavel, copioso em ditos, penetrante, arguto, com um reparo para cada facto, com um remoque para toda a dissonancia, como nos mais bellos dias dos seus vinte annos, que não querem acabar, que se lhe metteram em casa e o acompanham para toda a parte.

É um Mestre; não o procura ser, não se impõe, não arma ás acclamações, não disputa proeminencias; e todavia é um Mestre pelos honrados exemplos da sua vida, pelas primorosas concepções da sua penna. O artista n'elle é um prolongamento do homem; no livro e fóra do livro, os limpos de coração sentirão a luz e o calor do astro, respirarão certa grandeza sincera, um não sei que de immaculado e mag-nanimo, que é como o ar ambiente dos espiritos verdadeiramente superiores.

ARTHUR BARREIROS"

Accrescentaremos alguns apontamentos biographicos:

Joaquim Maria Machado de Assis nasceu no Rio de Janeiro, em 21 de Junho de 1839, e é filho legitimo do operario Francisco José de Assis e de D. Maria Leopoldina Machado de Assis.

Os seus estudos foram muito irregulares. Ao deixar a escola de primeiras lettras, sabendo apenas ler e escrever, tratou de instruir-se a si mesmo, sem professores nem conselheiros, e assim adquirio todos os conhecimentos indispensaveis á carreira com que devia illustrar o seu nome. Para dar uma idéa da força de vontade que elle possuia – como ainda possue – em se tratando de enriquecer o espirito, basta dizer que tinha perto de cincoenta annos quando aprendeu a lingua allemã.

Em 1858 Machado de Assis abraçou a arte typographica, mas no anno seguinte abandonou-a para ser revisor de provas da famosa casa do Paula Brito e do *Correio Mercantil*.

Em 25 de Março de 1860 encetou Machado de Assis a sua vida jornalistica, ao lado de Saldanha Marinho, Quintino Bocayuva e Cezar Muzio, no *Diario do Rio de Janeiro*. Demorou-se na redacção d'essa folha até o começo de 1867. Em Março d'esse anno foi nomeado ajudante do director do *Diario Official*, cargo que exerceu até 1878.

Entretanto, desde 31 de Dezembro de 1873, estava nomeado 1º official da Secretaria da Agricultura, Commercio e Obras Publicas, sendo promovido a chefe de secção em 7 de Dezembro de 1876, e a director em 1 de Abril de 1889, cargo que ainda occupa na Secretaria da Industria, Viação e Obras Publicas, transformação d'aquella.

Releva dizer que Machado de Assis, comquanto o seu grande temperamento artistico devesse naturalmente indispol-o contra vida burocratica, é um funccionario publico modelo.

Accrescentaremos que Machado de Assis foi membro do Conservatorio Dramatico Brasileiro; fez parte das conferencias de historia e geographia como membro da secção de historia litteraria e das artes; servio, em 1872, na commissão do *Diccionario Technologo* [sic] *da Marinha*, e em 1878 na commissão incumbida de organisar um projecto de reforma de legislação de terras; foi official de gabinete do Conselheiro Buarque de Macedo, ministro da Agricultura.

Em 1867, o governo imperial agraciou-o com o gráo de cavalheiro da Ordem da Rosa, por serviços prestados ás lettras brasileiras. Em 1888 a princeza D. Isabel elevou-o a official da mesma Ordem.

Em 12 de Novembro de 1869 casou-se com a Exma. Sra. D. Carolina Augusta Xavier de Novaes, irmã de Faustino Xavier de Novaes. Nunca tiveram filhos.

*

Eis a lista, por ordem alphabetica, dos volumes publicados por Machado de Assis:

Americanas, poesias; o *Caminho da Porta*, comedia; *Crysalidas*, poesias; *Desencantos*, comedia; os *Deuses de Casaca*, comedia; *Helena*, romance; *Historias da Meia Noite*; *Historias sem Data*; a *Mão e a Luva*, romance; *Memorias Posthumas de Braz Cubas*; *Papeis Avulsos*, contos; *Phalenas*, poesias; o *Protocollo*, comedia; *Quincas Borba*, romance; *Ressureição*, romance; *Tu Só, Tu, Puro Amor...*, comedia; *Yayá Garcia*, romance.

Talvez escapasse algum.

Accrescente-se a essa lista um grande numero de contos, publicados aqui e alli, que dariam cinco ou seis grossos volumes; tres ou quatro comedias representadas em salões particulares; uma infinidade de chronicas, artigos de critica, versos, phantasias, etc., que representam, talvez, cem volumes; um poema inedito, a *Devassa*, do qual foram publicados alguns trechos na *Revista Brasileira*, de saudosa memoria; muitas traducções para o theatro, entre elas a do *Barbeiro de Sevilha*, de Beaumarchais, representada em 1870; uma primorosa traducção inedita, em versos alexandrinos, de *Les plaideurs*, de Racine, etc. Actualmente escreve Machado de Assis, todos os domingos, na *Gazeta de Noticias*, uns artigos intitulados *A Semana*, que n'outro paiz mais litterario que o nosso teriam produzido grande sensação artistica.

A. A.[40]

---

40 Iniciais de Artur Azevedo, que dirigia o jornal.

• *Gazeta de Notícias*, Rio de Janeiro, 5.2.1893, p. 1.

IDÉAS E SANDICES
DO
IGNARO RUBIÃO

"Desde que Humanitas, segundo a minha doutrina, é o principio da vida e reside em toda parte, existe tambem no cão, e este póde assim receber um nome de gente, seja christão ou musulmano..."

Estas palavras de *Quincas Borba*, lançadas na obra d'esse titulo, constituem o eixo de toda a philosophia excentrica que Machado de Assis procurou desenvolver através dos personagens do seu ultimo romance.

Quincas Borba escrevera um livro, no qual, segundo esperava, viveria eternamente. Ha todavia n'esse livro, e sem embargo da larga synthese que faz sobre o mundo, uma grande preoccupação de metempsychose. Quincas Borba não buscava associar á sua grande obra um collega humano, como o fizeram tantos philosophos da antiguidade e dos tempos modernos. Parece-me, portanto, que o romancista andou revolvendo intencionalmente os carvões da satyra, para bolir com as respeitabilissimas manias de alguns d'estes philosophos.

Não teve Socrates como collega em suas conversações a Alcibiades? Christo não se associou a S. João? Mahomet, ao Anjo Gabriel? Dante, á Beatriz? A. Comte, por ultimo, não instituiu o culto de Clotilde de Vaux, a quem dava o titulo de sua eminente collega.

Que muito era que Quincas Borba se desse ao luxo de imitar aquellas sumidades de talento!?

Pouco; não era nada. Como, porém, os bipedes não lhe inspiravam confiança, escolheu para socio de sua doutrina e transmissor inconsciente das suas vesanias a um quadrupede, o qual, de accordo com a respectiva verba testamentaria, deveria guardar o nome do seu dono, e obrigar os posteros a pronunciar o nome do philosopho, quando "gritassem" pelo cachorro.

Houve acaso philosopho que tivesse tanta finura, e que fosse tão subtil?

Para bem entender-se o que é a morte e a vida, bastava ouvil-o contar como morrera a sua avó.

A avó do philosopho perecera victima de um desastre, no antigo largo do Paço, ao sahir da igreja para tomar uma cadeirinha. Esmagou-a um carro, cujas bestas dispararam; e d'esse facto insignificante nasceu toda uma philosophia.

Soube Quincas Borba que o tal carro, ou traquitanda, como chamavam a esse vehiculo ao tempo do fallecimento da sobredita sua avó, disparára, porque Humanitas estava com fome, isto é, o proprietario da traquitanda, fazendo fustigar as mulas, afim de alcançar depressa o hotel onde se lhe augurava um optimo almoço, fôra obrigado, no concurso vital, a passar por cima dos obstaculos que se antepunham á satisfação do appetite; e a avó de Quincas Borba, porque se transformou em obstaculo a um forte e "a uma série de actos de conservação", foi derribada, espatifada e reduzida a cacos, como um pote velho, pisado a patas de cavallos.

Não parou ahi, porem, o arrojo mental de Quincas Borba.

"Humanitas" é o principio", exclamava elle. E, mostrando em como nas cousas todas existia "certa substancia recondita e identica, um principio unico e universal, eterno, commum, indivisivel e indestrutivel", e que esta cousa era o universo e que o universo era o homem, Quincas Borba ascendia, sem querer, ao transcendentalismo da religião da humanidade.

Immediatamente, porem, o philosopho marinhava nos plainos interminos da meditação, e quando menos se pensava, lá ia o homem em busca de uma outra lei universal: o *struggle for life.*

A theoria de Quincas Borba acerca das BATATAS, sob o ponto de vista da luta pela existencia, vale bem os paradoxos de Xenophanis, de Parmenides, de Gorgias, de Leontium e tantos outros celebres sophistas da antiguidade grega.

"Rigorosamente fallando, não ha morte, ha vida, porque a suppressão de uma é a condição da sobrevivencia da outra, e a destruição não attinge o principio universal e commum."

Nada mais acceitavel do que isto; tão coetanea é a doutrina com a natureza e interesses da especie humana.

Mas Quincas Borba não era homem para impingir a sua theoria em grosso e de sorpreza. Fazia-o por partes.

"D'ahi", acrescentava elle "o caracter conservador e benefico da guerra. Supponha-se um campo de batatas e duas tribus famintas. As batatas apenas chegam para alimentar uma das tribus, que assim adquire forças para transpor a montanha e ir á outra vertente, onde ha batatas em abundancia; mas se as duas tribus dividirem em paz as batatas do campo, não chegam a nutrir-se sufficientemente e morrem de inanição. A paz n'este caso é a destruição, a guerra é a conservação. Uma das tribus extermina a outra e recolhe os despojos. D'ahi a alegria da victoria, os hymnos etc. Ao vencido, odio ou compaixão; ao vencedor, as batatas."

Aqui temos, portanto, o philosopho de Barbacena sustentando do mesmo modo as duas philosophias do seculo XIX, que mais se têm hostilisado.

Augusto Comte de um lado; de outro Carlos Darwin. E elle pretendeu que se abraçassem, que se beijassem.

Verdade é que Borba, tal qual o pinta Machado de Assis, era um simples, que não conhecia, ou quasi não conhecia auctores e tratados; mas tinha fundo proprio, grande *stock* de idéas adquiridas por uma especie de endosmose intellectual, e intuição de todas as theorias inventadas e por inventar.

Com um pouco mais de industrialismo e americanismo, elle teria aberto á rua do Ouvidor uma botica philosophica, onde combinasse, dosasse e vendesse as triagas á vontade do freguez.

Outro destino, porém, pretendeu dar-lhe o autor das *Chrysalidas*.

Fez de Quincas Borba um instrumento epigrammatico contra as duas grandes theorias do seculo.

Neste ponto Machado e Assis foi crudelissimo com o pobre Rubião. Quem nos diz que este personagem não seja o Brasil?

De um lado temos Quincas Borba.

Machado de Assis elevou-o nas azas de uma immensa philosophia; fez desse louco sublime um rival de todos os rivaes.

Quincas Borba prevê o futuro. Riquissimo de dinheiro, lega toda a sua fortuna a um homem de espirito estreito e incapaz de comprehendel-o, um ignaro como elle mesmo o chamava; e, não contente com isto, institue-o [sic], apezar de ignaro, seu herdeiro universal e executor das suas ultimas vontades, debaixo da condição apenas de guardar o cachorro, cuidal-o como se fosse pessoa humana ou o proprio testador, enterral-o em caso de morte com todas as honras, exhumal-o e depositar as suas cinzas em urna apropriada, instituindo por esta guiza o culto dos cachorros mortos.

Embora contumeliosa a instituição e irrisoria a condição, parece que os juizes do romance não encontraram difficuldade em manter a vontade e a extravagancia de Borba; e quem perdeu com o negocio foi o ignaro Rubião, o qual, aceitando a grande fortuna do amigo e as obrigações impostas em testamento, collocou-se na posição mais extraordinaria que já se afigurou a um brazileiro.

Machado de Assis não declarou no livro, se Quincas Borba, instituindo essa especie de tutela ao cachorro, o fez levado por impulso consciente de perversidade, por ironia philosophica, ou por maldade de caracter morbido.

Tenho como certo, entretanto, que o auctor da obra quiz divertir-se á custa de cousas muito sérias, taes como devem ser consideradas as affecções mentaes, e, para não perder todo o effeito da sua concepção, escolheu esse cachorro e principalmente este ignaro Rubião para cabeça de turco das suas coleras de philosopho *buissonier*.

Araripe Junior

DOM CASMURRO

• *O Paiz*, Rio de Janeiro, 18.3.1900, p. 1.

PALESTRA

A casa Garnier acaba de publicar mais um livro inedito do Machado de Assis; é um romance; intitula-se *Dom Casmurro*.

O volume surgiu ha tres dias *sans tambour ni trompette,* inesperadamente. Por via de regra, os nossos litteratos annunciam obras que jamais são publicadas, e alguns delles não as produzem senão por esse systema. Impressos, ou, pelo menos, escriptos todos os livros aqui annunciados sob a conhecida formula "no prélo", a litteratura brazileira, se não fosse a melhor das litteraturas, seria com certeza, a mais numeroza.

Machado de Assis, o primeiro dos nossos escriptores mortos e vivos, não anda a badalar aos quatro ventos que vai publicar este ou aquelle volume. Tem horror ao annuncio e ao espalhafato. Faz como as senhoras pudicas e discretas que, se concebem, ficam em casa para não dar em espectaculo a sua gravidez.

Dom Casmurro foi para mim uma surpresa e uma consolação: uma surpresa porque eu suppunha o mestre totalmente absorvido pelas suas lides de funccionario, que o é solicito e operoso; uma consolação, porque o seu livro afastou o meu espirito da melancolia dominante nos tempos tristes que atravessamos.

Romance propriamente dito quasi o não ha nestas paginas. Trata-se de um moço que desde a infancia gosta de uma vizinha, e por isso mesmo não sente a menor vocação para a vida ecclesiastica, a que o destinam em virtude de uma promessa feita a Deus.

No seminario, onde passou dois annos, dando á igreja, no fim desse tempo, homem por si, adquiriu um amigo intimo, que mais intimo se tornou depois do seu casamento com a vizinha.

Esse amigo morre, e o marido, que tem um filho, repara, quando este vai crescendo, que é o retrato vivo do morto.

Convencido da sua desgraça, quer a principio matar-se; depois matar-se e matar o intruso; afinal, resolve viver, mas com a mulher na Europa.

E como se mette n'uma casinha do Engenho Novo, e não se importa com os vizinhos nem com as vizinhas (*et pour cause*), chamam-lhe D. Casmurro.

Eis ahi a summa do romance, contada em traços ligeiros, ligeiros de mais, talvez, tratando-se, como se trata, de um livro de Machado de Assis; mas o romance pouco tem que ver nestas paginas cheias de estylo, de graça, de observação e de analyse.

O livro é menos amargo que o immortal *Bras Cubas,* mas está escripto no mesmo genero, em pequeninos capitulos, cada um dos quaes é por si só uma pagina litteraria de primeira ordem, impregnada dessa deliciosa ironia em que muitos encontram o maior attractivo dos escriptos do mestre.

Em volta dos quatro ou cinco personagens capitaes do romance, movem-se algumas figuras desenhadas com extraordinario vigor; um typo de parasita, por exemplo, o José Dias, é de uma originalidade absoluta, de um admiravel relevo.

Ha no livro imagens peregrinas, phrases felicissimas de fundo conceito e de philosophia risonha, phrases que impressionam, que se relêm duas e tres vezes, que se decoram.

Parabens ao publico, e parabens á casa Garnier, benemerita das letras brazileiras.

Salve, Machado de Assis, que nos dás o exemplo da força e da sobranceria da arte; que não esmoreces diante da indifferença, nem da inepcia, nem da maldade; que não fazes concessões á turba alvar que t'as pede, e de quando em quando vais serenamente, magestosamente, com um livro novo, elevando ainda mais a altura do monumento que a posteridade te reserva!

A. A.[41]

• *Jornal do Commercio,* Rio de Janeiro, 19.3.1900, p. 1.

REVISTA LITTERARIA
NOVO LIVRO DO SR. MACHADODE ASSIS
DOM CASMURRO, por Machado de Assis,
H. Garnier, Rio de Janeiro, 1900

Dom Casmurro é irmão gemeo, posto que com grandes differenças de feições, se não de indole, de *Braz Cubas.* Eu preferia, e commigo estarão porventura os devotos do escriptor, que a este raro e distincto livro, e a *Quincas Borba,* que o seguio, differenciando-se por uma humanidade maior e uma realidade mais viva, succedesse uma obra que mostrasse um novo aspecto da imaginação e do pensamento do autor. Relativamente a *Braz Cubas, Quincas Borba,* derivado, embora, da mesma inspiração, era novo: filho do mesmo sangue, tinha, entretanto, outra phylosophia e outro caracter. Sem ser uma reproducção de *Braz Cubas, Dom Casmurro* tem com elle, mais que o ar da familia dos filhos do mesmo pai, semelhanças

---

41 Iniciais de Artur Azevedo.

do irmão gemeo. São semelhanças, entretanto, que não deixão lugar á confusão. Parecem-se, mas não são os mesmos nem se podem confundir. Se *Braz Cubas* e *Dom Casmurro* contão ambos os dous a sua historia, cada um tem o seu estylo, a sua lingua, a sua maneira de contar. No que mais se assemelhão é no fundo da sua philosophia e no modo de considerar as cousas. Mas ainda assim ha no homem do primeiro reinado e da regencia, que era Braz Cubas, e no homem do segundo imperio, que foi Dom Casmurro, sensiveis differenças de épocas, de civilização, de costumes.

Basta comparar-lhes a linguagem. Certo o estylo é o mesmo. Pois é o estylo de um escriptor feito, e se não muda de estylo como de penna. Só o trocão os que de facto não o têm, e menos poderia reforma-lo um escriptor completo, como o Sr. Machado de Assis, e que o possue com uma individualidade como nenhum outro dos nossos. Mas se não é possivel mudar de estylo sem mudar de personalidade, não é impossivel varia-lo, consoante as condições, os generos, os personagens, a indole, a natureza da acção ou da composição da obra litteraria. E esta variação, feita com intelligencia, do *Braz Cubas* para o *Dom Casmurro*, bastou para differença-los. Não faltaria quem inquinasse aquelle de uma linguagem, comquanto de raro sabor artistico e inexcedivel pureza e elegancia, quasi antiquada, com os seus boleios classicos, o uso, embora discreto, de expressões archaicas, a construcção intencionalmente invertida. Não vião esses que era um homem, para nós do tempo antigo, espirituoso e douto em letras, que nos recontava a sua historia com a lingua do seu tempo e da sua classe, accrescentada de preoccupações litterarias. Quem falla em *Dom Casmurro* é outro homem, já do nosso tempo e das nossas idéas, que se formou em S. Paulo e não em Coimbra, e, comquanto pelo espirito, pelo temperamento, apezar da sua casmurrice ulterior e pela concepção da vida, parecido com o outro muito differente delle pelas fórmas e modos com que sentia e se exprimia. Porque na vida, como na arte, que a representa, define ou idealisa, são as fórmas e modos de sentir e de exprimir o que sentimos, mais que o mesmo sentir, que produzem as variedades e differenças da existencia em todos os seus multiplos aspectos. E Dom Casmurro, sentindo talvez, como Braz Cubas, exprime o seu sentimento de outra maneira, que basta para renova-lo e distingui-lo. Braz Cubas, em summa, não dispensa Dom Casmurro, antes de alguma sorte o completa. Mas, e aqui venho ao fim do meu reparo, se a critica tem o direito de formular um desejo, eu quizera que, mesmo sem inteirar a trilogia que alguns esperão de *Braz Cubas* e *Quincas Borba*, o escriptor consummasse a evolução, que porventura neste ultimo se pronnunciava, para um modo mais piedoso, se não mais humano, de conceber a vida e nos désse, como com aquelles dous admiraveis livros, uma obra inteiramente nova. Sabe o Sr. Machado de Assis que taes pedidos se não fazem senão aos opulentos.

A obra litteraria, a obra d'arte, se define pela emoção que deve provocar ou despertar em nós. Essa emoção póde ser sentimental ou intellectual. Mesmo de uma emoção puramente sentimental não é possivel excluir, ou sequer abstrahir, a intelligencia, que tem nella a sua funcção propria; mas ha emoções que, sem necessidade dos conceitos da psychologia, cada um de nós sente que nellas predominão já a intelligencia, já o sentimento. E esta predominancia as distingue para nós. Theoricos da esthetica quizerão que o sentimento predominasse sempre nas emoções artisticas e litterarias. A concepção é, talvez, estreita e acanhadamente comprehensiva, pois uma emoção intellectual, de ordem esthetica, tende necessariamente a transformar-se em emoção sentimental, e satisfazer assim os fins que á arte assignão os seus theoristas.

Na obra do Sr. Machado de Assis, a emoção é por via de regra, não sei se não poderia dizer sempre, de ordem intellectual. Fallece-lhe ou esconde-a ciosamente – e, talvez, seja esta a hypothese verdadeira – a emoção sentimental. Advirto que não quero fazer a psychologia do Sr. Machado de Assis; e os meus conceitos, certos ou falsos, do escriptor deriva-se apenas do estudo da sua obra. É notavel que vindo do romantismo, nada lhe haja ficado do seu sentimentalismo romantico, e que, ao contrario, toda a sentimentalidade, talvez com horror da pieguice em que ella descambou finalmente naquella escola, lhe repugne profundamente. Mas, quando em um escriptor como elle, de uma tão alta honestidade litteraria, sentimos esta especie de repugnancia organica de um tão humano e legitimo sentimento, esta falta desnatural do amor, ao qual devem a arte e a litteratura mais que as suas mais bellas obras, a sua mesma existencia, desperta-se-nos tambem a curiosidade de indagar da sua mesma obra até que ponto será qual se nos figura. Dessa obra resumbra uma philosophia amarga, sceptica, pessimista, uma concepção desencantada da vida, uma desillusão completa dos moveis humanos. E com isto, em vez das imprecações e raivas dos pessimistas profissionais, como os prophetas biblicos, ou seus imitadores hodiernos, a quem uma fé, uma esperança desesperada, uma forte convicção alça a colera ou exaspera a paixão, uma ironia fina, brincalhona, cortezã de homem bom, mas seguro, como o Eclesiaste, de que tudo é vão neste mundo e resolvido por isso a se não illudir com nenhuma apparencia. Neste ultimo rasgo, sente-se no escriptor, se não o esforço, o proposito, como que o timbre, de se não deixar tomar por nescio e ludibriar por cousas que elle assenta fallaciosas. Tudo é vaidade, vão é quanto ha sob o sol. Mas, não será tambem vã a ironia, vão o scepticismo, vã a nossa tenção de escaparmos a todas as illusões? Como quer que seja, não escapamos ao encanto amargo desta philosophia desenganada. Se Cohelet buscou palavras deliciosas com que ensina magistralmente as maximas da sua verdade!

Não me é possivel rezumir a auto-biographia de *Dom Casmurro*. Se elle não nasceu homem calado e mettido comsigo a vida acabou por fazelo tal. Sómente aquella philosophia desabusada, que estava nelle, não consentio que com elle entrasse a maldade, permittindo-lhe apenas a malicia. Quem foi que disse que a bondade do sceptico é a mais solida?

Não sei se acerto, attribuindo malicia ao pobre Bento Santiago, antes que se fizesse *Dom Casmurro*. Não, elle era antes ingenuo, simples, candido, confiante, canhestro. O seu mestre – tortuoso e irresistivel mestre! – de desillusões e de enganos, o seu professor, não de melancolia, como outro que inventou o autor de um certo *Apologo,* mas de alegria e viveza, foi Capitú, a deliciosa Capitú. Foi ella, como dizião as nossas avós, quem o desasnou, e, encantadora Eva, quem ensinou a malicia a este novo Adão. Sómente haveria nelle adequadas disposições para receber a agradavel doutrina. Tambem eu duvido que delle sejão as reflexões, as considerações, a luz a que vê as cousas do seu passado. Dom Casmurro trahio e calumniou o Bentinho, o bom menino, o filho amante, o rapaz innocente e respeitoso, o estudante applicado, o jovem piedoso, o namorado ingenuo, o amigo devotado e confiante, o marido amoroso e credulo. A moral, os commentarios de que acompanha os factos e gestos de Bentinho, são delle, depois que o espirito se lhe desabusou daquelles olhos de Capitú "que trazião não sei que fluido mysterioso e energico, uma força que arrastava para dentro, como a vaga que se retira da praia, nos dias de ressaca", daquelles "olhos de cigana obliqua e dissimulada" como lhes chamava, com demasiado estylo, José Dias, e tambem dos "olhos dulcissimos" de Escobar, como lh'os achava mesmo José Dias, e da sua polidez, das suas boas maneiras, que a todos captavão. Sim, é de Dom Casmurro e não de Bentinho ou sequer de Bento Santiago, o poeta [sic][42] que não é propriamente narrativa da auto-biographia, as reflexões moraes, as explicações dos actos e sentimentos. A única verdadeira e certa das qualidades que se attribuem á mocidade é a illusão com a emoção correspondente. Decididamente Dom Casmurro, de boa ou má fé, calumniou a Bentinho, isto é, a si proprio. Sómente, ditosa culpa, se o não houvesse feito, talvez a sua obra,

---

42 Pelo contexto, "a parte" em vez de "o poeta".

promessa auspiciosa da *Historia dos Suburbios,* que tanta falta está fazendo á nossa historiographia, não tivesse este picante sabor de malicia, nem a novidade com que renovou, difficuldade só dada a vencer aos grandes artistas, um velho thema.

Mas tambem, apezar das prevenções de José Dias, quem houvera com quinze annos e a innocencia de Bentinho, e mesmo sem isso, resistido á curiosa e solerte Capitú, acoroçoada pela ingenua e velhaca cumplicidade de seus pais? Lê-de-me aquelle delicioso capitulo do "penteado", ó vós que já tivestes quinze annos, e dizei-me quem houvera capaz de resistir á Capitú? Bentinho acabára, por um jogo de crianças intimas, de pentear-lhe os cabellos, e exclama, a obra concluida:

– Prompto!
– Estará bom?
– Veja no espelho.

Em vez de ir ao espelho, que pensas que fez Capitú? Não vos esqueçais que estava sentada de costas para mim. Capitú derreou a cabeça a tal ponto, que me foi preciso acudir com as mãos e ampara-la; o espaldar da cadeira era baixo. Inclinei-me depois sobre ella, rosto a rosto, mas trocados, os olhos de um na linha da boca do outro. Pedi-lhe que levantasse a cabeça, podia ficar tonta, machucar o pescoço. Cheguei a dizer-lhe que estava feia; mas nem esta razão a moveu.

– Levanta, Capitú!

"Não quiz, não levantou a cabeça, e ficámos assim a olhar um para o outro, até que ella abrochou os labios, eu desci os meus, e..."

Que excellente, e penetrante, e fino estudo de mulher nos deu, como a brincar, recobrindo-o de riso e de ironia, o Sr. Machado de Assis, nesta sua Capitú! E ao demais, nova, original, bem nossa, como aliás são, sem embargo da sua real generalidade humana, as creações do Sr. Machado de Assis. Porque, e é seguramente um raro e alto merito, sendo o autor de *Dom Casmurro* o único talvez dos escriptores brazileiros que na ficção se eleva até o geral, o simplesmente humano, sem preoccupação de representações ethnographicas e locaes, nenhum, emtanto, é mais verdadeiro e exacto do que elle quanto [sic] as faz. A extrema flexibilidade do seu talento permitte-lhe casar perfeitamente a verdade geral e superior da natureza humana, com a verdade particular do temperamento nacional. E esta é, se não me engano, uma das condições da grande arte, do realismo na sua fórma mais elevada e mais pura. A sua litteratura não é de intenção descriptiva; no mundo só lhe interessa de facto o homem com os seus sentimentos, as suas paixões, os seus moveis de acção; na sua terra, o puro drama, ou comedia, talvez elle preferisse dizer, humano, sem lhe dar da decoração, da paizagem, dos costumes, do que apenas se servirá para crear aos seus personagens e aos seus feitos o ambiente indispensavel, porque sendo entes vivos não podem viver sem elle.

Entretanto, raros terão, com toda a sua intenção de scenographia, de pintura de costumes, de representação da vida material nos seus aspectos familiares, dado da nossa vida quadros tão acabados, tão vivos. Ainda *Dom Casmurro* é um testemunho de que não erro ou exaggero.

É, talvez, que na obra do Sr. Machado de Assis a representação dos aspectos materiaes da vida não provém da descripção ou da enumeração das partes que os compõem, senão, como nos pintores das novas escolas – e não me refiro ás chamadas decadentes – da impressão geral, e por assim dizer animadas, e quasi espiritual das cousas. Nesse sentido elle é, talvez, um ruskiniano: a paizagem, que elle, aliás, não ama, e da qual, que me lembre, jámais se occupou – não será para elle um conjuncto de arvores, montes, aguas, pedras, com este ou aquelle aspecto particular, senão a impressão moral e esthetica que ella produz no artista.

Se esta é, como creio, a caracteristica da sua representação litteraria, tanto nos romances como nos contos, a da sua psychologia é identica a esta, mostrando assim que os seus processos litterarios, como proprios e pessoaes que são, derivão do seu mesmo temperamento de escriptor e procedem de um fundo commum de idéas e sentimentos. Elle não faz a psychologia, nem á moda de Balzac, nem á moda de Burget; sobretudo não a faz á moda deste e de seus imitadores, essa psychologia meticulosa, minuciosa, rebuscada, preciosa como a lingua das sabichonas, e, no fundo falsa. Não a faz, como elles, procurando decompôr uma alma, como se decompõe um corpo em seus elementos constituintes, ou analysar os seus sentimentos como se analysa uma substancia chimica, e explicar os seus moveis como um physiologista explicaria o jogo das funcções do nosso organismo. Sobretudo, elle não a faz com qualquer preoccupação estranha á pura litteratura, ou com os retraços das pretensas psychologias scientificas apanhadas de atropello em leituras desordenadas e mal feitas. A sua, certa ou errada, vem evidentemente de uma observação longa, acurada, e aguda. Não é no geral sympathica, o que póde bem ser lhe vicie a visão, mas sente-se que é sua. Não a expõe em capitulos didacticos; explica-a quanto baste para completar a representação que da sua dão os mesmos personagens, mesmas fallas, nos seus gestos, nas suas acções. E ao cabo os seus livros são galerias de gente viva, como este *Dom Casmurro*, com Capitú, José Dias, Escobar, e as figuras secundarias, os pais de Capitú, D. Gloria, Justina, o tio Cosme. Capitú, a dissimulada, a perfida, é deliciosa de affectuosidade felina, de reflexão e de inconciencia ou displante, de animalidade intelligente e perspicacia feminil, do geito, feitiçaria e graça, e, com isto tudo, viva, real, exacta. *Dom Casmurro* a descreve, aliás, com amor e com odio, o que póde torna-lo suspeito. Elle procura cuidadosamente esconder estes sentimentos, sem talvez consegui-lo de todo. Ao cabo das suas memorias sente-se-lhe uma emoção que elle se empenha em refugar. E só. A sua conclusão, que não é talvez aquella que elle confessa, seria acaso que não ha escapar á malicia das mulheres e á má fé dos homens. Mas vejo que é no fundo, a mesma que elle nos dá. Perco-me decididamente em explicações. Lêde a fabula, e tirai-lhe vós mesmos a moralidade.

J. Veríssimo.

• *A Notícia*, Rio de Janeiro, 24 e 25.3.1900, p. 2.

Chronica litteraria
MACHADO DE ASSIS. – Dom Casmurro

Aos dous grandes livros que, a par do resto da sua obra, deram a Machado de Assis o primeiro logar na litteratura brasileira, vem agora juntar-se *Dom Casmurro*.

Dom Casmurro não revela qualidades novas de estylista ou psychologo no escriptor que fez o *Quincas Borba* e o *Braz Cubas*. Mostra, porém, todos os seus meritos no mais alto gráo, no mais puro requinte de perfeição. Das tres obras é, como romance, incomparavelmente superior ás outras duas. N'ellas a acção era mais frouxa. Todo o valor dos livros estava na analyse do personagem principal. Os episodios não se ligavam tão fortemente que dessem a impressão de um entrecho, desenvolvido com regularidade.

É o que ha em *Dom Casmurro*. Se Machado faz bem viva a personalidade do heróe, não esquece os accessorios e todos convergem para a acção capital do livro, cujo enredo se desenrola natural e seguidamente.

Chega-se mesmo a outro resultado. Quando se termina o romance, tem-se uma idéa mais nitida de Capitú, que do proprio *Dom Casmurro*. O caso provém talvez de que a adorada amiga e esposa de Bentinho nos é não só mostrada, como explicada. Mas sendo *Dom Casmurro* que tem a palavra de principio a fim, embora elle nos conte as scenas em que foi protagonista, não se detem a dar-nos em resumo apreciações sobre a sua propria pessoa. O typo de Capitú já nos é apresentado com os respectivos commentarios. O de Bentinho temos nós de induzil-o das tresentas e tantas paginas do livro. Capitú é um typo de dissimulação, perfeitamente accentuado. *Dom Casmurro* é uma figura mais incerta, menos definida.

Desde principio, duas bôas scenas nos dizem o que vale a moça. A melhor d'ellas é a do segundo beijo que os dous namorados trocam. Precisamente quando estavam no melhor da emoção, o pai interrompe-os. Nem um momento, porém, ella se perturba. Bem pelo contrario, trava immediatamente a mais natural das conversas. E o auctor commenta:

"Agora é que o lance é o mesmo; mas se conto aqui taes quaes, os dous lancos [sic] de ha quarenta annos, é para mostrar que Capitú não se dominava só em presença da mãi; o pai não lhe metteu mais medo."

Por isso que nós temos Bentinho para estudal-a e contar-nos o resultado já feito dos seus pacientes estudos, o trabalho de a recompôr é-nos muito mais facil.

Ha no romance um personagem capital que parece, entretanto, pouco analysado: o de Escobar. Não se dá o caso de ter elle a minima inverosimilhança. Todos os episodios em que figura são da mais extrema naturalidade. Sentimol-o mais ou menos com o mesmo caracter de Capitú. Mas o seu todo não nos apparece bem claro.

Comprehende-se aliás o facto. Quem narra o romance inteiro de principio a fim, é *Dom Casmurro*. Toda a sua existencia resumio-se em amar Capitú. As occurrencias da sua vida só tinham para elle valor no que a ella interessavam. Precisamente, porém, todo o empenho da moça consistia em occultar a um marido naturalmente confiante e um pouco ingenuo o que havia de máo nas suas relações com o amigo. É natural que, estando nós postos na mesma situação d'esse marido, porque elle é o narrador, só attendamos bem para esse personagem, na scena em que a dissimulação d'elle e de Capitú, não foi mais possivel.

A revelação terrivel para *Dom Casmurro* é longa e maravilhosamente bem preparada. A expressão de olhos do menino, a semelhança crescente com o amigo do pae; antes d'isso, a frieza da sogra, mãe de *Dom Casmurro*, com a nóra e principalmente o neto; a volta inesperada do theatro, com a surpreza de encontrar Escobar em casa e Capitú boa; aquella noite das dez libras esterlinas; a irritação excessiva da moça, quando José Dias, fallando de modo biblico, chamava o pequeno Ezequiel "o filho do homem": tudo são indicios, semeados aqui e alli, com a naturalidade que devem ter na vida, e que, quando vem o momento do desfecho, fazem com que este nos appareça perfeitamente logico. No nosso espirito, como no do narrador – sem que este, entretanto, nos chame para ahi a attenção – esses antecedentes se concatenam.

Em *Dom Casmurro*, Machado de Assis é mais do que nunca o ex-romantico desilludido que chegou a um verdadeiro terror de qualquer pintura de emoções fortes. Sempre que a acção o leva a um episodio sentimental, amoroso ou tragico, elle nol-o pinta escarnecendo-o um pouco, como para nos mostrar que não está commovido, nem quer explorar a nossa veia pathetica. Mesmo em quadros simples, quando, por exemplo, Capitú abraça o marido, elle diz:

"...depois estirou os braços e atirou-m'os sobre os hombros, tão cheios de graça que pareciam (velha imagem!) um collar de flores."

Assim, até a menor figura de rhetorica, que lhe pareça trahir uma certa sensibilidade, elle a corrige com um reparo, uma ironia. Em nenhum logar isso apparece melhor do que na scena em que Ezequiel interrompe o suicidio de seu supposto pae. O conjuncto de circumstancias difficilmente podia ser mais commovedor! Mas Machado de Assis, que tem uma especie de pudor de recorrer a qualquer scena d'esse genero para nos abalar, corrige-a logo:

"Leitor, houve aqui um gesto que eu não descrevo por havê-lo inteiramente esquecido; mas crê que foi bello e tragico."

A nota levemente ironica quebra um pouco o enternecimento do leitor.

Note-se, todavia, que em *Dom Casmurro*, essa propensão de Machado de Assis affigura-se a unica razoavel.

N'um romance contado impessoalmente, o escriptor deve pintar as scenas de modo a que vamos assistindo a ellas ao passo que se desenrolam. O que elle tem a fazer é dizer o que houve, deixando a cada um o direito de impressionar-se como quizer. Aqui, porém, quem tem a palavra é um homem que chegou ao scepticismo absoluto. Quando elle relata qualquer d'esses velhos episodios em que tomou parte, não póde deixar de pensar que n'esse momento estava sendo illudido e ridiculo. A narração tem forçosamente de resentir-se d'essa analyse intima. Qualquer pessoa contando um lance em que figurou commovidissima, mas no qual sabe depois que representou um papel grotesco, por estar sendo n'esse momento comicamente enganada, não póde mais reviver o enternecimento primitivo, logo contrabalançado pela consciencia de que era n'essa occasião victima de um engano visivel. Assim, a tendencia ironica do escriptor, achou n'este livro o logar mais proprio para expandir-se.

Não obstante, ha quadros de uma intensidade de sentimento incomparavel. Todo o capitulo *Segundo Impulso* é excellente. O mesmo succede ao segundo dos que tem o mesmo titulo: *Olhos de Ressaca*. Esta expressão vem aliás desde o principio, como um *leit-motiv* para nos preparar esse quadro admiravel. E admiravel é, de facto, a arte de um escriptor que nos dá, como que defendendo-se d'isso, impressões tão fortes.

Seria vão e, sobretudo, impertinente empenho do rabiscador d'estas linhas pretender sublinhar todas as bellezas do livro de Machado, que se póde dizer (como dizia de certo o José Dias) um livro *perfeitissimo*.

Perfeito na idéa, no desenho dos personagens e, mais que tudo, na limpidez de um estylo (lá vai de novo o José Dias!) de um estylo purissimo.

Sente-se que a suprema aspiração de Machado, em materia de "escripta artistica" é chegar á simplicidade absoluta á magna virtude que fez em todos os tempos todos os grandes prosadores e poder dizer como *Dom Casmurro*.

"Pelo tempo adiante escrevi algumas paginas em prosa e agora estou compondo esta narração não achando maior difficuldade que de escrever, bem ou mal."

Os verdadeiros artistas sabem como essa ideal simplicidade, que parece tão simples, demanda apenas esta bagatella tambem simplissima: ter genio.

Nada mais se requer... O que Machado de Assis tem é apenas esse merito...

J. dos Santos.[43]

• *A Estação*, Rio de Janeiro, 31.3.1900.[44]

CHRONIQUETA
*

Mas deixemos de lado a politica (se isso é politica) para saudar nesta columna o apparecimento de *Dom Casmurro*, o novo livro de Machado de Assis, editado pela casa Garnier.

Provavelmente a leitora já mandou buscar um volume desse romance, que é o digno *pendant* das gloriosas *Memorias posthumas de Braz Cubas*, e o mais bello fecho que poderia ter o nosso seculo litterario.

Toda a graça, toda a ironia, toda a conceituosa e risonha philosophia, todo o talento de observação e analyse psychologica, e ainda mais, toda a elegancia de linguagem e primor de estylo do mestre estão nessas paginas lidas com avidez e delicias.

---

43 Pseudônimo de Medeiros e Albuquerque.
44 Esta nota consta da seção "Chroniqueta", assinada por Eloy, o Heróe, pseudônimo de Artur Azevedo.

ESAÚ E JACÓ

• *A Notícia*, Rio de Janeiro, 30.9.1904 e 1.10.1904, p. 3.

Chronica litteraria
MACHADO DE ASSIS. – *Esaú e Jacob* (Garnier, editor.)

A tout seigneur, tout honneur... É evidentemente pelo livro recente de Machado de Assis que deve começar esta chronica. Não se trata, no emtanto, de analysal-o longamente, porque a belleza e a seducção dos livros do autor do *Dom Casmurro* (que é, para mim, a melhor das suas obras), está principalmente na graça do estylo. Leve, ironico, subtil, disfarçando as observações mais profundas sob phrases breves e despretenciosas, Machado de Assis é, no *Esaú e Jacob*, o mesmo escriptor de *Braz Cubas*, de *Quincas Borba*, de todos os seus grandes livros anteriores.

O romance é a historia de dois gemeos, sempre em desintelligencia. Parece mesmo, si foi exacta a observação materna, provocada pela pergunta de uma pythonisa de baixa estofa, que mesmo antes de nascerem já haviam brigado! E brigando passaram a vida.

Uma fatalidade tão evidente os levava para essa desintelligencia que varias vezes fizeram os mais notaveis e sinceros esforços para corrigil-a; mas sempre em vão.

Amaram a mesma moça. A mesma moça tambem amou a ambos. Amou os tão irmamente ou, si preferem, tão gemeamente, que não se soube decidir por nenhum dos dois.

Salvou-a do embaraço da escolha, quando ella ia ter que tomar a decisão final, o facto decisivo que melhor sabe resolver casos complicados: a morte. Á sahida do cemiterio, quando os dois gemeos lhe foram acompanhar o esquife juraram deixar as perpetuas rivalidades e passar a ser amigos.

As intenções eram as melhores. Mas o temperamento os levava á fatalidade dos constantes desaccordos. A elles chegaram promptamente.

Um bello dia, foram ambos eleitos deputados e deputados por dois partidos oppostos. Tomaram posse na mesma occasião. Pouco tempo depois, sobreveio a morte da mãe, que era quem fazia o maior empenho para approximal-os. Ainda uma vez, no seu leito de morte, ella conseguio fazer com que promettessem viver em harmonia. Mas si a promessa era facil, o cumprimento era impossivel. Tentaram por alguns mezes; mas acabaram logo após por chegar ao periodo mais agudo da sua perenne desintelligencia.

O entrecho do livro é este.

Não é, porém, no entrecho que está a sua real belleza: é na graça do dizer as coisas, por mais importantes ou mais insignificantes que sejam.

O entrecho – todos o terão notado – pecca por um excesso de symetria. Dois gemeos que gostem da mesma moça, não é talvez difficil encontrar. Que, porém, acertem em uma rapariga, a qual tambem, ao mesmo tempo, goste dos dois já é mais inverossimil.

Não seria tambem impossivel que dois irmãos gemeos fossem eleitos no mesmo dia e, ou pelo mesmo, ou por partidos opostos. Mas seria uma coincidencia tão espantosa, que, segundo parece, nunca teve logar.

Ahi nem ao menos se póde appellar para o *archichapico* [sic] verso de Boileau:

Le vrai peut quelquefois n'etre pas vraisemblable.

No caso, nem há verosimilhança, nem foi jámais verdadeiro.

Mas o que, de certo, seduzio Machado de Assis, na historia dos amores dos dois gemeos, foi o thema psychologico que elle queria tratar: por um lado, analysar dois affectos dissemelhantes pela mesma pessoa; por outro lado, figurar a mesma pessoa amando simultaneamente duas outras, em que as semelhanças e dissemelhanças se completavam tão maravilhosamente, que a cada uma faltava exactamente o que a outra possuia.

Qualquer das duas hypotheses é interessante. Ambas já foram tratadas, embora por fórma e com affabulação inteiramente diversa, por outros autores, entre os quaes, para só citar o mais celebre, Alfredo de Musset, que estudou a possibilidade da mesma pessoa, amar simultaneamente duas outras. Sua novela, *Les deus maitresses*, começa por esta fórma typica:

"Croyez-vous, madame, qu'il soit possible d'être amoureux de deux personnes à la fois? Si pareille question m'etait faite, je repondrais que je n'en crois rien. C'est pourtant ce qui est arrivé à un de mes amis, dont je vous raconterai l'histoire, afin que vous en jugiez vous-même.

En général, lorsqu'il s'agit de justifier un double amour, on a d'abord recours aux contrastes. L'une était grande, l'autre petite; l'une avait quinze ans, l'autre en avait trente. Bref, on tente de prouver que deux femmes, qui ne se ressemblent ni d'âge, ni de figure, ni de caractère, peuvent inspirer en même temps deux passions différentes. Je n'ai pas ce pretexte pour m'aider ici, car les deux femmes dont il s'agit ici se ressemblaient au contraire un peu."

Os dois rapazes de que Flora gostava, no livro de Machado de Assis, se pareciam, não um pouco, mas muitissimo. É verdade que tambem contrastavam não menos. O que o autor quiz foi juntar o estudo psychologico de todos estes casos extremos.

Ás vezes, nas exposições de pinturas ou nos livros, cujas gravuras lhes reproduzem os principaes quadros, acham-se algumas em que figuram homens e mulheres nas posições as mais extravagantes. São, ás vezes, aquelles de que os entendidos mais gostam, porque sem attenderem á incommodidade das posições e á composição das telas, dos ponto de vista do assumpto escolhido, veem apenas a difficuldade technica de colorido, de desenho ou de perspectiva, que o pintor conseguio vencer.

É talvez o que se póde dizer do livro de Machado de Assis, em que elle cogitou menos da verossimilhança do entrecho, que de mostrar as suas qualidades de analysta, estudando simultaneamente tres casos raros, – tornados mais raros pela sua approximação.

Mas, ainda uma vez: o essencial de uma obra de Machado de Assis não é a effabulação: é o estylo; é cada capitulo de per si; é a graça, a leveza, a graciosidade da phrase, encobrindo a observação profunda, mas discreta. Nunca, como certos autores, dos quaes Bourget é talvez o mais caracteristico,– nunca o autor de *Dom Casmurro* nos annunciará que vae tentar a analyse psychologica de ninguem, fazendo um preambulo, que excite a attenção do leitor, afim de que este lhe applauda a agudez e a sagacidade. Ao contrario, elle fingirá ser o primeiro a não ligar importancia ás observações mais exactas e profundas.

A proposito do seu estylo, cabe aqui uma pequena observação.

Ha um modo de dizer que tem o dom de exacerbar os nervos dos nossos grammaticos: é a forma interrogativa: *"O que?"* Não querem que se diga *"O que ha de novo: O que ha de bom: O que veio fazer aqui?"*

É certo que, durante os primeiros seculos da lingua portugueza, os escriptores não empregavam essa locução. Depois, ella começou a apparecer, quer no povo, quer nos melhores autores. Herculano, Castello Branco, Oliveira Martins e outros muitos, todos usaram a negregada expressão. Mas os grammaticos, que não se dicidem a capacitar-se de que a sua missão não é a de fazer a língua, mas de verificar como ela é feita, decretaram que aquella fórma era errada.

Todos os bons prosadores e poetas, continuam, entretanto, a empregal-a. O caso, neste genero, mais engraçado foi, creio eu, o que occorreu com João Ribeiro. E João Ribeiro se pode justamente citar, porque é um escriptor de pulso, um largo e lucido espirito, com preoccupações mais altas, que a de viver formulando regrinhas de tico-tico.

Na sua grammatica, elle condemnou em uma pagina a expressão execranda; mas pouco adeante, sem dar por isso, veio a empregal-a!

E aqui está Machado de Assis:

"Mas, Baptista, você *o que é* que espera mais dos conservadores?" (pag. 141)

"*O que é* que não é certo, José?" (pag. 191)

"D. Claudia ainda appellava para o dia seguinte e perguntava ao marido se vira bem e *o que é* que vira..." (pag. 215)

Proposito ou descuido? Si proposito, tanto melhor. Si descuido, melhor ainda, porque prova que a corrente da lingua é tão irresistivel, que um burilador de phrases, que só vive para isso e não cogita de nenhuma outra coisa, ainda assim não evita o que os grammatiqueiros dão como errado. E é preferivel errar com o escriptor admiravel de *Esaú e Jacob* que acertar com elles...

J. dos Santos.[45]

• *Jornal do Commercio,* Rio de Janeiro, 2.10.1904, p. 2.

ESAÚ E JACOB

De um livro de Machado de Assis não se deve dizer apenas que é bom, porque fôra ser superfluo; nem dizer que é banal ou ruim, para se não negar a luz do sol. Que hei de affirmar então deste ultimo livro, *Esaú e Jacob*? Direi que é melhor do que *Dom Casmurro*, como este é melhor do que *Quincas Borba,* e *Quincas Borba* é melhor do que *Braz Cubas*. Accrescentando que *Braz Cubas* é admiravel e optimo, terei dito de certo modo, incompletamente e por circumloquio, a impressão que tive de *Esaú e Jacob*. A lingua não me ajuda a traduzir o meu pensamento sobre a feitura e as idéas do livro; menos ainda as sensações que me produziram no correr das paginas. Lembro-me e confesso que ri tres vezes, com um gosto tão forte, que a risada me sorprendeu e espantou; e que duas vezes tive os olhos cheios de lagrimas e o coração apertado, com [sic] se eu estivesse, no livro ou na realidade, vendo morrer aquellas duas senhoras que morrem nelle, uma formosa e moça, amada e amante inexplicavel de dous formosos gemeos, outra já não moça, mas ainda formosa, boa e pura que era a mãi delles. As outras sensações são agora confusas, multiplas e varias, intensas, mas confusas como as sensações da vida. É particularmente por esta feição que o livro me domina: pela superior, pela absoluta reproducção ou idealização da vida humana, a ponto que, lendo-o, eu não estava lendo, mas vivendo entre os personagens delle, no passado e no presente, desde um tempo que eu não conheci, entre costumes que se foram, até os dias de agora, com todos os nossos usos, as nossas cousas e pessoas, com os seus feitios proprios, que eu não tinha notado antes porque não possuo os olhos agudos

---

45 Pseudônimo de Medeiros e Albuquerque.

e pespicazes do autor. Quando fechei o livro, foi como se sahisse da realidade, do mundo em que moro, e tive pena de que ella não continuasse sempre ou por muito tempo ainda, até a consummação dos meus dias. Não que ella fosse mais alegre do que esta ou menos triste. Ao contrario, alli a tristeza é viva, os contrastes mais profundos, como acontece nos quadros, em que o crepusculo não corre tanto como na natureza, e ha de se perpetuar com as suas sombras e luzes pela força e pela mesma condição da arte humana. Sem sahir da verosimilhança e da verdade, o autor pôde juntar no livro o que anda espalhado na cidade e no tempo, ou apagado e indistincto no turbilhão das cousas e dos factos. Disse já que ri e chorei e tive outras sensações, confusas, de curiosidade, de espanto, de desgosto, de amor, de pena, de socego e de tumulto; mas duas ficaram sobre a confusão das outras: a de admiração pelo autor e a da antiga descreça [sic] da vida, scepticismo brando e doce, porque a curiosidade do espectaculo ampliou a visão de mim para o mundo; mas ao mesmo tempo scepticismo forte, porque a visão do autor mais intensa que a minha desvendou novas impiedades da natureza, mãi e madrasta nossa; nossa eterna inimiga e consoladora unica.

Mas ainda não lhes contei o enredo do livro. Como lhes hei de contar? Nada ha de extranho nelle, como mortes e crimes; nem ha nada banal, como o adulterio. Quasi todos os personagens são boa gente, alguns optimos, um superiormente sagaz e lettrado, o Conselheiro Ayres, diplomata aposentado, sempre cordato, cheio de bom senso, capaz de affeição, olhando a vida com o interesse moderado, para não se deixar arrastar pelos outros, mas bastante para entreter as horas vadias com as observações do mundo, que elle ia registrando, entre virgulas de fina philosophia, num diario de lembranças. Foi desse diario, a que o Conselheiro chamára *Memorial*, que o autor depois da morte delle foi buscar a materia, gente e actos, com que fez *Esaú e Jacob*. O tempo do livro vem de 1889 até 1901, mais de um quartel do seculo e já inicio de outro. Começa com uma consulta de Natividade, formosa mãi de dous gemeos, Pedro e Paulo, a uma cabocla do Castello, que era famosa nos seus dias, 1871, pelas muitas prophecias que fazia na linguagem dobrada dos oraculos, que como o da Pythia contentava sempre á verdade do futuro, pelo incerto e vago das palavras. Natividade, mãi recente e carinhosa, deseja conhecer a sorte dos filhos. A cabocla prediz que serão grandes; em que? não sabe, *cousas futuras*; grandes, embora brigassem antes de nascer; mas haviam de ser grandes, grandes – *cousas futuras*... (Lê ou relê esse capitulo: a arte do escripto [sic] não o produzio melhor no genero.) Comprehende-se a duvida, os receios, mas por fim o enthusiasmo materno, pelo futuro daquelles dous filhos que vão ser grandes, que ella vai criar para serem gloriosos, com a sua solicitude infinita, com os seus mil cuidados multiplicados, quer vel-os victoriosos na vida, sem a emulação entre si, numa harmonia e amizade fraternal, e não só fraternal, mas de gemeos, filhos do mesmo amor, da mesma concepção, do mesmo parto, da mesma benção e saudados pela mesma prophecia. Mas a allusão da cabocla á briga uterina era a sombra dessa esperança e foi a palavra verdadeira da prophecia. Os dous gemeos, Pedro e Paulo, aprenderam a fallar para contrariar-se: eram contrastes vivos Esaú e Jacob. Não havia a ambição da primogenitura, porque o amor da mãi era igual e a fortuna do pai era tambem igual para os dous. O cajado de Isaac e os seus rebanhos eram aqui acções de companhias divisiveis e subdivisiveis. Não havia que pensar em prato de lentilhas. Os genios é que eram desiguaes e insubmissos: na meninice os murros, na adolescencia a contrariedade de opiniões politicas – um republicano, outro monarchista: e em todas as idades, todos os dias, a natureza, com a sua força invencivel, resistente aos conselhos e á educação, e a sua perversa ironia de indifferente e eterna. O único sentimento accorde e irmão que houve entre os gemeos, a natureza o creou justamente para separal-os mais, para que elles se desirmanassem e se odiassem: foi o amor de Flora, filha única, moça formosa e boa, mas inexplicavel, no parecer do Conselheiro Ayres. Pedro e Paulo amam Flora, e Flora ama os dous. Sua preferencia, porque ambos são um só no physico, e as proprias differenças moraes agradam a ella igualmente. Em presença de um, tem saudades do outro e não ama menos o que está presente. Pedro é estudante de Medicina aqui no Rio, Paulo é estudante de direito em S. Paulo; as ausencias deste não dão vantagem a Pedro, nem as impressões da volta de Paulo, fazem minguar o valor da permanencia de Pedro. Inexplicavel este duplo amor; duplo ou único? Inexplicavel, affirmava o Conselheiro Ayres. Tão inexplicavel, que não diminuio, não pendeu nem para um nem para outro, e levou a dona delle ao cemiterio. Os gemeos continuavam a amal-a através do marmore, com o mesmo egoismo, que se tornou motivo de odio, apesar do ajuste feito no dia da morte de Flora. Ella que fôra a causa de discussão, emquanto viva, devia unil-os pela sua memoria, depois de morta.

Mas o culto dessa memoria é que os apartava um do outro mais e mais, até que o tempo... O tempo fez que mudasse a politica delles; Pedro, o monarchista, depois da Republica, era republicano conservador, satisfeito com a Constituição e com tudo mais; Paulo, o republicano historico, pensava que esta não era a republica dos seus sonhos.

O que não impedia que elle como Pedro fosse eleito deputado. Natividade teve antes de morrer a confirmação do oraculo da cabocla: vio-os a ambos no mesmo dia tomar assento na Camara, embora eleitos por partidos contrarios.

A morte não permittio que ella os visse maiores no futuro, mas foi pretexto para a reconciliação temporaria dos dous, pedido instado por ella no leito mortuario, e jurada por elles, entre lagrimas de ternura e de dor. A natureza que os vio chorar foi ironica: concedeu a tregoa e os fez segunda vez gemeos, no gosto, nos habitos, na companhia, em tudo, para se rir depois, irmanando-os na repugnancia e no odio, quando passou a lembrança do juramento e da morte de Natividade. Tudo passa com o tempo; mas aquella briga uterina continuou na adolescencia e na madureza, e perduraria na velhice, se o autor não fechasse o livro de Esaú e Jacob... Fechou-o com um commentario sobre a desavença dos irmãos, depois daquella fraternidade ephemera, fructo daquelle juramento feito junto ao leito de Natividade e que os extranhos ignoravam. O que era a propria essencia delles parecia aos outros um accidente de ultima hora, e um deputado que o havia notado, queria conhecer-lhe a causa e perguntava ao Conselheiro Ayres:

"– O senhor, que se dá com elles, diga-me o que é que os fez mudar.

– Mudar? Não mudaram nada: são os mesmos.

– Os mesmos?

– Sim, são os mesmos.

– Não é possivel.

Tinham acabado o almoço. O deputado subio ao quarto para se compôr de todo. Ayres foi esperal-o á porta da rua. Quando o deputado desceu, vinha com um achado nos olhos.

– Ora, espere, não será... Quem sabe se não será a herança da mãi que os mudou? Póde ter sido a herança, questões de inventario...

Ayres sabia que não era a herança, mas não quiz repetir que elles eram os mesmos, desde o utero. Preferio aceitar a hypothese, para evitar debate, e sahio apalpando a botoeira, onde viçava a mesma flôr eterna."

Assim acaba o livro, no espaço; no tempo não acabará nunca, porque elle é como essa flôr eterna, que o fez a elle e aos outros, filhos todos de um grande e subtil engenho; que não envelheceu nem envelhecerá jámais na lembrança dos homens.

Contei-lhes o enredo do livro; mas receio não lhes ter contado quasi nada. Nem poderia. Fôra precizo repetir-lhes as paginas uma por um [sic], as linhas uma por uma; porque nada se póde perder nelle, nada é nelle banal. Ha muitos episodios, mas nenhum que não tenha a sua siginificação profunda, desde a nota de dous mil réis que o andador tira ás almas do purgatorio até a taboleta da *confeitaria do imperio*. Desisto de citar: quem se não poupou de ler-me, vá gozar o livro, lendo ou relendo-o, que elle não é desses que fatiguem ou satisfaçam no primeiro conhecimento. É preciso conversar mais vezes com o cabocla Barbara, com o mestre Placido, com o lojista da Carioca, com o opportunismo do Dr. Baptista e a irrequieta ambição de D. Claudia, e a mansa e boa D. Rita, e o capitalista Nobrega, que começou irmão das almas. São elles que fazem a cidade do livro, o caracter do tempo, e apezar disso a universalidade da obra, porque lhe dão o cunho verdadeiramente humano, que é o mesmo aqui como em Roma e em Pariz e em Maricá.

Nessa feição superior *Esaú e Jacob* não variou dos outros livros de Machado de Assis: elle é a caracteristica de todos elles e do proprio temperamento do escriptor. A razão e a intenção de sua obra póde-se dizer, como em outro sentido da philosophia de Socrates, que é a maientica [sic] das almas. No philosopho grego tudo era motivo para especulação em busca da verdade divina e derradeira: neste escriptor brazileiro tudo é pretexto para desvendar a verdade intima dos homens, velada pelas apparencias do mundo.

Pretexto, mas não causa unica ou principal; a causa principal e o proprio engenho delle, o gosto, o talento eximio de narrador perfeito. E este, que já o era nos livros anteriores, e parecia ter chegado á culminancia do seu desenvolvimento, continuou a crescer e veio em *Esaú e Jacob* mostrar-se superior a si mesmo: dahi a differença do livro na sua feitura, que representa o equilibrio consciente a que deve aspirar toda obra de arte. A critica no estudo deste escriptor tem procurado firmar a filiação do seu espirito, dando-o como um producto legitimo ou expurio da influencia dos humoristas inglezes. Não serei eu que o conteste, porque não sou critico nem tenho gosto para genealogias intellectuaes. Mas se é força comparar para esclarecer o pensamento, eu prefiro confrontal-o quanto ao estylo com os escriptores gregos. Não direi que é attico para não repetir o que está deturpado pelo abuso da qualificação. Prezo-me de haver lido e ler ainda um poucochinho dos escriptos gregos, e á minha memoria não occorre outro parallelo para o estylo e feitura de *Esaú e Jacob*. Ponham-lhe a differença da lingua e dos seculos, e haverá paginas que podiam ter sido concebidos por Homero, pelos tragicos e particularmente por aquelle ultimo glorioso da decadencia, que foi Luciano. Equilibrio consciente e perfeito. Lessing, no estudo celebre sobre Laocoonte, cita para exemplo da perfeição da poesia e ao mesmo tempo da sua differença da pintura alguns versos em que Homero descreve a belleza de Helena:

"Priamo, Panthoo, Thymoités, Lampo, Klytio e Hiketaón, da estirpe de Arès, o Oukelegón e Antenor, sapientissimos ambos, estavam sentados, velhos veneraveis, em cima das portas Skaias. Pela velheice [sic] já se abstinham da guerra; mas eram bons oradores, e eram semelhantes a cigarras que, dentro da mata, pousadas nas arvores, elevam a voz melodiosa. Taes eram elles, os principes dos Troyanos, sentados alli sobre a torre. E quando avistaram Helena que para a torre se dirigia, elles brandamente entre si murmuravam estas palavras aladas;

– Em verdade, não é de indignar que por tal mulher os Troyanos e os Acheus das bellas enemides soffram tanto, e desde tanto tempo, porque ella se assemelha muito pelo aspecto ás deusas immortaes. Mas mesmo assim, bonita como ella é, que se vá embora nos navios delles e que não nos deixe a nós e aos nossos filhos uma lembrança dolorosa.

Nos livros de Machado de Assis eu respigaria varias paginas equivalentes áquelles versos pelo effeito e pela sabedoria da feitura; em *Esaú e Jacob*, mais que nos outros; e não me privo de exemplificar; é do Capitulo CVI, a que o autor chamou *ambos quaes?* Descreve-se a morte de Flora.

"... Flora ainda vivia.

– Mamãi, a senhora está mais triste hoje que estes dias.

– Não falles tanto, minha filha, acudio D. Claudia. Triste estou sempre que adoeces. Fica boa e verás.

– Fico, fico boa, interveio Natividade. Eu, em moça, tive uma doença igual que me prostrou por duas semanas, até que me levantei, quando já ninguem esperava.

– Então já não esperam que me levante?

Natividade quiz rir da conclusão tão prompta, com o fim de a animar. A doente fechou os olhos, abrio-os dahi a pouco e pedio que vissem se estava com febre. Viram; tinha, tinha muita.

– Abram-me a janella toda.

– Não sei se fará bem, ponderou D. Rita.

– Mal não faz, disse Natividade.

E foi abrir, não toda, mas metade da janella. Flora, posto que já mui cahida, fez esforço e voltou-se para o lado da luz. Nessa posição ficou sem dar de si; os olhos, a principio vagos, entraram a parar, até que ficaram fixos. A gente entrava no quarto devagar, e abafando os passos, trazendo recados e levando-os, fóra espreitavam o medico.

– Demora-se; já devia cá estar, dizia Baptista.

Pedro era medico, propoz-se a ir ver a enferma; Paulo, não podendo entrar tambem, ponderou que seria desagradavel ao medico assistente; além disso, faltava-lhe pratica. Um e outro queriam assistir ao passamento de Flora, se tinha de vir. A mãi, que os ouvio, sahio á sala, e, sabendo o que era, respondeu negativamente. Não podiam entrar; era melhor que fossem chamar o medico.

– Quem é? perguntou Flora, ao vel-a tornar ao quarto.

– São os meus filhos que queriam entrar ambos.

– Ambos quaes? perguntou Flora.

Esta palavra fez crer que era o delirio que começava, se não é que acabava, porque em verdade, Flora não proferio mais nada. Natividade ia pelo delirio. Ayres, quando lhe repetiram o dialogo, rejeitou o delirio.

A morte não tardou. Veio mais depressa do que se receiava agora. Todos e o pai acudiram a rodear o leito, onde os signaes da agonia se precipitavam. Flora acabou como uma dessas tardes rapidas, não tanto que não façam ir doendo as saudades do dia; acabou tão serenamente que a expressão do rosto, quando lhe fecharam os olhos, era menos de defunta que de esculptura. As janellas, escancaradas, deixavam entrar o sol e o céo."

Quando acabei de ler esse capitulo, tinha os olhos marejados de lagrimas, a que entretanto não ha nenhuma referencia nelle, nem chôro, nem gritos. Ridiculas, as minhas lagrimas? Eu não acho; acho sim que a arte é divina, que me fez chorar por Flora que eu não conheci, nem existio. Flora era filha unica; sabes como o autor conta a dor do pai? Nesta phrase curta ao sahir do cemiterio:

"Tudo feito, vieram sahindo: o pai, entre Ayres e Santos, que lhe davam o braço, cambaleava."

Não entendo de cousa nenhuma se esta phrase não corresponde áquelles versos de Homero, e se o autor della não é um poeta acabado e grande. Podia transcrever outros muitos trechos identicos no valor, mas ia reproduzir a obra sem a continuidade e os outros encantos do livro. Para não sahir dos Gregos digo ainda que é como o delles o processo mental de Machado de Assis. Da primeira á ultima pagina do livro encontrareis aqui e alli uma metaphora, não rebuscada, mas espontanea e pura, que revela como no cerebro do autor as abstracções se concretizam, se corporificam e nascem plasticamente, e por isso poeticamente, no bom sentido da palavra. E o que ha mais neste livro admiravel? Além da perfeição ha a eterna flôr viçosa que Machado de Assis tirou de si para pôr na botoeira do Conselheiro Ayres. É flôr que sorri sobre as tristezas e as alegrias da vida e faz que a gente vá passando através dellas, enlevada pelo seu perfume que consola, pelo seu sorriso enigmatico que é a ironia da natureza: e em *Esaú e Jacob* o espirito fino e brilhante de Machado de Assis.

Leitor meu, vai ler o livro delle; e eu não quero despedir-me de ti antes de te dizer que pódes lel-o sem difficuldade, porque não ha palavra alli que não uses na tua linguagem de todo o dia.

Não consultarás diccionario, e essa é outra virtude do livro. Anda; vai lel-o.

Mario de Alencar.
27 de Agosto de 1904.

• *O Paiz*, Rio de Janeiro, 8.10.1904, p. 1.

MACHADO DE ASSIS

Nos paizes latinos, cuja literatura possue a tradição brilhante de Cervantes, Rabelais, Moliére, Lafontaine, Sylvio Pellico, De Maistre... a satira é repassada de jovialidade; na Inglaterra ella reveste uma feição estranhamente dolorosa, quasi macabra, contradictoria e delirante.

Para Swift, por exemplo, a analyse era como um frasco de vitriolo atirado com furia á face do publico.

A deformação monstruosa e proposital da natureza e do sentimento deliciava-o, provocando-lhe um riso morbido, cruel e dissolvente, de vingança.

Outros, como Carlyle, são combatentes activos pela idéa.

Quem os lê adivinha aqui e ali, sob os escombros que espalham, um alicerce de crença e percebe entre os desconchavos e as incongruencias um criterio seguro que procura desorientar por calculo, faz do paradoxo um instrumento de critica e exaggera intencionalmente os defeitos ambientes.

O creador, triste, porém amavel, do *Quincas Borba*, do *D. Casmurro* e do *Braz Cubas* dá uma fórma esthetica differente ao espirito de duvida e á percepção de ridiculo que lhe assinalam todos os trabalhos, quer se trate de um romance quer de uma novella, quer de uma simples fantasia.

Elle não exaggera por odio o traço caricatural dos seus personagens: como observador, é um imparcial, um delicado como artista e como philosopho, um sceptico benevolente.

Se não desfigura em excesso, pelo grutesco, se não maldiz por tédio, tambem não procura corrigir, nunca doutrina, escreve sem fins de proselytismo, de aperfeiçoamento alheio, de condemnação social.

Annota, estuda, commenta, sorri e convida o leitor a sorrir, com melancolia ás vezes, ás vezes com alacridade, sempre com discreção.

Contempla o mundo, examina a vida e trata os homens com uma serenidade ironicamente bondosa: lendo-o, lembramo-nos daquelle typo de Zola, na *Rome*, que dizia ser impossivel ao Senhor, na sua infinita misericordia, separar dos bons os máos, para punir a uns e recompensar a outros, tão generalizado está, na *massa do sangue*, o principio do crime...

As suas paginas têm em geral um sentido duplo: podem ser lidas com innocencia e simplicidade ou meditadas com amargura, segundo o temperamento e a faculdade assimiladora de cada um.

Os iniciados na sua satira, os que demoram mais nas reticencias mentaes que lhe pontilham frequentemente a prosa castiça e ductil do que no texto, meio grave, meio jocoso, simples e bonachão, sabem que ella encerra uma certeza terrivel e impressionante: a de que os males que alveja são naturaes e irreparaveis.

Bem pesadas as causas, eis a lição das entrelinhas de Machado de Assis, a nossa responsabilidade, pobres de nós! é quase nenhuma, erramos por fraqueza congenial, por vulgaridade intrinseca, por mil resistencias ao bem, por mil suggestões invenciveis para a falta.

Sobrasse-nos tempo e espaço para um estudo completo de toda a obra do autor de *Esaú e Jacob* e transcreveriamos, às centenas, documentos comprobatorios dessa disposição de animo, essencial, do mestre.

Pelas situações diversas dos seus personagens, homens e mulheres, velhos e moços, em entrechos onde se encontram hombro a hombro o amante apaixonado com o politico frio, o preconizador de virtudes com os dissipados e viciosos, o seu mundo inteiro de creações, surprehendidos em flagrante, vê-se bem que para Machado de Assis a vida não passa de uma comedia trivial em certos lances, divertida em outros, em todos instructiva e digna de registro...

No fundo, bem no intimo, elle não acredita no amor, nem na religiosidade, nem no patriotismo, nem no desinteresse, nem na sympathia, nem na bondade; crê, disfarçadamente, no egoismo todo poderoso, força incontrastavel que inspira e domina todos os actos, todos os projectos, todas as conquistas e todas as fundações humanas.

A revolta seria, pois, tão absurda e vã, como qualquer tentativa de castigo ou qualquer sonho de correcção.

O humorismo de Machado de Assis deriva d'ahi, desse escuso e profundo veio de amarga philosophia pessimista.

A resignação zombeteira de *D. Casmurro* e a duvida elegante do *Conselheiro Ayres*, o diplomata das meias palavras, das phrases ambiguas, das definições estramboticas, dos gestos de dois sexos e dos pensamentos mysteriosos, que á proclamação da Republica deu ao Custodio o conselho da taboleta e a ultima pagina do *Esaú e Jacob* prefere aceitar uma hypothese infamante, acariciando docemente a eterna flor que lhe viçava na botoeira, a aceitar um debate inutil, são as duas expressões mais perfeitas e suggestivas do genio de doce mysantrhopo theorico do escriptor brazileiro.

Não pretendemos submetter á critica esthetica o seu recente volume, já resumido magistralmente, na imprensa, por Mario de Alencar.

Do estylo diremos apenas, pelo valor subjectivo da affirmação, que elle é igual, parelho, sempre puro no seu colorido, sempre encantador na sua harmonia, sempre sereno, ainda quando escarninho.

Phenomeno natural em um psychologo do feitio de Machado de Assis.

Não se verificam nos periodos risonhos de *Esau e Jacob* bruscas alternativas, constrastes violentos, imprevisas quedas de *humour*.

A syntaxe de alguns humoristas mostra subitas transformações como a letra dos nevropathas.

A pagina principia firme e correcta, alinham-se os caracteres em ordem, o traço sae regular, modesto e amoravel.

Depois, de repente, um pensamento inesperado e irritante abala o impulsivo. Logo a mão treme, a quebra dos signaes é immediata, a penna sevicía o papel, carrega-se de tinta a escripta, nas folhas da correspondencia desapparece a pauta e, mercê da commoção momentanea, tudo se confunde numa hieratica de colera e de dor.

Taes variações marcam amiudamente o estylo humoristico: do enthusiasmo ao desdem, da fé ardente á suprema negação, da apotheose dos vultos heroicos ao excessivo rebaixamento dos inferiores a eloquencia e o sarcasmo alternam, imprimindo ás sentenças, já breves, fulgurantes, incisivas, já longas e magestaticas, agora solemnes e minutos após pungitivas e acerbas, uma feitura singular e antagonica.

Ha phrases que expluem numa tonalidade interjectiva de gargalhada ao lado de outras hymnicas de victoria ou tremulas e balbuciantes de appelo mystico, para o céo.

Ás vezes é tão completo o consorcio do amor e do escarneo, do amór trahido pela realidade e do escarneo que o vinga, naquelles trechos, que a nossa impressão evoca a de Fialho ao ouvir a musica da serenata de Mephisto: – direis que fala uma boca de carne, uma boca de mytho, em que um dos labios fosse de anjo e o outro labio fosse de demonio...

Machado de Assis é no escrever, como no pensar, um tranquilo melancolico e ousamos dizer que a sua fórma aligera, encobrindo a tristeza das suas meditações, participa da belleza discreta da flor, para nós symbolica, sempre nova e fragrante, que o *Ayres* todos os dias punha á lapella do fraque, sobre o velho coração desenganado e quasi morto...

Alcides Maya.

• *Os Annaes*[46], Rio de Janeiro, 5.11.1904, pp. 77-78.

A LIVRARIA
ESAÚ E JACOB – MACHADO DE ASSIS –
H. GARNIER – EDITOR

Em primeiro logar, desculpa... meus senhores. A desculpa, a pecinha amavel e gasta no uso, ou no realejo dos officiaes deste officio.

---

46 Essa publicação, que tinha como subtítulo *Semanario de Litteratura, Arte, Sciencia e Industria*, começou a circular em 8.10.1904 e tinha como secretário Walfrido Ribeiro e como diretor Domingos Olympio.

Mas, aqui, a meu serviço, é sincéra, explica-se, e mais eu a desejo, com fervor e com fé, á maneira de quem, devendo alta homenagem, apenas faz uma deferencia. Já sabem vocês que de não escrever vastamente do mestre prosador Machado, a desculpa, sobre outras, é o – espaço – angustiado nesta columna curta, esguia, em sérios apêrtos, uma columna simples que se não quer estender para além das suas curtas intenções de noticiar só: que appareceu um livro, uma brochura, original ou roubada, que tem auctor, ou auctores, cada qual o melhor, cada qual o peior. Digo que *Esaú e Jacob* é de Machado de Assis. Digo uma doidejante novidade e, sobretudo, um dos mais maravilhosos trechos do logar commum, em materia de... critica.

Porém, ás vezes, como agora, esse *cliché* é uma salvação, uma providencia que resume, num idéal de criterio, o que eu, com ancia, com pressa com todo o meu amor á obra de Machado, viria a pensar, neste lúcido momento do *Esaú e Jacob*. O trabalhador do *Quincas Borba* resplandece no romance dos gemeos, como no *Braz Cubas*. Sobre isso, não é veneravelmente velho notar que o puro Artista não envelheceu. A primavéra alenta naquelle espirito, todo um cyclo de activo esplendor. Cada livro seu, mesmo uma pagina, um periodo, é uma ressurreição da mocidade.

E me bastaria como melhor phrase, querendo dar a melhor idéa. O essencial encantador num trabalho delle, o que mais irresistivelmente desafia a todas as seducções do grande bello, não é o entrecho, não é a intriga. Aliás, ella excelle a de todos os romancistas da nossa lingua.

Nenhum, aqui e além, lançaria a factura *material* de um livro de Machado, contando tão bem a *historia* através de um processo tão difficil, tão trabalhoso e, ao mesmo tempo, tão apprehensivo d'acção. Por vezes, no andar da narrativa, parte-se a linha, quebra-se a urdidura, as coisas, que hão de apparecer, alternam-se, trocam-se, transpôem-se, e os capitulos se revésam, não ligam a mesma idéa de sorte que, como no *Esaú*, a um capitulo que o vulgar impessoal daria o n. I, elle dá o n. 8, ou o n. 13, ou traça *a visita do palacio*, embora seja uma divagação, uma inutilidade para o enrêdo, mas uma necessidade primaz para a sua maneira de construir.

E logo emmaranha num claro, num aberto embaraçado de episodios, que se distanciam, que se alongam, que se esvahem, esvahindo a curiosidade devorante do leitor, que se subdividem em muitos outros, vários e estranhos, com o poder do mesmo interesse, da mesma arte, que o seu genio, sempre alli, transmitte e revigóra. Um romance de Machado não tem vertigens tempestuosas, não é dramatico, é uma semelhança de mosaico, é um romance de episodios que, parece, se chocam, se repellem, se alheiam. (*A Esmola da Felicidade, A Epigraphe, A Missa do Coupé, Há Contradições Explicaveis, etc.*) Mas, afinal, o facto é que se entendem, se communicam e se apuram e se enlaçam, e, ao cabo, nós verificamos, maravilhosamente, uma perfeição de unidade e de trama. Depois, esses episodios que assim rebentam e se cólam, assim dão, deliciosamente, a expressão magnifica da sua graça amoravel. "Perpetua compartia as alegrias da irmã, as pedras tambem, o muro do lado do mar, as camisas penduradas ás janellas, as cascas de banana no chão. Os mesmos sapatos de um *irmão das almas*, que ia a dobrar a esquina da rua da Misericordia para a de S. José, pareciam rir de alegria, quando realmente gemiam de cançasso. Natividade estava tão fóra de si que, ao ouvir-lhe pedir: "Para a missa das almas!" tirou da bolsa uma nota de dous mil reís, nova em folha, e deitou-a á bacia. A irmã chamou-lhe a attenção para o engano, mas não era engano, era para as almas do purgatorio. (*Cap. II*)

"Era a missa do *coupé*. As outras missas vieram vindo, todas a pé, algumas de sapato roto, não raras descalças, capinhas velhas, morins estragados, missas de chita, ao domingo, missas de tamancos." (*Cap. IV*)

Não exálam *emoção*, nesse esbraseado sentido meridional, que solicita o estrépito, o ardor, o mesmo fogo dos deslumbramentos. Nem arrebatam, nem estremecem, nem atiçam convulsões de nervos. Fazem resurgencias de alegria, borbulham delicadezas, fascinam calmamente pelo exquesito das suas situações, pelo recorte plastico da sua suavidade, pelo jeito leve da sua ironia. No episodio, Machado espraia as subtilezas, o seu dom superior, super fino, de recato, de timidez, de pudor; a discreção, a medida o contém; e surge, vacillante e alegre, o divertido da sua duvida, o mais pittoresco dos seus aspectos litterarios.

Eu me sinto á vontade, sorrío simplesmente; ninguem se irritará deante della, a bolir comnosco; antes, oscilará, desconfiará, também, sentindo-a, penetrando-a, com a mesma volupia, numas brandas claridades de goso. "Era um mysterio, talvez um caso único... Único! Um caso! A singularidade do caso fel-o agarrar-se mais á ideia ou a ideia a elle; não posso explicar melhor este phenomeno intimo, passado lá onde não entra olho de homem, nem bastam reflexões ou conjecturas." (*Cap. XI*)

Dessa timidez, dessa duvida – e dahi os excessos de sensibilidade, os seus trocadilhos, os jogos de palavras, as incertezas, os contrastes, as apparencias de respeito ao publico, os disfarces, as renuncias de opinião, os "possíveis" – desse pudor, que organisa o mais original, o mais homogeneo, ou, antes, o único temperamento litterario do Brasil, irradía, lindamente, o seu *humorismo*, que, nelle tendo o melhor artista, nem é amargo, nem desesperado, nem furioso; mas, tão finamente sceptico, é tolerante, contemplativo, bemfazejo.

É, pois, exacto, logico, inteiriço, o *processo* do creador do *Dom Casmurro*, um *processo* que effectúa a perfeição do *humorismo*, o que é bastante para julgar a um *humorista*, tanto quanto, como ninguem, elle o é soberbamente. Ha gente, qualquer bocado de gente illustre que não toléra o methodo do sr. Machado de Assis. Um homem que escreve bem já me disse, com impunidade, que essa coisa do sr. Machado metter o pé pelas mãos, essa licença dos episodios, dos capitulos em branco, das reticencias, é um despreso ao publico. Esse homem que escreve bem só farejava nos romances do sr. Machado, o drama, a vil banalidade do entrêcho. E não entendia, por isso, que notando no sr. Machado, despreso ao publico, signalava, precisamente, um dos fortes caracteristicos do seu typo de *humorista*. E porque tem juizo e jeito, o esperto homem só devia considerar o escriptor como elle é, de facto,– dentro do seu temperamento.

Mas, eu ia mettendo pela discussão, ou, talvez, tentativa de estudo do romancista. Estaria fóra de logar e do dever actual... que é fechar a noticia com a delicia de falar no estylo do sr. Machado. O *Esaú*, deitado á luz sem barulho, com calma e com paz, rebrilha o amado estylo, a sobriedade, sem egual, a doçura, os furta-côres da graça, a iris scintillante.

Esse feitio da sua litteratura é ainda sem par, não tem gemeo, (vê-se bem que dou noticia do *Esaú e Jacob*) não tem outro na lingua que elle lapida e amansa. A sua *fórma* compléta a idéa pegando-lhe os matizes; e, portanto, o estylo de Machado ha de ser subtil. Não tendo violencias de briho, nem lances a deslumbrarem, é na ironia que lhe está a *maneira*. Não é descriptivo; menos, opulento; menos, fragoroso. Os exteriores d'um quadro, d'uma paysagem não o preoccupam; naturalmente despontam. De tantos, um exemplo precioso: "Não é que sentissem alguma coisa opposta, á vista da praia e do céo, que estavam deliciosos. Lua cheia, agua quieta, vozes confusas e esparsas, algum tilbury a passo ou a trote, segundo ia vasio ou com gente. Tal ou qual brisa." (*Cap. XXXVI*).

Mas, onde eu vejo em Machado a maior virtude de arte, é em dizer o pensamento. Não é cathegorico, e parece desejar que a sua phrase nunca enfeixe uma sentença. A ironia nelle, como no Eça ou no Fialho, traz o pensamento, e atalha o exaggero. A sua arte deixa que o leitor tambem trabalhe na leitura, e fal-o pensar. O *Esaú* transborda de phrases. Daria um lindo livro de pensamentos leves, encantadores, sem presumpção, sem pó, sem solemnidade. (Bôa lembrança a Mello Moraes, bôa inspiração a Laudelino Freire). Mais que nunca, a respeito desse mestre, a gente sente profundamente a perfeição da idéa visionando o toque extremo, o acabado, a perfeição do estylo. Pela subtileza dos seus recursos, das suas cambiantes, pelo imprevisto do seu movimento, pela finura e pela plastica, pela tinta e pela propriedade, o estylo, no *Esaú*, arranca deste idioma o que elle, em verdade, ainda póde recoher [sic] de attico, de fino, de suave e de espiritual. De resto, considerem a seriedade, a inteireza e a cohesão da sua obra; obra que, por ser pensada e sentida, faz de Machado a única, a indiscutivel gloria liquida das lettras brazileiras. Quando elle nos dér o seu ultimo livro, será, emfim, o primeiro, por tudo isso.

Os ultimos serão os primeiros...

[Seguem quatro parágrafos sobre *Novos Poemas*, de Annibal Amorim]

WALFRIDO

• *Gazeta de Notícias,* Rio de Janeiro, 21.11.1904, p. 1.

O ULTIMO ROMANCE DE
Machado de Assis

É *Esaú e Jacob* o ultimo na data: não será de certo o ultimo da série. Appareceu ha algumas semanas, mas nunca é tarde para se tratar de um livro de Machado de Assis. São livros os seus que todos ficarão na nossa litteratura, isto é, que continuarão a ser procurados e lidos, e dos quaes os futuros organisadores de anthologias transcreverão com afan largos trechos nas suas collectaneas. De mais a mais, serão excerptos de auctor brasileiro unico no seu genero.

Poderiamos fazer uma escolha entre dezenas de historiadores mais ou menos eruditos ou rethoricos, entre centenares de prégadores mais emphaticos do que sobrios, entre milhares de lyricos dulcifluos ou satanicos. Elle só se não parece com nenhum outro: é singular, talvez como poeta, provavelmente como chronista, certamente como novellista. As suas producções é que se assemelham entre si pelo conjuncto dos predicados litterarios que as distingue, constituindo uma mesma obra na sua variedade. *Esaú e Jacob,* parece-se pois, prolonga as creações anteriores.

É o mesmo portuguez limpo e castiço, sem sombra de pedantaria nem esforços de purismos, tão pouco crivado de neologismos, uma lingua corrente e correcta, cuja falta de artificios e voluntaria simplicidade lembram immediatamente Garret, sendo em ambos o resultado de muita pratica e muito trabalho. É a mesma feição de narrativa mais conceituosa do que descriptiva, mais espirituosa do que colorida, mais graciosa do que vibrante.

Os romances de Machado de Assis repousam sempre sobre uma intriga leve, os seus personagens praticam actos communs, a sua acção carece de um enredo complicado e escabroso.

Mas por acaso será a vida constantemente tempestuosa? Apresentará ella invariavelmente a fatalidade da tragedia ou a agitação do drama? Não são os factos ordinarios de natureza a fornecer-lhe interesse, enchel-a de actividade, dotal-a de emoção? A trivialidade é viva e attrahente; a questão está, litterariamente, no modo de tratal-a. E não é possivel tratal-a com mais arte do que o auctor de *Braz Cubas*.

A sua delicadeza já passou a logar commum da critica e, na ancia de explical-a, recorrem certos a interpretações fadigosas e filiam-na muitos nos humoristas inglezes. Porque os inglezes escrevem livros que podem andar nas mãos de toda a gente. Porque são comedidos no expôr, discretos no contar, bem educados no gracejar.

E'possivel que Machado de Assis tenha experimentado a influencia de Sterne ou de Swift. Elle admira os bons modelos e presa os antigos como todo homem dado ás lettras, mas a rasão da sua delicadeza parece-me antes estar em que o seu temperamento corresponde ao dos citados auctores do seculo XVIII, em que a sua caracteristica urbanidade, tão pessoal e immudavel, condiz com aquella ironia flagellada mais do que flagelladora, com aquella zombaria que se não era ainda dolorosa, já era humana e tinha a refreal-a o respeito das normas, que o romantismo se aprouve em destroçar.

Machado de Assis não é um escriptor da ultima data. E' um escriptor de sempre porque, em vez de seguir as modas e mudar de traje de accordo com ellas, creou uma moda sua. Esta moda, porém, que não podia nascer espontanea, origina-se nas duas grandes escolas, uma que o precedeu, a classica, e que lhe deixou a tradição da medida e da distincção; a outra, com a qual cresceu e se formou, a romantica, desta derivando o sentimento e o poder de sympathia, sem que ficasse a sua obra eivada de tristeza e proselytismo. Melancholia, a offerece, a melancholia inseparavel da vida, mas sempre moderada, como a que se desprende da marcha regular della, sem quedas sombrias, nem accidentes horriveis.

Vindo assim, espiritualmente de outras eras, mais differente parece ainda dos que o rodeiam. Nunca poderia no emtanto ficar isolado na sua sobrevivencia ou tornar-se enfadonho na sua particularidade, porque, além da superioridade da forma, expurgada dos defeitos da escola, existe em Machado de Assis o que distingue os escriptores de merito, destinados á perpetuidade intellectual: o fundo humano e synthetico.

Os seus caracteres podem não desenvolver, cada um separadamente sob a luz intensa de rigorosa critica subjectiva, uma linha de conducta pre-concebida e logica; podem mesmo não apresentar, movendo-se por ai ao sabor das ponderações do chronista de seus feitos, traços tão pronunciados que os tornem, na sua exacta delineação, typicos ou proverbiaes.

Não deixam por isso de ser animados e indeleveis, na penumbra em que os colloca a phrase que lhes envolve a personalidade, lhes surprehende os gestos, lhes define as attitudes, lhes pinta a evolução – phrase que corre com alacridade, que zumbe sem ferir, que serpenteia sem assustar, que se enrosca e adhere ao assumpto, de tudo motejando sem grosseria e colhendo na faculdade de observação e no talento de exposição verdadeiros achados de expressão.

Estes achados referem-se sempre ao contraste das apparencias, ou á inconsistencia das opiniões, ou a mendicídade das promessas, ou á inanidade das previsões e traduzem modalidades de visão, porquanto pela technica adoptada nos seus romances, o auctor acompanha *pari passu* o caminhar da acção, polvilhando-a de reflexões que juntas formam, no seu desenfado e na sua penetração, não direi uma concepção philosophica porque seria fazê-las abraçar assumptos e attingir alturas a que não querem guindar-se, mas uma apreciação larga e até completa da vida. Dir-se-ia mesmo que personagens e acção não são mais do que pretextos para esse tratado da ironia das cousas, os elementos concretos dessa téla humoristica do mundo com seus ridiculos e vaidades.

A preoccupação dos seres em suas relações sociaes faz até esquecer os aspectos do meio, faltando neste romance, como nos anteriores, evocações de paizagens, posto que sobrando fugitivas e quasi graphicas notações no scenario, verdadeiros instantaneos em correlação com os estados psychologicos examinados. Outro tanto acontece a escriptores estrangeiros com quem Machado de Assis offerece pontos de contacto, filiados na identidade das naturezas ou na harmonia dos modos de ver, Alphonse Karr por exemplo, cujo espirito se exercia, sem maldade mas com infinita malicia, sobre os fracos de toda a gente e as miserias de todo o mundo, numa expansão impessoal que torna a critica menos cruel, porém mais certeira, fazendo das victimas do pamphletario como das creações do romancista symbolos mais do que entidades.

Com effeito, para entidades escasseia-lhes relevo; para symbolos, porém, sobra-lhes consistencia. De pessoal têm comtudo a contradicção dos actos, a vacillação das resoluções, a apparente descontinuação dos pensamentos, dos quaes cada um é commentado pelo auctor sem a affirmação categorica que, em face da fluidez do mundo espiritual, seria uma arrogancia e um engano, antes com a duvida e a hesitação que são garantias da verdade, porquanto cada estado da alma é constituido por elementos tão variados, tão complexa é cada transformação sua, que qualquer explicação precipitada e peremptoria nem seria razoavel nem humana.

Nem elle tal a poderia jamais formular a menos de modificar-se por completo a sua maneira litteraria, de alterar-se o seu proprio temperamento, que anda habituado a encarar tudo com sympathica curiosidade e a tudo apreciar com passageira ironia, parecendo *estar a propria ironia na retina delle*, como na do seu bondoso, fino e discreto conselheiro Ayres.

Oliveira Lima
Pernambuco, novembro 1904.

• *A Notícia*, Rio de Janeiro, 26 e 27.11.1904, p. 2.

REGISTRO

Relendo esta noite *Esaú e Jacob*, do meu querido mestre Machado de Assis, fiquei algum tempo evocando a concepção, o assumpto e a fórma de todos os romances, contos e novellas que elle tem publicado, e meditando sobre este ponto: como, graças ao talento do escriptor, a vida carioca, sendo uma vida cosmopolita e sem originalidade, serve de base para a creação de uma litteratura originalissima...

Em todo o Brasil, no Norte como no Sul, o Rio de Janeiro não é muito amado: na opinião de todos os provincianos, o Rio de Janeiro não é Brasil: é um ponto de reunião commercial, uma vasta Bolsa em que todas as raças e todas as nacionalidades se confundem, uma cidade sem caracter proprio, uma cosmopolis imprecisa e vaga... Não contesto isso; apenas contesto que um escriptor carioca, descrevendo a vida do Rio de Janeiro, seja fatalmente forçado a escrever livros sem originalidade. A vida do Rio é, na essencia, egual á vida de todas as outras cidades, – um tecido de ambições, de interesses, de vicios, de virtudes, de prazeres, de soffrimentos, de trabalho, de inquietação moral. Não se póde exigir que um escriptor, mudando de sangue e de nervos, annulle a influencia do meio em que vive, e narre coisas que nunca vio, costumes que nunca observou, paixões que não póde comprehender. Tal escriptor do Maranhão, do Ceará, ou de Minas, como Coelho Netto, Domingos Olympio ou Affonso Arinos, vos dará um romance em que a vida "vaqueana" do sertão maranhense se espelhe, ou onde o Ceará palpite, com as suas seccas e os seus martyrios, ou onde se fixem a bravura, as superstições, a simplicidade da gente mineira. Que vos hade dar um escriptor do Rio de Janeiro, senão a vida da rua do Ouvidor, do Theatro Lyrico, e de Botafogo?

Mas, si esse escriptor tem talento original e potente, os seus romances, como os de Machado de Assis, desvendarão na vida cosmopolita da cidade aspectos materiaes e moraes que ninguem descortinaria na vida de Roma, de Lisboa ou de Paris. O amor é um só, uma só é a tolice humana, e as ruas, as casas e as almas têm afinal a mesma natureza em todas as cidades do mundo. Com os mesmo scenarios, porém, com os mesmos personagens, e com as mesmas paixões, fazem-se cem mil dramas diversos.

A litteratura de Machado de Assis realisa o milagre de crear, no Rio de Janeiro, conflictos moraes, "estados de alma," aspectos sociaes absolutamente ineditos. E isso prova mais uma vez que a mesma paixão é sentida por cem homens, de cem fórmas differentes, – porque cada homem traz dentro de si uma humanidade propria, que nunca é perfeitamente egual á humanidade dos outros...

– B.[47]

• *Diário Popular*, São Paulo, 5.12.1904, p. 1.

Romance Fluminense

O qualificativo *Romance Fluminense* é que entendemos mais adequado ao bello livro de Machado de Assis: – *Esaú e Jacob*.

Escrevendo uma das chronicas diarias d'*A Noticia*, com acerto, o estylista Olavo Bilac, disse: "Fiquei algum tempo evocando a concepção, o assumpto e a fórma de todos os romances, contos e novellas que elle tem publicado, e meditando sobre este ponto: como graças ao talento do escriptor, a vida carioca, sendo uma vida cosmopolita e sem originalidade, serve de base para a creação de uma literatura originalissima..."

E', pois, o romance da vida carioca, em alguns dos seus aspectos diversos, que o talento e a maestria de Machado de Assis nos offerecem com as buriladas paginas *de Esaú e Jacob*.

A palpitação do sentimento da grande cidade ahi se encontra admiravelmente num "tecido de ambições, de interesses, de soffrimentos, de trabalho, de inquietação moral".

O escriptor carioca, que nos tem dado tantas manifestações do seu fecundo engenho literario, nas creações que se denominam *Braz Cubas, Quincas Borba, Dom Casmurro*, em novellas, contos e narrativas, de uma delicia encantadora, quanto á elegancia da fórma e a ironia da concepção, produziu agora mais uma dessas joias de finissimo cinzelamento.

47 Abreviação de Olavo Bilac.

A esthetica do novo romance de Machado de Assis consiste, como a dos que o antecederam, em ser primorosa pela satyra leve e fugitiva, o que perfeitamente traduz a linha do seu temperamento de prosador.

Eis porque o criticista José Verissimo já escreveu notando que, da obra literaria do prezado mestre: "Resumbra uma philosophia amarga, sceptica, pessimista, uma concepção desencantada da vida, uma desillusão completa dos moveis humanos. E, com isto, em vez das imprecações e raivas dos pessimistas profissionaes, como os prophetas biblicos, ou os seus imitadores hodiernos, a quem uma fé, uma esperança desesperada, uma forte convicção, alça a colera ou exaspera a paixão – uma ironia fina, bricalhona, cortezan, de homem bom, mas seguro como os Ecclesiaste, de que tudo é vão neste mundo e resolvido por isto a se não illudir com alguma apparencia."

Dahi deriva o seu humorismo.

Sem excessos de pessimista Shopenhauriano, Machado de Assis nos apresenta espiritualmente a narração do scenario da existencia dos gemeos Pedro e Paulo que nasceram com tendencias inteiramente antagonistas.

Cresceram e nunca poderam ser amigos fraternaes. Divergiam em opinião, em amor, em politica, e se não discutiam era attendendo a um carinhoso pedido que lhes fizera a boa mãesinha.

O romance *Esaú e Jacob* decorre nos ultimos annos do imperio brazileiro, refere scenas, episodios, aspectos magnificos analysados suavemente. As figuras que se movimentam têm muita correcção e realidade; assim é que realçam os typos do intelligente diplomata Ayres, o homem d'*O Memorial*, meticuloso, elegante e discretissimo; o conselheiro Baptista, d. Claudia, o confeiteiro Custodio preoccupado com os dizeres da taboleta para a confeitaria, pintada justamente no dia da acclamação da Republica; a graça ingenua de Flora, gentil senhorita que inspirou amor aos gemeos e – a quem a morte não tardou...

"Flora acabou uma dessas tardes rapidas, não tanto que não façam ir doendo as saudades do dia; acabou tão serenamente que a expressão do rosto, quando lhe fecharam os olhos, era menos de defunta que de escultura. As janellas, escancaradas, deixavam entrar o sol e o céo."

Mas, no tecido de todo este agradavel romance de caracteres e sentimentos, ha um typo de relevo. É esse Ayres – que no dizer sagaz do illustre escriptor: "trazia o callo do officio, o sorriso approvador, a fala branda e cautelosa, o ar da occasião, a expressão adequada, tudo tão bem distribuido, que era um gosto ouvil-o e vêl-o."

Esaú e Jacob póde ser lido de principio ao fim deliciosamente; não fatiga, só seduz. Os capitulos têm pequenas proporções, passam, succedem-se rapidamente. A belleza da fórma é, como sempre, incomparavel; tem a pureza do legitimo e precioso vernaculo que brilha em todas as producções do festejado presidente da nossa Academia de Letras.

– Ao sr. Pedro de Magalhães, livreiro nesta capital e representante dos editores H. Garnier, agradecemos o exemplar com que nos brindou.

L. F.[48]

• *Kosmos*, Rio de Janeiro, dezembro de 1904, pp. 28 e 29.

VIDA LITERARIA
"ESAÚ E JACOB" O ULTIMO LIVRO DO
Sr. MACHADO DE ASSIS

Além dos indefectiveis folhetos de versos e livrinhos em prosa, sem nenhum interesse, apenas reveladores do cacoête de escrever, tenho aqui um bom numero de volumes aos quaes devo noticia e analyse: a interessante narrativa *O Navio Flibusteiro* do Sr. Virgilio Varzea; os deliciosos e encantadores poemas do Sr. Antonio Corrêa d'Oliveira *Raiz, Ara, Auto de Junho*; os contos *Alma Dorida* (H. Garnier) do Sr. Cyro d'Azevedo; o *Theatro Brasileiro* (H. Garnier) do Sr. Henrique Marinho; uma traducção de *Gil Braz de Santilhana* (H. Garnier) os *Artistas do Meu Tempo* do Sr. Mello Moraes Filho (H. Garnier) os conceituosos estudos do Sr. Heraclito Graça *Factos da linguagem* (Viuva Azevedo & C.ª); os novos e formosos poemas dos Srs. Magalhães de Azeredo *Odes e Elegias* (Roma) e Luiz Guimarães Filho *Pedras Preciosas* (Montevidéo) e, por fim *Esaú e Jacob* o ultimo romance do Sr. Machado de Assis, publicado pela casa H. Garnier.

Como *à tout seigneur tout honneur*, segundo o velho preceito da civilidade franceza, os autores d'aquelles livros, entre os quaes alguns ha verdadeiramente estimaveis, me não levarão a mal que dê a primazia da minha noticia a este, que por todos os titulos a tem, sem duvida, entre elles.

Na série dos romances da segunda – e agora, parece, definitiva maneira – do Sr. Machado de Assis, *Esaú e Jacob* mantem o primado adquirido ao autor pelas *Memorias de Braz Cubas, Quincas Borba* e *D. Casmurro*. Pódem alguns desadorar o modo de escripta e composição d'esses romances, a maneira do autor, o seu estylo, e achar-lhe ao cabo alguma repetição e monotonia; a critica, porém, não tem o direito de prescrever ao artista, nem os seus assumptos, nem como os deve tratar. Como a inspiração, a composição ha de ser livre. Á critica só assiste o direito de examinar

---

48 Iniciais de Leopoldo de Freitas?

si, escolhendo este ou aquelle assumpto e tal ou tal fórma de o conceber e tratar, o escriptor o realizou segundo um criterio de belleza, que podendo soffrer variações infinitas, se conserva no fundo sempre o mesmo.

À obra do Sr. Machado de Assis, a de mais perfeita unidade em a nossa literatura, é tanto mais preciso applicar esta regra de critica quanto a sua maneira literaria, o seu estylo que, como em raros é elle proprio, são por assim dizer o seu mesmo temperamento individual. Ora, tudo em summa se poderá talvez exigir de um escriptor, menos que elle mude ou esconda o seu temperamento, o que só por si lhe diminuiria, si não aniquilasse, a personalidade que acaso tivesse. E é essa diversidade de temperamentos que, na unidade de uma literatura, lhe faz a variedade e o encanto. Ora, apezar de enganadoras apparencias, em todo caso mais pessoaes que literarias, em contrario é grande e forte a personalidade do autor de *Esaú e Jacob*. É escriptor que nunca de todo cedeu a influencias de meios, de parcerias ou de escolas. Passou por diversas, que a todos aqui avassalaram, sem se deixar dominar completamente por nenhuma d'ellas, conservando sinão intacta, independente a sua personalidade literaria.

Neste romance principalmente ella se desenvolve em inteira posse de si propria, numa opulencia de pensamentos, de ideias, de conceitos manifestamente superior a dos seus outros livros de igual genero. A historia é simples, e por isso mesmo difficil de contar. Aliás as historias do Sr. Machado de Assis perderiam muito em ser recontadas por outros. O seu principal encanto talvez esteja no contador.

Cada livro d'elle, de parte o estylo, traz uma novidade. A de *Esaú e Jacob* é a do assumpto, que tem, do modo porque é exposto, toda a figura de um facto novo. Eu não sei si no seu atilado pessimismo o Sr. Machado de Assis não quiz representar o caso communissimo da desaffeição, e até da hostilidade dos irmãos, e com o seu gosto, filho da sua philosophia, de contestar as banalidades correntes como verdades, mostrar a falsidade do corriqueiro e mentiroso "amigos como irmãos". Para isso, observar-me-iam, não precisava fazer dos seus irmãos gemeos; mas fazendo-os dava mais força á sua demonstração, si alguma tinha em vista. Neste livro ao humor, de que o Sr. Machado de Assis parece tem o privilegio entre os nossos escriptores, junta-se por vezes a graça, como em nenhum outro sinão nos seus contos, onde facilmente a encontramos, dos seus romances da mesma feição.

O caso é, como já indiquei, o da reciproca hostilidade de dous irmãos gemeos, mas profundamente differentes e desiguaes de genios e de temperamentos. Esta differença profunda dos dous, acompanhada da animosidade espontanea de um pelo outro, em manifesta opposição com a igualdade ou simultaneidade de tendencias e inclinações em geral notadas nos gemeos forma o que chamarei a trama psychologica do romance. Sobre essa trama corre, como um fio de delicadeza peregrina, num bordado de rara formosura, a figura encantadora de uma mulher. Não é de esposa, nem de amante, ou de amada, mas de mãi. E não a da classica mãi velha e veneravel por um passado de angustias, de dedicação maternal, de devotamentos de esposa, mas uma mãi relativamente ainda bella e fresca e com isso inteiramente mãi, sem deixar de ser mulher, com as graças que a sua idade, o seu estado, o seu decoro lhe permittem. Uma creação felicissima, essa Natividade, em que se reunem com rara perfeição de factura os encantos da mulher, as gentilezas da senhora e a indizivel ternura das mãis. Quasi igualando-a, e talvez por certos traços levando-lhe vantagem, porém de mais fácil execução, é o Conselheiro Ayres, que da mesma familia do Conselheiro Acacio, fica inteiramente, absolutamente differente d'elle, como uma creação á parte e diversa, e entrará para a humanidade creada pelo Sr. Machado de Assis ao lado de Braz Cubas, de Palha, do Conego Dias e de outras não menos conhecidas personagens que a constituem, todas talvez excepcionaes, mas todas vivas, de uma verdade intensa, apezar da especie da risonha e descuidosa ironia com que são apresentadas. Por que, ao contrario da maior parte dos romancistas, elle não as descreve minuciosamente, salientando as suas qualidades e defeitos, não lhes enumera as virtudes e os vicios, nem lhes diz por miudo os habitos e costumes, não as pinta em summa por dentro e por fóra; apenas fal-os falar e obrar, o mais discretamente que pode, e limita-se a completar-lhes o retrato com uma palavra, um dito ou um acto da personagem ou uma rapida apreciação sua, que são como o *coup de pouce*, a que se referia Rüskin, com que o mestre concluido o quadro dá-lhe a pincelada final que o illuminará todo.

Naquella idade dos trinta annos, cara aos balzacistas, Natividade, grande dama do Rio de Janeiro, formosa, opulenta de fortuna e gentileza, deu á luz, sem nenhum enthusiasmo, ou sequer essa alegria especial das mãis moças ou pobres, dous filhos gemeos. O nascimento de algum modo tardio d'essas crianças foi antecedido e seguido de circumstancias pouco ordinarias, e de sentimentos diversos e contradictorios, de aborrecimento e alegria, de descontentamento e amor no casal. Em primeiro lugar, Natividade sentira que elles lhe brigavam no ventre, como os dous irmãos Esaú e Jacob no de Rebecca, mulher de Isaac, segundo a lenda biblica. Já vê o leitor donde vem o nome do livro. Natividade e o marido, um banqueiro meio apagado, passada a primeira e rapida contrariedade do nascimento dos dous meninos, põem-se a amal-os com grandes extremos. E elles crescem numa quasi excepcional atmosphera de amor e de carinhos. Mas parecidissimos quanto ao physico, o que é muito commum nos gemeos, divergem grandemente no moral, nos gostos, na indole, nas propensões e tendencias, o que é mais raro. Os nomes que se lhes havia de dar faziam objecto de questão e discussões na familia. Afinal, um motivo fortuito, fez resolvel-a pelos dos dous apostolos apparentemente socios e camaradas, mas de facto inimigos, Pedro e Paulo. Aquella differença entre a indole dos dous foi desde a meninice d'elles, motivo de desgosto para Natividade, que em vão empregou todos os recursos da sua ternura maternal em combatel-a. Nesse empenho falharam-lhe todos os seus mais engenhosos meios e Pedro e Paulo cresceram e fizeram-se homens, como Esaú e Jacob, adversarios, sinão inimigos – é preciso estabelecer o matiz –.

Gorada – o que é tão commum – esta obra de educação maternal, cada um delles escolhe carreira e partido differente. Só em uma cousa concordam e coincidem, na eleição da mulher amada, que será a mesma, Flora. Eis outro delicioso typo de mulher, criado pelo Sr. Machado de Assis. Este é o de uma donzella, com todos os encantos e seducções da idade e do estado, e com alguma cousa de ideal, que si a embelleza nada lhe tira de realidade vivaz e humana.

Natividade morre, um pouco talvez da reciproca animosidade dos filhos. Ha nessa morte uma commoção a que não nos tinha habituado o autor de *Braz Cubas*. Já moribunda, Natividade tentou um derradeiro esforço para reconcilial-os. Não logra sinão apparencias. O amor de Flora ou antes por Flora, que ambos sentiam sem animo de se declararem, por que cada um sabia tambem o outro apaixonado, e julgava-o o amado, augmentava naturalmente aquella separação, que Flora indecisa entre os dous sem querer, antes não querendo, augmentava. O caso de Flora é singular. Entre dous rapazes esbeltos e amaveis que, – não ha enganarem-se mulheres nestas cousas – evidentemente a amavam, ella ama, sem saber qual d'elles, mas ama, sem objecto certo, indefinidamente. Ella tambem morre sem se ter decifrado o enigma cruel. E Pedro e Paulo continuam "os mesmos", que vinham desde o ventre materno como verifica a philosophia pessimista e percuciente do Conselheiro Ayres.

Contado assim, eu estou que este romance não tem interesse, nem graça, por que o que principalmente lhe dá estas qualidades, é, primeiro, a lingua admiravel, a rara sciencia de dicção com que é escripto e depois a arte peregrina e toda pessoal da composição, os mesmos *tics* e cacoêtes do autor, o engenhoso artificio da apresentação, uma psychologia subtil, por

vezes talvez e infelizmente rebuscada, mas sempre intelligente e com aquelle sal de malicia caro aos paladares mais sãos. Não será talvez uma literatura forte, uma arte intensa capaz de commover-nos com emoções superiores; mas é, como raras, intelligente, original, distincta e deliciosa.
Não lhes parece que é muitissimo?

José Verissimo.
Da Academia Brasileira

MEMORIAL DE AIRES

• *A Imprensa,* Rio de Janeiro, 29.7.1908, p. 2.

O DIA

A noite passada, tomei do *Memorial de Ayres,* o ultimo livro de Machado de Assis, e li-o de uma assentada. Das obras desse mestre, pode-se dizer que são quasi perfeitas. Não se dirá perfeitas, porque a perfeição não é deste mundo. São trabalhos feitos com amor, com cuidado, com vagar, com paciencia; são lavores em que o tempo teve uma grande parte. Polidos, limados, uma, duas, dez, cem vezes, tantas quantas fôram precisas para que ficassem impeccaveis. Não se procure nos romances de Machado de de [sic] Assis tramas intrincados, nem paixões violentas: não ha nelles nada mais do que a vida, não a vida excepcional, que comporta tragedias, mas a vida ordinaria, a vida do commum dos homens, a vida de todos os dias, a vida banal... Referir-nos, nessa forma de memorias, que é tão sua, em cerca de 200 paginas, episodios vulgares da vida ordinaria e fazel-o de modo a prender a attenção e a interessar vivamente o leitor, já só por si bastaria para lhe salientar o merito. Mas não é só isso o que se encontra na obra de Machado de Assis. Ou melhor: não é isso o que se encontra na sua obra. O episodio, o trama, a ficção, ahi não é sinão mero pretexto para as observações exactas, para o conceito original, para a sentença curiosa, para um humorismo á ingleza, para a manifestação de um certo scepticismo mordaz e amavel, que trae um estado d'alma eivado de um indifferentismo que se traduz, afinal, numa bondade infinita, que tudo explica e tudo perdôa.

*
* *

Este *Memorial de Ayres* é apenas a collectanea de observações de um velho diplomata aposentado que, depois de girar 30 annos pelas legações do Brasil, vem terminar a vida na patria, e passa os dias entre uma irmã viuva e um casal muito unido que, por nunca ter tido filhos, adoptou dois, um rapaz e uma rapariga, que acabam, como é de regra, por se casar. Pouca coisa como se vê. Pois é esta ausencia de trama que lhe fornece ensejo para encher 300 paginas de observações grandes e pequenas, de reflexões altas e baixas, entremeadas de modos de dizer, que não serão profundos, muitas vezes, mas que são sempre novos ou graciosos.

Umas crianças encontram o conselheiro Ayres e, apezar de seus cabellos brancos, tratam-no de "moço". O conselheiro observa que "a idade dá o mesmo aspecto ás coisas: a infancia vê, naturalmente, verde." Depara-se-lhe á porta da casa o seu criado José, que lhe diz estar ali á sua espera.

"– Para que?

– Para nada; vim esperar v. ex. cá em baixo.

É mentira; veio distrair as pernas á rua, ou vêr passar criadas vizinhas, tambem necessitadas de distracção; mas, como era habil, engenhoso, cortez, grave, amigo do seu dever – todos os talentos e virtudes – preferiu mentir nobremente a confessar a verdade."

Falando de uma viuvinha que estava prestes a se consolar, diz que viu a dôr da perda de um e o prazer da conservação de outro, combinadas em uma só e unica expressão "especie de meio luto."

Interessados dois amigos no assumpto de que conversava [sic], iam pegar um bonde, mas não pegaram nada. "A conversação foi o melhor vehiculo; é desses que têm as rodas surdas e rapidas e fazem andar sem solavancos."

Querendo dar a impressão da fusão das almas de dois namorados, fala deste geito. "Sabiam tudo. Parece incrivel como duas pessoas que se não viram nunca ou só alguma vez, de passagem e sem maior interesse, parece incrivel como agora se conhecem textualmente de cór. Conheciam-se integralmente. Si alguma cellula ou desvão lhes faltava descobrir, elles iam logo e prompto e penetravam um no outro, com uma luz viva, que ninguem accendeu. Isto que digo pode ser obscuro, mas não é fantasia; foi o que vi com estes olhos." Todo o livro, ou melhor, toda a obra de Machado de Assis é isto; original, inesperado e brilhante. O tempo não exerce nenhuma acção sobre elle: é um espirito sempre moço. E, não o digo porque o veja com o aspecto que a idade dá ás coisas. Ai de mim! ha já muito tempo que não vejo tudo verde.

*
* *

Para não dizer só bem dessa nova obra do nosso grande e incontestado mestre, direi que ella é escripta na tal orthographia da Academia, com a qual, definitivamente, não me conformo. O que resultou desse proposito ou dessa obrigação, em que se achou o presidente da Academia, de honrar a sua deliberação, escrevendo a primeira obra que publicou na orthographia decretada por ella, foi que nessa obra não ha orthografia nenhuma. Quero crêr que a revisão traisse a intenção do autor, mas o certo é que na mesma pagina encontram-se palavras graphadas pelo antigo e pelo moderno.

Pelo moderno, não ha consoante dobrada, não ha consoante muda, não ha o H médio: pois, á pagina 105, ha graphadas como se seguem, as seguintes palavras: *annos, exacto* e *chrisma*. As palavras *affecto, affectação, aspecto* são sempre escriptas com o C, que não sôa; *signal* é escripto com G; nem sempre o S entre duas vogaes é substituido pelo Z: a palavra *presente* é escripta com S. *Sahir* é escripto sem o H; mas *ahi* é escripto com H. Emfim, uma barafunda, que só o Medeiros e Albuquerque seria capaz de entender.

Si fosse, porém, preciso dar uma prova da excellencia da obra de Machado de Assis, essa seria das melhores: é, realmente, preciso que um livro seja de primeira ordem para que a gente o leia, quando escripto com essa orthographia, que nos desfigura as palavras familiares.

Pangoss.[49]

• *Correio da Manhã,* Rio de Janeiro, 3.8.1908, p. 1.

Semanam Literaria

Machado de Assis, da Academia Brasileira – "Memorial de Ayres" – H. Garnier, livreiro-editor, 71 rua do Ouvidor, Rio de Janeiro.

Tão abundantemente se tem escripto e tanto bem se tem dito do sr. Machado de Assis, que fugir á [sic] repetições é difficuldade quasi insuperavel para quem pretenda rabiscar impressões deixadas pela leitura de qualquer dos seus livros.

Temos deante de nós o *Memorial de Ayres*. Lemol-o e relemol-o com prazer crescente, saboreando demoradamente o fino gozo determinado pela verdade e pelo imprevisto da sua observação, pela delicia da sua simplicidade, pelo vigor admiravel da sua phrase.

Memorial de Ayres é um livro triste, sem ser piégas; é um livro empolgante, que devera ser enfadonho. É o registro, na apparencia insignifi-

---

[49] Pangloss, e não Pangoss como saiu publicado, era o pseudônimo de Alcindo Guanabara.

cante, das magoas de alguns velhos, urdidas pelas desillusões da vida, frechando cruel e friamente sobre a requintada sensibilidade de almas tão simples e tão boas, que chegam a parecer arrancadas a época remotissima.

O casal de moços que atravessa o livro, tendo, pelo amor, todos os elementos de felicidade, não se esquiva á cinza de melancolia dispersa por todas as paginas, como um crepusculo que desce lentamente e que por fim em sombras se resolve.

A fórma da narrativa, em notas escriptas ao sabor do acaso e das impressões, devia ser fastidiosa e certo o seria sem o talento do mestre que tem sempre um traço original de observação, uma nota scintillante no dizer, um primor no dialogo, uma feição particular de psychologia.

Sem urdidura complicada, apresentando essa simplicidade extrema que parece natural e expontanea, sendo entretanto o resultado de um esforço que só os mestres desenvolvem com efficacia, o livro é encantador e ao chegar á derradeira pagina, tem se derramada pelo espirito uma tristeza nobre e serena, muito serena e humana.

Sente-se que ali está a vida real, supremamente dominada pelo soffrimento, afugentando as alegrias no nascedouro, ferindo cruelmente os mais queridos affectos, intercalando-se na tranquillidade da existencia, insensivelmente, pela força das circumstancias, pelo dominio dos factos.

Ancias recalcadas, lagrimas contidas, saudades allanceadoras, lutas intimas entre o coração e o dever, despeitos instillados em perfidias venenosas, isolamentos de velhices que perderam um doce amparo, nostalgias de terras não vistas e talvez inexistentes, cruzam-se pelas seductoras paginas formando o conjunto da narração, dourada por um scepticismo fino, malancolizada [sic] por incommensuravel desalento, doloroso e pungente.

Ayres, o diplomata aposentado, profundo psychologo servido por 30 annos de diplomacia, atraz de cuja figura parece que se esconde a personalidade do auctor, já na casa dos sessenta e dois, ao encontrar a "saborosa" viuva Fidelia, murmura de si para si o verso de Schelley [sic]:

"I cannot give what men call love" verso profundamente triste, onde chora a saudade de passados dias gloriosos.

De outra vez exclama: "a vida, mormente nos velhos, é um officio cansativo".

Mais tarde escreve:

"Já acho mais quem me aborreça do que quem me agrade e creio que esta proporção não é obra dos outros e só minha exclusivamene. Velhice esfalfa".

Viajando para Petropolis com um velho collega de academia tem esta dorida expressão:

"A viagem por mar e por terra, eram de sobra para avivar alguma coisa da vida escolar.

Bastante foi: acabamos lavados da velhice".

Quem traçou o perfil de Ayres parece sentir que já viveu demais, esquecido de que ha velhices glorificadas e refloridas pelos primores da arte, que é eterna.

O casal Aguiar, almas de eleição profundamente amorosas, enleiadas e fortalecidas pelo mutuo affecto inquebrantavel, formam o centro da narrativa, téla de magoas fidalgas, veladas pela educação e pelas exigencias do meio. Um completa o outro, numa communhão absoluta de sentimentos e de pensamentos. "A alma delle era de pedras soltas; a fortaleza da noiva foi o cimento e a cal que os uniram naquelles dias de crise".

Residem á praia do Flamengo, "ao fundo de um pequeno jardim, casa velha mas solida".

Francos recursos de fortuna lhes amparam o viver; ennoita-lhes, porém, a paz do lar a dor lancinante de não ter um filho. "Deus lh'os negara para que se amassem melhor entre si", diz um conviva, ao festejar o casal as bodas de prata.

"Ouvindo aquella referencia, os dois fitaram-se tristes, mas logo buscaram rir e sorriram."

Sorriram; não tiveram forças para rir...

Trazendo-lhes o conforto do convivio amigo á desolação daquella pungitiva amargura, frequenta-os roda escolhida e dilecta.

Fidelia, viuva ha dois annos, heroina de amor, que arrostara as iras paternas para realizar o anciado enlace; o desembargador Campos; o conselheiro Ayres, diplomata aposentado, que volta de vez, depois de 30 annos de ausencia "á sua terra, ao seu Cattete, á sua lingua"; Ritta, irmã de Ayres, creatura boa e curiosa, que incita os 62 janeiros do irmão a doce aquecimento junto á mocidade de Fidelia e de quem diz Ayres, depois de lhe ler, a proposito, o prologo do Fausto. "Ritta não tem cultura, mas tem finura e naquella occasião tinha principalmente fome"; Luiza Guimarães, que tem um filho de nome Tristão a quem o casal Aguiar distribue a superabundancia dos seus affectos incontentados d. Cesaria; [sic] que não acha recreação nas cartas; confessa (rindo) que é muito melhor dizer mal da vida alheia e não o faz sem graça" e outras figuras de somenos importancia.

D. Carmo Aguiar adora Tristão:

"Quando veiu o tempo de baptisar o pequeno, Luiza Guimarães convidou a amiga para madrinha delle.

Era justamente o que a outra queria; acceitou com alvoroço, o marido com prazer, e o baptisado se fez como uma festa da familia Aguiar."

"Nas duas ou tres molestias que o pequeno teve, a afflicção de d. Carmo foi enorme."

Tristão aos 13 annos abandona com desamor o padrinho e a madrinha, segue com os paes para Lisboa, forma-se em medicina e volta ao Brasil alguns annos depois.

O lar dos Aguiares entra em festa, como um folhal que o vento agita. Tristão apaixona-se por Fidelia, que reluta e cede; o casamento se realiza com inteira acquiescencia do casal Aguiar, mas pouco depois entra-lhes a morte n'alma: a politica arrasta a Lisboa os recemcasados [sic], que levam comsigo toda a ventura dos doces velhos, orphãos dos seus carinhos, viuvos dos seus affectos.

O livro fecha com uma pagina deliciosa, ultima que Ayres registra no seu memorial.

"Ha seis ou sete dias que eu não ia ao Flamengo. Agora á tarde lembrou-me de lá passar antes de vir para casa. Fui a pé; achei aberta a porta do jardim, entrei e parei logo.

– Lá estão elles, disse commigo.

Ao fundo, á entrada do saguão, dei com os dois velhos sentados, olhando um para o outro.

Aguiar estava encostado ao portal direito, com as mãos sobre os joelhos. D. Carmo, á esquerda, tinha os braços cruzados á cinta. Hesitei entre ir adeante ou desandar o caminho; continuei parado alguns segundos, até que recuei pé ante pé. Ao transpôr a porta para a rua, vi-lhes no rosto e na attitude uma expressão a que não acho nome certo ou claro; digo o que me pareceu. Queriam ser risonhos e mal se podiam consolar. Consolava-os a saudade de si mesmo."

Consolava-os a saudade de si mesmo! Penna que tal escreveu póde quebrar-se, que já cumpriu o seu officio!

Para maior gloria das letras patrias, porém, praza aos céos que só muito tarde se immobilize...

Ora esse pallido resumo que ahi ficou esboçado, si o desenvolvesse em livro penna mediocre, seria a mais chorosa das estopadas imagi-naveis.

O sr. Machado de Assis com isso fez um livro delicioso.

Os perfis são destacados com um vigor que os faz viver vida real, movendo-se nesses dois annos de existencia annotados pela mão de Ayres.

O barão de Santa-Pia, pae de Fidelia, querendo, ao approximar-se a abolição, alforriar por despeito os seus escravos, responde ao irmão que o procura dissuadir desse passo:

"Quero deixar provado que julgo o acto do governo uma expoliação, por intervir no exercício de um direito que só pertence ao proprietario e do qual uso com perda minha, porque assim o quero e posso."

O diplomata aposentado, achando-se em falso, certa vez, com o casal Aguiar por não saber a causa da alegria que os anima, diz:

"Não entendi, não achei que responder. Que era que eu podia saber já, para os felicitar, si não era o facto publico?

Chamei o melhor dos meus sorrisos de accordo e complacencia, elle veiu, espraiou-se, esperei. Velho e velha disseram-me então, etc."

Voltando de bordo do navio que devia levar para Lisboa Tristão e Fidelia, casados, o mesmo Ayres escreve:

"praia a fóra viemos falando daquella orphandade ás avessas, em que os dois velhos ficavam e eu accrescentei, lembrando-me do marido defunto:

– Desembargador, si os mortos vão depressa, os velhos ainda vão mais depressa que os mortos... Viva a mocidade!"

Impeccavel o *Memorial de Ayres*? Sim, para o nosso alcance; talvez não, para criticos de largo descortino. Os insignificantes senões que notamos parecem menos descuidos do mestre que propositos de mostrar que escreve sem preoccupações de perfeição.

Assim á pag. 28 ha este periodo sem elegancia pela repetição de palavras assonantes: "Aguiar dava-se a trabalhos diversos para acudir com supprimentos á escassez dos vencimentos." Á pag. 39: "quando souberam quem eram etc."

Á pag. 17, o auctor, descrevendo Fidelia, a viuva que não deixara completamente o luto e que se absorvia com frequencia deante da campa do consorte, põe-lhe "ás orelhas dois coraes."

Tudo isto, porém, é tão insignificante que cital-o foi de certo perder tempo, como o foi sem duvida traçar esta pallida noticia, que nem siquer terá o merito de dar ao leitor desejos de ler o *Memorial de Ayres*. Já não valem, porém, arrependimentos.

***

Ainda do mesmo autor descansa sobre a nossa mesa *A Mão e a Luva*. E' uma nova edição, sob o mesmo titulo, do livro publicado em 1874, que ha muito não existia no mercado.

O autor "não lhe alterou nada; apenas emendou erros typographicos, fez correcções de orthographia e eliminou cerca de quinze linhas", segundo affirma na advertencia inicial.

Dispensamo-nos de dizer sobre essa obra; toda a gente demasiadamente a conhece e admira com certeza.

Candido[50]

• *O Commercio de São Paulo*, São Paulo, 9.8.1908.

O meu diario

Como uma grande arvore fecunda que annualmente abotoa, floresce e carrega de fructos os seus galhos inexgottaveis, Machado de Assis, todos os annos, regularmente, infallivelmente, atira á publicidade um novo livro.

Poeta, romancista, "conteur", comediographo, chronista, folhetinista, critico, – Machado de Assis é, antes de tudo, um pensador, um moralista, cujas obras impeccaveis–impeccaveis pelo fino lavor do estylo sobrio – não têm eguaes ou superiores na literatura brasileira.

Embalde o mal disfarçado despeito de Sylvio Roméro desferiu sobre elle as settas envenadas [envenenadas] de uma critica desleal: as idéas extravagantes e ridiculas do infatigavel glorificador de Tobias Barreto, não tiveram a gloria de um [ap-]plauso, um siquer, em todo este vasto Brasil. Como sementes que o vento arrasta, passaram as palavras do famoso critico, sem deixar vestigios.

E Machado de Assis, a despeito de todas as investidas sylvioromerianas, continúa a ser ainda o melhor manejador da penna no Brasil. Eu, por mim, não conheço outro que se lhe avantaje.

E é com incomparavel deleite que me atiro á leitura de um novo livro do Mestre, escripto com esse cuidadoso capricho que elle põe em todas as suas obras.

"Memorial de Aires", o ultimo livro de Machado de Assis, li-o hontem de uma assentada, com a voracidade de quem toma gulosamente de um copo de agua, cristallina e fresca, para saciar uma grande sêde.

Neste, como nos outros romances de Machado de Assis, não se vá procurar uma longa e intrincada historia em que ha explosões incoerciveis de paixões violentas, ou scenas theatralmente dramaticas. Escripto em fórma de memorias, este livro refere-nos nas suas trezentas paginas, episodios da vida banal, da vida ordinaria, da vida de todos os dias.

E é narrando esses lances vulgares da vida que Machado de Assis verte para o papel todo o seu grande e fino "humor", todo o seu mordaz scepticismo, que mal encobre a bondade inalteravel da sua alma.

---

50 Pseudônimo de José Veríssimo.

Mas neste livro de Machado de Assis houve uma coisa que me desagradou: foi a ortographia. O livro é escripto naquella horrenda cacographia idealisada pelo Medeiros e approvada pela Academia. É pena... Emfim, é tão boa esta obra do Mestre immortal, como disse Alcindo Guarabara, que mesmo deformada pelas exquisitices ortographicas ella consegue agradar grandemente! – V.[51]

"Resenha Literária"[52]

Criação supposta da Allemanha, o romantismo foi a escola litteraria de maior resistencia no tempo e no espaço, e disto tem-se uma prova em que, quase um seculo depois de seu fulgôr e de sua eminencia nos paizes da Europa, elle se manifestou nas letras brazileiras, fazendo adeptos e sympathias.

Foi em pleno romance romantico que se estreou, por exemplo, o sr. MACHADO DE ASSIS, já numa das ultimas decadas do seculo XIX. E foi, em começos desse mesmo seculo, que encetando na ordem sentimental e affectiva o que a revolução francêsa encetara na ordem politica e social do universo, o romantismo se revelou como a transformação das literaturas modernas, na phrase erudita do sr. THEOPHILO BRAGA.

Si o sr. MACHADO DE ASSIS, porém, se estreou em pleno romance romantico, não o fez filiado á mais moderna correnteza literaria de seu tempo, porque não era o romantismo a seita literaria da moda, ou o processo de literatura em vigencia, na França, encarada como o centro, ou o fóco, das irradiações intellectuaes. A verdade é que, ao tempo dos inicios do apreciado novellista brazileiro (e isto é elle mais do que romancista), o romantismo, em muitos outros centros civilisados, já era classico, e o realismo, conforme as modalidades de BALZAC e DOIESTVKY [sic] ia passando de época em França e na Russia, innegavelmente os dois centros capitaes desta ultima modalidade de escripta literaria. Escandaloso e revolucionario, em Paris, então, o naturalismo de ÉMILE ZOLA era o refluxo do romance propriamente realista. Todavia, na historia geral do romance brazileiro, logo depois de BERNARDO GUIMARÃES, TEIXEIRA E SOUZA, ESCRAGNOLLE DORIA (*Visconde de Taunay*), JOSÉ DE ALENCAR e FRANKLIN

---

51 Abreviação de Valentim Magalhães?
52 Este texto, com modificações, foi originalmente publicado em 11.8.1908 no *Diário da Bahia*, periódico que não consegui localizar. A versão apresentada aqui está conforme a publicada em Almachio Diniz, *Da Esthetica na Literatura Comparada*, Rio de Janeiro, Garnier, 1911, pp. 173-180. As modificações principais, portanto, referem-se à inclusão de menções à morte e à glória póstuma de Machado de Assis.

TAVORA, foi o sr. MACHADO DE ASSIS, apartado dos indianismos e dos indigenismos, a individualidade mais segura, de maior realce, e de maior valor artistico. Póde-se garantir mesmo, além disto, e eu o garanto certo do que digo, que a verdadeira manifestação do romance brazileiro está na obra do pranteado presidente da Academia de Letras.

Quiçá, pela sua feição individualista, quer na fórma, isto é, na estructura, quer na substancia, haja quem não encontre propriedades nimiamente brazileiras na obra romantica do sr. M. DE ASSIS.

Deante destas considerações, portanto, devo fazer a perquirição de duas ordens de factos:

– Si o romance do sr. MACHADO DE ASSIS é obra da escola romantica;

– Si o seu romantismo póde ser chamado, de preferencia ao de seus antecessores, o nacional brazileiro.

A leitura de um só romance – *A Mão e a Luva* – que só logrei fazer em segunda edição, proporciona os dados para demonstração de que a obra daquelle romancista é igualmente romantica e nacional, tão romantica quanto o seu proprio titulo indica.

Em theses, poderei dizer que, romantico pelo lyrismo de sua narrativa, pelo gosto da singularidade e do delicioso, pela qualidade de emoção subjectiva perante os quadros da natureza humana, considerada mais em si do que em relação ao cósmos e á sociedade, romantico, ainda mais, pela concepção singela que faz do homem e do seu destino na vida, muito especialmente do amor, o sr. MACHADO DE ASSIS produz o romance caracteristicamente nacional. E isto porque as personagens que lhe servem de elementos romanticos, quer pela sua ingenuidade deante dos escrupulos communs nos povos da civilização actual, quer pelos seus instinctos impetuosos e apaixonados deante dos elementos da natureza, quer, finalmente, pela sua acção em meios que só se desenham, como o scenario do nosso mundo social, quotidianamente, aos nossos olhos, outros não são, nem diversos, daquelles que constituem os typos, na verdade, nacionaes.

No romance – *A Mão e a Luva* – o scenario é a sociedade fluminense de tres dezenas de annos atraz, cheia de preconceitos e *snobbismos*, aindo hoje reinantes nos meios provincianos. Ali ainda não ha o gosto apurado do *smartismo*. Os usos pernosticos e os cacoêtes do *up-to-date*, entretanto, já se revelam, embora subtil e escassamente. O meio social de então, fôra o nosso actual provinciano, sem as preoccupações vaidosas de nelle pernoitar e ostentar o seu luxo imperial, uma familia de reis, bem como um sequito de fidalgos, cuja linhagem não tinha longos, nem, muitas vezes, veridicos, ascendentes de nobreza... E si o romance brazileiro não fôr aquelle que comportar nas suas paginas o estudo dos caracteres a par do meio em que elles se formam e se desenvolvem no Brazil, verdade é que serei daquelles que não sabem o que elle possa ser.

O indigenismo de BERNARDO GUIMARÃES jamais foi um caso do romance brazileiro. O nosso meio nacional não é o caldo de cultura dos elementos de conflicto entre os dados ethnicos que contribuiram para a formação de nosso povo. Aqui, como ali, o producto é que é de apreciar-se e não as unidades componentes. E é o que acontece com o indianismo de JOSÉ DE ALENCAR, por isso mesmo que não representa estudos senão de um dos concorrentes á formação do typo nacional.

Mas, o sr. MACHADO DE ASSIS destacou-se dos escriptores de seu tempo, não só pela fórma puramente romantica e nacional de seu romance, como tambem pela systematização de suas producções, tão categorica quanto já se disse que os typos de seus muitos romances e de suas diversas novellas, são sempre os mesmos. Esta articulação, ao meu ver, é inteiramente injustificavel. Subjectivista extremado, o sr. MACHADO DE ASSIS não varia o caracter extrinseco dos seus livros. Mas, por isso dizer-se que ha identidade de typos nas muitas personagens de seus muitos romances e novellas, seria o mesmo que se dizer uno em seus motivos de canto, o poeta que, tendo escolhido o rythmo endecasyllabo para os seus versos, nelle escrevesse toda a sua obra. E a systematização do romance do fallecido presidente da literatura nacional, é o que mais garante o exito escolastico de suas criações.

Como caracterisar, entretanto, o romantismo de tão illustre quanto consciente escriptor?

Procurarei fazel-o applicando á sua obra as caracteristicas do romance romantico.

Eis que parece uma expressão pleonastica: romance romantico... E não deixaria de ser, si, porventura, além dessa fórma literaria, outras não fôssem escriptas e descriminadas. O romance, portanto, deveria fazer-se, por sua propria denominação, uma obra romantica. Assim, apesar dos tempos e das modas, entendeu o sr. M. DE ASSIS e assim o perpetrou, de facto. Mas, quer antes dellle, quer no seu tempo, quer ao depois de seus primeiros livros, o romance é um méro nome generico, de que ha um infinito numero de especies e variedades. Antes delle, o romance, antes da phase romantica que se levantou contra o classicismo, já existia, e era, ás vezes, "uma especie de poema em versos simples e curtos, baseado em assumpto commovedor e proprio para ser cantado", e, na maioria dos casos, a narração em prosa "de aventuras imaginarias e combinadas adrede para interesse dos leitores". Nos tempos ultimos, o romance, passou a ter uma posição certa nas letras, variando, entretanto, as suas diversas modalidades, desde a simples questão de fórma até á de processos e campos de acção.

Interessa-me, porém, neste ponto, o estudo do romance romantico, que se tem dito, com precisão, aquelle genero literario em que se notam pronunciadas tendencias para uma completa independencia das regras convencionaes e terminante mira no effeito final, sem preoccupação com a naturalidade das scenas, das occurrencias e das personagens. Não é bem isto o romance – *A Mão e a Luva* – do sr. MACHADO DE ASSIS, porque não se lhe nota uma tão grande despreoccupação das scenas em si, mas, apenas, uma completa negligencia para com a sequencia das mesmas scenas. Estas não se filiam naturalmente, mas se desenvolvem conforme as necessidades do enrêdo para o effeito final. E esta é a caracteristica do romantismo naquelle romance.

Guiomar é um typo verdadeiramente romantico: uma mulher anjo, dotada das qualidades transcendentes que a imaginação do romancista logrou concatenar em favor della. O seu desprendimento por algumas cousas terrenas, é quase celestial.

Por outro lado, a numerosa serie de coincidencias – a intervenção de *Luiz Alves* para que *Estevam* não se matasse numa noite de tredo aborrecimento, por effeito do despreso de *Guiomar*... o inesperado encontro, dois annos depois, junto de uma cerca, de *Guiomar*, em roupão branco, com *Estevam*... e mais o facto de *Luiz Alves* morar junto de *Guiomar*... e, por fim, o inesperado, o imprevisto, o illogico, o sobrenatural e naturalista casamento de *Luiz Alves* com *Guiomar* – todos estes factos possiveis mas coincidentes nas poucas cento e noventa paginas de – *A Mão e a Luva* – são uns tantos processos diversos do romance moderno, que copia a natureza, não por meio da imaginação do artista, mas sim por meio de sua observação, que é a quantidade positiva da vida hodierna tendo por expoentes as qualidades fantasistas do escriptor.

Agora, si estes e tantos são os signaes romanticos de – *A mão e a luva* – e si essas e não outras são as caracteristicas do romantismo, melhor qualificada não póde ficar a obra de um autor qualquer. Romantico nos seus primeiros trabalhos, o sr. MACHADO DE ASSIS conseguiu atravessar destacado entre os seus contemporaneos, que foram os mais acirrados destronadores do romantismo. Um tal destaque proveiu de sua superioridade artistica, e de sua personalidade, naturalmente bem dotada, dos requisitos de artista. E golpeada, ás cégas, a sua escola, o seu romance, no entanto, atravessou acatado. É que o valor proprio é sempre maior do que os emprestados pelas correntezas literarias. Tanto por isso, o sr. MACHADO DE ASSIS foi um romantico pratico, não foi um theorico, não foi um escolastico. Mas, a consequencia magnifica de tudo isto, é que, de parte o humorismo á inglésa que se aprecia nos seus ultimos productos, o seu romantismo aperfeiçoou-se um pouco, e logrou encarreirar-se entre as criações do néo-romantismo, de que são proceres, segundo o sr. MELCHIOR DE VOGUÉ, na Italia – D'ANNUNZIO, na Russia – GORKI, e na Inglaterra – RUDYARD KIPLING. E que o sr. MACHADO DE ASSIS hoje é um néo-romantico, demonstram os seus ultimos romances, de que o mais novo é o – *Memorial de Ayres*.

Si a – sem-moralidade – que não é immoralidade, porque a moral aqui não é usada nem adoptada na accepção do christianismo, mas sim na sua verdadeira accepção scientifica de espontaneidade de acção num meio em que a moral està morta – domina os dois ultimos trabalhos do sr. M. DE ASSIS, principalmente a sua obra tem dotes superiores ás criações do sr. GORKI e do sr. D'ANNUNZIO, um por força dos vicios de origem, o outro pela influencia demarcada da philosophia nietzs-cheana no seu espirito.

O – *Memorial de Ayres* – não é uma continuação do – *Esaú e Jacob* –; é um incidente que se desenvolve com as forças de um rebento, para formar um ramo frondoso de uma arvore copuda... Por vezes, suppuz-me no caminho de crer no remoçamento dos homens, quando, lendo aquelle livro, me reportava ás informações exactas que tinha sobre o sr. MACHADO DE ASSIS, taes o seu vigor de exprimir e o seu poder de imaginar, sem desprestigio, porém, da observação. E a arte moderna é isto mesmo: a combinação do naturalismo de observação, da analyse psychologica e da verdadeira traducção emocional das coisas, com o romantismo que justifica a fantasia no amor do sonho e no culto da belleza.

Comtudo, si tanto agrado me causou o romance novo do illustre presidente da Academia de Letras, e si, com a maior sinceridade o digo, não deixo de lamentar uns tantos ou quantos senões, que prejudicam a maior perfeição da obra. Por um lado, achei fransina a psychologia feita sobre a personagem capital do livro que é a *viuva Noronha*; por outro, não encontrei a justificativa da fórma do romance: a memorial. O romance é o caderno ou livro em que o *conselheiro Ayres* escrevia a sua vida, assim comprehendendo eu o titulo. No entanto, escrevendo o seu memorial de mais de quatrocentos dias, o *conselheiro Ayres* rarissimamente de si se occupa, o que quer dizer que os seus conviventes são, em suas vidas, nos seus habitos e nos seus defeitos, os memoriados no seu trabalho.

Por sobre tudo isto, devo notar, entretanto, para terminar, que, romantico no "*A Mão e a Luva*" e néo-romantico, ao meu ver, no "*Memorial de Ayres*" o sr. MACHADO DE ASSIS, é o mesmo bom escriptor em todas as épocas de sua carreira. Dahi, o ultimo trabalho seu, como qualquer dos primeiros, ser um bom numero na systematisação geral de suas obras.

• *O Commercio de São Paulo*, São Paulo, 16.8.1908.

MACHADO DE ASSIS
Capital Federal – agosto, 11

O livro com que Machado de Assis mimoseia agora, o publico, *Memorial de Ayres*, foi ainda editado pela casa Garnier. É o classico oitavo francez, de capa amarella, portatil, elegante. É uma edição que, a meu ver, possue, pelo menos, um grande merito: não é pretenciosa.

Dizer de um livro de Machado de Assis é muito difficil, mormente num rapido artigo de jornal, onde tudo se resume. Mesmo, não seriam algumas notas lançadas *á la diable*, que iriam estudar sufficientemente a poderosa personalidade artistica do mestre.

Sim, mestre! É preciso, de uma vez por todas, – ao menos nesta época em que o naturalismo ainda predomina na Arte – que se conceda a Machado de Assis o titulo que reclama o seu extraordinario genio literario. E' preciso que se deixem de assacar perfidias contra um talento tão formoso, cujo traço inconfundivel, luminoso e profundo, na nossa literatura scintillará eternamente.

Eu sei que certos homens de letras – alguns dos quaes, precoces talentos da geração que surge – costumam negar o valor de Machado, ou, pelo menos, apontar-lhe graves defeitos. O veneno de uma critica desleal formulada por Sylvio Roméro contra o autor do *Braz Cubas*, parece ter despertado essa gente que por ahi anda a dizer mal do grande escriptor e da sua obra.

Não ha, porém, mais clamorosa injustiça.

Não resta duvida que um despeito atroz, uma parcialidade lamentavel, levou Sylvio Roméro, a defender tão perigosas ideias, – portanto, é impossivel que um espirito superior, como é o do critico brasileiro, possa negar o merito do escriptor que se vê hoje universalmente acclamado como um dos maiores do mundo.

Affonso Celso, ha pouco, criticando o ultimo livro de versos de Alberto de Oliveira, escreveu que o poeta era actualmente "um dos primeiros do mundo". De Machado de Assis, sem rebuços e sem medo de errar, poder-se-ia escrever: "No romance é um dos maiores do Universo".

Machado de Assis é uma dessas entidades que honram, ennobrecem e dão nome á patria a que pertencem.

A sua arte, de tão perfeita, torna-se immorredoura, e o seu nome magnificamente, numa aureola radiante de luz, formada pelo Genio, atravessa continentes, mares, e vae brilhar em terras extranhas com todo o prestigio de sua immensa grandeza.

*
* *

Em que consistem afinal os apregoados meritos de Machado de Assis?

O mestre, no Brasil, comprehendeu, como ninguem, o grande papel da literatura moderna. A sua superior visão esthetica, rasgou-lhe horisontes esplendidos num céo embaçado para muitos: e, possuidor de uma fina intuição artistica, apoiou quasi toda a sua immensa obra na realidade absoluta da Vida, livrando-se de fôfos enchimentos romanticos, despindo-se dessa phantasia intoleravel que enche ordinariamente os livros dos eunucos. Na complexidade mysteriosa da alma humana, jamais no Brasil, como um escalpello, uma outra penna marcou mais vasta, mais subtil, mais penetrante analyse.

Os seus magistraes estudos do *Quincas Borba,* do *Braz Cubas*, do *D. Casmurro* ficarão, indeleveis e soberbos, vivendo na imaginação de todos que os leram como typos profundamente humanos e por isso mesmo profundamente bellos, eternamente perfeitos.

Já não se fala aqui da originalidade do seu estylo, da correcção de sua linguagem, da puresa extrema dos seus periodos, cinzelados com tanto carinho e com tanto amor. É uma qualidade do escriptor que, felizmente, ninguem se lembrou ainda de negar e a qual, só por si – mesmo que lhe faltassem outros predicados – bastaria para assegurar-lhe a gloria.

É nos livros de Machado de Assis que se encontra, em toda a sua extraordinaria bellesa, a nossa lingua, tão sonora, tão malleavel, tão energica, livre dos estrepes implicantes dos neologismos que tanto a adulteram, tirando-lhe a sua tão encantadora puresa. E toda a obra do mestre é escripta nessa linguagem suave e sã, delicada e ironica, de que sómente elle tem o segredo. Assim, os seus livros são um vasto repositorio classico da lingua, onde os estudiosos encontrarão um terreno fecundo para meditações.

Depois que se livrou de certas influencias romanticas que o acompanharam nos primeiros passos literarios, – Machado de Assis produziu uma obra extensa e homogenea. Não se póde destacar um livro e dizer: "Este é o melhor". Não. Tudo quanto escreveu é egualmente bom. E si não se póde destacar um livro, nem tão pouco se me afigura justificavel destacarem-se periodos como fez um critico, ha dias, num dos diarios desta capital. Emile Zola escreveu uma vez:

"*J'appartiens á un groupe de critiques qui acceptent un écrivain tout entier, sans chercher à trier les mots dans son oeuvre. Un écrivain est un tempérament particulier, qui a ses façons d'étre, et dont ou ne saurait modifier le moindre élément sans détruire aussitôt tout l'ensemble*".

*
* *

Machado de Assis é, pois, o principe incontestavel da nossa literatura.

As considerações que a sua obra suggerem são muitas e não podem ser ligeiramente esplanadas. Ficarão para mais grata occasião.

Para terminar, digo que o seu ultimo livro, *Memorial de Ayres*, deve ser lido por todos aquelles que neste paiz amam as letras patrias.

BAPTISTA JUNIOR.

• *Jornal do Commercio*, Rio de Janeiro, 6.9.1908, p. 1.

MEMORIAL DE AYRES

Temos conhecimento da seguinte carta que o Sr. Dr. Salvador de Mendonça dirigiu ao Sr. Dr. Machado de Assis:

"Meu querido Machado de Assis – Contaram-me de uma velha da minha boa terra itaborahyense que, eximia na feitura de rendas e bordados, ao entrar na dezena que o teu Ayres só designou com o primeiro algarismo, – dezena em que nós ambos, tu e eu, não só entramos, mas de que tratamos de sahir airosamente, com mais ou menos verso de Shelley, – e ao reconhecer que já lhe iam faltando os olhos, resolveu deixar de si melhor cópia em alguma obra de primor que désse aos vindouros testemunho de seu merito.

Escolheu o linho mais alvo e poz-se a desfial-o e a torcel-o no fio mais delicado que jamais torceu roca humana. Era tão fino que melhor o via o tacto que o sentia a vista. Afinal, cheia delle uma boceta de sandalo, preparou a velha almofada, pondo-lhe téla nova e depois de pregar-lhe o debuxo, encerrou-se, e de sua presença na casa só se sabia pelo cantar dos bilros que, sob seus dedos, soltavam suspiros e gemidos como se alguem os estivera obrigando algum esforço sobrenatural.

O tempo que a velha gastou nessa obra, horas, mezes ou annos, ninguem o soube; nem sequer foi desde logo conhecido o porque se encerrara. Só alguns annos depois, no enxoval de uma netinha, que se casara aos quinze annos, já phtisica, appareceu a maravilha. Era um lencinho de linho de fórma redonda, no qual se combinavam a mais fina renda de almofada e o mais excellente lavor de agulha. O lencinho tinha um palmo de diametro, mas era tão fino, tão fino que a dona o fechava todo na palminha da mão e não lhe excedia dos dedos um só fio. A tradição diz que cabia dentro de um dedal.

A composição tinha originalidade, posto não encerrasse cousa alguma que fosse nova. O fundo ou textura do lenço compunha-se de uma espiral formada de arabescos delicados, que appareciam e se desenvolviam do centro para as bordas.

Sobre este fundo estavam lavradas á agulha figuras bellissimas e de rara perfeição artistica. Bem no centro da espiral uma lebre mettia-se pela terra a dentro. Após ella, seguia-se uma longa matilha de lebreus e atrás da matilha, uma longa fila de caçadores, donas e cavalheiros montados em ginetes com cabeças e pescoços tão distendidos que dir-se-hia voarem para a frente, emquanto as plumas dos chapéus voavam para trás. Nos quatro quadrantes do circulo em que a aspiral se alargava havia outras figuras e maiores; no primeiro quadrante um casal de cavalleiros, jovens, seguia em fogosos ginetes, elle com uma bêsta ao hombro, ella com um açor no punho, e ambos a olharem para cima, como quem andava á caça de aves do céo. No segundo quadrante o mesmo casal, em ginetes ricamente ajaezados, elle com longa barba e sceptro e ella com uma corôa de rainha, iam seu caminho com os olhos para frente. No terceiro quadrante, o cavalleiro era um só, e o mesmo das barbas grandes, já sem o sceptro, vestido de burel e olhando ambos, elle e o ginete, para o chão. No ultimo quadrante, a figura da Morte, mettida no burel do cavalleiro, empunhava uma trompa de caça, cuja volta era formada pelo arabesco que servia de borda ao lenço todo, como se chamara, por lhe pertencerem todos, a caça e os caçadores. O debuxo do lenço fôra evidentemente copiado de alguma velha gravura Rhenana composta por algum discipulo de Durer a que os dedos inspirados da velha haviam resuscitado numa obra prima de arte.

A admiração foi tamanha como foi a inveja. O lenço andou de mão em mão. Foi parar á côrte do Rei velho e attribue a tradição, com igual numero de vozes, dous destinos diversos ao lencinho da velha artista: dizem uns que o trabalho primoroso foi posto sobre o rosto de uma princeza que foi sepultada no Brasil; dizem outros que foi simplesmente levado para uma côrte européa. Não será cousa extranha que ainda surja entre as riquezas desse genero que possue o South Kensington, idas de Portugal, ou em alguma collecção de arte de Vienna da Áustria. Obras dessas não morrem.

Ao ouvir a leitura do seu formoso *Memorial de Ayres*, que me trouxe por cima do titulo as suas expressões de boa e velha amizade, o que ao meio do livro e depois de concluida a leitura começou a desenhar-se-me na memoria foi o lencinho de renda da velha Itaborahyense. Sim, fizeste tambem a sua obra prima. Sobre a textura fina do *Memorial* desenhaste figuras do mais puro lavor.

A obra, porém, é tão simples, tão fácil, tão natural, que haverá por ahi muita gente que a julgue obra ao alcance de qualquer penna. Esta facilidade apparente de feitura é realmente o sello da verdadeira obra de arte.

A velhice desdenhosa, a inexperiencia presumida, algum critico madraço ou escrevinhador furabolos são bem capazes de suppôr que o seu tentamen pôde ser repetido ao bel prazer de qualquer delles. Pois experimentem e hão de ver como "simplesmente simples" torna-se simplesmente impossivel para quem em lingua portugueza quizer hoje fazer obra respondente á tua.

Duas grandes difficuldades venceste, como quem se apraz em suscital-as para, ao combatel-as em caminho, dar prova de extrema destreza, certo sempre da victoria. A fórma do teu estylo, teus periodos curtos tiveram de se encurtar ainda mais pelas exigencias de quem escrevia um memorial ou diario, e dahi succedeu que algumas paginas sahiram verdadeiras miniaturas. Outras são aquarellas pintadas todas de um jacto de expressões felizes. A segunda difficuldade vencida consiste em que, tendo de coar todas as suas personagens através da meia ironia e meia descrença de Ayres, nenhuma dellas se resente dessas qualidades ou defeitos. Sahiram todas humanas, como a gente as encontra no Flamengo ou na barca de Petropolis, ou as acotovella na Avenida.

Da Praia da Saudade a Retiro Saudoso, da Gavea á Tijuca, ha muitos casaes Aguiar, muita Fidelia e muito Tristão e mais de um diplomata encostado, mas quem os ponha por obra, e obra immorredoura, digo-te que até agora só conheço certo morador do Cosme Velho. *D. Casmurro* ha de ser sempre a sua obra melhor, a mais forte; mas a sua obra mais acabada, a que em mais alto gráo ha de revelar os tons delicados de sua penna ha de ser este *Memorial de Ayres*. Alguem já me disse que o livro não tinha enredo, e eu lhe respondi que o mister dos velhos não é fazer enredos, mas desenredal-os. É essa maneira fluente com que corre a historia o que mais nella me agrada, por melhor me revelar a mão de mestre que a affeiçoou.

Á beira da estrada uma teia de aranha recamada de perolas de orvalho, irizadas com a luz da manhã, é por certo uma cousa bella, mas quasi vulgar para olhos que não a sabem ver. Quem, porém, se imaginará capaz de duplicar tal belleza? Para isso quer-se primeiro a aranha que possue o monopolio da materia prima, privilegio de familia com que a natureza a dotou, sem exigir que archivasse a formula da composição e a dosagem dos ingredientes. Depois requer-se o orvalho, lagrimas que a noite recolhe de todos os soffrimentos ignorados.

Afinal é ainda indispensavel a collaboração do sol, esse grande centro da vida, que a cada palpitação expede onda de luz e de calor que são a alma das cousas creadas.

Quem procurar na sua obra os sulcos fundos de aguaforte de Rembrandt com os seus prodigios de claro-escuro, terá errado o caminho. Saia da floresta umbrosa para a floresta amena e ahi, á luz branda e diffusa de uma bella tarde de Outomno, leia em repouso o *Memorial de Ayres* como quem contempla uma das gravuras, firme, nitida, mas leve com que Boticelli illuminou a primeira edição da *Divina Comedia*.

Isto verá quem tiver olhos para vêr e para admirar. Para aquelle, porém, que por meio seculo e mais um anno tem acompanhado de perto a sua obra litteraria e, por que não dizel-o? – os teus estados de alma, desde a noite da vigilia das armas, na vespera de seres armado cavalleiro, até a noite da vigilia do coração quando sentiste que t'o arrancavam do peito para esse o *Memorial de Ayres* encerra ainda mais. Desde o começo sente-lhe o perfume da tristeza. Folheando-o mais adiante vê desprenderem-se de suas paginas as borboletas azues da saudade. No final, sob o adejar de grandes azas brancas, ouve um chamado vindo de muito longe, a que responde do fundo da cantiga do rei trovador, e, discreto como Ayres, para não perturbar o mudo colloquio de dous corações amantissimos, retira-se sem rumor de passos, porque quem te chama é a tua Musa companheira, a mais consoladora, a Esperança. Sempre teu do coração, *Salvador de Mendonça*.

Gavea, 1 de Setembro de 1908

• *A Notícia*, Rio de Janeiro, 16.9.1908, p. 1.

Cronica literaria

MACHADO DE ASSIS – *A Mão e a Luva* – *Memorial de Ayres*

Machado de Assis acaba de publicar um novo volume – *Memorial de Ayres*, e de reeditar um antigo – *A Mão e a Luva*. Num prefacio, a este ultimo, elle chama a atenção para a data em que foi primitivamente publicado. É uma cautela desnecessaria, porque do proprio entrecho ha alguma coiza que indica bem claramente a epoca em que os fatos se passam – e essa epoca nos aparece nos tempos do Telegrafo e do Telefone sem fios – como prehistorica: o herói do livro é um deputado, que só por carta vem a saber da sua eleição. Não havia nessa época o Telegrafo. Era, portanto, um periodo muito proximo da idade de pedra...

Lendo, porém, a seguir os dois volumes se vê bem a unidade de concepção dos trabalhos de Machado de Assis. E alguma coiza mais: a pureza, a frescura, a candura de sua inspiração.

Quando se insiste em gabar muito a candura de alguem, não se está lonje de chamal-o tolo. Não é, porém, disso que se trata, falando do autor de duas ou tres obras primas de nossa literatura. O que ha nelle de curioso é a mistura do ironista sagaz e penetrante e do romantico incuravel, para quem o amor é o sentimento essencial da vida – tão essencial, que não é precizo condimental-o com perversões e imoralidades para tornal-o digno de interesse.

O analista se compraz em desmontar peças do [sic] almas como um relojoeiro desmontaria as de um relojio cheio de mecanismos complicados. O romantico nos dá a simples conquista de uma noiva por meios puros e honestos, como assunto que lhe parece infinitamente digno de apreço.

Os dois livros estão neste cazo.

No mais velho – *A Mão e a Luva* – trata-se de um embaixador que trái o seu mandato. Trái involuntariamente – ou melhor: irrezistivelmente. Incumbido de ir sondar para outrem o coração de uma moça muito requestada, elle transforma essa missão em conquista para si mesmo.

Que o cazo nada tem de inverosimil bastaria para prova-lo aqui na França, de onde são escritas estas linhas, a aventura recente e espalhafatoza do Principe de Sagan. Tambem o primo delle, o conde de Boni de Castellane, o tinha incumbido de reconcilia-lo com a espoza divorciada. Mas o Principe de Sagan preferiu, em vez de reconcilia-la com o antigo marido, concilia-la com o titulo de Princeza... E foi assim que o cazo acabou, ha algumas semanas, em uma igreja de Londres.

É possivel que este epizodio não tenha nada com o amor; o principe comprou o uzo e gozo de uma fortuna formidavel! e a ex-condessa comprou um titulo ainda mais elevado que o por ella uzado até então.

Mas emfim, seja qual fôr a razão, o que Machado de Assis nos conta na *Mão e a Luva* e o que os jornais de aqui contaram ha pouco, são dois fatos que provam que para certas negociações não é bom empregar intermediarios...

O *Memorial de Ayres* é tambem a conquista de uma noiva. Aqui a noiva era viuva. Naturalmente, como todas as viuvas que se prezam, ella se tinha declarado inconsolavel – apezar da sua mocidade, da sua beleza e da sua fortuna. Mas tambem – *souvent femme varie*! – como todas as viuvas nesses cazos, acabou por se deixar consolar.

Consolar honestamente, honradissimamente, fazendo um segundo cazamento...

A unica nota triste no livro é que esse cazamento é feito entre duas pessoas que um velho cazal amava extraordinariamente e com cuja companhia para a velhice tinha acabado por contar. E, de repente, os dois velhos que tinham aproximado os noivos se veem sós no mundo, sem as unicas afeições com que esperavam.

O entrecho de *Memorial de Ayres* dezenrola-se, por assim dizer, *linearmente*, em linha reta. Vai de principio a fim sem epizodios que lhe perturbem a marcha. É claro, simples, meigo e bom.

Ha na compozição da obra uma inverosimilhança fundamental. Ella é dada como o diario de um velho diplomata apozentado, que se diverte a escrever as suas memorias. É uma forma de que o autor de *Braz Cubas* gosta e que, de fato, lhe convém muito, porque permite as pequenas observações minuciozas e finas. Cada um diz a si mesmo coizas que não diria a outrem em cazo nenhum. Assim, um diario intimo, pode conter observações muito mais penetrantes do que seria verosimel encontrar em uma conversa.

Mas o *Memorial de Ayres* tem a singularidade de tratar quazi excluzivamente do que se passa com uma familia amiga. Fala pouco de si mesmo, pouquissimo de outros epizodios que, por força, se deviam suceder frequentemente, todos os dias, na sua vida.

Não é natural!.

Sem duvida, os que gostam de escrever as proprias memorias escrevem, sobretudo, as dos outros... Mas escrevem, sempre constituindo-se o centro do mundo, o ponto de vista do qual tudo é analizado. Não se compreende quazi que um escritor de memorias se dedique a esse trabalho, si elle não julga que a sua vida tem uma certa curiozidade, um certo valor.

Ayres escrevia o seu memorial para contar o que com elle ocorria. É pelo menos o que expressamente nos declara. No emtanto, durante todo o volume só se occupa a nos narrar o que se passa em casa de dois amigos, que elle vizita com frequencia, mas com os quais não está constantemente.

Para que o caso se tornasse natural seria bastante que entre cada um dos capitulos e o seguinte do *Memorial*, o autor tivesse metido diversos *hors d'oeuvre*: fatos, descripções, observações, que Ayres tivesse visto ou feito.

Quanto mais perspicacia e finura, Machado pôs no seu personajem, mais torna absurdo que elle só as empregue em examinar o que ocorre em um pequeno ponto, onde afinal de contas o que se dá não é nada de excepcional.

Mas a maioria dos leitores não será sensivel a este reparo – mesmo que, por acazo, elle tenha cabimento. O essencial para elles será o ver dezenrolar-se esse idilio sereno e honesto: e ficarão talvez a discutir si os dois recem-cazados foram ou não um pouco ingratos, abandonando a velha amiga dedicada, que a ambos tinha servido de mãi. Não é, porém, isso o que está previsto, desde o segundo capitulo do *Genezis*? Pois, si pelo amor se abandonam pais e mãis verdadeiros, quanto mais os que são apenas "postiços"!...

J. dos Santos[53]

• *Diário Popular*, São Paulo, 29.9.1908, p. 1.

Memorial de Ayres

O festejado romancista brazileiro sr. Machado de Assis deu o nome de *Memorial de Ayres* ao seu novo livro de literatura, publicado em edição da casa H. Garnier.

Na sua expressão rigorosa não se trata de um romance nem de uma novella em que se descrevam lances dramáticos e sentimentaes; porém, o autor de *Helena* deu-nos, em paginas delicadas e subtis, uns interessantes episodios, observados com a costumada nitidez do seu espirito.

Machado de Assis, em advertencia, explica aos leitores a razão de ser deste *Memorial*, pertencendo ao conselheiro Ayres, que apparece no bello romance da vida de dois gemeos e que é uma outra história dos bíblicos *Esaú e Jacob*. Estes episodios não são mais do que as mpressões [sic] quotidianas da existencia tranquilla e singela que um velho diplomata aposentado passava no Rio de Janeiro, na convivencia de uma irman e de uma familia de sua amizade.

O conselheiro Ayres começou o seu diario em Janeiro de 1888, quando voltou definitivamente da Europa, depois de trinta e tantos annos de actividade na diplomacia.

Pensava que lhe fosse custoso acostumar-se novamente á vida de cá; entretanto, conseguiu adaptar-se e dizer com segurança: "aqui estou, aqui vivo, aqui morrerei".

---

53 Pseudônimo de Medeiros e Albuquerque.

Um dia, elle foi ao cemiterio de São João Baptista, com a sua irman d. Rita, em visita ao jazigo da familia e lá, ao pé de outra sepultura, viu uma senhora de bello e distincto porte; moça, vestida de preto, com as mãos pendentes em attitude de oração.

Esta senhora era a viuva Noronha e que devia preoccupar muito o correcto conselheiro Ayres, pois esteve ao ponto de influir para que mudasse o seu estado de solteiro.

D. Fidelia Noronha era filha do barão de Santa Pia, abastado fazendeiro na Parahyba do Sul; ficou viuva em plena juventude e tivera grande felicidade conjugal.

Por uma inspiração de momento, o conselheiro disse a d. Rita: "Não quer dizer que não venha a casar outra vez."

– Aquella não casa... Quem lhe diz que não?

– Não casa. Basta saber as circumstancias do casamento, a vida que tiveram e a dôr que ella sentia quando enviuvou.

– Não quer dizer nada, póde casar; para casar basta estar viuva."

O conselheiro Ayres acertava com as suas reflexões. A viuva d. Fidelia Noronha não casou com elle, velho sagaz que sabia comedir-se; não casou com o advogado dr. Osorio, mas aceitou um noivo recem vindo de Portugal, o dr. Tristão, afilhado e hospede da familia Aguiar.

É no lar desta boa gente Aguiar que se desenvolve a affeição e a intimidade das personagens de que trata o Memorial.

O sr. Aguiar, gerente do Banco do Sul, sua esposa d. Carmo, dotada de extrema bondade, crearam o menino Tristão até a edade em que seu pae o levou á Europa, e lá proseguiu os seus estudos de medicina.

O conselheiro Ayres, convidado para o jantar das bodas de prata, fallava deste modo á sua irman:

"– Haverá muita gente ao jantar?

– Não, creio que pouca. A maior parte dos amigos irá de noite. Elles são modestos, o jantar é só dos mais intimos, e por isso o convite que fizeram a você mostra grande sympathia pessoal.

– Já senti isso quando me apresentaram a elles, há sete annos, mas então suppuz que era mais por causa do ministro que do homem.

Agora, quando me receberam, foi com muito gosto. Pois lá vou no dia 24, haja ou não haja Fidelia."

Foi, e resumiu as impressões da noite com es a [sic] naturalidade:

"Não podiam ser melhores. A primeira dellas foi a união do casal. Sei que não é seguro julgar por uma festa de algumas horas a situação moral de duas pessoas.

Naturalmente, a occasião aviva a memoria dos tempos passados, e a affeição dos outros como que ajuda a duplicar a propria. Mas, não é isso. Há nelles alguma cousa superior á opportunidade e diversa da alegria alheia.

Senti que os annos tinham alli reforçado e apurado a natureza, e que as duas pessoas eram ao cabo uma só e única.

Não senti, não podia sentir isto logo que entrei, mas foi o total da noite."

A viuva frequentava assiduamente a familia Aguiar e d. Carmo estimava-a como filha, por isto a alegria do casal foi immensa quando a inclinação affectiva do afilhado se manifestou pela formosa Fidelia.

Tristão estava a voltar a Lisboa, onde ia pleitear as eleições para deputado ás Còrtes, mas ficou, atè casar, no Rio de Janeiro.

Num almoço na residencia do conselheiro, o dr. Tristão – entendeu-se bastante sobre a marcha das causas publicas, confiou-lhe as suas idéas e ambições de homem de Estado. – A politica parece ser grande necessidade para este moço – conjecturou o arguto anção.

Tratando da belleza e da amenidade do Rio de Janeiro, o moço politico declarou:

A gente não esquece nunca a terra em que nasceu...

Mas o conselheiro achava natural e facil que Tristão trocasse uma terra por outra:

"Eu fui ao diante delle, affirmando que a adopção de uma nacionalidade é acto politico e muita vez póde ser dever humano que não faz perder o sentimento de origem nem a memoria do berço. Usei taes palavras que o encantaram."

Neste estylo conciso e cuja pureza tem o brilho attico, o romancista Machado de Assis conta suavemente os episodios da existencia de cada uma das pessoas que se movimentam na scena das impressões quotidianas do conselheiro Ayres, observando mesmo, com meticulosidade, os seus temperamentos.

A linguagem castiça, a forma singela, a clareza das idéas, dão ás paginas deste livro um encanto suggestivo, uma verdadeira seducção esthetica.

É realmente digna de nota aquella confissão do velho Ayres, que fôra sempre inclinado á Musica; entretanto – "Não me quiz dar a ella, por causa do oficio diplomatico, e foi um erro.

A diplomacia que exerci em minha vida era antes uma função decorativa que outra cousa; não fiz tratados de commercio nem de limites, não celebrei alianças de guerra; podia acomodar-me ás melodias de sala ou de gabinete. Agora vivo do que ouço aos outros."

Isto lhe accudia á mente porque talvez a essa hora Fidelia estivesse em casa – deante do piano aberto, a começar alguma cousa que não toca há muito.

Machado de Assis adoptou no *Memorial de Ayres* a orthographia da Academia Brazileira, associação intellectual de que é digno presidente.

L. F.[54]

• *Jornal do Commercio*, 24.7.1908, p. 2.

Memorial do Ayres [sic]

Ayres é o mesmo Conselheiro Ayres, autor da materia de *Esaú e Jacob*. Aqui elle aparece como autor da obra, materia e estylo. Entre um livro e outro, não ha, porem, de commum senão o proprio Ayres e a irmã delle, que aliás em ambos é figura secundária na acção do romance.

Depois de haver escripto tantos livros originaes, Machado de Assis achou ainda como ser original, compondo este romance com uma expressão moral differente da sua obra anterior e em feitura nova, de execução difficil, mesmo para as mãos firmes de um mestre consummado da arte.

A fórma do diario em romance autobiographico não é rara e é relativamente facil; mas em *Memorial do Ayres* ha um romance alheio. Ayres falla pouco de si; o mais e principal que elle escreve no seu registro é a observação feita em outros, sem preconceito, como quem olha interessadamente a vida e a vai notando por gosto ou desfastio.

Observações escriptas asssim não serão todas em si mesmas importantes; algumas podem parecer banaes, se não fôr considerado o conjunto dellas. A maior difficuldade num romance desse feitio é a escolha habil de actos que o formem pelo seu seguimento e interesse, sem comtudo deixarem de ter a naturalidade da escriptura dia a dia, a ausência de plano, a despreoccupação de fazer romance, que é a feição propria de um jornal intimo. Escusado é dizer que Machado de Assis venceu a difficuldade de um modo cabal, como artista perfeito que é. Fez um romance dellicioso e fino, sem grandes lances dramaticos, mas admiravel de vida e verdade. Em outro molde compoz Flaubert um livro semelhante com *Education sentimentale*, com descrição de detalhes que separados valeriam pouco e reunidos formam um bello romance. Tal é o teor da propria vida.

---

54 Iniciais de Leopoldo de Freitas.

Em *Memorial do Ayres* um casal sem filhos, Aguiar e D. Carmo, o qual se consola de os não ter, adoptando um menino, com exuberancia acumulada de afecto de corações nascidos para os terem muitos.

Onde não ha obrigação da natureza parece que a affeição redobra: ao sentimento junta-se a vontade e o empenho de supprir o natural e crear o direito. É assim como em sólo novo o esforço de uma planta que estende e multiplica as raizes para tomar posse da terra. Tal a affeição maternal de D. Carmo e de Aguiar pelo filho emprestado. Cresce o menino e vai à Europa em passeio com os pais de verdade. E lá fica, e com o tempo vai esquecendo os outros. Estes, sem se consolarem nem convencerem do esquecimento, põem o mesmo affecto maternal em uma linda moça, Fidelia, que é viuva recente e pelo que todos creem, menos Ayres, viuva perpetua. Fidelia tinha casado por amor, amor grande de um e outro, e tanto, que havia resistido à opposição dos pais delle e della, e ambos, brigados com os pais, tinham ido à Europa. Da Europa voltou a viuva Noronha com o corpo do marido e aqui o enterrou; e a todos pareceu que ficaria em viuvez eterna. Todos, menos Ayres, por scepticismo de diplomata aposentado, ou por simples gracejo para contradizer a mana Rita, que estando com elle no cemiterio e ao vêr a viuva affirmou a dedicação desta à memoria do morto.

"– Aquella não casa.

– Quem lhe diz que não?

– Não casa; basta saber as circumstancias do casamento, a vida que tiveram e a dôr que ella sentio quando enviuvou.

– Não quer dizer nada, póde casar; para casar basta estar viuva.

– Mas eu não casei.

– Você é outra cousa, você é única.

Rita sorrio, deitando-me uns olhos de censura, e abanando a cabeça, como se me chamasse "peralta". Logo ficou séria, porque a lembrança do marido fazia-a realmente triste. Metti o caso á bulha; ella depois de aceitar uma ordem de idéas mais alegre, convidou-me a ver se a viuva Noronha casava commigo: apostava que não."

Eu disse a principio que Ayres conta um romance alheio, e não fallei exacto. Nem alheio só, nem só delle. E o embaraço de o dizer vem do que sente o Conselheiro Ayres, e o autor do livro lhe faz contar com uma maestria de arte exquisita, cuja sobriedade, finura e naturalidade excedem todos os recursos conhecidos do romance psychologico. Ayres é sexagenario; o sentimento que lhe desperta a viuva Noronha não o direi eu, nem ninguem mais, senão Machado de Assis em poucas phrases, aqui e alli, por todo o livro, e nas entrelinhas do livro e na atmosphera delle. E o estado de alma do Ayres crêa, juntamente com o estylo do livro, a naturalidade de romance nascido de um diario, que não tinha o intuito de o ser nem parecer.

"Ao vel-a agora (escreve Ayres sobre a viuva), não a achei menos saborosa que no cemiterio, e ha tempos em casa de mana Rita, nem menos vistosa tambem. Parece feita ao torno, sem que este vocabulo dê nenhuma idéa de rigidez; ao contrario, é flexivel. Quero alludir sómente á correção das linhas fallo das linhas vistas; as restantes adivinham-se e juram-se. Tem a pelle macia e clara, com uns tons rubros nas faces, que lhe não ficam mal á viuvez. Foi o que vi logo á chegada, e mais os olhos e os cabellos pretos; o resto veio vindo pela noite adiante, até que ella se foi embora. Não era preciso mais para completar uma figura interessante no gesto e na conversação. Eu, depois de alguns instantes de exame, eis o que pensei da pessoa. Não pensei logo em prosa, mas em verso, e um verso justamente de Shelley, que relera dias antes, em casa, como lá ficou dito atrás, e tirado de uma de suas estancias de 1821:

I can give not what men call love."

Assim disse commigo em inglez, mas logo depois repeti em prosa nossa a confissão do poeta, com um fecho da minha composição: "Eu não posso dar o que os homens chamam amor... e é pena!"

E outra vez: "Eu deixei-me estar na sala, a mirar aquella porção de homens alegres e de mulheres verdes e maduras, dominando a todas pelo aspecto particular da velhice D. Carmo, e pela graça apetitosa da mocidade Fidelia; mas a graça desta trazia ainda a nota da viuvez recente, aliás de dous annos. Shelley continuava a murmurar ao meu ouvido para que eu repetisse a mim mesmo: *I can give not what men call love."*

"– ... Agora diga se é viuva que se case.

– Com qualquer, não; pelo menos é difficil; mas, um sujeito fresco – continuei, enfunando-me e rindo.

– Você ainda pensa...?

– Eu, mana? Eu penso no seu jantar que ha de estar delicioso. O que me fica da historia, é que essa moça, além de bonita é teimosa; mas a sua sopa vale para mim todas as noções esteticas e moraes deste mundo e do outro."

"Ora, pergunto eu, valia a pena ter brigado com o pai, em troca de um marido que mal começou a lição do amor, logo se aposentou na morte? Se eu propuzesse concluir-lhe o curso, o pai faria as pazes com ella; ai, era preciso não haver esquecido o que aprendi, mas esqueci – tudo ou quase tudo. *I can not* etc. (Shelley)."

"...Parece que Fidelia mordeu uma pessoa; foram as proprias palavras della (da mana Rita).

– Mordeu, perguntei sem entender logo.
– Sim, ha alguem que anda mordido por ella.
– Isso ha de haver muitos, retorqui.

....

Esta manhã, como eu pensasse na pessoa que terá sido mordida pela viuva, veio a propria viuva ter commigo, consultar-me se devia cural-a ou não. Achei-a na sala com o seu vestido preto do costume e enfeites brancos, fil-a sentar no canapé, sentei-me na cadeira ao lado e esperei que fallasse.
– Conselheiro, disse ella entre graciosa e séria, que acha que faça? Que case ou fique viuva?
– Nem uma cousa nem outra.
– Não zombe, conselheiro.
– Não zombo, minha senhora. Viuva não lhe convém, assim tão verde; casada, sim, mas com quem, a não ser commigo?
– Tinha justamente pensado no senhor.
Peguei-lhe nas mãos, e enfiamos os olhos um no outro, os meus a tal ponto que lhe rasgaram a testa, a nuca, o dorso do canapé a parede e foram pousar no rosto do meu criado, única pessoa existente no quarto, e onde eu estava na cama.
Na rua apregoava a voz de quase todas as manhãs: "Vai... vassouras! vai espanadores!"
Comprehendi que era sonho e achei-lhe graça."
"... Se fosse nos primeiros dias deste anno, eu poderia dizer que era o pendor de um velho namorado gasto que se comprazia em derreter os olhos através do papel e da solidão, mas não é isso; lá vão as ultimas gabolices do temperamento. Agora, quando muito, só me ficaram as tendencias estheticas, e deste ponto de vista, é certo que a viuva ainda me leva os olhos, mas só diante delles. Realmente é um bello pedaço de gente, com uma dose rara de expressão"...
"Hontem, na reunião do Aguiar, pude verificar que o jovem advogado está mordido pela viuva. Não tem outra explicação os olhos que lhe deita: são daquelles que nunca mais acabam."
"Ayres amigo! confessa que ouvindo ao moço Tristão a dor de não ser amado, sentiste tal ou qual prazer, que aliás não foi longo nem se repetio. Tú não a queres para ti, mas terias algum desgosto em a saber apaixonada delle: explica-te se pódes, não pódes."
Explica-se o que conselheiro observe com miudo interesse e tenha a pachorra de ir registrando a affeição de Fidelia pelo casal Aguiar e a deste

por ella, tudo que lhe diz respeito, o passado e o presente, os amores do advogado Osorio a que a viuva não corresponde, e depois da volta de Tristão, o filho adoptivo, as qualidades e maneiras delle, a probabilidade do seu regresso a Lisboa, a sua attitude para com a moça, o amor que adivinha nelle, que ouve em confidencia e a que por ultimo assiste declarado e retribuido.

"...Um e outro esqueciam-se de nós e deixavam-se ir ao som daquella musica interior, que não é nova para ella." "Enfim, amam-se. A viuva fugio-lhe e fugio a si mesma emquanto pôde, mas já não póde. Agora parece delle, ri com elle..."

"Quem sabe se não iriamos dar com a viuva Noronha ao pé da sepultura do marido, as mãos cruzadas, rezando como ha um anno? Se eu tivesse ainda agora a impressão que me levou a apostar com Rita o casamento da moça, poderia crer que tal presença e tal attitude me dariam gosto. Acharia nellas o signal de que não ama a Tristão, e, não podendo eu desposal-a, preferia que amasse o defunto. Mas não, não é isso; é o que vou dizer.

Se eu a visse no mesmo lugar e postura não duvidaria ainda assim do amor que Tristão lhe inspira. Tudo poderia existir na mesma pessoa sem hypocrisia da viuva nem infidelidade da proxima esposa. Era o accordo ou contraste do indivíduo e da especie. A recordação do finado vive nella, sem embargo da acção do pretendente; vive com todas as doçuras e melancolias antigas, com o segredo das estrelas de um coração que aprendeu na escola do morto. Mas o genio da especie faz reviver o extinto em outra forma, e aqui lho dá, aqui lho entrega e recommenda. Enquanto pôde fugir, fugio-lhe, como escrevi ha dias, e agora o repito para me não esquecer nunca."

Quando mana Rita veio trazer-me a noticia official do casamento, mostrei-lhe a minha carta de participação, e fiz um gesto de triumpho, perguntando-lhe quem tinha razão no cemiterio, ha um anno. Ainda uma vez concordou que era eu, mas emendou em parte, dizendo que a nossa aposta é que ella casaria commigo, e citou a aposta entre Deus e o Diabo a proposito de Fausto, que eu lhe li aqui em casa no texto de Goethe.

– Não, trapalhona, você é que me incitou a tental-o, e desculpou a minha idade, com palavras bonitas, lembra-se?

Lembrava-se, sorrimos, e entramos a fallar dos noivos. Eu disse bem de ambos, ella não disse mal de nenhum, mas fallou sem calor. Talvez não gostasse de ver casar a viuva, como se fosse cousa condemnavel ou nova. Não tendo casado outra vez, pareceu-lhe que ninguem deve passar a segundas nupcias. Ou então (releve-me a doce mana, se algum dia ler este papel), ou então padeceu agora taes ou quaes remorsos de não havel-o feito tambem... Mas não, seria suspeitar de mais de pessoa tão excelente."

"Não esperava por esta. Tristão veio pedir-me que lhe sirva de padrinho ao casamento. Não podia negar-lh'o, e aceitei o convite, ainda que sem grande gosto."

O casamento de Tristão e Fidelia decidiria a ficada do filho adoptivo junto aos pais de coração; e o casal Aguiar podia ser feliz. Fidelia, ainda que recasada, convinha-lhe de certo ficar no Rio de Janeiro, onde havia a affeição de D. Carmo e Aguiar e estava o corpo do primeiro esposo. Tristão havia de preferir Fidelia á política que o chamava á Europa. Tal o sonho dos Aguiares e o pensamento de Ayres.

Mas
Em Lisboa, sobre o mar,
Barcas novas mandey lavrar...
....
Para veer meu amigo
Que talhou preyto comigo
Alá vou, madre.
Para veer meu amado
Que mig'a preyto talhado,
Alá vou, madre.

que é a epigraphe do livro.

Casado os dous, lá se vão em viagem annunciada de nupcias, depois de mudança definitiva, dexando aqui e para sempre o outro casal, orphao dos filhos que a natureza não havia querido dar-lhes.

Ayres acompanhou os noivos a bordo:
"Não acabarei esta pagina sem dizer que me passou agora pela frente a figura de Fidelia, tal como a deixei a bordo, mas sem lagrimas. Sentou-se no canapé e ficámos a olhar um para o outro, ella – desfeita em graça, eu desmentindo Shelley com toda as forças sexagenarias restantes. Ah! basta! Cuidemos de ir logo aos velhos!"

"Há seis ou sete dias que eu não ia ao Flamengo. Agora á tarde lembrou-me lá pasar antes de vir para casa. Fui a pé; achei aberta a porta do jardim, entrei e parei logo.

– Lá estão elles, disse commigo.

Ao fundo, á entrada do saguão, dei com os dous velhos sentados, olhando um para o outro.

Aguiar estava encostado ao portal direito, com as mãos sobre os joelhos. D. Carmo, á esquerda, tinha os braços cruzados á cinta. Hesitei entre ir adiante ou desandar o caminho; continuei parado alguns segundos, até que recuei pé ante pé. Ao transpôr a porta para a rua, vi-lhes no rosto e na attitude uma expresssão a que não acho nome certo ou claro; digo o que me pareceu. Queriam ser risonhos e mal se podiam consolar. Consolava-os a saudade de si mesmos."

E é a pagina melancolica com que termina o livro.

Nem tudo é só maldade e simulação e egoísmo nos homens. O scepticismo de Ayres perturba-se, e quasi se declara vencido. A dôr, a continuação de viver que é em suma a experiência da dôr, desencanta a ironia. Póde o soffrimento pensado fazer sorrir; mas aquelle que é verdadeiramente sentido apaga o sorriso e abre os olhos para a bondade dos homens, onde a encontra. É gosto dos que soffrem achal-a e rever-se nella, comprazer-se della e sentil-a. Em *Memorial de Ayres* ainda apparecem figuras ao geito ou da familia daquellas que o romancista creou e perpetuou nos seus outros livros. Cesaria e o marido, os pais de Fidelia e Noronha, bastam para que Ayres não se espante de ainda estar no mundo. Mas no romance apparece ainda o bom e o optimo, do carater e coração humanos, e é a novidade, a que me referi, da expressão moral deste livro. Não mudou nem diminuio a observação do romancista; mudou apenas o seu ponto de vista, e ainda bem para a sua obra, que assim se completa admiravelmente como quadro humano do qual não ha dizer que houve proposito de exclusão nem deficiencia de desenho.

Humanidade, em que se conta uma creatura como D. Carmo, como Aguiar, vale ser amada; e do autor que lhe reproduzio a figura, e a fixou pela sua arte, fôra falso affirmar que só conheceu uma face dos homens.

O retrato desse casal Aguiar não está feito pelo processo dos instantaneos, ou no feitio de apresentação do velho uso nos romances. Vêm apparecendo as duas figuras a pouco e pouco na urdidura do livro, um traço aqui, um traço alli, e por fim acabada a trama do tecido, que são as paginas do romance, ahi estão as figuras completas diante dos olhos da gente na alma da gente, perfeitas, admiraveis, inesqueciveis.

"Lá fui hontem ás bodas de prata (do casal Aguiar)... Sei que não é seguro julgar por uma festa de algumas horas a situação moral de duas pessoas. Naturalmente a occasião aviva a memoria dos tempos passados e a affeição dos outros como que ajuda a duplicar a propria. Mas não é isso. Ha nelles alguma cousa superior á opportunidade e diversa da alegria alheia. Senti que os anos tinham alli reforçado e apurado a natureza, e que as duas pessoas eram, ao cabo, uma só e única."

"D. Carmo possue o dom de fallar e viver por todas as feições, e um poder de attrahir as pessoas, como terei visto em poucas mulheres, ou raras. Os seus cabellos brancos, colhidos com arte e gosto dão á velhice um relevo particular, e fazem casar nella todas as idades..."

"...fallei a D. Carmo nos talentos musicaes da moça, e ella me confirmou que a viuva está disposta a não tocar mais. Se não fosse isso, pedia-lhe que nos désse alguma cousa. Ao que eu respondi:

– A propria arte a convidará um dia a tocar em casa, a sós comsigo.

– Póde ser; em todo caso, não a convidarei a tocar aqui; o applauso podia avivar-lhe a saudade – ou, se a distrahisse della, viria diminuir-lhe o gosto de soffrer pelo marido. Não lhe parece que ella é um anjo?

Achei que sim; acharia mais, se me fosse perguntado... "Do que ella me disse acerca do "gosto de soffrer pelo marido", concluo que a senhora do Aguiar é daquellas pessoas para quem a dôr é cousa divina."

A impressão final deste livro é que o autor delle conserva o vigor do engenho com que escreveu *Memorias posthumas de Bras Cubas*; e ganhou mais, o que só podia vir do officio de fazer os livros que fez, e perfeição crescente em cada um dos romances posteriores áquelle, e neste ultimo, suprema. Nenhum signal de declinio em cousa nenhuma, ao contrario. Aqui não apparece nem se presume o artificio. A Arte é absolutamente pura e da mais nobre.

Traz este romance, como já os outros e toda a obra de Machado de Assis, o cunho da universalidade, que é a característica da obra de pensadores-artistas. Será entendido em todas as linguas da terra; e é brasileiro como os que mais o são. Em Portugal não o escreveriam mais puro, e não tem nenhuma influencia portugueza. Porque não é só o meio que o faz do Brasil, é a expresssão do estylo, inconfundivel com outro qualquer de lá. As figuras são nossas, particularmente nossas, mas no que é de todo homem, humanas. O molde é do meio que se formou; a essencia é do genero, é da natureza, e a philosophia do livro commenta a natureza, no que ella tem de geral e eterno. Dahi a sua universalidade. Não é tambem do pensamento da philosophia accusar os homens e a vida, os homens e a vida são o que são porque assim tem de ser. Olhal-os e reproduzil-os, sem os culpar ou desculpar, fazendo delles o espectaculo em que os comparsas se interessam e, levados da emoção, se suppõem um momento espectadores, tal é o officio da arte. Não tem outro fim, nem outra razão de origem. Felizes os que têm o dom de a entender e realizar!

Acabando a leitura de *Memorial de Ayres*, levou-me exquisita associação de idéas a pensar em como são as arvores grandes e as maiores as que dão em geral flôres simples, em contraste com os arbustos que as dão tamanhas e complexas. E ainda nestas o homem perturba pelo artificio a singeleza das fórmas, e mistura as côres e confunde as especies.

    Pensei tambem no que diriam os deuses se acaso retornassem á terra. Dos grandes dramas humanos? Deuses são deuses, para os quaes não ha dramas, nem aspectos extraordinarios, porque á visão delles tudo é transparente e vulgar, cousas minimas e maximas tudo é o mesmo á distancia da perspectiva divina. Depois de visitarem a terra e conversarem os homens, os deuses nos fallariam de casos curiosos de psychologia humana, ou escreveriam nos troncos seculares das arvores algumas palavras de sabedoria ou graça, que consolassem da vida.

    É certo que muitos dos homens ouviriam indifferentes as cousas simples que os deuses dissessem e passariam sem lêr as inscripções dos troncos antigos: como é certo que quase todos preferem a complexidade e extravagancia das parasitas ás flores singelas das arvores grandes. Que importa? As arvores grandes são grandes e vivem seculos; e os deuses são deuses, nem morrem as palavras que dizem.

MARIO DE ALENCAR.

SOBRE OS CRÍTICOS

As breves biografias dos autores das resenhas que constam deste anexo destacam a relação com a Academia Brasileira de Letras, fundada e presidida por Machado de Assis, assim como a atuação dos resenhistas na imprensa. Os seguintes nomes e/ou pseudônimos não foram identificados: G. Planche, José Anastácio, Rigoleto e Walfrido Ribeiro.

ALCIDES Castilho MAYA (São Gabriel, RS, 1878; Rio de Janeiro, RJ, 1944), jornalista, político, contista, romancista e ensaísta. Eleito para a cadeira número 4, na sucessão de Aluísio Azevedo, em 6 de setembro de 1913. Iniciou carreira em *A Reforma*; a partir de 1897, passou a integrar a redação de *A República*, órgão da dissidência republicana, e chegou a ocupar a direção do jornal. A partir de 1905, passou a militar na imprensa carioca, colaborando em *O País*, *O Imparcial*, *Correio da Manhã* e *Jornal do Commercio*. Assinava artigos também com o pseudônimo Guys. Autor de *Machado de Assis (Algumas Notas sobre o Humour)*, publicado em 1912.

ALCINDO GUANABARA (Majé, RJ, 1865; Rio de Janeiro, RJ, 1918), jornalista e político. Fundou a cadeira número 19, que tem como patrono Joaquim Caetano. Colaborou em *O Dia*, onde publicou com o pseudônimo Pangloss. Foi nomeado redator-chefe de *O Paiz*, e ali ficou até 1905. Obras: *Amor*, romance (1886*); História da Revolta de 6 de Setembro de 1893* (1894); *A Presidência Campos Sales 1898-1902* (1902); *A Dor*, conferência (1905); *A Tradição*, discurso (1908); *Discursos Fora da Câmara* (1911); *Pela Infância Abandonada e Delinquente no Distrito Federal* (1917).

ALMÁQUIO DINIS Gonçalves (Bahia, 1880; Rio de Janeiro, RJ, 1937), romancista, contista, teatrólogo, crítico, ensaísta, professor, jurista. Colaborou em periódicos baianos e cariocas, nos quais assinava também com os pseudônimos Achilles Donato, Alonso Danden, Antonius Lupus, Chamfort, Geliz Dongalves, Justo Canuto, Nolasco Brutto, Sarcey, Zinid. Obras: *Crises*, romance (1906); *Um Artista da Moda*, contos; (1910) *Sociologia e Crítica*, ensaio (1910); *Da Estética na Literatura Comparada*, ensaio (1911).

Tristão de Alencar ARARIPE JÚNIOR (Fortaleza, CE, 1848; Rio de Janeiro, RJ, 1911), jornalista, advogado, crítico literário, político, magistrado, contista e romancista. Fundou a cadeira número 16 da ABL, que tem como patrono Gregório de Matos. Formou com Sílvio Romero e José Veríssimo a trindade crítica da época positivista e naturalista. Deixou numerosos artigos e ensaios em jornais e revistas, entre os quais *A Gazeta da Tarde*, a *Gazeta de Notícias* e *A Semana*. Obras: *Contos Brasileiros*, contos (1868); *Cartas sobre a Literatura Brasileira*, ensaio (1869); *José de Alencar*, ensaio (1882); *Gregório de Matos*, ensaio (1893); *Movimento Literário de 1893*, ensaio (1896).

Artur Nabantino Gonçalves de AZEVEDO (São Luís, MA, 1855; Rio de Janeiro, RJ, 1908), jornalista, poeta, contista e teatrólogo. Figurou, ao lado do irmão Aluísio, no grupo fundador da ABL, onde criou a cadeira número 29, que tem como patrono Martins Pena. Fundou publicações literárias, como *A Gazetinha*, *Vida Moderna* e *O Álbum*. Colaborou em *A Estação*, ao lado de Machado de Assis, e no jornal *Novidades*, onde seus companheiros eram Alcindo Guanabara, Moreira Sampaio, Olavo Bilac e Coelho Neto. Escreveu principalmente sobre teatro em *O País*, no *Diário de Notícias*, em *A Notícia*. Multiplicava-se em pseudônimos: Elói o Herói, Gavroche, Petrônio, Cosimo, Juvenal, Dorante, Frivolino, Batista o trocista, e outros.

ARTUR Barreiros (Rio de Janeiro, RJ, 1856; Rio de Janeiro, RJ, 1885). Contista e jornalista, foi um dos fundadores, com Artur Azevedo, de *A Gazetinha* e *Pena e Lápis*. Colaborou também com *O Besouro*, *A Estação* e a *Revista Brasileira*, entre vários outros periódicos. Foi o crítico que recebeu com mais entusiasmo as *Memórias Póstumas de Brás Cubas*, como deixou registrado no artigo publicado com o pseudônimo Abdiel na *Gazeta de Notícias* de 28 de fevereiro de 1881. Por ocasião de sua morte precoce, aos 30 anos, foi lembrado muito calorosamente por Machado de Assis em carta a Valentim Magalhães datada de 21 de fevereiro de 1885.

BAPTISTA JUNIOR colaborou no *Jornal do Brasil* juntamente com Afonso Celso, Carlos de Laet e Severino Rezende.

João CAPISTRANO DE ABREU (Maranguape, CE, 1853; Rio de Janeiro, RJ, 1927), historiador, professor, crítico literário. Obras: *A Língua dos Caxinauás* (1914*), Capítulos de História Colonial* (1928), *O Descobrimento do Brasil* (1929), *Caminhos Antigos e Povoamento do Brasil (1930).*

JOSÉ RIBEIRO DANTAS JÚNIOR, jornalista, redator da *Revista Illustrada* e colaborador em *A Estação.*

CARLOS Augusto FERREIRA (Porto Alegre, RS, 1844; Rio de Janeiro, RJ, 1913), poeta, romancista, contista, teatrólogo, jornalista, tabelião, membro da Sociedade Partenon Literário. Trabalhou nas redações do *Correio Paulistano*, em São Paulo, e na *Gazeta de Campinas*, entre outras. Obras: *Cânticos Juvenis*, poesia (1867); *Rosas Loucas*, poesia (1868); *Alcíones*, poesia (1872); *Calúnia*, drama (1873), *Histórias Cambiantes*, contos (1874); *O Marido da Doida*, drama (1874); *A Esposa*, drama (1881); *Redivivas*, poesia (1881); *A Primeira Culpa*, romance (1889); *Feituras e Feições*, ensaio (1905); *Plumas ao Vento*, poesia (1908).

CÔNEGO JOAQUIM CAETANO FERNANDES PINHEIRO (Rio de Janeiro, RJ, 1825; Rio de Janeiro, RJ, 1876). Autor do *Curso Elementar de Literatura Nacional*, de 1852, é um dos fundadores da historiografia e da crítica literárias no Brasil, tendo publicado também o *Resumo de História Literária e Estudos Históricos*, ambos em dois volumes lançados em 1873. Com o pseudônimo Araucarius, colaborou para *O Novo Mundo*, de Nova York.

Augusto FAUSTO de Sousa (Rio de Janeiro, RJ, 1835; Rio de Janeiro, RJ, 1890), contista, biógrafo, militar, professor, membro do Instituto Histórico e Geográfico Brasileiro, cavaleiro da ordem de São Bento de Aviz e da de Cristo. Colaborou na *Revista Popular* e no *Jornal das Famílias*, onde Machado também trabalhou. Obras: *Um Casamento de Tirar o Chapéu*, contos (1873), *À Caça de um Baronato* e *Cenas da Vida Republicana*, publicados pela Garnier.

FÉLIX FERREIRA (Rio de Janeiro, RJ, 1848; Rio de Janeiro, RJ, 1898), romancista, teatrólogo, jornalista, funcionário da Biblioteca Nacional, teve livraria na Rua S. José, no Rio de Janeiro. Escreveu para *Cruzeiro do Brasil*, *Arquivo Literário*, *O Contemporâneo*, *O Guarani*. Obras: *As Deusas de Balão*, comédia (1867); *Rimas Inocentes de Dois Poetas Ingênuos*, poesia (1869); *A Má Estrela*, romance, (1879).

José Joaquim de Campos da Costa de MEDEIROS E ALBUQUERQUE (Recife, PE, 1867; Rio de Janeiro, RJ, 1934), funcionário público, poeta e jornalista. É o fundador da cadeira número 22 da ABL, que tem como patrono

José Bonifácio, o Moço. Durante o período florianista, dirigiu *O Figaro*. Na imprensa, escreveu também sob os pseudônimos Armando Quevedo, Atásius Noll, J. dos Santos, Max, Rifiúfio Singapura.

JOAQUIM Maria SERRA Sobrinho (São Luís, MA, 1838; Rio de Janeiro, RJ, 1888), poeta, jornalista, teatrólogo. Patrono da cadeira número 21 da ABL. Foi apresentado literariamente à corte por Machado de Assis numa crônica publicada no *Diário do Rio de Janeiro* em 24.10.1864.

JOSÉ CARLOS RODRIGUES (Cantagalo, RJ, 1844; Paris, França, 1923), jornalista, diplomado em Direito. Foi redator e diretor de *O Novo Mundo*, Nova York, 1870-1879, da *Revista Industrial Ilustrada*, Nova York, 1877-1879, e do *Jornal do Commercio*, Rio de Janeiro, cuja propriedade adquiriu em 1890.

JOSÉ VERÍSSIMO Dias de Matos (Óbidos, PA, 1857; Rio de Janeiro, RJ, 1916), jornalista, professor, educador, crítico e historiador literário. Escolheu por patrono João Francisco Lisboa, e é o fundador da cadeira número 18 da Academia Brasileira de Letras. José Veríssimo dirigiu a terceira fase da *Revista Brasileira*, que começou em 1895 e foi até 1889, completando vinte volumes em cinco anos. Veríssimo teve o dom de agremiar toda a literatura nacional na *Revista*, que congregou os grandes valores brasileiros da época. Na redação da *Revista* nasceu a Academia Brasileira, prestigiada pelos mais eminentes amigos de José Veríssimo: Machado de Assis, Joaquim Nabuco, Visconde de Taunay, Lúcio de Mendonça, entre outros.

LEOPOLDO DE FREITAS Cruz (Porto Alegre, RS, 1865; São Paulo, SP, 1940), ensaísta, jornalista, diplomado em Direito, jurista, diplomata, professor, biógrafo, autor didático, historiador, conferencista. Obras: *Literatura Nacional*, ensaio (1919); *Romantismo Brasileiro*, conferência, 1904; *O Embaixador Joaquim Nabuco*, conferência (1912); *O Escritor Afonso Arinos*, biografia (1918).

LUÍS Caetano GUIMARÃES JÚNIOR (Rio de Janeiro, RJ, 1845; Lisboa, Portugal, 1898), diplomata, poeta, romancista e teatrólogo. Foi um dos dez membros eleitos para se completar o quadro de fundadores da Academia Brasileira de Letras, onde criou a cadeira número 31, que tem como patrono o poeta Pedro Luís. Obras: *Lírio Branco*, romance (1862); *Uma Cena Contemporânea*, teatro (1862); *Corimbos*, poesia (1866); *A Família Agulha*, romance (1870); *Noturnos*, poesia (1872); *Filigranas*, ficção (1872); *Sonetos e Rimas*, poesia (1880); *Contos sem Pretensão* (1872); e várias peças de teatro.

Carlos MAGALHÃES DE AZEREDO (Rio de Janeiro, RJ, 1872; Roma, Itália, 1963), diplomado em Direito, diplomata, poeta, crítico, fundador da Academia Brasileira de Letras. Obras: *José de Alencar*, crítica (1895); *Procelárias*, poesia (1898); *Homens e Livros*, crítica (1902); *Horas Sagradas*, poesia (1903), *Álvaro*, poesia (1903); *Odes e Elegias*, poesia (1904); *O Hino de Púrpura*, poesia (1906); *Vida e Sonho*, poesia (1914); *Sinfonia Evangélica*, poesia (1925); *Verão e Outono*, poesia (1950).

MÁRIO Cochrane DE ALENCAR (Rio de Janeiro, RJ, 1872; Rio de Janeiro, RJ, 1925), poeta, jornalista, contista e romancista. Foi eleito para a cadeira número 21 da Academia Brasileira de Letras, na sucessão de José do Patrocínio. Era filho de José de Alencar. Manteve colaborações nos seguintes órgãos da imprensa: *Almanaque Brasileiro Garnier*, *Brasilea* (1917), *Correio do Povo* (1890); *Gazeta de Notícias* (1894); *O Imparcial* e *A Imprensa* (1900), *Jornal do Commercio*, *O Mundo Literário*, *Renascença*, *Revista Brasileira* (1895-1899), *Revista da ABL* e *Revista da Língua Portuguesa*, todos do Rio de Janeiro, e também em alguns periódicos paulistas. Pseudônimos: Deina e John Alone.

OLAVO Braz Martins dos Guimarães Bilac (Rio de Janeiro, RJ, 1865; Rio de Janeiro, RJ, 1918), jornalista, poeta, inspetor de ensino. Um dos fundadores da Academia Brasileira de Letras, criou a cadeira número 15, que tem como patrono Gonçalves Dias. Dedicou-se desde cedo ao jornalismo e à literatura. Fundou vários jornais, de vida mais ou menos efêmera, como *A Cigarra*, *O Meio*, *A Rua*. Na seção "Semana" da *Gazeta de Notícias*, substituiu Machado de Assis, trabalhando ali durante anos.

Manuel de OLIVEIRA LIMA (Boa-Vista, PE, 1867; Washington, EUA, 1928), diplomata, historiador, bibliófilo, foi um dos mais notáveis historiadores brasileiros. Membro fundador da Academia Brasileira de Letras, foi educado em Lisboa desde a mocidade. A atividade literária de Oliveira Lima se estendia à colaboração em jornais de Pernambuco e de São Paulo, dando margem à publicação de *Pan-Americanismo* e *Coisas Diplomáticas*.

RAUL d'Ávila POMPEIA, (Jacuecanga, RJ, 1863; Rio de Janeiro, RJ, 1895), jornalista, contista, cronista, novelista e romancista. É o patrono da cadeira número 33, por escolha do fundador Domício da Gama. Escreveu em jornais de São Paulo e do Rio de Janeiro, frequentemente sob o pseudônimo Rapp, um dentre os muitos que depois adotaria: Pompeu Stell, Um moço do povo, Y, Niomey e Hygdard, R., ?, Lauro, Fabricius, Raul D., Raulino Palma. Ainda em São Paulo publicou, no *Jornal do Commercio*, as "Canções sem metro", poemas em prosa, parte das quais foi reunida em volume, de edição póstuma. Também, em folhetins da *Gazeta de Notícias*, publicou a novela *As Joias da Coroa*. Dedicou-se ao jornalismo, escrevendo crônicas, folhetins, artigos, contos e participando da vida boêmia das rodas intelectuais.

SALVADOR DE Meneses Drummond Furtado de MENDONÇA (Itaboraí, RJ, 1841; Rio de Janeiro, RJ, 1913), poeta, romancista, contista, teatrólogo, tradutor. Um dos fundadores da ABL, criou a cadeira número 20, que tem como patrono Joaquim Manuel de Macedo. Colaborou na *Revista Mensal do Ensaio Filosófico Paulistano*. Fundou, com Teófilo Ottoni Filho, o jornal *A Legenda*. Trabalhou para o *Diário do Rio de Janeiro*, de Saldanha Marinho, fez crítica teatral no *Jornal do Commercio* e escreveu a "Semana Lírica" no *Correio Mercantil*. Em São Paulo, dirigiu *O Ipiranga*, órgão do Centro Liberal de São Paulo, e participou da propaganda republicana no Brasil. Fundou também o jornal *A República*, em cuja redação se congregavam Quintino Bocaiúva, Salvador, Aristides Lobo, Lafayette, Pedro Soares de Meireles e Flávio Farnese. Nos últimos anos de vida, já cego, escreveu artigos para *O Imparcial* e *O Século*, comentando a diplomacia brasileira e recapitulando a sua própria carreira em Washington.

URBANO DUARTE, U. D. de Oliveira (Lençóis, BA, 1855; Rio de Janeiro, RJ, 1902), jornalista, cronista, humorista e teatrólogo. Convidado para a última sessão preparatória da Academia Brasileira de Letras, em 28 de janeiro de 1897, é o fundador da cadeira número 12, que tem como patrono França Júnior. Durante mais de 20 anos colaborou em órgãos da imprensa: *Gazeta Literária*, *O Paiz*, *Revista Musical e de Belas Artes* (semanário fluminense), *Correio do Povo* (com Alcindo Guanabara, Artur Azevedo e Alfredo Madureira), *Gazetinha* e *Jornal do Commercio*, onde mantinha a seção "Sem Rumo".

Antônio VALENTIM da Costa MAGALHÃES (Rio de Janeiro, RJ, 1859; Rio de Janeiro, RJ, 1903), jornalista, contista, romancista e poeta. Membro fundador da Academia, criou a cadeira número 7, escolhendo Castro Alves como seu patrono. Dirigiu *A Semana*, que se tornou o baluarte literário dos jovens de então. Além de literatura, esse periódico fazia propaganda da Abolição e da República. Quase todos os que, mais tarde, teriam algum papel nas letras brasileiras – e que então começavam – colaboraram em *A Semana*. Dedicou-se também à poesia, ao conto, à crônica, ao romance, ao teatro.

REFERÊNCIAS BIBLIOGRÁFICAS

OBRAS CITADAS

ABRAMS, M. H. *A Glossary of Literary Terms*. 7th edition, Fort Worth, Harcourt Brace College Publishers, 1999.

ALENCAR, José de. "Benção Paterna". In: *Sonhos D'Ouro – Romance brasileiro*. Rio de Janeiro, Livraria José Olympio Editora, 1953.

_____. "Como e Porque Sou Romancista", Prefácio a *O Guarani*, Rio de Janeiro, José Olympio, 1953.

AUERBACH, Erich. *Mimesis – A Representação da Realidade na Literatura Ocidental*. 2. ed. revisada, São Paulo, Editora Perspectiva, 1987.

AZEVEDO, Aluísio. *O Touro Negro*. São Paulo, Livraria Martins Editora, 1961.

BARRETTO FILHO. *Introdução a Machado de Assis*. Rio de Janeiro, Livraria Agir Editora, 1980.

BARTHES, Roland. *O Prazer do Texto*. 4. ed. São Paulo, Editora Perspectiva, 1996.

_____. *O rumor da língua*. Lisboa, Edições 70, 1984.

BELLO, José Maria. *Novos Estudos Críticos – Machado de Assis, Joaquim Nabuco e Outros Artigos*. Rio de Janeiro, Typ. Revista dos Tribunaes, 1917.

BENVENISTE, Émile. *Problemas de Linguística Geral I* (tradução de Maria da Glória Novak e Maria Luisa Neri). Campinas, Pontes/Editora da Unicamp, 1995.

BERGER, Paulo. *A Tipografia no Rio de Janeiro: Impressores Bibliográficos 1808-1900*. Rio de Janeiro, Cia. Industrial de Papel Pirahy, 1984.

Biblos – Enciclopédia VERBO das Literaturas de Língua Portuguesa [direção de José Augusto Cardoso Bernardes e outros]. Lisboa/São Paulo, Editorial Verbo, 1995.

BORGES, Jorge Luis. *Obras Completas, 1923-1972*. Buenos Aires, Emece Editores, 1974.

BOSI, Alfredo et al. *Machado de Assis*. São Paulo, Ática, 1982.

_____. *Machado de Assis – O Enigma do Olhar*. São Paulo, Ática, 1999.

BROCA, Brito. *Machado de Assis e a Política* (Obras Reunidas 14). São Paulo, Livraria e Editora Polis, 1983.

_____. *Papéis de Alceste*. Campinas, São Paulo, Editora da Unicamp, 1991.

_____. *Românticos, Pré-Românticos, Ultra-Românticos: Vida Literária e Romantismo Brasileiro*. São Paulo, Polis, Brasília, INL, 1979.

BROMBERT, Victor. *The Hidden Reader – Stendhal, Balzac, Hugo, Baudelaire, Flaubert*. Cambridge, Harvard University Press, 1988.

BROOKS, Peter. *The Melodramatic Imagination – Balzac, Henry James, Melodrama and the Mode of Excess*, New Haven, Yale University Press, 1995.

CALDWELL, Helen. *Machado de Assis – The Brazilian Master and His Novels*. Berkeley, University of California Press, 1970.

_____. *The Brazilian Othello of Machado de Assis: A Study of Dom Casmurro*. Berkeley and Los Angeles, University of California Press, 1960.

CAMINHA, Adolpho. *Cartas Litterarias*. Rio de Janeiro, Aldina, 1895.

CANCLINI, Néstor García. *Culturas híbridas – Estrategias para Entrar y Salir de la Modernidad*. México, Grijalbo, Consejo Nacional para la Cultura y las Artes, 1989.

CANDIDO, Antonio. *Literatura e Sociedade – Estudos de Teoria e História Literária*. 5. ed., São Paulo, Companhia Editora Nacional, 1976.

_____. *Vários escritos*. São Paulo, Livraria Duas Cidades, 1970.

CARRER, Aline (org.). *Rio de Assis: Imagens Machadianas do Rio de Janeiro*. Rio de Janeiro, Casa da Palavra, 1999.

CASCUDO, Luís da Câmara. "O Folclore na Obra de José de Alencar ", prefácio a *Lucíola – Um Perfil de Mulher, Diva – Um Perfil de Mulher*. 2. ed., Rio de Janeiro, Livraria José Olympio Editora, 1953.

CASTELLO, José Aderaldo. *Aspectos do Romance Brasileiro*. Rio de Janeiro, Ministério da Educação e Cultura, Serviço de Documentação (coleção "Vida Brasileira", 18), 1960.

CERVANTES, Miguel de. *D. Quixote de La Mancha* (tradução de António Feliciano de Castilho), 2º volume. Rio de Janeiro, Jackson Editores, 1949.

CHALHOUB, Sidney; PEREIRA, Leonardo Affonso (orgs.). *A História Contada – Capítulos de História Social da Literatura do Brasil*. Rio de Janeiro, 1998.

COSTA, Emília Viotti da. *Da Monarquia à República: Momentos Decisivos*, 7. ed. São Paulo, Fundação Editora da Unesp, 1999.

CREMIN, Lawrence A. *American Education: The National Experience, 1783-1876*. New York, Harper and Row, 1980.

CUDDON, J.A. *Dictionary of Literary Terms and Literary Theory*. 3rd. edition, London, Penguin Books, 1992.

CUNHA, Manuela Carneiro da. "Olhar Escravo, Ser Olhado", in: AZEVEDO, Paulo Cesar de; LISSOVSKY, Mauricio (org.). *Escravos Brasileiros do Século XIX na Fotografia de Christiano Jr.* São Paulo, Ex Libris, 1988.

DAMASCENO, Darcy. Edição crítica de *O Guarani*. Rio de Janeiro, Ministério da Educação e Cultura/INL, 1958.

DINIZ, Almachio. *Da Esthetica na Literatura Comparada*. Rio de Janeiro, Garnier, 1911.

DUCROT, Oswald; TODOROV, Tzvetan. *Dicionário das Ciências da Linguagem* (Edição portuguesa orientada por Eduardo Prado Coelho). 2. ed. Lisboa, Publicações Dom Quixote, 1974.

EAGLETON, Terry. *Teoria da Literatura – uma Introdução*. São Paulo, Martins Fontes, s.d.

ECO, Umberto. *Lector in Fabula – A Cooperação Interpretativa nos Textos Narrativos*. São Paulo, Perspectiva, 1986.

ENCICLOPÉDIA DE LITERATURA BRASILEIRA [direção de Afrânio Coutinho e J. Galante de Sousa], 2 vols. Rio de Janeiro, FAE, 1989.

ESCARPIT, Robert. *Sociologie de la Littérature*. Paris, Presses Universitaires de France, 1958.

EULALIO, Alexandre. *Escritos*. [org. Berta Waldman e Luiz Dantas]. Campinas, Editora da Unicamp; São Paulo, Editora Unesp, 1992.

FAORO, Raymundo. *Machado de Assis, a Pirâmide e o Trapézio*. São Paulo, Companhia Editora Nacional, 1974.

FERREIRA, Félix. *O Instituto Abílio*, tipografia Moreira Haximino, Rio de Janeiro, 1885.

FREYRE, Gilberto. *Ordem e Progresso*, 1º Tomo. Rio de Janeiro, Livraria José Olympio Editora, 1959.

FROTA PESSOA. *Critica e Polemica*. Rio de Janeiro, Arthur Gurgulino, 1902, apud MONTELLO, Josué, Os Inimigos de Machado de Assis. Rio de Janeiro, Editora Nova Fronteira, 1998.

GABLER, Neal. *Vida , o Filme – Como o Entretenimento Conquistou a Realidade*. São Paulo, Companhia das Letras, 1999.

GENETTE, Gérard. *Figures I*. Paris, Éditions du Seuil, 1966.

GIRAUDO, Tiago [direção editorial]. *A Bíblia de Jerusalém*. São Paulo, Sociedade Bíblica Católica Internacional e Paulus, 2000.

GLEDSON, John. *Machado de Assis: Ficção e História*. Rio de Janeiro, 1986.

GRAHAM, Sandra Lauderdale. "The Vintem Riot and Political Culture: Rio de Janeiro, 1880", in: *Hispanic American Historical Review*, 60(3), 1980, pp. 431-9.

GRIECO, Agrippino. *Machado de Assis*. 1. ed., Rio de Janeiro, Livraria José Olympio Editora, 1959.

GUTHRIE, John T.; SEIFERT, Mary. *Measuring Readership: Rationale and Technique*. Paris, Unesco, 1984.

HALLEWELL, Laurence. *O Livro no Brasil: sua História*. São Paulo, T. A. Queiroz / Editora da Universidade de São Paulo, 1985.

HOUSE, Madeline; STOREY, Graham (editores). *The Letters of Charles Dickens*. Oxford, Clarendon Press, 1965.

INGARDEN, Roman. *The Literary Work of Art – An Investigation on the Borderlines of Ontology, logic, and Theory of Literature*. Evanston, Northwestern University Press, 1973.

ISER, Wolfgang. *O Ato da Leitura – Uma Teoria do Efeito Estético* (vol. 1). São Paulo, Editora 34, 1996.

———. *The Implied Reader – Patterns of Communication in Prose Fiction from Bunyan to Beckett*. Baltimore and London, The John Hopkins University Press, 1974.

JOÃO, do Rio. *O Momento Literário*. Rio de Janeiro, Paris, H. Garnier, Livreiro-Editor, 1908.

———. *A Alma Encantadora das Ruas (organização Raúl Antelo)*. São Paulo, Companhia das Letras, 1997.

KINNEAR, J. C. "Machado de Assis: To Believe or Not to Believe?", in: *Modern Language Review*. vol. 71, Edimburgo, 1976.

LAJOLO, Marisa. *Do Mundo da Leitura para a Leitura do Mundo*. São Paulo, Ática, 1994.

LAJOLO, Marisa; ZILBERMAN, Regina. *A Formação da Leitura no Brasil*. São Paulo, Ática, 1996.

———; ———. *A Leitura Rarefeita – Livro e Literatura no Brasil*. São Paulo, Editora Brasiliense, 1991.

LANDY, Marcia (ed.). *Imitations of Life: a Reader of Film and Television Melodrama*. Detroit, Wayne State University Press, 1991.

LIMA, Luiz Costa. *A Literatura e o Leitor – Textos de Estética da Recepção*. Rio de Janeiro, Editora Paz e Terra, 1979.

LISBOA, Maria Manuel. "Machado de Assis and the Beloved Reader", in: *Scarlet Letters: Fictions of Adultery from Antiquity to the 1990s*. Houndmills, England, Macmillan Press, 1997.

MACEDO, Joaquim Manoel de. *O Moço Loiro*. Rio de Janeiro, Paris, Garnier, 1845.

MACEDO SOARES, Antônio Joaquim de. *Dicionário Brasileiro da Língua Portuguesa – Elucidário Etimológico Crítico – das palavras e frases que, originárias do Brasil, ou aqui populares, se não encontram nos dicionários da língua portuguêsa, ou nêles vêm com forma ou significação diferente (1875-1888)*. Rio de Janeiro, INL, 1954.

MACHADO DE ASSIS. *Obra Completa*, 3 vols. 9ª reimpressão, Rio de Janeiro, Editora Nova Aguilar, 1997.

_____. *Obra Completa*. Edição Jackson, Rio de Janeiro, W. M. Jackson Inc. Editores, 1950.

MACHADO NETO, A. L. *Estrutura Social da República das Letras (Sociologia da Vida Intelectual Brasileira – 1870-1930)*. São Paulo, Grijalbo, Editora da Universidade de São Paulo, 1973.

MACIEL FILHO, Luís Anselmo. *Rua Cosme Velho, 18: Relato do Restauro do Mobiliário de Machado de Assis*. Rio de Janeiro, Academia Brasileira de Letras, 1998.

MAGALHÃES JÚNIOR, R. *José de Alencar e sua Época*. São Paulo, Lisa – Livros Irradiantes, 1971.

_____. *Vida e Obra de Machado de Assis* (4 volumes). Rio de Janeiro: Civilização Brasileira, Brasília, INL, 1981.

MAGALHÃES, Valentim. *A Literatura Brasileira 1870-1895: Notícia Crítica dos Principaes Escriptores, Documentada com Escolhidos Excerptos...* Lisboa, Livraria de A.M. Pereira, 1896.

MATHIAS, Herculano G. "Machado de Assis e o Jogo de Xadrez", in: *Anais do Museu Histórico Nacional*. Rio de Janeiro, vol. 13, 1952.

MENEZES, Raimundo. *Dicionário Literário Brasileiro*. 2. ed., Rio de Janeiro, Livros Técnicos e Científicos, 1978.

MÉRIAN, Jean-Yves. *Aluísio Azevedo – Vida e Obra (1857-1913) – O Verdadeiro Brasil do século XIX*. Editora Espaço e Tempo/INL, Rio de Janeiro, 1988.

MEYER, Augusto. *Machado de Assis*. 3. ed. Rio de Janeiro, Presença/Instituto Nacional do Livro, 1975.

_____. *Textos Críticos* [Seleção e introdução de João Alexandre Barbosa]. São Paulo, Perspectiva, 1986.

MEYER, Marlyse. *Folhetim – Uma História*. São Paulo, Companhia das Letras, 1996.

_____. *As Mil Faces de um Herói Canalha e Outros Ensaios*. Rio de Janeiro, Editora da UFRJ, 1998.

MORAES, Rubens Borba. *O Bibliófilo Aprendiz*. 3. ed., Brasília: Briquet de Lemos Livros, Rio de Janeiro, Casa da Palavra, 1998.

MOTT, Frank Luther. *Golden Multitudes – The Story of Best Sellers in the United States*. New York, The Macmillan Company, 1947.

PEREIRA, Lúcia Miguel, *Machado de Assis* (Estudo Crítico e Biográfico). 4. ed., São Paulo, Gráfica Editora Brasileira Ltda., 1949.

PICCHIO, Luciana Stegagno. *História da Literatura Brasileira*. Rio de Janeiro, Nova Aguilar, 1997.

PUJOL, Alfredo. *Machado de Assis*. Rio de Janeiro, Livraria José Olympio, 1934.

RAMOS, Julio. *Paradojas de la Letra*. Caracas, Ediciones eXcultura, 1996.

RENAULT, Delso. *O Dia-a-dia no Rio de Janeiro: Segundo os Jornais, 1870-1889*. Rio de Janeiro, Civilização Brasileira; Brasília, INL, 1982.

ROMERO, Sílvio. *Machado de Assis – Estudo Comparativo de Literatura Brasileira*. Campinas, Editora da Unicamp, 1992.

ROWLAND JR., William G. *Literature and the Marketplace – Romantic Writers and their Audiences in Great Britain and the United States*. Lincoln. London, University of Nebraska Press, 1996.

SANT'ANNA, Affonso Romano de. *Análise Estrutural de Romances Brasileiros*. 4. ed., Petrópolis, Editora Vozes, 1977.

SANTOS, Luiz Gonçalves dos. *Memórias para Servir à História do Reino do Brasil* (2 volumes, com prefácio e notas de Noronha Santos). Rio de Janeiro, Editora Zélio Valverde, 1943.

SARAIVA, Juracy Assmann. *O Circuito das Memórias em Machado de Assis*. São Paulo, Edusp, São Leopoldo: Editora Unisinos, 1993.

SARTRE, Jean-Paul. *Que é a Literatura?* São Paulo, Editora Ática, 1989.

SCHLEGEL, Friedrich. *O Dialeto dos Fragmentos* [tradução, apresentação e notas de Márcio Suzuki]. São Paulo, Iluminuras, 1997.

SCHWARZ, Roberto. *Ao Vencedor as Batatas – Forma Literária e Processo Social nos Inícios do Romance Brasileiro*, 4. ed., São Paulo, Livraria Duas Cidades, 1992.

_____. *Um Mestre na Periferia do Capitalismo: Machado de Assis*. São Paulo, Livraria Duas Cidades, 1990.

_____. *Duas Meninas*. São Paulo, Companhia das Letras, 1997.

SHELLEY, Percy Bysshe. *The Letters of Percy Bysshe Shelley*. 2 vols. Ed. Frederick L. Jones, Oxford, Clarendon, 1964.

SILVA RAMOS, Frederico José (org.). *Grandes Poetas Românticos do Brasil*. São Paulo, Edições LEP Ltda., 1949.

SILVA, Joaquim Norberto de Souza e. *Investigação sobre os recenseamentos da população geral do Império e de cada província de per si tentados desde os tempos coloniais até Hoje.*

SILVA, Maria Conceição da. *As Tramas da Leitura (A Posição do Leitor na Ficção Brasileira).* Rio de Janeiro, Livraria Editora Cátedra, 1989.

SODRÉ, Nelson Werneck. *História da Literatura Brasileira.* 4. ed., Rio de Janeiro, Editora Civilização Brasileira, 1964.

SOUSA, José Galante de. *Bibliografia de Machado de Assis.* Rio de Janeiro, Ministério da Educação e Cultura / Instituto Nacional do Livro, 1955.

_____. *Fontes para o Estudo de Machado de Assis.* Rio de Janeiro, Ministério da Educação e Cultura/ Instituto Nacional do Livro, 1958.

STENDHAL. *Do Amor* [tradução Roberto Leal Ferreira]. São Paulo, Martins Fontes, 1993.

STEWART, Garrett. *Dear Reader – The Conscripted Audience in Nineteenth-Century British Fiction.* Baltimore and London, The John Hopkins University Press, 1996.

VERISSIMO, José. *História da Literatura Brasileira: de Bento Teixeira, 1601, a Machado de Assis, 1908.* Brasília, Editora Universidade de Brasília, 1961.

_____. *Estudos Brasileiros*, 1ª série. Belém, 1889.

_____. *Estudos de Literatura Brasileira*, 3ª série. Belo Horizonte, Ed. Itatiaia/ São Paulo, Edusp, 1977.

VIANA FILHO, Luiz. *A vida de Machado de Assis.* São Paulo, Livraria Martins Editora, 1965.

VITERBO, Fr. Joaquim de Santa Rosa de. *Elucidario das Palavras, Termos e Frases que em Portugal antigamente se usaram e que hoje regularmente se ignoram: obra indispensável para se entender sem erro os documentos mais raros e preciosos que entre nós se conservam*, 2. ed., Lisboa, A. J. Fernandes Lopes, 1865.

WATT, Ian. *The Rise of the Novel.* Berkeley and Los Angeles, University of California Press, 1959.

ZILBERMAN, Regina. *Estética da Recepção e História da Literatura.* São Paulo, Ática, 1989.

OBRAS CONSULTADAS

ARANHA, Graça. *Machado de Assis e Joaquim Nabuco: Comentários e Notas à Correspondência entre Estes Dois Escritores.* 2. ed., Rio de Janeiro, Briguiet, 1942.

AUERBACH, Erich. *Figura.* São Paulo, Ática, 1997.

BARTHES, Roland. *S/Z – Uma Análise da Novela* Sarrasine *de Honoré de Balzac*. Rio de Janeiro, Nova Fronteira, 1992.

BATISTA, Antônio Augusto Gomes; GALVÃO, Ana Maria de Oliveira (orgs.). *Leitura: Práticas, Impressos, Letramentos*. Belo Horizonte, Autêntica, 1999.

BOSI, Alfredo. *História Concisa da Literatura Brasileira*. São Paulo, Cultrix, 1974.

CÂMARA JÚNIOR, Joaquim Mattoso. *Ensaios Machadianos: Língua e Estilo*. Rio de Janeiro: Livraria Acadêmica, 1962.

CANDIDO, Antonio. *Formação da Literatura Brasileira (Momentos Decisivos)*. 3. ed., São Paulo, Livraria Martins Editora, 1969.

CARVALHO, José Murilo de. *A Construção da Ordem: a Elite Política Imperial; Teatro de Sombras: a Política Imperial*. 2. ed. rev. Rio de Janeiro, Editora UFRJ, Relume-Dumará, 1996.

CHALHOUB, Sidney. *Visões da Liberdade: uma História das Últimas Décadas da Escravidão na Corte*. São Paulo, Companhia das Letras, 1990.

_____. *A História nas Histórias de Machado de Assis: uma Interpretação de Helena*. Campinas, IFCH-Unicamp, 1991, mimeo.

CHARTIER, Roger. *Práticas da Leitura*. São Paulo, Estação Liberdade, 1996.

COUTINHO, Afrânio. *Machado de Assis na Literatura Brasileira*. Rio de Janeiro, Livraria São José, 1966.

CUNHA, Fausto. *Caminhos Reais, Viagens Imaginárias – Estudo sobre os Meios de Transporte na Ficção brasileira*. Rio de Janeiro, Centro de Documentação e Publicações do Ministério dos Transportes, 1974.

GLEDSON, John. *Machado de Assis: Impostura e Realismo: uma Reinterpretação de* Dom Casmurro. São Paulo, Companhia das Letras, 1991.

GOMES, Eugênio. *Influências Inglesas em Machado de Assis*. Rio de Janeiro, Pallas Editora e Distribuidora, 1976.

GRAHAM, Sandra Lauderdale. *Proteção e Obediência – Criadas e seus Patrões no Rio de Janeiro 1860-1910*. São Paulo, Companhia das Letras, 1992.

JACOX, Francis. *Aspects of Authorship: Book Marks and Book Makers*. London, James Blackwood & Co., s/d.

LYONS, Martyn; LEAHY, Cyana. *A Palavra Impressa – Histórias da Leitura no Século XIX*. Rio de Janeiro, Casa da Palavra, 1999.

MACEDO, Joaquim Manuel de. *Memórias da Rua do Ouvidor*. Brasília, Editora da Universidade de Brasília, 1988.

MAGALHÃES JÚNIOR, R. *Ao Redor de Machado de Assis*. Rio de Janeiro, Editora Civilização Brasileira, 1958.

_____. *Machado de Assis Desconhecido*. 3. ed., Rio de Janeiro, Civilização Brasileira, 1957.

_____. *Ideias e Imagens de Machado de Assis*. Rio de Janeiro, Civilização Brasileira, 1956.

MASSA, Jean Michel. *A Juventude de Machado de Assis, 1839-1870: Ensaio de Biografia Intelectual*. Rio de Janeiro, Civilização Brasileira, 1971.

MAYA, Alcides. *Machado de Assis (Algumas Notas sobre o "Humour")*. Rio de Janeiro, Livraria Editora Jacintho Silva, 1912.

_____. *Bibliographie Descriptive, Analytique et Critique de Machado de Assis*. Rio de Janeiro, Livraria São José, 1965.

MONTELLO, Josué. *Os Inimigos de Machado de Assis*. Rio de Janeiro, Nova Fronteira, 1998.

_____. *O Presidente Machado de Assis*. São Paulo, Livraria Martins Editora, 1961.

NORONHA SANTOS, Francisco Agenor de. *Meios de Transporte no Rio de Janeiro – História e Legislação*, 1º volume. Rio de Janeiro, Typographia do *Jornal do Commercio*, 1934.

NUNES, José Horta. *Formação do Leitor Brasileiro – Imaginário da Leitura no Brasil Colonial*. Campinas, Editora da Unicamp, 1994.

PAIVA, Tancredo de Barros. *Achegas a um Dicionario de Pseudonimos...* Rio de Janeiro, J. Leite & Cia., 1929.

PEREIRA, Astrojildo. *Machado de Assis – Ensaios e Apontamentos Avulsos*. Rio de Janeiro, Livraria São José, 1959.

PEREIRA, Lúcia Miguel. *Prosa de ficção (De 1870 a 1920)*. 2. ed., revista. Rio de Janeiro, Livraria José Olympio Editora, 1957.

REGO, Enylton José de Sá. *O Calundu e a Panaceia: Machado de Assis, a Sátira Menipeia e a Tradição Luciânica*. Rio de Janeiro, Forense Universitária, 1989.

RENAULT, Delso. *O Rio Antigo nos Anúncios de Jornais 1808-1850*. Rio de Janeiro, Livraria José Olympio Editora, 1969.

RIZZINI, Carlos. *O Livro, o Jornal e a Tipografia no Brasil 1500-1822*. São Paulo, Imprensa Oficial do Estado, 1988.

RODRIGUES, José Carlos. "Correspondência Passiva de José Carlos Rodrigues". *Anais da Biblioteca Nacional*, vol. 90, Rio de Janeiro, Divisão de Publicações e Divulgação, 1971.

ROMEIN, Jan. *Watershed of Two Eras – Europe in 1900*. Middletown, Weleyan University Press, 1978.

RONCARI, Luiz Dagobert de Aguirra. *Machado Manifesto – O Nacional e a Utopia em Machado de Assis, um Estudo sobre a Cultura Brasileira*. Dissertação de mestrado apresentada ao Departamento de História da Faculdade de FLCH da Universidade de São Paulo, 1980.

ROUVEYRE, Edouard. *Dos Livros*. Rio de Janeiro, Casa da Palavra, 2000.

SECCHIN, Antonio Carlos; ALMEIDA, José Maurício Gomes de; SOUZA, Ronaldes de Melo e (orgs.). *Machado de Assis: uma Revisão*. Rio de Janeiro, In-Fólio, 1998.

SEVCENKO, Nicolau. *Literatura como Missão – Tensõess Sociais e Criação cultural na Primeira República*. São Paulo, Editora Brasiliense, 1999.

SODRÉ, Nelson Werneck. *A História da Imprensa no Brasil*. Rio de Janeiro, Civilização Brasileira, 1966.

SOMMER, Doris. *Foundational Fictions –The National Romances of Latin America*. Berkeley, Uniersity of California Press, 1991.

TATI, Miécio. *O Mundo de Machado de Assis: o Rio de Janeiro na Obra de Machado de Assis*. Rio de Janeiro, Secretaria Municipal de Cultura, Turismo e Esportes, Departamento Geral de Documentação e Informação Cultural, Divisão de Editoração, 1991.

TELLES, Augusto C. da Silva (org.). *Rio de Janeiro, 1862-1927: Álbum fotográfico da Formação da Cidade*. São Paulo, Instituto Moreira Salles, 1998.

VERÍSSIMO, José. *Estudos de Literatura Brasileira*, 6ª série. Belo Horizonte: Ed. Itatiaia; São Paulo: Editora da Universidade de São Paulo, 1977.

WALDMAN, Berta. *Do Vampiro ao Cafajeste – Uma Leitura da obra de Dalton Trevisan*. 2. ed., Editora Hucitec/Editora da Unicamp, São Paulo, 1989.

WANDERLEY, Márica Cavendish. *A Voz Embargada – Imagem da Mulher em Romances Ingleses e Brasileiros do Século XIX*. São Paulo, Editora da Universidade de São Paulo, 1996.

WEBER, João Hernesto. *A Nação e o Paraíso – A Construção da Nacionalidade na Historiografia Literária Brasileira*. Florianópolis, Editora da UFSC, 1997.

WERNECK, Maria Helena. *O homem encadernado – Machado de Assis na Escrita das Biografias*. Rio de Janeiro, Editora da Universidade do Estado do Rio de Janeiro, 1996.

YUNES, E. (coord.) *A Leitura e a Formação do Leitor*. Rio de Janeiro, Antares, 1984.

ZILBERMAN, Regina *et al*. *Leitura – Perspectivas Interdisciplinares*. São Paulo, Ática, 1988.

ZILBERMAN, Regina. "Um Caso para o Leitor Pensar", in: *Revista de Letras* (Fundação para o Desenvolvimento da Unesp), n. 29, São Paulo, 1989.

DOCUMENTOS E SEPARATAS

"Resumo histórico dos inquéritos censitários realizados no Brasil: Recenseamento do Brasil, 1920". São Paulo, Instituto de Pesquisas Econômicas, 1986.

"Aluísio Azevedo", folheto do Ministério da Cultura. Fundação Casa de Rui Barbosa, 1995.

PERIÓDICOS

A Estação, Rio de Janeiro, 28.2.1881, 31.1.1892, 31.3.1900.
A Imprensa Industrial, Rio de Janeiro, 10.8.1876 e 20.8.1876.
A Imprensa, Rio de Janeiro, 29.7.1908.
A Luz – Jornal Litterario e Instructivo Publicado Todos os Domingos, Rio de Janeiro, Typographia e Redacção da Luz, 1870-1873.
A Notícia, Rio de Janeiro, 5.11.1898, 24 e 25.3.1900, 16 e 17.9.1904 , 30.9 e 1.10.1904, 26 e 27.11.1904, 16.9.1908.
A Opinião – Jornal Litterario e Recreativo, Fortaleza, Ceará, 11.8.1872
A Província de São Paulo, 10.8.1876, Ano II, n. 460.
A Reforma, Rio de Janeiro, 28.4.1872 e 19.10.1876.
Artes e Letras – Revista de Portugal e Brazil, Lisboa, janeiro de 1872 a 1875.
Correio da Manhã, Rio de Janeiro, 3.8.1908.
Correio do Brasil, Rio de Janeiro, 12.5.1872.
Diário do Maranhão, São Luís, 23.8.1876.
Diário do Rio de Janeiro, Rio de Janeiro, 13.5.1872.
Diário Popular, São Paulo, 5.12.1904 e 29.9.1908.
Echo Americano – Periodico Illustrado, Londres, 9.5.1871 a 31.12.1872.
Gazeta de Notícias, Rio de Janeiro, 7.8.1876, 30.1.1881, 1.2.1881, 12.1.1892, 16.1.1892, 21.1.1892, 5.2.1893 e 21.11.1904.
Gazetinha, Rio de Janeiro, 12.1.1881 e 2.2.1881.
Illustração Brasileira, Rio de Janeiro, 15.10.1876.
Imprensa Acadêmica, São Paulo, 17.4.1864.
Imprensa Industrial, Rio de Janeiro, 25.10.1876 e 25.6.1877.
Jornal do Brasil, Rio de Janeiro, 11.1.1892.
Jornal do Commercio, Rio de Janeiro, 1.5.1872, 6.8.1876, 19.3.1900, 2.10.1904, 6.9.1908.
Kosmos, Rio de Janeiro, dezembro de 1904.
O Besouro, Rio de Janeiro, 1878-1879.
O Commercio de São Paulo, São Paulo, 9.8.1908 e 16.8.1908.
O Cruzeiro, Rio de Janeiro, 11.4.1878 e 3.7.1878.
O Estado de S. Paulo, São Paulo, 8.8.1876, 19, 20, 21, 24, 26 e 27.4.1892.
O Globo, 31.7.1876, 1.8.1876, 7.8.1876 e 8.8.1876.
O Monitor Sul-Mineiro – Semanario de Litteratura, Industria e Noticias, Campanha da Princeza (MG), 13.8.1876, 27.8.1876.

O Mosquito, Rio de Janeiro,4.5.1872, 10.8.1876 e 12.8.1876.
O Novo Mundo, 1870-1879.
O País, Rio de Janeiro, 18.3.1900.
O *Paiz,* Rio de Janeiro, 8.10.1904.
O Paiz – Orgão Especial do Commercio do Maranhão, 22.10.1876.
O Polichinelo, São Paulo, 16.4.1876 a 31.12.1876.
O Tempo, Rio de Janeiro, 25.1.1892.
Os Annaes, Rio de Janeiro, 5.11.1904.
Ostensor Brasileiro – Jornal Litterario e Pictorial, Rio de Janeiro, 1845-1846.
Revista Brasileira, Rio de Janeiro, junho 1879 a dezembro 1881, novembro de 1898.
Revista da Sociedade dos Amigos de Machado de Assis, número 5, 29.9.1960.
Revista da Sociedade Phenix Litteraria, Rio de Janeiro, março de 1878 e maio de 1878.
Revista do Instituto Historico e Geographico do Brazil, 2. ed., tomo I, Rio de Janeiro, Typographia Universal de Laemmert, 1856.
Revista do Livro, n. 11, Ano III, Setembro 1958. Edição Comemorativa do Cinquentenário da Morte de Machado de Assis, Rio de Janeiro, Instituto Nacional do Livro, 1958.
Revista Illustrada, Rio de Janeiro, janeiro de 1876 a 1892.
Semana Illustrada, Rio de Janeiro, 19.5.1872, 26.5.1872 e 12.12.1874.
Skating-Rink – Jornal Humorisico e Litterario dos Patinadores, Rio de Janeiro, 1878.
The Rio News, Rio de Janeiro, 18.11.1889 e 2.12.1889.

ÍNDICE ONOMÁSTICO

A

Abdiel (pseudônimo de Artur Barreiros), 323, 440
Abreu, Capistrano de, 38, 167, 168, 174, 175, 268, 315, 441
Abreu, Casimiro de, 226
Agassiz, Elizabeth, 63
Albuquerque, Medeiros e, ver Santos J. dos, 20, 156, 213, 214, 239, 311, 379, 383, 408, 427, 441, 442
Alencar, José de, 33, 34, 47, 51, 57, 65, 68, 72, 79, 90, 92, 93, 99, 101, 103, 104, 105, 106, 107, 141, 199, 257, 267, 273, 279, 296, 297, 315, 323, 344, 414, 416
Alencar, Mário de, 20, 145, 147, 238, 256, 258, 267, 389, 438, 443
Almeida, Fialho de, 392, 395
Almeida, Filinto d', 344
Almeida, Lino de, 89
Almeida, Manuel Antônio de, 93
Alves, Castro, 103, 260, 273, 274, 332, 344, 444
Amado, Jorge, 51
Amiel, 309
Amorim, Anibal, 396
Amorim, Francisco Gomes de, 141, 296
Anastácio, José (pseudônimo), 191, 340, 439
Andrade, Carlos Drummond de, 23
Apolinário, 253

Araripe Júnior, 20, 191, 192, 268, 269, 332, 334, 337, 368, 440
Araucarius (pseudônimo do cônego Joaquim Caetano Fernandes Pinheiro), 134, 292, 441
Araújo, Ferreira de, 271
Arinos, Afonso, 399
Assis, Francisco José de, 364
Assis, Maria Leopoldina Machado de, 364
Auerbach, Erich, 61
Azeredo, Magalhães de, 20, 191, 193, 215, 256, 269, 345, 348, 352, 355, 358, 361, 402, 443
Azevedo, Aluísio, 69, 74, 75, 76, 78, 93, 101, 162, 175, 260
Azevedo, Álvares de, 102, 189, 199, 274, 309
Azevedo, Artur, 213, 215, 238, 312, 342, 365, 370, 379, 440
Azevedo, Cyro d', 402

B

Balzac, 44, 123, 138, 330, 334, 336, 359, 375, 414
Baptista Junior, 421, 440
Baptista, Abel Barros, 19
Barbosa, Januário da Cunha, 67
Barbosa, Rui, 238
Barreiros, Arthur, 362, 364, 440
Barreto Filho, José, 35, 50, 238

Barreto, Tobias, 82, 192, 413
Barthes, Roland, 29, 170
Bello, José Maria, 37
Berger, Paulo, 89
Beyle, Harry, ver Stendhal
Bilac, Olavo, 226, 234, 260, 337, 344, 400, 443
Blake, William, 30
Bob (pseudônimo), 142, 292
Bocaiúva, Quintino, 364
Boccacio, 332, 334
Boileau, 332, 381
Bonaparte, 347, 352
Bosi, Alfredo, 37
Boticelli, 424
Bourget, 375, 382
Braga, Theophilo, 414
Branco, Camilo Castelo, 74, 141, 295, 296, 297, 298, 299, 382
Brantôme, 334
Brasiliense, Américo, 294
Broca, Brito, 69, 145
Brombert, Victor, 44
Brooks, Peter, 123, 137, 138
Browning, Robert, 63
Byron, 115, 188, 275, 334

C

Caecilius Secundus, Gaius Plinius, 253
Caldwell, Helen, 144, 145, 146, 165, 167, 172, 175, 200, 212, 215
Caminha, Adolpho, 72, 73
Camões, 141, 299
Canclini, Néstor García, 94
Candido (pseudônimo de José Veríssimo), 413
Candido, Antonio, 22, 32, 40, 47, 48, 49, 92,105
Carlyle, 390
Cascudo, Luís da Câmara, 91, 93
Castellões, Francisca de Paula Cordeiro, 306
Castilho, António Feliciano de, 29
Castilho, José Feliciano de, 73
Castro, Augusto de, 271
Castro, Francisco de, 109
Catullo, 336
Celso, Afonso, 440

Cervantes, 29, 226, 390
Chagas, Pinheiro, 141, 296
Chalhoub, Sidney, 17, 19, 22, 27, 34
Chateaubriand, 321
Cherbuliez, Victor, 20, 270
Coelho Neto, 226, 238, 399
Coelho, Furtado, 270
Coelho, Latino, 299
Cohelet, 373
Comte, Augusto, 366, 367
Conceição, F., 65
Cooper, James Fenimore, 63, 297
Correia, Manoel Francisco, 84, 85
Correia, Raimundo, 260, 341, 342, 344
Costa, Carlos, 311
Costa, Emília Viotti da, 77
Coutinho, Afrânio, 72, 74
Cremin, Lawrence, 63
Cunha, Euclides da, 238
Cunha, Manuela Carneiro da, 57, 58

D

D'Annunzio, 418
Dalloz, 188
Damasceno, Darcy, 92, 93
Dantas Júnior, José Ribeiro, 315, 441
Dante, 363, 366
Daudet, Alphonse, 74, 321
Darwin, 367
Delacroix, 278
Denis, Ferdinand, 332
Dias, Gonçalves, 67, 188, 260, 343
Dickens, 30, 63
Dinarte, Silvio (pseudônimo de Visconde de Taunay), 272, 278, 283
Diniz, Almáquio, 414, 440
Dostoiévski, 261, 41
Dr. Fausto (pseudônimo de Augusto Fausto de Sousa), 122, 123, 284, 287, 441
Duarte, Urbano, 88, 156, 174, 175, 300, 320, 322, 444
D. Junio (pseudônimo), 168, 315
Dumas, Alexandre, 74, 89, 188, 189, 280, 294, 296, 322, 334, 337
Dürer, 422

E

Eco, Umberto, 29, 159, 197

Edmundo, Luiz, 311, 312
Elói o Herói, (pseudônimo de Artur Azevedo), 342, 379, 440
Erasmo, 226
Escarpit, Robert, 33, 45
Escrich, Pérez, 35, 74, 135, 142, 292
Ésquilo, 226
Eulalio, Alexandre, 30, 217, 231

F

Feijó, Padre Diogo Antônio, 209
Ferreira, Carlos, 122, 123, 272, 278, 287, 441
Ferreira, Félix, 89, 134, 298, 441
Feuillet, Octave, 20, 89, 124, 133, 145, 188, 189, 191, 277, 280, 296, 334
Fielding, 189, 190
Figueiredo, José Bento da Cunha e, 84
Filgueiras, Caetano, 272, 278
Flaubert, Gustave, 44, 74, 76, 280, 294, 322, 430
Forster, John, 30
França Júnior, 300
Franklin, Benjamin, 199, 333
Freire, Domingos, 311
Freire, Jacintho, 298
Freire, Junqueira, 102, 199, 200
Freire, Laudelino, 395
Freitas, Leopoldo de, 144, 402, 430, 442
Freitas, Senna, 342
Freyre, Gilberto, 143
Fuentes, Carlos, 94

G

Gama, Basílio da, 226
Garnier, Baptiste Louis, 81, 88, 89, 122, 270, 271, 273, 281, 287, 288, 298, 299, 323, 341
Garnier, François-Hippolyte, 57, 110, 192, 216, 256, 260, 307, 370, 392, 402, 408, 427
Garraux, Louis, 73
Garrett, Almeida, 38, 189, 298, 396
Gautier, Théophile, 108
Gledson, John, 18, 19, 27, 34, 52, 121, 144, 172, 179, 185, 218, 239, 240, 241, 261

Goethe, 146, 199, 236, 243, 282, 434
Gomes, Eugênio, 219, 223, 226
Gorgias, 367
Gorki, 418
Gozlan, 108
Graça, Heráclito, 402
Graham, Sandra Lauderdale, 26
Granja, Lúcia, 34
Grieco, Agripino, 145, 191
Guanabara, Alcindo, 257, 258, 408, 439, 440, 444
Guimarães Júnior, Luís, 123, 125, 275, 281, 402, 442
Guimarães, Bernardo, 93, 326, 327, 414, 416
Guimarães, Teófilo, 340

H

Hallewell, Laurence, 50, 63, 65, 73, 74, 89
Hawthorne, Nathaniel, 63, 160
Herculano, Alexandre, 294, 382
Hobbes, 356
Homero, 199, 387, 389
Horácio, 226, 346
Hugo, Victor, 44, 89, 91, 108, 274, 281, 343

I

Ingarden, Roman, 44
Irving, Washington, 63
Isabel, Princesa D., 365
Iser, Wolfgang, 21, 41, 42, 43, 45, 49

J

Jauss, Robert, 49
João VI, D., 209
Junio, D. (pseudônimo de José Ribeiro Dantas Júnior), 168, 315, 441

K

Karr, Alphonse, 398
Kinnear, John C., 34, 184
Kipling, Rudyard, 418
Kock, Paul de, 35, 74, 135

L

La Bruyère, 354

La Rochefoucauld, 308, 309, 315
Labieno (pseudônimo de Lafaiete
    Rodrigues Pereira), 191, 192
La Fontaine, 332, 390
Lajolo, Marisa, 18, 29, 49, 50
Lamartine, 304
Landy, Marcia, 137
Leal, Mendes, 296
Leal, Oscar, 311
Lerminier, 274
Lessing, 387
Lima, Luiz Costa, 49
Lima, Oliveira, 20, 238, 239, 256, 399, 443
Lins, Osman, 51
Lisboa, Maria Manuel, 200
Littré, 110
Lopes, Agrippino José, 88
Lowell, James Russell, 160
Lucena, 141, 298, 299
Luciano, 387
Luzo, João, 257

M

Macaulay, 294
Macedo, Joaquim Manuel de, 37, 47, 48, 57, 65, 66, 93, 101, 102, 106, 124, 260, 288, 293, 326, 327, 444
Macedo, Manuel Buarque de, 314, 365
Machado Neto, A. L., 49, 70, 71
Magalhães Júnior, Raimundo, 20, 90, 93, 107, 167, 168, 180, 215, 256, 257, 260, 267, 270, 287, 295, 298
Magalhães, Gonçalves de, 67, 102, 344
Magalhães, Pedro de, 402
Magalhães, Valentim, 69, 109, 110, 167, 191, 312, 414, 440, 444
Maia, Alcides Castilho, 20, 392, 439
Maistre, Xavier de, 30, 161, 166, 167, 390
Maricá, Marquês de, 309
Marinho, Henrique, 402
Marinho, Saldanha, 364, 444
Marmontel, 332
Marques, Paulo, 88
Martin, Paul, 58
Martins, Oliveira, 382
Maupassant, Guy de, 329, 338

Mello Morais Filho, 395, 402
Melville, Herman, 30, 63
Mendonça, Lúcio de, 215, 267, 287, 442
Mendonça, Salvador de, 134, 139, 142, 143, 144, 259, 267, 421, 424, 444
Mérian, Jean-Yves, 101
Méry, 322
Meyer, Augusto, 28, 29, 35, 38, 110, 122, 145, 217
Meyer, Marlyse, 17, 74, 75, 76, 188
Miguel-Pereira, Lúcia, 35, 37, 104, 145
Miller, Juvenal O., 311
Milton, 278
Mindlin, José, 267, 269
Miranda, Carmen, 83
Moliére, 361, 390
Monsiváis, Carlos, 94
Montaigne, 199
Monte-Alegre, Visconde de, 83
Montello, Josué, 238
Montépin, Xavier de, 76, 89, 133, 142, 147, 358

Moraes, Rubens Borba de, 58
Mott, Frank Luther, 63, 75, 106
Moura, Carlos Bernardino de, 301
Murat, Luís, 26, 191
Murger, Henri, 278
Musset, Alfred de, 108, 226, 381
Muzio, Henrique César, 364

N

Nabuco, Joaquim, 37, 72, 74, 215, 256, 267, 442
Napoleão I, 352
Napoleão III, 23, 76, 347, 352
Nerval, 108
Nietzsche, 221
Norberto, Joaquim, 83
Novais, Carolina Augusta Xavier de, 365
Novais, Faustino Xavier de, 365
Novais, Miguel, 175, 193

O

Octaviano, Francisco, 275
Ohnet, 20, 338
Oliveira, Alberto de, 226, 344, 419

Oliveira, Antonio Corrêa d', 402
Olímpio, Domingos, 392, 399
Ouro Preto, Visconde de, 311
Ovídio, 336

P
Pacheco, Félix, 257
Paiva, Tancredo de Barros, 287
Pangloss (pseudônimo de Alcindo Guanabara), 258, 408, 439
Parmenides, 367
Patrocínio, José do, 136, 300, 443
Pedro II, D., 23, 272
Peixoto, Afrânio, 37, 258, 259
Pellico, Silvio, 390
Pena, Martins, 101, 440
Pereira, Astrojildo, 145
Pereira, Conselheiro Lafaiete Rodrigues, 191, 192
Perereca, Padre, (pseudônimo de Luiz Gonçalves dos Santos), 209, 210
Pessoa, Frota, 207
Picchio, Luciana Stegagno, 175
Piglia, Ricardo, 94
Pinheiro, Bordalo, 85, 98
Pinto, Xavier, 92
Planche, G. (pseudônimo), 125, 271, 274, 439
Planche, Gustave, 281
Platão, 200
Plínio, o Jovem, 253,
Plínio, o Velho, 253
Pompeia, Raul, 175, 314, 443
Pope, 278
Prévost, Antoine-François, 199, 200
Prince, Gerald, 53
Proudhon, 171, 304
Pujol, Alfredo, 145

Q
Queirós, Eça de, 108, 109, 155, 322, 327, 395

R
Rabelais, 390
Rabelo, Laurindo, 284
Rembrandt, 278, 424
Renan, 309

Riancho, Alfredo (pseudônimo), 85
Ribeiro, João, 382
Ribeiro, Júlio, 260
Ribeiro, Walfrido, 239, 268, 392, 396, 439
Richebourg, Émile, 76
Rigoleto (pseudônimo), 155, 156, 265, 307, 439
Rio, João do, 57, 58, 59
Rodrigues, Henrique Samuel de Nogueira, 85
Rodrigues, José Carlos, 124, 125, 134, 144, 267, 288, 442
Romero, Sílvio, 37, 46, 59, 68, 70, 72, 82, 83, 93, 191, 192, 268, 325, 413, 419, 440
Rotschild, 206
Rowland Jr, William G., 30, 44, 45, 63, 69, 160
Rüskin, 404

S
Sábato, Ernesto, 94
Saint-Pierre, Bernardin, 321
Saint-Simon, 334
Sainte-Beuve, 274
Sand, George, 85, 363
Sant'Anna, Affonso Romano de, 236
Santiago, Silviano, 21, 195
Santo Agostinho, 188, 352
Santos, J. dos (pseudônimo de Medeiros e Albuquerque), 20, 156, 213, 239, 311, 379, 383, 427, 442
Santos, Luiz Gonçalves dos, 209
Santos, Noronha, 209, 306
São Tomás de Aquino, 165
Saraiva, Juracy Assmann, 51, 173, 248, 249
Sardanapalo, 337
Sartre, Jean-Paul, 39, 40, 41, 45, 61, 77, 105
Schlegel, Friedrich, 221
Schwarz, Roberto, 21, 34, 36, 37, 52, 53, 58, 59, 118, 127, 144, 145, 146, 147, 150, 153, 168, 169, 170, 212, 262, 263
Scott, Walter, 74, 199, 211
Serra, Joaquim, 270, 295, 326, 442

Shakespeare, William, 22, 124, 168, 189, 199, 201, 275, 278, 279, 334, 335, 361, 363
Shelley, Percy Bysshe, 160, 168, 243, 421, 432, 435
Sileno (pseudônimo de Machado de Assis), 106, 107
Silva, Álvares da, 284
Silva, Dias da, 64
Silva, Eduardo, 81, 90
Silva, Maria Conceição da, 51
Silva, Maximiano de Carvalho e, 216
Silva, Velho da, 89
Silvério, Antão, 88
Soares, Macedo, 25, 167
Sócrates, 200, 356, 366, 387
Sodré, Lauro, 88
Sodré, Nelson Werneck, 46, 47, 72, 77, 92
Sousa, Augusto Fausto de, 122, 123, 284, 287, 441
Sousa, Ingles de, 311
Sousa, J. Galante de, 134, 167, 267
Sousa, Paulino José Soares de, 83
Sousa, Pedro Luís Pereira de, 275, 314
Sousa, Teixeira e, 66, 414
Spencer, 110
Stäel, Mme., 85
Stendhal, 36, 44, 161, 162, 163, 166, 169, 172
Sterne, Laurence, 30, 161, 166, 167, 189, 191, 334, 397
Stewart, Garrett, 30, 44
Stowe, Harriette Beecher, 63, 106
Sue, Eugène, 74, 75, 280, 358
Suzuki, Márcio, 221
Swift, 390, 397

T

Tapajós, Manuel, 311
Taunay, Visconde de, 91, 93, 272, 293, 414, 442
Távora, Franklin, 93, 295, 300, 414

Teixeira, Múcio, 191
Terrail, Ponson du, 35, 74, 76, 135, 147, 358
Thackeray, William Makepiece, 30, 63, 128, 134, 243, 292
Thierry, 294
Thoreau, 63
Tigellino, 337
Torres-Homem, Francisco de Sales, 67
Trajano, 253
Trimalcião, 337

V

Valente, Assis, 83
Valladão, M., 88
Varela, Fagundes, 67, 102, 275
Várzea, Virgílio, 402
Veiga, Evaristo da, 240
Veillot, 274
Veríssimo, José, 20, 38, 46, 63, 64, 66, 67, 70, 71, 72, 81, 82, 90, 93, 111, 156, 191, 193, 214, 215, 238, 239, 258, 259, 260, 267, 268, 331, 376, 401, 406, 413, 440, 442
Verne, Júlio, 294, 296, 299
Viana Filho, Luiz, 193, 238
Vivaldi, 300
Vogué, Melchior de, 418
Voltaire, 226

W

Watt, Ian, 61
Whitman, Walt, 63
Wolff, Erwin, 44

X

Xenofonte, 226
Xenófanes, 367

Z

Zilberman, Regina, 29, 49, 146
Zola, Émile, 74, 321, 336, 338, 359, 390, 414, 421

Título	Os Leitores de Machado de Assis
	O Romance Machadiano e o Público de
	Literatura no Século 19
Autor	Hélio de Seixas Guimarães
Produção	Nankin
Coordenação Editorial	Valentim Facioli
Capa	Carla Fernanda Fontana
Imagem da Capa	Atelier Luiz Fernando Machado
Editoração Eletrônica	Antônio do Amaral Rocha (Nankin)
Revisão de Provas	Equipe Nankin
Divulgação	Cinzia de Araújo
	Regina Brandão
Secretaria Editorial	Eliane dos Santos
Formato	16 x 23 cm
Tipologia	Times 10,5/13
Papel	Cartão Supremo 250 g/m2 (capa)
	Chamois Fine 80 g/m2 (miolo)
Número de Páginas	464
Tiragem	2000
CTP, Impressão e Acabamento	Nova Letra